이화여자대학교 한국문화연구원 해제번역총서

근대 수신 교과서

2

|역자|

김남이(金南伊)_이화여자대학교 국어국문학과를 졸업하고 동대학원에서 석박사 학위를 받았다. 현재 부산대학교 점필재연구소에서 HK교수로 있다.

서경희(徐炅希)_이화여자대학교 국어국문학과를 졸업하고 동대학원에서 석박사 학위를 받았다. 현재 이화여대 한국문화연구원 전임연구원으로 재직 중이다.

홍인숙(洪仁淑)_이화여자대학교 국어국문학과를 졸업하고 동대학원에서 석박사 학위를 받았다. 현재 이화여대에서 강의하고 있다.

이화여자대학교 한국문화연구원 해제번역총서

근대 수신 교과서 2

초판 인쇄 2011년 2월 20일 **초판 발행** 2011년 2월 25일

저자 휘문의숙 **역자** 김남이 서경희 홍인숙 **펴낸이** 박성모 **펴낸곳** 소명출판 **출판등록** 제13-522호

주소 서울시 서초구 서초동 1621-18 란빌딩 1층

전화 02-585-7840 **팩스** 02-585-7848 **전자우편** somyong@korea.com **홈페이지** www.somyong.co.kr

값 36,000원

ISBN 978-89-5626-567-4 94810
ISBN 978-89-5626-565-0 (세트)

이화여자대학교 한국문화연구원 해제번역총서

근대 수신 교과서 2

김남이 서경희 홍인숙

소명출판

|**일러두기**|

1. 번역의 저본은 이화여자대학교 중앙도서관 소장 『中等修身教科書』, 『高等小學修身書』, 『普通教科修身書』를 사용하였다.
2. 이화여대본 『中等修身教科書』는 권1, 2만 남아있는 낙질이므로 권3, 4의 번역은 『韓國開化期教科書叢書』(아세아문화사, 1977)의 영인본을 참고하였다.
3. 『中等修身教科書』의 두주(頭註)는 본문의 양 옆면에 따로 부기하였다.
4. 편차와 체제는 저본을 따랐다. 단 독자의 편의를 위하여 저본의 내용을 해치지 않는 범위에서 문장 길이를 조정하거나 문단을 나누었다.
5. 번역은 직역을 원칙으로 하되, 문맥이 통하는 자연스러운 현대역의 의의를 살리도록 하였다.
6. 맞춤법과 띄어쓰기는 '한글맞춤법통일안'을 따르는 것을 원칙으로 하였다.
7. 한글 표기를 원칙으로 하고, 고유명사나 이름, 관직, 지명, 기타 전문용어는 한자 또는 원어를 ( ) 안에 표기하였다. 반복되어 나올 경우에는 한글로만 표기하였다.
8. 연대는 원문에 있는 표기 방식을 살려 쓰되, '( )' 안에 서력 기년을 부기한다. 필요에 따라 한국 연호나 역조 임금의 즉위 기년을 환산하여 부기한다. 추정연도는 '[ ]'를 사용한다.
   예) 광무 1년(1897), 673년(문무왕 13)
9. 부호는 다음과 같이 구별하였다.
   ( ) : 음이 같은 한자 표기
   [ ] : 한글과 발음이 다른 한자 표기
   " " : 인용문, 대화
   ' ' : 재인용, 대화 안의 대화
   「 」 : 항목명, 편명, 조명, 논문명
   『 』 : 서명

발간사

이화여자대학교는 한국의 전문 근대교육기관의 선두주자로서, 한국학 연구에 대한 꾸준한 관심을 기울여 왔습니다. 본교가 2005년 이후 지속적으로 지원하고 있는 '한국학특성화사업'은 한국학 연구의 정체성 확립을 위한 새로운 연구방향을 모색하고자 하는 끊임없는 노력의 일환이라 하겠습니다. 이 사업의 결과물로 출간된 『고서해제』 1, 2권과 한국어 · 역사 · 현대문화 · 예술 분야의 국제화 교재들은 본교의 한국학특성화 사업이 '우리 것에 대한 학문적 성찰'이라는 수렴적 방향과 '우리 것의 세계화'라는 확장적 방향을 동시에 지향하고 있음을 잘 보여주고 있습니다.

한국학 연구자들에게 있어서 가장 절실한 연구의 동력은 새로운 자료의 발견과 그에 대한 해석에서 비롯된다고 알고 있습니다. 따라서 아직 학계에 보고되지 않은 자료를 소장하고 있다는 것은 그 자체로 한국학 연구 분야에서는 대단히 중요한 경쟁력이며, 그것의 발굴 및 해석의 선편을 이끄는 것은 곧 한국학 연구 역량을 획기적으로 확장시킬 수 있는 중요한 관건이 될 것입니다. 그런 의미에서 2010년 특성화사업의 결과로 『이화여자대학교 한국문화연구원 해제번역총서—근대 수신 교과서, 근대 역사 교과서』를 출간하게 된 것은 매우 기쁜 일입니다.

2010년 특성화사업은 본교 소장 고서의 특징적 자료군인 근대 귀중본을 대상으로 해제와 번역, 그리고 원문 영인을 동시에 진행하여 자료에 대한 학문적 접근성과 학술적 가치를 체계적으로 드러내주고 있습니다. 특히 그 중에서도 근대 교과서를 특징적으로 부각시킨 본 총서는 최근 한국학 연구 분야에서 매우 민감한 이슈로 떠오르고 있는 근대성 연구 분야에서 중요한 기초 자료를 제공하고 다양한 연구를 촉발시켜줄 것으로 기대합니다.

1년간의 짧은 사업기간에 알차고 내실 있는 성과를 만들어내기 위해 노력한 많은 분들의 수고가 있었습니다. "한국학 · 한국문화 교육의 국제화 사업단"의 단장으로서 본 사업을 실질적으로 기획하고 추진해주신 전혜영 전 원장님, 자료의 지원을 흔쾌히 해주신 문숙재 전 중앙도서관장님께 특별한 감사를 드립니다. 그리고 한국문화연구원의 모든 관계자 선생님들과 사업의 실무를 담당한 연구원들께도 고마운 마음을 전합니다. 또한 본교의 심화된 한국학 연구 역량을 확인시켜준 교내 번역위원님들과 본 사업에 참여하신 번역 · 교열위원 선생님들 한분 한분께 깊은 감사의 말씀을 전합니다.

앞으로도 "한국문화연구원 해제번역총서" 작업이 계속 순조롭게 진행되기를 바랍니다.

2011년 2월

이화여자대학교 총장

김선욱

서문

한국문화연구원—한국학 · 한국문화 교육의 국제화 사업단에서 추진한 2010년 특성화사업은 이화여대 중앙도서관 소장 근대귀중본 중에서 수신 및 역사 분야의 근대 교과서를 해제 · 번역 · 영인하는 것이다. 이는 이전 고서해제사업 과정에서 특히 그 가치를 높이 인정받아 후속 작업의 필요성이 강하게 제기되었던 본교 소장 근대자료를 최대한 활용하여 이를 체계적으로 정리할 수 있는 학술적 결과물을 만들고자 시도되었다.

2010년 3월 1일부터 시작된 2010년 특성화사업의 경과는 다음과 같다. 먼저 본교 소장 근대서 귀중본의 목록과 범주를 정리하고, 타교나 타 한국학 기관의 소장 및 해제 여부를 확인하는 기초 작업을 진행하였다. 다음 단계로 근대 초기의 시대적 전형성과 이데올로기적 영향력 면에서 학술적 중요성과 의의를 고려하여 근대서 귀중본 중 '수신 · 역사 교과서'류를 사업 대상으로 선정하였다. 이후 전문가를 초빙하여 본교에 소장된 '수신 · 역사 교과서' 자료의 가치와 의의에 대한 감수를 진행하고 그에 의거하여 사업대상 목록을 확정하였으며, 전문 집필진을 구성하여 번역과 해제를 진행하였다.

본 근대 교과서 해제 및 번역 사업은 이화여대 소장 귀중본 자료의 존재와 가치를 학계와 일반 대중 누구에게나 그 내용을 읽고 접할 수 있도록 직접 해제, 번역하고 뒤에 원문까지 영인하여 공간(公刊)한 것이다. 이는 자료의 학문적 인지도와 활용도를 높일 수 있는 가장 효율적인 방식이라고 자부하며, 더욱이 최근 들어 높아지고 있는 근대성 논의에 대한 학계의 높은 관심과 학제간적 연구 경향에 비추어 볼 때, 역사적 가치가 높은 근대 교과서를 해제하고 번역한 본 사업단의 결과물은 학계와 일반의 큰 관심과 반향을 불러일으키기에 충분하다고 판단된다.

『이화여자대학교 한국문화연구원 해제번역총서—근대 수신 교과서, 근대 역사 교과서』의 발간으로 본교에 소장된 귀중한 자료들이 지속적으로 소개되고 연구의 대상으로 주목을 받게 되길 바란다. 또한 본서가 한국의 개화기 및 근대의 역사, 문화적 자료에 관심을 갖고 있는 모든 분들과 학계의 연구자들께 작은 도움이 되었으면 한다. 그동안 본서의 발간을 위해 노력을 아끼지 않은 모든 관계자 여러분께 감사의 마음을 전한다.

2011년 2월

한국문화연구원 원장

최준식

근대계몽기 교과서 해제

허재영

1. 근대계몽기 교과서의 성격

교과서는 '교과용 도서(敎科用圖書)'의 준말이다. 달리 말해 교과(敎科) 운영을 전제로 교육용 재료를 모아 편찬한 책이 교과서이다. 교과서는 한 사회의 교육 이념을 반영할 뿐 아니라 그 사회의 구조 및 지식 발전 정도를 반영한다.

우리나라 최초의 근대식 교과서는 1895년 학부에서 편찬한 『국민소학독본』으로 알려져 있다. 이 시기 한성사범학교령, 소학교령이 공포되고 이에 따라 한성사범학교 규칙과 소학교 교칙이 만들어졌다. 학교령과 학교 규칙에서는 학교 운영에 필요한 교과를 제시하고 해당 교과에서 사용할 수 있는 교과서의 범위를 정해 놓았다.

학제 도입 초기의 교과서 개발은 『국민소학독본』, 『소학독본』, 『신정심상소학』과 같이 학부에 의해 편찬되었다. 그러나 편찬한 종수가 많지 않았고 보급도 활발하지 않았기 때문에 대부분의 학교에서는 『사민필지』, 『서유견문』과 같은 서적이나 『고문진보』, 사서 등의 서적을 교과서로 사용하였다.

그러나 학제가 정비되고 교육에서 교과서가 중요한 의미를 갖게 됨에 따라 좀 더 체계적인 교과서 개발이 이루어지기 시작했다. 엄밀히 말하면 초기의 교과서는 학부 편찬의 교과서와 민간 차원의 저술이 공존했다. 학부대신이 인정한 교과서는 전통적인 한문 고전과 『사민필지』(1886~1892년 사이 육영공원 교사였던 헐버트가 지은 지리서), 『서유견문』 같은 책들이었다. 그렇지만 통감시대에 이르러 교과서 편찬이나 보급 과정에서 학부의 역할이 커져갔는데 이 시대는 을사늑약 이후 일제의 식민 지배가 시작되던 시기로 '교과용 도서 검정 규정' 발포(1908.8)와 같은 교과서 통제가 강하게 이루어졌다. 근대계몽기의 교과서 변화를 두 시기로 나누어 그 특징을 표로 나타내면 다음과 같다.

[근대계몽기 교과서 변천사]

시기	특징	비고
제1기 (1895 ~ 1905)	근대식 학제 도입에 따른 교과서 개발기	○학부 편찬의 교과서 출현 ○개인 저술의 비교적 자유로운 교과서 출현 ○학부대신이 인정한 고전이나 개인 저술
제2기 (1906 ~ 1910)	통감시대 학정 잠식기의 교과서	○일본인의 학부 관여 및 교과서 편찬 간섭 ○학부 편찬 교과서를 일본에서 발행함(국어독본, 수신서 등) ○교과용 도서 검정 규정 발포와 교과서 검정 조사 사업 실행 ○일본문(日本文) 교과서 편찬 발행(일어독본, 이과서) ○검정 규정에 따른 검정 교과서의 내용 변질 ○기존의 교과서 가운데 국권회복이나 민지 계발과 무관한 교과서만 인정 ○기존의 교과서 가운데 국권회복이나 민지 계발 등이 들어 있을 경우 불인정 도서로 규정

특히 통감시대 이후 학부의 교과서 편찬은 식민 지배를 전제로 하였기 때문에 이 시기 개발된 『보통학교학도용국어독본』(1907, 일본 도쿄의 대일본주식회사에서 인쇄), 『보통학교학도용일어독본』(1908, 일본 도쿄의

대창서점에서 인쇄), 『보통학교학도용수신서』(1908, 일본 도쿄의 삼성당서점에서 인쇄)는 1910년 강제 병합 이후 병합과 관련된 사항을 수정한 정정본(이 정정본에서 국어는 '조선어'로, '일본어'는 '국어'로 책명을 바꾸었음)을 발행할 수 있었다. 이와 같이 통감시대 교과서 통제 정책으로 인하여 학부에서 인정하지 않은 교과서가 늘어났으며, 검인정을 통과한 교과서의 내용에도 적지 않은 변화가 일어났다. 교과용 도서 검정 규정 이후 해마다 실시된 '교과서 조사 사업'의 결과 1910년의 교과용 도서 가운데 학부 검정을 통과한 교과서는 33종 47책이었으며, 인정 교과는 40개 교과 305종이었다. 이에 비해 교과용 도서로 인정을 받지 못한 도서가 70종, 검정 무효 및 검정 불허가 교과용 도서가 13종이었는데 이들 도서의 대부분은 '수신, 국어, 역사' 관련 교과서였다.

이처럼 근대계몽기의 교과서는 근대식 학제 도입과 전개 과정, 근대 한국 사회의 구조와 역사성, 지식 수입 정도를 반영하는 중요한 자료라고 할 수 있다.

2. 근대계몽기 교과서의 양상과 특징

근대계몽기 교과서는 교과별로 다양한 양상과 특징을 보인다. 1895년 소학교령 발포 당시의 소학교 교과목은 '수신, 독서, 작문, 습자, 산술, 본국지리, 본국역사, 외국지리, 외국역사, 이과, 도화, 체조, 외국어'

였는데, 이 가운데 '수신, 독서, 작문, 습자' 교과는 별도의 교과서를 편찬하지 않고 '독본(讀本)' 형태로 개발하였다. 『국민소학독본』(1895, 학부), 『소학독본』(1895, 학부), 『신정심상소학』(1895, 학부)은 모두 소학용 수신 및 독서를 전제로 개발한 교과서이다. 이들 독본류는 과별 편제를 원칙으로 하였으며, 전통적인 수신 윤리와 근대국가의 이념, 서구의 과학 사상, 우화를 중심으로 한 교훈적인 내용 등을 중심으로 하였다.

교과별 교과서의 편찬은 1905년 이후에 본격적으로 이루어졌다. 이 시기 수신과 교과서는 기존의 소학용 독본과는 달리 '수신교과서', 또는 '윤리학교과서'라는 책명을 사용하였다. 이 시기 수신교과서 개발은 대부분 민간 차원에서 이루어졌으며 대표적인 것으로 『윤리학교과서』(1906, 신해영), 『초등윤리학교과서』(1907, 안종화), 『녀자소학슈신서』(1907, 노병희), 『중등수신교과서』(1907, 휘문의숙), 『초등소학수신서』(1908, 유근), 『고등소학수신서』(1908, 휘문의숙), 『초등수신』(1909, 박정동) 등이 있다. 이들 교과서는 개인 저작물로 편제 방식은 과별 편제, 장절식 편제 등 다양한 방식을 취하였으며, 주요 내용은 전통적인 수신 윤리와 근대적 사회 이념 및 국가 윤리를 담고 있다. 다만 1908년 공포된 '교과용 도서 검정 규정' 이후의 교과서에서는 자주 독립을 전제로 한 근대국가 이념은 교과서 통제 정책에 따라 포함될 수 없었다. 이와는 별개로 학부에서 편찬한 『보통학교학도용수신서』(1909, 학부)는 식민 지배를 전제로 만들어진 교과서여서 내용 면에서 개인 저작물과는 차이가 있다. 이 교과서는 강제 병합 직후 일부 내용을 수정한 상태에서 재발행되었다.

역사과 교과서는 근대식 학제 도입 이후 꾸준히 발행되었다. 1895년 학교령 발포 이후 발행된 『조선역사』(1895, 학부), 『조선역대사략』(1895, 학부), 『동국역대사략』(1899, 학부), 『대한역대사략』(1899, 학부) 등은 기존의 역사 편제 방식을 바탕으로 사실 위주의 설명 방식을 취한 학부 편찬의 교과서이며, 『보통학교동국역사』(1899, 현채)는 개인 저작의 교과서이다.

1905년 이후의 역사교과서 편찬은 을사늑약과 통감부 설치라는 시대 상황에서 개인 차원의 저술이 활발하게 이루어졌다. 이 시기 개인 저술의 교과서는 학교별 수준을 고려하여 '초등', '중등'을 구별하였으며, '본국역사'와 '외국역사'를 구분하여 편찬하였다. 『보통교과 대동역사략』(1906, 국민교육회), 『초등본국역사』(1909, 유근), 『초등대한역사』(1908, 조종만), 『초등대한역사』(1908, 정인호), 『초등본국역사』(1909, 안종화), 『초등대동역사』(1909, 박정동), 『초등본국역사』(1909, 흥사단), 『신찬초등역사』(1910, 유근) 등은 초등용 본국역사를 대상으로 한 교과서이며, 『중등교과 동국사략』(1905, 현채), 『신정동국역사』(1906, 원영의, 유근) 등은 중등용 교과서이다. 또한 초등과 중등을 구분하지 않았지만 『역사집략』(1905, 김택영), 『대동역사』(1905, 최경환), 『대동역사』(1905, 정교), 『대한력사』(1908, 헐버트, 오성근) 등이 편찬되기도 하였다. 외국역사를 대상으로 한 『만국사』(1906, 김상연), 『동양사교과서』(1908, 유옥겸), 『만국사물기원역사』(1909, 장지연), 『서양사교과서』(1910, 유옥겸) 등이 편찬되었다.

지리교과서는 주로 개인 차원에서 개발하였는데 본국지리교과서로는 『대한지지』(1899, 현채), 『대한신지지』(1907, 장지연), 『초등대한지지』(1907, 안종화, 유근), 『초등지리교과서』(1907, 국민교육회), 『최신 고등대한지지』(1909, 정인호), 『중등지문학』(1907, 윤태영), 『신찬지문학』(1907, 민대식), 『초학디지』(1906, 밀러) 등이 있으며, 외국지리교과서로는 『중등만국지지』(주영환, 노재연), 『만국지리』(1907, 황윤덕), 『초등만국지리대요』(1909, 안종화) 등이 있다.

산술, 교육학 등과 관련된 교과서도 다수 편찬되었다. 산술교과서에는 『정선산학』(1908, 남순희), 『신정교과 산학통편』(1908, 이명칠), 『중등교과 산술신서』(1908, 이상설), 『신식 산술교과서』(1908, 이상익) 등이 있으며, 교육학교과서로는 『간명교육학』(1908, 유옥겸), 『신찬 보통교육학』(1908, 김상연), 『보통교육학』(1910, 학부) 등이 있다. 그 밖의 박물학이나 위생학, 기하학, 법제와 경제, 광물, 잠업 등의 특수 분야의 교과서도 다수 편찬되었는데, 1909년(융희 3) 3월 20일부터 1910년(융희 4) 7월까지 학부에서 조사한 '교과서 조사 사업'의 결과를 바탕으로 할 때 근대계몽기에 개발 · 보급된 교과서는 대략 440종이 넘을 것으로 추산된다.

3. 이화여자대학교 소장본의 가치

지금까지 근대계몽기 교과서에 대한 기초 연구는 강윤호(1973), 박붕배(1987), 이종국(1992) 등을 통해 이루어져 왔다. 또한 한국교과서연구재단(2000)에서도 전수 조사의 차원에서 근대계몽기 교과서 목록을 작성한 바 있다. 그러나 전수 조사를 목표로 한 앞선 연구에도 불구하고 이 시기 교과서 발행이나 교과서 통제에 대한 체계적인 연구가 충분히 이루어지지는 못했다. 그 주된 이유 가운데 하나는 기초 조사의 차원에서 발행 교과서를 확보하는 일이 쉽지 않았기 때문이다.

이러한 상황에서 이화여자대학교 중앙도서관(이하 중앙도서관)에 소장되어 있는 근대계몽기 교과서는 매우 값진 자료적 가치를 지닌다. 중앙도서관과 이화여자대학교 한국문화연구원의 협력 하에 진행된 조사 결과 이 시기 교과서는 일제강점기를 포함하여 365종에 이른다. 이들 교과서를 교과별로 분류하면 국어 · 일어 · 문학 등의 '어학' 교과서 80종, '역사' 교과서 30종, '지리' 37종, '수신 · 소학 · 윤리서' 36종, '수학 · 산술' 32종, '물리 · 화학 · 과학' 29종, '동식물학' 15종, '생리 · 위생학' 11종, '경제학' 4종, '법학' 4종, '교육학 · 심리학' 6종, '농업 · 광업' 15종, '창가 · 음악' 22종, '가정 · 재봉' 18종, '도화 · 서법' 15종, '박물학 · 기타' 10종으로 나눌 수 있다.

근대계몽기 개발 · 보급되었던 교과서 가운데 이화여자대학교 소장본은 양적으로 방대할 뿐만 아니라 아직까지 학계에 알려지지 않은 것들이 상당수 포함되어 있으므로 이에 대한 체계적인 연구가 시급하다.

4. 번역의 의의

근대계몽기 교과서 연구는 교육학, 국어교육학, 국어학, 국문학, 역사학 등의 모든 분야에 걸쳐 중요한 의미를 갖는다. 교과서의 지식과 언어는 규범적인 성격을 지니므로 그 교과서가 제작된 시대의 사회와 문화를 가장 정확하게 드러내는 자료라고 할 수 있다.

지금까지 근대계몽기의 교과서 연구는 교과서 발행 실태 조사에 그친 경우가 많았고 그나마 전수 조사의 차원에서 교과서의 제작 · 보급 과정을 파악하는 데도 소홀한 면이 있었다. 이와 같은 입장에서 이화여자대학교 소장본의 교과서를 체계적으로 정리하여 번역 · 소개하는 일은 근대계몽기의 문화 사상사를 이해하는 데 중요한 의미를 갖는다. 이 작업은 이 시기의 언어와 문화를 이해하는 실증적인 작업이 될 것이다.

이에 한국문화연구원에서는 이화여자대학교 중앙도서관 소장본 근대계몽기의 수신과와 역사과 교과서 가운데 교육사적 가치가 높은 것을 선별하여 우선적으로 번역을 하였다. 이번에 번역 · 소개하는 교과서는 다음과 같다.

교과	책명	저자 및 편자	발행 연도	출판사
수신 교과	초등여학독본(初等女學讀本)	이원경(李源競)	융희 2년(1908)	보문사(普文社)
	초등윤리학교과서(初等倫理學教科書)	안종화(安鍾和)	융희 1년(1907)	광학서포(廣學書鋪)
	초등수신교과서(初等修身教科書)	안종화(安鍾和)	융희 3년(1909)	광학서포(廣學書鋪)
	고등소학수신서(高等小學修身書)	휘문의숙(徽文義塾)	융희 1년(1907)	휘문관(徽文舘)
	초등소학수신서(初等小學修身書)	유근(柳瑾)	융희 2년(1908)	광학서포(廣學書鋪)
	보통교육 국민의범(普通教育國民義範)	진희성(陳熙星)	융희 2년(1908)	의진사(義進社)
	윤리학교과서(倫理學教科書)	신해영(申海永)	융희 2년(1908)	보성관(普成館)
	녀자소학슈신서	노병선(盧秉鮮)	융희 3년(1909)	박문서관(博文書館)
	초등수신서(初等修身書)	박정동(朴晶東)	융희 3년(1909)	동문사(同文社)

	보통교과수신서(普通教科修身書)	휘문의숙(徽文義塾)	융희 4년(1910)	휘문관(徽文舘)
	중등수신교과서(中等修身教科書)	휘문의숙(徽文義塾)	광무 10년(1906)	휘문관(徽文舘)
역사 교과	정선 만국사(精選萬國史)	김상연(金祥演)	광무 10년(1906)	황성신문사(皇城新聞社)
	초등본국역사(初等本國歷史)	안종화(安鍾和)	융희 3년(1909)	광덕서관(廣德書館)
	초등대한역사(初等大韓歷史)	정인호(鄭寅虎)	융희 2년(1908)	옥호서림(玉虎書林)
	동양사 교과서(東洋史 教科書)	유옥겸(兪鈺兼)	융희 2년(1908)	우문관(右文館)
	보통교과 동국역사(普通教科東國歷史)	현채(玄采)	광무 3년(1899)	발행지, 발행자 불명
	중등교과 동국사략(中等教科東國史略)	현채(玄采)	광무 10년(1906)	중앙서관(中央書館)
	초등대한력사	조종만	융희 2년(1908)	한양서관
	보통교과 대동역사략(普通教科大東歷史略)	미상	광무 10년(1906)	대한 국민교육회(大韓國民教育會)

수신서 장르 해제

박병기

1. '수신서(修身書)'의 기본 성격

수신서는 몸과 마음을 갈고 닦아 온전한 성인(聖人)의 경지에 오르는 것을 목표로 삼은 유교의 수신(修身) 개념을 전제로 하는 도덕교과서이다. 몸과 마음을 분리된 것으로 받아들이지 않는 동아시아 도덕교육의 전통 속에서 수신은 단순히 몸을 건강하게 하는 노력을 의미하는 차원을 넘어서 선한 마음의 싹을 갈고 닦아 성인을 지향하고 그 과정의 또 다른 실천적 이상향인 군자(君子) 또는 선비[士]로서의 삶을 올곧게 견지해내고자 하는 노력을 의미하는 개념으로 자리잡았다.

우리 역사 속에서 수신서는 이러한 유학적 전통과 함께 불교의 수행(修行) 전통을 포용하는 도덕교과서이기도 했다. 참선을 중심으로 하는 선불교 전통이 강한 한국불교가 간화선(看話禪)이라는 화두(話頭) 중심의 수행 전통을 확립해서 현재에 이르고 있는데, 그 수행의 전통이 조선 성리학자들에 의해 비판적으로 극복되면서 선비의 수양(修養)은 모든 선비들이 반드시 이행해내야 하는 과제로 자리매김하게 된 것이다.

조선 선비들은 자신의 몸과 마음을 갈고 닦는 수양[修己]과 그 결과를 백성들에게 나눠주기 위한 치인(治人) 또는 안인(安人)의 삶에 대한 지향을 동시에 갖고 있었다. 그 열망이 현실 속에서 좌절되거나 당쟁의 혼란 속에서 소인배로 전락함으로써 그 둘 모두를 포기한 선비들이 없었던 것은 아니지만, 퇴계와 율곡, 남명 등으로 대표되는 진정한 선비들의 삶 속에서 이러한 두 지향점의 만남을 확인하는 일은 어렵지 않다. 남명의 경우 벼슬길로 나가지 않고 자신의 정치적 소신을 펼치는 상소를 올리거나 제자들을 길러 미래를 대비하는 삶을 택함으로써 수기치인의 또 다른 전형을 보여주었다는 점에서 차이가 있을 뿐이다.

이러한 수신은 기본적으로 어린 시절의 스승을 전제로 하여 습관화를 꾀하는 타율적인 단계와 스스로 성인을 목표로 삼아 자발적인 수양을 해나가는 자율적인 단계로 다시 나누어볼 수 있다. 따라서 수신서의 경우에도 각각 타율적인 단계에 맞는 수준의 것과 자율적인 단계에 맞는 수준의 것으로 나누어볼 수 있고, 중국 송나라의 주희에 의해 『소학(小學)』이라는 초등 수준 교과서가 편찬된 이후로는 타율적 단계의 수신서 대부분이 이 '소학'을 준거로 삼아 편찬되었다.

우리 한국에서도 이 주희의 '소학'을 근간으로 삼아 조선의 효행 사례 등을 추가하는 방향으로 재구성된 소학책이 발간되었다. 조선시대를 대표할 만한 수신서로는 율곡 이이가 편찬한 『격몽요결(擊蒙要訣)』과 『성학집요(聖學輯要)』가 있다. 전자는 아동을 위한 수신서이고 후자는 왕을 위한 수신서로 각각 타율적 단계의 수신서와 자율적 단계의 수신서를 대표할 만한 것으로 평가받기에 손색이 없다. 성리학적 질서를 근간으로 삼아 도덕과 정치를 이끌어가고자 했던 조선 성리학자들은 아동뿐만 아니라 왕도 수신교육의 대상으로 설정했음을 알 수 있고, 후자에 속하는 또 다른 수신서로 퇴계 이황의 『성학십도(聖學十圖)』를 꼽을 수 있다.

근대의 수신서들도 대체로 이 책을 근간으로 삼아 저술되었음을 쉽게 확인할 수 있다. '소학'을 저본으로 삼은 근대 수신서들은 명칭에 있어서도 『국민소학독본』, 『초등소학수신서』 등과 같이 '소학'을 구체적으로 드러내는 방식으로 제목과 내용을 정했다.

물론 수신(修身)이 소아(小兒)들에게만 해당되는 것이 아니라 성인(成人)들에게도 계속 해당되는 것이기 때문에 수신서도 타율적 단계에 있는 아동들만을 대상으로 하는 것은 아니지만, 현실적으로 성인들을 위한 수신서는 각자의 자율적인 영역에 맡겨지는 것을 원칙으로 하기 때문에 기본적으로 수신서는 아직 성인이 되지 못한 어린이와 청소년들을 상대로 하여 만들어지는 도덕교과서라고 규정해도 큰 무리가 없을 것이다. 물론 그 대상이 어린이와 청소년들이었기 때문에 글자와 문장의 의미를 정확하게 알게 하는 국어교과서로서의 성격도 동시에 지니고 있었다.

이런 목적으로 편찬된 수신서를 가지고 교사가 중심이 되어 기본예절의 습관화와 도덕적 모형 제시 등의 방법을 활용하여 교육해온 것이 우리 교육의 핵심 전통이고, 그것은 곧 도덕교육과 인성교육을 교육 자체와 동일시해온 역사이기도 했다. 이러한 교육 전통이 바탕이 되어 근대 개화기 이후 서구식 교과목 중심 체제로 학교 교육과정을 개편하는 과정에서 '수신 교과'라고 하는 독립된 도덕 교과가 만들어지게 되었다.

2. '근대 수신서'의 양상과 특징

근대 수신서는 전통적인 수신서의 내용과 체계를 일정 부분 계승하면서도 당시 상황을 적극적으로 반영하는 내용을 담거나 오히려 그것을 중심 내용으로 내세우는 방식으로 그 형태가 변화되기도 한다. 각 학교의 상황에 맞는 교과서를 개발하는 것을 허용하는 교과서 검정제를 채택했던 대한제국기에 대부분의 근대 수신서가 발간되었기 때문에 그 종류가 다양하고 각 교과서마다 내용 전개 방식이 다르지만, 목적과 전통을 공유하고 있었기 때문에 큰 틀에 있어서는 대동소이하다.

이러한 공통 요소를 바탕으로 삼아 근대 수신서들이 보여주는 특징을 정리해 보면 다음과 같다. 첫째는 전통적인 '소학' 중심의 덕목과 함께 서구 근대사상에 기반한 덕목이나 가치를 동시에 중시하는 내용으로 이루어져 있다는 점을 들 수 있다. 유근의 『초등소학수신서』나 안종화의 『초등윤리학교과서』가 그 대표적인 경우이다. 유근은 효와 충, 우애와 같은 전통적인 유교 덕목은 물론 자유나 의무와 같은 민주주의의 핵심 가치를 주제로 삼는 독립된 장을 배치하고 있고, 안종화도 준법[守法]이나 납세(納稅) 같은 민주시민으로서의 의무도 중요한 수신교과서의 내용으로 제시하고 있다.

둘째는 개화기에서 대한제국으로 넘어가서 결국 일본 제국주의에 의해 식민 지배를 받게 되는 당시의 상황이 교과서 내용 구성 원칙의 중요한 축으로 작동하고 있다는 점을 들 수 있다. 국가와 민족의 운명이 바람 앞의 등불과 같이 흔들리고 있음을 근대 수신서 저자들인 당대의 지식인들은 적극적으로 수용하고자 했고, 그러한 위기에 대응할 수 있는 근본적인 방안으로 교육을 택했음을 짐작할 수 있게 하는 내용들을 대부분의 수신교과서에서 발견할 수 있다. 위에서 언급된 수신서들은 말할 것도 없고, 여학생들을 대상으로 하는 노병선의 『녀자소학수신서』에도 적은 부분이기는 하지만 '가사노동의 전담자로서 가정을 이끌고 자녀를 잘 교육하여 애국적 인재로 육성시키기 위한 역량을 축적하는 것'을 목적으로 삼는 내용이 담겨있을 정도이다.[1]

셋째는 근대 수신서가 보여주고 있는 통합적 성격에 주목할 필요가 있다. 근대 수신서는 기본적으로 사범학교나 소학교 등의 교과목으로 설정된 수신교과(修身教科)의 교과서로 편찬되었다. 그런 점에서 근대 수신교과서는 독립된 도덕 교과를 전제로 하는 유교문화권 특유의 도덕 교과서로서의 성격을 지니고 있었다고 보는 것이 타당할 것이다. 그러나 일부 수신서는 그 내용으로 다른 사람의 재산에 대해 다루거나 헌법의 종류와 같이 법교육과 관련한 내용을 담고 있기도 하다. 다시 말해서 현재의 우리 교과를 기준으로 해서 보면 경제교과서나 법교과서 같은 내용을 포함하고 있다는 것이다. 신해영이 편찬한 『윤리학교과서』가 그 대표적인 경우이다.[2]

네 번째 특성으로는 역시 당시의 상황을 담고 있는 것으로 남녀차별적 전제를 여전히 떨치지 못한 채 교과서 내용을 구성하고 있는 점이다. 아예 여성을 위한 수신서를 따로 편찬할 정도로 강한 차별성의

---

1 김수경, 「녀자소학슈신서 해제」 참조.

2 이 교과서 해제자인 김민재는 이러한 특성을 감안하여 '학제적 특성이 강한 책'이라고 평가하고 있다. 김민재, 「신해영의 『윤리학교과서』 해제」 참조.

전제 위에서 교과서가 개발되었고, 그렇게 개발된 교과서의 내용도 당연히 여성의 역할을 주로 가정 안에 한정시키는 한계를 노정시키고 있다. 이미 언급된 노병선의 수신서 이외에도 이원경의 『초등여학독본』의 경우에도 대동소이한 내용을 담고 있다. 이 책은 "지금에 와서 풍습이 크게 열리고 여자의 권리가 비로소 해방을 맞았으니, 남자를 가르치는 것보다 여자를 가르치는 것이 더욱 급하다"라는 분명한 문제의식을 담고 있다는 점에서 노병선의 교과서보다 진일보한 내용을 담고 있기는 하지만, 여전히 주된 내용으로는 여자로서의 행동이나 시부모와 남편 봉양 등을 강조하고 있어 질적인 차이까지 확보하지는 못하고 있다.

이러한 특징과 한계들을 명확하게 인식하는 것이 근대 수신서의 현재성을 함께 견지해낼 수 있는 기본자세일 것이다. 그러나 그와 함께 근대 수신서들이 지니고 있는 역사성에도 우리는 함께 주목할 필요성을 느낀다. 당시의 상황 속에서 민족과 국가의 현실과 미래를 걱정하는 선각자들이기도 했던 교과서 저자들이 한편으로는 교육을 통해 국난극복의 주인공들을 길러내고자 하는 장기적인 독립운동을 하고자 했다는 점을 먼저 인식할 필요가 있고, 다른 한편으로는 그럼에도 성리학적 교육 전통 속에서 성장했던 자신들의 한계를 온전히 극복할 수는 없었다는 점을 함께 인식할 필요가 있다. 유교적 덕목과 민주주의적 가치를 조화시키고자 하는 의도를 분명히 갖고 있었지만, 그것을 구체화할 수 있는 수준이나 능력은 갖추지 못했던 우리 근대 지식인들과 당시 학문적 담론 자체의 한계를 동시에 확인할 수 있는 지점이기도 하다.

그럼에도 일제 식민지 통치가 본격화하기 이전에 자유발행제와 검정제라는 제도적 기반 위에서 발간된 다양한 형태의 수신교과서들은 우선 전통 교육의 긍정적 유산을 독립된 도덕교과로 계승하면서 새로운 시대를 준비하기 위한 치열한 노력들의 산물이라는 점에서 중요한 의미를 지닐 뿐만 아니라, 그러한 노력을 구체화하기 위한 다양한 방법들을 선보이고 있는 도덕교육 방법론의 경연장을 보여주고 있는 점에서도 실천적 의미를 지닌다. 그림을 활용하는 것은 말할 것도 없고, 각 장마다 화두적 성격의 질문을 던짐으로써 학생들의 창의적인 사고와 의지를 함께 유도해 내고자 하는 방법들이 전통적인 소학교육의 방법론과 어깨를 나란히 하면서 등장하고 있다.[3]

3. 이화여대 소장본 '근대 수신서'의 가치와 번역의 의의

이번에 번역 · 해제되는 10권의 수신서를 포함하여 이화여자대학교 도서관은 다수의 근대 수신서를 역사서 등과 함께 소장하고 있다. 개화기 이후 우리의 국민교육 체제가 대한제국의 출범과 함께 구체화되었지만, 그 과정에서 기독교 선교사들이 중심이 된 사립학교의 비

3 전통 수신교과서인 『소학』에 담겨 있는 도덕교육 방법론적 의미와 구체적인 방법들에 대해서는 졸고, 「초등 도덕교육론의 텍스트로서의 『小學』 읽기」, 『초등도덕교육』 창간호, 한국초등도덕교육학회, 1996, 1~22면을 참조할 수 있다.

중과 위상은 독립지사들이 중심이 된 민족학교의 비중과 더불어 공립학교 체제에 결코 뒤지지 않았고, 이러한 전통은 현재까지 이어져 우리의 중등학교와 대학은 다수의 사립과 소수의 국공립이 병존하는 형태를 유지하고 있다.

그 과정에서도 특히 주목받을 만한 학교가 기독교 선교사들이 중심이 되어 설립한 이화전문학교와 연희전문학교인데, 이들 학교는 오늘날 우리나라를 대표하는 명문사학으로 자리잡아 중요한 역할을 담당하고 있다. 특히 이화전문학교는 이화여자대학교로 발전하여 우리나라 여성교육의 중심축 역할을 충실히 수행하는 수준을 넘어서서 세계 속의 대학으로 자리잡아가고 있는 중이기도 하다. 이러한 대학의 도서관에 개화기와 대한제국기, 일제 식민지 통치기의 수신서가 다수 소장되어 있다는 사실은 그 역사적 전통을 잘 보존해 왔다는 증거로 평가받을 만하다.

이번에 번역되는 수신서들이 물론 이화여대 도서관에만 소장되어 있는 것은 아니다. 그 중의 일부는 이미 1970년대에 '한국학문헌연구소'에서 편집하여 한국교원대학교를 비롯한 다수 대학의 도서관에 소장되어 있기도 하고, 일부 개인적으로 소장하고 있는 경우도 없지 않다. 그러나 이화여대 소장본은 우선 그 숫자에 있어서 다른 경우를 압도하고 있을 뿐만 아니라, 보존 상태도 양호하여 실천적인 연구를 함에 있어 질 높은 자료를 제공해 줄 수 있는 여건을 갖추고 있다.

이번 번역에 포함된 수신서 이외에도 번역할 만한 가치가 높은 자료들이 많이 남아 있기 때문에 여건이 닿는 대로 지속적인 관심을 가질 필요가 있고, 가능한 범위 안에서 영인본 등의 형태로 많은 사람들이 접근할 수 있도록 할 수 있었으면 좋겠다. 학문 연구와 교육을 위한 자료의 가치는 소장 자체로서의 의미보다는 그것이 어떻게 또 얼마나 활용되느냐에 의해 평가될 수 있을 것이기 때문이다.

그럼에도 이번 번역과 해제를 통하여 그 중 중요한 수신서 일부가 공식적으로 연구 자료와 교육 자료로 활용될 수 있게 된 점은 개화기와 근대의 교육 내용과 목표, 성격 등에 관한 연구가 현저하게 부족한 우리 교육계에 참신한 연구와 교육의 열망을 불러일으킬 수 있는 계기가 될 수 있을 것이다. 또한 현재 우리가 처해 있는 어려움을 인식할 수 있는 준거는 물론 바람직한 대응 방법을 찾아가는 데 좋은 참고 자료로서의 역할도 할 수 있을 것으로 기대한다.

이번 번역은 직역을 원칙으로 하면서도 현재의 관점에서 이해할 수 있는 수준으로 재구성하는 노력도 함께 기울였기 때문에 단순한 역사적 자료로서 과거 교과서를 확인하는 정도를 넘어서서 현재 우리 도덕교육의 좌표와 지향점을 찾는 과정에도 중요한 시사점을 제시하여 줄 수 있을 것으로 기대한다. 번역자 개인의 문투를 존중하면서도 전문가들이 주관하는 치밀한 감수의 과정을 거쳤기 때문에 가독력이나 완성도 측면에서도 일정한 완결성을 갖추고 있다는 점도 이번 번역본의 장점으로 꼽을 수 있다. 특히 학교 현장의 도덕 교사들이 적극적으로 활용하여 도덕교육의 새로운 활로를 열 수 있는 좋은 수업 자료로 평가받을 수 있었으면 한다.

삶의 일정 영역에서 여전히 전통이 살아있으면서도 경제성장과 민주화 과정을 비교적 성공적으로 이끌어낸 우리의 현대사는 가치관 영역에서의 극심한 혼란과 함께 세계화와 지역화를 동시에 이룩해내야 한다는 새로운 시대적 사명을 부여받고 있다. 이런 시점에서 500년 역사를 간직한 조선이 붕괴하고 세계의 열강들이 모두 자신들의 이득을 위해 한반도로 몰려오던 19세기 말과 20세기 초반 민족과 국가의 좌표를 고민했던 당대 선각자들의 화두(話頭)를 현재적 관점으로 만나는 일은 그 자체로 미래를 위한 단단한 기반이 되어줄 것이다.

차례

중등수신교과서

고등소학수신서

보통교과수신서

중등수신교과서

『중등수신교과서』 해제

김남이

1. 저자

『중등수신교과서』는 휘문의숙 편집부가 엮어 경성 휘문관에서 1906년 9월 25일 초판 발행한 교과서이다. 휘문의숙은 고종황제의 칙명으로 하정(河汀) 민영휘(閔泳徽)가 설립하였으며, 1906년 8월 20일 입학시험을 시행하고 학생들을 받았다. 『중등수신교과서』는 일차적으로는 이 학생들을 위해 간행된 수신교과서라고 볼 수 있다. 편저자는 휘문의숙 편집부로 되어 있어 개인 저자를 확인할 수는 없지만, 민영휘가 쓴 서문(1906)을 통해, 이 교과서 편찬을 위해 전국의 '학식 있는 신사들이 초빙'되었으며, 이 수신교과서를 우선적으로 편찬할 생각이 있었다는 점을 확인할 수 있다.

2. 구성

이화여대 소장본 『중등수신교과서』는 1906년 초판본 『중등수신교과서』의 권 1~2만을 1908년 6월 25일에 휘문관에서 재판한 것으로 양지(洋紙) 양장본 2권 1책의 낙질본이다. 원래는 상 · 하 2책, 총 4권, 총 120개 과로 되어 있고, 상권은 서문—권1—권2이며, 하권은 권3—권4—총론으로 구성되었다. 판형은 국판(菊版)이며, 이화여대 소장본(권1~2)은 서문 2면, 목차 8면, 권1 40면, 권2 50면으로 총 98면이다.[1] 표지 내지 상단에 가로로 '학부검정(學部檢定)'이라 되어 있고, 그 아래에 세로로 '휘문의숙 편집부 편찬 중등수신교과서'라 되어 있다. 문체는 국한문혼용체를 사용하였는데 국문의 통사적 구조를 갖되, 띄어쓰기를 하지 않았고 조사를 제외한 거의 모든 말을 한자로 표기하였다. 본문은 상 · 하 2단으로 분할하여 상단에는 본문의 내용을 개괄하는 짧은 구절을 두주(頭註) 형식으로 달아 놓았고, 하단에는 본문이 기술되어 있다. 내용 전개에 따라 줄바꾸기로 문단을 나누어 놓았는데 두주의 내용 개요와 문단 나누기가 일치하지 않는 곳도 간혹 있다.

1 하권은 목차 8면, 권3 46면, 권4 52면으로 총 106면이다.

3. 내용

이화여대 소장본은 상권(서문－권1－권2)으로만 되어 있는데, 교과서 전체 내용 이해를 위해 『한국개화기교과서총서』에 수록되어 있는 하권(권3－권4－총론)의 내용까지 아울러 개괄하도록 한다. 상권의 권1은 총 30과로 나누어 학생으로서의 본분(제1과~21과), 벗에 대하여 주의할 점(제22과~25과), 가정과 관련하여 주의할 점(제26과~30과)을 기술하였다. 우애와 효성, 근면함과 같은 가치를 강조하는 한편, 신체 단련의 필요성을 강조하였다. 권2는 총 30과로 나누어 처세(제1과~17과), 국가(제18과~21과), 덕을 수양하는 것(제22과~30과)과 관련하여 주의할 점을 기술하였다. 국가와 관련된 총 4개 과의 내용을 빼면, 전체 26개 과가 처세 및 덕을 수양하는 것과 관련된 도덕적 가치들을 기술하는 데 비중이 두어져 있다. 하권의 권3은 총 30과로 나누어 자기에 대한 도리(제1과~14과), 타인에 대한 도리(제15과~30과)를 나누어 기술하였다. 자기와 타인의 건강과 지식, 감정과 인격 등을 위해 지켜야 할 의무를 기술하고 그에 대한 일종의 관계론이라 할 동정(同情), 인혜(仁惠), 협동심이 개별의 과로 다루어졌다. 하권의 권4는 총 30개의 과를 가족(제1과~6과), 소속 단체(7과~14과), 국가(제15과~27과), 인류(제28과), 만물(제29과~30과)에 대한 도리로 나누어 기술하였다. 특히 권3과 권4에는 서구 근대의 이념과 제도에 입각한 사회, 국가, 자연에 대한 인식이 뚜렷하게 드러나 있다.

4. 가치

『중등수신교과서』는 '근대식 학교에 입학한 대한제국의 학생'이 학생에서 국가의 훌륭한 국민으로 성장해가기 위해 필요한 입지와 처세, 수신의 방향, 그리고 국가와 사회관을 내용으로 한다. 이 책의 서문을 쓴 민영휘는 『논어』, 『맹자』와 같은 '수신서'가 남아 있음에도 불구하고 중등수신용 '교과서'를 새로 편찬하는 이유를 위의 책들이 분량이 많고 뜻이 방만하여 여러 해 동안의 공부가 필요한, 그 비효율성에서 찾고 있다. 그러나 이보다 더 중요한 이유는 아마도 시대가 요구하는 '수신'의 가치와 내용이 달라졌기 때문일 것이다. 권3과 4에는 19세기 말 20세기 초 새롭게 경험하게 된 '사회'와 '국가', '인류'라는 개념, 그 안에서 한 개인과 성원, 국민이 지켜야 할 의무들이 세세하게 기술되어 있다. 인류에 대한 박애의 정신, 자연을 인간을 위해 이용하는 도구적 관점에서 보는 사유 등 이른바 서구 근대적인 '주의'와 관념들이 그대로 담겨 있는 것이다. 그러면서도 이 교과서의 기술을 총괄하는 마지막의 '총론'은 『논어』와 『대학』, 『중용』을 인용하며 이 새로운 '근대/서구적 수신'의 의미를 동양적 가치로 수렴하고 있어 그 전유의 방식이 흥미롭다. 『중등수신교과서』는 이렇듯 시대가 새롭게 요구하는 수신의 가치를 담으려 하되, 그것을 이미 존재하고 있던 개인과 국가, 도덕과 수양에 관한 전통의 지적 체계 속에서 어떻게 자기맥락화되고 있는가를 살펴볼 수 있게 하는 텍스트이기도 하다.

참고문헌

徽文義塾編輯部,『中等修身教科書』, 徽文館, 1908(韓國學文獻研究所編,『韓國開化期教科書叢書』, 亞細亞文化社, 1977).

강윤호,『개화기의 교과용 도서』, 교육출판사, 1975.

이진석,「1906—1910年의 修身書 內容 分析」, 서울대학교 석사논문, 1986.

중등수신교과서 목차

제29과 인혜(仁惠)
제30과 의협심

권4

제1 가족의 도의(道義)

제1과 가족
제2과 가계(家系)
제3과 가계(家計)
제4과 가장의 책임
제5과 부모를 사랑함
제6과 부모를 사랑함(계속)

제2 공중 및 소속단체에 대한 도리

제7과 단체
제8과 단체(계속)
제9과 질서
제10과 단체의 안정
제11과 단체의 안정(계속)
제12과 번영
제13과 공직(公職)
제14과 단체의 구성원의 여러 가지 의무

제3 국가에 대한 도리

제15과 국가
제16과 국가(계속)
제17과 국민
제18과 국민(계속)
제19과 애국
제20과 납세의 의무
제21과 병역의 의무
제22과 교육의 의무
제23과 교육의 의무(계속)
제24과 국가 간의 도의
제25과 국가 간의 도의(계속)
제26과 통상
제27과 전쟁

제5 인류에 대한 도리

제28과 박애(博愛)

제6 만물에 대한 도리

제29과 동물
제30과 천연물

총론

서문

학자들은 학문이 바른 사람이 되는 방도라고 한다. 학문을 하는 길이 비록 만 가지로 다르지만, 도덕을 떠나서 작용할 수 있는 것은 없다. 그러므로 반드시 자기자신부터 심성을 수련하고, 도덕을 함양하여 모든 백예(百藝)의 근본으로 삼고, 모든 일의 표준을 세운 뒤에라야 체용(體用)을 완비한 학문이라고 할 수 있다. 그렇지 않으면 기예가 정묘하고 지혜와 기술이 매우 높아도 마치 근원이 없는 물과 뿌리가 없는 나무처럼 (세상을) 윤택하게 하는 공이 부족하고, 완성된 재목으로서의 쓰임이 적다. 그러니 이것이 어찌 생존을 유지하며 사회에 보탬이 되는 공익(公益)이 있겠으며, 또한 어찌 나라를 사랑하고 충성을 바치는 실질을 바랄 수 있겠는가. 여기에서 도덕이 지육(智育)과 체육(體育) 두 가지 교육의 본질이며 수신은 덕육(德育)의 기본임을 알 수 있다.

그런데 수신서로는 육경과 『논어』, 『맹자』가 모두 남아 있어서 이를 읽으면 충분한데, 그것을 두고 또 별도로 수신서를 편찬한 것은 왜인가. 그 책들은 분량이 많고 뜻이 산만하여 여러 해 동안 전념해서 공부하지 않으면 방향을 얻고 단서를 찾을 수가 없다. 한도가 있는 공부의 과정에서 한없는 세월을 허비하는 것은 어린 사람들이 공부하며 감당할 수 있는 것이 아니다. 그래서 근세 각국은 각각 자기 나라의 성질과 관습에 따라서 스스로 교과서류를 편찬하여 각국의 상황에 적합하게 가르치고 있다.

내가 이 학교[1]를 설립하면서 국내에서 학식이 있는 신사(紳士)들을 초빙하여 교과서를 편찬하는 일을 각각 전담하게 했는데, 수신교과서를 편집하는 일부터 우선하게 하였다. 목차는 동서양의 개명한 나라들의 예를 따랐고, 글은 국문을 위주로 하여 한문을 섞었으며, 주지는 성인 · 현자의 좋은 말씀과 훌륭한 모범에서 취하되 간명하고 정밀하며 명백하게 하여 젊은 공부하는 선비들이 쉽게 이해하고, 공부하고 익히는 데 편리하도록 하였다. 가깝게는 양심(養心) · 입지(立志) · 언어 · 행동에서부터 가정 · 붕우 · 사회 · 국가에 이르기까지 순서에 따라 점진적으로 힘써 공부해 나가지 않는 것이 없으니 실로 수신의 요체요, 인재를 만드는 모형(模型)이다. 배우는 사람들이 진실로 이 책에 주력하여 수련하고 함양한다면 훗날 반드시 완전하고 덕을 갖춘 인재가 될 것이니, 세상에 유용한 인재가 얼마나 많을지 이루 헤아릴 수 있겠는가. 광무 10년(1906) 8월일, 하정(河汀) 민영휘(閔泳徽)[2] 쓰다.

---

1 휘문의숙(徽文義塾) : 1906년 5월 1일 고종황제의 칙명으로 민영휘가 설립한 학교. 설립자인 민영휘의 이름을 따서 '휘문'이라는 이름이 내려졌다. 1904년 민영휘가 학생 30명을 데리고 자택에서 열었던 광성의숙이 모체이다. 1905년 궁내부로부터 정식허가를 받아 학교 건물을 지었고, 1906년 5월에 휘문의숙을 설립하고, 8월 20일 첫 입학시험을 시행해 130명의 신입생을 선발해 어학 · 물리 · 작문 · 수학 · 지리 등의 근대 학문을 가르쳤다. 사립학교였지만, 명성왕후의 조카인 민영휘가 설립자였고, 황제의 칙명으로 세워졌기에 교육시설이 완비되었고, 교과서 인쇄와 편찬을 할 수 있는 인쇄소 휘문관을 보유하고 있었다. 『중등수신교과서』는 각종 교과서를 편찬, 인쇄하면서 수신서를 우선 순위로 삼았다는 위 서문의 언급도 있거니와 입학 시험이 시행된 8월 20일부터 약 한 달 뒤인 9월 20일 인쇄를 마치고 간행되었다.

2 민영휘(閔泳徽, 1852~1935) : 본관 여흥. 초명은 영준(泳駿). 자 군팔(君八). 호 하정(河汀). 명성황후의 조카이다. 1877년 정시문과에 급제해서 관리로서의 생활을 시작, 참의내무부사(參議內務府使) · 주차일본판리공사(駐箚日本辨理公使) · 선혜아문당상(宣惠衙門堂上) · 친군경리사(親軍經理使)를 지냈다. 1894년 동학농민운동이 일어나자 청군(淸軍)에게 지원을 요청, 그 진압에 힘썼으며, 임오군란 때에는 탐관오리로 논죄되어 임자도(荏子島)에 유배되었다. 천일은행(天一銀行)과 휘문학교(徽文學校)를 설립하였다.

중등수신교과서

권1

제1 학생으로서 주의할 점

제1과 학생의 본분

중등교육을 받는 행복과 책임

학생이 초등교육의 문(門)을 나와서 중등교육의 문에 들어가는 것은 실제의 학문을 실천하는 계단이다. 이 계단에 올라서서 앞으로 나아갈 단계를 바라보면 그 단계가 결코 천근한 곳에서 그치지 않으니, 중대한 책임이 자기 한 몸에 맡겨져 있음을 미리 헤아릴 수 있어야 한다. 훗날 중등(中等) 이상의 사회에서 인민(人民)으로서의 의무를 다하려고 한다면 지혜를 더욱 연마하며 덕을 더욱 닦아서 국가(國家)에 유용한 인물이 되기를 반드시 기약해야 한다.

이렇듯 공부하는 시기를 맞이한 학생에게는 본분을 지키는 것이 첫 번째 급선무이다. 학교에서 교칙을 잘 지키며, 교훈을 준수하며, 품행을 단정히 하며, 학문을 열심히 닦아서 모든 청년의 모범이 되면 이 사람은 본분을 잘 지키는 학생이라 할 수 있다.

제2과 학교

학교는 한 개인의 집과 같아서 교사와 학생은 부형(父兄)과 자제(子弟)의 관계와 마찬가지이다. 그러나 한 개인의 집에서는 가풍만 지키고, 통상적인 문자로 표시한 규칙은 필요로 하지 않지만, 하나의 학교는 수많은 사람이 모인 곳이기 때문에 교훈과 교칙 등에 주의한 문구가 있다. 규칙을 중시함

이 문자는 학생을 교육하는 데 절실하여 실로 학교의 생명을 이루는 기틀이라 말할 수 있다. 만약 학생이 학교의 규율을 어지럽혀 학교의 상황을 혼란스럽게 하면 비록 학교의 건물은 엄연하게 서 있을 지라도 실제로는 빈껍데기를 면치 못한다. 그러니 어찌 학생들이 서로 일깨우며 준수해야 할 바가 아니겠는가.

학생은 필히 자기 집의 명예와 재산을 중요하게 생각하는데, 이와 같은 정신으로 학교의 명예와 재산을 보호하고 지켜야 한다. 만약 제멋대로 굴고 오만하여 학생으로서의 체면을 더럽혀 다른 사람의 멸시를 부르며, 학교에 욕을 끼치고, 학교의 기구를 파손하며 정원을 더럽히고 또 같은 학교 친구들에게 불쾌한 감정을 생기게 하면 이것은 학교를 사랑하는 성심(誠心)이 모자라는 사람이니 학생의 자격이 없다. 학교의 명예와 재산

제3과 교사를 존경함

교사가 학생을 교육하게 되면 밤낮 몸과 마음으로 고생하며 학생들이 선량한 인물이 되기를 희망한다. 학생이 지식이 발달하고 도덕을 함양하여 인간을 인간이라 할 수 있는 가치를 갖추게 되는 것은 실로 교사의 은혜

교사가 베푼 덕이다. 그러니 교사의 깊고 무거운 은혜에 무엇으로 보답하겠는가?

학생은 교사의 가르침에 따르며 항상 존경하는 마음을 잃지 않아야 한다. 교사의 가르침을 받을 때에 학생은 반드시 자기를 비우고 교사의 말에 순종하여 나태한 마음이 생기지 않도록 하고, 의문 나는 곳이 있으면 철저하게 물어서 사리(事理)를 명확하게 이해해야 한다. 경박한 생각으로 교사의 뜻에 반항하는 행동을 하는 것[3]은 결코 옳지 않다.

학생이 비록 하루아침에 학교에서 학업을 마치고 다른 지위와 다른 학업으로 나가게 되더라도 전에 배운 스승의 은혜를 더더욱 잊지 않아야 하며 때로 안부를 여쭙고, 학업이 대성할수록 스승의 은혜에 보답하겠다는 마음을 가져야 한다. 이처럼 한다면 제자의 직분을 수행하는 사람이다.

제4과 입지

입지의 필요성 뜻은 마음이 향하는 바를 말하니, 학업을 하는 사람은 뜻을 세우는 일을 제일로 삼아야 한다. 만약 뜻을 견고하게 세우지 못하면 그 행실 또한 일정하기 어려워서 항상 사소한 외물(外物)에 끌려 다니게 된다. 그러므로 도리를 배우며 일을 성취하여 후세까지 불후한 명성을 남긴 사람은 어릴 때부터 그 뜻이 확고하지 않은 사람이 없었다.

입지의 도 뜻을 세우는 것은 다른 사람이 억지로 해서 되는 것이 아니고 반드

3 반항하는 행동을 하는 것 : 원문은 경자(徑自). 자기의 직접적인 행동을 표시하는 것.

시 자신이 느끼고 분발하는 데서 비롯된다. 그러나 뜻이 약한 사람은 아무리 한번 분발한다 해도 순식간에 외물에게 정신을 빼앗기고 뜻이 좌절됨을 면치 못하고, 그래서 평생을 고생해도 결국은 조금도 성공하지 못한다. 그러나 뜻을 세우는 것이 어려운 것이 아니고, 굳게 인내하며 흔들리지 않는[4] 정신으로 실행하는 것이 어려우니 학문에 뜻을 둔 사람은 이것을 명심해야 한다.

입지에서의 신중함의 필요성

뜻을 세우고도 이루지 못하는 것은 뜻을 세운 방향이 잘못되어서이다. 일시적인 감정에 끌려서 경솔하게 자기가 지향할 바를 정하는 일은 특히 해서는 안 된다. 한때의 감정으로 정한 것은 다른 때에는 또 다른 감정으로 무너질 것이다. 그러니 평생의 방향을 정하는 중대한 일은 마땅히 부형과 스승, 벗에게 물어서 그들의 의견을 청하며 다른 사람의 경험을 잘 살펴서 공평(公平)한 근거를 얻어야 한다. 그렇게 하지 않으면 훗날 아무리 후회해도[5] 소용이 없다.

제5과 수학

소양(素養)의 필요성

모든 세상일을 그 결과로만 본다면 저절로 생겨서 우연히 이루어진 것으로 생각하겠지만, 그 근본 원인이 어디서 왔는가를 살펴보면 초목에 꽃이 피고 열매가 맺히는 것도 햇빛과 우로(雨露)의 은혜와 사람이 심고 재배하는 공(功)으로 이루어진 것이다. 하물며 입신양명하고

---

4 굳게~흔들리지 않는: 원문은 견인불발(堅忍不拔). 견고하여 흔들리지 않음. 출전은 다음과 같다. 善建者不拔, 善抱者不脫. 『老子』.

5 아무리 후회해도: 원문은 서제(噬臍). 배꼽을 물어뜯는다는 말인데, 실제로 할 수 없는 일을 말하며, 일을 한번 실패한 뒤에는 후회해도 어쩔 수 없음을 비유한다.

집안을 일으켜 국가에 유용한 인재를 양성하려고 하는데 어찌 평소의 함양이 없겠는가. 그러므로 사람은 반드시 지식을 연마하고 덕을 닦아서 훗날 대성하게 될 것을 기약해야 한다.

처음을 삼가고 끝을 온전하게 하는 도

사람의 성질은 다르지만 학문을 하여 지식을 갖게 되면 반드시 현자(賢者)와 지자(智者)가 될 수 있다. 가령 다른 사람보다 재주가 뛰어나더라도 그 재주만 자신하며 부지런히 연마하지 않으면 그 끝은 평범한 사람보다 못할 것이다. 반면 노둔한 사람이라도 분발하여 학문에 힘쓰는 일을 그치지 않으면 학업을 성취하는 날이 반드시 올 것이다. 그러므로 학문을 하는 핵심은 순서를 따라 공부하는 일을 더욱 부지런히 하는 데 있다. 무릇 학생이 시종일관 학문에 전념하여 쉼없이 나아간다면[6] 그가 성취할 덕을 이루 헤아릴 수 있겠는가.

제6과 전념함

평생의 성패는 하루에 달려 있음

사람이 세상에 살면서 하루하루 해야 할 일이 아주 많은데 자고 먹고 마시는 등의 시간을 제외하면 그 나머지 시간이 얼마 안 된다. 그 사이에 학업을 닦으며 몸을 단련하여 훗날의 성취를 기약하려 한다면 하루도 오히려 부족하다고 느낄 것인데 오늘 할 일을 내일로 미루며, 내일 할 일을 또 그 다음날로 미루며 미적거리고 있으면, 세월이 나를 따라주는 것이 아니니 어느 겨를에 일을 성취할 수 있겠는가. 그래서

---

6 쉼없이 나아간다면 : 원문은 진진불이(進進不已). 양계초(梁啓超)가 한 말로 분발하여 앞으로 나아가는 모양. 해당 부분은 다음 책에 실려 있으며 원문은 다음과 같다. 日邁月征, 進進不已, 必達於其極點. 梁啓超.『中國專制政治進化史論』「緒論」.

평생의 성공과 실패가 하루에 달려 있다고 하는 것이다. 그러니 하루에 해야 할 일은 그 하루에 할진대 괜히 다른 일은 생각하지 말고, 다만 정해진 일을 일심(一心)으로 행해야 한다.

계획과 전념함

가령 공부하는 자리에 있으면 교과 공부에 마음을 쏟고, 운동장에 있으면 운동에 전념하며 명확하게 정해진 시간을 미적거리며 늦추는 일이 없어야 한다. 이를 방관하며 잠시라도 허비하면 학업에서 성취를 바랄 수 없을 뿐만 아니라 신체와 정신이 모두 건전하지 못한 지경에 빠질 것이다. 그러니 마음을 전일하게 갖는 것은 학업을 이루고 노력의 공을 거두는 기틀이라고 말할 수 있다. 이러하니 젊은 시절의 공부를 어찌 단 하루인들 소홀히 할 수 있겠는가. 하우(夏禹)는 성인(聖人)인데도 오히려 촌음을 아끼셨으니[7] 우리들은 마땅히 분음을 아껴야 한다.

제7과 용기

대용(大勇)과 소용(小勇)의 구별

용기는 지(知)·인(仁)·용(勇)이라는 세 가지 덕 중의 하나인데 사람에게 하루라도 없으면 안 되는 것이다. 그런데 용기에는 대용과 소용의 구별이 있다. 대용은 바른 의리에서 나오는 것이다. 그래서 자기의 사욕을 이기고 통제하여 대사(大事)에 임해서 위험을 두려워하지 않으며 곤경을 당해도 근본을 잃지 않아 확고하게 흔들리지 않는 정신으로 자신의 뜻을 관철하니 이것은 군자(君子)의 용기이다. 소용은 혈기

7 해당 부분은 다음 책에 실려 있으며 원문은 다음과 같다. 大禹聖者, 乃惜寸陰, 至於衆人, 當惜分陰. 『晉書』 卷66 「陶侃列傳」. 이 문장은 대우와 같은 성인도 시간을 아꼈으니 대우의 경지에 이르지 못한 뭇 사람들은 마땅히 분음을 아껴야 함을 권면한 것이다.

에서 나오는 분노를 부린다. 그래서 칼을 어루만지며 사람을 질시하고 "저가 어찌 나를 감당하겠는가"라고 한다. 사소한 분노를 참지 못해 혈기를 사납게 부리고 앞뒤를 돌아보지 않고 위험을 무릅쓰니 이것은 필부(匹夫)의 용기이다. 그러니 학생이라면 굳건히 변하지 않는 뜻으로 용감하게 전진하는 기운을 길러서 비록 극심한 위험에 처할 경우라도 결코 자기의 뜻을 빼앗기지 말아야 하고, 원대한 공을 성취하고자 도모하는 것이 진정한 용기라 할 것이요, 혈기에서 나온 용기는 억제해야 한다.

제8과 건강

건강은 모든 일의 근본

사람이 건강한 신체를 소유함은 자기의 행복일 뿐만 아니라 실로 모든 일의 기본이 된다. 신체가 허약해서 항상 병상에서 신음하고 의원과 약을 떠나지 못하면 아무리 훌륭한 일을 성취하겠다는 큰 뜻이 있다 해도 고통을 더하는 것에 불과할 뿐이다.

건강에 주의하지 않음으로 인한 해로움

사람이 평소에 건강할 때에는 건강한 것이 얼마나 행복한 일인지 깊이 알지 못하다가 하루아침에 이 건강을 잃은 뒤에야 그것이 자신에게[8] 손해가 된다는 것을 비로소 알게 된다. 그러니 우리가 매일 학문을 연마함도 건강이 베풀어준 것이요, 일을 할 수 있는 것도 건강한 덕분이다. 만약 섭양(攝養)[9]에 주의하지 못해서 건강을 해치면 입신양

8 자신에게 : 원문에 '신분상(身分上)'이라고 되어 있는데 '신분에 해가 된다'라고 번역하면 표현이 어색해져서 '자신에게'라 번역하였다. '신분'은 사전적으로는 '출신과 사회적 지위', 또는 '자신의 가치'를 뜻하는 말인데, 문맥 상 자기 자신, 또는 현재 자신의 처지에 해가 된다는 뜻을 살리는 정도에서 번역하였다.

명하고 집안을 일으켜 국가에 유용한 일을 하는 사람이 되지 못하고, 혹 일찍 죽거나 혹 온전치 못한 폐인이 되면 이것은 자기의 행복을 포기한 사람일 뿐만 아니라 실로 불충불효한 사람이다.

제9과 음식의 섭취

음식에 주의함

음식은 신체를 유지하는 요소인데 정도에 지나치게 섭취하면 신체를 해친다. 세상에 굶주림 때문에 죽는 사람도 없지 않거니와 폭음폭식 때문에 목숨을 스스로 잃는 자 또한 많으니 어찌 음식에 주의하지 않겠는가.

무릇 음식물은 소모된 신체를 보충하는 것이다. 그러므로 영양분이 많은 것이 좋지만 섭취하는 양은 적절해야 하니, 먹는 양은 지나친 것보다는 부족하다 싶은 정도에서 그치는 것이 좋다. 맛이 진하고 좋은 음식을 식욕이 당기는 대로 먹거나, 정해진 시간 외에 간식을 먹는 것은 건강을 지키는 데[10] 매우 해롭다.

음식물의 양

사람의 장(腸)과 위(胃)는 음식물을 한 번 소화하는 데 약 네 시간이 걸린다. 만약 앞서 먹은 음식물이 제때 다 소화되지 못했는데, 뒤이어 음식물을 더 먹으면 장과 위는 적정한 기능을 잃고 결국에는 병이 되는 일도 있다. 그러니 음식에 규율이 없으면 신체의 건강을 잃을 뿐만 아니라 업무와 습관에도 큰 해가 되는 것을 면하기 어렵다.

---

9 섭양(攝養) : 질병에 걸리지 않도록 몸을 잘 부양하는 것. 섭생(攝生), 양생(養生)이라고도 한다.

10 원문은 위생(衛生). 근대 이전에는 양생(養生)과 같은 말로 생명을 보호한다는 말로 쓰였지만, 근대 이후에 '질병을 방지하고 건강에 유익함'이라는 좀더 구체적인 뜻으로 널리 쓰였다. 여기에서는 '건강을 지킨다'는 말로 번역하였다. 아래 12과의 청결과 관련된 내용은 '질병을 방지한다'는 데 더 중점을 두고 있으므로 근대 이후의 용례를 살려 '위생'이라고 번역했다.

제10과 운동

운동의 필요성

신체의 건강을 유지하기 위해서는 음식을 정도에 알맞게 섭취하는 것이 가장 필요하거니와, 그 다음에는 적절한 운동으로 신체의 각 부분을 발달하도록 하는 것도 매우 중요하다.

체조와 유기(遊技)11

학교에서 담당하는 각종 체조는 근육과 골격의 관계를 연구해서 규정한 것이므로 신체의 발달에 가장 큰 효과가 있고, 그 밖에 각종의 유기 또한 건강에 유익하니 항상 적절한 유기와 운동으로 정신을 상쾌하게 하며 기력을 왕성하게 해야 한다.

운동과 관련하여 청년이 제일 주의해야 할 것은 규칙을 어기지 않는 것이니, 매일 일정한 시간을 지켜서 운동을 하는 것이 필요하다.

운동의 과불급의 해로움

평생 동안 앉아서 먹기만 하고 운동하지 않는 사람은 신체에 큰 해로움을 키우는 것이다. 또 어쩌다 때로 급격하고 과도하게 운동을 하는 것도 필경에는 위험에 빠지게 되니 깊이 주의해야 할 바이다. 그 다음, 장시간 운동에 빠져 심신을 피곤하게 하는 것 또한 건강을 보전하는 데 도리어 심각한 해가 되는 경우도 있다.

운동의 종류가 각각 달라서 사람들의 기호가 일정하기 어렵지만, 제일 좋은 것은 다수의 사람이 협력하는 놀이이니, 이런 놀이가 특히 흥미와 도움되는 점이 많다.

운동장에서 주의해야 할 일

운동장은 학생의 원기(元氣)를 기르는 곳이다. 아무리 놀이를 하는 중이라도 장유(長幼)가 서로 도와서 타인의 편익에 해를 끼치지 말아야

---

11 유기(遊技) : 오락으로 하는 운동이나 경기. 당구나 바둑 같은 것들도 포함된다.

하며, 예의와 양보함을 반드시 지켜야 하니, 교실에서 배운 좋은 가르침을 운동장에서 알아 볼 수 있는 것이다.

제11과 휴식과 수면

사람의 신체와 정신은 쉼없이 쓸 수가 없다. 공부와 운동 등으로 피로함이 생길 때에는 반드시 적당하게 휴식해야 한다. 다만 쉬려는 생각이 안일한 생각을 불러 일으켜서 이미 피로함을 회복한 뒤에도 일을 하기 싫어하는 마음이 생기기 쉽다. 그러므로 휴식 시간을 정하여 조금도 어기지 않는 것이 좋다. 적당하게 휴식함

밤에 잠을 자는 것은 사람에게 큰 휴식이니 하루의 피로를 회복하려면 자연적으로[12] 필요하다. 청년들 대다수는 하루 여덟 시간의 적정한 수면 시간을 항상 지켜야 한다. 사람들이 간혹 일이 많다고 휴식 시간을 아끼며 수면 시간을 줄이는 경우도 있지만 이것은 두뇌를 손상시킬 뿐이지 사무에는 조금도 이익이 없다. 정해진 시간에 수면을 취함

그러하니 사람이 세상에 살면서 사무에 분주할수록 더욱 시간의 규칙을 정해서 휴식과 수면을 적당하게 하여 새로워진 예기(銳氣)로 업무하는 습관을 길러야 한다. 어찌 잠시 일을 더 하는 이익에 홀려서 훗날 신체에 해악이 되는 것을 생각하지 않겠는가. 휴식과 수면의 적정함을 지킴

12 자연적으로 : 원문은 천연(天然). 천연의 원의는 사람의 힘을 가하지 않은 상태, 사람의 힘으로 변화시킬 수 없는 상태를 말하는데, 여기서는 사람에게는 수면을 통한 휴식이 신체에 근원적으로 필요한 일이라는 의미로 번역하였다.

제12과 청결

청결을 중시함

음식과 더불어 직접적으로 우리들의 건강에 영향을 끼치는 것은 신체 · 의복 · 주거 등의 상태이다. 이것들이 청결하지 않은 때에는 왕왕 각종 병균이 생겨서 사람으로 하여금 예측할 수 없는 재앙에 걸리게 할 뿐만 아니라 (이 재앙이) 점차로 퍼져서 다른 사람에게 전염될 우려가 항상 많다.

몸은 때때로 목욕을 해서 피부를 청결하게 해야 피부의 배출 기능을 방해하지 않으며, 두발과 손톱을 자르고 구강(口腔)을 씻는 일에도 주의해야 한다.

신체와 의복, 주거

옷은 깨끗해야 하며 특히 속옷은 항상 새로 갈아입는 것이 제일 좋다. 주거는 때로 집 안팎을 깨끗하게 청소하며 침구는 햇빛에 널어말려 신선한 공기를 맞도록 하되, 볕에 너무 많이 쬐거나 볕이 부족하지 않도록 한다.

총괄하자면 청결은 위생의 근본이다. 신체를 상쾌하고 새롭게 하며 정신을 쾌활하게 하고, 또 청결하게 하는 습관은 질서와 근면 등의 공부와 더불어 병행하면서 사람이 잠시도 게을리 할 수 없는 것이다.

물과 공기와 햇빛의 필요성

청결이라 함은 외면의 미추(美醜)를 말하거나 자기 한 몸의 사치를 말하는 것이 아니고 불결함을 제거하는 것이니 물과 공기와 햇빛으로 할 수 있다. 좋은 옷을 입거나 향료(香料)를 쓰는 것은 위생에 조금도 도움이 되지 않으며 학생으로서의 자격만 도리어 떨어뜨리니 이것을 구별하여 잘못됨이 없도록 해야 한다.

제13과 신체의 단련

신체의 건강함을 유지하려면 섭생하는 법을 지켜 건강을 지키는 도를 좋게 해야 하나, 신체는 원래 외부의 변화에 대한 저항력을 가지고 있다. 신체를 지나치게 보호하여 저항력을 결국 잃게 되면 도리어 무르고 약해지고 마니 온실에서 나고 자란 초목이 실외에서 잘 자라지 못하는 것과 같은 이치이다. 그러니 사람은 반드시 신체를 단련해서 저항력을 기르는 데 주의해야 한다. 신체를 보호하는 적당한 정도

그러나 신체를 단련함은 하루아침에 급격하게 효과를 거두지는 못하는 것이니 먼저 쉬운 일부터 시작하여 점차로 단련해 나가야 한다. 급격하게 신체를 단련하는 해악

저항력은 신체에서 무한하게 발달하는 것이 아니고 건강하고 튼튼한 데서부터 생긴다. 평소에 섭생하는 법을 지키는 것이 제일이고, 건강에 해가 되지 않을 적당한 정도를 계획하여 단련하는 방법을 고르는 것이 그 다음이다.

신체를 단련하는 것 중에 가장 필요한 것은 운동이다. 운동은 근골과 위장을 강건하게 하며, 피부를 단단하게 해서 추위 · 더위에 저항하는 힘을 기를 수 있다. 피부가 얇고 약한 사람은 질병에 걸리기 쉬우므로 냉수욕과 냉수 마찰과 같은 방법으로 피부를 건강하게 해야 할 것이다. 근골과 위장과 피부

제14과 진취적인 기상

학문과 기예를 연마함은 흐르는 물을 거슬러 올라가는 배와 같아서 진취적인 기상

잠시 나태해진 마음으로 젓던 노를 놓으면 그 자리에서 바로 퇴보하게 된다. 그러므로 학문을 연마하는 사람은 항상 뜻을 높고 원대한 곳에 두고, 쉬지 않고 전진하는 정신을 길러서 목적하는 바를 향해 나아가야 한다. 이 진취적인 기상을 잃으면 작은 어려움에도 뜻을 꺾여서 큰 성취를 기대할 수 없고, 작은 일에서 성취한 것이라도 생기면 이것으로 스스로 충분하다고 생각한다. 그러니 게으름과 유약함은 일을 성취하지 못하게 하는 큰 적이라 할 것이다.

진실한 진취

진취라 함은 한갓 앞의 길로 급급하게 나아가는 것을 말하는 것이 아니다. 가령 '백 리 길도 한 걸음부터'라고 하는 것처럼 공업(功業)을 크게 달성하려는 사람은 오늘 한 가지 일을 기억하고 내일 한 가지 일을 배워서 게으르고 나태한 뜻을 영원히 잊어버린다. 그러므로 공업을 이룸이 신속하지 않은 것을 걱정하지 않고, 백 번 잘라도 구부러지지 않고 백 번 꺾어도 휘지 않아서, 결국은 초지(初志)를 이루니 이것을 진실한 진취의 기상이라 한다.

제15과 마음가짐

자중(自重)의 필요성

사람은 날 때부터 하늘이 준 양능(良能)[13]이 고유하게 있기 때문에 만물 중에서 가장 영명(靈明)하다고 일컬어진다. 그러나 하늘이 준 양능도 처음부터 잘 닦아 기르지 않으면 결국은 그 능력을 잃어버리고 짐

13 양능(良能) : 천부의 재능. 출전은 다음과 같다. 人之所不學而能者, 其良能也. 『孟子』「盡心」上. 근대 시기에는 인간이 갖고 있는 이러한 천부적인 능력의 논리에 기반하여 수양을 통한 개인의 개선과 사회의 개조를 전망하였다.

승과 크게 다르지 않게 된다. 그러므로 학문을 닦고 덕을 길러서 인간으로서의 가치를 지키려고 한다면 자기의 평생을 자중하려는 마음이 없으면 안 된다. 사람의 평생은 한 순간 순간의 집합인데 오늘 보낸 하루는 죽을 때까지 다시 돌아오지 않고, 어제의 잘못은 오늘 뒤늦게 후회해도 소용이 없다. 그러니 평생의 마음가짐은 한 순간이라도 소홀히 하지 않고 자신을 극복하고 공부에 전념하면서 과실(過失)을 범하지 않도록 반드시 삼가야 한다. 이것은 사람들마다 주의해야 할 바이지만, 특히 청년 시절에 이 마음을 간직하여 기르지 못하면 자연히 악습에 쉽게 물들어서 일생을 그르치게 된다. 그러므로 모든 일이 그 시초를 신중히 하지 않으면 끝이 완전하지 못하다.

프랭클린의 마음가짐

미국의 프랭클린(Franklin)[14]은 미천한 신분에서 우뚝 일어나 큰 명성을 떨친 사람이다. 어릴 때부터 극기의 정신이 강하고, 덕을 닦고 지혜를 연마하는 공부가 깊어서 하루도 나태함이 없었다. 그가 임종할 때에 "내가 이 세상에 다시 태어나더라도 다른 길을 가기를 바라지 않는다"라 하였으니 사람이 죽음을 맞으면 대개 회한의 감정을 견디기 어려운데, 프랭클린은 평생 가졌던 마음을 죽은 뒤에까지도 가지려 했으니 실로 매우 드문 사람이라 할 수 있다.

---

14 프랭클린 : 벤자민 프랭클린(Benjamin Franklin, 1706~1790). 미국의 정치가 · 외교관 · 과학자 · 저술가. 공리주의에 입각한 전형적인 미국인이라고 평가받기도 한다. 교육문화활동, 언론, 정치, 외교, 자연과학까지 폭넓은 분야에서 왕성할 활동을 벌이며 영향력을 가졌던 인물이다. 위의 글에서 '미천한 신분에서 일어나 명성을 떨쳤다'고 한 것은 그가 양초와 비누 제조업자의 아들로 태어나서, 미국의 정치와 언론, 교육문화활동에서 혁혁한 성과를 남긴 것을 말한다. 그의 사후에 출판된 『자서전(Autobiography, 1793)』은 미국은 물론이고, 20세기 초 동아시아에도 번역 소개되면서 근대적 개인의 성공신화를 일구어낸 사례로서 각광받았다.

제16과 쾌활함

쾌활과 우울

마음이 화평한 사람은 일을 할 때 주저함이 없으므로 하는 일은 핵심[15]에 들어맞아 공을 능히 거두고, 마음이 우울한 사람은 일을 할 때 두려운 마음을 품으므로 하는 일은 순식간에 멈춰지고 공업을 이루는 일이 드물다.

화평과 우울은 혹은 타고난 성품에 따라 다름이 있지만, 대개는 신체를 건강하게 만들어서 자신에 대한 믿음이 강하고, 결단의 정신이 큰 사람은 사업이 날로 진보하여 마음이 항상 쾌활할 것이다. 성질이 지나치게 조급하고 인내력이 부족한 사람은 사업이 날로 퇴보하여 우울함에 더욱 빠질 것이다. 그러니 사람은 반드시 섭양에 주의해서 신체의 건강함을 스스로 꾀하며, 본분(本分)을 편안하게 잘 지켜서 자신이 하는 일의 효과를 영구적으로 거두어야 한다.

쾌활과 경박함의 차이

그러나 쾌활과 경박함은 결코 혼동해서는 안 된다. 경박한 사람은 자기의 직분을 다하여 훗날의 결과를 도모하지 않고, 한갓 눈앞의 쾌락을 가지고 만족스럽다고 하는데 이는 뒷날 후회해도 소용없는 지경을 면하기 어렵다.

제17과 오락

오락의 필요성

장시간 같을 일을 하다 보면 자연히 권태로운 마음이 생겨서 일에

15 핵심 : 원문은 긍계(肯綮). 근육과 뼈가 결합되는 곳으로 가장 중요하거나 또는 해가 되는 관건을 비유한다.

집중하기가 어려울 뿐만 아니라 억지로 일을 계속 하면 정신이 소모된다.[16] 반드시 시간을 미리 정하여 업무를 바꾸고 때로 유쾌한 오락을 즐겨서 피로한 정신을 쉬게 해야 한다. 그러나 놀이에 빠져서 시간을 허비하면 업무를 방기하는 것이 권태로움을 느끼는 정도에서 그치지 않는다. 그러니 우리는 근면함과 오락의 정도를 적절하게 해서 어느 한 쪽에 치우치지 않도록 노력해야 한다.

오락을 적절하게 선택함

즐거움을 주는 일은 그 숫자가 한둘이 아니어서 혹은 고상한 것도 있고 혹은 비천한 것도 있다. 비천한 것은 사람의 품성을 해쳐서 나약함과 같은 나쁜 습관이 생기게 하며, 사회에 해독을 끼칠 우려가 없지 않으니 이 점을 가장 주의해야 한다. 고상한 것은 사람의 기호를 적절하게 하며 더욱 사람을 건강해지게 하여 오락의 효과가 사회에까지 미치게 하니 어찌 즐거운 일이 아니겠는가. 그러므로 자연의 풍경을 사랑하거나 맑고 고상한 음악을 좋아하는 것은 사람의 품성에 가장 적합한 것이고, 승패를 겨루는 놀이도 좋지 않은 것은 아니나 혹은 탐심(貪心)에 끌려서 비천한 데로 빠지기 쉬우니 이에 대하여 특별히 주의해야 한다.

제18과 언어

언어의 수련

언어는 자기의 의사를 남에게 전달하는 관건(關鍵)이다.[17] 어조와 화

16 소모된다 : 원문은 위미(萎靡)로 정신이 진작(振作)되지 않고, 의지가 사라지는 것.

17 언어는~관건이다 : 추기(樞機)는 추(樞)와 기(機)로 사물의 관건을 비유한다. 이 구절은 『주역』에서 군자의 언행을 추기에 비유한 데서 나왔다. 출전과 원문은 다음과 같다. 言行, 君子之樞機, 樞機之發, 榮辱之主也. 『周易』 「繫辭傳」 上. 언행은 군자의 자격 요건이며, 그 언행

제(話題)에 대한 태도를 통해 사람됨의 일단을 드러내므로 사람은 항상 언어를 잘 수련하여 응대할 때에 담화의 핵심을 힘써 깨닫도록 해야 한다. 발음을 분명하게 하고 어조를 단정하게 하며 또 진솔하게 상황을 드러내어서 듣는 이로 하여금 반드시 깊이 감동하는 마음이 생기도록 해야 한다. 말소리가 빠르고 탁하며 어조가 매끄럽지 못하면 주장에 타당한 이유가 있어도 결국은 듣는 이로 하여금 시종을 깨닫지 못하게 하니 자기의 의견을 관철시키는 데 어려움이 어찌 없겠는가.

그러나 언어는 일개의 문구(文具)에 지나지 않으니 반드시 품행을 고상하게 하고, 사리를 분명히 해서 자신을 믿는 마음을 길러야 한다. 그 주장이 근본을 버리고 말단을 따라서 실상이 없으면 아무리 유창한[18] 웅변이 대단히 교묘할지라도 필경 사귐에는 가치가 없는 일을 주장하여 다른 사람의 능멸을 초래하게 될 것이니, 이것은 차라리 과묵한 데서 그치는 것만도 못하다.

또 말은 일단 입에서 나오면 다시 수습하기 어려우니 사람은 반드시 적절한 화제를 잘 선택하여 응대하는 예의를 지키되, 함부로 쓸 데 없는 말을 뱉었다가 예측할 수 없는 화를 초래하는 일을 하지 말아야 한다. 옛말에 "말은 쏜 화살과 같아서 한 번 남의 귀에 들어가면 아무리 힘이 세도 다시 뽑기 어렵다"라고 하였다.

을 어떻게 하느냐에 따라 그의 영욕이 결정된다는 뜻을 담고 있다.

18 유창한 : 원문은 현하(懸河). 유창하고 막힘없는 언변을 비유하는 말.

이야기를 나눌 때에 내내 주의해서 살펴야 할 것은 허망한 말이다. 크고 작은 일을 막론하고 허언(虛言)을 하는 사람은 자신(自信)의 도를 잃은 사람이다. 그래서 자기의 가치를 떨어뜨리며 남의 신용을 잃게 된다. 또 남의 말을 가볍게 믿고 일의 실상을 따져보지 않고 곧바로 다른 사람에게 그 일을 전파시키면 그 결과는 허망함에 귀착될 것이다. 또 남의 비밀을 발설하거나 혹은 과실을 드러내며 또 혹은 자기가 잘한 일을 자랑하며 말하는 것은 비천함을 스스로 드러내는 것이니, 듣는 사람에게는 조금도 이익이 없고 자기의 품행을 손상시킬 뿐이다. 말을 반드시 신중하게 함

다른 사람과 이야기를 나눌 때에는 삼건(三愆)의 경계[19]가 있다. 다른 사람의 말이 끝나지 않았는데 가부를 살피지 않고 갑자기 함부로 판단하여 잘못을 지적하거나, 혹은 언사의 말단을 꼬투리 삼아 공연히 힐문하거나, 자기의 말을 듣게 하려고 자기만 변론을 하고 다른 사람은 입을 열지 못하게 하는 등의 일이다. 이런 일은 사람의 감정을 거슬러서 불쾌한 생각을 갖게 하니 예의가 아닌 행동이다. 또 우스개를 늘어놓아서 다른 사람의 환심과 웃음을 사려고 하는 것은 가장 비천한 일이라 언급할 것도 없다. 다른 사람과 이야기를 나눌 때에는 반드시 그 사람의 말이 끝나기를 기다렸다가 자기의 의견을 개진하는 것이 좋다. 세 가지 허물을 마땅히 경계함

19 삼건(三愆)의 경계 : 삼건은 세 가지의 과실, 곧 말할 때가 아닌데 말하는 조급함, 말할 때가 되었는데도 말하지 않는 숨김, 그리고 안색을 보지 않고 말하는 장님과 같음이다. 원문과 출전은 다음과 같다. 孔子曰 侍於君子有三愆, 言未及之而言, 謂之躁, 言及之而不言, 謂之隱, 未見顔色而言, 謂之瞽. 『論語』「季氏」.

제20과 행동거지

행동거지를 신중하게 하는 방법

행동도 언어와 마찬가지로 사람의 품행을 외양으로 표시하는 것이니 평소에 앉고 서고 나가고 물러나는 행동을 신중히 해서 단정한 태도와 장중한 위엄을 지니도록 해야 한다. 처신이 거칠고 무례하거나 경솔해서 예절에 어긋나며 바른 몸가짐을 잃으면 남에게 업신여김을 받으며 미움을 받아서 세상에서 인정받고 살기 어렵다.

무릇 사람이 어떤 일을 당하면 먼저 침잠하여 고요한 마음 상태로 사리를 깊이 생각하고, 사람을 대할 때에는 온화한 기색으로 친절한 마음을 표현하면 하는 일에 낭패가 없을 뿐더러 과실을 초래할 일도 적을 것이다.

허식과 위선의 비천함

모든 행동은 정신에서 비롯되어 발현되는 현상이다. 그러므로 정신을 수양하여 성의(誠意)에서 발현되는 행동은 절도에 맞고 법도에 부합할 것이요, 정신을 스스로 힘써 수양하지 않고 외형만 꾸며서 남의 칭송을 받으려고 하는 사람은 이와 반대로 가식적이고 위선적인 사람이 될 것이다. 그러므로 사람은 항상 행동에 주의해서 미흡한 점이 있을 때에는 자신을 반성하여 근본부터 바르게 해야 한다. 그러므로 "군자는 남이 듣지 않을 때에도 두려워하며, 남이 보지 않을 때때에도 삼가 경계하여" "예가 아니면 움직이지 않는다"[20] 고 하는 것이다.

---

20 군자는~않는다 : 『中庸』에서 나온 말이다. 예가 아니면 움직이지 않는다는 말은 안연(顏淵)의 행실을 표현한 말로 모두 수신(修身)함을 가리킨다. 원문과 출전은 다음과 같다. 道也者, 不可須臾離也, 可離, 非道也. 是故, 君子, 戒愼乎其所不睹, 恐懼乎其所不聞. 『中庸』.

제21과 용모

옛날 잠언(箴言)에 "의관을 바르게 하며 시선을 높게 하라"[21]고 했다. 사람이 언어와 행동을 삼갈지니 자신의 몸에 걸치는 의관도 법도에 맞아야 한다. 세상의 유행을 따라 사치함이 정도에 지나치면 안 되거니와 세상 사람들이 의관에 관심을 갖는 것은 외관[22]을 꾸미는 것이라 하여 어떤 경우는 일부러 다 해진 의관을 입는 사람도 있는데 이것은 검소함이 지나쳐 예의가 아닌 일이라 할 것이니 식견이 있는 사람에게 배척당하는 일을 어찌 면하겠는가. 의관의 필요성

의관은 원래 추위·더위를 막을 뿐만 아니라 그 사람의 신분을 표시하는 것이다. 그래서 사람은 항상 자신의 지위에 맞게 복장을 해야 하는데, 특히 학생은 학교의 규정을 지켜서 검소하고 청결한 옷을 입고 태도를 엄숙하게 가져 학생의 품격을 실추함이 없게 하는 것이 가장 좋다. 복장은 신분을 표시함

의관을 바르게 하고 태도를 엄숙하게 하는 것은 정신 수양에 영향을 미치는 정도가 언어, 행동과 마찬가지이다. 사람은 용모를 단정하게 하고 태도를 엄숙하게 하면 지조(志操)도 자연히 굳고 고결해져서 사념(邪念)을 물리친다. 그러므로 『시경』에 "삼가고 조용한 위의(威儀)는 엄정한 덕이니라"[23]라고 하였다. 복장의 정신과 영향

---

21 의관을~하라 : 겉으로 드러나는 동작을 통해서 내면을 수양을 볼 수 있다는 말로, 외면을 통해서 덕을 수양하는 방법이다. 위에서 말한 '고인의 잠언'은 주자(朱子)가 지은 「경재잠(敬齋箴)」에 있는 '整其衣冠, 尊其瞻視' 구절을 말하며, 원래 『논어』에서 나온 것으로 원문과 출전은 다음과 같다. 君子, 正其衣冠, 尊其瞻視, 儼然人望而畏之, 斯不亦威而不猛乎. 『論語』「堯曰」.

22 외관 : 원문은 변폭(邊幅)으로 직물의 폭과 둘레인데, 의관의 차림, 겉모양을 비유한다.

제2 벗과 관련하여 주의할 점

제22과 벗

벗은 반드시 잘 가려야 함

벗은 오륜(五倫) 중의 하나로 "신(信)으로 서로 교제하며, 인(仁)으로 서로 도우며, 덕(德)으로 서로 이웃하며, 문(文)으로 서로 모인다.[24] 그래서 평소에 그가 친하게 지내는 바를 살핀다"는 말이 이를 이른 것이다. 사람이 평소에 유익한 벗을 사귀면 선량한 사람이 되고, 해로운 벗을 사귀면 비열한 사람으로 귀결될 것이니 이 둘 사이에서 잘 가려서 유익한 벗을 따라 공부하고, 해로운 벗에게는 선함으로 책려하여[25] 우도(友道)의 유익함을 채우는 데 주의해야 한다.

학우가 서로 교제함

같이 공부하는 벗은 생년(生年)도 같고 목적도 같은 사람으로 한 학교 내에서 한 교사를 따라 섬기는 사람이다. 그러므로 흉금을 터놓고 마음을 서로 허락하며, 서로 손잡고 학업을 권면하면서 학교나 교사에게서 미처 얻지 못한 유익함을 동학의 벗에게서 얻는 경우도 있다. 또 사람이 학업을 마치고 나면 세상에 서서 항상 다른 사람과 일을 함께 해야 하는데 만약 교제를 잘 하지 못해 협력하는 일치함이 없다면 어찌 일이 성공할 수 있겠는가.

---

23 위의(威儀)를 치밀하게 살피는 사람은 그 덕이 반드시 엄정(嚴正)하다는 말로, 내면이 엄정하면 외면 또한 바르고 단정하여, 그 외면을 통해 내면의 덕을 알 수 있다는 말이다. 원문과 출전은 다음과 같다. 抑抑威儀, 維德之隅. 『詩經』「大雅」「抑」. 여기서 억억(抑抑)은 삼가고 조용한[愼密]한 모양이고, 우(隅)는 모서리인데 덕우(德隅)라고 하면 덕행이 방정함을 말한다.

24 원문과 출전은 다음과 같다. 曾子曰 君子, 以文會友, 以友輔仁. 『論語』「顔淵」.

25 선함으로 책려하여 : 원문은 책선(責善). 벗으로서 지켜야 할 도리로 선을 따르도록 권면하는 것이다. 원문과 출전은 다음과 같다. 夫章子, 子父責善而不相遇也. 責善, 朋友之道也, 父子責善, 賊恩之大者. 『孟子』「離婁」下.

그러므로 학생이 학교에서 윗사람을 공경하고 아랫사람을 사랑하며 선을 권장하고 악을 멀리하며, 아픔을 서로 돕고 놀이를 함께 즐기며 절차탁마(切磋琢磨)하는 공부를 쌓아가는 것은 훗날 사회에 서는 연습이라고 말할 수 있다.

동학의 벗은 이처럼 도움이 되는 사람이니, 잘하는 점을 보면 서로 존경하며, 잘 못하는 점을 보면 서로 채워주어야 한다. 간혹 사소한 경쟁심 때문에 다른 사람의 단점을 기뻐하고 장점을 질투하며 심한 경우에는 거리낌 없이 배제하기도 하는데 이는 몹시 용렬한 행실이요, 지극히 위험한 마음[26]이다. 그러니 사람은 의당 분발하고 노력하여 무슨 일에서든지 다른 사람에게 비열하게 하는 일이 없도록 해야 하니 이는 사람으로서의 가치를 잃지 않는 것이다. 학문에 뜻을 둔 사람은 이 이치를 반드시 분별해야 한다. **경쟁심의 부덕함**

제23과 신의

신의는 다른 사람과 교제하는 데 가장 중요한 증표이다. 그러므로 서로 벗이 되면 일을 도모함에 반드시 충실하게 하며, 응낙함[27]은 반드시 신중하게 해야 한다. 그렇게 하여 벗으로서의 본분에 근본한 성의로 교도(交道)의 표준을 세우는 것은 대장부의 일이니 진실로 사람들마다 권면해야 할 바이다. 만약 약속한 말을 실천하지 않으며, 잘못을 **교도(交道)의 신의**

26 마음 : 원문은 심술(心術)인데 사람이 사물을 인식하는 경로와 방법, 내심(內心), 생각의 품격 등을 뜻한다.

27 응낙함 : 원문은 연낙(然諾)인데, 연과 낙은 모두 승낙과 허용을 말한다. 말에 신의가 있음을 뜻한다.

알고도 경계하지 않으며, 어려운 것을 보면서도 돕지 않으면서 오로지 자기의 이익만을 챙기고 다른 사람의 손해는 고려하지 않는다면 어찌 벗으로서 교제하는 길에 함께 설 수 있겠는가. 또 아첨하며 듣기 좋은 교묘한 언설로 사람들의 환심을 사려고 하는 사람은 교제하는 데에서도 가장 비천한 사람이라 할 것이다.

약속을 경시하지 말라

그런데, 신의로 사람을 사귀면서 남에게 약속을 해야 하는 경우에는, 자기의 처지를 생각하고 다른 사람의 역량을 헤아려서 만전(萬全)을 기하는 주도면밀한 계획으로 약속한 말을 실행해야 한다는 점을 반드시 신중하게 생각해야 한다. 경솔하게 약속을 했다가 나의 역량이 미치지 못하든지 혹은 그에게 속임을 당한 때에는 뒤늦게 후회해도 어쩔 수 없다.

청렴결백함에도 주의함

사람이 약속을 실천하며 맹세를 지키는 것은 교제의 측면에서 정당할 뿐만 아니라 여기에서 그의 덕행도 볼 수 있다. 또 악한 사람의 교묘한 유혹을 단호하게 배척하여 벗으로 하여금 과실을 분명히 깨달아 고치게 하는 것 또한 도덕의 품행이니 이는 아무리 적국(敵國)의 사람이라 해도 그 신의에는 반드시 심복하게 된다. 『예기(禮記)』에 "신(信)은 갑주요, 의(義)는 방패"[28]라 한 것이 어찌 이를 이르는 말이 아니겠는가.

---

28 신(信)은~방패 : 원문과 출전은 다음과 같다. 有忠信以爲甲胄, 禮義以爲干櫓. 戴仁而行, 抱義而處. 雖有暴政, 不更其所. 其自立有如此者. 『禮記』 卷41 「儒行」. 『예기』의 원문에서는 '선비는 충신으로 갑옷을 삼고, 예의로써 방패를 삼는다'고 했는데 위의 인용문에서는 충과 예를 빼고, 신과 의만을 '선비'라는 특정 범주가 아닌 보편의 규범으로 표현하고 있다.

제24과 협동

사람의 품성과 재능은 처음부터 좋은 사람이라도 반드시 자기의 공부를 수양하고 다른 사람과의 협동에 의존하지 않으면 완전해지기 어렵다. 대개 동학의 벗은 목적이 같고 마음이 서로 통하며, 장점을 서로 키워주며 단점을 서로 보충할 뿐 아니라, 학업에 대해서도 자기가 이해하지 못한 것을 찾아가서 질문하며 다른 사람이 의심하는 것을 서로 변증하면서 배움이 날로 넓어지고, 학업이 날로 넓어져서 진보의 현저한 효과를 기대할 수 있다. 동학의 협력

특히 품성과 관련해서는 동학의 벗의 도움이 더욱 크다. 성격상의 결점은 자각하기 매우 어렵고, 설령 깨닫는 경우가 있다 해도 스스로 고치는 것은 어렵다. 만약 옆에서 성의로 권면하는 친한 벗이 있어 나를 격려하며 나를 일깨워주면 필경에는 결점을 버리고 선한 경지에 이를 수 있다.

또 작게는 근심을 같이 아파하고 좋은 일을 함께 즐거워하며, 크게는 위험한 일에 함께 달려가고 생사를 같이 하기로 맹세하는 벗이 있다. 이는 협동하는 힘을 기르고 신의라는 원소(元素)를 성분으로 한 것이다. 그러므로 집에서는 뜻과 기개를 고상하게 갖고, 사회에 나가서는 단체[29]를 조직하는 것이[30] 모든 사업을 경영하는 데 가장 중요하다.

---

29 단체(團體) : 현재에는 일반적으로 사용되는 말이지만, 현재의 의미로 사용되기 시작한 것은 근대 시기로, 목적과 뜻을 같이하는 사람들의 조직의 형식 또는 그렇게 조성된 모임을 가리켰다. 한 예로 양계초가 『애국가(愛國歌)』에서 "結我團體, 振我精神, 二十世紀新世界, 雄飛宇內疇與倫"이라고 한 바가 있는데, 개인개인의 동지적 결합을 통해 부국강병과 문명화라는 목표를 달성하려고 했던, 근대 시기의 사회적 현상을 반영하는 말이다.

30 조직하는 것이 : 원문에는 '結合하면'이라고 되어 있는데 이 문장의 끝은 '最必要하니라'로

협동의 자립

그러나 협동이라 함은 오합지졸처럼 서로 따르거나 편당(偏黨)을 하는 것이 아니요, 자립의 정신으로 신의를 실천하는 것을 말한다. 사람은 마땅히 흉금을 넓히고 싫은 것도 포용하며, 또 근본을 엄격하게 지켜서 사악한 것에 대항해야 하니, 이것을 진실한 신의의 협동이라고 이른다.

제25과 예의와 겸양

교제를 완성하는 도는 예양(禮讓)에 있음

신의를 존중하며 일치 협력함은 벗을 사귀는 도이니, 여기에 예의와 겸양을 더한다면 사귐의 도를 온전하게 할 수 있다. 대개는 어떤 사람이든지 사귐이 아직 깊지 않을 때에는 서로 자기의 마음을 억제해서 말과 행동을 반드시 조심하다가, 사귐이 점점 깊어지면서부터는 삼가고 조심하던 태도를 점차 잃어버리고 자기 뜻대로 하며, 예가 아닌 일을 하고도 반성하지 않아 결국에는 감정을 거슬러 서로 반목하고 미워하게 된다. 그러므로 사귐이 깊어질수록 예의와 겸양을 더욱 중하게 여겨서 오래될수록 더욱 공경하도록 주의해야 한다.

예양의 근본은 정신에 있음

예의와 겸양은 외양으로 보면 말과 행동에서 드러나는 것이지만 그 실제를 따져보면 자기의 성심과 공경함을 표현해서 다른 사람의 편익과 행복을 헤아리며, 또 사람들이 불쾌한 생각을 품지 않도록 하려는 정신을 기본으로 한 것이다. 내면을 수양하는 정신이 없고 단지 외양

되어 있어 서로 호응이 되지 않는다. 이 문장이 동학끼리의 협력의 필요성을 주장하는 중에 나온 것이므로, 개인적으로는 뜻을 고상하게 갖고, 사회에서는 동지적인 결합을 이루는 것이 모든 일을 하는 데 가장 중요하다는 맥락으로 보았다. 그래서 이 문장을 '결합(結合)하는 것이-가장 중요하다'라는 문맥으로 위와 같이 번역하였다.

만 꾸미면 허위적이고 아첨하는 사람이 되어 뜻이 굳은 사람의 지탄을 면하기가 어렵다. 항상 다른 사람의 장점을 보면 예의와 겸양으로 존경하며, 단점을 보면 성심으로 일깨우고 이끌어서, 백년을 함께 할 벗과 하루아침에 우의(友誼)를 잃지 않도록 하면 그 사귐을 영원히 잃지 않는다.

제3 가정과 관련하여 주의할 점

제26과 가정

가정의 관계

가정은 인간이 본연적인 애정으로 결집한 단체이니, 부모 · 형제 · 자매는 더욱 특별한 관계가 있는 골육지친이다. 세상에 즐거운 일이 무궁할지라도 가정보다 더 즐거운 것은 없다.

사람이 사회에 나가서 각종의 업무를 하는데 종일 고생하다가 날이 저물어 집으로 돌아와서 가족의 위로를 받으면 문득 그 노고를 잊고 호방한 기운[31]을 회복한다. 또 먼 타향으로 떠난 사람이 학업에 전념하며 몇 달을 고생하다가 부모 형제가 보내온 소식을 보면 그 고생을 잊어버리고 기쁨을 얻는다.

가정의 화락함

성질이 집요하고 악행을 저지르며 죄를 짓는 사람을 보라. 모두 어릴 때 부모를 잃어서 온화한 가정의 혜택을 충분히 받지 못한 사람이거나, 가정이 문란해서 아버지는 아버지답고 자식은 자식다운 단란함과 가정에서 보고 듣는 가르침을 모르는 사람이다.

평화

그러므로 가정에 가장 필요한 것은 평화이니 평화는 한 집안의 봄이다. 그 근본은 어디에 있는가? 가족이 각각 자기의 직분을 잘 지켜서 서로 사랑하고 보호하며 서로 도와서, 상하의 질서가 정연하며 문란하지 않게 하는 데 있다.

애정과 공경

누구든지 자식과 형제에 대한 애정을 갖지 않은 사람이 어찌 있겠

---

31 호방한 기운 : 원문은 영기(英氣)로 호방한 기개, 예기(銳氣).

는가만, 공경하는 마음이 결핍되어 애정에 매몰되고 편견에 치우치는 폐단이 있거나, 혹은 각자 자기 마음대로 해서 감정의 충돌이 생기게 되면 결국은 심각한 불화에 빠지는 것을 면할 수 없다. 또 한 집안은 남녀 노소가 같이 사는 곳이다. 그러므로 서로가 각자의 능력에 따라 집안의 일을 분담하며 서로 협동하여 집안의 행복을 증진하도록 해야 한다. 그래서 집이 화평하면 만사가 이루어진다고 하는 것이다.

가족이 무리를 이루어 살 때에는 예의와 겸양의 기풍을 반드시 숭상해야 한다. 자기의 즐거움을 뒤로 하고 옆에 있는 사람의 행복을 우선으로 하면 자기의 쾌락은 구하지 않아도 절로 이를 것이다. 한 집안의 화락함이 어찌 이로부터 나오지 않겠는가.

제27과 효도

부모의 은혜

사람이 세상에 태어나서 두각을 점점 나타낼수록 부모가 수고로이 길러주신 은혜를 반드시 생각해야 한다. 부모가 나를 사랑으로 기를 때에, 맛있는 음식으로 내 고픈 배를 채우고 마른 자리에서 편안하게 자게 하며 추위와 더위에 적절하게 하며 병에 걸릴까 걱정하느라 온갖 어려움을 다 겪으며 하루도 마음을 놓지 못하였다. 자라면서는 현명한 스승을 선택하여 가르침을 받게 하며 유익한 벗을 골라 교유를 맺게 하고, 학업을 다한 뒤에도 항상 당신의 노쇠함을 잊고 자식의 앞날을 위하여 잘 이끌어 주셨으니 우리들이 오늘날 갖고 있는 이 신체와 의식(衣食)과 생활은 모두 부모의 덕분이다. 자식으로서 어떤 일을 성취하든지 이렇게 큰 부모의 은혜를 만분지일이라도 보답하도록 해야 한다.

효행의 요지

부모에게 효도하는 길은 매우 넓지만 오직 뜻을 잘 봉양하는 것을 주축으로 삼아야 한다. 그래서 부모의 슬하에 있을 때에는 성의를 다하여 공경과 사랑을 바치고, 가르침을 지키고 말씀에 순종하며, 모습을 온화하게 하고 말을 부드럽게 해서 항상 부모의 마음을 편안하게 해드려야 한다.

그런데 학업을 닦아서 입신양명하고 집안을 일으키려 한다면 부득이하게 부모의 슬하를 떠나 멀리 가서 공부하는 것을 피할 수 없다. 이때에는 부모에게 아침과 저녁으로 문안하던 일을 못하고, 부모에게 도리어 자식을 애타게 기다리는[32] 근심을 끼치게 된다. 그러니 부모가 나가서 공부를 하게 한 뜻을 항상 생각하면서 부지런히 학업을 닦고 시간이 닿는 대로 부모의 안부를 자주 물으며, 휴가 때에는 반드시 집으로 돌아가 부모님을 찾아뵙도록 할 것이니 이는 공부하는 중에 해야 하는 효행의 도리이다.

제28과 우애

형제·자매의 친함

형제는 한 부모에게서 태어나 한 가정에서 자란 사람이므로 친애함이 부모에 버금간다. 부모가 자녀를 사랑함에 차별이 없으니, 형제와 자매가 장유의 질서를 바르게 하고 사랑하고 아끼는 우애를 돈독하게 해서 온 집안에 화기를 충만하게 하는 것은 부모가 가장 기뻐하는 일이다. 부모의 뜻을 봉양하는 데 이보다 더한 것이 어디 있겠는가.

---

32 자식을~기다리는 : 원문은 의려(倚閭)로, 부모가 멀리 간 자식이 돌아오기를 기다리는 간절한 마음.

형제가 서로 우애함은 부모에게 효도하는 길

또 사람은 정해진 수명이 있으니 부모가 영원히 살아계실 것이라 기약하기 어렵다. 부모님이 돌아가신 뒤에는 천지간에 형제와 자매처럼 친밀한 사람이 다시는 없으니, 윗사람은 젊은이를 사랑하고, 젊은이는 윗사람을 공경하여 서로 우애하는 마음을 다해야 한다. 만약 이와 반대로 되어 형제가 서로 눈을 흘기며 담장에서 싸우게 된다면[33] 가정의 불행에 이보다 더 큰 것이 어디 있겠는가. 그러므로 형제들은 이전에 부모의 슬하에서 함께 사랑으로 길러지고 함께 장난하며 놀던 애정을 항상 기억하여 평생 그 행복을 서로 도와야 한다.

권면과 간계(諫戒)

골육 간에 은혜를 해치는 경우를 보건대, 늘 가깝고 친한 데 익숙해져서 예의를 잃으며 어떤 때는 작은 이익에 얽매여서 정을 해치게 되는데, 예의를 잃는 것은 불쾌함 감정을 품게 하고, 이익을 독차지하는 것은 경쟁하는 마음을 생기게 한다. 그런데 재물은 한 번 잃어도 다시 얻기가 쉽지만, 골육지친은 한 번 갈라지면 다시 회복하기가 매우 어렵다. 쉽게 얻을 수 있는 재물 때문에 다시 얻기 어려운 골육지친을 잃는 것은 참으로 경중을 알지 못하는 것이다. 세상에 간혹 불행히도 우애롭지 못한 형이 있고, 사랑하지 않는 동생이 있을지라도 이는 잠시 부모가 남긴 혈육[34]을 생각하지 못한 것이다. 마땅히 서고 권면하며 서로 일깨워서 부모의 이름에 오욕이 미치지 않도록 하며, 이전의 잘못을 깨닫고 돌이키도록 함께 도모해야 한다.

33 담장에서~된다면 : 원문은 '牆에 鬩ᄒᆞ면'. 『좌전』에서 나온 말로 형제간의 다툼을 말한다. 원문과 출전은 다음과 같다. 兄弟鬩于牆, 外禦其侮. 『左傳』 僖公 24年.

34 혈육(血肉) : 원문은 유체(遺體). 자식의 몸은 부모가 낳아준 것이므로 자녀의 신체를 부모의 유체라고 표현한 것이다. 여기에서는 같은 부모에게서 난 형제를 말하는 것으로 번역하였다. 출전은 다음과 같다. 身也者, 父母之遺體也. 『禮記』 「祭義」.

제29과 조상과 가계

조상을 존경함은 우리나라의 미풍

조상을 존경하며 가계를 중시하는 관습은 우리나라에 전래하는 하나의 미풍(美風)이니 후손이 된 사람이 마땅히 부지런히 따라야 할 것이다. 우리나라의 인민(人民)은 기자(箕子)의 후손이거나 혹은 신라의 귀족이거나 혹은 고려 이후의 공신·충신의 세족이거나 혹은 개국 초에 나랏일을 도운 공로가 있거나 혹은 열성조(列聖朝)의 환란을 평정한 장렬한 충의가 있거나 혹은 왕실을 보호한 뚜렷한 공로가 있거나 혹은 문화(文化)[35]를 드러내어 밝힌 세상에 이름난 대유(大儒)의 후손이다. 그러므로 군주를 위하여 충성과 애정을 다하고자 함은 바로 조상을 존경하고자 하는 사상을 잘 이어 계승하는 책임이 있기 때문이다.

우리나라는 개국 이래로 국운이 창성하여 거룩한 자손들로 이어진 황통이 면면히 이어져서 내국(內國)의 위엄을 스스로 세우고 문명(文明)한 교화를 능히 열었으니, 이는 모두 우리의 조상이 충군애국(忠君愛國)하는 정신으로 좌우에서 보필한 공로로 말미암은 것이다. 우리가 다행히 이러한 선조의 자손으로 이 국토에 태어났으니 선조의 공적을 추모하며 선조의 명예를 계승하지 않을 수 있겠는가.

35 문화(文化) : 여기서 문화는 현대적 용법과는 다르니, 곧 문치교화(文治敎化), 문한(文翰)의 능력과 지식과 같이 유자로서의 책무와 소양을 가리치는 말이다.

제30과 조상과 가계(계속)

가계의 계승

한 집안은 시조(始祖)가 한 번 처음으로 열면 그 계통이 천만 대에 이르기까지 영원히 전해지니 이를 일러 '가계'라고 한다. 우리들 각자는 이 가계를 계승하여 후손에게 전하게 해야 하니 선조와 자손에 대한 책임이 어찌 가볍다 하겠는가. 만약 도를 어기고 행실이 사리에 어긋나서 사람으로서의 의무를 저버리면 이는 가계에 오점을 남기는 것이니, 위로 조상에게 불효의 죄를 짓고, 아래로 자손에게 훌륭한 명성을 전할 계책[36]을 잃는 것이다. 그러므로 『시경』에 이르기를 "너의 조상을 생각하지 않는가. 덕을 이에 닦을 지어다"[37]라 하였다.

선조의 유물

그러므로 선조대부터 전하는 가르침을 담은 책자나 혹은 매우 귀중한[38] 물품을 잘 보관해서 자손에게 대대로 전해야 하니 이는 각 사람이 자신의 집안에 대해 지켜야 할 중요한 임무이다. 그러나 세상에는 갑작스러운 재난이 생기고 재물은 때로 손실되는 경우도 있다. 만약 자기의 이익을 위해서 유물을 함부로 처분하거나 혹 자기의 주의가 소홀하여 잃어버리거나 손상된 경우가 아니면 사람에게 이것을 질책해서는 안 된다.

조상의 덕행을 진술함

조상의 정신과 한 집안의 명예는 극진하게 드러내어 후세에 전해야 한다. 그러니 사람이 조상 대대의 덕행과 가풍을 진술함은 모두 조상

---

36 전할 계책 : 원문은 수유(垂裕)로 후손에게 업적과 명성을 남기는 것. 출전은 다음과 같다. 王懋昭大德, 建中於民, 以義制事, 以禮制心, 垂裕後昆. 『書經』「仲虺之誥」.

37 너의~지어다 : 조상을 생각하는 것은 스스로 덕을 닦는 데 달려 있으며, 항상 자신을 성찰하여 천리에 부합하게 하면 성대한 복을 이룰 수 있다는 뜻이다. 출전은 다음과 같다. 無念爾祖, 聿修厥德. 『詩經』「大雅」「文王」.

38 귀중한 : 원문에 기중(綦重)이라 되어 있는데 이 때 '기(綦)'는 '매우, 지극히'의 뜻이다.

을 계승하고 후손을 계도하는 중대한 책임을 감당하는 것이다. 더욱이 우리나라 인민에게는 고유한 기풍이 있어 자자손손 중단하지 않고 이어가는 것[39] 습관이 되었음이겠는가.

39 자자손손~이어가는 것 : 원문에 '물체인지(勿替引之)'라 되어 있는데 『시경』에서 온 말로, 조상의 제도와 정신을 바꾸어 중단하지 않고 길게 이어가는 것을 말한다. 출전은 다음과 같다. 子子孫孫, 勿替引之. 『詩經』「小雅」「楚茨」.

권2

제1 처세에서 주의할 점

제1과 업무

무릇 사회에 각종 직업이 있음은 사람의 신체에 이목구비 등의 감각 기관이 있는 것과 같아서 각 부분의 정비가 필요하다. 태고적 몽매한 시대에는 각종 직업의 분화가 없어서 각자가 스스로 밭 갈고 베를 짜서 생활하며, 다른 사람과 협력하는 생활을 하지 않았다. 세상이 점점 개명(開明)하면서부터 각종 직업 사회[40]가 생기게 되니 개인 간의 관계가 더욱 밀접해져서 서로 도우며 서로에게 있고 없는 것을 소통하여 각자의 생산물을 교환함으로써 생활을 도모하게 되었다. 그래서 오늘날에는 사람이 사회를 떠나면 생존할 수 없고, 그러므로 한 개인의 이익과 손해, 기쁨과 근심은 모두 사회의 성쇠에 관련된다고 할 수 있다.

사회와 각종 직업의 관계

대저 어떤 직업의 종류를 막론하고 정당한 직업으로 성공할 경우에는 그 사람의 가치가 조금도 하락될 것이 없다. 그런데 우리나라는 구습(舊習)을 아직도 버리지 못해서 어떤 때는 직업의 고하로 사람의 신분 가치에 존비(尊卑)의 구별이 있다고 생각하니, 이것은 고루한 습속이다. 직업의 종류에 따라서 사회에 크고 작은 차등은 있으려니와, 그

직업의 선택

40 사회(社會) : 사회는 근대 이전에는 제사를 위해 모이는 '집회'를 뜻했고, 근대 이후로 가면서 '뜻을 같이 하는 사람들의 모임, 혹은 단체', 그리고 현재까지 통용되는 '사회(Society)'의 뜻으로 쓰였다.

인격에 존비의 구별이 어찌 있겠는가. 또 사람은 재주에 장단이 있고 일을 함에 우열이 있으니, 자기에게 적합한 것을 따라서 직업을 선택하는 것이다. 그런데 자기의 장단점과 일에서의 우열을 쉽게 알기 어려우니 의당 공평한 생각을 먼저 견지하고, 또 부형과 선배들에게 의견을 물어서 절충하되, 한 때의 희망으로 평생의 방향을 갑자기 정해 버리면 뒤늦게 후회해도 어쩔 수 없다.

제2과 창업

창업의 목적

직업의 필요성은 사회의 공익을 넓히며 국가의 번영을 도모하며 아울러 자기의 이익을 얻는 데 있다. 그러나 사익(私益)만을 계산하고 사회의 공익을 생각하지 않으면 이것은 비천한 사람이 하는 일이다. 비록 그의 사업이 한때 흥성하는 경우가 있을지라도 결코 진실한 사업이라고 말하기는 어렵다.

사회의 이익

공중(公衆)의 이익을 생각한다면, 사회의 진보를 미루어 헤아리며 세계의 사정을 두루 살펴서 구습을 개혁하고 영원한 공로를 세울 것을 계획해야 한다. 자기 한 몸의 안일함만 생각하고 공공의 이익을 위해 새로운 사업을 일으키지 않으면 이것은 사익을 얻어내는 행동에 불과하니, 이 같은 인민으로 구성된 사회는 진보와 개량의 희망이 전혀 없고 오래지 않아 쇠망함을 면하지 못한다.

사업의 경영에서 심사(深思)의 필요성

새로운 사업을 시작하여 성과를 거두는 것은 일조일석(一朝一夕)에 되는 일이 아니다. 또 사업을 경영하기 시작할 때, 깊고 원대한 사려가 없으면 중도에서 넘어지게 될 것이 분명하다. 그러므로 이와 같은 사업을 계획함에는 기술에 정통한 것보다는 오히려 다른 사람의 경험을 잘 살피는 것이 필요하다. 자기의 힘을 헤아리지 않고 큰 사업을 무턱대고 경영하는 것은 그물을 짜지도 않고 물고기를 잡으려 하는 것과 마찬가지이니 어찌 목적을 달성하기를 바랄 수 있겠는가. 그러므로 자신을 스스로 수양함은 곧 사업을 성취하는 기초이다. 기초를 확실히 한 뒤에 굳게 인내하며 흔들리지 않는 정신을 더욱 수양하면 무슨 일인들 이루지 못하겠는가.

제3과 정리

대개 무슨 일이든지 본말과 시종이 있으니 근본과 시초를 확정해서 대강(大綱)을 먼저 세우고, 점차로 미세한 부분에 들어가서 끝에까지 도달하는 것은 일을 성사시키는 비결이다. 만약 대강(大綱)을 갖추지 않고 세목(細目)부터 펼치려 하면 이는 비유컨대 기초를 놓지 않고 집을 세우면 중간에 일을 하다가 집을 고쳐서 세워야 하는 것과 같다. 오늘 완성한 일을 내일이 되어 고치고, 내일 쌓은 것을 또 그 다음날이 되어 무너뜨리면 어느 날에 사업을 성취할 수 있겠는가. 근본과 시초를 확실히 한 뒤에 말단에 도달함

또 업무의 진보를 꾀하려고 한다면 기초를 확고하게 하는 것이 필요하다. 그러나 반드시 당면한 상황을 세밀하게 살펴서 할 일을 분별하고 업무를 정돈해서 혼란이 없게 해야 하니, 업무를 정돈하고, 선후를 분명하게 구별한 뒤에 일을 하면 그 사업이 날로 착착 진행되어 성공을 보게 될 것이다. 업무의 정돈

예로부터 사업을 성취한 사람을 보면 우연한 요행으로 얻었을 것이 요행을 바라지

말 것

라 생각하기 쉽지만, 이는 천백 중 한 두 경우에 불과하다. 이런 사람은 사업을 위한 준비를 이미 해두었으므로 기회를 이용할 수 있었다. 그러나 준비가 없고 단지 만일의 기회를 요행으로 바라며 단번에 성공하려고 하는 것은 결코 옳지 않으니 준비가 없는 사람이 아무리 기회를 얻은들 그것을 이용할 수 있겠는가. 반드시 시종과 본말을 잘 살펴서 업무를 정리하고, 착실한 길로 전진해야 한다.

제4과 지속함

영원한 성공

무릇 무슨 일이든지 우연한 요행으로 성취하는 일이 없음은 다시 말할 필요가 없거니와, 이제 한 가지 일을 일으키고 하나의 일을 시작하는 사람이 그 목적을 이루고자 한다면 반드시 인내와 지구(持久)하는 정신으로 그 일을 계속하면서 영원한 성공을 기약해야 한다. 비유하자면 농부가 곡식을 재배하면서 봄에 밭을 갈고 비료를 주며 씨를 뿌리고, 싹이 나면 비바람과 뜨거운 햇빛을 무릅쓰고 고생하며 재배한 뒤에야 가을의 수확을 바랄 수 있고, 중간에 이를 내버려두면 지난날의 고생이 헛수고가 되어 수확도 끝내 없는 것과 같으니 농부의 일도 그러한데 하물며 사업을 경영함이겠는가.

지속에는 용기가 필요함

지속의 정신은 반드시 용기를 크게 필요로 한다. 대개 사업은 경영의 실책[41]인 것도 있으나 어떤 경우는 사회의 변천에 따라서 때로 곤란한 지경에 빠져서 성과를 거두기가 어려운 경우도 겪게 된다. 특히 사람들이 경험하지 못한 새로운 사업의 경우에는 심하게 낭패를 당하

41 실책 : 원문은 유산(遺算). 실책, 실수.

는 일도 많으니, 이런 때를 당해서 인내력으로 초지(初志)를 관철하는 용감함이 없으면 아홉 길의 산을 쌓는 공이 한 삼태기의 부족함으로 인해 무너지게 된다.

자기가 성공하지 못하면 후인(後人)을 기다림

그러므로 사업을 새로 시작하려면 주도면밀한 주의(注意)와 원대한 식견으로 이를 정하고, 한 번 정한 뒤에는 죽은 뒤에야 그만두겠다는 결심으로 일을 지속하되, 만약 자기가 성공하지 못하면, 뒷 사람을 기다려서 그 뜻을 성취하는 것으로 생각해야 한다. 이것이 실로 사업에 충심을 다하는 진정한 정신이라고 말할 수 있다.

제5과 사려깊음

사려깊음에 주의함

무릇 뜻은 반드시 관철해야 하고, 일은 반드시 시종일관 지속해야 한다. 그렇게 하지 않으면 아무리 수많은 고생을 하더라도 필경은 고생이 물거품이 되고 말아서 자기의 이익도 없고 세상에 이익도 없다. 그러므로 업무가 자기에게 적당하지 못하거나 혹은 성공하기 어려운 일을 이루려고 한다면 평생을 그 일에 종사할지라도 도리어 처음부터 그 일을 하지 않은 것만 못하다. 그러니 업무가 자기에게 적당한지 혹은 성공에 대한 예상이 되는지, 혹은 이 일을 성공하면 세상에 공익이 되는지, 이에 대한 방법과 형편을 상세하게 생각해야 하니 이것을 일러 '사려깊음'이라고 한다. 한때의 열정에 끌려서 앞길을 생각하지 않고 경솔하게 일을 시작하면 이는 실패를 자초하는 것이다. 그러므로 "사람에게 심원한 생각이 없으면 반드시 눈 앞에 근심이 있다"[42]고 하는 것이다.

일을 할 때 반드시 여유를 가짐

일을 미리 계획할 때에는 반드시 약간의 여유를 남겨서 일을 반드시 완수할 수 있는 범위 내에서 정하는 것이 좋다. 완수하기 어려운 일을 시도하면 이는 애초에 아무 계획을 하지 않는 것과 다름이 없다. 그러므로 우리들은 공평한 생각으로 형편을 잘 헤아려 자기의 역량으로 수행할 수 있는 일을 정하는 것이 가장 중요하다.

예측에 주의함

그러나 적절한 계획을 세우는 것은 실로 쉬운 일이 아니니, 아무리 날마다 하는 사소한 일이라도 반드시 먼저 계획을 한 다음에 실행하는 습관을 길러야 한다. 그래서 미국인 프랭클린은 매일 아침에 책상 앞에 앉아서 하루에 할 수 있는 일을 생각해서 실천했으니, 이는 성공을 실현하는 길이다. 평생의 방침을 먼저 정하고, 이를 실행하기 위해서 일 년마다 한 달마다 계획을 세우고 다시 날마다 하는 일을 게을리 하지 않으면 그 끝에는 위대한 사업을 성취할 것이다.

생각을 깊게 하는 습관을 기름

소년 시절은 잠깐이고 경솔하게 평생의 목적을 정하기 어렵다. 그러나 학교의 과정은 학교에 있는 동안에 계획하는 것이다. 그러므로 세부적인 부분에서 날마다 수행하는 습관을 기를지니, 학교는 다만 학문을 익힐 뿐만 아니라 선량한 습관과 고상한 품성을 기르는 곳이기도 하다.

42 사람에게~있다 : 천리 밖까지 헤아리는 생각이 없으면 근심이 바로 자신이 앉아 있는 자리 밑에서 생긴다는 말로, 근우(近憂)는 눈 앞의 근심이다. 출전은 다음과 같다. 人無遠慮, 必有近憂. 『論語』「衛靈公」.

제6과 결단력

사업을 성취하는 데에는 결단력이 필요한 일이 많다. 가령 심원한 사려와 지식, 기량이 모두 갖추어졌더라도 용감하게 결단함이 없고 주저하며 머뭇거려서 적절한 시기를 놓치면 숙고한 좋은 계책도 모두 그림의 떡이 되어 평생에 한 가지 사업도 성공시키지 못한다. 사람의 결단력은 일을 진전시키는 기초이니, 하루아침에 만 리를 가겠다고 결심할 수도 있다. 그러나 사람이 결단하고도 실행을 하지 못하면, 적절치 못한 결단을 실행하는 것만도 못하다. 적절치 못한 결단은 비록 진로를 잘못 잡고 먼 길로 돌아갈지라도 어쩌다가 목적에 이르는 경우가 있으나, 처음에 결단하고도 실행을 하지 못하는 경우에는 조금도 진전을 기대할 수 없다. 말하자면 사람이 길을 갈 때 갈림길을 만나면 오른쪽이 좋을지 왼쪽이 좋을지 그 자리에서 결정하기 어렵지만, 그러나 자기가 가야할 곳을 기왕의 경험에 비추어 선택하면 우연히 맞을 수도 있으려니와, 결단력이 부족해서 그 사이에서 방황하면서 한 걸음도 앞으로 나아가지 못한다면 아득한 앞길을 어느 때에나 전진할 수 있겠는가. 용감함의 필요성

그런데 결단이라 하면 무모한 결심을 말하는 것이 아니고, 깊은 생각을 거친 뒤에 적절하게 결심하는 것을 말한다. 그러므로 결단은 쉽게 하는 것이 아니라 반드시 습관이 되도록 하는 것이 중요하다. 결단하는 습관이 생기면 깊은 생각을 쉽게 하게 되어서 비록 복잡한 일을 당하더라도 한 번에 그 이치를 꿰뚫어 보는 지혜가 생긴다. 그러므로 깊은 생각만 있고 결단이 부족한 사람은 비겁한 사람이요, 결단만 있 결단력과 무모함의 구별

고 깊은 생각이 없는 사람은 '맨 손으로 호랑이를 잡고 맨 몸으로 하수를 건너겠다'[43]는 만용이니 모두 일을 성사시킬 수 없다.

제7과 주도면밀함

주도면밀한 정신은 수련에서 생김

모든 일은 반드시 차례를 세운 후에 주도면밀하게 주의하여 조금도 누락되는 것이 없게 해야 한다. 대사(大事)에서 낭패를 당하는 것은 항상 사소한 일을 소홀하게 여기는 데서 일어난다. 그러므로 옛사람이 말하기를 "천 리의 방죽이 개미구멍 때문에 물이 새고, 백심(百尋)[44] 높이의 집이 부뚜막 틈새의 연기 때문에 불탄다"고 했다. 사소한 일을 조심하지 않는 것은 그 해악이 바로 드러나지 않으므로 사람들이 늘 이를 경시하지만, 미미한 조짐이 쌓여가게 될 때에는 기어이 생각지 못했던 재앙이 생긴다. 그러니 평소에 일을 소홀하게 하는 것이 장래에 대업(大業)을 무너지게 하는 재앙의 싹이 아니겠는가.

사업은 우연하게 이루어지지 않음

주도면밀한 정신은 평소에 습관을 기르는 데서 근원하니, 평소에 방종하던 성질로 큰일에 임하면 아무리 주도면밀해지려고 해도 어찌 되겠는가? 그러므로 일의 크고 작음을 막론하고 일을 이행하려고 할 때에 주도면밀함을 기르는 것은 성공의 비결이라 할 것이다.

---

43 맨 손으로~건너겠다 : 원문은 폭호빙하(暴虎憑河). 폭호는 맨손으로 호랑이를 잡는 것, 빙하는 맨몸으로 황하를 건넌다는 말로 모두 계책이 없이 무모하거나 무력적인 일을 말한다. 공자가 제자 자로에게 한 말로 "범을 맨손으로 잡으려 하고, 황하를 맨몸으로 건너려다가 죽어도 뉘우침이 없는 자를 나는 함께할 수 없으니, 반드시 일을 만나면 두려워하고, 계책 쓰기를 좋아하여 성공하는 자라야 한다"고 한 데서 온 말이다. 출전은 다음과 같다. 暴虎憑河, 死而無悔者, 吾不與也, 必也臨事而懼, 好謀而成者也. 『論語』「述而」.

44 백심(百尋) : 심(尋)은 길이의 단위로 1심은 보통 8척(尺).

세상 사람들은 전대 영웅의 사적을 보고 그가 과감하게 맹진하는 정신을 일컬어 "작은 일은 돌아보지 않는다"라고 하지만, 이것은 잘못된 견해를 고집하는 말이다. 영웅이 대업을 이룰 때에는 간혹 작은 일을 포기하는 경우도 있지만 이는 부득이한 데서 나온 한 때의 권도(權道)요, 평상시에는 항상 주도면밀하게 주의하여 경시하는 일이 없다. 그렇지 않다면 영웅의 사업을 어찌 이루었겠는가.

또 사업은 비유하자면 작은 시내가 합쳐져서 큰 내를 이루는 것처럼 작은 일이 쌓여서 대업을 이루는 것이다. 특히 사회가 진보하여 그 상태가 복잡해지고 사람의 생각이 치밀한 시대를 맞이해서는 생각이 거칠고 어설픈 사람이 열패(劣敗)한 자의 자리에 서지 않는 일이 드물다.

제8과 근면함

사회에
보답하는 길

누구든지 이 사회에서 생활하는 사람은 반드시 다른 사람이 부지런히 노동하여 만든 생산물을 소비하며 사회의 보호 하에서 살면서 그 은택을 입는다. 이 은택에 보답하는 것은 다른 데 있지 않고 자기의 직업에 부지런히 힘써서 다른 사람의 이익을 만들어 내는 데 있다.

직업에의 종사

그러므로 비록 생활에 결핍이 없어서 인생의 즐거움을 누리는 자라도 사회의 일원된 본분을 능히 다하는데, 하물며 자기에게 부족한 것이 많은 사람이 자기의 생활을 유지하려고 하면서 직업에 종사하지 않는 것은 결코 옳지 않다. 그런데 사람이 때로 게으르고 무능해서 다른 사람의 노동에만 의지하고 시간을 허송하는 것은 자기의 명예를 실추시킬 뿐만 아니라 사회가 성립하지 못하게 한다.

근면[45]한 이후에 미덕이 생김

이로 미루어 보면 사회에서의 근로는 사람의 생활을 끌어가는 근본이요, 타(他)의 미덕을 낳는 근본적인 원인이라고 말할 수 있다.

근면은 쾌락의 기본

대개 근면한 습관은 사람의 가치를 높이며 희망을 크게 하고 자신감을 주며, 자기의 힘을 통해 서려고 하는 독립심과 자기의 책임을 중히 여기는 정신을 기른다. 그러므로 그 사업도 자연 성공이라는 좋은 열매를 거두고 생활의 쾌락을 누리게 된다. 그런데 이와 반대로 힘써 노력하지 않는 사람은 현실의 생활이 노동의 힘에서 말미암는다는 것을 모르고, 허탄하게 만일의 요행을 바라며 투기를 하는 생각으로 무모한 일을 한다. 그러므로 그가 바라는 바를 이루지 못함은 말할 것도 없고, 이런 자들은 사회의 하층으로 몰락하여 도리어 다른 사람을 원망하며 부러워하며 허위적인 악습을 생기게 하니 이는 자연스러운 결과이다.

복을 누림은 근로를 통해서 얻는 것

하늘은 원래 치우침이 없어 부지런히 노력하는 자에게 하려던 보답을 빼앗아서 노력하지 않는 자에게 주지 않는다. 무릇 물건을 얻고 싶으면 반드시 그 값을 치른 후에 가질 수 있는 것처럼 성공과 행복은 실로 우리들의 근로를 통해서 사는 것이라고 말할 수 있다.

제9과 질서

질서의 필요성

우리가 업무에 종사할 때 근면함이 필요하다는 것은 앞의 과에서 이미 기술했거니와 대저 근면한 사람이 성공의 은택을 받고 행복을 누림은 당연한 보답이다. 그런데 근로의 효과를 거두려면 질서를 중

---

45 근면 : 원문에는 '권면(勸勉)'이라고 되어 있는데, 이 과의 제목이 '근면(勤勉)'이므로 '근면'으로 고쳤다. 아래에서도 마찬가지이다.

시하는 습관을 기르는 것이 가장 중요하다. 지금처럼 사회가 발달하지 못한 시대에는 작은 근로를 통해서도 생활을 영위할 수 있지만, 훗날 개명한 사회에서는 다대(多大)한 근로를 통해서 유효한 방법을 강구하지 않으면 세상에 설 때 남의 뒷자리로 밀리는 것을 피하지 못한다. 그러므로 근로의 효과를 거두려고 한다면 반드시 일상생활의 규율을 먼저 정하는 것이 필요하다. 일상생활의 규율이 일정하면 업무도 자연 정돈되어 진보됨이 뚜렷하게 드러날 것이다.

규율을 정하지 않은 해악

근면한 사람은 자연스럽게 규율을 지키는 습관이 생기므로 매사에 실패가 없으나, 간혹 업무에 대한 일시적인 유예로 말미암아 규율을 지키지 않는 생활에 빠지기도 한다. 이렇게 규율을 지키지 않는 근면함은 비록 한때 업무에 약간의 소득이 있을지라도 그 결과는 신체의 건강을 해치며 사업의 발달을 방해한다. 그러므로 장구한 성공을 도모하는 사람은 반드시 근로 · 휴식 · 수면 · 음식 등에 일정한 규율을 만들어서 엄수하는 습관을 기르고, 그밖에 일상에서 사용하는 물품의 정돈과 집안의 청결에 대해서 잠시라도 방심함이 없다. 이처럼 하면 시간과 노력의 허비를 줄일 뿐만 아니라 결국은 크나큰 영향을 초래한다.

규율을 지키지 않음은 나태함의 원인

규율을 지키지 않는 습관은 나태함의 원인이라, 우리의 정신에 미치는 영향이 더욱 크다. 그래서 모든 악습이 이 나태함에서부터 생기고, 그 결과는 세상의 신용을 잃고 완전히 무용한 인물이 되는 것에서 끝난다.

제10과 지구(持久)

사업의 진보

무릇 사업이 미세한 것들이 점점 쌓인 결과로 성취되는 것은 진토를 모아서 태산을 이루는 것과 흡사하다. 그러므로 요행의 기회나 업무의 속성(速成)을 바라지 말고 계속 진보할 수 있는 확실함을 기약해야 한다. 그러니 목전의 욕망을 통제하여 평생의 욕망과 바꾸며, 하루의 사업을 준절(撙節)[46]하여 일 년의 사업을 커지게 해야 한다. 가령 하루에 1리를 가도 일 년을 쉬지 않으면 365리에 이르되, 하루에 10리를 가도 중도에서 머물러 그치면 도리어 날마다 1리를 가는 사람보다 못하다.

그러므로 사람의 사업은 일 년이나 한 달에 그쳐서는 안 되고, 반드시 평생을 쉬지 않고 종사해야 하되, 진보함이 더디다고 걱정하지 말고 중도에 그치는 일이 없기를 희망해야 할 것이다. 저 경주(競走)에 능한 사람을 보라. 자신의 속력을 헤아려서 다른 사람의 앞에 서겠다는 생각을 하지 않고 시종일관 동일한 속도로 달리기 때문에 결승점에 이를 때에는 앞에서 무턱대고 달려 나가던 사람을 압도한다. 사소한 경기도 오히려 그러한데 하물며 평생의 경쟁이겠는가.

진보를 견지함

예기(銳氣)의 청년시절을 맞아서는 모두 하나같이 진보의 속성을 바라지만, 사람이 이 예기를 제어해서 오래 견지하는 마음을 갖지 못하면 성패를 스스로 가름짓는 것이니 항상 여기에 주의해야 한다.

우리나라 사람은 대개 나태한 습관으로 심지(心志)가 굳지 못하여 항상 오래 견지하는 용기가 부족한 부분이 많다. 이를 고치지 않으면 결

---

46 준절(撙節) : 억제, 절제. 준(撙)은 눌러서 마음대로 하지 않는 것, 절(節)은 제어하여 지나침이 없는 것. 출전은 다음과 같다. 是以君子恭敬撙節退讓以明禮. 『禮記』「曲禮」上.

국은 경쟁 세계에 설 때 열패(劣敗)하는 자가 되는 것을 피하지 못한다.

제11과 근검절약

업무의 목적

사람이 업무에 종사하는 목적은 결코 한 사람만의 사사로운 이익을 위해서가 아니라 공동의 힘으로 공중의 이익을 향상시켜서 사회의 행복을 도모하는 것이다. 또 한 사람의 행복도 사회의 번영으로 말미암아 가능할 것이니, 만약 재산을 많이 가진 사람이 자기 한 사람의 사욕을 만족하기 위해 재물을 허비하면 이것은 재화를 사용하는 바른 방도를 잃은 것이어서 그 결과가 사회에까지 해악을 끼치고, 나아가서는 자기의 불행을 초래할 것이다. 특히 재산이 넉넉하지 못한 사람이 사치에 빠져서 재산을 낭비하면 이는 자멸을 부르는 것이다. 그러니 빈부를 막론하고 사욕을 제어하며 용도를 절약하여 남는 것을 저축하여 유익한 사업에 풀어쓰기 위해 힘써 노력해야 한다.

재화를 저축할 필요성

또 사회에는 뜻밖의 사건이 많아서 무너진 사업을 다시 일으키려 하거나 혹은 질병이나 기타의 사고로 인해 재물이 필요한 일이 있거나 혹은 친척과 벗들의 불행한 사정을 도와줄 필요가 생긴다. 이 같은 경우를 당했을 때 평소의 준비가 없으면 심각한 어려움에 빠져서 다시 회복할 수 없을 것이다. 그러니 재화를 저축할 필요성은 자기를 위하는 데서 그치지 않는다는 것을 먼저 알아야 하다.

검소함과 인색함의 구별

인정(人情)이 사치에 빠지기는 쉽고 근검절약함을 지키기는 어렵다. 사치가 늘어가는 것은 흐르는 강물에 노를 젓지 않고 내려놓는 것과 같아, 부지불식간에 저절로 밀려서 옮겨가므로 주의를 게을리 하면 사치가 늘어가는 것에 대항할 수 없다. 그런데 근검절약이라 하는 것은 단지 재산에 대해 인색해서 쌓고 모으는 것만 위주로 하는 것이 아니다. 대개 인색한 사람은 모으는 것만 알고 쓰는 것은 알지 못하되, 근검절약하는 사람은 적당히 베풀기 위하여 저축한다. 이 둘이 현격하게 다른데도 사람들은 왕왕 이것을 분명하게 구별하지 못해서 혹은 근검절약하려다가 인색함에 빠지며 혹은 인색함을 비천하다고 여겨서 도리어 사치에 빠지는 일이 많으니, 이는 마땅히 사람들이 모두 경계해야 할 일이다.

제12과 협력

문명과 야만의 구별이 협력의 많고 적음에 달려있음

문명사회가 야만사회와 다른 점은 순전히 각 사람의 협력의 많고 적음에 달려있다. 야만시대에는 각 사람이 모두 고립된 상태로 겨우 일족(一族) 안에서 공동의 생활을 하다가, 문명시대로 진보하면서 각 사람이 하는 일이 그 종류가 점차 증가함으로써 각각 전문적인 일에 종사하면서 서로 도우며 생활을 영위하게 되었다. 그러므로 지금의 사회에서는 하나의 직업에 종사하는 사람이 모두 간접적으로 사회 전체에 관계되어서 암암리에 협동의 생활을 꾀하게 된 것이 사회 경제상으로 자연스러운 일이다.

협동의 정신

사회문명이 점차 진보하면서부터 각종 직업이 나누어지고, 한 직업 안에도 또 각종 분업이 발달하게 되니 각 사람의 노력을 이용해서 무익한 노동[47]을 날로 줄이고 유익한 생산을 증가시킨다. 이런 때 사회에서 직업을 갖고 있는 사람은 직접적으로 타인과 협력함이 가장 필요하니, 이처럼 직접 · 간접으로 타인과 협력하는 일이 많은 때에는 사람이 사회를 떠나서 생활할 수 없다. 그러니 금일 이후의 사람은 한층 협력의 정신을 길러서 사회 전체의 이익을 꾀해야 한다. 그러나 협동이라 말한 것은 자기의 독립심을 버리고 타인에게 의지하는 것이 아니라 사회의 각 사람마다 각자 자기의 직분을 다하여 서로 도움으로써 사회의 번영을 이루며 개인의 행복을 이르게 한다는 말이다.

독립의 협동

서로 의지한다고 하면서 직분을 충실히 하기를 게을리 하면 결코 정직한 협동이라 말할 수 없으니, 정직한 협동은 각 사람의 독립을 기다린 뒤에야 비로소 성립되는 것이다.

제13과 자립

자립의 정신

사람은 타인의 힘에 의지하지 말아야 하며, 요행을 얻기를 바라지 말아야 하니, 고상한 정신으로 자기의 정당한 길을 용감하게 실행한다면 이를 자립정신이라고 한다. 이 정신이 없는 사람은 한 때의 곤경을 견디지 못해서 소신을 버리며 혹은 목전의 이익에 유혹 당해 절개를 굽히니, 근본을 끝내 실추하여 식견이 있는 사람의 비웃음을 당하고, 심하면 세상에서 용납되지 못한다. 이런 사람은 아무리 득의양양할지라도 근본을 잃은 자이이니 무엇을 의지하여 이 세상에서 살겠는가.

자립심을 기르는 길

무릇 자립의 정신은 사람의 천성이 강하고 약한 데 달려 있지만, 수양의 도를 다하면 천성이 약한 사람이라도 도와서 기를 수 있고, 수양

---

47 노동 : 원문에 노동의 동자가 '동(働)'으로 되어 있는데, 역시 '일하다'라는 뜻이다.

의 도를 잃으면 천성적으로 정신력이 강한 사람이라도 그 힘을 도리어 잃어서 간혹은 완강함으로 빠지기도 한다.

자립의 정신을 기르는 방도는 자기의 본분을 다하며 어려움을 인내하는 데 있다. 사람이 평소 아무 일이 없을 때에 입으로 그렇게 말하기는 쉽지만, 막상 그런 형국을 당했을 때 실행하기는 쉽지 않다. 그러니 이는 단지 아는 것에 그치지 않고 일상에서 실행하기 위해 힘써 노력해야 한다. 그렇지만 간혹 사정이 복잡하여 이해에 관계되는 것이 적지 않은 경우에는 과실이 없는 사람이 항상 적다. 그런 때를 당해서는 허탄한 마음과 공평한 기운으로 상황의 진상을 꿰뚫어 보고 자기가 행할 바를 결정하되, 이를 실행하면서는 어떠한 고초든지 용감하게 나아갈 수 있는 기운을 반드시 길러야 할 것이다.

국가의 독립은 인민의 독립에서 말미암음

국가의 독립 또한 인민의 자립정신이 모여 이루어진 것이다. 개인이 각각 다른 사람에게 의지하려는 생각을 통렬하게 버리고 독립불기(獨立不羈)[48]의 정신을 양성해서, 비록 곤경을 만나더라도 백절불굴하는 용기가 있으면 그 국가의 자립력(自立力)이 공고해져서 발전해가는[49] 기상이 왕성해질 것이다. 무릇 우리나라 인민은 이를 통찰해서 한 사람 한 사람이 의뢰심과 요행에 대한 희망을 통렬하게 버리고 자립하려는 정신을 배양해서 우리의 사천 년 고국(古國)의 독립의 기초를 공고하게 해야 할 것이다.

48 불기(不羈) : 구속받지 않음.

49 발전해가는 : 원문은 방흥미애(方興未艾)로, 흥성하여 앞으로 발전해가는 때를 만난 것. 원문의 발발(勃勃)은 흥성하는 모양.

제14과 충실함

사회의 신용

문명사회에서 가장 귀중한 것은 사람들이 서로 신용하는 것이다. 신용이 생긴 연후에 사회의 모든 사업이 원활하게 수행되고, 각 개인의 협동이 더욱 왕성하게 이루어진다. 신용이 행해지지 않으면 사회의 질서가 와해되어 사회의 활동이 정지되는 것은 필연적인 이치이다. 그러므로 "신용은 사회의 질서를 유지하여 그 활동을 민첩하고 활기있게 하는 근본이다"라고 하니 사회는 항상 신용이 없는 사람을 엄격하게 통제해서 아무리 재주가 최고로 뛰어난 사람이라 해도 용납하는 것을 허용하지 않는다.

충실하지 못한 사람은 타인의 노동을 훔치는 것임

신용을 해치는 행위에 여러 종류가 있지만 자기의 직업에 충실하지 못함과 약속을 중시하지 않는 것보다 큰 것은 없다. 충실하지 못한 사람은 타인의 노동을 훔쳐서 자기의 사욕을 채우며, 타인을 속여서 부정한 이익을 탐하는 자이다. 이는 비열한 사람이라 비판할 수 있을 뿐만 아니라 사회의 죄인이니 인류의 반열에 들 수 없고, 종당에는 심각한 불이익을 빚을 것이다. 세간에 왕왕 이런 사람이 있어서, 목전의 작은 이익에 미혹당해 장구한 이익을 잃는 사람이 많으니 마땅히 깊이 경계해야 한다.

제15과 약속을 실천함

약속을 어기는 해악

문명사회에서 약속을 중시함은 덕과 의리의 주된 요체이다. 하루아침에 약속을 했다가 중도에 마음대로 파기하면 약속을 한 사람에게 손해를 입힘은 물론이고, 다른 사람들도 의심을 하게 되어 일을 진척해 나가는 데 장애가 적지 않을 것이다. 그러니 약속을 파기함은 개인에게 직접 손해를 입힐 뿐만 아니라 사회 전체의 안정을 해쳐서 사회의 문란함을 초래하는 일이다. 그러므로 각 사회가 그 영향의 파급력을 미리 헤아려서 약속을 파기하는 사람을 제재하며, 계약을 보호하는 법률을 만드는 것이다.

신의

약속을 할 때에는 필설(筆舌)로 분명하게 약정하는 것[50]이 원래의 방식인데, 간혹 습관 때문에 말로 암묵적으로 동의하는 경우도 있다. 신의를 지키는 사람은 아무리 암묵적으로 한 약속이라도 결코 식언을 하지 않거니와 하물며 필설로 분명하게 약정한 것이겠는가. 이런 사람은 다른 사람의 신용을 얻을 뿐만 아니라 자기의 가치를 높이는 방도를 실행한 것이다.[51]

약속에 주의함

처음부터 실행을 하겠다는 확실한 계획이 없이 경솔하게 약속을 하는 것은 피차간에 불이익을 빚어서 교제의 우호를 깨뜨리는 근원이니 가장 신중해야 한다. 타인의 요구를 거절하는 것은 한때 견디기 어려운 일일 뿐인데, 약속을 하고도 실행하지 못해서 곤란을 겪으니, 비교하자면 어떤 것이 더 심각하겠는가. 그러므로 타인과 교제할 때에는 약속하는 일에 충분히 주의해야 한다.

---

50 분명하게 약정하는 것 : 원문은 정명(訂明)으로, 서면의 형식으로 분명하게 약정(約定)하는 것.

51 이런 사람은~것이다 : 원문에 '如此한 人은~增加하는 道니라'라 하여 주어와 서술부가 서로 호응이 잘 되지 않아서 문맥을 위와 같이 약간 수정하여 번역하였다.

제16과 예법

교제하는 도는 예의를 다하는 것임

세상에 살면서 벗과 사귀는 도는 신(信)으로 근본을 삼으나 예의로 보조(輔助)하지 않으면 교우의 도가 완전해지기 어렵다. 벗들 간에 사귐이 아직 서먹할 때에는 서로 겸양함이 있으나 친밀함이 깊어질수록 예를 다하는 마음이 점점 적어져서, 때로는 자기 뜻대로만 행동하여 사람의 감정을 거스르고, 종국에는 반목(反目)으로 상대하게 되는 경우가 많다.

예의와 겸양

예는 붕우뿐만 아니라 보통의 타인에 대해서도 삼가 지키며 잃지 말아야 할 것이니, 자기의 편리함만 생각하고 타인의 불이익을 생각하지 않는 것은 모두 예의가 아니라고 할 수 있다. 그 대강을 논해보면 증기선과 기차를 타서 노인과 어린이의 편안함을 생각하며, 길에서 사람을 만나면 길을 양보하며, 많은 사람이 군집한 곳에서 남에게 방해가 되는 일을 조심하며, 그밖에 연로한 분을 공경하고 지위가 낮은 사람을 업신여기지 않는 것이 모두 예의이다. 그러므로 사회의 질서가 정연한 것은 예의로써 교제를 원활하게 하는 데서 말미암는다.

예법은 사회의 질서

또 사회의 안녕과 질서를 보호하기 위해서 법률을 만드는 경우도 있지만 법은 단지 악인을 징계하는 것을 위주로 하는 것이다. 만약 법률에만 의지하고 예법을 중시하지 않으면 사회는 불완전함을 면치 못한다. 그러므로 예법의 완비 여부로 그 사회의 문명과 야만을 점치며, 사업의 발달을 기약하는 것이다. 그러나 세상 사람 중에 왕왕 작은 예절에 얽매이지 않는다며 예법을 경시하는 경우도 있는데 이는 허례(虛禮)를 비천하게 여기는 발상[52]에서 나온 것이다. 비록 악의는 없다 해도 그 폐해가 오만함이 지나쳐서 자기의 명예를 훼손하고 타인에게 업신여김을 받을 뿐 아니라 기필코 사회의 질서를 문란케 하는 데까지 이를 것이다.

허례는 자기의 품성을 해침

또 허례를 숭상하는 사람이 내심으로는 남을 공경할 생각이 없으면서 겉으로는 형식을 꾸미는 것은 도리어 자기의 품성을 해칠 뿐이다. 진실한 마음으로 타인을 공경하며 사회에 복종하는 것이 진정한 예의이다.

제17과 공공심

공공의 단체를 가장 중시함

사람은 자기가 하는 일에 힘쓰고 타인의 권리를 존중하는 동시에 자기가 속한 공공의 단체를 가장 중시하여 그 단체의 이익과 행복을 함께 도모해야 한다. 문명사회에서는 단체의 도움이 없으면 생존하기 어렵고, 각자의 직업 또한 사회적인 협동 활동의 하나이기 때문이다. 자기의 직업을 수행하면서 자기의 이익만을 꾀하고 공중의 번영을 생각하지 않으면 안 된다.

공중의 재산을 보호함

부(府)·군(郡)·도(都)·시(市)·면(面)·촌(村)에서 조직해 만든 학교가 자기가 속한 단체에 손해가 되는 일이 없도록 반드시 조심해야 한다. 이 재산은 공공의 소유로 사람들의 복리(福利)와 깊이 관계되니 자기의 소유물보다 한층 더 주의해서 보호해야 한다. 공공의 물건을 손상시키고도 편안하게 부끄러워하지 않는 자는 더불어 말할 가치도 없다.

단체의 명예를 중시함

또 어떤 단체를 막론하고 그 단체에 속한 사람은 반드시 그 단체의

---

52 발상 : 원문은 기견(起見)으로 뜻은 착상.

명예를 훼손하지 않도록 힘써야 한다. 만약 단체 중에 한 사람이라도 악행이 있으면 단체 전부의 신용을 잃어서 단체의 쇠퇴함을 초래할 것이요, 특히 학교의 명예를 실추시키는 것은 몇명의 학생이 규율을 지키지 않고 체면을 더럽히는 데서 기인한다.

공공의 기관 운영

공공 기관의 운영을 맡은 사람은 엄중하게 직무를 집행하되, 과실 또는 태만한 습관으로 공중에 손해를 끼치지 말아야 한다. 또 공중은 기관 운영자의 직무가 중요하다는 것을 잘 살펴서 이를 방해하지 않도록 노력해야 한다.

전염병 위생과 화재의 예방[53]

또 위생과 관련해서는 전염병의 예방에 주의하고, 재산과 관련해서는 화재 단속을 엄중하게 해야 한다. 이는 자기의 안전을 위할 뿐만 아니라 각 개인이 사회에 대해서 마땅히 해야 할 의무이다.

개인은 항상 자기의 행동이 공중에게 영향을 끼친다는 것을 생각해서 혼자 이익을 차지하지 않으며 사욕을 부리지 말고, 자기의 이익과 행복을 구하는 마음을 다른 사람에게 미루기 위해 마음을 써야 한다. 그렇게 하면 공중을 대하는 도리가 절로 명백해질 것이다.

---

53 전염병~예방 : 두주의 소표제와는 달리 '화재의 예방'과 관련된 내용은 구체적으로 다루어지지 않았다.

제2 국가와 관련하여 주의할 점

제18과 국체(國體)

국체(國體)54는 나라의 근본

'국체(國體)'라 하면 그 나라의 근본이 되는 국가의 체재(體裁)를 이른다. 어느 나라든지 각각 특수한 국체가 있으니 건국의 유래와 풍토와 인민의 성질 등이 이것이다. 이것은 각국에서 가장 중요한 것이다.

우리나라의 독립

우리나라는 4천 년 전에 신성(神聖)한 단군(檀君)이 비로소 강림하여 방국(邦國)의 체재를 정하고 국호를 '조선(朝鮮)'이라 했다. 1천 년을 지나자 은(殷)나라 태사(太師) 기자(箕子)가 조선으로 와서 평양에 도읍을 정하고 팔조(八條)의 가르침을 행하고 인현(仁賢)한 교화를 베풀어서, 의관문물과 예악법도가 찬란하게 갖추어져 '동방예의지국'이라 칭해졌다. 또 9백 년을 지나자 기자의 후왕이 남쪽으로 도읍하여 삼한(三韓) 중의 하나가 되고, 강토가 분열되어 신라 · 고구려 · 백제 삼국이 연달아 일어나서 정치 제도가 복잡하고 상도(常道)가 없었다. 또 9백 여 년을 지나니 고려 왕씨가 일어나서 문학을 숭상하고 무비(武備)를 강구였으나, 다만 불교를 숭상하여 국체를 더럽히고 훼손하게 되었다.

우리 (조선) 태조(太祖) 고황제(高皇帝)[55]께서 대란을 평정하고 강토를

---

54 국체(國體) : 근대 이전에 '국체'는 임금을 보좌하는 신하, 국가의 전장제도(典章制度), 국가와 조정의 체통을 뜻하는 말로 쓰였다. 근대 이후로 오면서 국가의 지위를 결정하는, 국가의 성질과 체재를 뜻하는 용어로 사용되기 시작했다. 또한 이 '국체'의 지속성과 보편/특수성이야말로 근대 시기 각 국가의 정체성과 위상을 해명하는 중요한 좌표이자 논리로 동원되었다.

55 이 책은 조선 이래의 역사를 기술하면서 거듭 '황제(皇帝)'와 '황업(皇業)'을 강조하고 있는바, 시기적으로는 일제가 통감부를 설치하고 각종 법령을 통해 조선에 대한 제도적 침탈과 압박을 가하는 중에서도 독립, 자주국으로서의 조선의 위상을 강조하려는 의도를 이런 표

넓히며 일통(一統)의 대업을 일으켜 만세의 종사(宗社)를 세우고, 독립의 정신으로 법도를 제정하여 고려의 누습(陋習)을 일소하고, 성인 기자(箕子)의 문명한 교화를 크게 천명하셨다. 거룩한 자손들이 황통(皇統)을 계승하여 조종(祖宗)의 전장(典章)[56]을 공경하여 지키니 상하의 구분이 뚜렷하여 문란하지 않고 질서가 정연하며 교화가 문명(文明)[57]해서 국운의 창성함이 실로 우리 동방이 나라를 세운 이래 없던 것이었다.

국체가 이처럼 선미(善美)함은 모두 신성한 조종(祖宗)께서 문치교화(文治教化)를 크게 천명하심으로 인한 것이다. 우리 선왕께서 이 땅의 임금이 되어, 신민(臣民)의 번성한 행복을 위하여 부지런히 정사를 도모하고자 하는 생각으로 항상 마음을 수고롭게 하셨다. 우리 선조도 황실을 사랑하고 추대하여 국민(國民)의 대종가(大宗家)처럼 여기며, 선왕의 전장제도를 준수하고 조종의 정치교화를 보필해서 충절을 다하며 사업에 힘써서, 그 공훈이 백세에 혁혁하며 은택이 팔방을 흘러 적셨다. 종사로 하여금 태산과 같은 반석에 안정하게 하였으니 이는 우리나라 역사에서 증험하면 분명하게 드러난다.

우리 국민의 각오

이제 우리 국민은 모두 조종의 남겨진 백성이요, 선민(先民)의 후손이다. 선조의 공업을 명심하여 잊지 말아야 하니, 우리나라에 고유한 풍속과 교화[58]를 본받아서 황실을 존숭하고 종사를 공경히 받들며 또

현을 통해서 드러내고 있다.

56 전장(典章) : 제도와 법령.

57 문명(文明) : 여기서 문명은 근대 시기의 '문명개화'라고 할 때와는 다소 다르다. 즉 원래 『주역』에서 나왔던 것과 같은 의미로 훌륭한 임금의 교화를 통해 세상이 '문채광명(文采光明)'한 상태를 기술한 말이다. 출전은 다음과 같다. 見龍在田, 天下文明. 『周易』「乾」.

58 풍속과 교화 : 원문은 풍교(風教). 출전은 다음과 같다. 風, 風也, 教也. 風以動之, 教以化之. 『詩經』「毛序」.

개국 이래로 열성조께서 배양한 덕의 은택에 무젖으며,[59] 선민들이 부지런히 일하던 정신을 발휘해서 전해오는 좋은 기풍을 진작해야 한다. 그리고 이제 또 문명한 신법을 채택해서 국가의 이익과 백성의 복을 증진케 하면 국가 운수의 창성함이 어찌 세계의 열강보다 못하겠는가.

제19과 군주에게 충성함

군주에게 충성함은 우리 국민이 소유한 전통

우리 대한이 태조가 개국한 이래로 황실의 계통이 28세를 전해서 이제 대 황제폐하[60]에 이르니 5백 10여 년이다. 우리 조종께서 지극히 인자한 성덕으로 인민을 어린아이처럼 사랑하시니, 우리의 조상들이 모두 조종의 깊고 후한 은택을 입어 국민의 번영을 누림으로써 오늘날 이 몸에까지 이르렀다. 그러니 이 몸이 있는 것은 바로 조종께서 베풀어 주신 것이다. 우리의 조상이 조종에게 보답하던 충성으로 우리들은 대 황제폐하께 보답하는 것이 실로 신민의 마땅한 의무이다.

또 황실은 국민의 대종가이다. 한 나라의 생명의 휴척(休戚)[61]이 매여 있으니 국민이 그 종가를 높여 받듦이 각자 자기의 집을 잘 보존하는 것처럼 여기는 것은 자연스러운 공경함에서 나오는 것이다. 어찌 주권(主權)이 있는 군주로만 추대하는 것일 뿐이겠는가.[62]

황실을 존숭함

그런즉 국민과 황실의 친밀한 관계가 만세에 이르러도 변하지 않을

---

59 무젖으며 : 원문은 함영(涵泳)으로 잠유(潛遊), 침윤(浸潤)함.

60 이 책이 고종 광무 10년(1906)에 출판되었으므로, 대황제폐하는 고종을 가리킨다.

61 휴척(休戚) : 기쁨과 근심, 유리함과 불리함.

62 여기서는 황실을 각 가문의 대종가로서 규정함으로써, 군주를 군주권을 가진 수장으로뿐만 아니라, 확장된 가문의 논리 속에서, 가족 내의 일원처럼 자연스럽게 사랑하고 존경하는 존재로 매김하고 있다.

것이다. 그러므로 국민이 된 자가 반드시 황실을 존숭하며 그 국체를 옹호하는 것은 실로 국민으로서의 책임이다.

임금에게 충성함은 인민의 의무

세상 사람들이 "임금에게 충성하는 것은 정부에 있는 관리의 책임이다"라고 말하지만, 이는 매우 사려 깊지 못한 말이다. 사람이 그 나라에서 태어나서 각각 자기 나라의 임금에게 충성하는 것은 바로 인민의 의무이다. 여기에 어찌 정부와 인민의 구분이 있겠는가. 옛날에 칠실(漆室)의 여인은 자기의 일을 걱정하지 않고 종사의 위태로움을 걱정하였으며[63] 전부(田夫)가 미나리를 바치고[64] 야인(野人)이 자기의 등을 따뜻하게 비추던 햇볕을 바치며[65] 각각 자기 나라의 임금에게 충정을 품는 것은 인민의 마음에서 나온 것이다. 그러므로 천고에 임금에게 충성하려는 사람은 이로써 표준을 삼아야 한다고 사람들이 항상 말을 하는 바이다. 아아! 임금에게 충성하는 정성을 여기에서 증험할 것이다.

청년의 각오

우리 청년은 아직 세상에 들어서지 못한 자이므로 직접적으로 국가를 위해서 임금의 은혜에 보답하기는 어렵다. 훗날 국가에 유용한 인

---

63 옛날에~걱정하였으며 : 이불휼위(嫠不恤緯)의 고사에서 온 말로 나라를 걱정하는 마음을 표현하는 말이다. 춘추시대 노나라의 칠실 읍(邑)에 과년한 처녀가 혼인을 하지 못한 자신의 처지는 걱정하지 않고, 노나라의 임금은 늙고 태자가 어린 것을 걱정하여 기둥에 기대어 울자, 이웃집 부인이 비웃으며 "이는 노나라 대부가 할 근심이니 그대가 무슨 상관인가?"라 한 데서 나왔다. 출전은 다음과 같다. 『列女傳』 卷3 「漆室女」.

64 전부(田夫)가~바치고 : 미나리를 즐겨 먹던 가난한 농부[田夫]가 미나리 맛이 좋다며 윗사람에게 바쳤더니, 도리어 맛이 쓰고 배가 아팠다고 조소를 당했던 일에서 나온 말로 변변치 못하지만 지성에서 나온 선물을 비유한다. 출전은 다음과 같다. 『列子』 「楊朱」.

65 야인(野人)이~바치며 : 중국 송나라의 한 농부가 항상 누더기만을 입고 겨울을 지내다가 봄이 되자 따뜻한 햇볕을 쬐면서, 천하에 넓은 집과 따뜻한 솜옷과 가죽옷이 있는 줄도 모르고 "등을 쬐는 이 따뜻한[負背之暄]" 햇빛을 임금에게 바치면 큰 상을 받을 것이라고 했던 고사에서 나온 말로 역시 변변치 못하지만 지성에서 나온 선물을 비유한다.

물이 되어 봉공(奉公)의 대의를 다하려고 한다면 자신을 수양하고 배움에 힘써서 단결 혹은 분발하는 힘을 노력하여 기르는 것이 진실로 임금에게 충성하는 길이다. 입으로만 충애(忠愛)의 실질을 빙자하면서, 몸으로 마땅히 실천해야 할 일에 힘쓰지 않으면 불충한 사람이다.

제20과 준법

우리나라의 헌법

국가에 대하여 국민의 분수로 다해야 할 도리는 한두 가지에 그치지 않지만 법령을 준수하는 것이 중요하다. 조종의 아름답고 좋은 법규를 마땅히 준수해야 하지만, 시대의 변천과 문명·야만의 표준으로서 법제를 바꿀 필요성이 있다. 옛 제도만 고수하고 시대의 기미를 살피지 않아 무턱대고 신법을 비방하고 훼손하는 무리는 완고한 누습을 벗어나지 못한 자라 할 것이다.

대 황제폐하께서 시대의 변천을 살피고 중흥의 운을 열어 전해오던 묵은 폐습을 개혁하고 경장(更張)의 신법을 반포하신지 10여 년에[66] 아직도 유신(維新)[67]의 교화가 온 나라에 퍼지지 못한 것은 그 법제가 좋지 않아서가 아니다. 정부에서 그 법을 실행하지 못한 책임이 없지 않고 인민 또한 구습에 익숙해져서 신법에 저항함이 너무 심하여 오늘의 상태에 빠지게 된 것이니 어찌 우리 국민이 각성할 바가 아니겠는가.

---

66 10여 년에 : 갑오경장이 있던 1894년으로부터 약 10여 년의 세월이 지났음을 말한다.

67 유신(維新) : 구법을 개혁하고 새롭게 함. "주나라는 비록 오래된 나라지만, 그 명이 오직 새로웠도다"라는『시경』에서 온 말로, 주나라가 비록 오래 된 나라이지만, 문왕에 이르러서 덕이 천하에 퍼지고 비로소 천명을 받게 되었다는 뜻이다. 여기서는 고종에 의하여 그러한 유신의 교화가 이루어졌다는 칭송을 담은 표현이다. 출전과 원문은 다음과 같다. 周雖舊邦, 其命維新.『詩經』「大雅」「文王」.

법률과 명령은 대소를 막론하고 국가의 질서를 유지하며 국민의 안녕을 도모하여 인민의 생명과 재산을 보호하기 위해 선포한 것이니 국민은 마땅히 여기에 복종하고 위반함이 없어야 한다. 그러나 법률에 복종하는 도리는 표면적으로 법령을 어기지 않는 것으로 족하다고 할 수는 없으니, 국가에서 규정한 법률의 정신을 잘 살펴서 이를 투철하게 이해하도록 해야 한다. 만약 법령이 미비한 틈을 타서 교묘하게 죄를 고의로 범하거나, 법을 어기고도 편안하게 수치를 모르는 사람은 국민의 자격을 잃은 자이다. 어찌 인민에 포함할 수 있겠는가. 법률과 명령

제21과 환란의 시기에 주의할 점

사람이 평소에는 자신을 수양하고 집을 다스리며 각자 자기의 업무에 종사하면서 국가의 융성함을 도모한다. 그러나 유사시를 당해서는 온 나라가 일치해서 조상 때부터 국민에게 전해오는 의리와 용기의 정신을 떨쳐 일으키고, 개벽하던 태초부터 전해오는 조국의 강토를 보호하여 국난(國難)을 물리치고 국권(國權)을 지켜야 하니, 이는 조상의 뜻을 계승하고 자손의 귀감이 되는 것이다. 환란의 시기에는 충의(忠義)에 주의함

우리 국가와 황실과 신민은 모두 일체(一體)이다. 우리의 조상이 4천년 이래로 이 나라를 유지하였으므로 오늘에 이르러 이 조상의 혈기를 받아 이 땅에 태어났으니 누가 충성을 다하여 나라에 보답하는 정신을 갖기 위해 더욱 노력하지 않겠는가.

그런데 보답의 정신을 발휘해서 국난에 나아갈 때에는 반드시 신중한 태도를 가져야 한다. 괜스레 비분강개해서 경거망동하여 나서는 병역에 복종할 의무

것은 옳지 않다. 국민은 병역에 복종할 의무가 있으니 이후로 우리나라가 국민 모두 병역의 의무를 지는 제도를 선택할지라도, 그 당시에 군대에 속한 사람만 필수적으로 전문적인 교육을 받아서 직접 전장에 달려갈 수 있을 것이다. 군적(軍籍)에 있는 사람은 자기의 몸을 기러기의 깃털처럼 가볍게 여기고, 의리는 태산처럼 무겁게 여기며 무기를 들고 국위를 선양해야 한다. 일반 인민은 주어진 의무에 호응하여 군대의 자원(資源)을 대며 혹은 출정한 사람의 가족을 도와서 군인으로 하여금 후방을 염려하는 근심이 없게 할 것이니, 이는 온 나라가 국난에 투입되어 의리와 용기로 공공(公共)에 보답하는 길이다.

제3 덕을 수양하는 것과 관련하여 주의할 점

제22과 수양

우리들이 세상에 서서 사람의 본분을 닦는 것은 자기가 입신(立身)하는 길이다. 작게는 자기 한 몸, 한 집안의 번영을 얻고, 크게는 국가, 사회의 공익을 이루어 세상에 유용한 인물이 되고 타인에게 존경을 받는 지위를 얻게 될 것이다. 수양을 위한 노력

사람이 입신하는 길은 오로지 도덕에 있으므로 도덕을 닦지 않으면 지식이 있어도 지식을 실천할 수 없다. 그러므로 각종의 학문과 기술을 모두 도덕으로 근본을 삼아 먼저 그 근본을 수양한 뒤에 업무에 적용해서 활용해야 한다. 그러나 도덕을 수양함은 실제 정신에 있고, 외형을 거짓으로 꾸며서 헛된 명예를 구하는 데 있지 않으니 학자는 마땅히 정신 수양을 자기의 공부로 삼아야 한다. 도덕은 실행이 필요함

사람은 아무리 사소한 선(善)이라도 소홀히 하지 않으며, 아무리 작은 악행이라도 하지 말아야 한다. 항상 자기의 양심을 잘 살펴서 사심을 버리고 공명정대한 정신을 유지해서 미미한 것부터 반드시 신중하며 시초를 반드시 삼가야 할 것이다. 작은 일을 경시하는 습관은 큰 죄악을 양성하는 데 이르고, 부덕한 행동을 한 번 하면 다시 또 하기는 쉽다. 그러므로 미미한 시초를 조심해서 선을 힘써 행하고, 악을 멀리 배척하면 처음에는 비록 어렵지만 힘써 노력해서 수행해서 반드시 습관으로 만들어야 하니 옛말에 "습관은 제2의 천성"이라 한 것이 이를 이른다. 덕은 미미한 시초를 삼가는 데 달려있음

제23과 자중함

자중함은 덕을 수양하는 제일의 공부임

사람은 모두 자중하는 정신을 먼저 길러야 한다. 자중은 자기의 가치를 잘 지켜서 스스로를 멸시하고 포기하는 데 이르지 않음을 말하니, 덕을 수양하는 제일의 공부이다. 자기를 스스로 경시하면 무슨 일이든 성취하지 못하는 것은 고사하고 결국은 불의부덕(不義不德)함에 빠져서 사람들의 배척을 당하는 일을 피하기 어려울 것이다.

인생의 가치

자기를 경시하지 않는 사람은 인생의 가치를 아는 사람이다. 그러므로 사람은 고상한 정신으로 공부하고 덕을 수양하는 바탕[68]을 삼아야 하는데, 이 바탕은 인생의 가치를 스스로 더하는 것이다. 옛날에 '성현'이라 '영웅'이라 불리며 불후한 명성을 백세(百世)까지 남긴 사람들도 결코 우리와 특별히 다른 점이 있거나 우리는 바라볼 수도 없는 일을 한 것은 아니다. 단지 자기의 학문을 닦으며 덕을 쌓아서 공업을 이룬 것일 뿐이다. 비유하자면 성현과 호걸은 옥을 갈고 쪼아 밝고 아름답게 빛나는 것과 같고 우리들은 아직 다듬지 않은 옥과 같아서, 그 차이는 갈고 다듬었는가 여부에 있을 뿐이지 결코 백옥과 기와 조각[69]처럼 구별되는 점이 있는 것은 아니다. 그러므로 우리들은 성현과 호걸이 존경받는 이유를 잘 알아서 자기를 존중하도록 노력해야 한다.

자중하는 정신

그러나 자기를 존중하도록 한다는 것은 단지 장대(壯大)한 언어로 자신을 호쾌하게 표현함을 말하는 것이 아니다. 자중하는 사람은 반드시 원대한 것을 희망하기 때문에 자기의 불완전한 학문과 능력을 만

68 바탕 : 원문은 소질(素質)로 흰백의 바탕, 사물이나 사람의 근원적 성질.
69 기와 조각 : 원문은 와력(瓦礫)으로, 기와 조각처럼 쓸모없는 것을 비유한다.

족스럽게 여기지 않고 밤낮으로 자신을 수양해서 성현의 경지에 이르기 위해 부지런히 노력하니, 학업이 날로 진보하고 덕이 날로 수양된다. 이와 반대로 자신을 스스로 경시하는 사람은 자기가 불완전해도 만족하면서 조금도 진보에 대한 희망이 없으므로 학문이 날로 퇴보하고, 행실이 날로 거칠어진다. 그러므로 자중하는 정신은 덕행과 공업(功業)을 크게 성취하는 기본이라 말할 수 있다.

제24과 공손함과 검약함

학문과 덕행을 수행할 때 가장 경계할 것은 교만한 마음이다. 교만한 마음이 생기면 학업의 진보와 덕행의 수양을 기대하기 어려우니 세상 사람들의 비웃음을 사며 모멸을 부를 뿐이다. 이 교만한 마음은 얕은 식견을 자만하는 데서 생기고, 얕은 식견을 자만하는 마음은 자기를 무지한 상태로 둔다. 사람은 마땅히 자기의 지위와 실제 가치를 생각해서 목적을 원대한 데 두고, 정신을 고상한 데 집중해서 쉼없이 수양함으로 나아가야 한다. **교만함은 지혜가 없는 데서 생김**

교만함 중에서도 가장 비천한 경우는 자기의 재산과 가문 등을 자랑하는 것이고, 특히 추악한 경우는 젊은 사람이 부형(父兄)의 공적을 자부하며 남에게 자랑하거나 또 간혹 자기의 학업과 품행을 자랑하는 것이다. 이것은 자신을 스스로 알지 못한 소치이니, 참으로 어리석은 사람이 되는 것을 어찌 면하겠는가. **교만함의 상태**

대개 사람이 이 세상에 태어나서 배워야 할 학문과 실천해야 할 도리가 무한한데, 얕은 지식과 미완성의 덕행으로 자기 마음에 만족스럽다고 한다면 대성(大成)할 날이 어찌 있겠는가. 그러니 자기의 부족함을 스스로 반성하며 부지런히 학문을 연마하는 사람은 기필코 원대한 공업을 성취할 것이다.

공손, 검약함과 책임감[70]

공손하고 검약하는 사람은 학문을 깊이 쌓고도 자신을 과시하려고 하지 않는다. 그렇기 때문에 남에게 겸손한 덕이 있으나, 자기가 맡은 임무를 할 때에는 힘을 다하고 남에게 미루지 않으므로 사람들이 존경한다. 이는 다른 것이 아니라 학문의 힘이 겸손한 덕을 길러서 책임을 다하는 도리를 알게 한 것이다. 책임을 다하는 도리를 알지 못하는 사람은 자기가 마땅히 해야 할 의무를 남에게 미루고 남의 뒤로 물러서는 것을 부끄러워하지 않는다. 이처럼 비열한 사람들은 세상에 무익하고 보탬이 없으니 어찌 대장부 중에 가장 비천한 자가 아니겠는가.

제25과 자기를 반성함

자기의 품성을 아는 데 필요함

사람이 자기의 품성을 고상하게 해서 덕행과 학업을 진보·발달시키려고 한다면 항상 자기 성질의 장단점을 스스로 잘 판단해야 한다. 또 학업의 우열을 스스로 헤아리면 덕행과 학업이 진보하고 단점을 고칠 수 있다. 그러므로 옛사람들은 자기를 반성하는 것이 덕을 수양하는 첫 번째 공부라고 했다. 이는 단지 오늘 덕을 수양하는 데 필요할 뿐만 아니라 훗날 입신(立身)하여 취업[71]을 하게 되었을 때에도 유효하다.

70 책임감 : 원문은 자임(自任)으로, 어떤 일에 대하여 자신의 책임으로 여기는 것.

71 취업(就業) : 두 가지의 뜻이 있는데 하나는 구학(求學), 곧 학업을 하는 것이고, 하나는 근대

외부의 물정(物情)을 아는 것은 이목구비와 같은 감각의 도움을 받아서 큰 어려움이 없다. 그러나 자기 안에 감추어져 있는 선악과 장단점을 아는 것은 하루아침에 되지 않으니, 사람이 항상 자기의 내심을 스스로 잘 살펴서 공평하게 판단하는 것을 습관으로 만든 뒤에야 가능하다. 그러나 내심을 스스로 반성한다는 것이 말하기는 쉽지만 실행하기는 어려우니 공평하게 판단하는 것은 특히 수양이 필요하다.

자기를 반성하는 일의 어려움

하루의 일을 마치고 잠자리에 들 때가 자기를 반성하기에 가장 적당한 시간이다. 조용히 앉아서 찬찬히 생각하되, 오늘 내가 과연 수치스러운 언행을 한 적은 없었는가, 혹은 다른 사람에게 악의를 품은 일은 없었는가, 혹은 게을러서 내 일 중에 빠뜨린 것이 없었는가, 이런 일들을 엄밀하게 판단해서 부족한 점이 있었으면 반드시 반성해야 할 것이다. 날마다 이처럼 하면서 부지런히 노력함을 그치지 않는다면 덕행과 학업이 날로 진보해서 완전함을 얻을 수 있을 것이다.

제26과 극기

선을 행하는 어려움

누구든지 선한 도리를 실천하기를 바라지 않는 사람은 없지만, 자연히 잘못을 하며, 불선(不善)한 일을 해서 점차로 선을 행하는 일에 어려움을 느끼게 된다. 대개 온갖 외물(外物)이 유혹하며 사람의 약점을 치고 들어와 그의 (선한) 생각을 빼앗으면 정욕(情慾)이 거세게 일어 자

적 용법으로 직업을 갖고 노동한다는 뜻이다. 출전은 다음과 같다. 日旦就業, 夕而自省思. 『大戴禮記』「曾子立事」. 여기에서는 '입신취업'이라 하여 학업 이후의 단계에서 자신만의 업을 갖는다는 후자의 의미에 가까운 것으로 보인다.

기도 모르게 일시에 악행에 빠지게 되는 것이다.

유혹은 그 종류가 매우 많아서 사람에게 파고드는 것이 한 번에 그치지 않는데, 그 중에 가장 현저한 것은 육체적 욕망이다. 육체적 욕망은 원래 신체의 생리적 활동과 동반하여 필연적으로 생기는 것이지만, 그 본질을 따져보면 선과 악의 구별이 있다. 우리가 배가 고프면 먹고 싶은 생각이 나고, 목이 마르면 물을 마시고 싶어지며, 피곤하면 휴식을 생각하고, 또 이목(耳目)에 즐거운 일을 하려고 하는 것은 모두 당연한 일이다.

욕망을 제한함

이런 욕망을 적절하게 활용하면 생활에 유용한 노동이 된다. 그런데 이런 욕망이 생기는 것을 내버려두고 제한하지 않으면 몸을 해치고 일에 방해가 되며 반드시 패가망신하게 된다.

육체의 욕망

육체적 욕망은 신체의 발육이 왕성한 청년시절에 가장 강한 것인데, 특별히 이를 억제하려는 노력을 해야 한다. 일시의 쾌락을 탐하느라 평생 후회할 일을 남기는 일은 지혜로운 사람이라면 하지 않는 것이다.

성욕의 억제

또 가장 두려워해야 할 것은 성욕의 유혹이다. 사람의 신체는 일정한 시기에 이르면 그 기관(機官)의 운동으로 정신의 변화를 일으킨다. 이 시간이 인생에서 가장 위험한 시기이니 해야 할 일이 있는 청년이 이 성욕을 억제할 줄 모르면 결국은 신체의 건강을 해치고 정신의 활동을 둔하게 하며, 혹은 생명을 단축하거나 쇠약한 사람이 되는 것을 면치 못하니, 청년 학생은 이 유혹에 빠지지 않도록 경계하고 조심해야 한다.

제27과 극기(계속)

사람이 어릴 때에는 음식에 대한 욕구와 감각적인 욕망 같은 신체적 욕망이 있을 뿐이다. 그러나 점차 성장하면서 각종의 욕망이 생기는데, 소유욕과 명예욕, 권력욕 등이 그것이다. 이런 욕망은 사람이 자연스레 갖는 것이니 선하다, 악하다 이름붙일 수 없다. 그러나 이 또한 신체적 욕망과 마찬가지여서 적당하게 활용하지 못하면 두렵거니와, 그 결과는 불의부덕한 사람이 되는 것이다. 욕망을 적절하게 활용함

재산, 명예, 권력 등을 얻어서 행복을 누리고자 함은 인지상정이니, 이를 위해서 자기에게 이익이 되고 세상을 이롭게 할 생각을 하는 사람이 있다. 그러나 재산에 대한 욕망이 정도에 지나치면 인색하고 탐욕스러운 일을 저지르고, 명예욕이 정당한 도리를 얻지 못하면 오만하고 질투하며 원망하는 악습을 갖게 되고, 심지어는 자기의 명성을 얻기 위해서 남을 불측한 함정에 빠뜨린다. 권세욕이 극에 달하면 사람을 구덩이로 밀어 넣으며 기어이 약자를 학대하여 음험하고 잔인한 일을 하니 이는 학생들이 깊이 경계해야 할 바이다. 과도한 욕망의 폐해

특히 세상에 경험이 없는 예기(銳氣)의 소년 시절에는 간혹 망상에 빠지기 쉬운데, 이런 욕망의 유혹에 빠져서 당장 급선무인 면학(勉學)과 덕행의 수양을 게을리 하다가 어른이 된 뒤에 후회를 한들 무슨 소용이 있겠는가. 아이 때에 신동이라 불리던 사람이 중년에는 평범했던 사람보다 못한 경우가 많은 것은 이 때문이 아니겠는가. 공상(空想)에 빠짐

이런 욕망을 적당하게 억제하는 방도는 다른 것이 없다. 지식을 연마해서 사리를 분명하게 알고, 항상 변치 않는 굳은 인내를 가진 정신 욕망을 억제하는 방도

을 연마해야 한다.

제28과 극기(계속)

유혹을 예방함

모든 유혹은 모두 자기의 약점을 타고 침입하는 적이니, 사람은 자기의 정신을 굳건하게 해서 적이 틈타오는 것을 예방하는 일에 주의해야 한다.

욕망을 억제하는 일에 주의함

세상 사람들이 간혹 욕망과 육체적 욕구 때문에 사악한 유혹에 빠지거나 혹 세력으로 협박하여 우리의 지조를 더럽히거나 혹은 천박하고 잘못된 견해를 퍼뜨려서 정의로운 선비를 훼방하는 일이 있다. 우리가 주의를 소홀히 해서 이것을 따른다든가, 나약함에 익숙해져서 여기에 저항하지 않으면 결국은 남의 노예가 됨을 면치 못할 것이다.

자신(自信)의 필요성

사람이 세력으로 나에게 악행을 강요할 때와 사람들이 모여서 나에게 패려(悖戾)한 박해를 가할 때에는 반드시 옛날 의인과 열사들이 온갖 어려움을 물리치고 절의를 지켰던 일을 생각하며 자신(自信)의 도를 두텁게 한 뒤에야 일을 그르침이 없을 것이다.

저항력

사람은 박해가 강해질수록 의연하게 저항하는 힘이 더 강해지니, 이런 경우에는 처음 유혹이 있을 때에 준엄하게 저항할 수 있다. 또 박해와 같이 패려한 일은 정상이 아닌 경우에서 생기므로 우리가 여기에 저항하는 것은 어렵지 않다.

가장 두려워하고 경계해야 할 것은 명리(名利)와 애정이니, 이는 사람이 좋아하는 것에 기대어 유혹에 빠뜨리거나 천박한 이유를 근거로 자연스럽게 사람의 양심을 무뎌지게 한다. 이런 욕망의 해악은 급격하게 오지 않고 또 심각한 패려함으로 유혹하는 것이 아니므로 유혹되기가 쉽다. 그래서 사람이 한 번 그 유혹을 받으면 그 독이 신체에 깊이 박혀서 생명을 해치며 그 결과는 정신을 부패하게 해서 비천한 사람이 되는 것이다.

제29과 허물을 고침

반드시 먼저 생각함

모든 일을 할 때 반드시 먼저 심사숙고해서 일을 처리하는 정당함을 얻도록 스스로 결심해야 한다. 나의 지혜를 밝게 하고 나의 뜻을 고상하게 하며 뜻을 굳고 강하게 가지고 생각을 면밀하게 해서 바른 이치에 부합한 뒤에 실천하기에 힘써야 한다.

허물을 고치는 것이 귀중함

그러나 사람이 각자 자기만의 성격이 있고, 오해함도 있어서 완전히 잘못이 없기는 어려우며, 더군다나 경험이 없는 사람은 더욱 잘못이 많다. 그래서 "허물은 명예의 시초"라 하니 잘못을 능히 알고 신속하게 고쳐서 두 번 잘못하지 않도록 노력하면 이는 허물이 없는 것이나 마찬가지이다. 공자(孔子)가 "누가 허물이 없으리오마는 허물을 고치는 것이 귀하다"[72]고 하셨다.

허물을 감추는 일의 손실

허물을 부끄러워하는 것은 인지상정이니, 이 마음 때문에 허물을 고치게 된다. 그러나 항상 자기의 잘못을 알지는 못하므로, 부형과 스승의 가르침과 벗들의 권면함[73]을 따라서 허물을 깨닫고 선함으로 나

72 누가~귀하다 : 출전은 다음과 같다. 人誰無過, 過而能改, 善莫大焉.『春秋左傳』.

73 권면함 : 원문은 책선(責善). 선을 따르라고 권면하는 것으로 벗의 도리이다. 출전은 다음과 같다. 夫章子, 子父責善而不相遇也. 責善, 朋友之道也, 父子責善, 賊恩之大者.『孟子』「離婁」下.

아가게 된다. 과실은 원래 고의로 한 것이 아니므로 그 책임이 가벼운데, 사람이 하루아침에 자기의 과실을 알고서도 자기의 허물을 숨기려고 거짓된 일을 하면 도리어 도덕적인 죄인을 면치 못하게 된다. 허물을 알고도 고치지 않으면 그 허물이 더욱 커질 뿐더러 성격을 점점 완고하게 만들어서 정도(正道)로 나아갈 수가 없다. 그러므로 옛사람이 말하기를 "허물을 알고도 고치지 않는 자는 실제로 잘못을 저지르게 된다"고 하였다.

허물을 고치지 않는 것을 수치로 여김

자기의 선함을 듣기를 좋아하고 허물을 듣기를 싫어함은 소인의 마음이요, 허물을 듣고 고치는 일에 인색하지 않음은 군자의 큰 도량이다. 그러므로 군자의 덕은 날로 진보하고 소인의 행실은 수시로 바뀌니, 사람이 항상 허물을 모르는 것을 두려워하고, 허물을 알고 나서는 고치지 못하는 것을 수치로 여기면 덕행의 진보가 날로 새로워질 것이다.

제30과 선(善)으로 나아감

선을 행하는 일에 힘씀

사람은 잘못을 범하지 않고, 악을 행하지 않는 것으로 만족하다 하지 말고, 자기의 품성을 고상하게 해서 선을 행하는 일에 더욱 힘써야 한다. 자기의 품성을 고상하게 하려면 마땅히 성현의 가르침을 따라서, 그 인물을 모범으로 삼고 그가 행한 일을 본받으며, 또 좋은 벗을 가려 사귀고 서로 절차탁마하는 공부를 쌓으며 우리의 심지(心志)를 길러야 한다. 지조를 맑고 높게 가지며 정신을 웅대하게 하는 일에 마땅히 힘쓸 것이요, 해를 끼치는 벗을 가까이 해서 불완전한 문학(文學)을 익히고 배우며, 비루한 기사(記事)들을 열람하는 것은 가장 경계하고 조심해야 할 일이다.

사람이 지조를 고상하게 해서 선을 행하기에 힘쓰되, 아무리 작은 선행이라도 결코 소홀히 하지 않으면 그 마음 속이 자연스레 기뻐져서 자기도 모르게 즐거워질 것이다. 혹 '선행 중에 큰 것'이라 하며 인화(人和)를 도모하며 세상의 이익을 돕는다고 하지만 그러나 결과의 대소로 그 가치를 정하는 것은 아니다. 가령 어떤 행실이든지 성심에서 나온 것이 아니면 진실한 선이라고 말하기 어렵다. **지조의 고상함**

무릇 우리 청년들은 아직은 세상에 나서지 못한 사람들이라 공적인 일에 직접 관계되는 것은 없지만, 가족과 벗들 사이에서나 또 학생 사회에서 할 수 있는 선행은 결코 적지 않다. 그러므로 그런 상황에 대응하여 힘을 다하고 성심을 다하여 이를 힘써 행해야 할 것이니, 그치지 않고 선을 행하면 자연히 선을 행하는 습관을 양성하게 되어 훗날에 유용한 사람이 될 수 있다.

사람은 선을 행하고 자랑하지 말아야 한다. 이는 명예만을 위한 것이지 성심에서 나온 것이 아니니 누가 진실한 선이라고 하겠는가. 또 훗날 중등 이상의 사회에 서서 국민의 핵심[74]과 국가의 원기로 책임을 자부할 사람들이 사소한 선행으로 만족해서는 안 되니, 크게 수양하고 깊게 내면에 온축해서 중대한 임무를 온전하게 감당할 것을 각성해야 한다. **성심(誠心)이 선임**

74 중견(中堅) : 단체에서 유력하거나 중요한 부분.

권3

제1 자기에 대한 도리

제1과 자기

자기에 대한 임무

'자기'는 자기의 몸을 이르는 것이니, 대개 사람은 원래 하나의 생물체이기 때문이다. 그러나 한쪽에서 보면 가족의 일원이요, 또 국가의 신민(臣民)이니 가족이 없는데 한 개인으로서 이 세상에서 생존을 누릴 수 있는 사람은 없을 것이고, 사회를 떠나 국가에 소속되지 않고 생활할 수 있는 사람 또한 없다. 그러므로 사람은 마땅히 행해야 할 본래의 임무 외에 또 가족과 사회와 국가의 일원으로 행해야 할 임무가 있다. 또 한 걸음 더 나가서 생각하면 자기 이전에 선조가 있고 자기의 뒤에 자손이 있으니 그런즉 자기가 사회에 대하여 하는 사업과 종족을 영원히 계승할 책임이 있다. 그러하니 이 한 몸은 다만 하나의 생물체로 이 세상에 기식(寄食)할 뿐만 아니라 실제로 국가를 위해 존재하며 사회를 위해 존재하며 조상을 위해 존재하는 것이라 해도 틀린 것이라 하지 못할 것이다.

과거, 현재, 미래에 대한 책임

그러므로 우리들은 과거, 현재, 미래에 대하여 중대한 책임을 지고 있으며 그에 관계되는 바가 넓고 크다고 할 수 있다.

자기의 발달은 다른 임무를 잘 수행하는 데에 달려 있음

우리가 단지 하나의 생물체로 생각해 보아도 생명을 유지하려면 신체와 정신을 발달하게 하는 것이 필요하다. 또 더욱이 가족과 사회와 국가 등에 대한 임무를 모두 자기의 신체와 정신의 발달을 통해 수행하

는 것이니, 그 중대함이 어떠하겠는가. 그러므로 소위 자기에 대한 임무라 하는 것도 결국은 모두 가족과 국가와 사회에 대한 임무라 할 수 있다. 또 각각의 덕행이 서로 연결되어 밀접한 관계가 있는 것이므로 분명하게 이를 구별하는 것은 매우 어렵다. 다만 설명의 편의를 위하여 직접적으로 자기에게 관련된 것을 자기에 대한 임무라 일컬을 뿐이다.

제2 신체에 대한 의무[75]

제2과 스스로 삶을 영위함

스스로 삶을 영위할 의무

자기의 결핍을 충분하게 채워서 생명을 보존하고 이어가며 독립된 생활을 영위함은 사람으로서 마땅히 해야 할 일이니 이것이 자영(自營)의 의무이다.

무릇 자기의 생명을 지키려고 한다면 생활에 필요한 음식, 의복, 주거 등을 얻기 위해서 자신을 수고롭게 하는 일을 하지 않기가 어렵다. 그러니 맡은 바 직업에 종사해서 얻은 이익으로 편안하고 온전한 생활을 영위해야 할 것이다. 그러므로 부지런히 수고함은 자기의 목숨과 관련하여 해야 할 가장 중요한 의무이다. 다만 노약자이거나 병이 있는 등의 특별한 사정으로 자기를 스스로 부양하지 못하는 사람은 타인의 보호에 의지하여 생활하지 않을 수 없다.

---

75 의무 : 원문은 '본무(本務)'로 원의는 1 근본이 되는 임무나 직무 2 자기가 맡은 임무나 사무 3 사람에게 부여된 도덕률과 이 도덕률을 좇아 행해야 할 의무이다. 이런 대체적인 원의와 문맥을 살리되 번역문의 표현을 간결하게 하는 점을 고려하여 '의무' 또는 '임무'로 번역하였다.

몽매했던 상고(上古)시대에는 사람에게 필요한 것이 적었으며 인구도 적어서 약간의 노동에 의지해도 생명을 유지할 수 있었다. 그러나 인구가 증가하며 사회가 진보한 오늘날에는 적지 않은 노력에 의거하지 않으면 생활을 할 수 없다. 야만시대에 과실을 따는 일에도 자기의 노력이 필요했는데 하물며 사회의 경쟁이 더욱 격렬해진 오늘날에 생활을 위해 노력할 것이 많음은 당연한 일이다. 그러나 문명사회에서는 사람들이 각자의 생산물을 교환해서 생활을 영위하기 때문에 하등의 노동을 겪지 않고 화폐로 물품을 구매하니 이것은 실로 자기가 과거에 했던 노력의 결과를 가지고 타인이 들인 노력의 결과와 교환하는 것이다. 그러므로 노동을 싫어하는 사람은 생활의 방편을 바라기 어렵다.

제3과 스스로 삶을 영위함(계속)

스스로 삶을 영위함은 인간으로서의 명예임

스스로 삶을 영위하는 임무를 완전하게 하며 자기의 노동을 통해서 자기를 부양하는 것은 사람에게 당연한 중대한 의무일 뿐만 아니라 실로 인간으로서의 명예이다. 건강한 신체를 갖고도 타인에게 의지하여 생활하는 사람은 자기의 정신이 없는 자요, 사회에 나설 자격이 없는 자라고 할 수 있다. 또 정당하지 않은 직업으로 생활하는 사람은 타인의 노력을 훔치는 것과 마찬가지이다.

정당한 직업

그러므로 뇌물을 주고 일을 꾀하거나 투기 등의 행위로 화려한 생활을 하는 사람과, 정당한 직업을 갖고 검소한 생활을 하는 사람은 하늘과 땅처럼 현격하게 다르다. 그러하니 정당한 직업에 종사함 또한 자영에 관계된 하나의 중요한 의무라 할 것이다.

근검 저축함

자영의 목적을 이루려고 한다면 정당한 직업을 잘 골라서 부지런히 일하고 수입과 지출을 잘 헤아려 절약하는 태도를 반드시 지켜야 한다. 만약 쓰임새가 소득을 초과하면 늘 부족하다는 느낌이 있을 것이니 이 부족함을 피하고 불시에 쓰일 것을 준비해서 장래의 생활을 안전하게 하려면 어느 정도의 저축을 하는 것 또한 하나의 의무이다. 만약 소득에 맞추어 쓰임새를 절약함이 없고 저축이 없으면 훗날 타인의 도움에 의지하여 생활하는 비극적인 지경에 빠짐을 면치 못할 것이다. 그러므로 근면과 절약과 저축 등은 자영의 임무를 완전히 하는 데 가장 필요한 것이다. 그러니 이에 대해서 어떤 것이든지 하나라도 빠뜨리면 안 될 뿐더러 더욱 한 걸음 나아가 생각해 보라.

저축에서 주의할 점

저축은 절약의 결과로 자연스럽게 생기는 것이다. 간혹 저축하는 것만을 목적으로 하면 인색함에 빠져서 도리어 부덕한 결점이 될 것이니 이를 또 경계하고 조심해야 할 것이다.

제4과 자기를 보호함

스스로를 보호할 임무

생활에 필요한 재료를 공급해서 자기의 생명을 지키고 유지할 임무가 이미 있다면 무도(無道)하게 자기의 생명에 위해를 끼치려 하는 사람을 막고 자기의 생명의 안전을 도모해야 한다. 이것이 생물의 본능이요, 자기를 보호하는 임무이다. 그러니 이처럼 부득이한 경우를 당했을 때에는 비상한 방법으로 이 위험에서 벗어나도록 해야 할 것이다. 만약 태만하고 나약하여 자기를 보호하지 못하는 사람은 단지 자기 자신에게 불행을 초래할 뿐만 아니라 타인에게까지 손해를 끼치게 될 것이니 자기와 직접 관계가 있는 가족은 말하지 않아도 알 수 있거니와 사회 전체에도 영향을 끼치는 것을 피할 수 없다.

태만과 나태함의 죄

가령 자기 한몸의 불행은 자기의 태만과 나약함의 결과로 기꺼이 받아들이지만 자기의 부덕함 때문에 타인에게 피해를 끼치는 죄는 결코 허용해서는 안 된다.

재산을 보호할 필요

자기의 생명을 보호함은 자기의 임무이거니와 이와 동일한 이유에서 자기의 재산을 보호하는 것 또한 정당한 것으로 알아야 한다. 대개 재산은 자기의 노력을 통해서 축적한 것이니 자기의 생명과 재산을 보호함은 사람으로서 마땅한 임무이고, 한층 더 중대한 일을 맡아야 할 경우에는 이 재산과 생명을 희생하지 않으면 안 된다.

생명과 재산을 보호하는 권리

이것은 비유하자면 국가를 보호하려면 자신의 생명을 포기해야 하며, 인류의 행복을 증진시키려 한다면 구구한 재산을 아까워하지 않는 것과 같은 것이다. 또 생명과 재산을 보호하는 권리는 한점 부정함이 없을 때에 행사할 것이요, 타인에게 위해를 가하려는 악의가 있는 사람은 그 권리를 스스로 놓치는 것이라 할 수 있다.

제5과 건강에 대한 의무

신체의 건강은 정신을 건전하게 하는 기본

건강은 생명을 보호하기 위해 지켜야 하는 것이다.

신체를 훼손함은 불효

만약 여기에 주의하지 않아서 자기의 신체를 훼손하든지 혹은 손상을 입어 질병이 생기는 등의 일이 생기게 되면 모두 불효부덕한 사람이 된다.

건강은 일신의

대개 신체의 건강함은 정신을 건전하게 하는 근본이요, 정신을 건전하게 함은 인생의 본분이고 행복이니 무한한 가치가 있을 뿐더러, 건강은 단지 자기 한몸의 행복에서 머물지 않고 나아가 사회, 국가의 행복을 증진하는 데 필요하다. 그러므로 건강을 도모하는 것은 인생에서 마땅히 해야 할 의무이다.

행복

사람은 건강한 신체로 생활하는 사람도 있고, 또 불행히 약한 체질로 생존하는 사람도 있다. 약한 사람을 건강한 사람과 비교해 보면 그 불행함이 얼마만 하겠는가. 그러므로 사람은 자기 정신의 움직임에 의거하여 외부 세계에 호응하여 적절한 방법으로 생래적인 부족함을 보충해야 한다. 이것에 주의해서 신체를 보호하면 건강을 지킬 수 있으며 천수를 누릴 수 있을 것이다. 또 건강하고 혈기왕성한 사람이라도 욕망에 맡겨 방탕한 생활을 하면 신체를 상하게 된다. 그러므로 사람은 신체의 강약을 떠나서 건강을 지키는 일에 항상 주의해야 한다.

제6과 건강에 대한 의무(계속)

신체를 보호함

건강을 지키는 방법은 신체를 적당하게 보호하는 데 있으니 음식에 대한 욕망을 절제하며, 청결함을 지키고 욕망을 통제하여 체력의 소모를 막는 등의 일이 중요하다. 음식과 기타의 육체적 욕망은 생리적으로 필요한 것이지만 그에 대한 욕망에 맡겨두면 결국은 신체의 기능을 해쳐서 병을 기르게 된다.

과도한 업무가 필연적으로 일찍 노쇠하게 함

불결한 의복과 주거 등이 신체에 유해함은 재론할 것도 없으려니와 혹 한때의 욕망으로 방종하며 일의 흥미에 빠져서 신체를 지나치게 힘들게 하는 것도 건강에 방해가 된다. 젊고 건장할 때 과격한 업무에 종사한 사람이 일찍 노쇠함은 우리가 누차 목격한 바이다.

단련의 필요성

우리는 신체를 보호하고 위생을 엄격하게 지켜야 함과 동시에 신체를 단련하는 일에 힘쓰지 않으면 안 된다. 무릇 신체를 보호함도 정도에 지나치면 도리어 저항력을 잃어서 때로는 질병에 걸리기가 쉽다. 또 우리가 사람으로서의 직분을 수행하게 되면 때로 자기의 몸을 돌볼 겨를이 없는 경우도 있다. 그러므로 평소에 건강에 해롭지 않을 정도를 잘 헤아려 단련하는 공력을 쌓고 외부의 변화에 저항하는 힘을 길러야 한다.

제7과 정신에 대한 의무

정신

세상에 사람으로 태어나서 천직(天職)을 수행함은 결코 신체의 건강함에만 의지할 것이 아니다. 신체의 건강함은 정신의 건전함을 위해서 필요한 것이니 아무리 신체가 탁월하게 건강하다고 해도 고상한 정신이 여기에 깃들어 있지 않으면 이는 일개 동물이 될 뿐이요, 사람으로 여겨 존중할 수 없다.

사람과 동물의 구별

대개 사람이 동물과 다른 이유는 정신의 발달이 저 동물들보다 훨씬 뛰어나기 때문이다.

지(知)·정(情)·의지(意志)

우리의 정신의 작용으로는 지(知)와 정(情)과 의지(意志)가 있다. 지식을 계발하고 감정을 고상하게 하며 의지를 굳게 하는 것은 자기의 가치를 존중하며 인간으로서의 품격을 완전하게 갖추는 근본이니 이것은 자기에 대해서 당연한 의무이다.

지식

지식에 관하여 논하건대 우리가 지식을 계발하려는 목적에는 두 가지가 있다. 하나는 지식의 범주를 넓혀서 사람의 고유한 지식을 충분하게 하는 일이요, 또 하나는 (고유한) 지식을 응용하여 사회 제반의 개선을 도모하는 일이다. 이것을 환언하자면 한편으로는 이론적·사상적으로 학문 상의 정도(正道)를 탐구하며, 한편으로는 실제적·활동적으로 자기와 타인을 위해서 유익한 성과를 이루도록 지식을 갖게 하는 것이다.

감정

다음, 감정이 전아(典雅)하고 바른 것 또한 인류에게 매우 중요한 것이다. 사람이 동물적인 욕정 그 너머로 초월하여 도덕적으로 정조(情操)를 갖고 고상한 생활을 하는 것은 모두 이 감정에 의거하여 생긴다.

의지

또 의지의 고급한 활동도 인간에게 특유한 본성이다. 그러므로 모든 도덕적인 현상은 이 의지를 따라서 행동한 것이다. 동물은 전적으로 외부의 상태에 지배되어 활동하지만, 사람은 자기의 생각을 실행하며 외부의 상황을 지배하는 힘을 가진 존재이고, 여기에서부터 책임과 의무 등이 생긴다. 위에서 기술한 지·정·의지는 모두 정신이 활동한 결과이므로, 이것을 발달시켜 더욱 그 작용을 확대하는 것은 인간으로서의 본연의 임무이다.

지(知)·정(情)·의지(意志)의 비례

그러나 지식과 감정, 의지의 혼합의 비례에 관해서는 사람마다 동일할 수 없어서 혹자는 지식에 치우치고, 혹자는 감정에 기우니, 이런 비례를 적당하게 해서 원만한 인물이 되는 것 또한 정신에 대한 의무이다.

제8과 지식에 대한 의무(1)

명지(明知)

지식을 넓혀야 하는 의무

우리가 지식의 범주를 넓히려고 하는 것은 지적인 욕망을 충족하려는 것이지만 실제의 응용에 직접적인 관계는 거의 없다. 그렇기 때문에 왕왕 우원(迂遠)[76]한 일이라고 배척하는 사람이 없지 않다. 그렇지만 이것은 일부분의 지식만을 가진 사람이 전체의 통일을 이해하지 못하고 작은 지식에 자만하여 교만함에 빠져서 매번 비난을 초래하는 경우이다. 그러나 인류의 지식이 점점 복잡해지고 정밀해진 오늘날에는 한 사람의 능력으로 온갖 지식에 정통하기 어렵다.

전문가의 필요성

그러니 각자 전문적인 연구에 종사하여 그 범위 안에서 심원한 진리를 강구해야 한다. 전문가가 연구한 결과가 인류의 행복을 증진한 일이 결코 적지 않다.

전문가가 지식을 탐구하는 일에 종사하는 것은 농(農)·공(工)·상(商)이 각자 자기의 직업에 종사하는 것과 다름이 없는데 만약 한사람에게 "당신은 농업이 좋으며, 당신은 공업이면 충분하며, 당신은 상업이면 족하다"라고 한다면 누군들 그 편벽함을 비웃지 않겠는가.

각 사람이 자기의 지식을 넓히는 범위

그러므로 사람은 어떤 범위까지 지식을 넓힐 의무가 있는지 생각해야 한다. 그런데 그 지식의 정도(程度)는 사회의 상황에 따라서 그 정도가 명백해진다. 또 자기가 종사하는 직업과 관련하여 보편적인 이론을 연구하고 타인의 직업에 관계되는 것을 아는 등의 일은 모두 마땅히 힘써야 할 것이다. 이는 지식에 대한 욕망을 만족하게 할 뿐만 아니

---

76 우원(迂遠) : 우활(迂闊)하다와 같은 말로 실제에 부합하지 않는다는 뜻이다.

라 처세하는 데에도 가장 필요한 일이 될 것이다.

제9과 지식에 대한 의무(2)

후려(後慮)[77]

미래에 대한 고려의 필요성

사람이 다른 동물과 다른 점은 눈앞의 고락(苦樂)과 이해(利害)에 의거하여 행동하지 않고, 장래의 결과가 어떠할지를 고려한 뒤에 행동한다는 점이다. 대개 나중에 올 결과를 생각함은 과거의 경험을 기억하고 현재의 상황을 참작하여 장래에 생길 만한 변화를 예측하는 것이니, 지력이 발달한 사람이 아니면 누가 할 수 있겠는가. 인류사회가 점점 진보하여 흥성해 마지않는 이유는 이와 같은 미래에 대한 고려에서 기인한 것이 자못 많다.

이후의 일에 대한 고려가 필요한 것은, 자기나 타인을 위하여 어떤 일을 하든지 미리 생각해 보아야 하니, 만약 현재의 고락과 이해만을 보고 경솔하게 행동을 결정할 때에는 훗날에 손실을 초래하는 일이 없지 않을 것이기 때문이다.

도덕 상의 선견지명

원래 사람의 행위는 현재 혹은 장래의 이익과 쾌락을 기준으로 삼아 결정하지 못하는 것이니, 불가불 도덕적인 행위를 기준으로 선택해야 할 것이 많다. 우리는 미래를 고려하는 습관을 길러 취사선택한 의무를 수행해야 할 것이다.

---

77 후려(後慮) : 후려는 '이후의 일을 고려한다'는 뜻인데, 이 글에서는 과거의 경험과 현재의 상황을 참작한 훗날에 대한 고려라는 의미와, 이 과의 본문 중에 '선견(先見)의 명(明)'이라는 표현이 있는 것을 감안하면 '선견지명'이라고 번역할 수 있을 듯하다.

정욕의 제한

그러나 간혹 일시의 정욕이 장래의 이익과 충돌하는 경우에는 정욕을 통제하는 극기(克己)의 노력을 단행해야 한다. 그밖에 현재의 작은 이익이 장래의 큰 이익과 상반될 때, 그리고 눈앞의 고통이 훗날의 이익과 동반될 때에는 현재의 이해를 포기하고 장래의 이해를 생각하는 것이 지극이 타당하다. 선견지명이 없으면 이와 같은 상황에 처하여 잘못된 선택을 하는 경우를 피하기 어렵다.

제10과 판단

판단과 선견지명의 구별

판단은 실천적인 지식과 비슷한 것인데, 선견지명처럼 장래의 이해를 보지는 못하여 사실의 진상을 알려고 하는 독자적인 행동[78]이다. 대저 공평하고 정밀한 판단력은 쉽게 얻지 못하는 것이지만, 냉정하고 침착한 두뇌를 소유한 사람은 이러한 판단력을 쉽게 가질 수 있다. 사람이 범사에 판단이 필요하지 않은 일이 어찌 있겠는가만 단, 정당하고 공평함을 잃지 않아[79] 과오가 없는 사람은 항상 적다.

판단의 오류를 초래하는 원인

사람의 판단을 그르치는 원인은 여러 가지가 있지만 이제 도덕상의 판단에 관하여 생각해 보면 모두 내적인 반성[80]이 부족한 데서 생기는 것이다. 자기가 하려고 하는 일과 기왕에 한 일에 대해서는 천박한 이

78 독자적인 행동 : 원문은 전행(專行). 독자적인 판단과 행동을 뜻한다.

79 정당하고~않아 : 원문은 '正當公平홈을 失ᄒᆞ야 誤過가 無한 者ㅣ 常少ᄒᆞ니라'인데, 이 문장대로 번역하면 앞뒤와의 문맥 연결이 어색해져서 '정당하고 공평한 판단을 잃지 않아 과오가 없는 사람'으로 고쳐 번역하였다.

80 내적인 반성 : 원문은 내성(內省). 자기의 생각과 언행을 반성하고 과실이 없는지 살피는 것이다. 안으로 반성하여 작은 흠도 없으니, 근심하며 두려워할 것이 없다는 뜻이다. 출전은 다음과 같다. 內省不疚, 夫何憂何懼. 『論語』「顔淵」.

유를 대어가면서 무슨 일이든지 정당하다고 여기면서, 타인의 말은 살피지 않고 자기의 의견과 맞지 않는 것은 모두 잘못이라고 하거나, 애증이 담긴 생각으로 도리의 옳고 그름을 짓밟거나, 자기의 생각이 너무 강하여 타인의 의견을 항상 반대하고 무너뜨리기를 좋아하거나, 사리를 분별하지 못하는 것은 물론이고 결점을 찾아 대체(大體)와 관계가 없는 몇마디 말의 말단을 붙잡고 논쟁하는 사람이 있다.

자기의 생각이 강하여 생기는 오류

또 이와 반대로 무슨 일이든지 타인의 의견에 구차하게 영합하려고 애쓰는 사람도 있다. 이런 것들은 모두 공평한 판단을 해치는 것이므로 가장 비천한 행동이라 말할 수 있다. 학식이 있다고 일컬어지는 사람도 오히려 왕왕 이와 같은 비루한 행동을 여러 형태[81]로 보인다.

타인에게 아부함

제11과 감정과 관련된 의무

지식을 넓히며 판단을 공평하게 하는 습관을 기르는 것은 도덕적으로 매우 필요한 일이다. 다만 이것으로 덕이 있는 사람이 되기에 충분하다고 말할 수는 없다.

대개 국가를 위하여 목숨을 포기하거나 인도(人道)를 위해서 자기의 이익을 희생하여 바치는 것처럼 비범한 덕행은 사람의 마음속에 넘쳐나는[82] 감정과 지조[83]에 의거하거나, 그런 행동을 격발시킬 만한 감정이 없으면 능히 할 수 있는 경우가 드물다. 그러므로 감정은 혹은 고상

비범한 덕행은 감정·지조의 작용과 감정의 격발에 달려 있음

81 여러 형태 : 원문은 종종(種種)으로 각양각색이라는 뜻이다.

82 넘쳐나는 : 원문은 울발(鬱勃)로 기세가 왕성하거나 생기가 왕성한 것을 말한다.

83 감정과 지조 : 원문은 정조(情操)인데 지금 사용하는 '정조'의 의미가 아니라 충만한 감정과 평소부터 가져왔던 절조라는 뜻이다.

한 사람에게도 있으며 혹은 비열한 사람에게도 있는데, 겉으로는 조금도 차이가 없는 행동이지만 이 행동을 일으킨 감정이 무엇인가를 정밀하게 생각할 때에는 그 사이에 현격한 차이[84]가 있음을 발견할 수 있다. 그러므로 온갖 덕행 중에 고상한 감정과 지조가 있는가의 여부는 실상 그 행위의 가치를 높이거나 낮출 뿐만 아니라 자기의 행복을 완전하게 할 것이다.

교만한 감정과 허식

혹은 신분상의 명예를 높이기 위해서 타인에게 친밀한 모습을 억지로 꾸미거나 혹은 자선(慈善)이라는 허명을 얻기 위해서 가난한 사람에게 이유도 없이 베푸는 행동들은 모두 교만한 감정에서 나온 것이다. 덕이 있는 사람의 눈으로 보면 오히려 비루한 부덕함이라 말할 것이다.

그런데 감정의 따뜻함과 냉담함은 사람이 원래 타고난 기질에 의한 것이니 지력처럼 쉽게 발달시켜 얻을 수 있는 것이 아니다. 또 감정은 비천한 데로 흐르기 쉽고 고상한 곳으로 나아가기는 어려운 것이다. 그러므로 주도면밀한 주의와 확고한 의지로 오랜 세월 동안의 수련을 거치지 않으면 감정을 증진하지 못한다. 감정의 수양은 단지 어려운 정도에서 그칠 뿐만 아니라 방향을 잘못 잡으면 그 폐해가 극단으로 치달아 사람을 광폭하게 하기 쉽고, 결국은 도리에 어긋나는 지경에 이른다.

지식과 감정의 조화

그러므로 지식을 넓혀서 감정의 방향을 정하는 것은 고상한 감정과 지조를 수양하는 것이다. 대개 지식과 감정은 바로 정신의 활동이다. 그러므로 지식이 없고 감정만 넘치는 것은 비유하자면 키[舵]가 없이

---

84 차이 : 원문은 경정(逕庭)으로 경(逕)은 문 밖의 작은 길이고 정(庭)은 당(堂)의 밖의 뜰이니, 서로 거리가 멀거나 큰 차이가 있음을 비유하는 말이다.

배를 운항하는 것과 같으며, 감정이 없고 지식만 많은 것은 비유하자면 키가 비록 있지만 달리기 어려운 배와 같다.

제12과 의지와 관련된 의무

의지의 활동

우리의 도덕에서 가장 중요한 것은 의지의 활동이다. 대개 사람이 선을 존중해야 한다는 것을 알면서도 선을 실천하지 못하면 아무리 해박한 지식과 타오르는 듯한 열정이 있다 한들 쓸 곳이 어디 있겠는가. 그러므로 이 지식을 통제하여 실천에 전적으로 힘쓰게 하는 것은 모두 의지의 힘이다. 그러나 혹은 기호와 욕망을 통제하지 못하거나 혹은 비천한 감정을 억누르지 못하여 고상한 일과 행위를 실행하지 못하는 것은 비유하자면 굶주림과 목마름을 느낄 때에 육체의 욕망을 충족하려고 먹고 마시는 것을 적절하게 조절하지 못하는 것과 같다.

의지를 수양할 필요성

육체의 욕망을 제어하여 먹고 마시는 것을 조심하는 것은 바로 건강과 관련된 의무이다. 이로 미루어 생각해 보면 어떤 의무이든지 모두 의지와 관계가 있다. 그러므로 의지의 수양은 바로 도덕 상 가장 필요한 것이다.

극기의 용맹함

의지가 도덕에 대하여 하는 작용은 비열한 동기를 누르고, 해야 할 임무에 대한 명령을 실행하는 데 있다. 실행해야 할 때 사욕을 억제한다는 것은 극기의 용맹함으로 선(善)을 자신하는 것이다.

용감함

정당한 판단을 내릴 때에는 간혹 위험한 박해를 당하는 일이 없지 않으니 그런 때를 당해서 소신을 관철해서 의연하게 저항하는 것 또한 하나의 용감함이다. 그러나 의지의 강고함은 완고함, 혈기의 용감함과는 전혀 다르다. 완고한 사람은 결심을 굳게 지키는 용맹함이 있는 듯하지만 잘못을 고치는 것을 좋아하지 않고, 혈기의 용감함은 한 순간의 정욕이 솟는 것을 통제하지 못해서 매번 낭패를 당하니 이는 결단코 진리의 용감함이 없는 것이다.

지식과 감정의 조화

또 지식이 밝지 못하고 의지만 강고한 사람은 왕왕 그릇된 판단을 바른 것으로 알고 끝까지 고수하여 완고한 사람과 같은 곳으로 귀결된다. 그러므로 의지의 단련이 지식의 발달과 동반하여 진보하지 않으면 도리어 완고하고 고루한 데 빠지게 된다.

제13과 인격에 대한 의무

자아에 대한 생각

사람이 다른 동물과 다른 특별한 정신 작용과 중요한 차이점이 있으니 바로 자아에 대한 생각이다. 이 자아에 대한 생각이 있어서 정신의 활동을 통일할 수 있다.

무릇 인간이라 해도 어릴 때에는 본능과 육체적 욕망에만 의지하고 자의(自意)를 인식하고 행동하는 일은 없으니, 그 실상이 동물과 조금도 차이가 없다. 점차 성장하면서 정신이 발달하며 지식과 감정, 의지에 따른 행동이 나타나게 되면서부터는 그 지식과 감정, 의지가 모두 자기의 지식과 감정, 의지로 인식되고, 자기의 생각과 자기의 행동을 하게 되니, 이러한 정신의 상태를 겉으로 드러내면서 인격이라는 가치를 갖게 되는 것이다.

인격이 불완전한 사람

그런즉 인격은 처음부터 완전한 것이 아니니, 정신이 통일되지 않아 사상과 행동에 모순됨이 있으면 어찌 완전한 인격을 가졌다고 하겠는가? 하물며 인격이 전혀 없는 사람은 백치와 미치광이이다. 그래서 우리가 이런 사람들에게 인격의 책임을 지우지 않으며 자유의 권리를 인정하지 않는 것은 실로 이 때문이다. 또 소년이 독립적인 행동을 하지 못하고 반드시 부형(父兄)과 사장(師長)의 명을 따르는 것은 그 인격이 아직 완전하지 못하기 때문이다.

제14과 인격에 대한 의무(계속)

정신과 나이

사람이 건전한 정신을 갖고서 상당한 나이까지 이른 경우에는 그 의식을 통일하여 시종일관한 행동을 할 수 있다. 이유가 없이 앞뒤가 모순되는 행동을 하는 경우라면 세인(世人)의 비난을 어찌 면할 수 있겠는가.

자아의 확립

그러므로 사람은 마땅히 의식(意識)을 통일하는 데 주력해서 자아를 확립하는 일에 힘써야 한다.

본령을 확고하게 지킴

자아의 확립이라 함은 자기의 품성을 고상하게 가져서 과거, 현재, 미래에 이르기까지 어떤 상황에도 상관하지 않고 자기의 본령을 확실하게 지키는 것을 말한다. 그렇게 해야 이해(利害)에 흔들리지 않으며 환난에 꺾이지 않고 자기가 마땅히 행해야 할 도리를 다할 수 있다. 예로부터 의사(義士), 열부(烈婦)가 자신의 죽음도 아랑곳하지 않고 절개를 온전하게 했던 것이 어찌 이를 통해 드러난 것이 아니겠는가.

간혹 온갖 유혹에 움직여 죄악을 저지르거나 혹은 감정에 끌려서 경거망동하거나 혹은 눈앞의 고락(苦樂) 때문에 영원한 목적을 버리고 일생의 과오를 저지르게 되는 것은 모두 인격의 통일성을 상실한 것이다.

인격의 완전한 도리

그러니 인격을 완전하게 갖추려면 마땅히 덕성을 함양하여 사람이 마땅히 행해야 할 도리를 실천해야 한다. 이것을 일러 '자아를 실행한다'고 한다. 자아를 실행하는 일은 진실로 쉽지 않지만, 자기의 잘못을 고치며 선행 쌓는 일을 그치지 않고 부지런히 하면 점차로 완전한 경지에 나아가서 인간으로서의 가치를 발휘하게 될 것이다.

제3 타인에 대한 도리

제15과 타인의 생명에 대한 의무

생명은 사람에게 가장 귀중한 것

사람이 세상에서 살아가면서 금은보화를 귀중하다고 말하지만 가장 존중해야 할 것은 생명이다. 어째서 그런가? 금은보화는 한번 놓쳐도 다시 모을 수 있지만 생명은 한번 잃으면 다시 얻을 수 없기 때문이다.

생명보다 정의가 중요함

그러나 이처럼 소중한 생명도 돌아보지 않을 상황이 반드시 있으니 바로 우리의 '정의'이다. 정의를 실천하려면 생명을 포기하지 않을 수 없으니 충신, 의사(義士)가 국난을 당하여 종사(宗社)를 지키려 하는 것, 백성[85]을 보호하려는 것, 군주의 욕됨을 갚으려 하는 것, 나라의 우수하고 용감한 인재들[86]이 전쟁터에 달려가서 국가의 수치를 설욕하려는 것, 또는 지기(知己)의 벗을 위해서 환란을 겪는 것, 동포의 생명을 구하기 위해서 그 행복을 도모하는 일이 그런 일이다.

---

85 백성 : 원문은 생령(生靈)으로 인류, 백성, 생명이 있는 것 등의 뜻을 가지고 있다. 여기에서는 국난의 상황에서 종사와 백성을 지킨다는 문맥으로 백성이라 번역하였다.

86 나라의~인재들 : 원문은 국사(國士). 재능이 있거나 우수하며 용감한 인재들을 말한다.

그러므로 성인이 말씀하시기를 "군자는 살신성인(殺身成仁) 한다"고 한 것이다. 어떤 이유도 없이 생명을 포기하는 것은 결코 안 되니 사람들은 저마다 생명을 존중하며 행복을 누리는 것이 자기에 대한 큰 의무이다. 살신성인

사람은 이처럼 귀중한 생명을 저마다 스스로 보호하는 방도에 힘을 다해야 한다. 그런데 사회 일반의 사람이 모두 자기 한 사람의 생명만을 보전하기 위해서 타인의 생명을 해치는 일은 결코 허락할 수 없으니 이런 사람은 타인의 행복의 근원을 빼앗는 자라 말할 수 있다.

제16과 타인의 생명에 대한 의무(계속)

대저 다른 사람의 재산에 손해를 끼치며 명예를 훼손하면 배상을 하거나 불명예를 씻을 수 있지만, 생명을 해치게 되면 결코 용서받을 수 없다. 그러므로 어느 시대 어떤 사회를 막론하고 살인에도 계획 살인, 고의 살인, 과실로 인한 살인 등 여러 종류가 있어 법률적으로 제재하는 것도 각각 다르다.

살인 모의는 처음부터 타인을 죽이려고 계획하여 목적을 달성한 것이므로 그 죄가 가장 무겁다. 고의 살인은 처음부터 생명을 죽이려고 하는 악의가 있었던 것은 아니고, 한 때의 분노 때문에 앞뒤를 살피지 못한 데서 나온 것이므로 그 죄가 계획 살인에 비하면 조금 가볍다. 과실로 인해 살인을 한 사람은 비록 근본적으로 정당한 것은 아니지만 그러나 살인죄로 논해서는 안 되니 게으르고 부주의한 데서 생긴 것이든지 혹은 부득이한 경우에서 생긴 것이든지 다만 죄의 경중을 감안하여 처분해야 한다.

정당방위

이와 반대로 살인에도 정당한 것으로 인정해야 할 것이 있는데 이것은 정당한 방위를 한 경우에만 해당한다. 대개 정당방위를 필요로 하는 경우는 타인 때문에 생명의 위험이 가해질 때인데, 내가 상대방을 죽이지 않으면 자기의 생명을 보전하기 어려울 터이니, 부득불 자기의 권리를 보호하기 위해서 자기의 생명을 보호하는 임무를 수행해야 한다. 타인을 위하여 정당방위를 하는 때에도 이와 마찬가지이다.

제17과 타인의 자유에 대한 의무

자유는 사람에게 원래 고유한 권리이다. 신체를 사용하며 생각을 표현하여, 자기가 하고자 하는 바를 따라서 종교를 믿고 자기에게 적절한 것을 따라서 직업을 선택하는 등의 것을 말한다. 그런데 자유라 함은 결코 자기 임의대로 한다는 뜻이 아니다. 가령 자기의 손발을 움직이는 것은 자기의 권리이지만 혹 타인에게 방해가 된다든지, 자기의 주장을 표현하는 것은 자기가 좋은 대로 하는 것이지만 혹 공공의 안전을 해치며 타인에게 불쾌함을 주는 등의 일은 진정한 자유라 말하기 어렵다. 사람은 마땅히 타인의 행동을 방해하지 않는 범위 내에서 행동과 언론과 종교, 신앙, 직업 선택의 자유를 누려야 하며 타인의 자유는 조금도 침해해서는 안 된다.

자유를 잃은 사람은 인간으로서의 가치가 없음

정당한 자유를 누림은 사람이 사람일 수 있는 근원이니 이 자유를 잃은 때에는 사람으로서의 가치가 없는 것이다.

노예는 자유의 권리가 없음

대저 노예가 된 사람은 물건과 마찬가지로 사고 팔리며 조금도 자유의 권리가 없으므로 타국의 속박을 당한 국민을 노예라 말한다.

사회의 진보를 좇아 개인의 자유가 점점 발달하지만 오늘날에도 여전히 세력을 떨치는 것[87]으로 타인의 자유를 억압하는 부정한 행위가 있다. 왕왕 무도(無道)한 박해를 당하는 사람이 많으니 이것을 어찌 정의로운 행동이라 하겠는가.

타인의 자유를 침해하는 것은 부정(不正)한 행위임

부정한 행위를 감행함은 자기의 이익에만 오로지 힘쓰고, 타인의 상황을 생각하지 않는 것이다. 자기를 타인의 입장에 놓고 공평무사하게 행동한다면 타인의 자유를 침해하는 것이 결단코 부정한 것임을 스스로 알 수 있다.

자기의 이해에만 전력하고 타인의 상황은 생각하지 않음

제18과 타인의 명예에 대한 의무

명예는 사람의 생명과 재산보다 더 귀중한 것이다. 예로부터 명예를 지키기 위해서 금은보화보다 소중한 생명을 포기하는 사람이 적지 않았는데 왜 그런가? 생명과 재산은 영원히 소유할 수 없는 것이지만 명예는 평생동안 내내 누리다가 죽은 뒤에도 전해지는 것이기 때문이다. 그러므로 고인(古人)이 "명예는 죽지 않는다"고 하였다.

그러나 세상 사람 중에는 왕왕 헛된 명예를 탐한다든가 명예를 얻기 위해서 백방으로 고심하는 사람이 없지 않다. 이것은 모두 명예가 어떤 것인지 알지 못하여 진정한 명예와 허위적인 명성을 혼돈한 데서 기인한다. 진정한 명예는 지덕(智德)의 탁월함이 동반되어 사회에

진정한 명예와 거짓된 명예의 구별

87 세력을 떨치는 것 : 원문은 '勢力의 範圍로'라고 되어 있는데 여기서 범위는 현대의 명사적 용법보다는 세력권, 또는 세력이 '미치는 한도'라는 뜻을 반영하여 '세력을 떨쳐'라고 번역하였다.

서 자연적으로 호응하여 생기니 만약 명예를 목적으로 구한다면 결코 얻을 수 없다.

명예는 명예를 가진 자에게 행복한 것임

명예는 우리가 목적으로 삼아 구할 것이 아니요, 유일한 신성한 소유물이니 명예를 누림은 명예를 가진 자의 행복이다. 타인이 이를 침해하려고 하는 것은 물을 필요도 없이 부정한 일이다.

제19과 타인의 명예에 대한 의무(계속)

무지(無智)함의 결과는 타인의 명예를 훼손하는 것

타인의 명예를 훼손하는 행위는 비방과 모함이다. 이것은 왕왕 무지(無智)함에서 생기거나 혹은 비열한 동기에서 나오니 어떤 것인가?

무지한 사람은 타인의 심정과 행위 등에 대해서 조금도 지식이 없으므로 단지 한 가지 일만 보든지 혹은 타인의 말을 멋대로 믿고 사실을 정확하게 살피지 않고서 바로 악명을 경솔하게 씌우니 그 경거망동한 죄와 타인의 명예를 훼손하는 잘못을 면하지 못한다.

타인의 결점을 지적해 드러내거나 타인의 감추어진 일을 적발하는 것은 부덕한 일이다. 사람들은 간혹 "이 일을 공적으로 드러내지 않으면 공익을 해치고 타인에게 손해를 준다"고 하는데 이것은 특별한 경우에만 해당한다. 통상적인 일에서는 이것을 감추어 주는 것이 덕과 의리이다.

남을 비방하는 사람의 동기를 생각해 보면 질투와 원망의 심리이거나 혹은 천박한 호기심에서 기인한 것이 많은데, 이것은 도덕적으로 결코 칭찬할 수 없다. 또 남의 죄악을 공표할 때에는 자연히 듣는 사람의 양심을 무디게 하며 사회의 도덕을 비천하게 만드는 일이 적지 않다. 그러므로 비방하는 사람은 사회의 진보를 방해한 죄를 면하기 어렵다. 특히 모함은 사실을 위조하여 남에게 악명을 씌우는 것이니 사회를 속이며 타인의 명예를 훼손한 이중의 죄를 범하는 것이다. 이는 도덕적으로 결코 용서할 수 없다.

제20과 타인의 재산에 대한 의무

사람은 자기의 생활을 안전하게 하기 위해 노력의 결과를 축적할 임무가 있다. 이렇게 축적한 노력이 바로 재산이다. 그러므로 재산의 신성함은 생명이나 명예나 자유 등보다 못하지 않다.

재산의 기원과 종류

원래 재산은 모두 자기가 노동한 결과일 뿐만 아니라 혹은 선점(先占)을 하거나 혹은 양도(讓渡)를 통해서 얻은 것도 있다. 또 돈과 보물처럼 유형의 재산도 있고 여러 가지 특허권과 같은 무형의 재산도 있으니 재산의 기원과 종류는 이처럼 여러 가지가 있지만 그것에 대한 소유에 있어서는 부동의 권리가 있다.

대개 소유한다는 것은 그 물건 안에 자기를 설정하는 일이니 재산을 침해함은 곧 그것을 소유한 사람을 침해하는 것과 마찬가지이다. 이것은 강도, 절도, 사기로 재산을 절취하는 등의 행동이니 법률에서 엄금하는 것이다. 또 재산권이 불안한 것은 사회의 공황(恐慌) 상태라는 결과를 생기게 하므로 사회의 질서를 순조롭게 하게 위해서 이 소유권을 보호하는 것이 가장 중요하다.

타인의 승낙을 받지 않고 자의로 그 사람의 재산을 사용하든지 혹 타인의 소유물을 빌리고 되돌려 주지 않는 등의 일은 법률에 관계되는 일이다. 또 고용자가 피고용자에게 합당한 보수를 주지 않거나 줄이는 것은 노동의 결과로 마땅히 받을 수 있는 재산을 빼앗는 것이니 아무리 두 사람의 합의에서 나온 것이라도 정의롭지 못한 상황을 피하기 어렵다. 또 이와 마찬가지로 피고용자이면서 충분하게 노동하지 않고 임금만 욕심스레 받으려 하는 것도 정의롭지 못한 사람이다.

고용주의 재산을 침해하는 것은 이뿐만이 아니다. 약속을 마음대로 어기는 자도 그 죄가 더욱 가볍지 않다. 그밖에 상인과 고객의 관계에서도 상인이 자기가 파는 물건의 불량을 숨기고 비싼 값에 판다든지, 고객이 필요한 것이라 여겨지면 마음대로 물건값을 올린다든지, 또 고객이 상인의 곤궁한 처지를 틈타서 싼 값으로 고가의 물품을 구매하려고 한다든지, 물품을 사고 그 값을 주지 않는 것은 모두 정의롭지 못한 일이다.

제21과 타인의 인격에 대한 의무

우리는 타인의 명예를 훼손해서는 안 될 뿐만 아니라 타인의 인격을 존경하지 않으면 안 된다. 자기를 스스로 존중하는 마음으로 타인을 존경하되 항상 예의로 대우하는 것은 마땅히 해야 할 일이요, 공평한 의리이다. 다른 사람의 자유와 독립을 중히 여기고 사상과 신앙을 존중하려면, 편벽한 사심이 있고서야 어찌 그럴 수 있겠는가. 또 사람이 매번 타인의 상황을 이해하지 못하여 왕왕 타인을 함부로 모욕하여 서로 미워하는 지경에 이르니 공평무사한 마음으로 그 사람의 심정을 잘 살필진대 어찌 이처럼 경멸하는 생각이 생기겠는가. 그러므로 일상적인 상황에서는 그에 합당한 공경의 예의를 차리는 것이 좋다.

사람을 존경하는 것은 단지 자기보다 고귀한 지위에 있는 사람에 대해서일 뿐만 아니라 비록 빈천(貧賤)하고 어려운 지경에 있는 사람이라 해도 마찬가지이다. 고귀한 사람을 존경하는 일은 원래 우리 인간에게 어렵지 않은 일이다. 그러므로 부덕한 사람도 능히 할 수 있거니와 열등한 사람에게 존경하는 마음을 갖는 것은 덕이 있는 사람이라야 능히 할 수 있다. 그러하니 사람은 가문이나 재산에 기대지 않고 인격과 지위를 구별하며 자신을 깊이 성찰해야 한다. 그렇지 않으면 교만하고 겸손하지 못한 사람이 됨을 면치 못한다.

제22과 타인의 인격에 대한 의무(계속)

타인의 의견을 존중함

타인의 의견을 존중함은 실제로 이러한 정신에 기초한 것이다. 가령 다른 사람이 자기와 반대되는 의견을 표명하는 일이 있을지라도 자신이 이를 경시하여 무지몽매한 말로 비평하는 것은 결코 안 되니 어째서인가? 다른 사람의 의견을 존중하는 것과 자기의 의견을 확고하게 지키는 것은 각각 다른 문제이기 때문이니, 어찌 타인의 의견은 경시하고 자기의 의견만 충실하다고 하겠는가? 그러므로 일반적인 상황에서는 아무리 타인의 생각에 잘못이 있을지라도 그 사람이 고집하는 이유에 대해서 그것을 선량한 마음으로 믿어야 한다. 만약 그런 의견으로 인해 중대한 나쁜 결과가 생기거나 혹은 자기의 의론을 변경하여[88]야 할 경우가 아니면 타인의 의견을 공격하는 것은 결코 안 된다.

의론 때문에 그

또 논쟁을 하는 경우에도 의견에 반대한다고 해서 그 사람의 개인

사람의 인격까지 논급하지는 못함

적인 일까지 논급한다든지 혹은 그의 인격에 모욕을 가하면 가장 비천한 사람이라 할 것이다.

자존감이 강한 사람은 왕왕 타인을 존경하는 마음이 부족한 경우가 많다. 자기에 대한 자존감을 타인에게 미루어보지 않으면 어찌 공평무사한 사람이 될 수 있겠는가?

그러므로 타인을 존경하여 그의 자유와 독립을 존중함은 자기의 신분을 높게 하는 방도이다. 사회의 사람 사람이 모두 존경을 교환하면 전진의 행보를 확고하게 기약할 수 있다.

제23과 타인의 감정에 대한 의무

정신에 주는 고통

타인의 신체에 고통을 주는 것보다 정신에 고통을 주는 것이 더욱 나쁘다. 타인의 신체에 훼손을 끼치면 법률 상의 제재를 받는 일도 있을 수 있거니와 정신에 고통을 주는 것에는 어떤 제재도 없다. 그러니 정신에 끼친 고통은 신체에 대한 훼손에 비해 아주 난감하다. 도덕적인 제재가 당연히 이에 대해서도 가해지는 것이 옳다고 할 수 있다.

감정을 해치는 고통, 멸시와 조롱

정신말고도 가장 심한 고통을 주는 경우는 감정을 해치는 것이다. 그런데 타인의 감정을 해치는 행위 중에 가장 조심해야 할 것은 멸시와 조롱이다. 멸시는 앞에서 기술한 것처럼 다른 사람에 대한 존경이 없는 행동이니 이것은 바로 오만으로 말미암아 생기는 것이다. 조롱의 경우에는 특히 타인을 고통스럽게 하는 악습이므로 그 잘못이 한층 더 크다.

---

88 변경하여 : 원문은 상하(上下).

오만에서 비롯되어 자존감이 강한 사람은 자기가 타인보다 뛰어난 점을 드러내기 위해서 자연 타인에게 멸시하는 언행을 하다가 심한 경우에는 그 사람을 조롱하며 비웃는데 이것은 바르지 못한 행위이다. 타인의 결점을 적발하여 자기의 장점을 드러내겠다고 생각한들 어찌 한 사람의 결점이 자기의 완전함을 드러내주는 이치가 있겠는가. 또 가령 저와 나를 비교하여 자기의 뛰어남을 드러내어 보려고 해도 동류(同類)를 고통스럽게 하고 자기 혼자만 즐거운 것은 사람들이 수긍하지 않는 바이다. 무릇 자기의 즐거움을 위해서 다른 동물을 고통스럽해도 이것을 부덕이라 말하는데, 하물며 같은 인류에 대해서 감당하지 못할 고뇌를 주는 행위이겠는가!

제24과 타인의 감정에 대한 의무(계속)

대저 멸시와 조롱은 누구든지 부덕이라 배척하는 것이어니와 또 멸시와 조롱처럼 보통 타인의 감정을 해치는 것인데도 세상 사람들이 매번 너그럽게 넘기기 쉬운 한 가지 악덕이 있으니 풍자가 바로 그것이다. 풍자는 바로 천 속에 바늘을 감춰둔 것 같은 말로 그 상대방[89]의 마음을 찔러서 고통을 준다. 그런데도 풍자를 너그럽게 용서하는 이유는 풍자의 진짜 목적이 외면에 있지 않고 그 안에 깊게 감추어진 은밀한 뜻이 있어서 외적으로는 질책할 만한 드러난 자취가 조금도 없기 때문이다. 그러나 그 은밀한 악의를 상대방이 분명하게 이해하지 풍자

89 상대방 : 원문은 대수(對手). 경쟁하는 상대방을 뜻한다.

못한 때에는 풍자한 사람의 목적을 달성하지 못했다 할 것이다. 풍자라는 악행은 직접적인 모욕보다 더 심한 것이라 할 것이다.

행동에 대한 감정

또 타인의 감정을 해치는 것은 언어에만 있을 뿐 아니라 행동과 태도에도 있다. 사람이 어쩌다가 예의를 잃을 때에도 타인에게 불쾌한 감정을 생기게 하는데 하물며 오만불손한 행동으로 타인의 감정을 해치는 일이야 말로 하는 멸시와 무엇이 다르겠는가? 그러므로 무릇 사람은 타인에 대하여 말을 하든지 행동을 하게 될 때에 그 사람의 감정에 미칠 영향을 먼저 생각하고 여기에 저촉되지 않도록 하는 데에 주의해야 한다.

교제할 때 예의를 중시하는 이유

우리가 교제상의 예의를 중시하는 이유도 실제로 여기에 있다. 교제상의 예의를 삼가지 않을 때에는 왕왕 부지불식간에 타인에게 무례하게 굴어 그 사람의 감정을 나쁘게 하고 교제상의 원활함을 부족하게 하는 일이 적지 않다.

제25과 정직함

우리가 사회에 나가서 어떤 직업을 갖고 생활을 영위하든지 서로 협동하며 서로 믿고 의지하여, 나는 타인을 속이지 않고 타인은 나를 속이지 않음으로 피차 간에 안전할 수 있다.

신용

만약 하루아침에 사회의 신용이 행해지지 않으면 반드시 서로 의심하여 각자 자기의 안전을 도모하기 위해서 온갖 방법을 강구할 것이다. 그렇게 되면 사회 활동에 난관을 초래하게 되고 시기와 질투의 근원을 양성해서 그 사회가 와해되는 해독을 피하기 어렵다. 신용이 사회에서 꼭 필요한 것임은 우리들이 모두 아는 바이다. 아무리 도적 등의 사회라 해도 신용이 없으면 안 된다.

허망(虛妄)한 말은 타인의 기대를 저버릴 뿐만 아니라 도리어 손해를 더하는 것이니 인도(人道)로서 용서하기 어려운 죄임이 명백하다. 그러므로 타인에게 직접적인 손해를 끼치지 않는 허언도 도덕적으로 결코 허락되지 않는다.

허언(虛言)은 자기에 대한 신뢰를 잃으며, 자중하려는 생각을 약하게 해서 온갖 죄악을 범하기 쉽게 한다. 혹자는 "소소한 일에 허언을 하는 것은 관계가 없다"라고 하는데 한번 허언을 뱉으면 이를 덮기 위해서 다시 또 허언을 만들어 내어야 한다. 허언의 원인을 보건대 죄를 많이 짓고 이를 덮으려 하거나 혹은 도덕적인 비겁함에 의거한 것인데, 이것은 가장 비천한 행동이라고 말할 수 있다.

용감함도 정직함에서 나오는 것임

또 허언은 말을 하는 데에만 있는 것이 아니다. 필요한 때에 사실을 함구한다든지 혹은 겉모습을 거짓으로 꾸미는 것도 언어의 허망(虛妄)함과 조금도 다름이 없다. 그러니 자기가 불이익을 당할 경우라 해도 확실하게 사실을 직언함은 타인을 대하는 중요한 의무요, 용감한 행동이다. 이것이 모두 정직함에서 나오는 행동이니 사람이 이러한 이치를 능히 갖추면 사회의 진보를 기대할 수 있다.

제26과 약속과 계약

문명사회에서 약속을 중시한다는 것은 앞 권[90]에서 기술했거니와 또 특별히 주의해야 할 것은 약속을 실천하는 것이다. 우리가 이 세상에 살면서 공동생활을 하는 데에는 약속과 계약과 두 가지가 있다. 이 두 가지는 타인과 장래에 어떤 일을 할 것인지 미리 약속해 두는 것이다. 그러므로 약속이란 것은 타인을 위하여 노동을 하든지, 혹은 물건을 증여하게 될 때 그 뜻을 타인에게 알려주면 타인은 이에 대한 기대를 갖게 된다. 만약 어떤 이유도 없이 약속을 어기면 타인의 기대를 저버리며 손해를 가하게 되니, 부정불의(不正不義)함이 어떠하겠는가.

약속을 깨는 것과 기만함, 두 가지의 죄

가령 약속을 한 뒤에 사정이 바뀌어서 실행하지 못하게 된 때에는 약속을 이행하라고 강요할 수 없다. 그런데 당초에 약속을 실천할 의지가 없고, 임시방편이나 거짓으로 얼버무리는[91] 사람은 약속을 어기는 것과 기만을 겸한 자이니 그 죄가 더욱 무겁다. 그러므로 중대한 사건은 물론이고 아무리 사소한 일이라도 타인과 약속을 할 때에는 반드시 심사숙고해야 한다.

계약은 약속의 교환에 의거하여 성립하는 것이니 매매나 결혼이 계약이다. 이 또한 정당한 이유가 없으면 파기해서는 안 된다. 계약이 약속과 다른 점은 저쪽의 계약자가 계약을 이행하지 않을 때에는 이쪽의 계약자에게도 계약을 이행할 책임이 없다는 것이고, 이로 인하여 생긴 손해의 배상은 반드시 요구해야 한다는 것이다. 계약과 약속은 그것을 이행함이 반드시 요청되니 우리들은 깊이 주의해야 한다.

---

90 권2 제15과는 「약속을 실천함」이라는 주제로 기술되어 있어, 이것을 가리키는 듯하다. 이 외에도 권2에서는 붕우 간의 도리 등에서 약속, 약속을 실천하는 일의 중요성을 언급하고 있다.

91 얼버무리는 : 원문은 도말(塗抹). 겉을 발라서 속이 드러나지 않게 가리다, 임시변통으로 발라맞추거나 꾸며 대다.

제27과 애정

앞의 몇 과에서 기술한 소극적인 임무는 대등한 권리를 가진 사람들이 서로 수행할 것인데 한 마디로 총괄하면 사람은 타인이 정당하게 받을 것을 빼앗거나 타인에게 손해를 끼쳐서는 안 된다는 것이다. 이러한 임무는 사회의 안녕과 질서를 유지하는 데 빠뜨릴 수 없는 것이다. 그렇지만 (이것으로) 타인에 대한 임무의 전부를 다한 것이라고는 말할 수 없다.

소극적인 임무는 대등한 권리를 가진 사람들이 서로 수행하는 것임

오직 타인의 행복을 증진하고자 하는 희망은 곧 타인에 대한 적극적인 임무이니, (타인에 대한) 애정에 기초한 것이다.

적극적인 임무는 애정에 기초함

이 애정은 여러 가지 경우에 따라서 그 형태가 한결같지 않아서 혹은 친애(親愛)함이 되며 혹은 동정(同情)이 되며 혹은 자선(慈善)이 되니 이는 타인에 대한 유일한 고상한 덕과 의리이다.

애정의 종류

친애라 함은 특수한 관계를 가진 사람들 간에 저절로 존재하는 강력한 감정이다. 이것이 동물에게도 있는데 하물며 사람이겠는가. 가족과 친구 등은 이 애정에 의거하여 결합한 것이니 이 애정이 없으면 그 특수한 관계를 영원히 이어갈 수 없어서 인류가 멸망을 피하지 못할 것이다. 우리는 살아가면서 부모의 애정에 의지하여 양육되다가 장성하여서는 사우(師友)의 애정에 의지하여 지력(智力)을 계발하게 된다.

애정은 사회의 근본 형제, 부부, 친구 사이에만 그치지 않고 그 범위가 넓게 국가와 사회에까지 미쳐서 전체 인류를 포괄하는 것이다. 자기의 자식을 사랑하며 자기에게 은덕을 베푸는 자를 사랑함은 동물 중에서 열등한 개나 말이라도 할 줄 아는 것이다. 인류의 애정은 이와

애정은 사회의 근본

는 달라서 사리(私利)를 추구하는 생각을 버리고 타인의 선(善)을 도모하여 공히 선행(善行)이 생기도록 하며, 악덕을 없애서 인류로 하여금 평화롭고 행복한 곳으로 나아가게 하는 것이다. 그런즉 우리가 애정을 수양함이 마땅하다.

제28과 동정(同情)

동정은 곧 동의(同意)와 같은 것

동정 또한 애정의 일종이니 타인과 감정을 공유하는 것을 말한다. 타인의 비참한 경우를 보면 그 고통을 생각하며, 타인의 행복을 보면 그 즐거움을 기뻐하는 것은 사람이 원래 갖고 있는 고상한 정조(情操)[92]이다. 무릇 살면서 피하기 어려운 비참한 경우를 만난 때에는 황금으로도 이것을 위로할 수 없으며 권력과 지혜로도 이를 망각시킬 수 없다. 이런 때에 그 슬픔을 가라앉히며 그 근심을 위로할 수 있는 것은 타인의 동정이다. 또 행복도 사람들의 시기, 원망, 질투 속에 있게 되면 그 유쾌하고 즐거운 느낌이 매우 적을 것이고, 충심으로 그 행복을 기뻐하며 축하하는 사람이 있어야 그 즐거움을 완전하게 할 수 있다.

동정은 평화와 행복의 원천

그러므로 동정은 슬픈 사람을 위로하며 기쁜 사람에게 축하하여 사회의 행복을 완성하게 하는 원천이라고 하는 것이다.

동정은 문명사회의 의무

타인에게 동정을 갖는 사람은 타인의 상황과 자기의 상황을 동일시해서 자기의 좁은 범주를 벗어나고 사회의 사람을 넓게 포괄한다. 사해동포에 대하여 동정을 널리 갖는가의 여부는 사회의 문명, 야만 여부에 달려 있거니와 사회의 진보를 더욱 개선함은 이 동정을 통해서

92 정조(情操) : 감정과 조수(操守). 조수는 곧 평소에 갖고 있는 품행과 절조.

가능하다. 그러나 동정에 대한 생각도 애정과 마찬가지로 쉽게 발달시킬 수 없는 것이다. 또 자기의 행복을 희망하는 것은 사람에게 고유한 본성이니, 동정과 서로 포용될 수 없는 것은 아니지만, 왕왕 상반되는 상황에 이르기도 한다.

자아에 대한 생각과 동정의 충돌

자아에 대한 생각이 강고한 사람은 타인의 감정을 용납할 여지가 없고 타인의 고락(苦樂)을 도외시하며 심한 경우에는 오만, 질투 등의 악덕에 쉽게 빠진다.

동정을 수양하는 방법

그러므로 사람은 동정에 이르는 첫걸음부터 자기에 대한 생각을 제한하며 공평한 생각을 갖기에 깊이 힘써서, 다른 사람의 근심을 걱정하고 기쁨을 즐거워하며 고상한 동정의 경지에 도달할 것을 기약해야 한다.

제29과 인혜(仁惠)

사람이 이 세상에 살면서 타인의 불행을 없애고 행복을 증진케 하는 것을 총칭하여 '인혜(仁惠)'라고 하는데 이것은 바로 애정과 동정 등의 필연적인 결과로서 생기는 것이다.

인혜에 반드시 힘써야 함

다른 사람의 고통을 아파할진대 그 고통을 없애도록 반드시 힘써야 한다. 가령 길 잃은 사람에게 길을 가르쳐 주며, 피곤한 사람을 쉬도록 하는 것은 비록 우리의 일상과의 관계에서 사소한 일이지만 그래도 실천하도록 노력해야 한다.

자선

인혜 중에 가장 뚜렷한 것은 자선이다. 자선은 생활이 어려운 사람을 도와주는 덕행이니 부유한 사람은 반드시 실천해야 한다. 널리 사회를 보면 노약자, 홀아비, 과부나 불치병에 걸린 사람 등 그 상황이

가련한 사람이 적지 않은데, 이런 사람들은 타인의 은혜에 의지하여야 생활을 유지할 수 있다. 이런 사람들에게 생활의 필수품을 주는 것은 원래 우리들의 본연의 임무라고 할 수 있다.

그런데 빈곤에 빠진 사람 중에 자기의 잘못이나 나태함 때문에 불행을 자초한 경우도 없지 않다. 이런 사람들은 앞의 경우에 비하면 동정을 받을 자격이 없다고 할지라도 사람으로 어찌 이 고통을 좌시하겠는가. 이렇게 불행을 자초한 사람들에 대해서도 그들의 결핍을 채워주며 고통을 벗어나게 해 주는 것은 실로 우리들이 동포에 대해서 감당해야 할 의무이다.

그러나 한때의 연민의 정에 끌려서 자선을 남용하면 안 된다. 가령 그런 사람들에게 돈을 주는 것은 더더욱 그들의 나태함을 조장하는 것에 불과하다.

자선의 목적은 도움을 베풀어 구제하는 데에만 있지 않음

따라서 자선은 그것을 받는 사람에게 타인을 의지하는 마음이 생기지 않도록 하는 것이 필요하다. 또 자선을 베풀 때에는 우선 필요한 것과 유용한 것만을 주어야 한다. 필요한 것이란 이것이 없으면 생활을 유지하기 어려운 것을 말하고, 유용한 것이란 그것을 통해서 생활의 방편을 얻을 수 있는 것을 말한다. 또 굶주리고 추운 사람들에게 의식(衣食)을 주어야 하지만, 단번에 그 굶주림과 추위를 구제하는 것으로 자선의 목적을 달성하였다고 할 수 없다. 반드시 직업을 갖도록 하고, 도구를 주어서 스스로 노동하고 스스로 생계를 도모하여 의식을 마련하는 방편을 가르쳐 주어야 한다. 이와 같이 한 뒤에라야 자선의 목적을 달성했다고 말할 수 있다.

제30과 의협심

의협(義俠)이라는 것은 동포의 생명을 지키고 보호하며 행복을 도모하기 위해서 수고를 마다않고 힘껏 노력하며 때로는 자기의 목숨도 돌아보지 않는 것을 말한다.

원래 자기의 생명을 걸고 타인을 돕는 것은 비상사태[93]일 때이고, 일상적인 경우는 아니다. 그러나 우리가 의협심이 필요한 상황을 당했을 때에 그것을 실천하지 않으면 안 된다. 국난을 당해서 전쟁터에 나갔을 때에 자기의 목숨을 돌아보지 않고 충의(忠義)를 분발함은 모든 국민의 본분이거니와, 이밖에도 긴급한 사태를 만났을 때에 정의를 위해서 직접적으로 목숨을 희생하여 바치는 일이 없지 않다.

비상한 상황

이와 같은 상황을 만나서 자기 한 몸의 안위만 생각하고 타인의 위험을 돕지 않는 것은 의롭지 못한 행위이다. 평소에 아무 일이 없을 때에는 자기의 생명을 소중하게 여기며 몸을 귀하게 여기는 것이 자기에 대한 임무이지만, 타인이 위급한 지경일 때에는 자신을 생각하는 마음을 버리고 신속한 결단과 과감한 용기를 분발하여 타인의 생명을 구해야 한다.

생명을 버리고 의로움을 선택함

이것은 의협심일 뿐만 아니라 고상한 도덕이라고 말할 수 있다.

그렇지만 이처럼 특별한 상황을 당해서 자기의 안위를 돌아보지 않고 타인의 어려움을 돕기 위해 달려가는 것은 차라리 쉽다고 할 수 있다.

의협심 또한 도덕에서 생기는 것임

평소에 다수의 행복을 생각하며 타인의 위급함을 돕는 것은 실로

공공의 행복을 도모하는 것이 더욱 어려움

93 비상사태 : 원문은 사병(事柄). 일본식 한자어인 듯하며, 그 뜻은 '일', '상황' 등을 표현한다.

더욱 어렵다. 원래 다수의 행복을 도모하려고 하면, 자기의 행복과 개인의 이익이 서로 포용하지 못하기 때문에, 이런 때에는 사람이 그릇된 집착에 빠지기가 쉽다. 그러므로 이런 잘못된 집착을 끊고 자기의 이익을 포기하고 다수의 행복을 도모하는 것은 의협심을 가진 장부(丈夫)가 아니면 어찌 실천할 수 있겠는가.

의협의 정신을 반드시 길러야 함

그러므로 사람은 특별한 상황에서는 물론이고 일상의 생활에서도 항상 의협의 정신을 길러 그것이 필요한 상황에 호응하여 이 도덕과 의로움을 완전하게 하는 데 반드시 힘써야 한다.

중등수신교과서 권3 끝.

권4

제1 가족의 도의(道義)

제1과 가족

가족과 관련한 내용은 앞에서[94] 기술하였고 가족 전체에 대한 의무를 이 과(課)에서 다시 서술한다.

대개 한 가족은 인간의 자연스러운 애정에서 기인하여 골육(骨肉)의 관계가 있는 사람들이 결합된 것이니 가장 친밀한 집단이다. 국가와 사회가 이 가족을 통해서 터전을 이루니 한 가족의 번영은 한 나라의 번창함을 이루는 기초요, 한 가족의 혼란은 한 나라가 망하는 원인이다. 또 한 가족은 한 나라의 작은 모형이다. 가족을 대표하는 가장(家長)이 있어 집안을 통솔하며 선조 이래로 전승되는 가계(家系)·역사·재산 등을 보존한다. 또 가장 아래에 주부·자녀·형제·자매가 있어 그 안에서 각각의 본연의 임무가 생긴다.

가족으로서의 의무를 다하는 것은 바로 국가에 대한 의무임

가족에 대한 의무를 정성을 다해 확대해 나가는 것은 바로 국가와 사회에 대한 의무이다. 그러니 사람이 가장(家長)을 섬기는 도가 임금을 섬기는 도와 어찌 다르겠는가. 원래 충과 효는 서로 다른 뜻이 없으니, 그러므로 옛사람이 '충신을 효자의 가문에서 찾는다'고 했다. 또 자기의 형제·자매를 대하는 도리로 다른 사람들을 대해야 한다.

---

94 가족과 관련된 내용은 권1 제3에서 '가정과 관련한 의무'라는 제목으로 실려 있는데 그 내용은 '가정의 정의'를 비롯하여 '효도', '우애', '조상과 가계'이다.

한 가족의 질서를 소중히 하며 번영을 꾀하는 도리를 국가 · 사회에 옮겨서 실천할 수 있다. 그러므로 가정의 도덕을 닦음은 사회의 도덕을 세우는 준비이니, 한 사람의 행복은 바로 한 집의 행복이요, 한 집의 기쁨과 근심[95]은 곧 사회의 기쁨과 근심이다. 한 집안의 사람들이 한마음으로 협력해서 한 집안의 안정과 번영을 도모하는 것은 바로 국가와 사회의 융성함을 도모하는 것이니 이것은 사회적인 도덕 중에서 가장 귀중하게 생각해야 하는 바이다.

제2과 가계(家系)

자손의 의무

가계는 천백 년 전부터 전해오는 선조의 계통이니 사람들이 자기의 가계를 존중하며 입신양명해서 선조를 영광스럽게 함은 자손으로서의 책임이다. 또 선조 대부터 전해오는 물품을 잘 간수하며 가풍을 준수하고, 집안의 명성을 떨치는 것은 모두 자손의 의무이다. 이는 앞 권에서 간략히 논하였으므로 다시 말을 덧붙일 필요가 없다. 선조를 존경하고 사모하며 가계를 존중하고 가족의 제도를 확립하여 아무리 촌수가 먼 친척[96] 형제, 아저씨와 조카라 해도 한 가족처럼 화목함이 돈독한 것은 우리나라 대대로의 미풍이다. 이 관습은 신라 · 고려시대부터 있었던 것이니 실로 우리 국체(國體)[97]와 밀접한 관계가 있다.

95 기쁨과 근심 : 원문은 휴척(休戚). 이익과 불이익의 상황을 가리키기도 한다.

96 먼 친척 : 원문은 단문(袒免). 비교적 촌수가 먼 친척의 상제(喪制)에서는 3개월 동안 복(服)을 입는데, 이 때 두루마기 등 웃옷의 오른쪽 소매를 벗은 채로, 관을 벗고 머리를 묶거나 사각건(四角巾)을 쓰는 복제(服制). 가는 베로 만들며 종고조부(從高祖父) · 고대고(高大姑) · 재종증조부(再從曾祖父) · 재종증대고(再從曾大姑) · 삼종조부(三從祖父) · 삼종대고(三從大姑) · 삼종백숙부(三從伯叔父) · 삼종고(三從姑) · 사종(四從)의 형제 자매를 위해서 입는다. '免'의 원음은 '면'이지만 상제를 뜻할 때에는 '문'이라고 읽는다.

우리나라의 가족 제도는 고대(古代)에 진한(辰韓) 육부(六部)[98]로부터 신라시대에 이르러 그 풍속이 성행하여 각자 집단을 이루고 선조의 가계를 소중히게 여기게 되었다. 지금에 이르기까지 수천여 년 동안 그 풍속이 전해져 각 지방에 자리잡은 수많은 성(姓)의 가족들이 자기의 가계를 잃지 않고 세업(世業)[99]을 지켜 한 가족이 수백 가구, 또는 수천 가구로 각각 하나의 집단을 형성한 것은 실로 세계에서 유례가 없는 일이다.

그러므로 조상이 한 일을 능히 계승하는 것은 후손으로서의 책임을 스스로 감당하는 것이다. 자손을 교육하고 재산을 불리는 것이 어찌 이런 정신으로부터 생기는 것이 아니겠는가. 이 일은 우리나라의 가족 제도에 있어서 하나의 특색이라고 말할 수 있다.

조상이 한 일을 계승하는 것은 후손의 책임을 스스로 담당하는 것

그런데 오늘날 우리나라를 세계의 열국과의 관계에서 놓고 보면 우리 또한 하나의 가족이다. 우리 청년들이 가족을 지키고 보호하며 가계를 존중하여 가문의 명성을 실추하지 않으려고 한다면 필히 마음을 단결하여 우리의 대가족인 국가를 보호하며 황실(皇室)의 조종(祖宗)의 계통을 존중하여 조국의 명예를 욕되지 않게 하는 책임을 스스로 맡아야 할 것이다.

---

97 국체(國體) : 근대 이전에는 주로 임금을 보좌하는 대신(大臣), 국가의 전장제도(典章制度), 국가의 체통 등의 뜻으로 쓰였다. 근대 이후에는 국가의 근본적인 성질을 드러내는 국가의 체제를 뜻하게 되었는데, 이는 특히 근대적인 '국가' 이념의 수립과 함께, 세계 국가들의 역학 관계 속에서 지속불변의 고유한 국가의 특성을 상징하는 개념으로 쓰였다.

98 진한(辰韓) 육부(六部) : 육부는 『삼국사기』 권1 「신라본기」와 『삼국유사』 권1 「기이(紀異)」에 나오는 기록에 바탕한 것으로 진한 지역에 흩어져 있던 여섯 개의 집단인데, 가부장 가족이 중심이 된 부족국가였다. 이 때문에 가족 제도의 시원을 진한육부에서 찾은 것이다. 육부는 '육촌(六村)'이라고도 불리는데, 역사학계에서는 이 집단의 위치와 성격을 두고 신라의 건국 세력과 고대의 국가 형성 과정에 대한 의견이 나뉘기도 한다.

99 세업(世業) : 대대로 전하여 오는 조상의 기업(基業).

제3과 가계(家計)

한 집안의 생계가 세워지지 않으면 가족을 보존할 수 없음

가족이 모여 사는 데 첫 번째로 필요한 것은 생계이다. 한 집안의 살아갈 방도가 세워지지 않은 때에는 가족을 유지하지 못하여 필시 가족이 흩어지게 되는 처참한 지경에 이르거나 또는 온 집안의 우려를 빚게 되는 것을 왕왕 목격하였다. 그러므로 가정을 일구게 될 때에는 반드시 가족이 살아갈 방도를 마련하고 가족의 생활이 안정될 방법을 강구해야 한다. 재산이 넉넉한 것은 가족을 유지하는 데 가장 필요한 것이라 말할 수 있다.

가족을 유지하는 데 재산이 가장 필요하다고 한 것은 눈앞에 엄청난 금액의 돈을 필요로 하는 것이 아니라 가족을 양육하는 데 적정한 재산을 준비하는 것을 말한다. 가령 조상 대대의 유업(遺業)이 없다든지 현재 수입이 없어서 여하(如何)히 준비할 도리가 없으면 근검절약하고 힘써 노동하여 나의 책임을 반드시 감당해야 한다. 형제와 자녀를 교육하여 자립할 방도를 주며, 부모를 봉양하여 한 집안의 체면을 유지하는 일이 모두 가산(家産)의 넉넉함을 필요로 한다.

재산을 증식하며 가족을 양육하는 것은 가장의 임무임

그러므로 한 집안 내에서 각자 협력하고 근검절약하여 재산의 증식을 꾀하고 가족의 양육을 하는 것은 가장의 임무이다. 그러나 가족들이 가장과 마음을 합하여 협력하여 보좌하지 않으면 필경 그 목적을 달성할 수 없다.

제4과 가장의 책임

가장은 한 가족 내에서 가장 무거운 책임이 있는 사람이다. 안으로는 가족을 통솔하고 밖으로는 집안을 대표하므로, 가정(家政)[100]을 잘 다스려서 가족을 보호하고 양육하며 조상을 받들어 계승하여 조상의 유업(遺業)을 전수하며 자녀를 교육하여 그의 앞길을 잘 이끌어 주는 데 깊이 마음을 두어야 한다.

그러므로 가장이 된 사람은 자신을 수양하며 행실을 바르게 해서 온 집안의 모범이 되어야 할 것이니, 한 가정의 질서는 가장을 통해서 유지되기 때문이다. 그래서 그의 품행의 좋고 나쁨이 가정에 막대한 영향을 끼치며 가정의 선악이 사회에 또한 막대한 영향을 끼친다. 하물며 한 가정의 자녀는 모두 부모 슬하에서 태어나고 성장하며 부모로부터 최초의 교육을 받는다.

부모는 자녀와 직접적인 관계가 있음

부모의 품행은 자녀의 정신과 감각에 직접적인 관계가 매우 크므로, 불량한 가정에서 성장한 아동은 바로잡을 수 없는 악습에 물들어서 그 자신이 불행을 빚을 뿐만 아니라 끝내는 가문의 명성을 실추하며 사회를 문란하게 만드는 경우가 온갖 가지로 허다하다.

어린 아동은 명확한 식견과 주장하는 견해가 없고, 오직 본 것을 모방할 뿐이다. 모든 동작을 부모와 어른들이 하는 것을 보고 따라서 하는데, 부지불식 간에 감화되고 배우게 되니[101] 훗날 몇 년 동안 학교에

---

100 가정(家政) : 집안일, 집안일을 관리하는 것. 가정(家庭)의 '국정(國政)'처.

101 배우게 되니 : 원문은 훈도(薰陶). 평소에 접하는 사람과 환경에서 생각과 성격, 품행과 덕성에 좋은 영향을 끼치는 것. 교육의 의미로 많이 쓰인다. 여기서는 아동의 입장에서 '배워서'라고 번역하였다.

서 교육을 받는 것보다 더 영향력이 깊다.

아동은 선인(先人)의 말을 으뜸으로 삼음

또 아동은 선인(先人)의 말을 으뜸으로 삼아서 뇌리에 한 번 깊이 새기면 평생 바꾸기 어렵다. 그러므로 가장이 된 사람은 행동과 언어에 깊이 주의하여 가정을 거느림에 반드시 조심하고 신중해야 한다.

제5과 부모를 사랑함

사람이 동물보다 고귀하다고 하는 이유는 인륜(人倫)이 있기 때문이다. 저 가축[102]들은 젖을 먹여 기를 때에는 부모 자식 간의 사랑이 있다가도 다 자란 뒤에는 부모 자식의 사랑 또한 잊어버린다. 그러나 인간은 그렇지 않아서 부모와 자녀 간에 영원한 애정이 있으니, 이것은 인간의 도리로서 자연스럽게 기인된 것이다.

그러나 부모가 자녀에게 베푸는 자애로움은 자녀가 자기의 부모를 사랑하고 존경하는 것보다 늘 조금 더 강하므로 자기의 안락함을 생각하지 않고 자녀의 안락함을 도모하며, 자기가 고생은 생각하지 않고 자녀의 행복만을 바란다. 그러므로 자식된 사람은 부모의 마음을 반드시 본받아서 사랑하고 존경하는 마음을 평생 잊지 말아야 하다. 맹자가 말씀하시기를 "위대한 순(舜) 임금께서는 평생을 부모님을 사모하였다"[103]라 하였다. 그러므로 자식으로서 부모의 크고 한없는 은혜

102 가축 : 원문은 육축(六畜). 말, 소, 양, 닭, 개, 돼지. 가축의 범칭.

103 출전은 다음과 같다. 大孝, 終身慕父母, 五十而慕者, 予於大舜, 見之矣. 『孟子』「萬章」. 사람이 대개 어릴 때는 부모를 사모하지만, 자라면 색(色)에 빠지게 되고, 혼인을 하면 처자를 생각하고, 벼슬을 하면 군주를 사모하며 부모에 대한 사모의 마음을 잊어버리게 된다. 반면 대효(大孝)는 종신토록 부모를 사모하는데, 순임금이야말로 종신토록 부모를 사모한 위대한 효자라는 뜻이다.

를 마음 깊이 새기고 그 만분지일이라도 갚으려고 한다면 반드시 성심으로 애정과 존경을 다하여 부모님의 몸과 마음을 편안하게 해드려야 한다. 무릇 애정은 부모 자식 간에 자연스럽게 존재하는 감정이다.

그러나 부모가 자식을 사랑하는 마음은 평생 변치 않지만, 자식이 부모를 사랑하는 마음은 성장해갈수록 소원해지기 쉽다. 왜 그런가? 어려서 부모의 슬하에 있을 때에는 부모를 사랑하고 존경함이 매우 깊다가 처자식을 갖게 되고 독립적인 생활을 영위하게 되면서는 부모를 생각하는 마음이 얕아지는 경향이 없지 않다. 그러니 자식들은 성심에 근본하여 부모를 사랑하기를 어린아이가 어머니를 간절히 그리워하는 것과 같은 마음[104]을 항상 간직해야 한다.

제6과 부모를 사랑함(계속)

자식이 부모를 사랑함에 육체를 봉양하여 의식(衣食)과 거처가 편안하게 하는 것만으로 효를 극진하게 했다고 할 수 없다. 반드시 부모의 뜻을 잘 받들어 부모의 심신을 편안하게 하는 것이 바로 부모를 사랑하는 도리이니 맹자가 이르신 바 "증자(曾子)는 아버지 증석(曾皙)의 뜻을 잘 봉양하였다"[105]고 한 것이 그것이다. 만약 날마다 풍성한 음식[106]

104 어린아이가~마음 : 원문은 유모(孺慕). 순 임금이 효성이 지극하여 나이 50세가 되도록 마치 어린아이가 어머니를 생각하듯, 부모를 지극하게 생각했던 데서 나온 말이다.

105 증자(曾子)는~봉양하였다 : 출전과 원문은 다음과 같다. 曾子養曾皙, 必有酒肉, 將徹必請所與, 問有餘, 必曰有. 曾皙死, 曾元養曾子, 必有酒肉, 將徹不請所與, 問有餘, 曰亡矣, 將以復進也. 此所謂養口體者也, 若曾子, 則可謂養志也. 『孟子』「離婁」上. 증자가 아버지 증석을 봉양할 때 입맛에 맞는 음식으로 입과 몸만을 봉양한 것이 아니라 아버지의 뜻을 물어 그것을 잘 받들었다는 데에서 나온 말이다. 그 내용을 보면 증자가 아버지 증석을 봉양할

을 올리며 지극히 화려한 옷을 입혀 드리더라도 부모의 뜻을 거스르며 마음을 근심하게 해서 항상 즐겁지 못한 마음이 있다면 어찌 부모를 사랑하는 도리라 말하겠는가.

그러므로 효자가 부모를 섬기는 것은 비단 애정을 잃지 않을 뿐만 아니라 항상 공경하는 마음을 지녀서 부모의 위엄을 존중하며 은애(恩愛)함을 생각하는 것이 효행의 핵심이다. 또 덕행을 닦으며 학문에 힘써서 국가의 사업을 성취하며 세계에 명예를 날리고, 입신(立身)하여 집안을 일으켜 선조에게 영광이 있게 하며 부모에게 영광을 바치는 것은 바로 부모가 자기의 자식에 대하여 오매불망 열심으로 희망하는 바이다. 그러니 자식된 자가 이렇게 부모가 희망하는 간절한 마음에 부응하려면 반드시 입신하여 가문을 일으키는 과업을 성취할 수 있어야 하니 이보다 더 큰 것이 어찌 있겠는가. 이것이 부모의 뜻을 봉양하는 근본적인 임무이다. 효도를 다하는 사람은 국가와 사회에 대해서도 충애(忠愛)와 신의를 다할 수 있으니 선성(先聖)이 말 "효는 백행(百行)의 근원이요 만선(萬善)의 기틀이다"라 말씀한 것이 이를 이른 것이다.

적에 밥상에 반드시 주육(酒肉)이 있었는데, 밥상을 치우려 할 때마다 증자는 반드시 증석에게 '누구에게 주시겠습니까' 하고 청하였고, 증석이 '남은 것이 있느냐' 하고 물으면 반드시 '있습니다' 하고 대답하였다. 증석이 죽고 난 뒤 증원(曾元)이 증자를 봉양하였는데, 역시 반드시 주육이 있었다. 그러나 밥상을 치울 적에 증원은 '누구에게 주시겠습니까' 하고 묻지 않았으며, 증자가 '남은 것이 있느냐' 하고 물으시면 반드시 '없습니다' 하고 대답하였으니, 이는 그 음식을 다시 올리려고 해서였다. 이것은 이른바 '구체(口體)만을 봉양한다'는 것이고, 증자처럼 하면 '뜻을 봉양한다'고 하였다.

106 풍성한 음식 : 원문은 삼생(三牲). 소, 양, 돼지[豕]를 대삼생(大三牲)이라 하고 돼지[豬], 물고기, 닭을 소삼생(小三牲)이라고 하는데, 풍성한 음식을 말한다. 그러나 아무리 날마다 삼생의 음식을 올려도 효라고 할 수 없다고 했다. 출전은 다음과 같다. 雖日用三牲之養, 猶不爲孝也.『孝經』「紀孝行」.

제2 공중 및 소속 단체에 대한 도리

제7과 단체

철학자[107]가 말하기를 "인간은 사회적 동물이다"라 하였으니 대개 사람을 신체의 구조에서 보든지, 정신적인 필요에서 생각하든지 동류와 떨어져서 살아갈 수 없다. 만약 사람이 고통과 즐거움을 함께 할 가족도 없으며 말을 주고받을 벗도 없다면 생활하는 데 어찌 편안하고 즐거울 수 있겠는가. 그러므로 생활을 보존하며 정신적인 만족을 얻기 위해서는 반드시 단체로 모이는 것을 필요로 하니, 이것을 바로 '사회(社會)'[108]라고 한다.

단체를 떠날 수 없는 관계

우리가 각 단체와 분리될 수 없는 관계에 있음은 덧붙여 논할 것이 없거니와 그 사이에는 자연히 친소의 구별이 없지 않으니 하나의 가족, 하나의 마을, 하나의 고을, 하나의 군(郡), 하나의 국가라 하는 종류를 범칭하는 단체에 비교하면 한층 친밀하다고 할 수 있지만 이런 단체들 중에서 가족과 국가와는 특별한 관계가 있으므로 이에 대해서 특별히 논술하겠다. '인류'라 일컫는 단체는 이른바 우리가 소속된 단체를 포괄하는 하나의 큰 결합체이기 때문에 이 또한 별도로 논술이 필요하겠다. 이 외에 우리가 임의로 결합한 단체가 있으니 개략적으

---

107 철학자 : 아리스토텔레스를 말한다.

108 사회(社會) : 근대 이전에 사회는 봄 · 가을로 토지의 신에게 제사를 지내기 위해 하던 집회, 또는 그 절기라는 뜻으로 주로 쓰였고, 뜻을 같이 하는 사람들이 결성한 조직이나 단체를 의미하는 말이기도 했는데, 근대 이후에 'society'의 번역어로 쓰이면서 지금과 같은 용법으로 정착되었다.

로 말해 보자면 직업이 같은 사람들이 형성한 종파(宗派), 정당, 학회와 같은 것들과, 혹은 신분 및 계급이 같은 사람들이 결합한 구락부(俱樂部) 같은 종류와 기타 공동의 목적으로 결합하여 제휴한 것이니 하나하나 거론하지는 않는다.

일반적인 사회의 단체

우선 논하건대, 통상 '사회'라 일컬어지는 단체는 사람들이 거주하는 곳의 근접성을 근거로 공동의 이해로 결합을 공고하게 한 것이고, 단순하게 '단체'라고 일컫는 것은 어떤 공동의 목적과 성질이 있어서 이해를 함께 하려고 결합한 것이다.

사회는 구성원과 동일한 운명임

어떤 단체를 막론하고 그 구성원과 동일한 운명을 갖게 되어, 단체의 번영은 바로 구성원의 번영이 되고, 단체의 쇠망은 바로 구성원의 불행이 된다. 그러므로 사람이 반드시 자기가 소속한 단체의 안녕을 도모하며 번영을 희망하는 것이 바로 단체에 대한 기본 의무라 할 수 있다.

제8과 단체(계속)

대저 한 개인의 이익과 손해, 기쁨과 근심은 실로 그가 속한 단체의 성쇠와 관계된다. 그러므로 사람들이 각각 자기가 속한 단체의 번영을 도모하면 이로 말미암아 자기의 행복을 증진할 수 있다. 그런데 사람은 항상 온갖 욕망을 갖고 있기 때문에 한편으로는 단체를 결성하려는 경향이 있더라도 또 한편에서는 단체와 분리되고자 하는 경향이 없지 않다. 사람의 욕망 중에 가장 중요한 것을 들어보면 재산, 명예, 그리고 권력욕이다.

이런 욕망들은 사회와 국가를 위해 유용한 행동을 하게 하는 점도 없지 않지만, 이를 제한하지 않으면 단체에 위협을 가하는 일 또한 적지 않다. 대개 사람들이 이런 욕망에 부림을 당하여 서로를 이기려고 들면 사소한 이해 때문에 충돌하여 단체를 파괴하는 일이 많을 것이다. 선경지명이 없는 사람은 이런 해악에 빠지는 것이 필시 매우 쉬울 것이다.

욕망은 단체에 위협을 가함받는 행복과 책임

사람이 세상에서 고립되면 그 힘이 매우 미약해서 대업을 성취하기 어렵거니와 또 동일한 목적을 위해서 행동하게 되더라도 협동하는 정신이 없으면 그 방침에 다른 점이 생겨 서로 충돌하여 도리어 불리함을 초래하게 될 것이다.

고립된 사람은 큰 사업을 이루기 어려움

우리는 단체에 대하여 중대한 사정이 없다면 단체를 벗어나서는 안 된다.

사람은 단체를 벗어날 수 없음

또 공공심이 없는 사람은 자기의 책임을 방기하고 단체의 이해를 돌아보지[109] 않는다. 만약 단체의 구성원이 저마다 책임을 회피할 생각만 하면 단체는 도저히 안정됨을 유지할 수 없다.

공공심이 없는 사람은 자기의 책임을 방기하고 단체의 이해를 돌아보지 않음

그러므로 단체를 제재하는 방법을 두어서 직접 또는 간접으로 무책임한 사람에게 징계를 가해야 한다. 단체의 구성원이 된 사람은 자기의 책임을 중하게 여길 뿐만 아니라 이러한 제재에 한층 주의하여 엄격하게 이를 준수해야 한다.

단체에 대한 제재

109 돌아보지 : 원문 본문에 '불원(不願)'이라 되어 있으나, 두주의 표기와 문맥을 고려할 때 '불고(不顧)'가 적합하여 이에 맞게 고쳐 번역하였다.

제9과 질서

전술한 바와 같이 사회에는 각종 단체가 있어서 세계의 문명과 사람의 행복이 이로 말미암아 증진된다.

단체의 성립에는 질서가 중요함

단체의 성립을 확실하게 진전시키는 데 가장 필요한 것은 질서를 중요하게 여기는 것이다. 단체에는 일정한 규칙과 전해오는 관습이 있기 때문에 일을 할 때 질서가 정연하지 않으면 단체가 충분히 활동하지 못하여 전체 일반의 행복이 줄어드는 것을 피하지 못한다.

규칙과 관습은 의복처럼 개량이 필요함

대개 규칙과 습관은 사람의 의복과 마찬가지여서 신체가 성장할수록 옷을 바꾸어 입는 것처럼 단체 또한 발달하면 할수록 그 규칙과 관습을 개량해야 한다. 그러나 규칙과 관습을 개량할 때에 자연스러운 시간적 기회와 방법을 생각하지 않고 경솔하게 변경하면 단체는 종당에는 성립을 보장하기 어렵다. 또 규칙은 그에 적당한 방법을 거친다면 바로 고칠 수 있지만, 습관은 하루아침에 바꿀 수 없다.

습관은 오랜 세월동안 전해 내려오는 성질임

습관은 오랜 세월 동안 전해온 성질이기 때문에 하루아침에 타파하려 하면 도리어 폐해가 생긴다. 습관을 개혁하려고 한다면 먼저 자기의 의견을 표명하여 경험이 있는 사람들의 동의를 널리 구한 뒤에 서서히 개량하도록 계획하는 것이 좋다. 사람은 항상 주의 깊게 살펴서 단체의 좋은 관습을 양성하며, 나쁜 관습을 없애도록 노력해야 전체의 행복을 도모할 수 있다. 그러나 필요하지 않은 경우에는 예로부터 전해오는 미풍양속을 유지하는 것 또한 책임자가 잊지 말아야 할 바이다. 가령 다소 불편한 점이 있더라도 적합한 방법으로 고치기 전에는 그것을 잘 지키는 것이 좋다.

제10과 단체의 안정[110]

단체의 안정에는 각종 설비가 필요함

단체와 개인의 관계가 밀접하여 단체의 안녕은 개인의 행복의 근원이 되므로 단체를 위하여 힘써 노력해야 한다. 단체의 안정을 이루고자 계획한다면 각종 설비가 필요하다. 특별 기관을 설치하는 것, 일할 사람을 두는 것, 규칙을 힘써 지키도록 촉구하는 것, 공공의 안전에 방해되는 일을 막는 것, 혹은 천재지변 등의 예기치 못한 사건 때문에 생기는 손해를 보충하도록 준비하는 것, 혹은 단체의 공동의 활동을 민첩하고 활기 있게 운영되도록 하는 등의 일이다. 그러나 이 같은 설비를 하는 요체는 단체의 각 개인이 서로 협력하여 공공의 업무를 분담하거나 혹은 금전을 갹출하여 비용을 대는 일에 달려 있다. 그러므로 이러한 공공의 직무를 분담하는 사람은 단체의 이해와 행복을 생각하고, 자기 일신의 이해는 염두에 두지 않는 것이 좋다. 자기의 이익을 위하여 공공의 직무를 남용하거나 또는 단체를 빙자하고 사적인 이익을 추구하는 사람은 그 죄가 결코 작지 않다.

단체에 대한 선거권

또 선거권이 있는 사람이 자기의 권리를 방기하거나 혹은 타인의 권유와 압박 등 때문에 자기의 뜻을 굽히거나 혹은 능력이 없는 사람이나 혹은 간악한 무리를 천거하여 단체를 불행하게 하는 일은 단체에 대하여 충실하지 못했다는 죄를 면하지 못한다. 또 금전을 갹출하면서 간혹 빈부의 정도에 맞게 하는 경우에 왕왕 비열한 행위가 없지 않으니, 이는 단체에 대하여 자기의 본분을 태만히 하는 것일 뿐만 아

110 원문은 '안녕(安寧)'이라고만 되어 있는데, 내용이 단체의 안정적인 유지를 위해 필요한 제반 사항에 관한 것이므로 내용을 반영하여 '단체의 안정'이라고 번역하였다.

니라 자기를 속이고 남을 속이는 죄악을 저지르는 것이니 어찌 안타깝고 민망하지 않겠는가.

제11과 단체의 안정(계속)

단체의 종류

무릇 단체의 안녕을 해치는 행위의 종류를 열거하자면, 단체의 명예에 관한 일, 신용에 관한 일, 그리고 직접으로 위해를 가자는 일 등이 있다.

단체는 무형의 것임

단체는 원래 무형의 것으로, 개인과 비록 다르지만 책임을 지며 명예가 있으며 신용을 받는 점에서는 개인과 차이점이 없다. 지금 우리가 '아무 사회의 책임', '아무 학교의 명예', '아무 사회의 신용'이라고 말하듯이 이미 단체에도 책임, 명예, 그리고 신용이 있으니 이것이 있음으로 인해서 이익을 얻으며 이것을 잃음으로 인해서 손해가 생기는 것이 명백하다. 우리는 단체의 책임, 명예, 신용을 위해서 힘껏 노력하지 않으면 안 된다.

단체의 명예와 신용을 훼손함은 한 개인이 자기의 명예와 신용을 잃는 행동에서부터 발생한다. 옛날, 한 개인이 고립적인 생활을 하던 시대에는 한 개인의 부덕(不德)은 한 개인의 명예와 신용을 잃는 데에서 그치고 타인에게 손해를 끼치는 일은 적었다.

한 개인의 부덕은 그가 속한 단체까지 세상 사람들의 배척을 당하게 함

지금은 그렇지 않아서 사회가 진보하면서 자기의 범위가 점차 확장되므로 만약 한 사람이라도 부덕한 사람이 있으면 타인이 단지 그 사람만 배척하는 것이 아니라 반드시 그가 속한 단체까지 배척할 것이다. 그러니 한 개인의 부덕은 이중의 죄악을 범하는 것으로 그가 속한

단체와 그 성원에 대하여 손해를 끼치게 되니 일신의 명예와 신용은 결코 경시하지 못할 바이다.

제12과 번영

우리는 단체의 질서를 어지럽히지 않으며 안녕을 해치지 않고, 점차로 단체의 행복을 증진케 하며 번영을 도모해야 한다. 이는 단체에 대한 의무가 될 뿐만 아니라 또한 자기에 대한 일종의 의무라 할 수 있다.

정의로운 공도는 번영의 근간임

번영이라 하는 것은 금전의 많음과 물질의 풍부함을 이르는 것이 아니다. 단체의 생명은 정의로운 공도(公道)로 신용을 독실하게 해서 경제의 풍족함을 기약하는 것이다. 그러므로 정의로운 공도는 번영의 근간이다.

단체의 부분이 되는 각 개인이 자기의 직업에 충실하면 자연히 그 결과로 단체의 번영함을 기약할 수 있다. 그러므로 각 개인이 자기와 타인에 대한 의무를 게을리 하지 않으면 이는 간접적으로 단체의 공익을 불러오는 길이다. 그렇지만 반드시 단체의 이익을 생각해야 할 경우에는 자기의 사적인 이익을 희생할지라도 공중(公衆)에 대해서 장구한 이익을 도모하도록 해야 한다.

단체의 행복을 불러오는 길은 여러 종류가 있지만 그 중에 요체가 되는 것을 거론해 보자면, 단체를 위해서 유익한 사업을 일으키는 데 있다. 비유하자면 국가에 유익한 사업을 일으키며 학교를 세워서 유용한 인물을 양성하여 국가의 장래의 번영을 도모하는 것과 같은 일이다. 그러나 재산이 있는 사람이라도 혹은 그런 재능이 없다거나 재능이 있더라도 그럴 만한 재산이 없을 때가 있다. 그러므로 재산이 있는 사람은 자금을 아까워하여 사업을 일으키는 것을 주저하지 말 것이며, 또 기능이 있는 사람은 기능을 연마하여 후진을 권면하고 이끄는 데 인색하지 말아야 한다. 이처럼 각각 자기의 상황을 따라서 공동의 단체의 공익을 도모하면 훗날 그 단체의 번영을 불러 올 뿐만 아니라 자기의 명예와 행복 또한 무궁할 것이다.

제13과 공직(公職)

공직이라는 것은 단체를 대표하는 사람이나 단체의 사무를 처리하는 사람을 이른다. 이런 공직에 있는 사람은 모두 그 단체를 대표해서 어떤 사업이든지 할 수 있는 권력을 가진 자이니, 마땅히 해야 할 사업을 실행할 수 없을 때에는 그 책임을 피할 수 없다.

공직자의 자격은 엄정함임

그러므로 공직을 맡은 사람에게 가장 중요한 자격은 엄정함이다. 일의 상황 때문에 뜻을 꺾지 않으며, 이해에 맞닥뜨려 소신을 바꾸지 않고, 오로지 한 마음으로 단체를 위해서 도모하는 사람을 공직에 충실한 사람이라고 한다.

자기의 이해와 친척, 벗을 위해서 사정을 두는 것은 공직을 더럽히는 것임

만약 자기의 이해를 생각하거나 혹은 친척과 벗들을 위하여 사정(私情)을 두는 것은 공직을 더럽히는 것이니 그 책임이 결코 가볍지 않다.

공직에서의 권력의 실행

공직에 있는 사람의 권력은 그 사람의 임의의 것이 아니요, 반드시 다른 사람을 대신하여 실행하는 것이어야 한다. 그러므로 한편으로 보면 단체의 관할자가 되지만, 또 한편으로 보면 단체의 다른 구성원과 마찬가지로 공권을 집행하는 사람에게 관할을 받는 사람이 된다.

이 한계가 분명하지 않으면 왕왕 공권력을 남용하여 단체에 반드시 손해를 초래하게 된다.

또 단체의 각 사람은 공직에 있는 사람의 권위를 존중하여 그 권력의 집행을 방해하지 않도록 주의해야 한다. 왜 그런가? 각 개인이 이미 그의 권위를 승인하여 집행하는 것을 위임한 자이기 때문이다.

정한 범위 내에서는 그의 명령에 복종할 것을 깊이 유념해야 한다. 또 한 개인의 감정 때문에 공직에 있는 사람에게 저항하거나 그를 미워하는 것은 그 사회의 미숙함을 드러내는 것이라 말할 수 있다.

집행자가 정한 범위 내에서 그의 명령에 복종해야 함

제14과 단체의 구성원의 여러 가지 의무

무릇 단체의 구성원으로서 각종 업무에 종사하는 자가 각자 분담한 범위 안의 자기의 일을 태만하게 하면 사회 전체에 대해서 부도덕한 사람이라고 말할 수 있다. 만약 사람이 사회에 대해서 하나하나 반대한다면 결코 옳지 않거니와 고의로 따르기만 하는 것 또한 책임을 소홀히 하는 죄가 있는 것이다. 그러니 사회 전체의 사람이 도덕적인 결함이 있을진대 이를 바로잡아 정당한 방향으로 인도해야 한다.

분담한 범위 내의 일을 태만히 함은 부도덕이라 함

또 자기의 지위와 계급에 맞게 본분을 지키며 혹은 자기의 지식(知識) 수준에 맞추어 과대한 사업을 바라지 않는 것 또한 마땅히 지켜야 할 의무이다. 그러나 자기의 분수를 잘 지킨다는 것은 우물쭈물 목전의 안일함을 도모하는 것[111]을 말하는 것이 아니다. 자기의 재능과 재

지위와 계급에 맞게 본분을 지킴

---

111 우물쭈물~도모하는 것 : 원문은 인순고식(因循姑息). 구습을 고치지 않고 목전의 편안함만을 취하거나, 일을 하며 결단력이 없이 우물쭈물하는 것.

력을 충분히 펼쳐서 공중의 이익을 도모하며 자기의 행복을 증진케 할 수 있는 일에 힘쓰는 것이다.

공허한 명예는 사회의 질서를 어지럽힘

자기의 실력을 생각하지 않고 헛된 명예를 위한 일을 벌이는 자는 결단코 사회의 질서를 어지럽히는 사람이다. 그러므로 단체의 각 구성원은 노력하여 지식과 재능을 연마하며 도덕과 의리를 잘 지키고 자기의 실력을 양성하여 단체에 대한 일체의 의무를 완전하게 지키도록 도모해야 한다.

제3 국가에 대한 도리

제15과 국가[112]

국가도 인류의 단체임

국가 또한 인류의 단체이다. 그러나 '사회'라고 일컬어지는 단체와 다른 점은 그 구역이 일정하고 조직이 공고하며, 또 특수한 기관을 갖추고 있다는 데 있다. 대저 사회의 단체는 넓게 말하면 인류 전체를 포괄하고, 가깝게 말하면 하나의 친족, 하나의 가문에 그친다.

국가는 국토·인민·주권자 및 정부로 구성된 것임

그러나 '국가'라는 단체는 일정한 국토와 주거가 근접한 인민(人民)과 또 이를 관할하는 주권자 및 정부가 있어야 비로소 성립하는 것이다. 가령 인민이 있더라도 혹 소유한 국토를 잃으면 국가라 말할 수 없

112 국가 : 근대 이전의 국가는 제후의 봉지를 뜻하는 '국'과 '대부의 봉지를 뜻하는 '가'를 합하여 '국'의 통칭으로 쓰이거나, 또는 조정, 황제를 지칭하는 관가의 뜻으로 쓰였다. 이 시기에 이르러 주권, 영토, 국민의 개념에 입각한 근대적 의미의 국가 관념이 통용되기 시작하였으며, 이 장에서는 인류가 결성하는 여러 사회 단체 중의 하나로 국가를 취급하면서도 그 사회 단체들을 통합하는 가장 공고한 형태로서의 근대적 국가 관념에 입각하여 '국가'의 개념을 설명하고 있다.

다. 또 국토와 인민이 있더라도 이를 관할하는 주권자와 정부가 없든지, 관할자와 정부가 있더라도 자주권이 없어서 타인의 주권에 복종하는 경우에는 이를 다만 사회라 부를 뿐 결코 국가라고 말할 수 없다. 국가라 일컫는 단체는 위에서 말한 것들이 모두 갖추어진 뒤에야 비로소 성립하는 것이다.

국가는 통상의 사회와 비교하면 그 결합이 한층 공고하기 때문에, 인류에 가장 필요한 공동생활을 증진케 하는 것도 일반적인 사회와 비교하면 더욱 명백하다. 그러나 이를 강제하는 것이 없을 때에는 왕왕 작은 단체로 분열하는 경향이 생긴다. 그래서 법률로 인민을 통일하여 그 범위 안에서 단체의 생활을 하게 하여 인류의 행복을 증진하며 안녕을 도모하는 것이 필요하다.

제16과 국가(계속)

무릇 국가는 일정한 영토로 경계를 삼으며 법률로 결합을 유지하고, 사회는 오직 도의(道義)와 관습을 통해서 관할을 받는 것이다. 그러나 이 두 가지의 단체는 원래 인류의 필요에서 생긴 것이기 때문에 하나라도 없으면 안 된다. 그러니 우리는 한편으로는 사회의 구성원이 되고 또 한편으로는 국가의 신민(臣民)이 된 연후에 인간으로서의 생활을 완전하게 할 수 있다.

어떤 사람은 국가의 이익과 인류의 행복을 모두 도모하려면 서로 충돌할 것이라고 생각하지만 결코 그렇지 않다. 우리가 한 집의 구성원으로서 집안의 안녕과 행복을 추구할지라도 통상적인 경우에는 조금도 국가의 이해와 충돌하는 것이 없다. 또 한 국가의 번영을 도모한다 해도 한 집안을 망하게 하는 일은 결코 없을 것이니, 이 두 가지는 목적을 같이 하기 때문이다.

그러므로 우리가 널리 정의를 실천하여 국가의 번영을 도모함은 인류사회의 행복을 증진케 하는 근원이다. 어찌 둘 사이에 조화롭지 못할 이치가 있겠는가. 그러나 지금은 인류사회에 대한 관념과 국가에 대한 관념이 자아에 대한 관념에 비해 미약하기 때문에 인류사회의 행복을 증진하고자 하는 희망과 국가의 번영을 도모하는 사상이 부족하다. 그러므로 우리는 국가와 사회에 대한 관념을 우선시하여 우리의 임무로 감당해야 하니 이 두 가지를 모두 진전케 하는 데 진력해야 하며 결코 둘을 분리해서는 안 된다.

제17과 국민

앞장에서 국가라 일컫는 단체는 통상적인 사회와는 특별히 구별되는 것임을 명백하게 분변하였거니와 국가적인 결합의 형체를 공고하게 하며 공동생활의 정도를 진전시키는 가장 중요한 것이 있으니 바로 국민이 된 자가 마땅히 가져야 할 자격이다.

무릇 국민의 자격에 관해서는 특별히 법률에서 정한 바가 있지만 시대와 국체(國體)에 대하여 같지 않은 점을 당장 변론할 수는 없다.

인종의 동일함, 말과 풍속의 일치, 역사를 공유함이 국가 성립의 요소임

일반적인 보통의 경우로 논하자면 첫째, 인종이 같아야 하고, 둘째, 말과 풍속이 일치해야 하며, 셋째, 공동의 역사를 가져야 하는 것 등이다. 첫째의 인종을 동일하게 함은 국가의 성립에서 가장 필요한 것이

다. 다른 인종간의 집합으로 국가가 성립하였다면 아무리 국가로서의 성격을 갖추었다 할지라도 자연 감정의 부조화가 생겨 일치하는 행동이 없으며, 국가의 통일을 방해하여 활동의 기관(機關)을 저해하는 일이 없지 않다.

우리나라는 옛날에는 민족의 혼효가 극심하여 삼한(三韓)과 삼국시대에는 국토와 민족의 분열이 특히 심했다. 조선 이후로는 국법으로 엄격하게 이를 금하여 종족간이 섞이는 폐해가 없게 되면서 통일을 이루게 되었는데, 그럼에도 여전히 남과 북 사이에는 부조화하는 일이 적지 않았다. 하물며 지금의 시대로 보자면 장차 다른 인종들과 섞여서 살게 되는 일을 피할 수 없다. 이런 경우에는 국민의 대다수가 항상 동일한 인종에 속하여 혼입하는 다른 인종을 동화하게 하는 것이 바로 국민의 임무이다.

제18과 국민(계속)

첫째의 인종을 동일하게 하는 일은 앞장에서 기술하였거니와 그 다음은 언어와 풍속이다.

언어는 사상을 표현하는 기관임

대저 언어는 사상을 표현하는 기관이다. 그러므로 사상은 언어를 통해서 관장되는 경우가 많으니 국민의 언어는 국가의 독립과 관계됨이 가볍지 않다. 근래 우리 국민을 보자면, 외국의 언어를 배우는 사람은 성질과 습관까지 그 나라에 물들어서 왕왕 자국의 정신을 잃고 외국에 복종하는 것을 스스로 기꺼워하는 자가 많다. 하물며 타국의 말과 타국의 습관이 유입되어 오는 금일에는 우리의 고유한 언어를 발달시키는 데 깊이 주의해야 한다. 또 풍속과 습관도 국민을 통일함에 크나큰 관계가 있으니 국민 전체의 풍속과 습관을 일치하도록 장려하여 공통의 감정을 쇠약해지지 않게 하는 일에 힘써야 한다.

그 다음은 공동의 역사이다. 이는 국민의 정신을 투철하게 하는 데 가장 유력한 것이다.

애국심을 감발하는 데에는 자국의 역사가 제일임

만약 국민이 자기의 정신을 역사와 분리한다면 동일한 감정을 가질 수 없다. 그러므로 보통교육에서 애국심을 감발하는 데에는 자국의 역사가 첫 번째 요소이다.

이상의 세 가지를 종합하여 논하건대, 이러한 자격을 갖추지 못하면 가령 외형적으로는 동일한 정부 하에서 하나의 국가를 이루었을지라도 그 결합력이 미약하여 공고한 국가가 될 수 없다. 또 애국심은 전술(前述)한 자격[113]이 있는 자라야 비로소 갖게 되는 감정이다. 이 애국심이 없으면 국가는 바로 쇠망함을 면치 못한다. 국민은 단결된 힘을 갖도록 힘써서 국사(國史)를 분명하게 하고 국어(國語)를 발달케 하며, 국속(國俗)과 습관을 순후하고 선량하게 하는 데 가장 주의해야 한다.

제19과 애국

애국심은 자기가 생장한 곳에서 발달함

무릇 애국하는 마음은 인간의 감정이 아무리 복잡해도 특별하게 발현되는, 고향을 사랑하는 마음이다. 어떤 사람이든지 모두 자기가 나고 생장한 곳과 유년 시절 뛰놀던 고향에 대해서는 특별한 종류의 감

113 애국심은~자격 : 곧 동일한 인종과 언어, 그리고 공동의 역사를 말한다. 이 세 가지를 공유해야 공고한 국가가 성립되고 그 성원으로서 애국심을 가질 수 있다는 뜻이다.

정이 있으므로 평생 잊지 못한다. 이것이 바로 국가를 사랑하는 마음의 싹이다. 무릇 고향에 대한 애정이 진보하여 국가를 사랑하는 정신이 생긴다. 그러므로 애향심과 애국심은 그 성질이 다른 듯하지만, 사람의 지식이 진보할수록 자기와 관계되는 범위도 따라서 확대되면서 애국의 사상에 이르게 된다.

애국에는 자타의 구별이 있음

이 애국심이 진일보하면 인류를 사랑하는 정신에도 이를 수 있다. 그러나 인류를 사랑하는 감정은 자타의 구별이 없되 애국심은 자국과 타국의 구별을 확실하게 인지하여 자국의 활동을 진보하게 하여 타국보다 우월한 경지에 있게 하려는 것이다. 이처럼 애국심의 범위를 자국 내로 제한하는 것은 공동의 운명을 가진 동포(곧 같은 나라의 국민)에 대한 애정과 공동의 과거 역사와 동일한 주권자 및 정부와 동일한 국어와 같은 국가 관념에서 발생한 제반 요소들을 통해서 성립하는 것이다.

그러므로 우리는 애국의 정신을 기르되 단지 하나의 애정에 머물지 말고 이를 더욱더 발휘하여 안으로 국민의 단결을 공고하게 하고, 밖으로 국가의 번영을 증진케 하는 데 힘써야 한다. 국가가 쇠퇴하면 우리는 생활을 안위할 수 없으며, 독립적인 국민이 될 수 없다.

자국에 대한 관념이 있는 사람은 다른 나라에 복종하지 않음

그러므로 자국에 대한 관념이 있는 사람은 아무리 타국의 거룩하고 위대한 성인이라 해도 결코 그 주권에 복종하려 하지 않는다. 편협한 생각으로 다른 나라를 원수로 여겨서도 안 된다.

제20과 납세의 의무

납세는 국가의 기관을 움직이는 것

무릇 국가의 기관을 운영하여 활동을 완전하게 하는 데에는 반드시 막대한 비용이 필요하다. 입법을 하기 위해 의원을 소집하고 정치를 하기 위해 행정관을 두며, 또 육군과 해군을 양성하고 무기와 함선을 제조하여 국가의 방비와 국권의 신장을 도모하는 등의 일이 모두 적지 않은 자금을 필요로 한다. 지금 우리 대한은 재정이 위축되어 해군의 설비와 무기 및 함선의 제조, 기타 일반 사업의 경영에 착수하지 못하였다.

국가의 비용을 국민이 부담한은 당연한 도리임

대저 국가의 돈은 국민의 납세를 통하지 않으면 다른 데서 얻을 방법이 없다. 그러니 국가라 일컬으면서 국민의 세금을 요구하지 않는 곳이 어디 있겠는가. 그러므로 이를 국민이 부담하는 것은 당연한 도리이다. 그러나 간혹 세상에는 납세를 가지고 국가의 보호에 대한 보수처럼 생각하기도 하는데, 이는 적합한 견해라고 할 수 없다. 가령 부자형제(父子兄弟)가 모여서 일가를 이룰 때에는 반드시 그에 상당한 돈을 서로 내어서 집안을 유지하는데, 이를 가정에 대한 보수라고 말하는 것이 어찌 옳겠는가?

국가는 집과 달라서 그 범위가 넓고 거주민이 많으므로 부득불 그 비용을 미리 정하여 징수해야 하니 이는 국민의 의무이다. 재산의 많고 적음, 직업의 종류에 근거하여 법률이 정한 바를 따라서 상당한 세금을 정부에 내어야 하거니와, 재산을 은닉하거나 수입을 속여서 납세를 피하려고 하는 사람은 모두 국민의 의무를 모르는 자라 말할 수 있다.

제21과 병역의 의무

국민이 조직을 지키며 안녕을 유지하고자 한다면 입법 · 사법 · 행정의 삼대권 외에 병권을 가져야 한다. 무릇 입법 · 사법 · 행정의 삼대 활동은 국가통치권(곧 주권)의 작용이니 국민 전체를 지배(관할)하는 것이거니와, 만약 국가에 변란이 생기거나 타국과 충돌이 일어날 때에는 부득불 군대로 이를 방어하지 않을 수 없다. 그러므로 국민은 반드시 병역에 복무해야 할 의무가 있다.

삼대권(三大權) 외에 병권(兵權)을 갖지 않을 수 없음

우리나라도 원래는 국민병제를 시행하여 유사시에는 병역에 복무하고 평소에는 농업에 귀환하게 했다. 태평한 시절이 오래 계속되자 이 제도를 폐지하고 용병(傭兵) 제도를 두었다가 몇 년 전에 징병제를 반포하여 일반 국민이 모두 병역에 복무하는 시대를 맞았으니 이것이 이른바 '국민병역'이다. 그러므로 병사는 자기의 책임을 중히 여기며 명예를 숭상하여 전시(戰時)를 맞으면 국가를 위하여 총탄을 무릅쓰고 목숨을 희생으로 바칠지라도 결단하여 국위를 선양하며 국권을 신장하지 않을 수 없다.

국민은 병역에 반드시 복무해야 할 의무가 있음

제22과 교육의 의무

우리는 국가의 장래의 번영을 위하여 공익(公益)을 흥성시키며 세상과 자신을 위한 일[114]을를 펼쳐야 한다. 또 국가의 불행을 방지하기 위

교육은 국가 번영의 근본

114 세상과~일 : 원문은 세무(世務). 자신과 세상을 다스리기 위한 일.

해서 널리 세계의 대세를 살피며 고금의 흥망성쇠를 탐구하여 고명(高明) 적확(的確)한 의견을 갖지 않을 수 없다. 이런 의무를 수행하는 근본이 바로 교육이다.

무릇 교육은 인간이 타고난 재능을 연마하여 인성의 발달을 도모하는 것이다. 그런즉 국민으로 하여금 자기의 본분을 다하여 국가 번영의 기틀을 열게 하려면 교육 외에 어디에서 찾겠는가. 또 각 개인이 고상한 식견과 정당한 의견을 갖도록 하자면 교육 외에 어디에서 할 수 있겠는가. 그러므로 국민이 된 사람은 모두 자기나 또 자신의 자제를 교육하지 않을 수 없으니 부형(父兄)이 자제를 교육하여 국민으로서의 자격에 부끄럽지 않은 생활의 도리를 가르쳐주는 것은 자연스러운 마음으로 모든 사람이 희망하는 바이다.

국민의 의무교육

그러므로 교육을 강제할 필요가 없을 듯하지만, 국가 전체에서 보면 부형에게만 교육을 맡겨두는 것은 오히려 불가하므로, 국가가 초등(初等)의 보통교육을 국민의 의무교육[115]이라 하고 전체 국민이 교육을 받는 데 힘쓰도록 한 것이다. 원래 고등교육의 보급은 국가의 번영을 위해 희망하는 바이지만, 사람은 빈부와 귀천의 차별이 있으므로 누구든지 모두 중등 이상의 교육을 자제에게 받도록 하는 것은 어려운 일이다.

---

115 의무교육(義務教育) : 국가가 국민에게 취학의 의무를 부여하고 이를 강제하는 의무교육은 교육 기회 균등 사상에 입각한 근대 국가 교육 제도의 특성 중 하나로, 국민 전체에 대한 교육의 중요성을 설파하던 이 시기에 중요한 화두가 되었다. 휘문의숙의 『중등수신교과서』가 발간되었던 1906년, 같은 해 9월 25일 발간된 『대한자강회월보(3호)』에도 의무교육의 내용과 필요성을 강조한 양계초의 「교육정책사의(教育政策私議)」를 장지연이 역술(譯述)하였고, 일본의 계몽운동가이자 대한자강회 고문직을 맡고 있던 일본인 오가키 다케오[大垣丈夫]의 연설을 수록해 놓았다.

국가가 이런 사정으로 인해서 의무교육의 연한을 정한 것이니 부형이 된 사람은 이 의무에 복종하여 자제를 교육하는 것이 국민된 자의 의무라 할 것이다.

의무교육은 국민이 복종해야 하는 것임

제23과 교육의 의무(계속)

자기가 자신을 교육하고 또 자제에게 교육을 시키는 것은 국민으로서의 의무이다. 그러나 이렇게 교육을 받은 사람이 발달된 지식과 재능을 응용하여 국가의 공익을 도모함이 없다면 교육은 하등의 효용을 가질 수 없다.

그러므로 우리는 공공의 이익을 위하여 국가에 유용한 사업을 힘써 도모해야 한다. 혹은 국가의 생산물을 개량하며 공업을 발달시켜 국가의 재원(財源)을 증식하거나 혹은 교육에 종사하여 선량한 국민을 양성하거나, 혹은 관직에 나가서 국가의 선정(善政)에 이바지해야 한다.

공공의 이익을 위하여 국가에 유용한 사업을 힘써 도모함

이상에서 기술한 바는 국민이 통상적으로 힘써 지켜야 할 의무이다. 하나의 정신으로서 이를 관철하면 국민의 본분을 다했다고 할 수 있다.

그러나 우리에게는 여전히 특별히 주의해야 할 의무가 있으니 바로 국가에 불리한 일을 막고 각자가 죄악을 짓지 않도록 삼가고 조심하는 것이다. 국가든지 인민이든지 방향을 그르쳐서 간혹 정의를 잃는 일도 없지 않으며, 혹은 한 때의 사욕에 가리고 타인의 유혹에 빠져서 외국에 의존하고 동포를 스스로 해치는 일들이 있다. 국민이 된 자는 결단코 불요불굴의 용기로 이를 직언으로 경계하거나 혹은 저항하여 그 위

특히 주의해야 할 의무

태로운 기세를 돌이키도록 해야 한다. 이런 임무를 수행하는 것 또한 고명한 지식과 정대한 의지가 없으면 할 수 없다. 이렇게 자기에 대한 교육과 자제에 대한 교육에 진력하지 않으면 안 되는 것이 의무이다.

제24과 국가 간의 도의

옛날에 교통이 불편하던 시대에는 인류의 교류가 자연 한 나라 안으로만 국한되고 타국과의 교류가 넓지 못하였다. 그래서 개인 사이의 도덕은 일찍부터 발달되었지만, 나라 사이의 도덕은 근세처럼 충분히 발달하지 못하였을 뿐더러, 또 그 때는 어느 나라를 막론하고 모두 자국만 존중하고 타국은 경시하여 외국은 '이적'이라 부르며 천시하는 폐단이 있었다.

인정이 서로 통함

세상의 문명이 진보하면서부터 교통(交通)하는 길이 열리게 되자 국체, 풍속, 언어, 문자 등에는 다른 점이 있지만 인정이 통한다는 점에서는 동일하여, 다른 나라를 친애해야 한다는 것을 알고 서로 대등한 국체로 교류하기에 이르렀다.

교류의 방법으로 국가의 대표를 파견함

지금은 열국(列國)이 모두 화친하여 서로 조약을 교환하며 대표자를 파견하여 교류하는 방도를 다하며, 통상(通商)을 서로 권면하여 물산을 교환하고, 학술 · 기예 등 모든 일에서 각자 자기의 우수한 점을 전수하여 자국의 행복을 증진하게 되었다.

지구의 인민이 모두 동포라고 생각해야 함

이에 열국 간의 교류가 날로 더욱 친밀해져서 지구의 인민이 모두 동포라 생각하여 서로 제휴하는 시대의 기운을 맞이하게 되었다. 그러나 또 한편으로는 타국의 사정을 전부 알게 되면서 국가라는 관념의 발달을 촉구하게 되었으므로, 열국이 각각 국권의 신장과 국부(國富)의 증진을 도모하여 자국의 번영을 위해 경쟁하는 것은 필연적인 형세이다. 그래서 열국 간의 도덕은 상호간의 계약에 의거하여 평화를 유지하고 있다. 그러나 하루아침에 이해의 충돌이 생기면 무기를 들고 서로 대치하게 될 것이다.

그러므로 평상시에는 예의와 양보를 상호간에 귀중하게 여기며 평화로 교류하거니와 유사시에는 필연적으로 무력에 호소하여 국권을 지켜야 한다. 이는 오늘날과 같은 경쟁시대에는 자연스러운 추세이니, 군비(軍備)에 해박해야 함은 아무리 해도 피할 수 없는 일이다. 국권의 옹호

제25과 국가 간의 도의(계속)

각국이 서로 교류하여 조약을 서로 교환하는 오늘날에는 외국인을 업신여기거나 타국을 적대적으로 여겨서 안 된다는 것은 이미 전술한 것과 같거니와 우리나라도 30여 년 전부터 각국과 통상무역의 규칙을 정하고[116] 일본 · 청 및 구미 열방에 공사(公使)를 파견하여 상호 간의 교류에 편리하도록 하며 화친을 강구하고 있다.

대저 공사라 함은 자국을 대표하는 사람을 말한다. 직접 주권자의 명을 받고 외국에 나가서 그 나라의 주권자에게 국서를 봉정하고 공사관을 설치하여 각항의 교섭에 관한 임무를 전담한다. 공사는 자국을 대표하는 사람임

116 우리나라도~정하고 : 1876년 조선과 일본이 수호통상관계를 맺은 것을 시발로 하여 1882년 5월 22일 제물포에서 조선 전권대신 신헌과 미국 전권공사 슈펠트(Robert W. Shufeldt) 간에 조미수호통상조약(한미조약)이 체결됐다.

영사는 타국에 있는 우리 거류민을 보호하는 사람임

또 자국의 거주민이 많은 곳에는 반드시 영사관을 설치하고 또 영사를 파견하여 자국민을 관리하여 그들의 권리를 보호하며, 거류민을 대표하여 외국의 당사자와 교섭하고, 또 그곳의 상황을 시찰하여 자국 정보에 보고하게 한다. 또 조약국의 인민은 여행 규칙에 의거하여 각국의 내지를 여행하거나 정해진 곳에 거주하며 업무에 종사할 수 있다.

공사에게 무례하게 하는 것은 그 국가를 모욕하는 것과 마찬가지임

공사는 특히 파견한 국가를 대표하는 사람이다. 공사에 대하여 무례하게 하면 이는 바로 그 국가를 모욕하는 것과 마찬가지이므로 공사를 존경하는 것은 국제공법(公法)[117]에서 규정한 바이다. 가령 양국의 교의가 깨져서 전쟁을 하게 되더라도 공사의 퇴거를 방해하지 못하며, 또 교전국의 신민이라도 함부로 죽이지 못하는 것과 같은 것이다. 그러므로 국가라는 명칭을 쓰더라도 공사를 파견하지 않으면 독립된 국가가 되지 못한다.

외국의 신민에 대하여 예의와 의리로 격의 없이 교류하는 것은 우리의 마땅한 의무이지만 이를 위해서 자국의 권리를 포기하거나 혹 자국의 장점을 버리고 외국인을 모방하는 등의 일은 결코 해서는 안 된다. 저들의 장점을 가져다가 우리의 단점을 보완하는 것은 국가의 진보에 반드시 필요하다. 그러나 단지 저들에게 심취하여 저들의 기호에 영합하기만 하는 행위는 가장 비열한 일이다. 우리는 한편으로

117 공법(公法) : 원래는 한 국가의 법, 곧 '국법'과 동일한 말로 쓰였지만, 근대 이후 국가 간의 관계가 확대되면서 '국제공법' 또는 '만국공법'이라 칭해지며 각국 간의 정치, 경제, 군사, 문화 등의 관계 규칙을 담은 총칭으로 사용되었다. 저서 『만국공법(萬國公法)』은 미국의 법학자 휘튼(Henry Wheaton, 1785~1848)의 국제법 저서 Elements of intenational law를 중국의 미국인 선교사 윌리엄 마틴(William A.P.Martin, 丁韙良, 1827~1916)이 1864년 청국 동문관(同文館)에서 한역(漢譯)하여 출판한 것인데 조선을 비롯한 일본과 중국에서 국제법에 대한 인식을 환기하는 역할을 하였다.

는 외국인과의 교제에 진력해야 하지만, 또 자국의 특색을 굳게 지켜서 위엄을 실추하지 않는 데 주의하지 않으면 안 된다.

제26과 통상

지금은 각국이 모두 경제적인 이익을 꾀하여 국산(國産)을 발달시키며 국부(國富)를 늘이는 일에 주력한다. 그러므로 널리 세계 열국과 통상하여 권익을 지키는 데 주의해야 한다. 권력이 외국인의 손에 들어갈 때에는 이익의 대부분을 이들에게 잃게 된다. 원래 상권을 장악함에는 풍부한 자본과 숙련된 상업 수완을 첫 번째로 요구한다. 우리나라의 생산품을 외국인의 손을 통해 외국에 수출하고, 외국의 물품도 또 외국인의 손을 빌려 우리나라에 수입한다면 외국 무역의 발달을 어찌 바랄 수 있겠는가. 통상을 위해 힘씀

또 통상에서 깊이 주의할 것은 바로 수출품의 종류이다. 지금 우리나라에서 수출하는 물건은 쌀, 콩, 금, 소가죽 등의 농산물과 광산물에 불과하고 그 밖에 중요한 공업 제품은 전혀 없다. 그러므로 일상에 필요한 모든 물건을 외국 수입품에 전적으로 의존하여 우리나라의 자금이 날로 외국으로 유출되고 있으니 이것이 우리나라가 가난한 원인이다. 우리는 반드시 공업을 장려하고 농업을 더욱 발전시켜 유용하고 확실한 천연의 산물과 제조품을 많이 산출하여 우리의 상업이 세계에서 웅비하게 하는 데 진력해야 한다. 지금과 같은 상태로 내버려 두면 국가가 진흥할 가망성이 결코 없다. 통상할 때의 주의점

농산물의 발달과 공업품의 진전이 없으면 상업은 진흥할 수 없다. 농산물과

공업품을 진흥시키는 것은 상업을 진흥하는 것임

그러나 이것도 학문을 강구하지 않고서는 될 수 없으므로 국민은 경제학과 실업[118]학에 주의하지 않으면 안 된다. 이것이 자기의 한 몸, 집안의 생활을 유지하여 번영을 도모할 뿐만 아니라 국가의 실력을 증진하며 대권을 만회하는 기초가 될 것이다.

제27과 전쟁

의롭지 못한 행동은 각국이 허락하지 않음

지금 각국이 상업, 공예 등의 발달로 서로 경쟁하여 다른 나라를 이기려하거니와, 함부로 타국을 침범하여 그 영토를 점령하거나 재산을 약탈하는 의롭지 못한 행동은 각국이 허락하지 않는 바이다. 그러나 서로 간의 이해(利害)와 팽팽한 권력[119]으로 인하여 지금은 만국의 평화를 바라기 어려우니, 각 동맹국[120] 간에도 전쟁이 없을 수가 없다.

전쟁에 관한 생각은 예전과 크게 달라져서 전투를 할 때에는 잔혹한 살육을 하지 않고 포로를 학대하지 않는 것, 비전투원에게는 손해를 끼치지 않고 전투원이더라도 무기를 휴대하지 않거나 부상을 당한 자는 잘 보살피는 것, 직접적으로 전투 물품을 제공하는 자 외에는 나포(拿捕)하지 않는 등의 일은 개명(開明)한 열국들이 모두 동의한 바이다. 특히 만국적십자사(萬國赤十字社) 동맹[121]은 타국과 아국의 부상자를

---

118 실업(實業) : 근대 이전에는 '실질의 학문'이라는 뜻으로 쓰였고, 근대 이후에는 농업, 상업, 공업과 같이 생산과 제작, 판매에 관한 사업을 총칭하는 뜻으로 쓰였다.

119 팽팽한 권력 : 원문은 '平衡의 權力'으로 되어 있는데, 권력의 평형이 이루어진 긍정적인 뜻이라기보다는, 평화를 유지하기 어려운 국제정세를 기술하는 다음 구문의 의미와 호응이 되도록 위와 같이 번역하였다.

120 동맹국 : 원문은 여국(與國). 우방, 동맹국.

121 적십자사(赤十字社) 동맹 : International Federation of Red Cross & Red Crescent Societies. 1859년 전쟁터에서 부상자를 차별없이 도우려는 인도주의 사상에 입각하여 스위스의 청년

차별하지 않고 구호하는 것을 목적으로 한다. 그래서 적십자 깃발 아래 세운 위생대(衛生隊)와 병원 및 적십자 인장을 부착한 사람은 전투에서 국외 중립의 지위를 보존한다. 이는 전쟁이 국가와 국가가 싸우는 것이요, 개인의 싸움은 아니기 때문에 무고하게 인민에게 손해와 고통을 입혀서는 안 된다는 사상이 세계에 실행되는 것이다.

조약을 맺은 양국 사이에서 분쟁이 발생한 때에는 먼저 공사나 혹은 특사로 하여금 평화적으로 국가 간에 협상하는 자리를 열어서[122] 온건한 방법으로 이를 해결하도록 하는 방침을 채택하는 것이 순서이다. 혹은 피차간의 합의에 근거하여 조약 체결국 중에 한 국가를 (심판관으로) 선택하고, 양국이 이유를 갖추고 공평하게 판결하도록 하는 것을 중재재판[123]이라고 한다. 만약 양국이 도저히 타협을 할 수 없을 때에는 그 형세가 기어이 무력에 호소하여 자국의 국권을 옹호하게 된다. 이런 상황이 되어 타국과 자국의 공사가 공관에 게양했던 자국의 국기를 철거하고 재임지를 떠나는 것은 양국이 교전 상태에 들어갔음을 뜻한다. 또 교전국의 정부는 전쟁을 시작하는 이유를 공포하여 조약을 맺은 제국에 통지하는 것이 상례이다.

실업가 장 앙리 뒤낭(Jean-Henry Dunant)에 의해 처음 시작된 운동. 1864년 협회가 처음 만들어졌다.

122 평화적으로~열어서 : 준조(樽俎)는 무력을 쓰지 않고 연석(宴席)에서 담론을 통해 상대방을 제압하는 것을 말한다. 이후에 외교적 담판을 뜻하는 말로 쓰였다. 출전은 다음과 같다. 劉向, 『新序』 「雜事」.

123 중재재판 : 국제중재재판(International arbitration). 국가 간의 분쟁을 당사국이 선정한 재판관의 결정에 따라 해결하는 제도. 국제법에서 중재재판 제도가 통용된 것은 19세기 이후부터이다. 처음에는 재판관의 선정은 분쟁 때마다 당사국의 합의에 의하여 선임하는 방식이었는데, 1899년의 '국제분쟁의 평화적 해결에 관한 조약'에서 상설 중재재판소가 설립되면서, 재판관은 사전에 일정수를 임명하고, 그 중에서 중재재판이 있을 때마다 담당재판관을 선임하는 방식으로 바뀌었다. 또 분쟁을 국제중재재판에 부탁할 것을 사전에 약정하는 조약 또는 조항은 19세기 말부터 체결하게 되어 의무적 중재재판의 형식이 성립되었다.

불편부당(不偏不黨)한 정의를 선포하여 국외중립을 선언함

교전국 이외의 국가는 불편부당한 정의를 발현하여 국외중립을 선언하여 교전국에 통첩하고 또 자국민에게 공시하며, 공법에 정한 바를 따라서 전투에 쓰일 물품(전시에 금해진 제품)을 교전국에 수송하는 것을 금지하니, 이는 열국이 교류함에 서로 규칙으로 통상의 법칙이다.

제5 인류에 대한 도리[124]

제28과 박애(博愛)

앞에서 서술한 것처럼 우리는 가족의 일원이요, 국가의 신민이요, 또 사회의 구성원이다.

사회는 인류를 포괄함

사회는 종합적으로 인류를 포괄하기 때문에 우리에게는 가족으로서 행할 도리와 국민으로서 행할 의무와 소속 단체에 대하여 해야 할 일이 있을 뿐만 아니라 넓게는 인류 전체에 대하여 마땅히 행해야 할 의무가 있다. 무릇 가족, 국가, 단체 등은 인간이 맺는 특수한 관계이고, 특수한 관계에서는 또 특수한 의무가 생긴다. 그러므로 이것을 실행하지 못할 때에는 인간으로서의 자격을 잃는 것이라고 말할 수 있다. 그런데 인간은, 우주만물 중에서 생각해 보면, 인류라는 같은 종족의 일원이니 인류 전체에 대한 도리에 대해서 조금이라도 소홀히 하면 안 된다.

인류에 대한

인류에 대한 의무는 박애이다. 박애는 인류 전체가 소유하고 있는

124 이 장은 '제4'가 되어야 하나, 원문에 '제4'가 없이 '제5'로 되어 있다.

동정심에 기초하여 생기는 것이다. 그러므로 넓게 인류 전체의 안녕과 행복을 진전시킨다. 무릇 사람이 자기의 안전을 바라고 불행을 싫어하는 것과 마찬가지로 타인의 행복을 기뻐하고 타인의 불행을 슬퍼하는 것은 인류가 발달, 진보한 소치이다. 미개한 시대에는 인류의 동정이 겨우 한 가족, 한 부락 안에만 국한되어 공동의 생존도 작은 범위에 그쳤지만 문명이 진보한 지금은 인류 전체를 동포로 여기게 되었다. 의무는 박애임

그런데 인류가 증가하면서부터 생존경쟁 또한 치열해졌으므로 때로는 창칼에 호소하여 무력을 쓰는 전쟁이 없지 않되, 그 전쟁 또한 고대(古代)와는 완전히 달라져서 평화를 위주로 하고 벗을 해치지 않는 것은 박애의 정신이 인류 사이에 널리 퍼졌기 때문이다. 박애의 정신

그러므로 우리는 한 집안에 대해서는 선량(善良)한 가족이 되고, 한 나라에 대해서는 충량(忠良)한 신민이 되기를 기약하는 것과 함께, 인류에 대하여 널리 박애하는 태도를 가져야 한다. 가령 학문과 기술에 종사하는 사람이 열심히 자기의 업무에 힘써서 유익한 지식을 발명하고 (기술이) 진보하게 하는 것은 인류에 큰 유익함이 있다. 또 상업을 하는 사람도 자기의 이익만 생각하지 말고, 세계 전체의 편리함과 행복을 목적으로 하여 사업의 방침을 정해야 하니 우리는 각자 자기의 지위에 맞게 인류를 위해 마음과 힘을 다해야 한다.

제6 만물에 대한 도리

제29과 동물

사람은 우주만물의 일부임

사람은 우주 간에 존재하는 만물의 한 부분이다. 그러므로 자기와 타인에 대한 의무 외에 또 만물에 대한 인간의 도리를 지켜야 한다. 만물 중에 인간과 가장 가까운 것은 동물이다. 동물은 인류와 비교하면 열등한 지위에 있고 또 인류처럼 발달하는 정신이 없기 때문에 하나의 사물로 여긴다. 그래서 동물에 대하여 어떤 의무가 없을지라도 지금의 문명사회에서는 동물을 보호하는 법률이 있어서 동물을 학대하는 일을 허락하지 않는다.

동물을 학대하면 안 되는 이유는 두 가지가 있다. 하나는 동물을 학대하는 때에 자연히 잔혹함을 용인하는 성질이 양성되어 그 결과로 인류에 대해서도 마찬가지로 잔혹한 행동을 가할 염려가 있다는 것이니, 이는 자기의 성정을 해치지 않으려는 견해에서 생긴 것이다.

동물에게도 고통과 즐거움의 감정이 있음

두 번째는 동물 또한 고통과 즐거움의 감정이 있는 생물체이므로 목석(木石)같은 사물과는 완전히 달라, 제각각 살고 싶은 마음과 죽기를 싫어하는 마음이 있기 때문이다. 가령 인간과 비교하면 동물은 열등한 사물이지만 고통을 느끼고 죽음을 두려워하는 것을 보고서도 이를 무단히 살상하는 것은 마음에 차마 하지 못할 일이다. 이는 바로 『맹자』에 '제(齊)나라 선왕(宣王)이 소가 부들부들 떨며 죄 없이 죽으러 가는 것을 보고 불인지심을 가졌던 것은 인심(仁心)에서 나온 것'[125]이라 말한 것처럼 동물의 마음을 헤아려 그 고통에 대하여 동정을 표하는 것은 참된 인애(仁愛)의 마음에서 나온 것이다.

원래 우리는 인류의 행복을 증진하기 위하여 우주의 만물을 이용한다.[126] 그러므로 유용한 사업을 위하여 동물을 부리고 학문의 연구를 위해 그들의 생명을 빼앗으며 혹은 몸에 필요한 영양을 얻기 위해 그 고기를 먹을지라도, 동물을 부릴 때에는 그 힘을 잘 헤아려서 과중한 노동을 억지로 하게 해서는 안 된다. 생명을 빼앗을 때에는 가장 고통이 적은 방법을 쓰되 이를 단지 우리가 필요한 때에만 쓸 것이며 결코 잔혹하게 해서는 안 되고, 기타 사육하는 가축[127]들에 대해서도 이들을 잘 사육하며 훈련하여 그 성질과 효능을 완전하게 하는 것이 모두 우리의 덕과 도의라 말할 수 있다.

제30과 천연물

우주 간에는 자연계의 위대한 보고(寶庫)가 감추어져 있는데 그 비밀을 드러내는 관건은 오직 인류가 갖고 있다. 그러므로 만상(萬象)을 연구하여 그 진상을 밝히고, 감추어진 보물을 발견하여 이를 인간의 생활

---

125 제(齊)나라~것 : 원문의 곡속(觳觫)은 부들부들 떠는 모양. 제나라 선왕이 흔종(釁鍾 : 새로 만든 종에 짐승의 피를 바르는 일)을 위해 끌려가는 소가 부들부들 떠는 것을 보고 불인지심(不忍之心)이 생겨 차마 죽이지 못하고, 이를 양(羊)으로으로 대체하게 했다는 데서 나온 말로 출전은 다음과 같다. 『孟子』「梁惠王」.

126 원래~이용한다 : 동물을 비롯한 만물을 인간이 자신을 위해 이용할 수 있는 도구로 파악하는 서구 근대의 자연관이 반영된 사고이다. 필자는 동물에 대한 학대를 금지하는 것을 '불인지심', '인'과 같은 동양적 가치로 이해하고 설명하고 있지만, 그 근원에서 보면 인간을 우주의 중심에 놓되, 보편적 이치의 편재를 만물을 통해서도 확인하려 했던 중세적 세계관에서 발현된 '인'의 정신과는 거리가 있는 것이기도 하다.

127 가축 : 원문은 가축가금(家畜家禽). 집에서 사육하는 돼지, 개, 소 등을 지칭하는 가축과, 오리, 닭, 꿩을 지칭하는 가금이 구분되어 있지만 현재의 용법대로 가축으로 통칭한 것이다.

에 이용하여 인류의 행복을 증진케 하는 것은 인간의 마땅한 의무이다.

삼라만상이 정연하게 질서가 있으며 춘하추동과 일월성신의 왕래와 운행이 자연적으로 일정한 법칙이 있는 것을 보면, 인간 또한 자연히 이 법칙을 발견하는 자이다. 또 자연이 준 이익과 행복을 획득하여 인간의 생활에 이용해야 하므로, 이를 위해서 각종의 공부를 하고 또 그 방법을 고안해 냈다. 그 결과는 과학의 진보와 기술의 발달을 촉구하여 철학 · 미술 · 종교가 생겼으니 이들은 모두 우리가 우주를 분석하고 공부하여 그것이 준 편익을 이용한 데서 생긴 것이요, 우주만상은 인간을 기다려서 그 가치가 실현되는 것이다.

자연계에 대한 연구의 결과는 인생의 행복과 인류의 가치를 증진하는 것임

자연계에 대한 연구와 그 연구의 결과로써 인간 생활의 행복과 인류의 가치를 증진한다.

자연계는 인류의 하나의 위대한 교과서임

이로써 자연계의 만상을 탐구하여 진리를 연구함은, 우리가 이를 통해서 쾌락을 느낄 뿐만 아니라, 또한 인류가 우주의 한 부분이라는 것을 깨달아서 자기가 어떻게 우주 간에서 살아야 할지를 알게 하니, 자연계는 바로 인류의 하나의 위대한 교과서이다. 그러하니 누구든지 자연에 대한 연구를 게을리하여 자연이 준 교훈을 배우지 않는 사람은 자기가 소유한 능력을 포기하여 기회를 허송하고 짐승과 같은 처지가 되는 것이라 말할 수 있다.

이상에서 기술한 것처럼 자연계가 인류에게 주는 편익을 이용하여 이를 영구히 보호하는 것은 인류의 행복을 증진하는 데 중요한 일이다. 그런데 자연물과 자연의 힘을 함부로 소비하여 그 재원을 고갈시키면 인류의 불행을 초래하는 원인이 된다. 그러므로 자연물을 소비할 때에는 반드시 이것을 보급하는 방도를 강구해야 한다. 가령 삼림

을 함부로 벌목하여 지력(地力)을 소진케 하는 사람은 부덕한 자이다. 인류의 도덕이 진보될수록 자연물이 인간이 힘을 통해서 발달되니, 이것이 이른바 '천지의 화육(化育)을 돕는다'[128]는 것이다.

총론

우리는 대한제국의 신민이며, 또 우주의 인류이다. 사람이 항상 실천해야 할 도덕의 대체와 의무의 본지를 논술하여 이를 마치는 데 이르렀거니와 여기에 한 마디 말을 더한다.

무릇 인류는 고등(高等)한 정신으로 행동하는 존재이다. 자기와 타인에 대하여 책임을 지지 않으면 안 되므로 일거수일투족에서 모두 도덕의 제재를 받는다. 그러므로 성인이 "도는 잠깐이라도 떠날 수 없는 것이니, 잠시라도 떠날 수 있으면 도가 아니다"[129]라 말씀하셨으니, 도를 떠나면 사람이 사람이 될 수 없다. 『중용』에 이르기를 "성을 따르는 것을 도라 하고, 도를 닦는 것을 교(教)라 한다"[130]고 하였으니 '교'

128 천진의~돕는다 : 화육은 화생장육(化生長育)을 말한다. 『중용』에서 나온 말로 천하에 지극한 정성을 가진 사람이라야 사물의 본성을 다할 수 있고, 사물의 본성을 다할 수 있도록 하면, 천지가 사물을 화육하는 공을 도울 수 있다고 한 데서 나온 말이다. 출전은 다음과 같다. 惟天下至誠, 爲能盡其性, 能盡其性, 則能盡人之性, 能盡人之性, 則能盡物之性, 能盡物之性, 則可以贊天地之化育, 可以贊天地之化育, 則可以與天地參矣. 『中庸』.

129 도는~아니다 : 도는 잠시라도 떠날 수 있는 것이 아니므로 군자는 남들이 보고 듣지 않는 곳에서도 항상 두려워하며, 경계한다는 맥락에서 나온 말이다. 출전은 다음과 같다. 道也者, 不可須臾離也, 可離, 非道也. 是故, 君子, 戒愼乎其所不睹, 恐懼乎其所不聞. 『中庸』.

130 성을~한다 : "하늘이 명하신 것을 성(性)이라 이르고, 성을 따름을 도(道)라 이르고, 도를 품절(品節)해 놓음을 교(教)라 이른다"는 데서 온 말이다. 여기서 '수(修)'는 일괄적인 의미의 '수양'의 의미가 아니라 인간이 갖는 기질적 성향의 차이에 따라 적절하게 조절된 수위를 의

는 바로 도덕의 제재이다. 우리가 학업에 종사하여 고급한 기술을 가졌다 할지라도 도덕에 결함이 있을 때에는 근원 없는 물과 뿌리 없는 나무와 같아서 공업(功業)을 성취하기 어렵고 끝내는 물이 마르고 나무가 시들었다는 한탄을 피할 수 없다. 우리가 어떤 사업을 하든지 일생 떠나지 말아야 할 것은 바로 도덕이다.

우리나라의 도덕은 충과 효로 기본을 삼으니 부모에게 효도하고 임금에게 충성하며, 모든 도덕이 이로 말미암아 행해진다. 이는 우리의 조상 대대로 준수해 온 바이고, 만고불변의 진리이다. 그러므로 『효경』에 "효로 임금을 섬기면 충이요, 순종함으로 어른을 섬기면 순(順)이다"[131]라 하였고, 또 "무릇 효는 부모를 섬기는 것이 그 처음이며, 임금을 섬기는 것이 그 중간이며, 입신하는 것이 그 마지막이다"[132]라 하였다. 『대학』에 "군자는 집을 나가지 않고도 나라에서 가르침을 이루나니, 효는 임금을 섬기는 것이요, 공손함[悌]은 어른을 섬기는 것이다"[133]라 하였다. 효는 백행의 근원이므로 부모를 섬김에 효성을 다하는 자는 임금을 섬김에 충성을 다한다.

비록 그렇지만 단순히 성의(誠意)만 있어도 도덕을 충족한다고 하기

미한다. 여기서는 그러한 기질의 차이에 따른 품절의 의미보다는 일괄적인 '도덕'의 제재를 뜻하는 것으로 쓰였다. 출전은 다음과 같다. 天命之謂性, 率性之謂道, 修道之謂教.『中庸』.

131 효로~순(順)이다 : 출전은 다음과 같다. 故以孝事君則忠, 以敬事長則順.『孝經』「士章第五」. 원문의 "공경함으로 어른을 섬긴다(以敬事長)"가 위의 본문에서 "順으로써 長를 事호 則順이라"라 하여 '경(敬)'이 '순(順)'으로 바뀌어 있다.

132 무릇~마지막이다 : 출전은 다음과 같다. 夫孝始於事親, 中於事君, 終於立身.『孝經』「開宗明義章第一」.

133 군자는~것이다 : 나라를 다스리는 것이 반드시 집안을 다스리는 것을 우선하므로 집을 다스리지 못하는 사람은 다른 사람을 가르칠 수 없다는 맥락을 이어 나온 말이다. 출전은 다음과 같다. 所謂治國, 必先齊其家者, 其家, 不可教, 而能教人者無之, 故君子, 不出家而成教於國, 孝者, 所以事君也, 弟者, 所以事長也, 慈者, 所以使衆也.『大學』.

는 어렵다. 공자(孔子)는 동양의 위대한 성인인데도 "나이 칠십 세가 되어서야 비로소 마음이 하고자 하는 대로 해도 법도에 어긋나지 않았다"[134]고 하였으니, 하물며 우리처럼 수양이 부족한 사람들임이겠는가! 그래서 『대학』에 "뜻을 성실하게 하려면 먼저 모름지기 지식을 지극히 하여야 하고, 지식을 지극하게 하려면 먼저 모름지기 사물의 이치를 궁구하여야 한다"[135]고 하였으니, '격물(格物)'은 사물의 이치를 지극히 아는 것이고, '치지(致知)'는 우리의 지식을 사물에 미루어 아는 것이다. 그러므로 사물의 이치를 탐구하며 지식을 미루어 도덕의 본원을 알게 된 뒤에 성의로 이를 실행하도록 노력해야 한다.

만약 지식이 없으면 아무리 성의가 돈독하여도 무엇을 마땅히 행해야 할지 선과 악을 분별하지 못한다. 지식을 갖게 되어도 성의가 없으면 지식에만 그치고 실천할 수 없다. 그러므로 도덕은 지식과 행실이 서로 짝이 되어야 한다. 이것이 주자(朱子)가 '치지행수(致知行修)'라 논한 것이요, 왕양명(王陽明)[136]이 '지행합일(知行合一)'이라 말한 것이고, 또 서양의 철학가가 도덕적인 정신과 실천의 귀중함을 논변해 마지않은 이유이다.

무릇 도덕을 실천하는 것은 천하에 지극히 어려운 일이다. 그러나 또 평이하고 분명한 곳에서 보자면 삼척동자라도 마땅히 행해야 할 도리를 알지 못하는 사람은 없을 것이다. 그러므로 『논어』에 "도에 뜻을 둔다"고 하니 주자(朱子)가 "도는 인륜과 일상생활에서 마땅히 행해

134 출전은 다음과 같다. 七十而從心所欲, 不踰矩. 『論語』 「爲政」.

135 출전은 다음과 같다. 意之所以誠, 却先須致知, 知之所以至, 却先須格物. 『大學』 「讀大學法」.

136 왕 양명(王陽明) : 왕수인(王守仁: 1472~1529). 양명은 그의 호. 명나라 중기의 유학자.

야 할 바이요, 고원(高遠)하고 하기 어려운 일이 아니라"[137] 하였고, 공자가 "도는 가까운 데 있다"고 하셨다.

도덕이라 하는 것은 모두 우리의 심신(心身)에 달려 있으니 이보다 더 가까운 것이 없거늘 사람들은 도덕을 고원하여 도달하기 어려운 일처럼 생각하고 자포자기하여 물욕의 노예가 되고서도 전혀 괘념하지 않으니 어찌 슬프지 않겠는가. 안연(顔淵)이 "순(舜) 임금은 어떤 사람이며, 나는 어떤 사람인가"[138]라 하였으니 이는 요순(堯舜)이 비록 성인이지만 사람이 배우기를 그치지 않으면 (성인의 경지에) 이를 수 있음을 말한 것이다. 성인도 어찌 특별한 사람이었겠는가. 오늘 한 가지 선을 행하고, 내일 또 한 가지 선을 행하면 나도 곧 성현의 경지에 이를 것이다. 도에 뜻을 둔 사람은 반드시 이 이치를 잘 분별하여 잠시잠깐이라도 이를 잊지 않는다면 도덕을 갖춘 군자가 될 수 있을 것이다. 생각할지어다. 힘쓸지어다.

중등 수신교과서 권4 끝.

---

137 도는~아니라 : '도에 뜻을 둔다'는 『논어』「술이」의 본문과 그에 대한 주자의 주석을 기술한 부분이다. 출전은 다음과 같다. 子曰 志於道[志者, 心之所之之謂, 道는 則人倫日用之間所當行者是也]. 『論語』「述而」. 뒤의 '고원난행(高遠難行)'은 주자의 주석에 없는 내용으로 보이는데, 이 부분까지 주자의 말로 인용되어 있다.

138 순(舜)~사람인가 : 인간이 원래 타고난 본성적인 선함을 회복하면 누구나 성인이 될 수 있다는 뜻에서 온 말이다. 『맹자』의 원문에서는 '훌륭한 일을 하는 사람(有爲者)이면 모두 성인이 될 수 있다'고 한 것을 여기에서는 '배우기를 그치지 않는다면'으로 표현하였다. 출전은 다음과 같다. 顔淵曰舜何人也, 予何人也, 有爲者亦若是. 『孟子』「滕文公」 上.

고등소학수신서

『고등소학수신서』 해제

서경희

1. 저자

『고등소학수신서(高等小學修身書)』는 1907년 8월에 휘문의숙편집부(徽文義塾編輯部)에서 편찬하고 휘문관(徽文館)에서 발행한 교과서이다.

대한제국 말기에는 학부(學部)에서 편찬한 소수의 교과서 외에 개인이 저술하여 검정을 받은 교과서나 학교 자체에서 편찬하여 발행한 교과서 등 다양한 형태의 교과서가 존재하였다. 신교육이 실시되면서 필요로 하는 교과서의 수요를 감당하지 못하자 각 학교가 자체적으로 편찬, 제작하게 되었는데, 그 가운데 특히 휘문의숙, 양정의숙(養正義塾), 보성중학교(普成中學校), 기독교계열 학교 등에서 이러한 교과서의 자체 발행이 많았다.

휘문의숙은 을사조약 이후 국권회복운동의 하나로 교육 진흥이 확대되고 신교육이 가열되던 시대 상황 속에서 1906년 민영환이 설립한 민족사학으로, 『고등소학수신서』가 편찬된 시기는 1906년 6월 이후 휘문의숙 휘문관 편집원을 지냈던 장지연(張志淵)이 1907년 휘문의숙

숙장(塾長)으로 학교를 운영하던 때와 맞물린다. 『고등소학수신서』 등 장지연 재임시에 발행된 교과서들이 다루고 있는 내용은 여러 면에서 그가 초기에 나라의 독립과 자주를 위해 선택했던 행보와 궤를 함께 하고 있다. 1906년과 1907년에 휘문의숙 편집부에서 발간된 수신서와 독본 등의 교과서가 이후 사립학교령이 발동되고 교과서를 검열하는 과정에서 금서로 지정되었던 것을 통해서 휘문의숙편집부의 경향을 짐작할 수 있다.

2. 구성

『고등소학수신서』는 양지(洋紙) 양장본이고 전 1권 1책이다. 판형은 국판(菊版)으로 이화여자대학교 소장본은 앞뒤 표지를 제외하고 표제지, 목차, 내용이 총 102면으로 이루어져 있으며 판권지와 휘문관발행 도서목록은 낙장되어 있다. 국한문혼용체를 사용하였고 삽화는 넣지 않았다.

이 책은 역사의식을 고취하는 도입부와 가정, 학교, 타인, 자기, 덕성, 인격, 수양, 국민 등 본무(本務)로 삼거나 주의해야 할 아홉 가지 큰 주제를 다루고 있다. 각 주제에 대해 적게는 9개 과에서 많게는 16개 과로 나누어 세부 내용을 전개하고 있다. 전체 내용은 총 120과로 구성되어 있다.

각 과는 과별 주제에 대한 논지를 전개하고, 각 주제와 관련된 경서의 구절이나 이황 · 이이 · 장현광 · 조광조 등 문인들의 글, 일화, 혹은 서양의 격언 등을 통해 주지를 구체화하며, 혹은 주장을 뒷받침하는 형식을 취하고 있다.

3. 내용

『고등소학수신서』는 휘문의숙편집부에서 한 해 전에 발간한 『중등소학수신교과서』와 유사한 체제와 내용을 갖추고 있는데 『고등소학수신서』는 중등학교 고학년용으로 편찬된 것이기 때문에 비교적 높은 수준을 담보하고 있다.

일반적으로 당시 수신서가 가언선행(嘉言善行)의 모범을 정하여 학교에서의 일상 생활에 요구되는 도덕의 요강을 제시하고 더 나아가 가정과 사회, 국가에 대한 책무를 설명하는 것을 기본 체제로 삼았는데, 이 수신서 역시 역사적 인간으로서 부여받은 소명을 강조하는 도입부로부터 시작하여, 가족, 조상, 친족과 종에 이르기까지 가정에서 행해야 하는 덕목, 학교 교육을 위해 힘써야 할 것들, 타인과의 관계를 위해 지켜야 할 사항, 자신의 바른 몸가짐과 행실을 위한 기본적인 덕목, 내적인 덕성을 키우기 위한 요건들과 사회인으로서 갖추어야 할 자격, 일상 생활에서 힘써야 하는 수칙, 그리고 마지막으로 국가와 황실에 대한 의무와 시대 상황, 그에 따른 당무 등의 내용을 차례로 다루고 있다.

『고등소학수신서』는 전체적으로 효제충신(孝悌忠信)의 전통적인 실천 덕목을 강조하고 있으며 자신의 덕성을 함양하는 내용이 많은 비중을 차지하고 있으나, 학교 교육과 사회인의 역할에 대한 내용에도 많은 지면을 할애하였고 전신이나 기차와 같은 신문물과 특히 문명화에 대한 내용도 중요하게 다루고 있으며 국가적 위기 상황에 대한 인식과 대응 방안에 대해서도 많은 항목에 걸쳐 논하였다.

『고등소학수신서』는 이보다 한 해 전에 발간되어 중학교 저학년에서 사용되었던 『중등소학수신교과서』의 내용을 많이 수용하고 있으나, 이 수신서는 고학년용으로 편찬된 것이기 때문에 그 목표와 항목의 비중 면에서 차이를 보인다. 『중등소학수신교과서』가 학생들이 시민으로서의 자질을 갖추고 생활에 적응하기 위한 내용을 주로 다루고 있다면, 『고등소학수신서』는 자국에 대한 이해와 개화기의 시대 이념, 특히 애국심 함양과 독립, 자치에 대한 내용을 보다 많이 담고 있다. 한일합병 이후 조선총독부에서 발행한 수신서가 충량한 제국신민을 양성하기 위한 덕목으로 그 내용을 구성한 것을 보면, 일반적으로 수신서가 당대 역사적, 정치적, 사회적, 문화적 환경에 의해 그 성격이 크게 좌우된다는 것을 알 수 있다. 『고등소학수신서』의 내용 역시 이러한 수신서의 성격에 따라 당대의 특수성과 그에 따른 당무에 민감하게 반응하고 있는 것으로 이해할 수 있다.

4. 가치

『고등소학수신서』는 개화기 사립교육기관에서 자체 출간된 윤리,

도덕 교과서로, 신교육 제도의 정착 과정과 이질적인 서양 문명의 수용, 침략적 외세의 진출 등과 같은 당시의 복잡다단한 특수 상황을 반영하고 있는 책이다. 이 책은 1908년 사립학교령과 교과서용도서검정규정령 등을 통한 일제의 탄압이 시작되기 전에 발간되었기 때문에 당시 시민 교육의 목표와 내용을 잘 반영하고 있다.

『고등소학수신서』에는 전통적인 덕목에 대해 강조하는 내용과 더불어, 개화와 문명화를 위한 새로운 제도, 문물, 가치관 등을 받아들이고자 하는 의지가 반영되어 있으며, 군신(君臣) · 주종(主從) 간의 윤리와 시민사회로 나아가기위한 공민적 자질에 관한 내용이 공존하고 있다. 이처럼 교육제도, 세계관, 가치 등이 급변하는 시기에 중학교 고학년을 위해 편찬된 이 교과서는 생활 전반에 걸쳐 지켜야 할 것과 변해야 할 것을 짚어내면서 격동하는 시기에 대응하고 있다.

또한 1906년에 발간된 『중등소학수신교과서』와 비교해 보면 더욱 급박해진 정세와 그에 대한 위기의식을 담고 있다는 것을 확인할 수 있다. 1907년은 외세의 침탈이 점차 노골적으로 진행되고 있던 시기였으므로, 이성계, 세종, 이순신, 곽재우, 임경업 등 역사적 영웅의 업적을 기리며 역사의식을 고취하고 자국에 대한 이해를 심화하며, 철도 건설과 우편 업무, 각종 자원의 채굴과 항만 이용, 그리고 외교권 등에 대한 외세의 침탈을 고발하여 국권 상실의 과정을 적나라하게 지적하고 애국, 충의, 단결, 자강(自强)을 통해 독립을 유지해야 함을 역설하였다.

『고등소학수신서』의 이러한 특성은 이 교과의 목적이 개인의 수신과 사회생활을 위한 준법정신의 강조에 있지 않고, 국가와 민족의 위기 상황에 적절하게 대응할 수 있는 정신지도자를 양성하는 데 있음을 보여준다. 이러한 민족주의적 성격의 교과서는 1908년 9월에 친일 정부의 학부가 공포한 검정규정에 따라 금서가 되는 경우가 많았는데, 그 대체적인 이유로 과격한 문구로 자유 독립을 말하고 국권 회복을 주장하며 비분강개한 어조로 최근의 국사를 말하여 한일국교를 방해하고 호언장담을 하여 막연하고 잘못된 애국심을 고취하는 것 등이 지적되었다. 『고등소학수신서』 역시 이러한 검열에 의해 금서로 지정되어 더 이상 시대가 요구하는 교육 사상을 담은 교과서로서의 역할을 담당할 수 없게 되었다.

참고문헌

徽文義塾編輯部, 『高等小學修身書』, 徽文舘, 1907.(이화여자대학교 중앙도서관 소장본)

徽文義塾編輯部, 『中等小學修身教科書』, 徽文舘, 1906.(韓國學文獻硏究所編, 『韓國開化期教科書叢書』 9, 亞細亞文化社, 1977)

白淳在, 「解題」, 韓國學文獻硏究所編, 『韓國開化期教科書叢書』 5, 亞細亞文化社, 1977, pp. v-vi.

白淳在, 「解題」, 韓國學文獻硏究所編, 『韓國開化期教科書叢書』 9, 亞細亞文化社, 1977, p. x.

이진석, 「1906—1910年의 修身書 內容 分析」, 서울대학교 석사논문, 1986.

石松慶子, 「統監府治下 大韓帝國의 修身教科書 國語讀本 分析 : 同時期 日本 教科書와의 比較를 中心으로」, 연세대학교 석사논문, 2003.

오세원, 「일제강점기 식민지 교육정책의 변화 연구-조선총독부 간행 『修身書』를 중심으로」, 『日本語文學』 27, 한국일본어문학회, 2005.

이만규, 『다시읽는 조선교육사』, 살림터, 2010.

휘문의숙 편집부 편찬
휘문관 발행

고등소학수신서 목차

제45과 자선(慈善)
제46과 공중(公衆)

자기에 대한 주의
제47과 신체
제48과 신체(속)
제49과 정결
제50과 음식을 절제하기
제51과 검약
제52과 도량
제53과 정직
제54과 공평
제55과 공정
제56과 청렴
제57과 청렴(속)
제58과 겸손
제59과 침착
제60과 온화
제61과 온화(속)
제62과 용기
제63과 지식

덕성에 대한 주의
제64과 자기
제65과 뜻을 세우기
제66과 뜻을 세우기(속)
제67과 뜻을 세우기(속)
제68과 반성
제69과 스스로 경계하기
제70과 인내
제71과 언어
제72과 언어(속)
제73과 언어(속)

인격[1]에 대한 본무
제74과 품위
제75과 직업
제76과 직업(속)
제77과 믿음을 세우기
제78과 자기 스스로 생계를 경영하기
제79과 고상
제80과 약속
제81과 경쟁
제82과 은혜에 사례하기
제83과 이치를 궁구하기
제84과 이치를 궁구하기(속)
제85과 앞을 다투기
제86과 학문의 이치

수양에 대한 본무
제87과 재능과 지혜
제88과 덕을 수양하기
제89과 덕을 수양하기(속)
제90과 시간
제91과 규율
제92과 습관
제93과 근로
제94과 나태
제95과 쾌락
제96과 온화와 공손
제97과 허탄
제98과 잘못을 고치기
제99과 자제하기
제100과 결단과 용기
제101과 의문

1 원문에는 '人恪'이라고 되어 있으나 '人格'의 오기로 보인다.

고등소학수신서 목차 종(終)

고등소학수신서

권1

제1과 태조 고황제

태조(太祖)[2]가 용력이 남보다 뛰어나시고 뛰어난 무예와 용맹은 대적할 자가 없으시어 함주(咸州) 지금의 함흥 에서 투우를 보시고 양 손으로 나누어 싸움을 말리셨다. 일찍이 신우(辛禑)[3]를 따라 사냥하실 때 주변사람들에게 말하길, "오늘 내가 짐승을 화살로 쏘아서 모두 그 등을 맞히리라" 하시고 이날 사슴 40마리를 쏘아 잡으셨는데 모두 등을 맞히시니 사람들이 그 신이함에 탄복하더라.

태조가 장수가 되심에 호령이 분명하고 활달하며 너그러우셨다. 창을 놓은[4] 틈에는 반드시 명사들을 불러 경사를 의논하시고 『대학연의

---

2 태조(太祖, 1335~1408) : 이성계(李成桂). 본관 전주(全州). 자 중결(仲潔). 호 송헌(松軒). 조선의 제1대 왕(재위 1392~1398). 우군도통사(右軍都統使)로서 요동정벌을 위해 북진하다가 위화도에서 회군하여 고려 우왕을 폐하였다. 막강한 권력으로 전제개혁을 단행하였고 신진세력의 경제적 토대를 구축하여 조선(朝鮮)을 세우고 도읍을 한양(漢陽)으로 옮겨 초기 국가의 기틀을 다졌다.

3 신우(辛禑, 1365~1389) : 고려 말기의 왕. 곧 우왕(禑王). 신돈(辛旽)의 시녀 반야(般若)의 소생으로 공민왕이 신돈의 집에 미행하여 낳은 아들이다. 아명은 모니노(牟尼奴)이다. 1371년(공민왕 20) 신돈이 처형된 다음 궁중에 들어가, 1373년 우(禑)라는 이름을 받고 강령부원대군(江寧府院大君)에 봉해졌는데, 명덕태후(明德太后)의 명으로 궁인(宮人) 한씨(韓氏)의 소생으로 발표하였다. 1374년 공민왕이 시해되자, 수시중(守侍中) 이인임(李仁任)의 후원으로 10세에 즉위하였다. 즉위 초에는 기대를 모았으나, 명덕태후 사후에 방탕에 빠져 백성들의 신망을 잃었다. 또 이인임이 최영(崔瑩)·이성계(李成桂) 등으로부터 미움받아 유배되자 정치적 지지기반을 잃었고 1388년 신돈의 자식이라는 이성계의 주장에 따라 왕위에서 쫓겨나 유배되었다가 1389년 아들 창왕(昌王)과 함께 이성계에 의해 살해되었다.

(大學演義)』[5]를 즐겨 보시며 개탄하여 세상의 도를 만회할 뜻을 두셨다. 이때 여러 장수들이 각각 사사로이 병사들을 차지하고 부르기를 패기(牌記)[6]라 하며 오로지 위의를 세우고자 하니 휘하가 많은 원망을 하였는데, 태조는 홀로 정성스럽고 참된 마음을 미루어 주니 모두 부하에 속하기를 원하여 일시에 물망에 합치하였고 또 전투에서의 공을 여러 번 세우심에 조정과 재야가 의지하고 우러름이 더욱 두터워져서 큰 사업을 이루시었다.

제2과 태조 고황제(속)

태조가 일찍이 기병 오천과 보병 일만을 이끄시고 압록강을 건너시니 이때에 동녕부 지금 요동에 있다. 동지 이원경(李原景) 다른 이름은 우로티무르[兀魯帖木兒]이다. 이 태조가 와서 정벌하심을 듣고 올랄[兀剌] 산성 즉 동녕성(東寧城)이다. 에 옮겨가 지키며 험준한 곳에 웅거하고 스스로 막으려 하거늘 태조가 야돈촌(也頓村, 위원(渭原)[7]의 경계에 있다)에 이르시니 원경이 갑옷을 버리고 와서 절하며 이르길, "나의 조상도 본래 고려

---

4 창을 놓은 : 투과(投戈). 『후한서(後漢書)』 권32 번준열전(樊準列傳)에 "군웅(群雄)이 할거하여 정기(旌旗)가 들판을 뒤덮고 동서로 살육전을 벌여 한 시각도 마음을 놓을 수 없는 상황이었으나, 창을 땅에 내려놓고 문예를 강의하며 군마(軍馬)를 쉬게 하고 도를 논하였다[投戈講藝 息馬論道]"는 말이 나온다. 군중(軍中)에서도 학문 공부를 그만두지 않는다는 뜻으로 쓰인다.

5 대학연의(大學衍義) : 사서(四書) 가운데 하나인 『대학(大學)』의 깊은 뜻과 그 이치를 해설한 책. 43권 12책으로 중국 송대(宋代) 진덕수(眞德秀)가 편찬하였다. 그 내용은 제왕위학차서(帝王爲學次序) · 제왕위학본(帝王爲學本) · 격물치지지요(格物致知之要) · 성의정심지요(誠意正心之要) · 수신지요(修身之要) · 제가지요(齊家之要)의 6편으로 이루어져 있으며 매편마다 옛 현인의 언행을 들고 이를 고증하여 논설하였다.

6 패기(牌記) : 고려 말기에 세력 있는 무장들이 각기 장정을 강제로 자기의 사병으로 편입시켜 만든 병적부.

7 위원(渭原) : 평안북도 위원군에 있는 면. 압록강 중류의 굴곡 지대에 있으며 목재의 집산지이다.

인입니다. 바라건대 신하가 되고자 합니다" 하고 300여호를 이끌고 와서 항복하였다. 그 추장 고안위(高安慰)가 성을 두르고 굳게 지키니 우리 군사가 이를 에워싸고 태조가 편전(片箭) 70여발을 쏘아서 모두 그 얼굴을 맞히니 성안 사람들이 기운이 빠졌다. 안위가 성에 줄을 걸고 밤에 도망가므로 다음 날 그 두목이 백성을 이끌고 나와 항복하니 여러 산성이 풍문을 듣고 모두 항복하여 만여 호를 얻었다. 얻은 소 이천여 마리와 말 수백 필을 그 주인에게 모두 돌려주니 북쪽 지방 사람들이 크게 기뻐하여 귀순하는 자가 저자와 같아서 동쪽으로 황성평(皇城坪, 옛 여진(女眞)의 황성)에 이르는 곳과 북쪽으로 동녕부에 이르는 곳, 서쪽으로 바다에 이르는 곳과, 남쪽으로 압록에 이르는 곳이 모두 텅 비게 되었다.[8]

제3과 세종대왕

세종대왕(世宗大王)[9]의 천성이 학문을 좋아하시어 매일 사고(四鼓)[10]에

---

8 태조가~되었다 : 해당 부분은 다음 문집에 실려 있으며 원문은 다음과 같다. 太祖以騎兵五千, 步兵一萬, 自東北面, 踰黃草嶺, 行六百餘里, 至雪寒嶺, 又行七百餘里, 渡鴨綠江, 時東寧府同知李吾魯帖木兒, 聞太祖來, 移于羅山城, 太祖至也, 頓村李原景來挑戰. 李吾魯帖木兒也. 俄而棄甲再拜曰, 吾先本高麗人, 願爲臣僕. 率三百餘戶來降. 仍擊其酋高安慰而逐之, 於是東至皇城, 北至東寧府, 西至海南, 南至鴨綠, 爲之一空. 皇城古女眞皇帝城也. 『東閣雜記』 上 「本朝璿源寶錄」. 이 내용은 『동사강목』 제15하, 경술년 공민왕 19년(명 태조 홍무 3, 1370) 조의 첫 번째 기사에서도 보인다.

9 세종대왕(世宗大王, 1397~1450) : 이름은 도(祹). 자 원정(元正). 시호 장헌(莊憲, 정식 명칭은 세종장헌영문예무인성명효대왕(世宗莊憲英文睿武仁聖明孝大王)). 조선 제4대 왕(재위 1418~1450). 젊고 인품이 고매한 학자들을 등용하여 이상적 유교정치를 구현하였다. 훈민정음을 창제하고 측우기 등의 과학 기구를 제작하여 백성들의 생활에 실질적으로 도움이 되는 문화를 일으켰으며, 4군 6진을 개척하여 국토를 확장하고 쓰시마섬을 정벌하는 등 정치 · 경제 · 문화면에 훌륭한 치적을 쌓았다.

10 사고(四鼓) : 밤 4경. 즉 오전 2~4시.

옷을 갖추어 입으시고 동틀 무렵에 조회를 받으시고 그 다음에 정사를 돌보시고 또 그 다음에 윤대(輪對)[11]하시고 또 그 다음에 경연(經筵)에 참여하시고 나서 안으로 들어가 여전히 서사(書史)를 보시는 데 나태함이 조금도 없으시니 정사가 이루어지고 사람이 화목하여 동북 지방이 솔복(率服)[12]하며 국내가 편안하니 이때에 동북의 요순이라 칭송하였다. 또 진귀한 기호품을 좋아하지 않으시어 명하여 상림원(上林苑)[13]에 있는 꽃나무와 집비둘기를 모두 흩어서 민가에 주게 하시니 함길도도절제사 하경복(河敬復)[14]이 순록을 진상하고자 하니 상이 이르시길, "진기한 짐승들은 옛 사람들이 경계한 것이니 그것을 진상하지 말도록 하라"라고 하셨다.

제4과 세종대왕(속)

상이 여러 나라가 각각 그 문자를 만들어 나라의 말을 기록하는데 오직 우리나라는 없다 여기시고 자음, 모음 28자를 만드시니 이름이 훈민정음이다. 궐내에 관청을 설치하고 신숙주(申叔舟),[15] 성삼문(成三問)[16] 등

---

11 윤대(輪對) : 조선시대에 매월 세 번씩 각부(各部)의 낭관(郎官)이 관청의 차례에 따라 임금께 알현(謁見)하고 직무에 대하여 상주(上奏)하고 질문에 답하는 일로, 문관은 6품 이상, 무관은 4품 이상의 관원이 해당되었다. 윤대는 날마다 이루어졌으며, 하루 윤대 인원은 5명을 넘지 않았다.

12 솔복(率服) : 아랫사람을 거느리고 와서 윗사람에게 복종하는 것을 이른다.

13 상림원(上林苑) : 창덕궁(昌德宮) 요금문(耀金門) 밖에 있던 어원(御苑) · 서원(西苑).

14 하경복(河敬復, 1377~1438) : 조선 전기의 무신. 본관 진주(晉州). 시호 양정(襄靖). 1402년(태종 2) 무과(武科)에 급제, 사복시부정(司僕寺副正) · 상호군(上護軍)을 지내고, 1410년 무과중시(武科重試)에 급제하였다. 1423년(세종 5) 함길도병마도절제사(咸吉道兵馬都節制使)가 되었고 1432년 중추원판사(中樞院判事)가 되었다. 이듬해 『계축진설(癸丑陣說)』의 편찬을 총재하여 이를 진도(陣圖)와 함께 주인(鑄印)으로 간행, 군사교육의 교재로 삼았다.

을 명하여 편찬하였는데 그 글자체는 고전(古篆)[17] 범자(梵字)[18]를 모방하였고 그 소리는 다섯으로 나누었으니 아(牙), 설(舌), 순(脣), 치(齒), 후(喉)라 한다. 문자로 기록하지 못할 것이 없으므로 비록 부인 여자라도 모두 환히 알 수 있다. 이제 각 나라 문자와 비교해 보아도 그 간단하고 쉬우며 명료하고 자세한 것이 우리나라의 문장보다 뛰어난 것이 없다.

제5과 기개

충무공(忠武公) 이순신(李舜臣)[19]이 어릴 때부터 호탕하고 얽매임이 없

---

15 신숙주(申叔舟, 1417~1475) : 본관 고령(高靈). 자 범옹(泛翁). 호 희현당(希賢堂) 또는 보한재(保閑齋). 시호 문충(文忠). 일찍부터 재능을 인정받아 집현전 부수찬 · 우부승지 · 좌부승지 등을 두루 역임하였다. 계유정난(癸酉靖難) 이후 도승지에 임명되었고, 세조 등극 후 대제학에 올랐으며 우의정 · 좌의정 · 영의정을 지내 삼정승의 요직을 모두 역임하였다. 세종 때는 훈민정음 창제를 위한 자료 수집과 언어학을 배우기 위해 명나라 한림학사인 황찬(黃瓚)을 만나러 13차례나 다녀왔다. 계유정난, 세조 즉위, 남이의 옥사 등에서 공을 인정받아 공신으로 책봉 되는 등 정치적 사건의 중심에 있었기 때문에 당시 비판의 대상이 되기도 하였다. 『해동제국기』와 『보한재집(保閑齋集)』을 남겼다.

16 성삼문(成三問, 1418~1456) : 본관 창녕(昌寧). 자 근보(謹甫) · 눌옹(訥翁). 호 매죽헌(梅竹軒). 시호 충문(忠文). 사육신의(死六臣) 한 사람. 1447년 문과중시(文科重試)에 장원하였고, 집현전 부제학 · 예조 참의 · 우좌부승지 등을 역임했다. 한글의 창제를 위해 정음청(正音廳)에서 정인지 · 최항 · 박팽년 · 신숙주 · 강희안 등과 함께 명나라 한림학사 황찬(黃瓚)에게 13번이나 내왕하면서 음운에 대해 질의하고 다시 명나라에 건너가 음운에 대한 연구 끝에 1446년 훈민정음을 반포하는 데 큰 공을 세웠다. 1455년 세조 즉위 후 단종복위를 계획하였다가 모의에 가담했던 김질(金礩)의 밀고로 체포되어 박팽년, 이개, 하위지 등과 함께 작형(灼刑)을 당하였고 거열형(車裂刑)을 받았다. 문집으로 『성근보집(成謹甫集)』이 있다.

17 고전(古篆) : 옛 중국에서 한자를 표기하는 데 쓰던 서체의 하나인 전자(篆字). 자체(字體)가 통일되지 않고 그 모양도 완전히 정제되지 않은 서체로 흔히 대전(大篆)과 소전(小篆)으로 나눈다. 대전은 주나라 말에서 진(秦)나라 때까지 통용되었고 소전은 진시황이 문자를 통일할 때 쓴 서체로 한대에까지 썼다.

18 범자(梵字) : 고대 인도에서 범어(梵語)를 적는 데에 쓰인, 일종의 표음(表音) 문자. 옛날 인도 문자의 일파인 실담 자모(悉曇字母)를 말한다.

19 이순신(李舜臣, 1545~1598) : 본관 덕수(德水). 자 여해(汝諧). 시호 충무(忠武). 유성룡(柳成龍)의 천거로 절충장군 · 진도군수를 지내고 전라좌도수군절도사를 거쳐 삼도수군통제

으며 우뚝 허니 큰 기백이 있어서 여러 아이들과 더불어 노니는데 전진(戰陣)의 모양을 만들고 공을 추대하여 원수를 삼으니 진법이 반듯한 것이 볼만하였다. 여러 형들을 따라 시서를 공부하였으나 이에 종사(從事)하기를 즐겨 하지 않고 붓을 던지고 강궁(强弓)[20]을 당기며 준마를 부리는 것이 여러 무리 가운데 뛰어났다. 호방(虎榜)[21]에 이름이 올라 신은(新恩)[22]으로 선영에 영화로이 절할 때에 석상(石像)이 거꾸러짐을 보고 하인을 명하여 일으키라고 하니 능히 움직이게 하는 사람이 없었는데 공이 능히 홀로 들어서 세웠다.[23]

제6과 지혜를 창출하기

이충무공이 지혜를 창출하여 전선(戰船)을 만드니 그 형상이 둥근 것이 거북과 같으므로 이름 하여 거북선이라 하였다. 배 위에 큰 널빤지를 덮고 널빤지 가운데 십자(十字)로 작은 길을 만들어 사람이 다닐 수

사를 지냈다. 임진왜란 때 옥포대첩, 사천포해전, 당포해전, 1차 당항포해전, 안골포해전, 부산포해전, 명량대첩, 노량해전 등에서 승리하여 일본군을 물리치는 데 큰 공을 세웠다. 저서로 『난중일기』가 있다.

20 강궁(强弓) : 탄력이 센 활. 활시위는 삼겹실로 드리는데 240가닥으로 꼰다.

21 호방(虎榜) : 무과 또는 무과 방목(武科榜目)을 이른다. 합격자 발표를 방방(放榜)이라 하고, 그 명단을 방목이라 한다. 문과(文科)는 용방(龍榜)·연방(蓮榜)으로 불리고, 생원 진사시는 계방(桂坊)으로 불렸다. 일반적으로 방목에는 합격자의 이름과 전력(前歷), 자(字), 생년, 거주지, 본관 등이 기록되었다.

22 신은(新恩) : 과거(科擧)에 새로 급제(及第)한 사람.

23 충무공(忠武公)~세웠다 : 해당 부분은 다음 문집에 실려 있으며 원문은 다음과 같다. 自齠齓, 豪宕不羈, 挺挺有大氣岸, 與羣兒遊, 作戰陣狀, 推公爲帥, 指顧造次, 井井可觀, 從諸兄業詩書, 不肯竟事投筆, 挽强御駿, 儕流莫及, 丙子春, 標虎榜, 講武經黃石公, 考官問張良從赤松子遊, 則良果不死耶, 公曰, 有生必有死, 理也, 綱目, 書壬子留侯張良卒, 則安有從仙不死者耶, 考官驚服, 以新恩榮先壟, 見石人顚, 命下廝起之, 衆不能動, 公獨扛而建之. 『李忠武公全書』 卷10 附錄二 「行狀」.

있게 하였으며 그 나머지는 송곳 끝을 모두 깔아두어 발을 둘 곳이 없도록 하였다. 앞은 용머리이고 뒤는 거북꼬리이며 전후좌우에 총구멍이 각 여섯 개씩 있어서 큰 총탄을 쏘게 하였다. 적을 만나면 띠풀 엮은 것으로 위에 덮어서 송곳 끝을 가렸다가 적이 배에 오르고자 하면 띠풀 엮은 것을 걷고 기습하고자 하면 일시에 총을 쏘니, 향하는 곳마다 대적할 자가 없었다. 임진년의 난에 수전(水戰)에서 번번이 이긴 것이 이것을 이용했기 때문이다.

제7과 공정함을 지키기

이 충무공이 발포(鉢浦) 만호로 있을 때에 좌수사(左水使) 성박(成鑮)[24]이 관청의 뜰에 있는 오동을 베어 가지고자 하니 공이 따르지 않고 이르길, "이것은 나라의 물건입니다. 심은 지 여러 해가 되었는데 사사로운 욕심으로 하루아침에 베어버리는 것이 옳습니까?"라고 하자 수사가 비록 마음속으로는 화가 났으나 베어내지 못하였다. 그 뒤에 전최(殿最)[25]에서 공을 폄하하고자 하니 도사(都事) 조헌(趙憲)[26]이 만류하

---

24 성박(成鑮, 1571~?) : 본관 창녕(昌寧). 자 이선(而善) · 흡여(翕如). 호 매죽헌(梅竹軒). 아버지는 부사(浮査) 성여신(成汝信)으로 진주 대여촌에 살았다. 어릴 때부터 재주가 뛰어나 모촌(茅村) 이정(李瀞)에게서 학문을 배웠다. 아버지와 스승은 모두 남명 조식의 제자들이고, 노파(蘆坡) 이흘(李屹)의 딸에게 장가들었는데, 이흘은 합천 지역의 선비로 역시 남명의 제자이다. 동계(桐溪) 정온(鄭蘊), 간송당(澗松堂) 조임도(趙任道), 임곡(林谷) 임진부(林眞怤) 등과 교유하며 학문에 정진했다.

25 전최(殿最) : 포폄(褒貶)이라고도 한다. 법적으로는 경관(京官)에게도 적용되는 것이었으나 대개 지방관의 실적을 조사하여 중앙에 보고하던 일이다. 조선시대에는 1392년(태조 1) 이미 지방관의 고과법(考課法)을 제정하여 실적을 선(善) · 최(最) · 악(惡) · 전(殿)의 4등급과 여기에 세밀한 등급을 붙여 조사 · 보고하도록 하였다. 그 후 기준은 다소 달라졌으나 조사한 사실을 근거로 하여 관찰사가 지방관의 실적을 몰래 조사하여 매년 6월 15일과 12월 15

여 이르길, "이 아무개의 공적은 온 전라도에서 으뜸이니 차라리 여러 진지의 장수를 모두 폄하할지언정 이 아무개는 폄하할 수 없다"라고 하자 이에 그만 두었다.

또 병조랑(兵曹郎) 서익(徐益)[27]의 친척이 훈련원(訓練院)에 있었는데 익이 차례를 건너뛰는 천거를 하고자 하니 공이 뜻을 굽히지 않고 이르길, "그리할 수 없습니다"라고 하였다. 서익이 공을 관청의 뜰로 불러들여 나무라는데 공이 어조나 얼굴색을 바꾸지 않고 직언을 하며 흔들림이 없었다. 서익이 크게 화가 나서 성난 기세로 임하였으나 공은 조용히 대답하며 조금도 기가 꺾이지 않으니 날이 저물자 서익이 부끄러워하며 굴복하였다.[28]

일에 이를 중앙에 보고하였다. 재직 중에 받은 성적은 승진에 큰 영향을 주었으나 이 제도도 후기에 들어와서는 전최과정에 정실이 개입되는 일이 많아졌다.

26 조헌(趙憲, 1544~1592) : 본관 백천(白川). 자 여식(汝式). 호 중봉(重峯) · 도원(陶原) · 후율(後栗). 시호 문열(文烈). 이이(李珥) · 성혼(成渾)의 문하생. 호조와 예조의 좌랑 · 감찰을 지냈고 전라도도사(全羅道都事) 등을 거쳐 1586년 공주제독관이 되었는데 동인이 이이 · 성혼을 추죄(追罪)하려는 것을 반대하고 고향에 내려가 임지를 이탈한 죄로 파직 당하였다. 1589년 동인을 공박하다가 귀양갔으나 그 해 정여립(鄭汝立) 모반사건이 일어나 동인이 실각하면서 풀려났다. 임진왜란이 일어나자 옥천(沃川)에서 의병을 일으켜 1,700여 명을 모아 승병과 합세하여 청주를 탈환하였다. 전라도로 향하는 왜군을 막기 위해 금산(錦山)으로 향했으나, 전공을 시기하는 관군의 방해로 의병이 대부분 해산되고, 700명의 의병으로 금산전투에서 분전하다가 의병들과 함께 모두 전사하였다. 문집으로 『중봉집』이 있다.

27 서익(徐益, 1542~1587) : 본관 부여(扶餘). 자 군수(君受). 호 만죽(萬竹) · 만죽헌(萬竹軒). 1583년 군수가 되고 이어 종부시첨정(宗簿寺僉正)으로 순문관(巡問官)이 되어 북방에 파견되었다. 1585년 의주목사(義州牧使) 때 탄핵받은 이이(李珥)를 변호하다가 파직되었다. 문집으로 『만죽헌집』이 있다.

28 이~굴복하였다 : 해당 부분은 다음 문집에 실려 있으며 원문은 다음과 같다. 庚辰九月, 爲鉢浦萬戶, 方伯孫軾信讒將抵罪, 巡到召公講陣書, 使圖陣形, 見公落筆有法度, 與語益奇之, 遇以禮, 左水使成鎛, 欲斫取官庭梧桐, 公不從曰, 此乃公家物也, 栽之有年, 一朝伐之, 不以公而以私, 可乎, 水使怒, 亦不敢遂, 後水使與方伯, 會議殿最, 欲下公, 都事趙憲聞之曰, 詳聞李某績冠一道, 寧盡貶列鎭, 李某則不可貶, (…중략…) 兵曹正郎徐益, 有所親在訓鍊院, 欲越次薦報, 舜臣以院中掌務官執不可, 益牌招舜臣, 詣庭下詰之, 舜臣辭色不變, 直辨無撓, 益大怒盛氣臨之, 舜臣從容酬答, 終不少沮, 益本多氣傲人, 雖同僚亦憚之, 難與爭

제8과 충의

충익공(忠翼公) 곽재우(郭再祐)[29]는 현풍(玄風) 사람이다. 임진란 때에 많은 도가 연이어 함락되어 여러 진의 장수와 방백, 수령이 모두 깊은 산으로 피난하였다는 것을 듣고 이에 성내어 꾸짖으며 이르길, "성조(聖朝)가 신하와 백성을 편히 기른 지 200여년이다. 하루아침에 갑작스럽게 위급한 일을 당하였는데 모두 스스로 보전할 계획만 생각하고 임금의 어려움을 돌아보지 않으니, 지금 만약 궁벽한 시골에서라도 일어나지 않는다면 온 나라의 삼백 주에 한 남자도 없다고 할 것이다. 어찌 만고의 수치가 아니겠는가?"라고 하고는 이에 집안의 재산을 모두 흩어서 병사를 모집하고 입었던 옷을 벗고는 전사(戰士)의 옷을 입으니 전사가 감격하고 울면서 모두 수하에서 함께 죽기를 원하였다. 그러므로 적이 많고 적음을 따지지 않고 곧장 나아가는 것을 두려워하지 않으니 한 명이 열 명을 당하지 못할 자가 없었다.

辨, 是日下吏在階下, 皆相顧吐舌曰, 此官, 敢與本曹抗, 獨不顧前路耶, 日暮, 益愧屈令去, 識者以此往往知舜臣焉. 『李忠武公全書』 卷13 附錄五 「懲毖錄」.

29 곽재우(郭再祐, 1552~1617) : 본관 현풍(玄風). 자 계수(季綏). 호 망우당(忘憂堂). 시호 충익(忠翼). 1585년(선조 18) 별시(別試) 문과에 급제하였으나 답안지에 왕의 뜻에 거슬린 글귀가 있었기 때문에 파방(罷榜)된 일로 과거를 포기하고 은거하다가 임진왜란이 일어나자 의령에서 의병을 일으켜 큰 공을 세웠고 1차 진주성 전투에 병사들을 보내어 김시민 장군이 승리하는데 조력하였다. 1597년 정유재란 때 경상좌도방어사로 임명되어 화왕산성을 수비하면서 왜장 가토군을 맞아 싸웠다. 그는 병마절도사 · 삼도수군통제사 · 한성부 좌윤 등 여러 차례에 걸쳐 관직을 거부하고 낙향을 거듭하였는데 당쟁으로 나라의 형편이 어지러워지고, 통제사 이순신이 죄 없이 잡혀 올라오며, 또 광주의병장 김덕령이 이몽학(李夢鶴)의 난에 휘말려 죽는 등의 사태를 보고 관직에 미련을 두지 않았다. 저서로는 『망우당집』이 있다.

제9과 충의(속)

충장공(忠壯公) 김천일(金千鎰)[30]이 관직을 그만 두고 나주에 있었는데 임진란으로 외적이 서울을 함락하여 임금이 서쪽으로 피난하심을 듣고 통곡하다가 얼마 지나서 분연히 이르길, "내가 다만 통곡한들 무엇하리오? 지금 임금이 피난을 떠나셨는데 내가 대대로 신하를 배출한 집안의 사람으로서 새처럼 도망가 살기만을 구할 수는 없다. 이에 내가 의병을 일으켜 국난에 나아가서 적수가 안 되면 죽을 따름이니 죽지 않으면서 나라에 보답할 수는 없다"라고 하였다. 이에 여러 사람들과 맹세하고 적을 토벌하였는데 병사를 진격시켜 강화에 웅거하고 양산숙(梁山璹)[31]으로 하여금 행재소(行在所)[32]에 아뢰게 하니 조정에서 창의사(倡義使)[33]를 제수하였다. 이로부터 조정의 명이 전라도와 충청도

---

30 김천일(金千鎰, 1537~1593) : 본관 언양. 자 사중(士重). 호 건재(健齋)·극념당(克念堂). 시호 문열(文烈). 1573년(선조 6) 군기시주부(軍器寺主簿)를 거쳐 강원도·경상도의 도사 등을 역임하였다. 1592년 임진왜란 때 나주에 있다가 고경명(高敬命)·박광옥(朴光玉)·최경회(崔慶會) 등과 함께 의병을 일으켜 왜적과 싸우면서 수원성을 거쳐 강화도로 들어갔다. 그 공으로 판결사가 되고 창의사(倡義使)의 호를 받았다. 왜적에게 점령된 서울에 결사대를 잠입시켜 싸우고, 한강변의 여러 적진을 급습하는 등 크게 활약하였다. 다음해 명나라 제독 이여송의 군대가 개성을 향해 남진(南進)할 때 그들을 도왔다. 또 왜군이 남쪽으로 퇴각하자, 절도사 최경회 등과 함께 진주성을 사수(死守)하였는데 성이 함락되자 아들 상건(象乾)과 남강에 투신 자결하였다. 문집으로 『건재집』이 있다.

31 양산숙(梁山璹, 1561~1593) : 본관 제주. 자 회원(會元). 시호 충민(忠愍). 벼슬에는 뜻을 두지 않고, 경전 연구에 전념하여 천문(天文)·지리(地理)·병학(兵學) 등에 정통하였다. 1591년(선조 24) 천상(天象)을 보고 난리가 있을 것을 짐작하여 상소하여 대비책을 건의했다가 배척을 받기도 하였다. 임진왜란이 일어나자 김천일(金千鎰)과 의병을 일으켜, 진주(晉州)에서 싸우다가 죽었다. 좌승지에 추증되었다.

32 행재소(行在所) : 행궁(行宮)·이궁(離宮)이라고도 한다. 임금이 임시로 머무는 곳이 일정하지 않을 때, 장소에 따라 막사를 새로 지어서 머물기도 하고 해당 지방의 관청이나 부호의 집을 빌려 머무르기도 하는데, 그곳이 행재소이다. 지방의 민정을 살피거나 큰 재난을 당한 이재민을 위로하기 위해, 혹은 국내의 반란을 직접 평정하기 위해서나 외적의 침입으로 도성을 떠나 지낼 때 행재소를 마련하였다.

지방에 비로소 도달하게 되었다. 적이 성을 버리고 남쪽으로 달아나니 공이 쫓아 진주를 지키다가 적이 크게 침략하였을 때 화살이 바닥나고 힘이 다하게 되었는데도 공이 기뻐하며 이르길, "의병을 일으키던 날에 내 죽음이 결정되었다"라고 하고 이윽고 북쪽을 향하여 두 번 절하고 아들 상건(象乾)과 양산숙과 강에 나아가 죽었다.

제10과 큰 뜻

충민공(忠愍公) 임경업(林慶業)[34]이 여섯 살 때에 여러 아이들을 이끌고 돌을 쌓아 군영의 보루로 삼고 풀을 걸어 깃발을 삼아 진지의 모양을 만들며 조련의 법도를 세움에 여러 아이들이 약속을 하고 감히 명령을 어기지 못하였다. 그 뒤에 활과 말을 다루는 일에 종사하며 대장부라는 세 글자를 늘상 입에 올렸으며, 또 책읽기를 좋아하여 항상 스스로 탄식하여 이르길, "내가 천지의 기운을 품고서 짐승이 되지 않고 사람이 되었으며 부인이 되지 아니하고 남자가 되었으니, 애석하도

---

33 창의사(倡義使) : 나라에 큰 난리가 일어났을 때 의병을 일으킨 사람에게 주던 임시 벼슬.

34 임경업(林慶業, 1594~1646) : 본관 평택(平澤). 자 영백(英伯). 호 고송(孤松). 시호 충민(忠愍). 1624년(인조 2) 이괄의 난을 평정하는 데 공을 세워 진무원종공신(振武原從功臣) 1등이 되었고, 1627년 정묘호란 때 좌영장(左營將)으로 강화에 갔으나 화의가 성립된 후였다. 가도(椵島)에 주둔한 명나라 도독 유흥치(劉興治)의 군사를 감시, 그 준동을 막았으며, 공유덕(孔有德) 등 명나라의 반도(叛徒)를 토벌, 명나라로부터 총병(總兵) 벼슬을 받았다. 병자호란 때 백마산성에서 청나라 군대의 진로를 차단하고 원병을 청했으나 김자점의 방해로 결국 남한산성까지 포위되었다. 그 후 청나라가 명나라 군대를 공격할 병력을 요청하여 두 차례나 전투에 참전하였다가 명나라와 내통하여 피해를 줄이고 청에 대항하려 하였는데 발각되어 1643년 명나라에 망명, 명군의 총병이 되어 청나라를 공격하다가 포로가 되었다. 이때 국내에서 좌의정 심기원(沈器遠)의 모반에 연루설이 나돌아 1646년 청나라에서 송환되어 김자점의 밀명을 받은 형리에게 장살되었다.

다! 이 세상에 태어나 어찌 속박되어서 일생을 허송하겠는가?"라고 하였다. 정묘호란 때에 조정이 강화를 맺고 그 병사를 물리니 공이 분연히 이르길, "조정이 나에게 정포(精砲) 4만을 주면 장차 저 오랑캐를 죽이고 검을 압록강 물에 씻으리라"라고 하였다.

제11과 지략

곽 충익공은 전쟁 시에 반드시 붉은 명주도 된 철릭(貼裏)[35]을 입고 당상립(堂上笠)[36]을 갖추어 쓰고는 스스로 '홍의천강장군(紅衣天降將軍)'이라 하였다. 말을 달려 적진을 공격함에 왕래하는 것이 재빨라서 적이 비록 철환을 일제히 쏘지만 능히 맞히지 못하였다. 공이 혹 말 위에서 북을 치며 천천히 가면서 행진의 절도를 맞추고 또 사람을 시켜 피리를 불게 하면서 두려워하는 기색이 조금도 없음을 보였다. 혹은 산속에 의병(疑兵)[37]을 많이 벌여두고 뿔나팔을 불고 북을 쳐 떠들썩하게 하며 또 곳곳에 날랜 군사를 매복시켜 가만히 사람이 없는 것과 같이 하였다가 적이 이르면 갑자기 활을 쏘아 죽이니 적이 '홍의장군이 왔다'라고 하면서 감히 가까이 다가오지 못하였고 가는 곳마다 모두 숨어 달아났다.

---

35 철릭 : 천익(天翼), 첩리(貼裏)라고 쓴다. 저고리와 치마가 붙은 형태로 길이가 길고 허리에는 주름을 잡았다. 소매는 두리소매이고 고름을 달았으며, 곧은 옷깃을 왼쪽에서 오른쪽으로 교차시켜서 앞을 여미었다. 당상관(堂上官)은 남색을, 당하관(堂下官)은 홍색을 입었다. 철릭과 주립(朱立)으로 된 군복(軍服)을 융복(戎服)이라 하여 주로 무신이 입었으나 문신도 전시(戰時)에 왕을 호종(扈從)할 때 입었다.

36 당상립(堂上笠) : 당상관인 무관이 쓰는 갓.

37 의병(疑兵) : 적의 눈을 속이기 위하여 거짓으로 군사를 꾸밈. 또는 그런 군대 시설.

가정의 주의(注意)

제12과 가정

집안사람이 각기 그 업무에 힘을 다하며 각기 그 신체를 신중히 하면 온 집안이 자연히 화합하여 그 즐거움이 클 것이다.

가정에 있을 때에는 항상 부모와 조부모를 공경하여 시키시는 바를 어기지 말고 그 사업을 도우며 형제자매와 공경하면서 사랑하고 종을 돌보아야 하니, 집안사람이 화목하게 생활하는 것은 다만 한 집안의 행복이 될 뿐 아니라 실로 국가 행복의 기본이 될 것이다. 그러므로 전에 이르길, '한 집안이 어진 일을 행하면 온 나라가 어진 마음을 일으키게 된다'[38]라고 한 것이다.

한 집안 내에서 각기 문호를 세우면 집안의 도가 반드시 무너질 것이니, 가장은 차마 들을 수 없는 말을 하지 말 것이며 가솔들은 감히 해서는 안 될 말을 하지 말아야 한다. 그러면 집안의 도가 바르게 될 것이다.

제13과 가족

부모, 자식, 형제, 자매가 한 집안에서 화목하게 생활하는 것은 막대한 행복이다. 사람마다 힘써서 그 이로움이 없는 비용을 살피고 정당한 업무에 종사하여 한 집안의 번영을 반드시 이루어야 한다.

---

38 한~된다 : 출전은 다음과 같다. 一家仁, 一國興仁, 一家讓, 一國興讓. 『大學章句』.

가정이 화목하고 즐거우면 비록 거친 음식을 먹고 보잘것없는 옷을 입더라도 그 기쁨을 이길 수 없을 것이지만, 가정이 화목하지 못하면 비록 진수성찬을 먹고 비단 옷을 입더라도 그 근심하고 탄식하는 것을 감당하지 못할 것이니, 부형은 항상 자애로 어루만져 기르고 자제들은 효도와 공경으로 섬기면 집안의 도가 일어날 것이다.

문민공(文敏公) 주세붕(周世鵬)[39]이 조카 주조(周慥)[40]에게 편지를 보내어 이르길, "지맥이 온화하고 비옥하면 싱싱한 풀이 반드시 무성해질 것이고 온 집안이 화목하면 왕성한 복이 반드시 가득할 것이다"[41]라고 하였다.

제14과 효행

사람은 모두 부모의 보살핌을 받아 자랐으니 그 힘써 고생하신 은혜를 갚고자 한들 평생 동안 정성과 효도를 다하여 부모를 섬겨도 만에 하나를 갚기 어렵다.

그러니 자식 된 자는 항상 정성을 다하고 행동을 삼가서 부모의 명

---

39 주세붕(周世鵬, 1495~1554) : 본관 상주(尙州). 자 경유(景遊). 호 신재(愼齋)·손옹(巽翁)·남고(南皐). 시호 문민(文敏). 1541년 풍기군수(豊基郡守)로 나가 이듬해 백운동(白雲洞 : 順興)에 안향(安珦)의 사당 회헌사(晦軒祠)를 세우고, 1543년 주자의 백록동학규(白鹿洞學規)를 본받아 사림자제들의 교육기관으로 백운동서원을 세워 서원의 시초를 이루었다. 서원을 통하여 사림을 교육하고 사림의 중심기구로 삼아 향촌의 풍속을 교화하려는 목적으로, 재정을 확보하고 서원에서 유생들과 강론하였다. 이황의 건의로 소수서원의 사액을 받고 공인된 교육기관이 된 뒤 풍기사림의 중심기구로 자리잡았다. 도승지·대사성·호조참판을 역임하고, 중추부동지사에 이르렀다. 저서로는 『무릉잡고(武陵雜稿)』 등이 있다.

40 주조(周慥) : 본관 상주(尙州). 주세곤(周世鵾)의 아들이고 주세붕의 조카이다. 주세붕이 그를 엄하게 훈육하는 내용의 글이 『무릉잡고』에 남아 있다.

41 지맥이~것이다 : 해당 부분은 다음 문집에 실려 있으며 원문은 다음과 같다. 嗚呼! 吾復求見吾父母形影於何處? 故每欲見君等三孤, 欲見吾兄一身之所分也. 悲夫悲夫! 土脈和沃則生草必茂, 一家和則生福必盛. 吾爲一官, 不顧君等哀苦, 吾之無狀, 吾忍道乎. 以此使君等孤號窮冤, 吾罪何贖? 行且歸田, 與君等日處, 小雪此抱無涯之痛也. 『武陵雜稿』 卷8 「寄姪慥」.

에 순종하고 부모의 뜻을 잘 기르며 부모의 이름을 드러나게 해야 한다. 만약 조금이라도 교만하고 탐욕스러운 마음과 다투고 어지러운 일이 있으면, 반드시 자신을 욕되게 하고 부모를 위태롭게 하는 데에 이를 것이니, 효도는 모든 행동의 근본인 것이다. 하나의 행실이라도 어그러지는 것이 있으면 순전한 효도를 실천하기 어려운데 하물며 몸을 욕되게 하고 부모를 위태롭게 했을 때에는 어떠하겠는가?

문성공(文成公) 이이(李珥)[42]가 이르길, "자식된 자가 생명을 얻음에 성명과 혈육은 모두 부모에게 받은 것으로 기운과 맥박이 서로 통하니 이 몸은 나의 사사로운 것이 아닌데 어찌 감히 그 몸을 제 것으로 여기며 부모에게 효도를 다하지 아니 하리오"[43]라고 하였다.

제15과 효행(속)

문정공(文正公) 송시열(宋時烈)[44]이 이르길, "부모가 나에게 온전한 성

---

42 이이(李珥, 1536~1584) : 본관 덕수(德水). 자 숙헌(叔獻). 호 율곡(栗谷) · 석담(石潭). 시호 문성(文成). 어머니는 사임당 신씨이다. 호조 · 이조 · 형조 · 병조 판서 등을 지냈다. 성혼과 '이기 사단칠정 인심도심설(理氣四端七情人心道心說)'에 대해 논쟁하기도 하였고, 선조에게 '시무육조'를 바치고 '십만양병설' 등 개혁안을 주장했다. 동인 · 서인 간의 갈등 해소를 위해 노력했다. 저서로 『성학집요』와 『격몽요결』 등이 있다.

43 자식된~하리오 : 해당 부분은 다음 문집에 실려 있으며 원문은 다음과 같다. 凡人莫不知親之當孝, 而孝者甚鮮, 由不深知父母之恩故也, 詩不云乎? 父兮生我, 母兮鞠我, 欲報之德, 昊天罔極. 人子之受生, 性命血肉, 皆親所遺, 喘息呼吸, 氣脈相通, 此身非我私物, 乃父母之遺氣也. 故曰, '哀哀父母, 生我劬勞, 父母之恩, 爲如何哉?' 豈敢自有其身, 以不盡孝於父母乎? 人能恒存此心, 則自有向親之誠矣. 『栗谷先生全書』 卷27 「擊蒙要訣」 「事親章第五」.

44 송시열(宋時烈, 1607~1689) : 본관 은진(恩津). 자 영보(英甫). 호 우암(尤庵) · 화양동주(華陽洞主). 시호 문정(文正). 노론의 영수. 세자시강원진선(世子侍講院進善) · 우찬성 · 좌의정 등을 역임했다. 주자학의 대가로 이이의 학통을 계승하여 기호학파의 주류를 이루었으며 이황의 이원론적인 이기호발설을 배격하고 이이의 기발이승일도설을 지지, 사단칠정이 모두 이(理)라 하여 일원론적 사상을 발전시켰으며 예론에도 밝아 남인과 두 차례에 걸쳐

명(性命)을 남겨주었는데 성명의 가운데 온갖 선(善)이 다 갖추어져 있으니, 하나의 선을 밝히지 못해도 효도가 아니고 하나의 선을 행하지 못해도 효도가 아니다. 반드시 사람의 욕심을 모조리 제거하고 천리를 다 회복하여 부모가 남겨주신 몸으로 하여금 항상 청명(淸明)하고 정대(正大)한 곳에 서게 하고, 비록 부모가 돌아가신 뒤에라도 이 마음이 쇠퇴하지 않아야 부모와 자식 간의 윤리를 또한 지극히 다했다고 할 수 있을 것이다"[45]라고 하였다.

제16과 온화와 순종

부부는 인륜의 비롯함이고 만복의 근원이다. 비록 지극히 친밀하지만 또한 매우 바르고 정중해야 하는 사이이니 서로 대하기를 손님과 같이 하여 반드시 예의를 잃음이 없어야 한다. 그러한 뒤에 자연스럽게 화순함을 이루어야 집안의 도가 바르게 정제되고 또한 자녀에게 훗날 모범이 될 것이다.

어떤 사람은 우뚝하니 스스로 큰 체하며 이르길, "장부[남편]는 하늘이며 임금과 같다"라고 하면서 조급하고 사납게 굴며 아내를 오로지 책망한다. 이로 말미암아 서로 반목하며 서로 탓하고 원망하여 윤리

복상문제로 대립하였다. 1689년 왕세자가 책봉되자 이를 시기상조라 하여 반대하는 상소를 했다가 제주에 안치되고 이어 국문(鞫問)을 받기 위해 서울로 오는 도중 정읍(井邑)에서 사사(賜死)되었다. 주요 저서로 『송자대전』 등이 있다.

45 부모가~것이다 : 해당 부분은 다음 문집에 실려 있으며 원문은 다음과 같다. 然父母以性命之全遺我, 而性命之中, 萬善畢具, 一善未明, 非孝也, 一善未行, 非孝也. 必須盡去人欲, 而盡復天理, 使父母遺體, 常立於淸明正大之域, 雖父母沒, 此心不衰, 然後父子之倫, 方可謂盡矣. 『宋子大全』 卷5 「己丑封事」 八月.

와 기강이 떨어지고 집안의 도가 무너지니 사람이 상서롭지 못함이 이보다 심한 사람이 어찌 있겠는가?

빈한한 선비의 아내를 옛사람들이 약소국의 신하에 비유했으니, 사람이 반드시 아내로 하여금 가난하고 천할 때에 함께 힘쓰고 부유하고 귀한 것을 함께 누리게 하여야 한다. 그리하여 은혜와 의리를 잃지 않도록 하는 것이 집안의 행복이다.

제17과 온화와 순종(속)

문성공 이이가 이르길, "지금 학문을 하는 사람들은 겉보기에는 비록 긍지가 있으나 속에는 독실함이 드물다. 부부 사이에 이부자리 위에서 정욕을 함부로 함이 많아서 그 위엄을 잃게 되니, 이와 같이 하고서 그 몸을 닦고 집안을 바로잡고자 한들 또한 매우 어렵지 않겠는가? 반드시 모름지기 남편은 온화하면서 바른 의리로 거느리고 아내는 유순하면서 정당한 도리로 받든 연후에야 집안일을 다스릴 수 있는 것이다. 만일 종전처럼 서로 버릇없이 굴다가 하루아침에 갑자기 서로 공경하고자 하면 그 형세가 행하기 어렵게 되니, 아내와 더불어 서로 경계하여 이전 습관을 반드시 버리고 점점 예의바른 데로 들어가면, 아내는 내 말이나 몸가짐이 한결같이 바른 곳에서 나오는 것을 보고 반드시 믿고 순종하게 될 것이다"[46]라고 하였다.

---

46 지금~것이다 : 해당 부분은 다음 문집에 실려 있으며 원문은 다음과 같다. 今之學者, 外雖矜持, 而內鮮篤實, 夫婦之間, 衽席之上, 多縱情慾, 失其威儀, 故夫婦不相昵狎, 而能相敬者甚少, 如是而欲修身正家, 不亦難乎, 必須夫和而制以義, 妻順而承以正, 夫婦之間, 不失禮敬, 然後家事可治也, 若從前相狎, 而一朝遽欲相敬, 其勢難行, 須是與妻相戒, 必去前習,

제18과 우애

형제자매는 뼈와 살을 나눈 친족이니, 서로 우애 있게 지내며, 한 사람이 경사스럽고 기쁜 일이 있으면 함께 기뻐하고 한 사람이 근심과 걱정이 있으면 함께 걱정하되, 형과 누나는 나이가 많고 지식이 많으니 항상 아우나 여동생을 위하여 모범이 될 만한 일을 행하고, 아우와 여동생은 형과 누나를 위하여 항상 사랑과 공경의 마음을 가져야 한다. 이와 같이 한다면 부모의 명예와 집안의 영광을 드러내 알리게 될 것이다.

문정공(文貞公) 조식(曺植)[47]이 그 아우 조환(曺桓)과 우애가 매우 돈독하여 일찍이 말하길, "형제는 팔이나 다리와 같아서 헤어져 살 수 없다"라고 하고 한 울타리 안에서 함께 살면서 출입하는 데 다른 문을 내지 않고 음식이나 옷을 함께 마련하면서도 항상 기뻐하며 지냈다고 한다.

제19과 조상

조상을 받들어 공경하는 것은 우리나라에 예로부터 전하는 아름다운 일이다. 그러나 그 가장 중요한 것은 조상의 명예를 더럽히지 않는 데 있으니, 사람은 항상 행실을 삼가 살피며 사업에 힘써야 자손으로

漸入於禮可也, 妻若見我發言持身, 一出於正, 則必漸相信而順從矣. 『栗谷先生全書』 卷27 「擊蒙要訣」 「居家章第八」.

47 조식(曺植, 1501~1572) : 본관 창녕(昌寧). 자 건중(楗仲, 健中). 호 남명(南冥). 시호 문정(文貞). 여러 번 벼슬에 임명되었으나 모두 사퇴하고 학문에만 전념하며 제자 교육에 힘썼다. 철저한 절제로 일관하여 불의와 타협하지 않았으며, 당시의 사회 현실과 정치적 모순에 대해서는 적극적인 비판의 자세를 견지하였다. 단계적이고 실천적인 학문 방법을 주장하였으며 제자들에게도 그대로 이어져 경상우도의 특징적인 학풍을 이루었다. 문집으로 『남명집』이 있다.

하여금 효도를 본받게 할 수 있다.

조상으로부터 전해온 가산을 지키며 또 새로 가산을 일으키는 것은 조상에 대한 의무이니 더할 수 없이 마음을 써야 한다. 가령 게을리 하여 남겨진 사업을 넘어뜨리고 가문의 명성을 실추하는 자는 크게 불효하는 자인 것이다.

제20과 조상(속)

문강공(文康公) 장현광(張顯光)[48]이 이르길, "나의 한 몸은 오랜 세월에 걸쳐 조상이 남기신 것이니 어찌 감히 내 몸이 내 소유라 하겠는가? 내 몸을 가벼이 하는 것은 곧 나의 조상을 가벼이 하는 것이다. 그러므로 한 번 마음먹은 것으로 조상의 마음을 어김이 있을까, 한 번 말하고 행동함에 조상의 덕을 어김이 있을까, 한 번의 행동으로 조상의 도를 어김이 있을까 두려워하며 전전긍긍하면서 항상 깊은 연못에 나아간 듯 행동하고 얇은 얼음 위를 걷는 것처럼 하면 거의 조상의 유훈을 떨어뜨리지 않을 것이고 조상도 자손이 있다고 말할 수 있을 것이다"[49]라고 하였다.

---

48 장현광(張顯光, 1554~1637) : 본관 인동(仁同). 자 덕회(德晦). 호 여헌(旅軒). 유학의 입장에서 태극(太極)을 내세우되 일체유(一體儒)와 그 근원을 대대(對待)와 조화의 논리로 융화종합하는 철학적 근거를 명시하였고, 영남의 많은 남인 학자들을 길러냈다. 일생을 학문과 교육에 종사하였고 정치에 뜻을 두지 않았으나 당대 산림의 한 사람으로 왕과 대신들에게 도덕정치의 구현을 강조하였다. 문집으로 『여헌집』이 있고 『성리설(性理說)』·『용사일기(龍蛇日記)』 등의 저서가 있다.

49 나의~것이다 : 해당 부분은 다음 문집에 실려 있으며 원문은 다음과 같다. 吾一身雖吾之所自有, 實乃百千萬代之祖先所流傳以遺之者, 則其敢曰吾身卽吾所有, 而輕之忽之哉! 輕吾身, 卽輕吾祖先也, 忽吾身, 卽忽吾祖先也. (…중략…) 一思慮而思祖先, 恐有違於祖先之心也, 一云爲而思祖先, 恐有違於祖先之德也, 一動作而思祖先, 恐有違於祖先之道也, 戰戰焉兢兢焉, 常若臨深淵履薄冰焉, 則同吾姓者, 庶乎可以能不墜祖先之遺訓, 而吾祖先亦

제21과 친족

친족은 같은 조상의 자손이므로 계파가 조금 가깝고 먼 것을 따지지 말고 반드시 행복과 번영을 함께 계획하여야 한다. 가난한 친족이라고 천대하지 말아야 하고 부유한 친족이라고 의지하고 기대지 말아야 한다. 혹 한 때 곤란한 일이 있거나 재액을 당하면 협력하여 서로 돕고, 또 명예를 서로 지키고 중히 여기며 예의를 서로 정숙하게 지켜서 한 사람의 잘못으로 친족에게 누를 끼치는 일을 반드시 삼가야 한다.

승지(承旨) 정성근(鄭誠謹)[50]은 일찍이 맑은 절개로 알려져 있었다. 흉년을 당하여 장차 곡식으로 집을 사려 하였는데 여러 친족이 배고픔을 호소하는 것을 듣고 공이 이르길, "집을 사려는 것은 자손을 위해서인데, 차마 어찌 여러 친족들로 하여금 굶어 죽게 하겠는가?"라고 하고는 이웃고 나누어 구휼하였다.

제22과 친족(속)

문강공 장현광이 족계(族契)[51]에 대한 논의에서 이르길, "은혜를 돈

可謂爲有子孫矣. 『旅軒先生文集』 卷9 「慕遠堂記」.

50 정성근(鄭誠謹, ?~1504) : 본관 진주(晉州). 자 이신(而信)·겸부(兼父). 시호 충절(忠節). 1474년(성종 5) 문과에 급제하고 경기도 경차관(敬差官)·부응교(副應教)를 지냈다. 1487년 시강관(侍講官)으로 쓰시마섬 선위사(宣慰使)가 되고 이듬해 해주(海州)목사를 지냈는데, 1493년 좌부승지에 재임 중 해주목사 때의 부정으로 파직, 부처(付處)되었다가 후에 다시 기용되어 승지·직제학을 역임하였다. 청백리(淸白吏)에 녹선되고 1494년 성종이 죽자 3년간 수묘관(守墓官)으로 있었으며 행호군(行護軍)이 되었다. 1504년(연산군 10) 갑자사화로 효수되었다.

51 족계(族契) : 조상의 묘제(墓祭)를 지내기 위하여 문중의 족인(族人)들끼리 조직한 계로 종

독히 하여 마음을 하나로 만들고, 규칙을 정해서 일을 가지런하게 하며, 때로는 친목을 도모하여 화락한 정으로 융화하고, 일을 할 때에는 힘을 합쳐 서로 돕는 의리를 통하게 하여야 한다. 그리하여 부유한 자는 나누어 주고 가난한 자는 구제받으며 경사가 있으면 기쁨을 함께 하고 근심이 있으면 구휼을 같이 해야 하는 것이다. 이는 집안을 보존하고 종족을 화목하게 하는 깊고 원대한 계책이다"[52]라고 하였다.

제23과 주인과 종

주인은 종에 대하여 부리기를 가혹하게 하거나 잘못을 심하게 책망하지 말고 항상 잘 대우해 주고 사랑으로 감싸서 그 직분에 즐겁게 종사하도록 해야 하며 또 아이들로 하여금 종에게 무리한 말을 함부로 내뱉게 해서는 안 된다.

종은 주인의 명예를 존중하여 비방하는 말을 입에 올려서는 안 되며 주인의 명령에 순종하여 복무하는 데에 힘을 다하여야 한다. 이와 같이 한다면 충성스럽고 부지런한 종이라 할 수 있다.

계(宗契)라고도 한다.

52 은혜를~계책이다 : 해당 부분은 다음 문집에 실려 있으며 원문은 다음과 같다. 篤其恩以一其心, 定其規以齊其事, 時焉講睦以融其和好之情, 事焉同力以通其資助之義, 使之富有所分, 貧有所濟, 慶同其喜, 憂共其恤, 此亦所以宜家保族之深慮遠計也. 『旅軒先生文集』 卷8 「族契重修序」.

제24과 주인과 종(속)

문성공 이이가 이르길, "하인들은 나의 수고를 대신하니 마땅히 먼저 은혜를 베풀고 다음에 위엄을 보여야 그들의 마음을 얻을 수 있다. 임금이 백성을 대하는 것이나 주인이 하인을 대하는 것이나 그 이치는 한 가지로, 임금이 백성을 구휼하지 않으면 백성이 흩어지고 백성이 흩어지면 나라가 망하며, 주인이 하인을 구제하지 않으면 하인이 흩어지고 하인이 흩어지면 집안은 패망하니, 형세가 반드시 이렇게 되는 것이다. 사람은 종이 반드시 굶주리는지 추운지를 생각하고 걱정하며 그들에게 옷과 음식을 주어 그들이 있을 곳을 얻게 해야 하며, 잘못이 있으면 모름지기 부지런히 가르쳐서 스스로 깨우쳐 고치게 하여야 한다"[53]라고 하였다.

53 하인들은~한다 : 해당 부분은 다음 문집에 실려 있으며 원문은 다음과 같다. 婢僕, 代我之勞, 當先恩而後威, 乃得其心. 君之於民, 主之於僕, 其理一也, 君不恤民則民散, 民散則國亡, 主不恤僕則僕散, 僕散則家敗, 勢所必至. 其於婢僕, 必須軫念飢寒, 資給衣食, 使得其所, 而有過惡, 則先須勤勤教誨, 使之改革. 『栗谷先生全書』 卷27 「擊蒙要訣」 「居家章第八」.

학교에 대한 본무(本務)

제25과 학교

학교는 인재를 양성하는 기관으로 국가의 성쇠가 학교의 흥망에 달려있다. 그러므로 옛날에는 가숙(家塾), 당상(黨庠), 주서(州序), 국학(國學)이 있고[54] 지금은 유치원과 소학교, 중학교, 대학교와 사범학교 등이 있으니 전국 인민이 모두 학교의 교육을 받은 연후에야 능히 그 자신을 스스로 세우고 그 집안을 스스로 보존하며 사회를 유지하고 국가를 부강하게 할 것이다. 그러므로 문명국은 비록 여항의 시골마을이라도 모두 학교를 설립하고 어리고 몽매한 자를 교육하여 공익의 마음을 배양하며 임금에 대해 충성하고 나라를 사랑하는 정신을 발달하게 하는 것이다.

제26과 학교(속)

문성공(文成公) 안유(安裕)[55]는 고려 충숙왕(忠肅王) 때의 사람이다. 학

---

54 구양수(歐陽脩)가 〈길주학기(吉州學記)〉에서, "고대에 국(國)에는 학(學)이 있고, 수(遂)에는 서(序)가 있고, 당(黨)에는 상(庠)이 있고 가(家)에는 숙(塾)이 있었으니, 이는 문화가 찬란했던 삼대(三代) 시대에 크게 갖추어진 제도들이다"라고 하였다. 국, 수, 당, 가는 지역의 단위이고 학, 서, 상, 숙은 학교의 이름이다.

55 안유(安裕, 1243~1306) : 본관 순흥(順興). 자 사온(士蘊). 호 회헌(晦軒). 시호 문성(文成). 초명이 유(裕)인데 향(珦)으로 개명하였다가 조선시대에 문종의 이름과 같아 이를 피하여 초명인 유로 다시 고쳐 부르게 되었다. 좌부승지 · 판밀직사사 · 도첨의중찬 등을 지냈으며, 한국 성리학의 시조라고 불린다. 조선후기의 각종 기록에는 이때 원의 연경(燕京)에서 『주자전서』를 필사하여 돌아와 주자학을 연구하였다고 전한다. 이후 교육의 진흥을 위해 섬학

교가 날로 쇠퇴하는 것을 걱정하여 양부(兩府)[56]에 건의하길, "바라건대 여러 관리들로 하여금 돈과 베를 내어서 학교의 재정을 부담하게 해야 합니다"라고 하자 양부에서 이에 따라 왕께 주달하니 왕이 내탕고의 돈과 곡식을 내어 도왔다.

한 무인이 돈을 내놓기를 즐겨하지 않으니 공이 여러 재상에게 이르길, "공자의 도가 만세에 전하여 신하는 임금에게 충성하고 자식을 아비에게 효도하며 아우는 형에게 공손하게 하는 것인데, 이를 곧 누가 가르치겠습니까?"라고 하자 그 무인이 매우 부끄러워하며 곧 돈을 내놓았다. 그 남은 재물을 중국에 보내어 공자와 72명 제자의 상을 그려오고, 아울러 제기(祭器)와 악기(樂器), 육경(六經)과 제자(諸子)의 역사서를 구하여 왔다.

제27과 가정교육

무릇 학생이 어릴 적 학업을 시작함에 가정의 교육이 없으면 학업을 성취할 수 없다. 비유하자면 주인이 토담장이로 하여금 돌담을 쌓게 하는데 토담장이는 밖에 있고 주인은 안에 있으면서 밖에서 쌓은 담을 안에서 헐어내면 그 담은 10년을 쌓아도 완성을 바랄 수 없게 되는 것과 같다. 이와 같이 교사는 학교에서 힘써 고생하는 것을 꺼리지 않고 성실하고 근면하게 교육하는데 집에 돌아간 뒤에 부모가 가르치

전(贍學錢)을 설치하고, 국학(國學)의 대성전(大成殿)을 낙성하였으며, 중국에서 유학 관련 제기, 책 등을 구입하여 유학 진흥에 큰 공적을 남겼다.

56 양부(兩府) : 고려 문하부(門下府)와 밀직사(密直司)를 아울러 이르던 말.

지 않고 놀도록 내버려두어 종일의 공부가 헛된 곳으로 돌아가도록 하면 그 공부는 10년을 가르쳐도 완성하기를 바랄 수 없게 되는 것이다. 그런데 가정교육에는 아버지보다 어머니의 역할이 중요하니, 맹자의 어머니가 세 번 이사하며 가르쳤기 때문에[57] 맹자가 능히 성인이 되었던 것이다.

第28과 가정교육(속)

김유신(金庾信)[58]은 신라 문무왕(文武王) 때의 사람이다. 어릴 적에 어머니가 매일 엄하게 가르치며 어울려 노는 것을 아무 때나 허락하지 않았다. 하루는 우연히 창녀의 집에서 하룻밤을 머무르고 오자 그 어머니가 마주 대하여 책망하길, "내가 나이 들면서 밤낮으로 네가 성취하기만을 바랐는데 지금 너는 어린 녀석들과 함께 기방과 술집에 놀러 다니는 것이냐?"라고 하고는 목 놓아 울기를 마지아니하니 유신이

57 맹자의~때문에 : 맹자의 어머니가 자식 교육을 위해 세 번 이사한 고사를 언급한 것이다. 전한(前漢) 말의 학자 유향(劉向)이 지은 『열녀전(烈女傳)』에 따르면 맹자는 어려서 부친의 여의고 모친의 교육을 받고 자랐다고 한다. 맹자가 어머니와 처음에 공동묘지 근처에 살았는데, 맹자가 늘 보던 것을 따라 곡(哭)을 하는 등 장사지내는 놀이를 하며 놀자 맹자의 어머니는 안 되겠다 싶어서 시장 근처로 이사를 했다. 그랬더니 이번에는 맹자가 장사꾼들의 흉내를 내면서 놀았다. 맹자의 어머니는 이곳도 아이와 함께 살 곳이 아니라고 여겨 글방 근처로 이사를 하였다. 그랬더니 맹자가 제사 때 쓰는 기구를 늘어놓고 예법에 관한 놀이를 하였다. 그러자 맹자 어머니가 이곳이야말로 아들과 함께 살 만한 곳이구나 하고 마침내 그곳에 머물러 살았다고 한다.

58 김유신(金庾信, 595~673) : 532년(법흥왕 19) 신라에 투항한 금관가야 구해왕의 증손으로, 아버지는 서현(舒玄)이고 어머니는 지증왕의 증손인 만명부인이다. 삼국통일을 이룩한 신라의 장군으로, 소정방이 이끈 당나라 군과 연합하여 백제를 멸망시켰다. 당나라 군과 함께 고구려 정벌에 나서 여러 번 실패 끝에 성공하였다. 이후 당나라 군사를 축출하는 데 힘써 한강 이북의 고구려 땅을 수복해 삼국통일의 기반을 다졌다.

곧 어머니 앞에서 창가(娼家)에 다시는 가지 않겠다고 맹세하였다. 어느 날 유신이 술에 취하자 말이 늘 다니던 길을 따라가다가 잘못하여 창가에 이르니 공이 깨닫고는 타고 있던 말을 베고 안장을 버리고 돌아왔다.

제29과 스승을 공경하기

학생은 학교에 있으면서 스승의 명에 삼가 순종하여야 한다. 생각해보라! 부모가 나를 낳아 기르시며 별로 하는 일도 없이 지내게 하면서 가르치는 것이 없으면 짐승에 가깝게 된다. 그러므로 나를 학교에 보내서 스승을 따라 학문을 닦게 하시니, 스승이 노고를 사양치 않으시고 나를 사랑으로 보살펴 주시며 나를 교육하여 선량한 사람이 되기를 기대하고 바라신다. 그러므로 스승이 마음을 졸이며 부지런히 마음을 쓰는 것이 부모와 무엇이 다르겠는가? 또 학업을 닦아 이룬 뒤에 자신의 명예를 널리 알리고 부모의 광영을 드러내는 것이 모두 스승으로부터 받은 것이니 비록 학교를 나와 사회에 들어간들 어찌 존경하는 마음이 잠시라도 해이해질 수 있겠는가? 그러므로 이르길, "사람이 세 가지로 살아가니[59] 섬기기를 한결같이 해야 한다"라고 했으니 세 가지는 임금과 스승, 부모이다.

59 세 가지로 살아가니 : 원문의 '三生'은 셋에 산다는 뜻으로, 셋은 즉 먹여 주는 임금, 낳아 준 부모, 가르쳐 준 스승을 가리킨다.

제30과 스승을 공경하기(속)

어린 아이나 처음 배우는 사람에게 글을 가르치는 스승이 비록 도를 전수하는 스승과는 다르지만, 그러나 이처럼 몽매함을 깨우치는 스승이 아니면 어떻게 지혜를 깨우쳐 도를 전수하는 스승에게 나아가 공부할 수 있겠는가? 또 몽매함을 깨우치는 노고가 도를 전하는 것과 함께 매우 크므로, 몽매함을 깨우치는 스승을 평생토록 존경하는 것이 옳다. 그러나 사람이 혹 크게 두각을 나타내서 전날에 가르친 스승을 전혀 생각하지 않고 다만 오늘날 전수하는 스승만 알게 되니, 이는 그 근본을 잊는 것이다. 비록 학업을 성취한들 어찌 선량한 학생이라 할 수 있겠는가? 우리 학생들은 학문을 성취할수록 더더욱 몽매함을 깨우친 스승의 은공을 생각하여 존경하는 마음을 잠시라도 버리지 않는 것이 옳다.

제31과 스승의 가르침을 따르기

귀산(貴山)[60]은 신라 정평왕(貞平王)[61] 때의 사람이다. 어릴 적 추항(箒項)[62]과 함께 그 스승에게 세속오계(世俗五戒)[63]를 받았으니, 첫째는 충

---

60 귀산(貴山, ?~602) : 신라시대의 무장. 왕경(王京) 사량부(沙梁部) 출신. 아찬(阿飡)을 지낸 무은(武殷)의 아들이다. 추항(箒項)과 함께 수나라에서 유학하고 돌아와 가실사(加悉寺)에 머무르고 있던 원광법사로부터 세속오계를 받고 이 계율을 지키기로 다짐하였다. 이후 602년 8월 백제군이 아막성(阿莫城)을 공격할 때 아버지를 따라 소감(小監)으로서 출전하여, 추항과 함께 큰 공을 세우고 돌아오다가 격전 중에 입은 상처로 인하여 객사하였다.

61 정평왕(貞平王, ?~632) : 진평왕(眞平王). 성 김(金). 휘 백정(伯淨 : 淨). 신라 제26대 왕(재위 579~632). 여러 차례에 걸친 고구려의 침입에 대항하고, 수(隋)나라, 당(唐)나라와 수교하여 고구려의 침공을 꾀했다. 관청을 신설하고 내정의 충실을 도모하였으며, 불교를 진흥시켰다.

62 추항(箒項, ?~602) : 일명 추정(箒頂). 사량부 출생. 원광법사에게서 세속오계를 받았다.

성으로 임금을 섬기는 것[事君以忠]이고, 둘째는 효도로 부모를 섬기는 것[事親以孝]이며, 셋째는 믿음으로 벗을 사귀는 것[交友以信]이고, 넷째는 싸움에 나아가서는 물러남이 없는 것[臨戰無退]이며, 다섯째는 산 것을 죽일 때에 가려서 죽일 것[殺生有擇]이다. 백제가 침입해오자 귀산과 추항이 소감(少監)[64]이 되어 막았는데 신라의 병사가 힘이 부족하여 퇴각하니 귀산이 이르길, "내가 일찍이 스승님께 임전무퇴라고 배웠으니, 어찌 감히 가르침을 저버릴 수 있겠는가?"라고 했다. 추항과 함께 힘을 다해 싸우다가 죽으니 신라왕이 여러 신하들을 이끌고 아방(阿邦)의 뜰에서 맞아 아울러 예를 다해 장사지냈다.

제32과 학문

학문이란 것은 배우고[學] 묻는 것[問]을 말하는 것이다. 학문의 방법이란, 책을 읽을 때에 입으로만 암송하지 말고 반드시 책 가운데 있는 이치를 밝게 분별하며 또 책을 읽지 않을 때라도 눈으로 보는 인물, 풀,

---

602년 8월 백제가 아막성을 침공했을 때 소감으로서 귀산과 함께 출전, 분전하였으나 전세가 불리해지자 적진에 돌격, 적병 수십 명을 죽여 병사들의 사기를 드높이고 전사함으로써 신라군을 승리로 이끌었다.

63 세속오계(世俗五戒) : 신라 진평왕 때 승려 원광(圓光)이 화랑에게 전한 다섯 가지 계율. 원광이 수나라에서 귀국한 후, 화랑 귀산과 추항이 찾아가 평생 경계할 금언을 청하자, 원광이 이 오계를 주었다고 한다. 세속오계의 내용은 사군이충(事君以忠) · 사친이효(事親以孝) · 교우이신(交友以信) · 임전무퇴(臨戰無退) · 살생유택(殺生有擇)으로 훗날 화랑도의 신조가 되어 화랑도가 크게 발전하고 삼국통일의 기초를 이룩하게 하는 데 기여하였다.

64 소감(少監) : 신라시대의 무관 관직. 위계는 12관위(官位)의 대사(大舍) 이하이다. 신라 최대의 군단인 육정(六停) · 구서당(九誓幢)에 배속된 소감이 200명, 십정(十停) · 오주서(五州誓) · 구서당 · 계금당에 소속되어 기병을 지휘하는 소감이 81명, 육정 · 구서당 · 오주서의 보병을 지휘하는 소감이 91명으로 모두 372명을 두었다. 562년(진흥왕 23)에 제감(弟監)과 같이 신설되었다. 그 명칭으로 보아 대감(大監)에 대응한 직장(職掌)을 가졌던 것으로 추정된다.

나무, 금속, 돌 등의 이치를 수시로 자세히 관찰하는 것이니 이를 일러 배움이라 한다. 그리고 마음에 의심나는 것이 있으면 반드시 아버지나 형과 스승이나 어른에게 나아가 묻고 농사는 농부에게 질문하며 장사는 상인에게 묻고 공사는 공장이에게 질문하는 것이니 이것을 일러 묻는 것이라 한다. 배우고 질문하여 마음에 아는 바가 있으면 오히려 잊을까봐 걱정하면서 책에 기록하게 되니 이와 같이 하면 가슴 속에 사물의 이치가 많이 쌓여서 가히 학문에 밝은 사람이 될 수 있을 것이다.

제33과 학문(속)

세상에 쉽게 얻을 수 있는 학문은 없으니 오직 늘 지니는 떳떳한 마음이 있는 자라야 얻을 수 있다. 무릇 물은 지극히 약하고 돌은 지극히 견고하지만 한 주먹의 돌이라도 샘물이 방울방울 떨어지는 것이 밤낮으로 그치지 않으면 마침내 구멍이 뚫리게 되니, 학문도 또한 그러하여 늘 떳떳한 마음을 지닌 자가 힘들여 고생하는 것을 꺼리지 않으면 세월이 흐른 뒤 반드시 통달할 날이 있을 것이다. 그러하니 예로부터 지금까지 박학한 선비는 모두 수십 년의 노고를 쌓아 이룬 것이며 하루 이틀 사이에 이룬 것이 아니니 만약 오늘 공부한 것을 내일 싫증내고 올해 공부한 것을 내년에 버리면 반드시 세월을 헛되이 보내게 되고 하나의 기예도 이루지 못하게 될 것이다. 나이가 이미 많아진 뒤에 후회한들 어찌 하겠는가?

제34과 학문(속)

문양공(文良公) 강희맹(姜希孟)[65]이 이르길, "옥을 다듬지 않으면 그릇을 만들 수 없고 쇠를 제련하지 않으면 검을 주조할 수 없다. 옥의 쓰임은 그릇에 있는데 다듬기를 반드시 모래와 돌로 하고 쇠의 쓰임은 검에 있는데 제련하기를 반드시 화로의 숯으로 하니, 진실로 모래나 돌과 화로 숯이 거칠고 고된 것을 싫어하여 함께 하기를 부끄러워하면 옥은 옥돌에 감추어질 뿐이고 쇠는 쇳돌에 숨겨질 뿐이다. 그러니 어찌 능히 호련(瑚璉)[66]을 이루겠으며, 어찌 용천[67]으로 주조되어 세상의 기이한 보배가 되겠는가?"[68]라고 하였다.

---

65 강희맹(姜希孟, 1424~1483) : 본관 진주(晋州). 자 경순(景醇). 호 사숙재(私淑齋) · 운송거사(雲松居士) · 국오(菊塢) · 만송강(萬松岡). 세종의 이질(姨姪)로 예조판서 · 좌찬성 등을 지냈고 수양대군이 세조로 등극하자 원종공신 2등에 책봉되었으며, 남이의 옥사사건을 해결한 공로로 익대공신 3등에 책봉되었다. 당대에 뛰어난 문장가로 관인적 취향과 섬세한 감각을 가진 문인이면서 민요와 설화에 깊은 관심을 가져 관인문학의 틀을 깨뜨렸다. 문집『금양잡록(衿陽雜錄)』·『촌담해이(村談解頤)』 등을 남겼다.

66 호련(瑚璉) : 중국 하(夏)나라와 은(殷)나라 때에 서직(黍稷)을 담던 제기(祭器)로 은나라는 호(瑚)를 썼고 하나라는 연(璉)을 사용하였다. 혹은 고귀한 인격을 가졌거나 학식과 능력이 뛰어난 사람을 비유적으로 이르는 말로 쓰이는데 공자가 자공(子貢)의 됨됨이를 '호련'이라고 평가하였다 한다.

67 용천(龍泉) : 옛날 중국에 있었다는 보검(寶劍)의 이름.

68 옥을~되겠는가? : 해당 부분은 다음 문집에 실려 있으며 원문은 다음과 같다. 某藐然以聽, 充然以對曰, 噫! 玉不琢, 不成器, 金不鍊, 不鑄釰, 玉之用在器, 而琢之必以沙石, 金之用在釰, 而鑄之必以爐炭, 苟惡沙石爐炭之麤而恥居之, 玉蘊於璞而已, 金祕於鑛而已, 安能成瑚璉, 鑄龍泉, 以爲奇寶哉?『私淑齋集』卷5「解嘲詞 幷序」.

타인에 대한 주의

제35과 어른을 공경하기

나의 아버지와 형을 섬기는 마음을 미루면 반드시 남의 아버지와 형을 공경하여 섬기게 될 것이니, 어른을 대하면 곧 예의범절에 따라 먼저 차례로 행하고 태도와 용모를 단정히 하며 응대를 삼가 조심하고 음식을 먼저 먹지 않으며 길을 갈 때에는 반드시 뒤를 따라야 한다. 또 10년 이상 어른을 뵐 때에는 '노형(老兄)'이라 부르고 뵐 때마다 절하고 공손히 읍(揖)[69]하는 것이 옳다.

문순공(文純公) 이황(李滉)[70]이 이르길, "내 부모를 받들고 내 어른을 공경하는 것을 다른 데에 미루어 행해야 한다. 다만 그 공경하는 예가 혹 그 사람에 따라 차등이 있을 것이나, 「서명(西銘)」[71]에서 이른 동포

---

69 읍(揖) : 인사하는 예(禮)의 하나로, 두 손을 맞잡아 얼굴 앞으로 들어 올리고 허리를 앞으로 공손히 구부렸다가 몸을 펴면서 손을 내리는 것이다.

70 이황(李滉, 1501~1570) : 본관 진성(眞城). 초명 서홍(瑞鴻). 자 경호(景浩). 초자 계호(季浩). 호 퇴계(退溪) · 도옹(陶翁) · 퇴도(退陶) · 청량산인(淸凉山人). 시호 문순(文純). 공조, 예조 판서를 역임하고 양관대제학 등을 지냈다. 이기호발설을 주장하며 사단칠정(四端七情)을 주제로 기대승과 8년에 걸쳐 논쟁하기도 했다. 그의 학풍은 영남학파를 이루었고, 이이의 제자들로 이루어진 기호학파와 대립하여 동서 당쟁과도 관련되었다. 일본 유학계에 큰 영향을 끼쳤고, 도산서원을 설립, 후진양성과 학문연구에 힘썼다. 중종 · 명종 · 선조의 지극한 존경을 받았으며 시문은 물론 글씨에도 뛰어났다. 저서에 『퇴계전서』가 있다.

71 서명(西銘) : 중국 송(宋)나라의 성리학자 장재(張載 : 1020~1077)가 지은, 서재(書齋)의 서쪽 창에 걸어놓은 명(銘). 원명은 정완(訂頑)이었는데, 그와 동시대 사람인 정이(程頤)의 충고에 의하여 서명이라고 고쳤다. '폄우(貶愚)'라는 원명을 가진 동명(東銘)과 함께 그의 문집에 수록되었는데, 유교의 기본 윤리인 인(仁)의 도리를 설명한 글로 중국 철학사상 중요한 논문의 하나이다. 주희가 특별히 주석을 붙이자 후대 학자들이 이에 주목하여 동명과 서명에 대한 많은 주해서(注解書)를 내놓았다. 주해서로는 송나라 때 주희의 『서명해(西銘解)』, 명나라 때 조단(曹端)의 『서명술해(西銘述解)』, 우리나라 조선시대 이황의 「서명고증강의(西銘考證講義)」 등이 있다. 특히 서명은 군도(君道)에 가장 절실한 교훈이 되기 때문에

(同胞)의 의리로써 말하면,[72] 무릇 세상의 나이 많은 사람은 모두 우리 한 가족의 어른이니, 어찌 나의 형을 섬기는 마음으로 미루어 섬기지 않겠는가?"라고 하였다.

제36과 친구

친구와 사귐을 맺을 때에는 신의를 으뜸으로 삼는다. 그러므로 부득이한 일이 있지 않다면 갑자기 배신하거나 사귐을 그만 둘 수 없다. 다만 더욱더 선행을 권면하여 그 발달 진보하기를 함께 도모해야 한다.

친구는 감동하게 하는 힘이 가장 큰 사람이다. 그러므로 사람이 이르길, "기쁜 일이 있을 때에 친구가 와서 물으면 그 기쁨이 배로 늘어나고 슬픈 일이 있을 때에 친구가 와서 위로하면 그 슬픔이 반감된다"라고 하니, 이 말은 믿을 만하다. 친구를 가려서 사귀는 것이 어찌 유익하지 않겠는가?

황종해(黃宗海)[73] 공은 회덕 사람이다. 사람과 더불어 교유할 때에 진심으로 공경하며, 그 어질지 못한 점이 있는 자라면 반드시 말하고, 말

조선 선조(宣祖) 때에 이황(李滉)이 일찍이 그림으로 그려 바친 바 있다.

72 「서명」에서~말하면 : 이황은 「서명」의 동포에 대해 다음과 같이 풀이하였다. 同胞. 胞, 生兒裹也, 詩小弁註, 獨不處母之胞胎乎. 故謂兄弟爲同胞. 『退溪先生文集』 卷7 「西銘考證講義」.

73 황종해(黃宗海, 1579~1642) : 본관 회덕(懷德). 자 대진(大進). 한강(寒岡) 정구(鄭逑)에게 수업을 받았다. 1611년(광해군 3)에 정인홍(鄭仁弘)이 이황 등을 모함하자 양호(兩湖)의 제생(諸生)들과 함께 상소하여 정인홍을 논척하였고 1613년(광해군 5)에 광해군이 대비를 서궁에 유폐하자 과거 공부를 폐하고 세상에 나오지 아니하였다. 여러 번 벼슬을 제수 받았으나 나아가지 않았고, 도학에 깊은 관심을 가져 사계 김장생을 만나 예(禮)를 논하고 묻기도 하였다. 문집으로 『후천집(朽淺集)』이 있다.

하여도 고치지 않으면 스스로 반성하며 이르길, "말을 믿지 않는 것은 나의 잘못이다"라고 하고는 성심으로 스스로 권면하였다.

제37과 사회

사람은 가족의 단체로부터 일반 사람들의 사회에 소속되어 각종 편익을 제공받으니, 이 사회에서 생활하는 자가 제일 마음을 써야 할 것은 공동의 힘이다. 이 공동의 힘은 각기 자기의 행복을 오로지 영위하게 할 뿐 아니라 진실로 일반 사회의 번영을 돕는 것이니, 사람이 세상에 태어나 사회에서 공동의 힘을 잃고서야 어찌 그 사회의 성원이 될 수 있겠는가?

사회에 각종 직업이 있는 것은 사람의 신체에 귀, 눈, 입, 코, 손, 발이 있는 것과 같아서 그 각 부분을 정비한 연후에 그 완전한 단체를 이룰 수 있다. 그러니 사람은 항상 자기의 본분을 먼저 수행하고 사회의 공동을 위해 노력하는 것이 옳다.

제38과 공익

공익이라 하는 것은 어떤 사람이든지 각각 그 몸에 합당한 힘을 내어 사회를 행복하게 하는 일을 이르는 것이다. 가령 장사치는 좋고 아름다운 물건을 팔면서 가격을 욕심내지 않으며 혹 판로를 해외에 널리 열어서 나라를 더욱 부유하게 하고, 직공(職工)은 날마다 사용하는 물건을 잘 만들어 싼 가격으로 사람의 수요를 두루 맞추어 내며, 재산이 넉넉하고 직업이 바쁘지 않은 사람은 교육과 자선을 위한 일에 힘을 다하고 혹 명예로 그 향리의 이익을 도모하며, 학자는 유익한 서적을 저술하여 학문의 진보를 통해 세상의 개량을 꾀하는 것이 이것이다. 이러한 일에 종사하는 사람들은 그 본분을 다한 결과, 직접 혹은 간접적으로 모두 공익이 되니, 만약 자기의 일만 위하고 공익을 위한 일에 힘을 다하지 않으면 어찌 사회에 용납될 수 있겠는가? 그러니 사람은 마땅히 자기의 직업에 힘써서 직접적인 이익을 낸 뒤에 다시 한층 더 힘써서 그 결과를 다른 사람에게 널리 베풀면 이에 공익이 되는 것이다.

제39과 공익(속)

공익을 위한 사업이 매우 많지만, 만약 자기의 힘을 헤아리지 않고 익숙하지 않은 일은 하였다가 실패를 당하는 것은 결코 명예로운 일이 아니다. 다만 자기가 할 수 있는 일에 종사하여 자신과 사회에 유익하도록 힘써 도모해야 한다.

또 자신에게는 직접적인 이익이 없는 일이지만 세상에는 큰 이익이 되는 것이 있으니, 이와 같은 일이 비록 자신에게는 이익이 없을지라도 자신의 힘으로 이룰 수 있는 것이라면 혹 노력하고 혹 투자하여 그 일을 이루는 것이 옳다. 가령 험준한 곳을 평평하게 하여 새로운 길을 열고, 큰 내를 정비하여 다리를 건설하며, 학교를 세우고, 가난한 백성을 구제하며, 경작하는 법을 개량하고, 연못을 파서 관개에 이롭게 물길을 내어 공급하며, 도랑을 연결하여 배를 젓는 데[74] 편리하게 하는 것과 같은 일들을 말한 것이다.

제40과 타인의 자유

사회의 안녕과 질서를 보존하고 유지하기 위해서 어떤 사람이든지 행동의 자유를 가졌으니, 나는 결코 다른 사람의 행동을 방해하여서는 안 된다. 또 사회의 안녕과 질서를 보존하고 유지하기 위해서 어떤 사람이든지 생각의 자유를 가졌으니, 비록 그 사상이 나와 다를지라도 결코 다른 사람의 생각을 방해하여서는 안 된다. 우리도 사회의 안녕과 질서를 보존하고 유지하기 위해서 믿음의 자유를 가졌으니, 다른 사람은 결코 나의 신앙을 방해하여서는 안 된다.

그러나 자유는 결코 자신의 생각대로 마음껏 행하는 것이 아니고 다른 사람의 권리를 방해하지 않는 범위 내에서 누리는 것이니 이를 일러 '정당한 자유'라 할 수 있다.

제41과 타인의 명예

다른 사람의 명예를 중히 하는 것은 곧 자기의 명예를 중히 하는 것이다. 사람이 혹 질투하는 마음과 당파를 짓는 마음, 사소하게 혐의를 두는 마음을 내어 다른 사람의 명예를 손상시키는 일이 적지 않으니, 사람은 항상 이에 주의하면서 제 마음을 억제하는 것이 옳다. 또 다른 사람을 비방하며 잘못을 폭로하여 세상에서 신용을 잃도록 하거나 혹 사실을 날조하며 명망을 훼손하는 등의 일은 또한 가장 비루한 자의 행동이니 이를 경계하고 조심하는 것이 또한 옳다.

---

74 배를 젓는 데 : 원문의 '舟揖'는 '舟楫'의 오기로 보인다.

무릇 나의 권리가 본래 중요하지만 다른 사람의 권리도 가볍지 아니 하니, 스스로를 중히 여기고 다른 사람을 중히 여기는 것은 사람의 타고난 권리이다. 만약 일개 자신의 명예를 스스로 중히 여기고 다른 사람의 명예를 가벼이 한다면 이 사람은 동류와 함께 살아가는 의리를 알지 못하는 자이다. 그러니 인생의 명예가 어떠한 것인지 알지 못하는 자는 문명의 진면목을 더불어 말할 만하지 못하다.

제42과 타인의 신체

다른 사람의 신체와 생명을 소중히 하지 않고 상해를 입히고자 하는 것은 다만 사회의 안녕과 질서를 파괴하는 것만이 아니다. 눈을 찌르는 막대기는 사람이 모두 가지고 있으니 그 모진 해악을 되돌려 받기 쉽다.

남이 나를 살해하고자 할 경우에는 방어하기 위하여 부득이하게 적에게 맞서야 하지만, 그러나 남에게 폭행을 당할 때에는 그에 상응하는 수단을 다하여 법률적 제재를 청해야지, 어리석게 완력을 믿고 시비곡직을 스스로 결정하는 것은 옳지 않다.

또 비천한 사람이 작은 실수가 있으면 이를 깨우쳐 그 잘못을 스스로 인정하게 하는 것이 옳은데, 혹 세력이 매우 강성함을 스스로 믿고는 묶어두고 때리기를 자행하여 일시의 분노로 평생의 흠집을 만드니, 사람이 어찌 명심하지 않을 수 있겠는가?

제43과 타인의 재산

다른 사람의 재산은 극히 소중한 것이다. 비록 사소한 물건이라도 감히 침범해서는 안 되는데, 하물며 속이고 협박하는 수단으로 남의 소유물을 빼앗아서야 되겠는가? 그러므로 다른 사람의 재산을 중히 여기는 것은 곧 나의 재산을 중히 여기는 본 바탕이 되는 것이다.

또 다른 사람의 승낙을 얻지 않고 임의로 그 재산을 사용하는 것과, 혹 다른 사람의 소유물을 빌리고 기한이 되었는데도 돌려주지 않는 것은 부도덕한 일이다. 사회에서 믿음을 잃어서 그 안전한 생활을 할 수 없게 될 것이다.

재산의 침해를 가장 두려워할 만한 것은 강도나 절도와 사기 등이니 이는 사회의 재산 질서를 보호하기 위하여 법률로 엄금하는 것이다.

제44과 타인을 사랑하기

세상 사람은 모두 나와 동류이니 오직 스승이나 친구만 사랑할 뿐 아니라 비록 서로 알지 못하는 낯선 사람이라도 사랑해야 한다. 가난과 추위를 견뎌내기 어려운 사람을 보면 반드시 역량껏 돕고, 노역에 시달리는 사람을 보면 반드시 애를 태우면서 근심하고 위로하며, 어리석은 사람을 보면 반드시 좋은 말로 인도하고, 비록 외국 사람을 만나더라도 마땅히 공경하고 사랑해야 교화가 있는 백성이라 말할 수 있다. 맹자가 이르길, "남을 사랑하는 사람은 남이 항상 사랑한다"[75]라고 하였으니 이는 자연의 이치이다.

제45과 자선(慈善)

사람이 세상에서 태어나서 타고난 병 때문에 신체가 불완전한 자도 있거니와, 혹 천재지변과 질병, 상사(喪事)를 겪는 슬픔과 홀아비, 과부, 고아나 자식이 없는 사람의 곤궁함으로 인해 죽거나 구걸하게 되는 자가 있으니, 이러한 이들에 대해 자선을 베푸는 것은 사람 된 자가 반드시 해야 할 일이다.

우리나라도 자선하는 일을 행하였는데, 옛날에는 혜민서(惠民署)와 활인서(活人署)가 있었고, 근래에는 제중원(濟衆院)과 혜민원(惠民院)과 광제원(廣濟院)이 있고, 지금은 고아원과 대한의원(大韓醫院)과 적십자사가 차례로 세워졌으니, 우리는 이에 만족스럽다고 이르지 말고 더욱더 힘써서 이와 같은 사업이 발달하도록 마음을 써야 한다.

문강공(文康公) 이지함(李之菡)[76]이 모산수(毛山守)[77]의 사위가 되었는데, 초례를 치른 다음날 나가서 저녁에 돌아왔다. 집안사람들이 그의 새 도포가 없어진 것을 보고 물으니 이르길, "사제교(私濟橋)를 지나다가 거지 아이가 동상에 걸린 것을 보고 도포를 잘라서 나누어 세 아이에게 입혀주었습니다"라고 하였다.

---

75 남을~사랑한다 : 출전은 다음과 같다. 愛人者人恆愛之. 敬人者人恆敬之. 『孟子』「離婁」下.

76 이지함(李之菡, 1517~1578) : 본관 한산(韓山). 자 형백(馨伯) · 형중(馨仲). 호 수산(水山) · 토정(土亭). 시호 문강(文康). 이지함은 서경덕의 문하에서 공부하여 경사자전(經史子傳)에 통달하였고, 스승의 영향으로 역학 · 의학 · 수학 · 천문 · 지리에도 해박하였다. 포천현감을 사직하는 상소문에 농업과 상업의 상호 보충관계를 강조하고 광산 개발론과 해외 통상론을 주장하기도 했다. 『토정비결(土亭祕訣)』의 저자로 알려져 있으나 근거가 없다.

77 모산수(毛山守, 생몰년 미상) : 이정랑(李呈琅). 정종의 후손으로 알려져 있으며, 윤원형이 꾸민 양재역 벽서사건에 휘말려 죄를 승복하지 않다가 장하에서 죽었다.

제46과 공중(公衆)

사회의 구성원으로 함께 사회 속에서 생활하는 이상, 서로 사랑하며 다른 사람에게 손해되는 일을 행하지 말아야 한다. 가령 사원(寺院)과 공원(公園) 등에 있는 나무를 자르거나 말과 수레가 다니는 길에 방해물을 놓는 것은 항상 경계하고 삼가야 하는 바이며, 공중위생을 중시한다는 면에서 음료수에 오물이나 먼지를 넣거나 도로에 썩은 것을 버려서 전염병의 예방이나 소독을 해이하게 하는 일은 결코 해서는 안 된다. 또 많은 사람이 모인 곳에서 타인을 밀치거나 기차와 기선 안에서 행동을 해괴하게 하는 일 또한 사회 구성원들에게 무례한 행동을 하는 것이니, 반드시 깊이 삼가야 한다.

자기에 대한 주의

제47과 신체

몸이 건강하면 무슨 일이든지 곤란함이 적고 몸이 건강하지 않으면 무슨 일이든지 쉽지 아니 하니, 그러므로 사람이 맡은 일을 다하기 위해서는 신체를 건강하게 하는 것이 가장 절실하다.

몸이 건강하지 못하면 그 마음이 또한 건강할 수 없는 까닭에 몸의 건강을 주의하는 것은 마음을 위하여 또한 필요하다.

몸이 건강한지 여부는 그 사람이 타고난 바에 기인함이 많으나, 건강하지 않은 사람도 섭생과 영양에 주의하면 건강을 보전할 수 있고, 건강한 사람도 섭생과 영양에 주의하지 않으면 도리어 건강을 해쳐서 허약한 사람이 되기를 면할 수 없다.

제48과 신체(속)

몸은 음식으로 길러지는 것이니 반드시 몸의 영양을 좋게 하는 음식을 선택해야 하며, 폭음과 폭식은 크게 해가 되니 깊이 삼가야 한다.

몸을 건강하게 하는 것은 음식을 조심하는 것 외에 운동이 더욱 중요하니 팔을 많이 사용하면 그 팔이 발달하고 다리를 많이 사용하면 그 다리가 발달하는 까닭에 몸이 충분히 건강해지겠으나, 공기가 신선하고 햇빛을 넉넉히 받는 곳에서 운동을 하는 것이 가장 좋다.

대개 체조는 몸의 각 부분을 한결같이 발달하게 하므로 그 효과가 매우 크지만 과도하게 하면 안 되고 또 피부를 건강하게 하며 몸을 청결하게 하는 것이 또한 중요하다.

제49과 정결

위생의 방법으로는 정결하게 하는 것이 제일이다. 무릇 집과 세간살이가 하나라도 정결하지 않은 것이 있으면 안 되지만 몸이 더욱 중요하므로, 빗질을 반드시 부지런히 하고 세수를 꼭 자주 하며 옷을 항상 갈아입고 관과 신발을 늘 털며 손이나 얼굴에 더러운 것이 묻으면 곧장 씻어야 한다. 이것을 어려서부터 습관들이지 않으면 자라서 게으른 성품이 생겨서 고치기 어려워진다. 일찍이 책 읽는 선비를 보니 옷과 바지에 이가 생기고 관과 신발에는 먼지가 쌓였으나 종일 책상에 엎드려 있으면서 정리할 줄을 모르고 심한 자는 봉두난발에 맨발로 눈물과 침을 온 땅에 가득 흘리니 사람이 모두 멀리하고 피하였다. 그러나 저 사람은 이르길, "나는 학문이 남보다 뛰어나니 정결한지는 족히 중요치 않다"라고 하였으니, 아! 이것이 무슨 말인가?

제50과 음식을 절제하기

문의공(文懿公) 노수신(盧守愼)[78]이 말하기를, "음식을 절제하되, 먹을

78 노수신(盧守愼, 1515~1590) : 본관 광주(光州). 자 과회(寡悔). 호 소재(蘇齋) · 이재(伊齋) · 암실(暗室) · 여봉노인(茹峰老人). 시호 문의(文懿) · 문간(文簡). 벼슬은 이조판서 · 대제학을 거쳐, 우의정 · 좌의정을 역임하고 영의정에 이르렀다. 을사사화 때 파직, 유배되었고 기축옥사 때에는 과거 정여립(鄭汝立)을 천거했다 하여 대간(臺諫)의 탄핵을 받고 파

때에 정갈한 것을 싫증내지 말고 마실 때에 따뜻한 것을 물려하지 말며, 먼저 배고픈 뒤에 먹되 지나치게 배부르게 먹어서는 안 되고, 먼저 목이 마른 뒤에 마시되 너무 많이 마셔서는 안 된다. 먹는 것을 절제하여 적게 먹는 것을 중요하게 여기고 여러 가지를 많이 먹으려 하지 말아야 한다. 급히 먹어서는 안 되니 마땅히 가볍게 삼키고 천천히 씹어야 하며, 아무리 맛있는 음식이라도 과식해서는 안 되니 고기를 먹을 수 있는 양보다 많이 먹지 말아야 한다. 먹을 때 날것이나 찬 것, 딱딱한 것, 타거나 말린 것, 끈적거리거나 미끄러운 것을 피하도록 하고 신시(申時)[79] 이후에 밥을 먹지 말며 묘시(卯時)[80]에 술을 마시지 말아야 한다. 과음하지 말고 차는 반드시 후루룩 마시지 말아야 한다"[81]라고 하셨다.

제51과 검약

사람이 스스로 검소하고 절약하는 태도를 지키는 것은 한 사람, 한 집안이 행복을 누리게 할 뿐 아니라 공중사회의 이익을 증진시키니, 어째서인가? 검소하고 절약하는 사람은 자기 몸을 스스로 보양하는 것을 절제하기 때문에 항상 남음이 있어서 남에게 베풀고, 사치하는

직되었다. 이황 · 기대승 등과 주자의 인심도심설(人心道心說)을 놓고 논쟁을 벌였다. 문집으로 『소재집(蘇齋集)』이 있다.

79 신시(申時) : 오후 3~5시.

80 묘시(卯時) : 새벽 5~7시.

81 음식을~한다 : 해당 부분은 다음 문집에 실려 있으며 원문은 다음과 같다. 節飮食, 不多食, 不時不食. 食不厭精, 飮不厭溫, 食不語. 先飢而食, 食不可大飽. 先渴而飮, 飮不可過多. 食欲數而小, 不欲煩而多, 食不可急, 當輕吞緩嚼. 膏粱五味不可過食, 勿使肉勝食氣, 食忌生冷堅硬焦燥粘滑之物. 勿食申後飯, 勿飮卯時酒, 酒不可過. 『穌齋先生內集』 下篇 庶幾錄 丁 「治心養胃保腎之要」.

사람은 자기 몸을 스스로 보양하는 데에 후하고 넘치게 하는 까닭에 항상 부족하여 도리어 남에게 인색하게 하기 때문이다.

유정모(柳鼎模)[82]가 독서를 하며 집안을 다스렸는데 화려함을 없애고 진실함을 취하는 것을 근본으로 삼았다. 발[簾]을 짜고 새끼를 꼬며 한 두둑의 가지와 한 시렁의 포도를 심어서 때때로 그것을 내다팔았다. 집안 식구들이 건장하고 약한 정도에 따라서 모두 맡은 일이 있으므로 각자 생계에 도움이 되기에 족하였으니, 집안 일이 정연하게 이루어지고 법도가 있어서 비록 가난하고 곤궁하지만 평생 굶주리지 않았다.[83]

제52과 도량

남과 더불어 사귈 때에는 반드시 도량을 활달하게 해야 하니, 비록 자기에게 무례한 말과 행동을 하는 사람이 있을지라도 함부로 화를 내어 맞서서는 안 된다. 미국 워싱턴[華盛頓]이 하루는 한 장교와 이야기를 나누었는데 그 장교가 화가 나서 워싱턴을 밀어 넘어뜨렸으나 워싱턴이 마음에 두거나 꺼리지 않고 다음날 그 장교에게 가서 다시 가까이 사귐을 너그럽게 받아들이니 이로부터 절친한 벗이 되었다.

하진(河瑨)[84] 공은 진주 사람이다. 어릴 때 같이 공부하던 아이가 어

---

82 유정모(柳鼎模, 생몰년 미상) : 본관 문화(文化). 자 자화(子和). 벼슬은 찰방(察訪)을 지냈다. 『청성잡기(青城雜記)』 권3에 유정모의 인사고과에 대한 짤막한 일화가 수록되어 있다.

83 해당 부분은 다음 문집에 실려 있으며 원문은 다음과 같다. 柳讀書治家以去華, 取實爲本, 侗然若愚人, 隣里感服. 織簾撚索, 種茄子一畦, 葡萄一架, 賣以爲食. 家人十口, 隨其壯弱, 皆有所業, 足各資口, 家事井井有度, 雖貧, 終年不飢. 『青莊館全書』 卷29 「士小節」.

84 하진(河瑨, 1597~1658) : 본관 진주. 자 진백(晋伯). 호 태계(台溪). 정언 · 지평 등을 역임하였는데 간관으로 활동하며 병자호란으로 어지러워진 나라를 바로잡기 위해 여러 차례 상소

쩌다가 화가 나서 싸운 일로 공의 신발을 빼앗아 찢어 내던졌으나 공은 화난 기색을 조금도 드러내지 않았다. 사람들이 물으니 이르길, "이 일은 애초부터 없던 일입니다"라고 하였다.

제53과 정직

정직은 사람에게 있어서 승묵(繩墨)[85]과 같다. 자기를 위해서나 사회를 위해서나 정직이 아니면 처신해서는 안 된다. 만약 남의 헛된 말을 듣고 다른 사람을 놀라고 흥분하게 하여 웃음거리를 만들거나, 다른 사람이 화내는 것을 두려워하여 나의 잘못을 숨기거나, 나의 재능을 칭찬받기 위해 사실을 과장하거나, 또 눈앞의 이익을 위하여 생각 없이 일을 행하는 것은 모두 비천한 일이다. 그 외에 공정하지 않은 평판을 사용하고 조악한 물품을 고의로 파는 일 등은 매우 정직하지 않은 행실이니 깊이 경계해야 한다.

상국(相國) 이경석(李景奭)[86]은 말하기를, "선비는 정직과 충후를 근본으로 삼아야 하니, 정직하지만 충후하지 않으면 각박하고, 충후하지만 정직하지 않으면 나약하게 된다"[87]라고 하였다.

를 올렸다. 1649년(효종 즉위년) 김자점(金自點)의 전횡을 탄핵한 후에 벼슬을 그만두고 향리로 내려가 여러 차례 벼슬에 제수되었으나 병을 이유로 사양하였다. 문집으로 『태계문집(台溪文集)』 4책이 있다.

85 승묵(繩墨) : 대목이 나무를 바로잡는 먹줄. 법도나 준칙의 의미로 쓰인다.

86 이경석(李景奭, 1595~1671) : 본관 전주(全州). 자 상보(尙輔). 호 백헌(白軒). 시호 문충(文忠). 병자호란의 끝에 청나라의 승전을 기념하는 삼전도비(三田渡碑)의 비문을 썼으며, 청나라로 가서 소현세자를 보필하였다. 벼슬은 주요 관직을 두루 거쳐 영의정에 올랐는데, 청나라의 조사관이 국왕과 백관을 협박하는 상황에서 영의정으로서 목숨을 걸고 책임을 전담하여 위기를 넘겼다. 문집으로 『백헌집(白軒集)』이 있다.

제54과 공평

공평이라 하는 것은 일을 당하여 사사로운 정에 구애되지 않으며 세력에 매이지 않고 가난하고 천한 사람이든지 부유하고 귀한 사람이든지 차별하지 않고 매우 평등하게 처리하는 것을 말하는 것이다. 일을 처리하는 것이 공평하면 남에게 믿음을 주게 되고, 남에게 믿음을 주면 나의 재능이 쓰여서, 자신의 기반을 다져 출세하고 집안을 일으키게 될 것이다. 그러나 일을 처리하는 것이 공평하지 못하면 남들이 불신하게 되며, 남들이 불신하면 나의 재능도 쓰이지 못하여, 비록 학문이 있고 직업에 부지런할지라도 사업을 이루고 자신의 기반을 다져 출세하거나 집안을 일으키는 일을 할 수 없을 것이다.

제55과 공정

문청공(文淸公) 이후백(李後白)[88]이 이조판서가 되어 공평하고 올바른 도리를 힘써 숭상하고 청탁을 받지 않았다. 비록 친구라 하더라도 만약 자주 와서 안부를 물으면 속으로 옳지 않다고 여겼다. 하루는 어떤

87 해당 부분은 다음 문집에 실려 있으며 원문은 다음과 같다. 士大夫立朝, 當以正直忠厚爲本, 正直則朝廷無過誤, 忠厚則天下無怨嗟. 一於正直而不忠厚, 則漸入於刻, 一於忠厚而不正直, 則流於懦. 『白軒先生集』 附錄 卷3 「白軒先生年譜」.

88 이후백(李後白, 1520~1578) : 본관 연안(延安). 자 계진(季眞). 호 청련(靑蓮). 이의건(李義健) · 최경창(崔慶昌) · 백광훈(白光勳) 등에게서 배웠고 어려서부터 호남지방에서 문장으로 명망이 높았다. 1573년 변무사(辨誣使)로 명나라에 다녀왔고, 인성왕후(仁聖王后)가 죽어 복제문제가 일어나자 3년상을 주장하여 그대로 시행되었다. 평안도관찰사 및 이조와 호조판서 등을 두루 역임하였다. 문집으로 『청련집(靑蓮集)』이 있다.

친척이 찾아와서 관직을 구하고자 하는 뜻을 전하자 공이 얼굴색을 바꾸고 책 한 권을 보여주며 말하기를, "내가 자네의 이름을 기록하여 장차 관직에 추천하고자 하였는데 지금 자네가 관직을 부탁하는구먼. 구해서 얻는 것은 공정한 방법이 아니라네. 애석하군! 자네가 만약 부탁하지 않았다면 관직을 얻을 수 있었을 것을"이라고 하니, 그 사람이 부끄러워하며 물러났다. 공은 늘 관직 한 자리를 추천할 때마다 두루 그 사람이 마땅한지 그렇지 않은지를 물어보아 만약 마땅하지 않은 사람에게 잘못 제수하였을 때면 밤새도록 잠들지 못하고 말하기를, "내가 나랏일을 그르쳤다"라고 하였다.

제56과 청렴

청렴이라 하는 것은 마음이 깨끗하여 맑은 물과 같으며 행실이 정직하여 털끝만큼도 어김이 없음을 말하는 것이다. 가령 내 생각에 헛되고 거짓된 일이라 여길 때에는 눈앞에 비록 어떠한 이익이 있더라도 하지 않고, 남에게 물건을 받되 진실로 그 도리가 아니면 내가 비록 굶어죽어도 취하지 않으며, 궁색하고 급한 사정이 있다고 하면서 남에게 베풀기를 구걸하지 않고, 이익을 탐하는 마음을 추구하여 뜻의 근본 취지를 변치 않으며, 또 남의 물건을 빌리지 않되 만약 이미 빌린 것이라면 한 푼의 돈이라도 반드시 돌려주어 평생 동안 부끄러움이 되는 일을 하지 않는 것이 맑은 행실이다.

제57과 청렴(속)

최석(崔碩)[89]은 고려 순효왕(順孝王)[90] 때 사람이다. 승평부를 맡아 다스려 청렴하다고 칭송받았다. 부에 전해오는 풍속으로 고을의 사또가 바뀌어 돌아가게 되면 반드시 여덟 마리의 말을 주어 좋은 것을 고르게 하였다. 최석이 임기가 차서 돌아가게 되었는데 마을 사람들이 전례에 따라 말 여덟 마리를 바치고 고르게 하니, 그가 웃으며 말하기를, "이 말로 충분히 서울에 갈 수 있는데 어찌 반드시 좋은 말을 골라 가지겠는가?"라고 하였다. 집에 도착하자 그 말을 돌려보내니 마을 사람들이 받지 않았다. 최석이 이르길, "내가 너희 고을을 맡고 있을 때에 암말이 있었는데 망아지를 낳은 까닭에 지금 같이 끌고 왔으니 이는 탐욕이다"라고 하고 그 망아지를 함께 돌려보내니, 이후로 말을 바치는 폐단이 드디어 없어졌다. 마을 사람들이 덕을 칭송하여 비석을 세우고 부르기를 '팔마비(八馬碑)'라고 하였다.[91]

---

89 최석(崔碩, 생몰년 미상) : 본관 동주(東州). 초명 석(錫). 1277년(충렬왕 3) 탐라(耽羅)에 파견되어 흉년으로 고통받는 백성을 돌보았고, 승평(昇平 : 전라남도 순천) 부사로 부임하여 선정을 베풀었다. 임기가 다 차자 비서랑(祕書郎)에 임명되어 서울로 올라가게 되었는데 관례를 깨고 고을 사람들이 주는 8마리의 말을 받지 않았으므로 팔마비가 세워진 일화가 전한다.

90 순효왕(順孝王, 1236~1308) : 고려 25대 충렬왕(忠烈王, 재위 1274~1308). 초명 심(諶)·춘(賰). 휘(諱) 거(昛). 원나라 세조의 강요로 일본 정벌을 위한 동로군을 2차례에 걸쳐 파견했으나 실패했다. 원의 지나친 간섭과 왕비의 죽음 등으로 정치에 염증을 느껴 왕위를 선위했으나 7개월 만에 복위해야 했다. 음주가무와 사냥으로 소일하며 정사를 돌보지 않다가 재위 34년 만인 1308년 죽었다.

91 최석(崔碩)은~하였다 : 해당 부분은 다음 문헌에 실려 있으며 원문은 다음과 같다. 以昇平府使崔碩, 爲秘書郎, 昇平, 舊俗, 每邑守替還, 必贈以馬, 太守八匹, 倅七匹, 法曹六匹, 惟所擇, 及碩還, 邑人以故事, 持馬請擇. 碩笑曰, 馬能至京足矣, 何擇爲. 至家, 以馬歸之, 吏不受. 碩曰, 吾守汝州, 吾有牝馬生駒, 今帶以來, 是我之貪也. 汝之不受, 豈非知我之貪, 而以我爲貌辭耶. 幷其駒授之. 自是其弊遂絶, 州人頌德立石, 號八馬碑. 『高麗史節要』 卷20, 「忠烈王二 辛巳七年」. 안정복의 『동사강목(東史綱目)』 제12상 「신사년 충렬왕 7년」 조에

제58과 겸손

대개 사람의 품성은 말과 행동으로 드러나는 것이므로 하나의 상황이나 하나의 말과 행동에서 겸손한 덕을 보는 것이니, 자신에게 장점이 있다고 자랑하지 말고 남에게 단점이 있다고 얕보지 말아야 한다. 자기의 장점은 자랑하지 않아도 자연히 그 행동에 나타난다. 어떤 사람은 다만 겸손히 물러나는 것이 겸손한 덕에 맞는 것이라고 생각하는 자들이 있으나 이는 오해한 것이다. 일을 하러 나아가야 할 때 주저하고 의견을 드러내야 할 때 침묵하는 것은 실로 비굴함에 빠지는 것이다.

문경공(文敬公) 김안국(金安國)[92]이 일찍이 자제들을 가르치며 이르길, "겸손함과 공손함은 곧 군자의 큰 덕이니 너희가 마땅히 평생 깊이 새겨 잊지 않아야 한다. 내가 평생 동안 남에게 오만하고 불손하게 대하고 남의 잘못을 말하는 것을 너희가 보았느냐? 차라리 죽을지언정, 자손이 이런 행실을 했다는 것을 듣고싶지 않다"[93]라고 하였다.

도 이 기사가 실려있다.

92 김안국(金安國, 1478~1543) : 본관 의성(義城). 자 국경(國卿). 호 모재(慕齋). 시호 문경(文敬). 조광조 등과 함께 지치주의(至治主義)에 입각한 도학정치의 실현에 힘썼다. 기묘사화로 파직된 뒤에는 후진양성에 힘써 제자들이 중종반정 이후 개혁정치를 이끌었고 재등용된 뒤 예조판서 · 대사헌 · 병조판서 · 대제학 등의 요직을 두루 거쳤다. 성리학적 이념에 의한 통치의 강화에 힘썼고, 중국문화를 수용, 이해하기 위한 노력에 평생 동안 심혈을 기울였다. 저서에 『모재집(慕齋集)』 등이 있다.

93 일찍이~않다 : 해당 부분은 다음 문집에 실려 있으며 원문은 다음과 같다. 嘗教子弟曰, 惟謙與恭, 是君子盛德, 汝輩固當佩服終身, 汝嘗見我以傲惰加人, 言人過失乎? 寧死不願聞子孫有此行也. 『慕齋先生集』 卷15 附錄 「先生行狀」.

제59과 침착

무릇 사람이 일을 할 때에 놀라 행동하지 않고 조용하고 차분하게 처리하는 것을 침착이라고 이르니, 사람이 침착하지 못하면 일에 손실이 많은 까닭에, 반드시 평생 담력을 잘 단련하고 기력을 잘 길러서, 비록 뜻하지 않은 일을 당하더라도 놀라 소란을 떨고 두려워 움츠러드는 일이 없도록 주의해야 한다.

문충공(文忠公) 정몽주(鄭夢周)[94]가 일찍이 바다를 항해하여 중국(支那) 및 일본에 사신으로 갔는데, 매번 바람과 파도로 위급해질 때마다 생각을 잘 정리하고 정신을 더욱 맑게 하여 옷깃을 여미고 높이 두 손을 맞잡고 있기를, 마치 방 안에 앉아서 처신하는 것과 같이 했다.[95]

제60과 온화

온화함이라는 것은 말을 화평하게 하며 행동을 정숙하게 하는 것을 말하니, 온화한 말은 사람들로 하여금 믿고 받드는 마음이 우러나게

94 정몽주(鄭夢周, 1337~1392) : 본관 연일(延日). 자 달가(達可). 호 포은(圃隱). 초명 몽란(夢蘭)·몽룡(夢龍). 시호 문충(文忠). 벼슬은 예문관대제학·문하찬성사를 거쳐 수문하시중(守門下侍中)·우문관대제학(右文館大提學)·익양군충의백(益陽郡忠義伯) 등을 역임하였다. 의창(義倉)을 세워 빈민을 구제하고 유학을 보급하였으며 성리학에 밝았다. 『주자가례』에 따라 개성에 5부 학당과 지방에 향교를 세워 교육진흥을 꾀했다. 시문에도 뛰어나 시조 〈단심가〉 외에 많은 한시가 전해지며 서화에도 뛰어났다. 조선 건국에 반대하다가 1392년 개성 선죽교에서 이방원에게 살해되었다. 문집으로 『포은집(圃隱集)』이 전한다.

95 문충공(文忠公)~했다 : 정몽주는 1372년 서장관(書狀官)으로 명나라에 다녀오던 중 풍랑으로 파선을 당하여 일행 12인이 익사하고, 정몽주는 13일 동안 사경을 헤매다가 명나라 구조선에 구출되어 이듬해 귀국하였다.

하고, 온화한 행동은 사람들로 하여금 사랑하고 공경하는 마음이 일어나게 한다. 가령 여러 사람이 보기에 특히 뛰어난 재능이 있을지라도 말이 시끄럽고 소란스러우며 행동이 거칠고 번잡스러우면, 사람들이 싫증을 내서 그를 사랑하고 공경하며 믿고 받드는 마음이 사라지게 된다. 남에게 사랑과 공경을 받지 못하고 남에게 믿음과 받듦을 받지 못하면, 비록 심오한 학문과 뛰어난 재능이 있을지라도 그를 믿고 쓰는 일이 없게 되니, 학문과 재능이 있어도 쓰이지 못하면 학문과 재능이 없는 것과 무엇이 다르겠는가? 그러니 무릇 우리 학생들은 늘 말을 화평하게 하며 행동을 정숙하게 하여 많은 사람들에게 사랑과 공경, 믿음과 받듦을 받도록 마음을 써야 한다.

제61과 온화(속)

문경공(文敬公) 김굉필(金宏弼)[96]이 서울에 있을 때 일찍이 꿩 한 마리를 얻게 되어 그것을 대부인의 처소에 보내려고 했는데 고양이가 꿩을 훔쳐가 버렸다. 공이 매우 화가 나서 지키던 자를 나무라니, 문정공(文正公) 조광조(趙光祖)[97]가 나와 말하기를, "부모님을 모시는 정성은 비

---

96 김굉필(金宏弼, 1454~1504) : 본관 서흥(瑞興). 자 대유(大猷). 호 사옹(蓑翁) · 한훤당(寒暄堂). 시호 문경(文敬). 감찰 · 형조좌랑 등을 역임하였다. 1498년 무오사화로 평안도 희천에 유배되었는데, 그곳에서 조광조를 만나 학문을 전수하였고 1504년 갑자사화(甲子士禍) 때 극형에 처해졌다. 학문 경향은 정몽주 · 길재로 이어지는 의리지학(義理之學)을 계승하였으며, 치인(治人)보다는 수기(修己)에 중점을 두었다. 문집으로 『한훤당집(寒暄堂集)』이 있다.

97 조광조(趙光祖, 1482~1519) : 본관 한양. 자 효직(孝直). 호 정암(靜庵). 시호 문정(文正). 도학 정치의 실현을 위해 적극적으로 활동하였고 벼슬은 정언 · 수찬 · 교리 등을 거쳐 부제학 · 대사헌이 이르렀다. 천거를 통해 인재를 등용하는 현량과를 실시하도록 했고, 중종반정 공신들의 공을 삭제하는 위훈삭제 등 개혁정치를 서둘러 단행하였는데, 사홀 후 기묘사

록 간절하지만, 군자의 말씨와 낯빛이 너무 지나쳐서는 안 됩니다"라고 하였다. 공이 일어나 조광조의 손을 잡고 이르길, "나도 막 후회하였는데 너의 말이 또한 이와 같으니 내가 부끄러워서 땀이 나는 것도 깨닫지 못하겠다. 너는 이제 나의 스승이다"라고 하였는데,[98] 조 문정공이 17세였다.

제62과 용기

무릇 사람이 용기가 없으면 정당한 행위를 이룰 수가 없을 뿐 아니라 도리어 사람으로서의 본래 직무를 잃게 된다. 그러므로 용기가 있는 사람은 국가를 위하는 일이든지 세계를 위하고 남을 위하는 일을 할 때에 온 몸을 바쳐서 희생으로 이바지하기를 사양하지 않는다. 무릇 용기는 곤란한 상황에 굴복하지 않고 유혹에 흔들리지 않으며 사사로운 욕심을 제어하고 바른 도를 지키며 잘못을 알면 능히 고치고 일을 맡으면 실행하게 하니 이는 모두 평소에 용기를 길러 백 번 꺾여도 흔들리지 않는 정신에서 나온 것이다. 그러나 용기도 의기(義氣)와 혈기(血氣)의 두 가지 용기가 있으니, 사람은 늘 삼가며 의기를 주로 하고 혈기를 억제해야 한다.

문간공(文簡公) 김정(金淨)[99]이 이르길, "세상에 큰 용기가 있는 자는 헐

화가 일어나 능주로 귀양갔다가 사사되었다. 문집으로 『정암집(靜庵集)』이 있다.

98 문경공(文敬公)~하였는데 : 해당 부분은 다음 문집에 실려 있으며 원문은 다음과 같다. 金先生嘗得一雉, 爲乾之, 將送大夫人所, 適被貓兒偸食. 金先生盛責守婢, 辭氣太過. 先生進曰, 奉養之誠雖切, 君子辭氣, 不可不省察也. 小子竊有疑於心, 故敢請. 金先生起前握手曰, 吾方自悔, 而汝言又如此, 吾不覺愧服也, 且汝乃吾師, 吾非汝師也, 自後益加敬重. 『靜菴先生文集』 附錄 卷5 「年譜」.

뜯어도 성내지 않고 공격해도 놀라지 않으며 욕을 당해도 마음에 두지 않는다. 이는 용기 있게 의를 실천하기 때문에 분노할 일을 마음속에 담아두지 않고 다만 그 진실한 모습만 보기 때문이다"[100]라고 하였다.

제63과 지식

사람의 지식은 자기의 기반을 닦아 출세하기 위한 기초이다. 어떠한 사업을 하든지 모두 지식을 통해 이루게 되니, 이 지식을 연마할 때에는 마땅히 당시의 형세에 따라 그 정도를 더해야 한다. 그러나 지식의 종류가 매우 많아서 한 사람의 생각과 힘으로 그 무한한 이치를 환히 깨닫고자 하는 것은 진실로 바라기 어려우니, 반드시 나의 일에 필요한 지식을 먼저 깨닫기 위하여 당면한 일에 유익한 책만 연구해야 하며 하릴없이 시간을 허비하는 일은 결코 해서는 안 된다.

소년의 시절에는 기력이 왕성하여 기억력이 매우 좋으니 지식을 연마하기에 가장 적당하다. 이 좋은 시기를 만약 나태함으로 잃어버린다면 성장한 뒤에 비록 후회해도 어찌 돌이킬 수 있겠는가?

---

99 김정(金淨, 1486~1520) : 본관 경주. 자 원충(元冲). 호 충암(冲菴). 시호 문간(文簡). 담양부사(潭陽府使) 박상(朴祥)과 함께 폐비 신씨(愼氏)를 복위시키고자 상소하였으나 각하되고 유배당하였다. 도승지 · 이조참판 · 대사헌 · 형조판서 등을 역임하였다. 조광조와 함께 미신타파 · 향약(鄕約) 시행 등에 힘썼으나 1519년 기묘사화(己卯士禍) 때에 제주에 안치되었다가 사사(賜死)되었다. 시화(詩畵)에 능하였다. 문집으로 『충암문집(冲菴文集)』, 저서로 『제주풍토록(濟州風土錄)』 등이 있다.

100 세상에~때문이다 : 해당 부분은 다음 문집에 실려 있으며 원문은 다음과 같다. 世固有大勇者, 毀之而不怒, 犯之而不驚, 辱之而不屑, 勇於行義, 故忿懥之事, 不入于懷, 徒見其悃悃如也. 『冲庵先生集』 卷5 「孤峯亂藁」 十一箴.

덕성에 대한 주의

제64과 자기

무릇 사람에게 가족에 대한 일과 사회인들에 대한 일이 있는 것처럼 자기 자신에 대한 일이 있고, 자기에 대한 일 가운데에는 몸에 대한 일과 마음에 대한 일이 있다. 외물의 유혹을 억제하여 몸의 건강과 정신의 활동을 해치지 않도록 주의하고 자기의 몸과 마음을 발달하게 하는 것이 옳으니, 가령 일시적인 곤란함을 감당하지 못하여 스스로 나약해지거나 자살하는 것은 가장 악한 일이다.

문정공 조광조는 말하기를, "몸가짐은 마땅히 엄격한 가운데 편안함이 있고 편안한 가운데 엄격함이 있도록 해야 하니, 이것이 이른바 예악(禮樂)을 잠시도 몸에서 떼어놓을 수 없다는 것이다"[101]라고 하였다.

제65과 뜻을 세우기

무릇 학업을 닦는 사람은 뜻을 세우는 것을 제일로 삼아야 한다. 사람이 만약 어려서부터 그 뜻을 확립하지 못하면 성장한 뒤에 자연히 그 마음이 외물에 이끌려서 그 행실을 일정하게 할 수가 없게 되므로 어떤 일을 해 나가든지 막론하고 중도에서 그만두기를 면할 수 없을

---

101 몸가짐은~것이다 : 해당 부분은 다음 문집에 실려 있으며 원문은 다음과 같다. 持已, 當使嚴中有泰, 泰中有嚴, 此所謂禮樂不可斯須去身者也. 『靜庵先生文集』 卷4 「經筵陳啓」 「復拜副提學時啓十二」. 원문에는 '當, 嚴中에 恭이 有ᄒᆞ고 恭中에 嚴이 有케 ᄒᆞᆯ지니'라고 하였는데 '恭'은 '泰'의 오기로 보인다.

것이니, 사람은 항상 뜻을 확고한 곳에 두고 공평한 곳에서 일을 행하는 것이 좋다.

문충공(文忠公) 김성일(金誠一)[102]이 일찍이 문하의 생도를 가르쳐 말하기를, "사람이 뜻을 세우는 데에 진실하지 않은지를 걱정해야지 어찌 재주가 부족한 것을 걱정하겠는가? 재주가 없을지라도 군자다운 선비가 되는데 방해되지 않으며 재주가 있더라도 소인으로 돌아가기를 면하지 못할 것이니 이는 단지 학문을 함에 있어서 자신을 위한 학문을 하느냐, 남에게 보이기 위한 학문을 하느냐에 달려 있을 뿐이다"[103]라고 하였다.

제66과 뜻을 세우기(속)

뜻이라는 것은 기를 거느리는 것이니, 다른 사람이 강제할 수 있는 것이 아니며 반드시 자기가 느끼고 감발하는 것에 따라서 세우는 것이다. 그러므로 그 뜻이 강한 사람은 견고한 정신과 인내력을 수양하여 그 가리키는 방향에 도달하지만, 그 뜻이 약한 사람은 비록 한 번 느끼고 감발하는 마음이 있을지라도 문득 외물에 정신력을 빼앗겨 좌

102 김성일(金誠一, 1538~1593) : 본관 의성(義城). 자 사순(士純). 호 학봉(鶴峯). 벼슬은 수찬 등을 시작으로 병조좌랑 · 이조좌랑 등의 요직을 거쳤다. 1591년 부사로 일본 사행을 다녀왔는데, 정사 황윤길은 왜군의 침입이 있을 것이라고 보고하였고 그는 그렇지 않다고 하여 임진왜란을 불러온 장본인으로 각인되었다. 정치적으로는 동인(東人)에 가담하여 서인(西人)의 영수였던 정철(鄭澈)을 규탄하였으며, 이후 동인이 남인 · 북인으로 갈릴 때 유성룡 등과 입장을 같이하여 남인을 이루었다. 저서로는 『해사록(海槎錄)』, 『상례고증(喪禮考證)』이 있으며, 문집으로 『학봉집(鶴峯集)』이 있다.

103 사람이~뿐이다 : 해당 부분은 다음 문집에 실려 있으며 원문은 다음과 같다. 先生曰, 人患立志不誠, 何患才不足乎? 有才不免爲小人, 無才不妨爲君子, 在所學之爲己爲人耳. 『鶴峯先生文集』 附錄 卷3 「言行錄」.

절함을 면치 못하게 된다.

세상에서 뜻을 견고하게 세우지 못하는 사람을 보면 항상 태만한 습관 때문에 그 추구하는 일을 원대하게 만들겠다고 스스로 기약하지 못하므로 오늘 감정적으로 정한 것을 뒷날 감정에 따라 파기하게 되니, 배움에 뜻을 둔 사람은 마땅히 이를 거울삼아 경계해야 한다.

제67과 뜻을 세우기(속)

문성공 이이가 말하기를, "학자가 평생 동안 책을 읽어도 능히 이루는 것이 없는 것은 다만 뜻을 세우지 않았기 때문이다. 뜻을 세우지 못하는 데에는 세 가지 병폐가 있다. 첫째는 믿지 못하는 것이니, 성인의 말씀으로 사람들에게 가르침을 베풀었다고 하여도 다만 그 글만 완상하고 몸으로 실천하지 않는 것이다. 둘째는 지혜롭지 못한 것이니, 그 자질이 좋지 못한 것을 자신의 분수라고 여기고 물러나 지내는 것에 안주하여, 특히 나아가면 성현이 되고 물러나면 어리석은 자나 불초한 자가 된다는 것을 알지 못하는 것이다. 셋째는 용감하지 못한 것이니, 성현이 나를 조금도 속이지 않으셨고 기질이 가히 변화한다는 것을 알면서도 다만 일상에 안주하고 옛 것에 정체되어 능히 분발하지 못하므로, 어제 한 일을 오늘 고치기 어렵고 오늘 한 일을 내일 고치기 꺼려하면서 이와 같이 되풀이하니, 한 마디쯤 나아갔다가 한 자쯤 물러나게 되는 것이다. 사람에게 이 세 가지 병폐가 있으므로 군자가 세상에 나오지 않고 육경(六經)이 헛된 말이 되니 탄식하지 않을 수 있겠는가?"[104]라고 하였다.

제68과 반성

사람이 비록 지식이 넉넉한 자라도 자신의 잘못은 깨닫기 어려운데, 하물며 게으른 사람이 사사로운 욕심으로 인하여 깨닫지 못하는 사이에 죄악에 빠진다면 어떠하겠는가? 그러니 사람은 항상 자신을 반성하여 행동을 삼가야 하며 또 남이 나의 잘못에 대해 충고하면 듣고 곧 고치는 것이 옳다.

옛날에 증자(曾子)[105]는 매일 그 자신을 세 번 반성하여 이르길, "남을 위해서 일을 도모하는데 충성스럽지 못했는가, 벗들과 더불어 사귀는데 성실하지 못했는가, 전수 받은 가르침을 되풀이 하여 익히지 않았는가?"[106]라고 하였다.

문원공(文元公) 이언적(李彦迪)[107]이 일찍이 책상 위에 스스로 경계하는

---

104 학자가~있겠는가? : 해당 부분은 다음 문집에 실려 있으며 원문은 다음과 같다. 志者, 氣之帥也. 志一則氣無不動, 學者終身讀書, 不能有成, 只是志不立耳. 志之不立, 其病有三. 一曰不信, 二曰不智, 三曰不勇. 所謂不信者, 聖賢開示後學, 明白諄切, 苟因其言, 循序漸進, 則爲聖爲賢, 理所必至, 爲其事而無其功者, 未之有也, 彼不信者. 以聖賢之言, 爲誘人而設, 只玩其文, 不以身踐, 是故所諫者聖賢之書, 而所蹈者世俗之行也, 所謂不智者. 人生氣稟, 有萬不齊, 而勉知勉行, 則成功一也, 踊躍築埋, 孟子所嬉, 而卒爲亞聖, 暮歸喜獵, 程子所習, 而卒爲大賢, 何必生知, 然後乃可成德乎, 彼不智者. 自分資質之不美, 安於退託, 不進一步. 殊不知進則爲聖爲賢, 退則爲愚爲不肖, 皆所自爲也. 是故, 所讀者, 聖賢之書, 而所守者, 氣稟之拘也. 所謂不勇者, 人或稍知聖賢之不我欺, 氣質之可變化, 而只是恬常滯故, 不能奮勵振發, 昨日所爲, 今日難革, 今日所好, 明日憚改, 如是因循, 進寸退尺, 此不勇之所致. 是故, 所讀者, 聖賢之書, 而所安者, 舊日之習也. 人有此三病, 故君子不世出, 六籍爲空言, 嗚呼, 可勝歎哉?『栗谷先生全書』卷20「聖學輯要」「修己第二上」.

105 증자(曾子, BC 506~BC 436) : 중국 춘추시대의 유학자. 공자의 도를 계승하였으며, 그의 가르침은 공자의 손자 자사(子思)를 거쳐 맹자(孟子)에게 전해져 유교사상사에서 중요한 위치를 차지한다.

106 남을~않았는가? : 출전은 다음과 같다. 爲人謀而不忠乎, 與朋友交而不信乎, 傳不習乎?『論語』「學而」.

107 이언적(李彦迪, 1491~1553) : 본관 여주. 호 회재(晦齋)·자계옹(紫溪翁). 자 복고(復古). 이름 적. 시호 문원(文元). 벼슬은 이조·형조·예조판서를 역임하였고 의정부 우찬성·좌

말을 써두었는데, "나는 매일 나 자신을 세 번 반성한다. 하늘을 섬김에 미진함이 있는가, 임금과 어버이를 위함에 정성을 다하지 못한 것이 있는가, 마음을 다잡음에 바르지 못한 것이 있는가?"[108]라고 하였다.

제69과 스스로 경계하기

문정공 조식은 항상 쇠방울을 차고 다니며 '성성자(惺惺子)'[109]라고 불렀고 그것을 차고 다니며 정신을 환기시켰다. 동강(東岡) 김우옹(金宇顒)[110]이 처음 공에게 인사하였을 때 공이 차고 있던 방울을 꺼내 동강에게 주며 말하기를, "이것을 네 허리춤에 두어라. 움직임이 있으면 반드시 경계하고 꾸짖어서 매우 공경하고 두려워할 만하니 너는 삼가고 조심하여 이 방울에게 죄를 얻음이 없도록 해야 한다"라고 하였다. 동강이 묻기를, "이것은 옛 사람들이 옥을 차는 뜻이 아닙니까?"라고

찬성을 지냈다. 1547년 을사사화의 여파인 양재역벽서(良才驛壁書) 사건에 연루되어 강계로 유배되었다. 관직에 있을 때에는 「일강십목소(一綱十目疏)」를 통해 훈신들의 잘못에 휘말린 중종에 대한 비판의 뜻을 담았고 유배간 뒤에는 많은 유학 관련 저술을 통해 독자적이고 자율적인 학문정신을 드러냈다. 그의 주리적 성리설은 이황에게 계승되어 영남학파로 이어지며 조선 성리학의 한 특징을 이루었다. 문집으로 『회재집(晦齋集)』이 전한다.

108 문원공(文元公)~있는가? : 해당 부분은 다음 문집에 실려 있으며 원문은 다음과 같다. 其几案上, 書自戒之辭曰, 吾日三省吾身. 事天有未盡歟, 爲君親有未誠歟, 持心有未正歟? 『晦齋先生集』 附錄 「行狀」.

109 성성자(惺惺子) : 성성은 혼미하지 않고 깨우친다는 말로, 방울소리가 사람의 마음을 깨우쳐 준다는 의미로 붙인 이름.

110 김우옹(金宇顒, 1540~1603) : 본관은 의성(義城). 자 숙부(肅夫). 호 동강(東岡)·직봉포의(直峰布衣). 시호 문정(文貞). 남명 조식의 문인. 벼슬은 한성부좌윤·대사성·대사헌 등을 역임하였고, 모함에 빠진 유성룡(柳成龍)을 위하여 항소하여 그 억울함을 풀어 주기도 했다. 조식과 이황의 학통을 동시에 이어받은 선비로 분류되는데 말년에 정치적으로 우위에 있었던 퇴계의 문인들과 교우가 두터웠기 때문에 퇴계 문인으로 평가되기도 한다. 선조 때 동인과 서인으로 갈라져 붕당정치의 혼란이 심해지자 동인과 서인의 중간자로서 중재 역할을 하였다. 저서로 『동강문집(東岡文集)』 등이 있다.

하니, 공이 이르길, "진실로 그러하다. 이 뜻은 더욱 간절하니 옥을 차는 것에서 그쳐서는 안 된다"[111]라고 하였다.

제70과 인내

무릇 사람이 사업을 이루고자 하면 많고 적고 간에 어려운 일을 만나게 마련이다. 그러니 사람은 그 뜻을 꺾지 않고 어려움을 참고 견디며 마침내 그 일을 이루어야 한다. 옛 사람이 말하기를, '어려움은 사람을 옥으로 만드는 것이다'[112]라고 하였다.

인내의 힘은 큰 사업을 할 때에만 필요한 것이 아니라 일상적인 행동에도 필요하니, 우리 청년들은 항상 인내하는 습관을 만들어 미래의 사업을 이룰 수 있도록 마음을 써야 한다.

문순공 이황은 말하기를, "옛 선비를 보면 어려움이 더욱 심할수록 그 뜻에 더욱 힘쓰고 그 절개를 더욱 드높이니, 만약 한 때의 어려움 때문에 갑자기 그 향할 바를 잃어버린다면 가히 선비라고 말할 수 없다"[113]라고 하였다.

---

111 동강(東岡)~하였다 : 해당 부분은 다음 문집에 실려 있으며 원문은 다음과 같다. 惺惺子, 癸亥歲, 宇顒初拜門下, 先生出所佩囊中鈴子以贈曰, 此物清響, 解警省人, 佩之覺甚佳, 吾以重寶與汝, 汝其堪保此否. 又曰, 此物在汝衣帶間, 凡有動作, 規警誚責, 甚可敬畏, 汝其戒懼, 無得罪於此子也. 問莫是古人佩玉意否. 先生曰, 固是抑此意甚切, 不止於佩玉也. 『南冥先生集』 卷4 「行錄」. 『연려실기술』 권11 「명종조의 유일(遺逸)」과 『임하필기(林下筆記)』 권8 「논경(論敬)」 등에서도 조식의 금방울에 대해 소개하였다.

112 어려움은~것이다 : 북송(北宋)의 장재(張載)가 『서명(西銘)』에서 "貧賤憂戚, 庸玉汝於成也"라고 하였고, '艱難玉汝'라는 고사성어로도 널리 알려져 있다.

113 옛~없다 : 해당 부분은 다음 문집에 실려 있으며 원문은 다음과 같다. 然觀古之士, 其窮愈甚, 其志益厲, 其節益奇. 若因一困拂而遽喪其所守, 則不可謂之士矣. 『退溪先生文集』 卷33 「答金應順庚申」.

제71과 언어

말은 생각을 남과 나누게 하는 수단이다. 사람이 비록 고상한 지식이 있을지라도 모두 말의 힘에 의지하여 발달하는 것이므로, 음성은 반드시 분명하고 청명함을 취해야 한다. 만약 나오는 소리가 낮고 사그라들면 사람들에게 오해를 살 수도 있고, 높은 소리를 함부로 내면 사람들을 놀라게 할 수도 있다.

문순공 이황은 말하기를, "사람이 남을 응대할 때 가장 허망하게 실수하기 쉬운 것이 말이다. 그러므로 성인(聖人)이 사람들을 신의로 가르치시어 말의 법칙으로 삼으셨으니, 신의는 정성과 한 이치이므로 정성을 두는 것은 마땅히 함부로 말하지 않는 것으로부터 비롯된다"[114]라고 하였다.

제72과 언어(속)

말을 할 때에는 또한 반드시 처한 시기와 장소를 자세히 살피지 않을 수 없다. 만약 남과 대화할 때 함부로 가능한지 그렇지 않은지를 살피지 않고 갑작스럽게 마음 내키는 대로 논의하거나, 자기의 말을 듣도록 하기 위해 자기 스스로 변호하거나, 축하하는 자리에 있으면서 불길한 말을 꺼내거나, 장례식에 참석하여 해괴한 이야기를 하는 것은 결코 해서는 안 된다.

---

114 사람이~비롯된다 : 해당 부분은 다음 문집에 실려 있으며 원문은 다음과 같다. 人有應接, 最易失於虛妄者, 惟言語爲然, 故聖人敎人, 以信爲言語之則, 信之與誠, 一理也, 故行誠當自不妄語始. 『退溪先生文集』 卷36 「答李宏仲問目」.

문경공 김안국의 가훈에 이르길, "자기의 장점을 과장하거나 남의 단점을 이야기하지 말라. 지난 잘못이나 몰래 감추어진 일을 말하지 말고, 음란하거나 추잡한 말을 하지 말며, 오만하고 남을 멸시하는 말을 하지 말고, 상식에 어긋나고 험악하고 패악스러운 말을 하지 말며, 터무니없는 거짓말이나 황당무계한 말을 꺼내지 말라"[115]라고 하였다.

제73과 언어(속)

교리(校理) 노경임(盧景任)[116]이 말하기를, "남이 비록 나를 업신여기더라도 내가 능히 포용하여 응대하면 업신여기던 자가 공손해질 것이고, 남이 나를 박대할지라도 내가 능히 포용하여 대하면 박대하던 자가 후대할 것이며, 남이 비록 나를 화나게 할지라도 내가 능히 너그럽게 참고 용서하여 말을 삼가면 남이 반드시 굽히게 될 것이다"[117]라고 하였다.

또 말하기를, "가령 남이 잘못이 있더라도 덮어주고 드러내지 않는

115 자기의~말라 : 해당 부분은 다음 문집에 실려 있으며 원문은 다음과 같다. 勿誇己長而談人短, 勿談人過惡及隱微之事, 勿談國家朝廷政令得失, 勿言守令宰相朝官得失, 勿喜談淫褻醜語, 聞人善則喜而常談之, 勿言毁人之語, 勿談傲慢侮人之言, 勿談反常凶悖之言, 勿譸張妄謊言語. 『慕齋先生集』 卷15 附錄「先生行狀」.

116 노경임(盧景任, 1569~1620) : 본관 안강(安康). 자 홍중(弘仲). 호 경암(敬菴). 순안어사(巡按御史)로 강원도에 내려가 삼척부사 홍인걸(洪仁傑)의 비행을 적발·처결하였고, 지평을 거쳐 예조정랑이 되었으며, 체찰사 이원익(李元翼) 밑에서 신임을 얻었다. 이에 앞서 정인홍(鄭仁弘)의 인품에 관하여 간사한 인물이라고 장현광에게 보고한 사실이 뒤에 알려져, 성주목사(星州牧使)로 있을 때 무고한 탄핵을 받고 파직되었다. 그 뒤로는 낙동강변에 은거하여 여생을 보냈다. 문집으로는 『경암집(敬菴集)』이 있다.

117 남이~것이다 : 해당 부분은 다음 문집에 실려 있으며 원문은 다음과 같다. 人雖慢我, 我能容而答之, 則慢者恭, 人雖薄我, 我能容而待之, 則薄者厚, 人雖怒我, 我能容忍而愼言, 則人必服. 『敬菴先生文集』 卷3 「忍說」.

것이 옳은데, 하물며 잘못도 없는데 거짓으로 꾸며 헐뜯는 것은 어떠하겠는가? 이는 비록 사람의 얼굴을 하고 있으나 승냥이나 이리, 뱀이나 전갈과 무엇이 다르겠는가? 그 거짓으로 날조를 당한 사람이 손해나거나 이익이 될 것은 없으나, 그는 자신의 흉악스러움에 스스로 빠지게 된 것이니, 아아, 누가 얻고 누가 잃은 것이겠는가?"[118]라고 하였다.

118 가령~것이겠는가? : 해당 부분은 다음 문집에 실려 있으며 원문은 다음과 같다. 假令人有過, 猶當掩而不揚, 況無過而搆捏詆毁乎? 此雖人面, 何異於豺虎蛇蝎? 被其搆捏者, 曾不足爲損益, 而渠已自陷於凶險. 噫, 孰得孰失焉? 『敬菴先生文集』 卷4 「言人過說」.

인격에 대한 본무

제74과 품위

사람의 품위는 만물 가운데 으뜸이다. 그 밝은 지각이 모든 이치를 갖추어 만물에 응하는데, 이 만물에 대하여 그 행하는 바가 정당하지 못하면 이는 사람의 도에 위배되는 것이니 그 품위를 어찌 보존하겠는가?

사람은 남이 알지 못하는 곳이라고 해서 행실을 잃지 말고 남을 대하고 있다고 해서 행실을 꾸미지 말며 다만 양심에 따라 정당한 일을 행해야 한다. 전(傳)에 이르길, "숨겨진 것보다 더 드러난 것이 없으며 미미한 것보다 더 뚜렷한 것이 없으므로 군자는 홀로 있을 때 삼간다"[119]라고 하였다.

가령 남에게 칭찬을 받았을지라도 자기가 생각하기에 그 실상이 없으면 족히 명예가 되지 못하고 남에게 비방을 받을지라도 자기가 잘못한 것이 없으면 족히 수치가 되지 아니한다. 그러니 자기 마음을 속이지 않으면, 우러러 하늘에 부끄러움이 없고 굽어보아 남들에게 창피하지 않게 된다.

---

119 숨겨진~삼간다 : 출전은 다음과 같다. 莫見乎隱, 莫顯乎微, 故君子愼其獨也. 『中庸章句』.

제75과 직업

무릇 사람은 직업에 종사하지 아니 할 수 없으니, 그 직업을 선택할 때에 먼저 자기의 능력과 사정을 헤아려야 하며, 한 번 직업의 방향을 정한 뒤에는 경솔하게 바꾸어서는 안 된다.

직업에 종사할 때에는 모름지기 근면과 인내가 필요하니, 근면하여 업무를 게을리 하지 않고 인내하여 고난에도 굽힘이 없으면 어떤 사업을 한들 성취하지 못하겠는가?

직업은 사물에 대한 주의를 필요로 하니, 깊이 사물에 주의하면 온갖 일이 모두 경험을 바탕으로 그 사업의 발달을 돕게 된다. 그러므로 예로부터 사업을 하는 사람은 모두 주의하는 습관으로 성취하게 되는 것이다.

제76과 직업(속)

직업은 한 사람의 생활을 도모하고 사회의 공익을 진척시키는 근본이다. 사람이 세상에 태어나 이 책임이 이미 무거우니 선비와 농사꾼, 공장이와 상인이 각기 업무에 전념하여 그 진보를 기약하여야 한다. 그러나 사람은 재능에 장점과 단점이 있고 사업의 우열이 있으니 그 적당한 바를 따라서 복무해야 하며 함부로 자신의 힘이 감당하지 못할 일을 해서는 안 된다.

임운(林芸)[120] 공이 일찍이 이르길, "세상 사람들이 생계를 도모하기

---

120 임운(林芸, 1517~1602) : 본관 은진(恩津). 자 언성(彦成). 호 첨모당(瞻慕堂)·노동(蘆洞). 이황의 문인. 경사(經史)를 비롯하여 성력(星曆)·지리·율려(律呂)·산수(算數)에 통달했

를 부지런히 하지 않아서 가업이 영락하는 데에 이른다. 이는 다만 어른을 섬기고 아랫사람을 보살피는 일을 제대로 하지 못하게 할 뿐 아니라, 장례를 치르고 조상의 은혜에 보답하는 예를 또한 그만두게 할 것이니 어찌 사람의 도를 능히 다하였다 하겠는가?"[121]라고 하였다.

제77과 믿음을 세우기

공자가 이르길, "믿음이 없으면 존립할 수 없다"[122]라고 하였으니 사람이 세상에 태어나 능히 왕래하고 교섭하는 일이 없을 수 없으므로 믿음은 곧 왕래하고 교섭하는 큰 수단이 된다. 만약 믿음이 서지 않으면, 너는 속이고 나는 걱정하여 피차간에 신용을 얻지 못하게 된다.

세상에 신용할 수 없는 사람을 보면 매매나 임대 등을 할 때 약정한 조약의 먹이 마르기도 전에 파기해 버리니 이는 약조를 할 때에 마음대로 작성하고는 나중에 능히 그것을 실행하려고 생각지 아니한 것이다. 그러므로 집을 매매할 때 3, 4년을 단단히 약조해놓고도 몇 년이 지나지 않아서 바꿔버리고, 돈을 빌리면서 1년 내에 깨끗이 갚기로 분명하게 말해놓고도 4, 5년이 지나도록 다 갚지 않는다. 얼굴을 보아 보증한 약조에 이르러서는 말한 것은 입 언저리에 잠시 바른 것에 지나

다. 만년에 행의(行誼)로 추천받아 사직서참봉(社稷署參奉) · 연은전참봉(延恩殿參奉) 등을 지냈으며 형 훈(薰)과 함께 효자로 알려져 고향에 정문(旌門)이 세워졌다. 저서로 『첨모당문집(瞻慕堂文集)』이 있다.

121 세상~하겠는가? : 해당 부분은 다음 문집에 실려 있으며 원문은 다음과 같다. 常曰, 世之人, 不勤謀生, 馴致家業之零替, 非徒仰事俯育之不克, 送終報本之禮亦廢而不擧者多矣, 可謂能盡其人道, 而能守其祖業乎? 『瞻慕堂先生文集』 卷3 「行狀」.

122 믿음이~없다 : 출전은 다음과 같다. 子貢問政, 子曰, 足食足兵, 民信之矣. 民無信不立. 『論語』 「顏淵」.

지 않게 되고 들은 것은 귓가를 잠시 스치고 지나가면 그뿐으로 또한 손해나게 한 것은 없다고 여긴다. 서양 사람들은 비록 잔치를 하거나 인사를 나누는 등의 일이라 하더라도 조금도 시간을 놓치지 않고 약속대로 가서 믿음을 굳게 다지는 것을 중요한 임무로 삼는다. 그러니 무릇 우리 청년들은 이 험난하고 거짓된 세상을 살면서 왕래하고 교섭하는 일에 믿음을 확립하도록 주의하여야 한다.

제78과 자기 스스로 생계를 경영하기

사람이 세상을 살면서 생활을 도모하는 것은 모두 사업을 경영하는 것에 따라 나오는 것이니, 반드시 평소에 수고롭게 일에 힘써서 스스로 생계를 꾸려가는 습관을 이루어서 마음으로 정한 사업의 목적을 이루어야 한다. 망령되게 다른 사람을 의지하여 배를 구차하게 채우는 것은 가장 천한 사람이나 하는 일이니, 비록 사업을 이루고자 하지만 어찌 이룰 수가 있겠는가?

스스로 생계를 경영하는 정신을 기르는 방법은 자기의 본분을 다하며 곤경을 참아내는 데에 달려있으니, 각 사람이 그 맡은 바의 직업에 부지런히 종사하여 스스로의 힘을 발달시켜 믿을 만한 수준에 이를 수 있다면 스스로 생계를 경영하는 생활이 진척될 수 있을 것이다.

스스로 생계를 경영하는 정신은 한 사람에게만 유익할 뿐 아니라 국가의 독립을 도와 뿌리내리게 하는 것도 이 정신이 모여서 이루게 하니, 만약 국민이 스스로 생활을 꾸려나가지 못하면 국가는 그 쇠망함을 면하지 못할 것이다.

제79과 고상

사람은 학업에 힘쓰든지 사업을 경영하든지 그 뜻을 고상한 곳에 두고 비록 어떠한 곤란한 일을 경험할지라도 백 번 꺾여도 휘어지지 않는 정신을 스스로 기른 뒤에야 능히 큰일을 이룰 수 있다. 그러나 그 뜻이 비루하여 학업에는 나의 재능이 미치지 못하니 노력하여도 이룰 수 없을 것이라고 하고 사업에는 나의 자질과 힘이 미치지 못하니 경영하지 못할 것이라고 하면서 의지하는 마음으로 다른 사람의 노예 되기를 즐겨 하는 것은 가장 하등의 천하고 비루한 사람이 하는 일이다. 평생 노력한들 어떤 일인들 이룰 수 있겠는가?

정만양(鄭萬陽)[123] 공이 매번 그 손자를 불러 이르길, "학문을 할 때에는 반드시 성인이 되기를 기약해야 할 것이니, 만약 제1등을 양보하고 제2등의 일을 하고자 한다면 곧 스스로를 포기하는 것이다"라고 하였고 또 이르길, "학자가 마땅히 헌면(軒冕)[124]을 더럽게 여기고 부귀를 대수롭지 않게 여기는 뜻을 둔 뒤에야 비로소 발을 디딜 만한 곳이 있을 것이다.[125] 그렇지 않으면 모든 일이 저하되어 족히 볼 만한 것이 없게 된다"라고 하였다.

---

123 정만양(鄭萬陽, 1664~1730) : 본관 오천(烏川). 자 경순(景醇). 호 훈수(塤叟) · 기암(企菴) · 정재(定齋). 경사(經史)는 물론, 성리학 · 예학 · 천문 · 지리 · 역학 · 경제 · 정치 · 율려 · 과제(科制) 등에 두루 정통하였고, 퇴계학에 몰두하면서 윤증 · 정제두 · 정시한 · 이형상 등과도 학술토론과 서신왕복이 많았으며, 학파를 초월하여 학문의 진수를 탐구하였다. 1728년(영조 4) 이인좌의 난 때 의병 수백 명을 모아 아우 규양으로 하여금 의병장을 삼고 규율을 모두 갖추었는데, 관군이 토평하였다는 소식에 해산하였고 이후 이남산 밑에서 후진 양성에 전념하였다. 저서로는 『훈지문집』 62권이 있다.

124 헌면(軒冕) : 고관(高官)이 타던 초헌(軺軒)과 머리에 쓰던 면류관. 고관을 두루 일컫는 말로도 쓰인다.

125 학자가~것이다 : 주돈이(周敦頤)가 『통서(通書)』 「부귀(富貴)」에서 '君子以道爲貴, 身安爲富, 故常泰無不適, 而銖視軒冕, 塵視金玉, 其重無加焉耳'라고 언급한 것을 염두에 둔 말이다.

제80과 약속

약속은 사람들이 반드시 지켜야 할 것이다. 조금이라도 가벼이 여길 수 없으니 만약 바르지 않은 일이라고 생각하거나 실행하기 어렵다고 생각하는 일은 당초에 약속하지 않는 것이 옳다.

하루아침에 약속한 일을 함부로 파기할 수 없으나, 다만 약속이 법령이나 도의에 배치되는 것이 있을 때에는 실행하지 말아야 한다. 또 정당한 약속이었다 하더라도 뜻하지 않은 변고로 인하여 어기게 되는 것은 부득이 한 일이다.

문정공 조식이 속리산에 들어가 동주(東洲) 성제원(成悌元)[126]을 찾아가서 다음 해 8월 15일에 가야산 해인사에서 만나기로 약속하였는데, 그 약속한 날에 거의 이르렀을 때 큰 비가 연일 내렸다. 조문정이 비를 무릅쓰고 가서 절 문에 이르니 동주가 이미 도착하여 도롱이를 막 벗고 있었다. 옛 사람들이 신의를 지킴에 보통의 약속도 이와 같이 하였다.

제81과 경쟁

경쟁은 사회의 자연스러운 상태로 각 사람마다의 진보를 재촉하는 것이다. 그러나 바르지 않은 수단으로 다른 사람을 이기고자 하면 안

126 성제원(成悌元, 1506~1559) : 본관 창녕(昌寧). 자 자경(子敬). 호 동주(東洲)·소선(笑仙). 시호 청헌(淸憲). 유우(柳藕)의 문인. 잦은 사화(士禍)로 선비들이 화를 당하는 것을 보고는 일찍이 과거를 포기하였다. 이희안·성운·조식·신계성 등과 교유하며 학문을 쌓고 후학을 가르쳤는데, 성리학 외에도 지리·의학·복술(卜術) 등에 두루 능통하였다. 돈녕부주부를 거쳐 보은현감(報恩縣監)에 제수되었는데, 선정을 베풀어 칭송을 들었으며, 임기가 끝난 후 나라에서 불렀으나 응하지 않았다. 문집으로 『동주유고』가 있다.

되며, 오직 정직한 방법을 행하여 그 뜻을 굽히지 않은 뒤에 승리하기를 기약하는 것이 옳다.

남과 경쟁할 때에 요행히 이긴 것은 떠벌릴 만한 것이 못 되고 우연히 진 것은 수치스러워 할 만한 것이 못 되면 다만 자기의 힘을 충분히 다하는 것이 옳으니, 옛말에 이르길, '한 번 이기고 한 번 지는 것은 전쟁터에서 늘 있는 일이다'[127]라고 하였다.

경쟁이라고 하는 것은 단지 하나의 일에만 그치는 것이 아니니, 개인이든지 사회든지 국가든지 막론하고 지식의 경쟁과 사업의 경쟁 등이 그 가운데 가장 큰 것이다. 그 나머지로 비록 사소한 물건 하나를 만들더라도 반드시 남보다 뛰어나게 만들고자 하는 것이 모두 경쟁의 마음에게 나오는 것이다. 개인의 경쟁도 오히려 이와 같은데 하물며 국제상 토지와 민족의 경쟁은 어떠하겠는가? 그러나 나의 강한 힘을 스스로 믿고 다른 사람의 이익을 빼앗아 가지는 것은 오랑캐[蠻賊]의 행위이다.

제82과 은혜에 사례하기

남에게 은혜를 받은 사람은 그 마음속에 새겨서 평생을 마음속으로 깊이 감사해야 한다. 어떤 이들은 당시에는 감사하는 마음이 있다가도 세월이 곧 오래되면 마침내 잊어버리니 이는 인정(人情)에 가까운 일이 아니라고 말할 수 있다.

---

127 한 번~일이다 : '一勝一敗, 兵家常事'는 『당서(唐書)』「배도전(裵度傳)」에서 당나라 황제가 싸움에 지고 온 배도를 위로하기 위해서 한 말로, 고전 역사서에 자주 인용된다.

돈이나 물건으로 은혜를 받은 사람은 그에 상응하는 가치로 보답하고 이르길, "충분하다"라고 하지만 이는 물건을 보상하는 것이고 은혜에 보답하는 것은 아니다. 사람이 만약 은혜에 보답하고자 한다면 그 감사하는 마음을 오래도록 지녀야 한다.

사람 가운데에는 어쩌다 자신이 베풀어준 은혜만 생각하고 자신이 받은 은혜에 대해서는 잊어버리는 자가 있으니, 이는 자기의 덕을 자랑하고 남의 덕에는 등을 돌리는 생각이다. 내가 남에게 베푼 것은 일시적으로 선을 베풀고자 하는 마음에서 행한 것이니 입을 닫고 말하지 않는 것이 옳고, 남이 나에게 베푼 것은 비록 그도 선을 베풀고자 하는 마음으로 행한 것이지만 내가 지녀야할 도리는 그 감사하는 마음을 평생 잊지 않는 것이 옳다.

제83과 이치를 궁구하기

사람이 학문을 닦아서 문명사회에 들어가고자 할 때에 만물의 실제 이치를 연구하지 않을 수 없다. 가령 경성(京城)에서 부산(釜山)으로 가고자 하면 반드시 기차를 타거나 기선(汽船)[128]에 앉고, 편지를 먼 곳에 보내고자 하면 반드시 우편을 이용하거나 혹 일이 급하면 전신(電信)을 사용하는 것은 사람이 모두 아는 것이다. 그러나 기차나 기선이 무엇 때문에 움직이는지와 우편과 전신이 무엇 때문에 전달되는지 환히 알고자 하는 것은 학문의 이치와 크게 관계가 있는 것이다. 이와 같이 문명의 새로운 사물뿐 아니라, 눈앞의 나무 한 그루, 돌 하나와 같은 미미한

128 기선(汽船) : 원문에는 '滊船'이라 되어있다.

것이라 하더라도 진리를 각각 갖추지 않은 것이 없으니, 능히 그 성질을 궁구하고 그 효용을 드러내 밝혀서 사람들로 하여금 생활을 윤택하게 하는 자료로 삼도록 하면 그 인격이 높은 수준을 점하게 될 것이다.

제84과 이치를 궁구하기(속)

서경덕(徐敬德)[129] 공이 어릴 적에 집이 가난하여 전원에서 나물을 캤는데, 매일 반드시 늦게 돌아오는데도 나물이 광주리에 가득 차지 않았다. 부모가 이상하게 여겨서 그 까닭을 물어보니 대답하길, "나물을 캘 때 어떤 새가 날기 시작하는데, 오늘은 땅에서 한 치쯤 날아오르고 다음 날에는 땅에서 두 치쯤 날아오르며 또 다음 날에는 땅에서 세 치쯤 날아올라 점차 위를 향하여 날아올랐습니다. 그래서 이 새를 보고 그 이치를 생각해 보았으나 깨닫지 못하여 매번 늦게 되었고 나물도 광주리에 채우지 못하였습니다"라고 하였다. 그 새는 민간에서 종달새[從從鳥][130]라고 부르는데, 봄에 땅의 기운이 상승하면 그 기운이 이르는 바에 따라 점차로 날아오르는 것이다. 서공이 이치를 궁구하는 재주가 기이하다.[131]

---

129 서경덕(徐敬德, 1489~1546) : 본관 당성(唐城). 자 가구(可久). 호 화담(花潭)·복재(復齋). 시호 문강(文康). 가세가 빈약하여 독학으로 공부를 하였고, 주로 산림에 은거하면서 문인을 양성하였으며, 신분에 관계없이 문호를 개방하여 많은 후학들을 길렀다. 학문경향은 궁리(窮理)와 격치(格致)를 중시하였으며, 선유의 학설을 널리 흡수하고 자신의 견해는 간략히 개진하였다. 또한 주돈이(周敦頤)·소옹(邵雍)·장재(張載) 등 북송(北宋) 성리학자의 학문과 도가사상에 많은 관심을 보였다. 그의 학문은 남북분당기에 북인의 사상을 형성하는 데 큰 영향을 주었다. 황진이·박연폭포와 함께 개성을 대표한 송도3절로 지칭되기도 했다. 문집으로는 『화담집』이 있다.

130 종달새[從從鳥] : 원문의 '從從鳥'는 종달새의 한자식 표기이다.

제85과 앞을 다투기

무릇 사람은 학술에든 공예에든 반드시 앞을 다투는 마음이 있은 뒤에야 능히 사업을 이루어 나가서 훗날 사회에 큰 이익이 되도록 한다. 가령 한가롭게 게으름을 피우고 일하지 않으면서 남을 우러러보며 살아가는 사람은 이익을 나누는 일은 있을지언정 이익을 생산하는 일은 없으니 곧 동물 가운데 기생충이라 할 수 있다.

대개 앞을 다투는 사람은 그 마음을 쓰는 고충이 일반 사람에 비해 백 배나 크지만 그 사업을 성공하게 되면 일반 사람들보다 더 얻는 이익이 또한 만 배에 이르게 되니, 어찌 사회에 크게 공헌하는 신하가 아니겠는가? 우리나라는 학술과 공예가 거칠고 조잡하여 문명의 진척이 지지부진하니 진정으로 국민이 분발하여 앞을 다투어야 할 때인데, 한가롭게 게으름을 피우는 고질적인 습관이 과거의 견해를 고집하고 풍속을 따르게 하여 능히 앞을 다투는 자가 매우 드물게 되었으니 탄식하고 경계할 일이다.

제86과 학문의 이치

사람이 산업을 증식하여 생활의 편익을 도모하는 것은 모두 학문의

---

131 서경덕(徐敬德)~기이하다 : 해당 부분은 다음 문집에 실려 있으며 원문은 다음과 같다. 花潭家甚貧, 兒時, 父母使於春後采蔬田間, 每日必遲歸, 蔬亦不盈筐, 父母怪而問其故, 對曰, 當采蔬時, 有鳥飛飛, 今日去地一寸, 明日去地二寸, 又明日去地三寸, 漸次向上而飛, 某觀此鳥所爲, 竊思其理而不能得, 是以, 每致遲歸, 蔬亦不盈筐也. 蓋其鳥, 俗名從從鳥云, 當春之時, 地氣上升, 輒隨其氣所至高下而飛焉, 花潭窮理之功原於此, 奇哉. 『花潭先生文集』 卷3 「遺事」. 박세채가 「記少時所聞」(『南溪先生朴文純公文正集』 卷57)에도 같은 내용을 소개하였다.

이치를 응용한 것이다. 그러나 학문의 이치도 세상의 문명에 따라 진보하는 것이니, 다만 살펴보라. 역참에 말을 달려 보내는 서신이 전선이나 전화와 비교하면 어떠하며, 각부(脚夫)[132]의 힘이 전선이나 전차와 비교하면 어떠한가? 이는 학문의 이치를 가장 많이 응용한 것이며, 그 나머지 농업과 상업, 공업 등 온갖 일을 개량, 진보하는 것이 모두 학문의 이치를 응용하는 것이다. 그러니 세상의 문명에 주의하려 한다면 이 학술을 버리고 무엇으로써 하겠는가?

우리나라 사람은 학문의 이치에 전혀 몽매하여 입으로는 배와 수레도 만들어 통하지 않은 곳을 건너게 하고 나무를 깎아 쟁기를 만들며 나무를 굽혀 보습을 만든다고 되뇌지만 실제로는 한 가지 일도 연구한 것이 없다. 그래서 농업, 상업, 공업 등을 버려두고 연마하지 않으면서 그 원하는 것은 신농(神農)[133]과 황제(黃帝)[134]를 배우는 것이라 이르니 이는 신농과 황제에게 죄인인 것이다.

---

132 각부(脚夫) : 우체부.

133 신농(神農) : 중국 전설 속의 제왕. 농사법, 의료, 교역 등을 민중에게 가르쳤다고 한다.

134 황제(黃帝) : 중국에서 시조(始祖)로 섬기는 옛날 전설 속의 임금. 오방신장(五方神將)의 하나로 중앙을 맡은 신(神)이다.

수양에 대한 본무

제87과 재능과 지혜

재주와 지혜는 일을 이루는 도구이다. 그러므로 재주와 지혜가 없는 사람은 비록 기술이 아무리 교묘하고 민첩하며 품행이 아무리 선량할지라도, 톱이나 대패 같은 도구가 없으면 집을 만들 수 없는 것과 같이, 기술과 품행을 모두 사용하지 못하고 자기의 행복을 완성하거나 남에게 도움을 줄 수 없게 될 것이다. 그러니 우리는 도덕을 닦고 기술을 익혀 함께 재주와 지혜를 연구하도록 마음을 써야 한다.

지금 구미(歐美)의 여러 나라 박사나 학사가 교육학 원리를 논하여 저술한 것을 보면, 어떤 이는 몸을 기르는 것[體育]이 제일이라 하고 어떤 이는 덕을 기르는 것[德育]이 제일이라 하였으니, 신체를 건강하게 하는 것과 도의(道義)를 숭상하는 것은 사람 된 자에게 가장 중요한 일이다. 그러나 신체나 도덕도 재주와 지혜가 아니면 활용할 수가 없을 것이니, 그러므로 재주와 지혜는 일을 이루게 하는 도구라고 말할 수 있다.

제88과 덕을 수양하기

사람이 짐승과 다른 점은 덕성을 수양한 것에 있으니, 일신의 건강과 지능이 모두 덕성을 실행하는 데에 필요한 것이다. 그러므로 이 덕성을 거느리지 않을 때에는, 비유컨대 정예병이 있지만 이를 통솔할 좋은 병사가 없는 것과 같아서 건강은 단지 모질고 사나움의 근저가

되고 지능은 단지 간악함의 매개가 될 것이다.

덕성의 본령은 자신의 본래 직무에 종사하는 데에 있으니 우리의 양심은 본래 직무의 표준이 된다. 한 가지 일, 한 가지 사물을 모두 양심이 명령하는 대로 복종하게 하여 그 사이에 싹트는 사사로운 마음과 사사로운 욕심을 능히 제어하면 그 행위는 거의 실수가 없게 되어 덕이 있는 사람이 될 것이다.

제89과 덕을 수양하기(속)

덕을 수양하는 것은 귀천(貴賤)이나 빈부(貧富), 남녀노소를 막론하고 마땅히 행해야 하는 것이다. 사람이 반드시 정직한 생각을 먼저 정하고 항상 덕을 수양하는 공부를 계속하며 성실한 태도로 다른 사람에게 미루어 미치게 하면, 비록 포악하게 비뚤어지고 무도한 사람이라 하더라도 능히 자기를 해치지 못하게 된다. 그러므로 서양 속담에 '정직은 가장 좋은 방책'[135]이라고 한 것은 곧 이를 말한 것이다.

미국(美國) 사람 프랭클린[富蘭士克][136]이 절제, 침묵, 질서, 결심, 검약, 근면, 성실, 정의, 중화(中和), 청결, 침착, 정조, 겸손의 열세 가지 덕을

---

135 정직은~방책 : 'Honesty is the best policy' 이 격언은 스페인의 대문호 세르반테스의 〈돈키호테〉 가운데 나오는 말이다.

136 벤자민 프랭클린(Benjamin Franklin, 1706~1790) : 미국의 정치가 · 외교관 · 과학자 · 저술가. 신문사 경영과 교육문화활동, 자연과학분야에서 전기유기체설 제창 등의 활동을 하였고, 정치 · 외교적인 분야에서도 활약하였다. 그는 평생을 통하여 자유를 사랑하고 과학을 존중하였으며 공리주의에 투철했던 전형적인 미국인으로 일컬어진다. 저서로 『가난한 리처드의 달력(Poor Richard's Almanac)』과 사후에 출판된 『자서전(Autobiography)』이 있다. 특히 자서전에는 벤자민 프랭클린이 인생지침으로 삼았던 13가지 덕목이 제시되어 있다.

정하여 덕을 수양하는 공부를 쌓아 나갔으니, 이와 같은 사람은 가히 우리들의 모범이 될 것이다.

제90과 시간

청년이 학문을 닦으면서 가장 유념할 것은 시간을 아끼는 것이다. 사람의 생명은 유한하고 학문은 무한한 것이니, 이 짧은 세월 동안 무한한 학문을 닦아서 이루고자 하면, 반드시 무익하게 시간을 허비하지 말고 남는 시간이 있으면 이를 학문에 쏟아야 한다. 낭비한 재물은 다시 얻을 수 있지만 낭비한 시간은 한 번 가면 다시 되돌릴 기약이 전혀 없으니, 배우는 자에게 있어 시간과 같이 귀중한 것이 무엇이 있겠는가?

학문을 하는 데 있어서 시간의 귀중함이 이러하니, 우리는 남들도 시간을 낭비하지 않도록 힘써야 한다. 세상 사람들 가운데 혹 맡은 일이 있어서 다른 사람을 방문하였음에도 그 일을 신속히 처리하지 않고 한가롭게 잡담하면서 시간을 보내는 이들이 있으니, 이를 시간의 적(賊)이라 말할 수 있다.

제91과 규율

사람은 가정에서든지 학교에서든지 사회에서든지 규율이 없으면 안 된다. 일정한 시각에 식사하고 일정한 시각에 잠을 자며 일정한 시각에 일어나, 부지런히 일해야 할 시간에 열심히 일하고 휴식해야 할 때에 휴식을 취하면서, 항상 정당한 일로 정당한 생활을 도모해야 한다.

규율은 여기서 그치는 것이 아니라, 매일 사용하는 물건을 정돈하며 어지르지 않는 것도 긴요하게 해야 할 일이다. 옷과 그릇 등을 항상 정한 자리에 두고 그 순서를 정해두어야 하니, 이와 같이 하면 이것들을 찾을 때 무익하게 시간을 허비하거나 공연히 노력을 낭비하는 일이 없게 된다.

제92과 습관

습관은 사람의 성격을 변화시켜 완성하도록 하는 용광로이다. 어진 것을 좋아하면 어진 습관을 이루고 악한 것을 좋아하면 악한 습관을 이루므로, 서양인의 격언에 '습관이 제2의 천성'[137]이라고 한 것이다. 대개 사람의 마음은 사물을 따라 움직이는데, 일상에서 직접 접하는 외물이 부지불식간에 그 정신에 침입하여 오랜 시간 동안 버릇을 이루게 되면 이미 가지고 있는 생각이 굳어져서 뽑히지 않는 지경에 이르게 된다. 이는 비록 뜻과 기질이 이미 정해진 경험이 많은 사람이라도 진실로 그러하기 쉬운데, 하물며 뜻과 기질이 아직 정해지지 않은 젊은 사람은 어떠하겠는가? 사람이 반드시 평소에 선량한 습관을 길러 악을 피하기를 뱀이나 전갈과 같이 하고 선에 나아가기를 지초나 난초와 같이 하면 힘들이지 않고도 자연히 도에 잘 어우러지게 될 것이니, 이른바 '습관이 성품을 이룬다'[138]라는 말이 바로 이것이다. 그러므로

137 습관이~천성 : 'Custom is another [a second] nature'라는 말은 파스칼이 『팡세』에서 '습관은 제2의 천성이며 제1의 천성을 파괴한다[Habit is a second nature that destroys the first]'라고 한 데에서 유래된 격언이다.

138 습관이~이룬다 : 원문에는 '習與成性'으로 되어 있는데 '習與性成'이 바른 표현이다.

도덕의 근본은 높고 먼 곳에 있는 것이 아니라, 날마다 사용하고 평소에 행동하는 습관에 있으니 학자는 반드시 경계하고 삼가야 한다.

제93과 근로

부지런히 일하는 것은 사람의 본분이다. 다만 생활상 안전한 행복을 향유할 뿐만이 아니라 예부터 유익한 사업을 이루어 자신의 기반을 다지고 집안을 일으킨 사람을 보면 그 부지런히 일하는 것을 중요하게 여기지 않은 사람이 없었다.

미국(米國)의 프랭클린은 부지런히 일하기를 꾸준히 하여 성공한 사람이다. 일찍이 말하기를, "게으른 것은 흡사 정교한 것을 부식시키는 것과 같으니, 오랫동안 사용하지 않은 열쇠는 정교한 곳에서부터 부식이 일어나지만 매일 사용하는 열쇠는 스스로 갈고 닦아서 빛을 낸다"라고 하였고, 또 말하기를, "오늘 얻고자 하는 일은 결코 내일로 미루지 말라"라고 하였으니, 이는 모두 본받을 만한 말이다.

제94과 나태

나태한 것은 인성에 독이 되고 모든 잘못을 만들어낸다. 옛말에 '소인은 한가롭게 지내며 좋지 않은 일을 한다'[139]라고 하였으니, 무릇 사람이 하는 일이 없고 망연히 시간을 소비하면, 안락함에 빠져서 선량

139 소인은~한다 : 출전은 다음과 같다. 故君子必示獨也, 小人閒居, 爲不善, 無所不至. 『大學』「誠意章」.

한 성질을 가진 사람도 게으름에 점차 휩쓸려 들어가 못된 마음과 사악한 생각이 또한 틈을 타서 그 마음에 배어들기에 이른다. 그러므로 자신을 정당한 일에 항상 맡기는 사람은 그 마음이 정밀하고 전일하기 때문에 못된 마음이 기회를 틈 타 일어날 수 없고 사악한 생각이 싹틀 수 없어 부지런하고 정직한 성격을 구하지 않아도 저절로 이루는 데에 이르게 된다.

일은 인생의 진정한 가치이다. 가령 백 살까지 수를 누려도 방만하고 게으른 가운데 취생몽사(醉生夢死)[140] 한다면 오래 사는 것이라고 말하지 못할 것이요, 젊은 나이에 요절할지라도 생전에 이룬 일이 죽은 뒤에 사라지지 않는다면 감히 단명했다고 이르지 못할 것이다. 그러니 부지런히 힘쓰는 것이 어찌 모든 일의 근본이 아니겠는가?

제95과 쾌락

쾌락을 좋아하고 힘들게 노력하여 일하는 것을 싫어하는 것은 사람의 공통된 마음이다. 그러나 쾌락도 도움이 되는 것과 해가 되는 것이 많으니 도움이 되는 것이라 하더라도 이를 절제하지 않아서 중도에 지나치게 되면 도리어 해를 초래한다. 그러므로 사람이 쾌락을 즐길 때에는 중도를 잃지 않도록 힘써야 한다. 옛사람이 말하기를, '즐거움이 다하면 슬픔이 온다'[141]라고 하였다.

---

140 취생몽사(醉生夢死) : 술에 취한 듯 살다가 꿈을 꾸듯이 죽는다는 뜻. 아무 의미 없이, 이룬 일도 없이 한 평생을 흐리멍덩하게 살아감을 비유하여 이르는 말.

141 즐거움이~온다 : 『淮南子』「道應訓」에 '夫物盛而衰, 樂極則悲'라는 말이 나오고, 한 무제(漢武帝)의 시 「秋風」에 '歡樂極兮哀情多'라는 구절이 나온다.

세상에는 간혹 음식과 유희 등의 쾌락만 알고 문학과 미술의 쾌락은 모르는 자가 있으니 이러한 사람은 진정한 즐거움을 깨닫지 못한 자이다. 한때의 쾌락과 평생의 쾌락 가운데 무엇이 낫겠는가? 그러므로 맹자가 이르길, "세상의 영재를 얻어 교육하는 것이 하나의 즐거움이다"[142]라고 하였다.

제96과 온화와 공손

사람은 명망이 더욱 높고 관작이 더욱 귀할수록 남을 더욱더 온화하고 공손하게 대해야만 남의 존경과 칭송을 받게 된다. 그러므로 온화와 공손이란 것은 곧 지위와 명성을 영원히 보전하는 덕업의 기반이 된다.

그러나 사람이 간혹 스스로 온화하고 공손하게 처신하기 위하여 비굴함에 잘못 빠지기 쉬우니 어째서인가? 남의 뜻에 부합하고자 자기의 뜻을 굽히고 남의 마음을 기쁘게 하고자 자기 얼굴을 꾸미는 것이 그 습관으로 점점 몸에 배어서 자기 자신의 정신을 해치기 때문에 그 품격과 지위를 유지하지 못하게 되는 것이다.

온화하고 공손한 처신이 정당하게 이루어진다는 것은, 거동이 진중하여 방자하거나 참람한 데에 흐르지 않고 말과 안색이 단정하여 예절과 규율에 위배되지 않는 것을 말하는 것이다. 엄숙하고 위엄 있는

---

142 세상의~즐거움이다 : 출전은 다음과 같다. 君子有三樂, 而王天下不與存焉. 父母俱存, 兄弟無故, 一樂也, 仰不愧於天, 俯不怍於人, 二樂也, 得天下英才而教育之, 三樂也, 君子有三樂而王天下不與存焉. 『孟子』「盡心章句」上.

태도 등은 따로 쓰일 때가 있으니 결코 평소에 생활하면서 행할 방도는 아니다.

제97과 허탄

세상 사람들이 혹 허탄함에도 불구하고 도리어 익살스럽고 실없이 웃을 만한 좋은 재료라고 여겨 크게 개의치 않는 자가 있는데 이는 부덕한 일이니 청년들이 극히 경계하고 삼가야 할 바이다.

허탄이라는 것은 진실보다 말하기 쉬운 것이니 어떠한 경우든지 마침내 나쁜 결과를 낳는다. 만약 내가 허탄한 말을 한 번 꺼냈다가 남에게 용서를 받으면 두 번 세 번으로 불어나서 자기도 모르는 사이에 습관으로 길들여지게 될 것이다. 우스개 소리 가운데 헛된 말을 좋아하는 사람은 마침내 남의 신용을 잃을 것이니 무슨 까닭인가? 이러한 사람의 말이 실제로 진정에서 나오는 것이 있을지라도 미리 헤아리기 어렵기 때문이다. 그러므로 헛된 말은 어떤 경우든지 일체 엄격히 끊어버림이 옳다.

제98과 잘못을 고치기

무릇 성인이라 하더라도 혹 잘못이 없기가 어려운데 하물며 일반 사람이 어찌 착오가 없겠는가? 그러나 잘못은 항상 뜻하지 않은 데서 나와서 사람의 도리를 위반하는 것이다. 하루아침에 그 잘못을 깨닫고 다시 고치면 덕이 있는 사람이 되겠지만, 그 잘못을 알고도 고치기를 꺼리면 이는 도의가 아닌 것을 일부러 행하는 사람이 되는 것이다. 마침내 악하고 어그러진 곳으로 돌아가게 될 것이니 사람은 깊이 경계하고 두려워하여 다른 사람이 나의 잘못을 꾸짖으면 반드시 마음을 비우고 반성해야 한다. 바깥에서 들려오는 말은 때때로 들어맞을 때가 많다.

문충공 김성일이 항상 학자들에게 일러 말하기를, "내가 평생 동안 한 마디를 얻었으니, 내 잘못을 말하는 자는 곧 나의 스승이고, 나의 좋은 점을 이야기하는 자는 곧 나의 적이라는 말이다[攻吾過者, 是吾師, 談吾美者, 是吾賊]. 이 열네 글자에 항상 삼가 힘써야 한다"[143]라고 하였다.

제99과 자제하기

자제라 하는 것은 감정을 억제하고 욕망을 금지하는 것을 말하는 것이다. 대개 감정과 욕망을 잘 제어하면 고상한 지조와 유익한 사업이 모두 여기에 그 근본을 두고 일어나게 되지만, 제어하지 않으면 비유컨대 멍에를 뒤집는 사나운 말[144]처럼 잘 달릴 수 있는 힘이 있으나 가야 할 곳을 모르게 된다. 그러므로 기수가 빨리 달리도록 놔두고 적당히 제어하지 않으면 간혹 도랑과 골짜기에 구르며 간혹 개천과 못에 빠져 끝내는 그 몸을 스스로 상하게 하는 데 이를 것이다. 그러니 우리

---

143 내가~한다 : 해당 부분은 다음 문집에 실려 있으며 원문은 다음과 같다. 吾平生得一語, 攻吾過者, 是吾師, 談吾美者, 是吾賊, 以此十四字, 恒自飭勵. 『鶴峯先生文集』 附錄 卷2 「行狀」.

144 멍에를 뒤집는 사나운 말 : 원문의 '범가지마(泛駕之馬)'는 『한서(漢書)』 「무제 본기(武帝本紀)」의 "수레를 엎어 버리는 말이나 법도대로 따르지 않는 사람들도 어떻게 잘 다루느냐에 달려 있을 뿐이다[夫泛駕之馬, 跅弛之士, 亦在御之而已]"라는 말에서 나온 것이다. 곧 힘이 센 말이 궤철(軌轍)에 얽매이지 않고 멍에를 뒤집어엎는다는 말로, 상도(常道)를 따르지 않는 영웅을 비유한 것이다.

는 분명한 성품과 견고한 의지에 기인한 자제의 힘으로써 항상 정욕이 일어나는 것을 견제하여 중정(中正)의 도리를 유지하는 것이 옳다.

자제하기 위한 주요 요소를 들어보면 크게 세 가지가 있으니, 첫째는 몸의 욕구로 식욕을 잘 조절하여 몸을 건강하게 하는 것이고, 둘째는 욕망으로 명예와 재산, 쾌락을 추구하는 생각이 그 정도를 넘어서지 않도록 하는 것이며, 셋째는 분노로 한순간에 촉발된 감정을 참고 견디며 함부로 행동하지 않는 것이다.

제100과 결단과 용기

우리의 악덕은 결단력과 용기가 부족한 것이 원인인 경우가 많다. 가령 의무인 것을 알면서도 단호히 이를 실행하지 못하고, 바른 이치라는 것을 믿으면서도 단호히 이를 이행하지 못하며, 명예와 이익의 유혹을 어쩌다 한 번 만났는데도 단호히 이를 반성하지 못하고 끝내 몸을 스스로 그르치는 데에 이르게 하니, 이는 결단의 용기가 부족하기 때문이다.

인생에는 순탄한 일만 있는 것이 아니고 때로 역경에 빠져 불운하여 생기는 고초를 갖추어 맛보는 일도 있으니 이런 일을 당했을 때 용기가 있는 사람이라야 능히 고난을 변화시켜 행복을 이룰 수 있다. 또 용기는 일상적이지 않은 일이 있을 때 드러나는 것이 아니고 일상생활에서도 늘 드러나는 것이니, 일에 임할 때에 순수하고 바른 용기와 유혹에 저항하는 용기와 자신의 본분에 스스로 만족하는 용기 등은 우리의 평생에 필요한 것이다.

제101과 의문

공자가 이르길, "널리 배우고 자세하게 물으며 신중하게 생각하고 명확하게 판단하라"[145]라고 하였다. 사람이 학문을 연구할 때에 의문이 나거나 어려운 곳이 없을 수 없는데, 이를 스승이나 벗에게 묻지 않고 다만 책을 읽기만 하는 것은 곧 소경이 경문을 외는 것과 같다. 비록 만 권의 책을 읽어냈다 한들 어찌 조금의 이익인들 있겠는가? 그러므로 만약 의문 나거나 어려운 곳이 있으면 이를 완전히 이해하기 전에는 내 마음으로 확신하지 말아야 한다. 반드시 정밀하게 생각하고 자세히 물어서 그 실제 이치를 마음속에 깨달은 뒤에야 가히 진정한 지식을 얻었다고 말할 수 있다. 그렇지 않고 많이 읽기만을 오로지 하고 자신의 주장이 없는 사람은 일개 살아 움직이는 글자 사전[字典]에 불과한 것이다. 그러나 의문 나고 어려운 것에 대해 공연한 생각을 품고서 다른 사람의 변론을 배척하며 자기 마음에 깨달아 이해한 것이 없는 자도 학문이 어떤 것인지 알지 못하는 사람이니 의문은 학문의 방법이고 학문의 목적인 것이다.

제102과 예의

예의를 갖추는 태도를 스스로 지키는 것은 우리나라에서 오늘날 특별히 필요한 것이다. 사람들 가운데 평소에 교육을 받은 자는 비록 많

---

145 널리~판단하라 : 출전은 다음과 같다. 博學之, 審問之, 愼思之, 明辨之, 篤行之. 『中庸』.

지만 적당한 예의를 갖춘 자는 실로 적다. 그러므로 지나치게 소탈하여 형식에서 벗어나거나 행동에 거리낌이 없는 것을 고상하다 이르고, 떨어진 옷과 때 묻은 얼굴을 검소하고 절약한다고 이르며, 기쁘거나 화가 나도 드러내지 않고 말없이 꼿꼿하게 앉아있으면 정대하다 이른다. 어떤 이는 말하기를, '대장부는 마땅히 작은 예절에 구애되지 않아야 한다. 어찌 자질구레한 예절을 꾸며서 차리겠는가?'라고 하니, 이는 거칠고 경솔하며 비루하고 세련되지 못한 관습이다. 사람이 일에 나아가고 사물을 살피면서 각각 그 적당한 모습과 태도를 갖추는 것은 곧 다른 사람을 존엄히 하고 자신의 몸가짐을 점잖게 하는 방도이다.

문목공(文穆公) 정구(鄭逑)[146]가 이르길, "학자가 그 몸가짐을 스스로 지키기를 마땅히 규중의 처자와 같이 해야 하니, 한 점이라도 남에게 욕을 당해서는 안 된다"[147]라고 하였다.

제103과 수면

수면은 또한 신체의 건강을 지키는 것으로 그 수면의 한도는 대개 8시간을 필요로 한다. 세상의 학생들이 항상 열심히 공부에 힘쓰는데,

146 정구(鄭逑, 1543~1620) : 본관 청주(淸州). 자 도가(道可). 호 한강(寒岡). 시호 문목(文穆). 오건(吳健)에게 수학하였고 조식과 이황에게 성리학을 배웠다. 1580년에 창녕현감(昌寧縣監)으로 가서 선정을 베풀어 생사당(生祠堂)까지 세워졌고 그후 우승지 · 강원도관찰사 · 공조참판 등을 지냈다. 1613년 계축화옥(癸丑禍獄)이 일어나자 다시 상소를 올려 영창대군을 구하려 하였으며, 향리에 백매원(百梅園)을 만들어 유생들을 가르쳤다. 경학(經學)을 비롯하여 산수(算數) · 병진(兵陣) · 의약 · 풍수에 이르기까지 정통하였고 특히 예학에 밝았다. 문집으로 『한강문집(寒岡文集)』이 있다.

147 학자가~된다 : 해당 부분은 다음 문집에 실려 있으며 원문은 다음과 같다. 學者自持其身, 當如閨中處子, 不可一點受汚於人. 『寒岡先生文集』 卷4 「答蔡靜應」 「爲學之要五」.

때때로 잠자는 시간을 거의 없애고 밤새도록 책을 읽는 자들이 많으니, 가장 삼갈 바이다. 어째서인가? 수면을 충분히 하지 못하면 몸이 쇠약하여 마침내 허다한 병의 근원을 키우게 되니, 이러한 몸으로는 공부에 힘쓰기를 애써 하여도 그 이해득실이 장차 어떠하겠는가? 그러므로 정신이 몽롱하고 또렷하지 않아서 종일토록 책상에서 책을 읽지만, 그 얻게 되는 결과는 잠을 충분히 잔 사람이 반나절 공부한 데에도 미치지 못할 것이다. 그러나 잠을 지나치게 자도 몸과 마음을 나약하게 하여 해로우니 공부하는 자들은 적절하게 조절하여야 한다.

제104과 운동

운동은 위생상 빠뜨릴 수 없는 것이니, 운동은 소화기능을 오로지 돕고 혈액의 순환을 이롭게 이끌며 또 심신을 상쾌하게 하는 효력이 있다. 사람이 만약 별로 하는 일 없이 한가롭게 지내며 앉았다 누웠다 하면서 운동을 조금도 하지 않으면 불쾌하고 식욕이 갑자기 없어지며 혈색이 저절로 쇠하고 원기가 점차 줄어드는 데에 스스로 이르게 된다. 그러므로 정신을 항상 수고롭게 하고 시간이 늘 아쉬운 사람은 특히 운동을 태만히 하지 말아야 한다. 운동에 쓰이는 시간이 잠시 보면 무익한 것 같지만, 힘써 공부하는 사람에게 운동이 필요한 것은 마치 노동하는 사람에게 휴식이 필요한 것과 같은 것이다.

운동의 본래 뜻은 근육과 뼈를 활동하게 하고 원기를 기르는 데에 있으나, 그 한계를 넘어서 몸을 피로하게 해서는 안 된다.

제105과 술을 경계하기

옛사람이 말하기를, '술은 본성을 해치는 미친 약이다'[148]라고 하였으니 사람들이 깊이 경계할 것은 즐겨 마시는 것이다. 예로부터 패가망신한 사람을 보면 모두 술자리에서의 처신을 지나치게 하였기 때문이니 사람의 평생을 그르치는 것이 이보다 더한 것이 어디 있겠는가?

문장공(文莊公) 정경세(鄭經世)[149]가 남을 경계하는 편지에서 말하기를, "술은 사람을 죽이는 맹독입니다. 지금 다행히 병으로 인해 술을 끊었다고 하니 이는 정신을 보양하고 장수를 누릴 징조입니다. 모름지기 누룩과 술잔 등의 물건을 일체 집안에 두지 말기를, 솥을 깨뜨리고 집을 불태우는 것과 같이[150] 용감하게 결단해야 합니다. 그렇게 하지 못하면, 빠르게 욕망에 이끌려가서 입에 한 번 닿으면 옛 맛을 참을 수 없게 될 것이니, 천만 번 경계해야 합니다"[151]라고 하였다.

---

148 술은~약이다 : 『小學』「嘉言」에 따르면, 북송(北宋)의 명재상인 노국공(魯國公) 범질(范質)이 조카 범고(范杲)가 자신을 천거해 주기를 바라자, "너에게 술을 즐기지 말기를 경계하나니, 미치게 만드는 약이요 아름다운 맛이 아니다[戒爾勿嗜酒 狂藥非佳味]"라는 내용의 시를 지어주었다고 한다.

149 정경세(鄭經世, 1563~1633) : 본관 진주(晉州). 자 경임(景任). 호 우복(愚伏)·일묵(一默)·하거(荷渠). 초시(初諡) 문숙(文肅). 개시(改諡) 문장(文莊). 유성룡의 문인. 임진왜란 때 의병을 일으켜 공을 세웠으며, 인조반정 이후 부제학에 발탁되고 이조판서 겸 대제학에 이르렀다. 성리학에 밝았고 특히 예론(禮論)에 밝아서 김장생 등과 함께 예학파(禮學派)로 불렸다. 저서로 『우복집(愚伏集)』, 『상례참고(喪體參考)』, 『주문작해(朱文酌解)』 등이 있다.

150 솥을~같이 : 『史記』「項羽本紀」에 나오는 다음의 표현을 차용하였다. 項羽乃悉引兵渡河, 皆沈船, 破釜甑, 燒廬舍, 持三日糧, 以示士卒必死, 無一還心.

151 술은~합니다 : 해당 부분은 다음 문집에 실려 있으며 원문은 다음과 같다. 酒乃殺人之鴆毒, 如金昌遠, 而晦諸人病成之後欲止不得. 故竟至於死, 常爲兄憂之, 今幸因病止酒, 此是保養精神安享壽考之徵, 千萬痛絶. 如麴孼杯尊等物, 一切不留家中, 如破釜甑燒廬舍, 濟河焚舟底勇決, 不然則恐或駸駸爲嗜欲所牽, 一到口頭, 忍不得舊滋味矣, 千萬戒之. 『愚伏先生文集』 卷11 「答李士廓士會弘道」.

국민에 대한 주의

제106과 국가에 대한 본무

국가라 하는 것은 무엇을 말하는 것인가? 일정한 토지를 점유하고 일정한 독립주권에 복종하는 다수 인민(人民)의 단체를 말하는 것이다. 여기에는 일정한 범위의 토지가 있으니 그 산과 강에서 낚시와 사냥을 할 수 있고 그 벌판과 들에서 경작을 할 수 있을지라도 여기에 주거하는 인민이 없으면 족히 국가라고 이를 수 없을 것이고, 또 여기에는 한 무리의 인민이 있으니 인정과 풍속을 같이 하고 이익과 손해, 안락과 근심을 함께 할지라도 일정한 토지에 거주하지 않으면 족히 국가라 이를 수 없으며, 또 일정한 토지와 한 무리의 인민이 모두 있을지라도 이를 통솔하는 일정한 주권이 없으면 또한 족히 국가라고 말할 수 없다.

주권은 국가의 중심이고 생명이며 더할 수 없이 높은 위력이다. 인민은 공동 생존의 목적을 완전히 하기 위하여 그 법률을 따르는 것으로, 명령에 복종하여 국가로 하여금 그 의지를 발동하게 하니, 만약 여기에 저항하는 자가 신성한 주권을 침해하면 국가의 안녕을 방해하는 것이 된다.

제107과 황실에 대한 본무

신성하시고 문무를 겸비하신 우리 태조 고황제께서 황천의 밝은 명령을 받으시어 반석같은 터전을 한양에 세우시니, 무궁한 왕위[152]가

28대에 걸쳐 황통을 이어 전하시게 되었다. 우리 제국의 신민 된 자는 역대의 깊고도 두터우신 성스러운 계책과 조종(祖宗)의 넓고도 원대하신 후세에 남긴 덕을 우러러 받들어서 만에 하나라도 보답할 것을 스스로 기약해야 한다.

황실을 도와 보좌하는 방도는, 국법을 따르고 받들어 공익을 힘써 도모하며 갑작스럽게 일이 생겼을 때에는 의리와 용기로 공익에 봉사하는 데에 있으니, 이는 우리 신민의 당연한 의무이다. 이 목적을 이루는 방도는 몸을 수양하고 집안을 다스리며 안전한 산업을 도모하고 충성스럽고 용맹한 정신을 양성하는 데 있으나, 만약 문장만 받들면서 나약한 데로 흘러서 무예를 숭상하는 기상이 부족하고 충의로 인한 분한 마음이 없으면, 국가는 쇠약해지는 데 스스로 이르고 황실은 쇠미해지는 데로 스스로 돌아갈 것이니 이와 같다면 임금과 나라에 대하여 충성을 다하지 않고 의리를 실천하지 않은 죄를 면치 못할 것이다.

제108과 국토

국토는 우리 조상이 여기서 나고 자라서 여기서 살아가며 땀으로 이곳을 비옥하게 하고 피로써 이를 보호하여 그 유골을 대대로 장사지낸 곳이다. 또 오랜 세월 동안 흠모할 아름답고 어진 풍속과 긴 시간에 걸쳐 사모하고 우러를 충신과 의사(義士)의 사적이 역사의 처음과 끝을 만들어 우리의 사상, 감정, 풍속, 습관을 이루었으니 국토는 실로

152 무궁한 왕위 : 원문에서는 '寶祚'라 하였는데, 임금의 자리, 곧 왕위(王位)를 달리 이르는 말이다.

역사의 분묘(墳墓)라고 말할 수 있다. 하물며 우리는 이 땅에서 태어나 자라서 긴 세월 동안 수려한 산천을 밤낮으로 상대하니 그 친근한 관계가 이보다 더한 것이 어디 있겠는가? 그러므로 나라를 사랑하는 마음은 실로 이 가운데에서 나와서 국민의 견고한 의지와 국가의 융성한 기초를 이루게 하는 것이다.

하물며 우리 대한제국은 건국 이래로 일정한 인민이 일정한 국토에 살고 있으니 각기 평소 쌓아두었던 애국심을 함양하여 국민이 세계 만국에서 으뜸이 되기를 스스로 기약해야 한다.

제109과 애국심

인민이 그 나라에 살면서 법률에 복종하고 병역의 부름에 나아가며 조세를 잘 납부하는 것은 모두 국민의 의무로, 곧 국가를 애호하는 정신과 진심에서 나오는 것이다. 아무리 어질고 아름다울지라도 국법을 존중하며 받드는 신민이 그 나라를 사랑하는 마음이 부족할 때에는 결코 칭찬할 바가 없는 것이다.

대개 애국심은 국가 역사로부터 나와서 국민의 머리 속에 스며드는 것이다. 우리 대한제국은 건국 이래로 일정한 국토를 차지해왔고 황실의 실록은 오백여 년을 이어져왔으니, 인민은 곧 황실의 자녀이고 황실은 곧 국민의 부모이므로, 그 사모하여 보좌하는 정성으로 국가의 기초를 확정하여서 오랜 세월 동안 먼 후손에 이르기까지, 백악산[153]이 숫돌과 같아지고 한강이 허리끈과 같아지도록, 영원한 행복을 영화로이 누릴 것이다.

제110과 애국심(속)

자기 나라에 대한 관념이 다른 나라를 대하여 스스로 생겨나는 것처럼, 자국을 사랑하는 마음은 다른 나라에 대하여 비로소 스스로 깨닫게 된다. 그러므로 나라를 사랑하는 마음이 본래 넉넉한 국민이라도 다른 나라와 교섭하지 않으면 이를 자각할 능력이 적어질 것이다.

우리나라의 역사를 보면, 선조 임진년의 난 때에 이순신, 곽재우, 조헌, 김천일, 고경명(高敬命)[154]이 의롭게 죽고자 한 절개로 인하여 이웃 나라로 하여금 나라의 위세를 두려워하여 복종하도록 하였으니 이는 모두 나라를 사랑하는 정신에서 나온 것이다. 그 해나 별과 같이 빛나는 의로움과 높은 절개가 어찌 한 때의 큰 공에 그치겠는가? 그 충의의 넋이 실로 만고에 죽지 않고 오늘날 우리 마음속에 하나하나 정령을 심어 기르게 하는 것이다.

이제 우리나라가 여러 나라와 좋은 사귐을 맺은 지 30년 동안에 대외 사상이 국민들 사이에 점점 일어나서 세계에 맞서는 본국의 위치를 자각하는 데에 이르렀으니 국민의 애국심이 이에 따라 한층 더 발생하리라는 것을 기약할 수 있다.

---

153 백악산(白岳山) : 서울 북악산(北岳山)의 다른 이름.

154 고경명(高敬命, 1533~1592) : 본관 장흥(長興). 자 이순(而順). 호 제봉(霽峰) · 태헌(苔軒). 시호 충렬(忠烈). 공조좌랑으로 기용되었다가 전적(典籍) · 정언(正言)을 거쳐 교리 등을 지냈고, 1591년 동래부사로 있다가 서인(西人)이 제거될 때 파직되어 낙향하였다. 이듬해 임진왜란이 일어나자 격문을 돌려 6,000여 명의 의병을 담양에 모아 진용을 편성하고 전주, 여산(礪山), 은진(恩津), 연산(連山) 등에서 왜군의 진입로를 차단하기 위해 힘썼으며 금산(錦山)에 도착해 곽영(郭嶸)의 관군과 함께 왜군에 맞서 싸우다가 전사하였다. 문집으로 『제봉집(霽峰集)』, 저서로 『유서석록(遊瑞石錄)』 등이 있다.

제111과 참된 애국

이제 어떤 사람이 대중들에게 스스로 소리쳐 말하길, '나는 나라를 사랑한다. 나는 나라를 사랑한다'라고 하면 이것은 실속 없는 공언이다. 그렇다면 무엇을 참된 애국이라고 말하는가? 생각건대 삼천리의 넓은 국토가 있으니 마땅히 나의 충성과 용기를 떨쳐 태극기를 전 세계에 드날리게 하고, 이천만 인민 대중이 있으니 마땅히 자립의 길을 찾아 만국과 싸워 이길 유리한 병기(兵器)를 만들며, 십삼 도의 비옥한 토지와 풍부한 물산이 있으니 마땅히 나의 마음과 재능을 다하여 놀리는 땅이 없도록 하며 버려지는 자재가 없도록 하고, 사천여 년 동안 전하는 역사가 있으니 우리는 마땅히 나아가 성취하고자 하는 마음을 단단히 먹고 최상의 문명국을 이루며, 아버지와 아들, 임금과 신하, 형과 아우, 어른과 어린이가 지켜야 할 윤리와 우리 조상들이 전하여 익숙히 사용하는 문자로는 마땅히 고유한 미풍양속과 문헌을 보존하여 지키고, 이외에 일반적인 국민의 직분 내의 일을 모두 의연하게 스스로 책임져야 곧 나라를 진정으로 사랑하는 좋은 인민이 되는 것이다.

제112과 나라의 수치

국민이 되어 나라의 수치를 씻고자 한다면 그 수치가 되는 일을 먼저 알지 않을 수 없으니 청컨대 우리 청년들을 위하여 두루 고하노라. 나라의 수치로 전쟁에서 패하는 것보다 국권을 잃는 것이 더욱 큰 것이니 이제 우리 대한에 철도를 건설하는 일은 누구에게 대여하여 주었고, 전신과 우편의 업무는 누구에게 인계하였으며, 광산의 이익은 누구에게 양보하였고, 어업과 벌채에 대한 이익은 누구에게 허락하였으며, 동북 산림은 어떤 사람과 협약하였고, 각 항만의 조계(租界)[155]는 어떤 사람이 주관하며, 또 외국에서 떠돌며 임시로 정착해 살고 있는 대한의 인민은 누가 보호하는가?[156] 개개 인간이 모욕을 당해도 반드시 분노하는 마음이 생길 터인데, 하물며 나라와 나라 간에 이와 같은 수치를 당할 때에는 어떠하겠는가? 이러한 수치를 씻어내는 방법은 다른 데에 있지 않고, 일반 국민이 자강(自强)의 마음을 내어 나아가고 나아가기를 그치지 않는 데에 있으니, 청년들이여! 힘쓸지어다.

제113과 나라의 빛

나라의 빛이라고 하는 것은 나라가 문명국으로 나아가 그 빛이 세상을 덮는 것을 이르는 것이다. 그렇다면 문명국에는 무엇으로 말미암아 도달할 수 있는가? 이는 국민이 모두 학문을 연구하여 풍속을 변화시키고 문물을 개방하면 능히 그 나라로 하여금 상등의 지위와 이름을 얻게 할 것이다. 그러므로 그 문명국의 빛줄기가 세계에 광채를 발하면, 마치 해와 달이 높은 곳에서 비추는 것처럼 바라볼 것이니 이것이 어찌 나라의 빛이 아니겠는가?

---

155 조계(租界) : 주로 개항장(開港場)에 외국인이 자유로이 통상 거주하며 치외법권을 누릴 수 있도록 설정한 구역. 제국주의 국가들의 침략이 시작되면서 불평등조약이 체결된 결과로 빚어진 것으로서 중국 · 한국에서는 조계, 일본에서는 거류지라는 이름으로 불려졌다.

156 이제~보호하는가? : 여기서 국권을 상실한 징후로 나열한 것들은 일본이 철도 · 통신 · 항만 등의 산업 기반 시설과 광산 · 어장 · 산림 등의 자원을 약탈하여 장악한 것을 지적한 것이다.

지금 우리 대한은 나라의 빛이 점점 잦아들어서, 마치 긴 밤의 비바람으로 홍촉(紅燭)[157]이 장차 꺼지려하고 온 하늘을 덮은 구름과 안개로 밝은 해가 거듭 가려진 것과 같으나, 캄캄한 가운데 어둠을 등지고 밝음을 향하려는 국민이 거의 드무니, 나라의 빛이 무엇으로 말미암아 나오겠는가? 아아! 우리 청년 제군들은 나라의 빛을 이루는 근본이고 정신이다. 한 사람의 하루 공부가 일 분(一分)[158]의 빛을 토해내고 열흘의 공부가 십 분의 빛을 토해내어 1년, 2년 동안 쌓인 것이 10년이 지나지 않아서 가히 전국에 빛을 비추게 할 것이니, 청년들이여! 힘쓸지어다.

제114과 국민의 충의

나라에 충성과 의무를 다하는 국민이 많으면 그 나라는 강성하게 된다. 그러니 국민 된 자는 비록 직무가 없을지라도 그 땅에서 태어나 그 땅에서 먹으면서 그 나라를 독립하도록 하지 못하면 또한 무슨 면목으로 지구상에 서겠는가? 그러므로 이미 국민이 되었으므로 나라를 보존할 책임이 저절로 생겨났으니 사람마다 마땅히 무기를 잡고 무예를 연습하여 적을 제어하고 근심을 없앨 계책을 도모하여야 한다. 만약 나라의 원수를 잊고 기꺼이 다른 인종의 노예가 되는 사람이 있다면, 세상의 불충하고 불의한 국민인 것이다.

국민도 이와 같거든, 하물며 임금의 녹을 먹고 임금의 부탁을 받은 신하로서 강토를 지키다가 적국의 침범으로 모욕을 당하는 경우에 의

---

157 홍촉(紅燭) : 붉은 빛깔을 들인 밀초.
158 일분(一分) : 한 치의 10분의 1.

리상 마땅히 죽음을 본받아야 함에도 그 자신의 몸을 아끼고 처자를 보호하고자 하여 어려움을 듣고도 달아나며 전쟁에 나아가서는 물러나는 사람은 결코 인류라 말할 수 없다.

문경공 김안국이 이르길, "평소에는 속이지 말고 직무를 다하며 위기에 나아가거든 죽음을 본받고 두 마음을 두지 않아야 한다"[159]라고 하였다.

제115과 단결

국가를 성대하게 하기 위해서는 한 가지 방도가 있으니, 국민이 그 마음을 단결하여 개인의 이익으로써 국가의 이익을 크게 이루고 개인의 영화와 행복으로써 국가의 영화와 행복을 빛내고 드날리는 것이 이것이다. 대개 한 국가가 강성하고 쇠약해지는 것은 오로지 민심의 단결에 달려있으니, 만약 민심이 조화를 이루지 못하고 어긋나게 되면 비록 쇠로 만든 견고한 성이나 철판으로 꾸민 튼튼한 함선이라 하더라도 족히 믿을 것이 없고, 민심이 단결하면 비록 수많은 강한 적이라 하더라도 족이 두려워할 것이 없게 된다.

민심을 단결하는 방법은, 민족의 특성에 기반하고 나라의 체모를 위해 요구되는 의리에 따라 국민적 도덕을 확립하는 데에 달려있다. 그러므로 효도, 우애, 충성, 믿음과 공동의 애국은 우리나라 도덕의 표준이니, 전자는 각 사람이 덕행을 닦아서 국가의 기초를 공고하게 하

159 평소에는~한다 : 해당 부분은 다음 문집에 실려 있으며 원문은 다음과 같다. 嘗有家訓, 一忠君曰, 平時則勿欺盡職, 臨危則效死勿貳.『慕齋先生集』卷15 附錄「先生行狀」.

는 것이고, 후자는 국민의 의용심을 배양하여 뜻하지 않은 위급함을 대비하는 방도이다.

제116과 독립

서양 사람의 말에, '독립하는 사람은 능히 스스로 돕고 사람을 사랑하는 사람은 능히 남을 돕는다'라고 하였으니, 이 두 가지는 국민의 아름다운 덕이다. 사람이 세상에 태어나 진실로 다른 사람에게 도움을 구하는 일이 없을 수는 없으나, 그러나 만약 다른 사람에게 의지하는 마음이 습관이 되면 비록 마음과 재능이 있더라도 능히 사용치 못할 뿐 아니라, 오래되면 마음과 재능이 더욱 둔하여져서 손을 묶어버리고 죽을 날을 기다리게 될 것이니, 이와 같다면 국민과 나라가 쇠약해지는 것을 면할 수 없게 된다.

이제 우리나라의 사람은 독립을 생각하지 않는다고 말할 수 있다. 사람들에게 묻기를, "무슨 까닭에 마음을 개량하지 않는가?"라고 하면 대답하길, "풍속이 미개하다", "법령이 아직 변하지 않았다"라고 하며, "무슨 까닭에 학문에 힘쓰지 않는가?"라고 물으면 이르길, "나이가 이미 지났다", "재주와 자질이 부족하다"라고 답하기 때문이다. 아아! 자신의 의지를 이와 같이 떨쳐 일으키지 않으니, 나라가 무엇으로 말미암아 강성해지겠는가? 우리 청년들은 여기에 크게 마음을 써야 한다.

제117과 독립(속)

지구상에 많은 나라가 공존하는데, 한쪽은 강하고 한쪽은 약하면 강한 나라가 약한 나라를 반드시 탐내서 스스로를 살찌운다. 그러니 나라가 강성하지 못하고서야 어찌 능히 존립하기를 바라겠는가? 우리나라는 단군과 기자(箕子)[160] 이래로 비록 대대로 흥하거나 망한 적이 있으나, 모두 우리나라 사람이 잃고 우리나라 사람이 얻은 것이어서 정치와 종교, 풍속이 꿋꿋하게 별 탈이 없었으므로 여전히 독립의 도를 잃지 않았다. 서양[泰西]이 남의 나라를 망하게 하였을 때에는 그 이민족을 미워하는 것이 더욱 심한 까닭에 그 복속시킨 나라에서 그 나라의 말과 문자를 배우지 못하게 하여 그 나라를 사랑하는 마음을 끊어버리고 세금을 부과하기를 힘들게 하여 그 생계를 도모할 방도를 끊어버리며 막강한 군대로 진을 치고 엄한 법으로 방비하여 그 자유의 권리를 빼앗는다. 높은 관직과 넉넉한 녹은 주권을 가진 국민이 누리고 가혹한 부역과 천한 일은 소속국의 국민이 받아서 하도록 하였으니, 폴란드[波蘭]에서 러시아가, 그리고 인도에서 영국이 모두 이러한 방법을 사용하였다. 아아! 우리 한인 민족은 이를 거울로 삼아 독립의 정신을 날로 양성하여야 한다.

---

160 기자(箕子, 생몰년 미상) : 중국 상(商) 태정제(太丁帝)의 아들. 주왕(紂王)의 숙부. 주왕의 폭정에 대해 간언을 하다 받아들여지지 않자 미친 척을 하여 유폐(幽閉)되었다. 상이 멸망한 뒤 석방되었으나 유민들을 이끌고 주(周)를 벗어나 북(北)으로 이주하여 조선에 들어와, 예의 · 전잠(田蠶) · 방직과 팔조(八條)의 교(教)를 가르쳤다 하나, 이는 후세 사람들의 조작인 것으로 추정하는 것이 지배적이다.

제118과 전쟁

옛날에는 사람과 문화가 모두 미개하여 국가와 국가 사이에 전쟁이 한 번 일어나면 전쟁에서 승리한 자는 적국의 자녀를 겁략하고 재산을 탈취하며 집을 불 질렀으니 그 포악한 행위가 극심하였다. 근세에는 각 나라가 도의(道義)를 오로지 숭상하여 부득이한 경우가 아니면 무기를 움직이지 않을 뿐 아니라, 설령 갑자기 전쟁을 시작하게 되었음을 선포할지라도 상호 간에 국제적 도덕과 의무를 돈독하게 지키며 혹시라도 잔인한 폭력과 학대를 행사하지 않기 위해서 주의하니, 이는 곧 사람의 도리와 공평하고 의로운 도의의 진보를 드러내 밝히는 것이다.

또 나라와 나라의 관계는 관할권 밖에 있어서 이를 능히 견제할 권리가 없으므로, 반드시 각국 주권자의 견제에 의하여 갈등을 처리하고 평화를 주창하여야 한다. 만약 각 주권자의 견제를 기다리지 않고 함부로 폭력을 사용하여 정의를 유린하는 자는 그 나라가 비록 강대할지라도 결코 국가의 영원한 명예를 보존하지 못하게 될 것이다.

제119과 진취

나라에 진취적인 국민이 많으면 그 나라가 강성하게 된다. 이제 사람들이 모두 백인종이 강성한 것은 알지만 그 강성한 이유를 알고 있는가? 땅을 개척하면서도 더욱 항구를 침략하고 섬을 샅샅이 뒤지며, 기기(機器)가 정밀하지만 증기의 힘이 부족하므로 전력(電力)을 사용한다. 그리하여 그 진취적이며 싫증내지 않는 마음이 드디어 인종으로

하여금 세력을 전 지구에 두루 펴도록 하는 것이니, 이것이 어찌 우연이겠는가?

우리나라의 국민은 옛것을 좋아하는 마음이 진취적인 태도를 저해하고 막아서, 꾸미지 않고 비루한 것을 질박하고 실속이 있다고 하고 벼슬을 내놓고 편안히 물러나는 것을 고상하다 하며, 날로 게으른 풍속에 점차 빠지게 되지만 오히려 먼 태곳적 이야기를 거리낌 없이 크게 말하며 이르길, "세상의 일은 날로 그릇되고 옛 풍속은 회복할 수 없다"라고 한다. 아아! 문명화는 더욱 진보적이고 이상적인 것이니 지금이 옛날보다 나은 것은 자연스러운 이치이다. 옛것을 버리고 새로운 것을 따르는 것이 옳은데 옛것에 얽매인 습관 때문에 앞으로 나아가는 데 방해를 받으니 진정 문명의 적인 것이다. 우리 소년들은 진취적인 태도에 부지런히 힘써야 하니, 황인종이 강성함을 어찌 백인종에게 양보하겠는가?

제120과 총론

사람이 이 세상에 태어나서 마땅히 행해야 하는 의무가 있으니 곧 도덕이 이것이다. 그러나 이를 수양하는 기술이 없으면 능히 실행할 수 없으므로, 느껴서 깨닫고 깨달아 이해하는 방법을 두루 기술하여 배우는 자의 교과(教科)에 갖추게 하였으니 이것이 어찌 나의 의견을 함부로 고집하는 것이겠는가? 다만 동서양 나라의 성인과 현인의 아름다운 말씀, 어진 행동을 채록하여 사용한 것이다.

사물에도 본질과 말단이 있고 일에도 시작과 끝이 있으니, 사람이 마땅히 행해야 하는 방도 역시 먼저 할 것과 나중에 할 것이 따로 없을 수 없다. 그러므로 도덕을 가르치는 것을 몸을 닦는 첫 방도로 삼는 것이다.

충성과 효도는 인륜 가운데 큰 것이다. 우리 한국의 교육을 위해 특별히 저술한 강령으로, 형제나 부부, 어른과 아이, 그리고 친구에 대한 도리와 사회나 국가에 대한 의무도 순서에 따라 이에 대략 갖추었으니, 학자로 하여금 선(善)을 기르고 악(惡)을 제거하도록 하는 데 도움이 되기를 바란다.

고등소학수신서 권1 끝.

보통교과수신서

『보통교과수신서』 해제

홍인숙

1. 저자

『보통교과수신서』는 휘문의숙에서 운영하던 출판사인 휘문관(徽文館)에서 1910년 4월에 발행되었다. 휘문관은 40종 60권의 국한문도서를 발행하여 사학(私學) 출판사 계열 중에서 가장 활발한 교과용 도서를 발행했던 출판사이다. 휘문관 발행 교재의 저자는 대개 휘문의숙 교사진인 것으로 추측되고 있지만, 본서와 마찬가지로 대부분 정확한 개인 저자가 밝혀져 있지는 않다.

『보통교과수신서』에 대한 이해는 휘문관에서 발행된 일련의 수신서 교과서들의 맥락에서 이루어져야 한다. 휘문관에서는 1906년 중등학교 저학년용으로 『중등수신교과서(中等修身教科書)』(이하 『중등』)를 발간하였고, 1907년에는 이와 비슷한 내용과 성격을 가진 고학년용 수신서인 『고등소학수신서(高等小學修身書)』(이하 『고등』)를 발행했다. 본서는 『고등소학수신서』를 저본으로 하여 만들어진 책으로, 당시 1910년 4월 『황성신문』에 실린 책 광고문에서 이 사실을 확인할 수 있다.[1]

보통교과수신서 전(全)—본 책은 이미 발행되어 학계에서 신용을 받고 있던 『고등소학수신서』를 약간 늘리거나 축약하고, 『보통교과수신서』라는 제목으로 고친 것이다. 학부의 검정 허가를 받아 이에 발간하였다. 한성북부 관현 휘문관.

2. 구성

『보통교과수신서』는 1권 1책으로 되어있으며, 양지 한장본에 국한문혼용체를 사용하였다. 전체 목차가 4면, 본문 70면으로 되어 있으며, 총 5개의 큰 단원 아래에 90개의 작은 과(課)로 구성되어 있다.

전체 과의 구성은 1단원 '가정에서의 주의(1과~12과)', 2단원 '학교에 관한 주의(13과~22과)', 3단원 '타인에 대한 주의(23과~35과)', 4단원 '자기의 수양에 관한 주의(36과~87과)', 5단원 '국민 된 자로서의 주의(88과~90과)'로 되어 있다. 비율로 볼 때 '가정', '학교', '타인'에 대한 과는 모두 12과 내외로 그 비중이 비슷하다. 큰 대조를 보이는 것은 '자기 수양'에 대한 과와 '국민 된 의리'에 대한 과의 비중으로, '자기 수양'에 대한 과가 52개로 압도적으로 많은 반면 '국민 된 의리'에 대한 과는 3개에 불과하여, 내용 면에서 불균형한 구성을 보이고 있다.

1 普通教科修身書全—本冊은 既往發行ᄒᆞ야 學界에 信用이 有ᄒᆞ던 高等小學修身書를 或增或減이 普通教科修身書로 改題ᄒᆞ고 學部檢正許可를 得ᄒᆞ야 玆에 發刊홈. 漢城北部觀峴徽文館, 『황성신문(皇城新聞)』 광고, 1910.4.5~10, 12~15.

각 과의 분량은 대부분 1~2면을 넘지 않는다. 내용 면에서는 각 과의 제목이 가리키는 바에 대한 기본적인 개념 정의와 윤리적 당위성을 설명하고 있으며, 당해 과의 내용을 뒷받침하기에 적절한 조선조 문인들의 글이나 일화를 자주 인용하였다. 인용된 인물은 주세붕, 이이, 송시열, 조식, 장현광, 정성근, 안유, 강희맹, 이황, 황종해, 이지함, 조광조, 노수신, 정경세, 이덕무, 하진, 이경석, 이후백, 김안국, 정몽주, 김굉필, 김정, 김성일, 이언적, 노경임 등 25명 가량의 문인들로, 고려 후기에서 조선 후기까지의 인물들을 망라하고는 있으나 조선 중기의 문인들이 대다수를 이루고 있다. 책의 후반부에는 서양의 인물들의 일화나 격언들이 간혹 인용되기도 했다.

3. 내용

『보통교과수신서』의 편찬은 기존에 휘문관에서 발행된 2종의 수신서인 『중등수신교과서』, 『고등소학수신서』와의 연관성 속에서 파악되어야 한다. 1908년 2월의 교과용도서 검정규정 제정, 1909년 12월의 39종 교과서 사용금지 처분 등 교과서 검정이 강력하게 시행되는 상황에서 『중등수신교과서』와 『고등소학수신서』 또한 사용금지를 당하였다. 이렇게 두 권의 수신서가 금서가 된 후 『고등소학수신서』를 '일부 늘리고 일부 줄이는'[2] 편집 과정을 거쳐 5개월쯤 뒤인 1910년 4월 발행된 것이 『보통교과수신서』이다.

『고등소학수신서』와 『보통교과수신서』의 단원별 내용을 비교해 보면 다음과 같다.

<table>
<tr><th colspan="2">고등소학수신서 (120과)</th><th colspan="2">보통교과수신서(90과)</th></tr>
<tr><td>단원명</td><td>해당 과(갯수)</td><td>단원명</td><td>해당 과(갯수)</td></tr>
<tr><td>총론</td><td>1~11과 (11개)</td><td>없음</td><td>없음</td></tr>
<tr><td>가정에 대한 주의</td><td>12~24과 (13개)</td><td>가정에 대한 주의</td><td>1~12과 (12개)</td></tr>
<tr><td>학교에 대한 주의</td><td>25~34과 (10개)</td><td>학교에 대한 주의</td><td>13~21과 (10개)</td></tr>
<tr><td>타인에 대한 주의</td><td>35~46과 (12개)</td><td>타인에 대한 주의</td><td>22~35과 (13개)</td></tr>
<tr><td>자기에 대한 주의</td><td>47~63과 (17개)</td><td rowspan="4">자기수양에 대한 주의</td><td rowspan="4">36~87과 (52개)</td></tr>
<tr><td>덕성에 대한 주의</td><td>64~73과 (10개)</td></tr>
<tr><td>인격에 대한 주의</td><td>74~86과 (13개)</td></tr>
<tr><td>수양에 대한 주의</td><td>87~105과 (19개)</td></tr>
<tr><td>국민에 대한 주의</td><td>106~120과(15개)</td><td>국민에 대한 주의</td><td>88~90과 (3개)</td></tr>
</table>

표에서 볼 수 있는 것처럼 『고등소학수신서』는 총 120과이며 『보통교과수신서』는 총 90과로, 원래의 분량에서 약 4분의 1 정도가 줄어들었다.

가장 큰 차이는 『고등』에서의 '총론' 단원 11개 과가 본서에서는 완전히 삭제되고, 마지막 '국민에 대한 주의' 단원 15개 과가 3개로 대폭 삭감되었다는 점이다. 원래 『고등』에서의 '총론' 단원에는 '태조 고황제', '세종대왕', '곽재우'에 대한 내용이 각 2과씩, '이순신'을 다룬 내용이 3과, '김천일', '임경업'에 대한 내용이 각 1과씩 들어있는데, 이는 『고등』이 조선의 용맹한 민족성을 부각시키고 민족에 대한 자긍심을

2 '高等小學修身書를 或增或減이 普通教科修身書로 改題ᄒᆞ고', 『황성신문(皇城新聞)』 광고, 1910.4.5~10, 12~15.

심어줄 수 있는 영웅적인 인물들을 적극 배치한 단원이었다. 또한 원래 『고등』에서 '국민에 대한 주의' 단원의 내용은 총 15개에 달하며, 변화하는 세계정세에 대한 경계와 외세의 침략성에 대한 경고, 민족적 정신의 고취를 당부하는 내용이었으나, 『보통교과수신서』에서는 국가와 황실에 대한 기본적인 의무 및 법질서에 대한 복종을 강조하는 평이하고 중립적인 내용으로 바뀌었으며 분량도 3과에 불과하다.

이러한 서술 성격은 『보통교과수신서』가 학부의 검정을 통과하기 위해, 자발적으로 『고등』에서의 민족주의적 내용을 삭제하고 변형하여 재편찬된 수신서임을 알게 해준다. 이는 『보통교과수신서』에 1910년 4월 경술국치 직전의 무력한 사회 상황과 시대적 배경이 적나라하게 반영된 것으로 이해할 수 있다.[3]

4. 가치

『보통교과수신서』가 『고등』을 저본으로 하여 축약, 변형하여 만들어졌으며, 강제병합을 목전에 둔 시기에 학부의 인가를 받은 교과서라는 사실은 이 책의 시대적 성격과 가치를 이해하는 데에 있어서 중요한 의미가 있다.

---

3 기존 연구에서도 이러한 견해를 찾아볼 수 있다. '『보통교과수신서』는 국권이 기울면서 주체성을 거의 상실한 당시의 시대적 배경에서 예각을 피하여 내용이 편집되었다.' 강윤호, 『개화기의 교과용 도서』, 교육출판사, 1975.

우선 본서는 휘문관을 비롯한 당시 사립학교의 교과서 편찬기관들이 교육영역에서 일제의 침탈에 잠식되어 가는 과정을 생생하게 보여준다. 즉 『고등』의 '총론' 11과와 '국민에 대한 주의'에서의 15개 과에서 강력하게 설파되었던 민족주의적 자긍심과 교육계몽을 통한 구국운동에 대한 강렬한 열망은 『보통교과수신서』에서는 찾아보기 어렵게 되었다.

『보통교과수신서』는 학부의 인가를 받기 위해 민족주의 고취에 대한 내용을 모두 삭제한 대신 '현실에 도움이 되는 실용적인 학문에 힘쓰(21~22과)'고, '서로간에 믿음을 중시(35과)'하며, '지나치게 고원한 것에 빠져 일상의 긴요함을 저버리는 일을 경계(60과)'하는 현실적 실용주의를 강조하는 내용이 추가되었다. '국가와 법령에 순종할 것을 강조(88, 90과)'하고, '의병을 반대(89과)'하는 내용 역시 일본 제국주의의 이해에 합치되는 방향임을 쉽게 알 수 있다. 전체 구성에서 '자기 수양' 단원에 50여 과를, '국민' 단원에 3과를 배치한 의도 역시, 중립적인 자기 개발을 강조하는 가운데 '국민'이라는 개념 속에 착색되기 쉬운 민족적, 정치적 의식을 최소화하기 위한 것으로 볼 수 있다.

또한 본서는 근대계몽기라는 역동적인 시기 특유의 급변하는 정세를 새삼스럽게 절감하게 해준다. 저본이 된 『고등』이 편찬된 1907년과 본서가 편찬된 1910년 사이의 시간은 불과 3년밖에 되지 않지만, 두 책이 지향하는 바와 궁극적인 주제는 '반일 대 부일'이라는 거의 극단적인 대척 구도에 서있다 해도 과언이 아니기 때문이다.

마지막으로 한 가지 부기할 사실은 본 『보통교과수신서』의 대상 학생층에 대한 견해이다. 본서가 발행된 직후인 1910년 4월 25일 대한제국의 『관보(官報)』 '광고(廣告)'에는 본서를 '초등교육 수신과 학도용(初等敎育 修身科 學徒用)', 즉 초등교육용의 수신서라고[4] 하였는데, 이는 아마 책의 제호에 '보통'이라는 단어가 들어갔기 때문인 것으로 보인다. 그러나 본서가 『고등』의 재편찬본이라는 점, 또 실제 본서의 내용이 상당히 고급한 수준이라는 점에서, 이는 『관보(官報)』의 오류로 보는 점이 옳다고 생각된다.

참고문헌

대한제국 『관보(官報)』, 1910.4.26~28.
『황성신문(皇城新聞)』, 1910.4.5~12.
강윤호, 『개화기의 교과용 도서』, 교육출판사, 1975.

4 檢定敎科用圖書一. 普通敎科修身書 私立學校 初等敎育 修身科 學徒用. 全一冊. 定價 金貳拾錢. 編纂兼發行者 京城北部觀峴二統一戶 徽文館代表 閔大植. 發行所 京城北部觀峴二統一戶 徽文館. 隆熙三年十二月二十日 學部檢定. 隆熙四年四月五日 發行右公告홈. 隆熙四年四月二十三日 學部. 『관보(官報)』, 1910.4.26~28.

목차

보통교과수신서

가정에서 주의할 것

제1과 가정

집안에 있는 사람들이 각기 업무에 힘을 다하며 각기 신체를 삼가고 중히 하면 일가가 자연히 화합하여 그 즐거움이 크다.

가정에 있을 때는 항상 부모와 조부모를 공경하여 명을 거스르지 말고 그 하시는 일을 도우며 형제자매와 공경하고 우애하며 종을 돌봐야 하니, 집안 사람들이 화목하게 생활함은 다만 한 가문의 행복이 될 뿐 아니라 실로 국가 행복의 기본이 된다. 그러므로 전(傳)에 이르기를, '한 가정이 어질면 한 나라가 흥하고 어질다'[1]라고 했다.

한 집안 내에서도 문호가 각각 세워지면 집안의 도리가 분명 뒤집히게 되니, 가장 된 자가 차마 듣지 못할 말을 내지 말며 집안의 중간에 있는 자가 감히 할 수 없는 말을 만들지 않는다면 집안의 도리가 바르게 될 것이다.

1　한 가정이~어질다 : 출전은 다음과 같다. 一家仁, 一國興仁. 『大學』 9章.

제2과 가족

친자식과 형제자매가 한 집안에서 돈독하고 화목하게 생활함은 막대한 행복이다. 사람마다 힘써 그 무익한 비용을 줄이고 정당한 업무에 종사하여 반드시 일가의 번영에 이르게 해야 한다.

가정이 화락하면 비록 푸성귀 양식을 먹으며 거친 베옷을 입더라도 그 기쁨을 이기지 못할 것이요, 가정이 불화하면 값진 음식을 먹고 비단옷을 입더라도 그 근심과 탄식을 당하지 못할 것이니, 부형된 자는 항상 자애로써 보살펴 기르고 자제 된 자는 공경과 효로써 존경하면 집안의 도리가 흥할 것이다.

문민공(文敏公) 주세붕(周世鵬)[2]이 조카인 주조(周慥)에게 편지를 보내 말하기를, "토양이 비옥하면 초목이 잘 자라 반드시 무성해지고, 일가가 화목하면 복의 생김이 반드시 번성하리라"[3] 하셨다.

제3과 효행(1)

사람은 모두 부모의 양육을 받아 성장한 것이니 그 수고와 노고의 은혜를 갚고자 하나, 평생 정성과 효를 다하여 부모를 모셔도 만에 하나를 갚기 어렵다. 그러니 자식 된 자는 항상 정성을 다하며 행실을 삼

---

2 주세붕(周世鵬, 1495~1554) : 자는 경유(景游). 호는 신재(愼齋) · 남고(南皐) · 무릉도인(武陵道人) · 손옹(巽翁). 도학(道學)에 힘쓸 것을 주장하고 유교 이념의 보급을 위해 여씨향약(呂氏鄕約)의 시행을 건의했다. 문집으로 『무릉잡고(武陵雜稿)』가 있다.

3 토양이~번성하리라 : 해당 부분은 다음 문집에 실려 있으며, 원문은 다음과 같다. 土脈和沃則生草必茂, 一家和則生福必盛. 周世鵬, 『武陵雜稿』 卷8 拾遺 「寄姪慥」.

가 부모의 명을 순종하며 부모의 뜻을 잘 받들며 부모의 이름을 높이 날리게 하되, 만약 한 터럭이라도 교만하고 인색한 마음과 어지럽게 다투는 일이 있으면 분명 자기 몸을 욕되게 하며 부모를 위태롭게 함에 이를 것이다. 효는 백행의 근원이니 한 행실이라도 어그러짐이 있으면 순전한 효를 할 수 없게 된다. 하물며 자기를 욕되게 하고 부모를 위태롭게 함은 어떻겠는가.

문성공(文成公) 이이(李珥)[4]가 말하기를, "사람의 자식이 낳음을 받으니 성명(性命)과 혈육(血肉)은 모두 부모가 남겨주신 것이시다. 기(氣)와 맥(脈)이 상통하니 이 몸은 나의 사사로운 물건이 아니다. 어찌 감히 그 몸을 갖고서 부모에게 효를 다하지 않겠는가"[5] 하셨다.

제4과 효행(2)

문정공(文正公) 송시열(宋時烈)[6]이 말하기를, "부모가 나에게 성명(性命)

---

4 이이(李珥, 1536~1584) : 자는 숙헌(叔獻). 호는 율곡(栗谷)·석담(石潭)·우재(愚齋). 인간 심리의 근본이 이와 기의 두 가지 근원이 있지 않고 일원적이라 하여 퇴계의 사단칠정(四端七情)설을 배격하였다. 이러한 학설은 서경덕과 이황의 설을 절충하여 집대성한 것으로 평가된다. 그의 문하였던 사계 김장생, 중봉 조헌, 수몽 정엽, 묵재 이귀 등의 학자들이 훗날 기호학파를 형성하였다. 『성학집요(聖學輯要)』, 『격몽요결(擊蒙要訣)』, 『동호문답(東湖問答)』 등의 저서를 남겼다.

5 사람의~않겠는가 : 해당 부분은 다음 문집에 실려 있으며, 원문은 다음과 같다. 人子之受生, 性命血肉, 皆親所遺, 喘息呼吸, 氣脈相通, 此身非我私物, 乃父母之遺氣也. 故曰, 哀哀父母, 生我劬勞, 父母之恩, 爲如何哉. 豈敢自有其身, 以不盡孝於父母乎. 李珥, 『擊蒙要訣』「事親章」 第五. 본문에서는 위 원문 중 『시경』「소아」의 「육아(蓼莪)」 구절을 빼고 인용하였다.

6 송시열(宋時烈, 1607~1689) : 자는 영보(英甫). 호는 우암(尤庵). 서인 노론의 영수이자 사상적 지주 역할을 했다. 병자호란 이후 고향에 은거하였으나 효종이 왕위에 오르자 존주대의(尊周大義)와 복수설치(復讐雪恥)를 역설하는 글을 올리고 북벌계획을 추진했다. 두 차례의 예송(禮訟)을 통해 남인을 제압하고 서인 집권의 기반을 닦았으며, 사상적으로는 정통 성리학자로서 주자의 학설을 전적으로 신봉하고 실천하였다. 문집으로 『우암집』, 『송자대

의 전체를 남겨주셨으니 성명 중에는 만 가지의 선함이 모두 갖추어져 있다. 그러니 하나의 선함이 분명하지 못해도 효가 아니요, 하나의 선함이 행해지지 못해도 효가 아니다. 모름지기 반드시 인욕(人欲)을 모두 없애고 천리(天理)를 모두 되살려 부모의 유체(遺體)로 하여금 항상 청명하고 정대한 곳에 서 있게 하여, 비록 부모가 돌아가신 후에라도 이 마음이 쇠하지 않아야만 부자의 인륜이 또한 극진하다고 말할 만하다"[7] 하셨다.

제5과 화순(和順)

부부는 인륜의 시작이요, 만복의 근원이다. 비록 지극히 친하고 지극히 은밀하나 또한 지극히 바르고 지극히 삼가야 하는 처지이니, 서로 대하기를 손님같이 하여 반드시 예의를 잃음이 없게 된 후에야 자연히 화순함에 이르러 집안의 도리가 올바르게 정돈되고 또 자녀에게 훗날의 모범이 될 것이다.

사람들은 간혹 스스로 우뚝하게 크다고 여겨 말하기를, '장부는 하늘이며 임금과 같다'고 하여 미친 듯 소리치고 사납게 대함으로써 부인을 매사에 꾸짖는다. 이로 인해 서로 반목하고 탓하고 원망하여 인륜의 기강이 떨어지며 집안의 도리가 뒤집히니, 사람들 간에 상서롭

전(宋子大全)』이 있다.

7 부모가~만하다 : 해당 부분은 다음 문집에 실려 있으며, 원문은 다음과 같다. 然父母以性命之全遺我, 而性命之中, 萬善畢具, 一善未明, 非孝也, 一善未行, 非孝也. 必須盡去人欲, 而盡復天理, 使父母遺體, 常立於清明正大之域. 雖父母沒, 此心不衰, 然後父子之倫, 方可謂盡矣. 宋時烈, 『宋子大全』 卷5 「己丑封事 八月」.

지 못함이 이보다 심한 것이 어찌 있겠는가. 옛사람들은 가난한 선비의 아내를 약한 나라의 신하에 비유하였으니, 아내로 하여금 빈천할 때 같이 노력하게 하며 부귀를 함께 누리게 하여 은의(恩義)를 잃지 않게 하는 것이 집안의 행복이다.

제6과 우애

형제, 자매는 골육을 나눈 지친이다. 서로 우애하여 한 사람에게 경사가 있거든 함께 기뻐하며 한 사람에게 근심이 있거든 함께 걱정하되, 형과 누나는 연령이 많고 지식이 나으니 항상 남동생, 여동생을 위하여 모범될 일을 행해야 한다. 남동생, 여동생은 형과 누나를 위하여 항상 사랑하고 존경하는 마음을 가져야 한다. 이렇게 하면 부모의 명예와 문벌의 영광을 높이 드러낼 것이다.

문정공(文正公) 조식(曹植)[8]이 아우 조환(曹桓)과 우애가 매우 깊어 일찍이 말하기를, "형제는 팔다리와 같아서 가히 떨어뜨릴 수 없다"고 하고 한 담장 안에 같이 살았는데, 출입을 하는 다른 문이 없고 함께 먹고 함께 자서 마음이 항상 기뻤다고 하였다.

8 조식(曹植, 1501~1572) : 자는 건중(楗仲, 健中). 호는 남명(南冥). 두 차례의 사화를 경험하면서 훈척정치의 폐해를 직접 목격한 그는 평생을 산림처사(山林處士)로 자처하며 학문 수양과 제자 교육에 힘썼다. 『소학』, 『대학』 등 성리학적 수양에 있어서 기초적인 내용의 중요성을 강조했다. 문집 『남명집』 외에도 『학기유편(學記類編)』 등의 저술이 있다.

제7과 선조(1)

선조를 존경함은 우리나라에 전해오는 예부터의 아름다운 일이다. 그러나 가장 중요한 것은 선조의 명예를 더럽히지 않음에 있으니, 항상 행실을 삼가 살피고 하는 일에 힘써서 자손으로 하여금 효도에 대한 생각을 그대로 본받게 해야 한다.

선조의 전해 내려오는 가산을 지키며 또 새로이 가산을 번창하게 함은 선조를 대하는 의무이니 극히 주의해야 하지만, 만약 나태함으로 인해 유업을 기울게 하거나 집안에 대한 소문을 실추하는 것은 큰 불효이다.

제8과 선조(2)

문강공(文康公) 장현광(張顯光)[9]이 말하기를, "나의 한 몸은 백천만 대의 선조에게서 전해 내려온 것인즉 어찌 감히 내 몸이 내 소유라 하겠는가. 내 몸을 가볍게 함은 곧 나의 선조를 가볍게 함이니, 한 번 생각함에 선조의 마음을 어김이 있는지 한 번 말함에 선조의 덕을 어김이 있는지 한 동작에라도 선조의 도를 어김이 있는지, 두렵게 여겨 전전긍긍하며 항상 깊은 연못에 임해 얇은 얼음을 밟는 것처럼 해야만 선

9 장현광(張顯光, 1554~1637) : 자 덕회(德晦). 호 여헌(旅軒). 정부에서 학문적 권위를 인정한 산림(山林)에 꼽혔다. 과거에 뜻을 두지 않고 학문에 힘써 이황(李滉)의 문인들 사이에 확고한 권위를 인정받았다. 사상적 특징은 유학의 입장에서 태극(太極)을 내세우되 일체유(一體儒)와 그 근원을 대대(對待)와 조화의 논리로 융화 종합하는 철학적 근거를 명시하였다는 데 있다. 문집으로 『여헌집』이 있고 『성리설(性理說)』, 『역학도설(易學圖說)』, 『용사일기(龍蛇日記)』 등의 저서가 있다.

조의 유훈을 떨어뜨리지 않을 것이다. 그래야 선조도 또한 자손이 있다고 가히 말할 만하다"[10]고 하셨다.

제9과 친족(1)

친족은 같은 조상의 자손이다. 파벌과 계보의 멀고 가까운 차이를 막론하고 반드시 그 행복과 번영을 함께 계획해야 하니, 가난한 친족이라고 천대하지 말고 부유한 친족이라고 의지하지 말아야 한다. 혹 한때의 곤란이 있거나 재앙이 있거든 힘을 합치고 서로 구하며, 또 명예를 서로 보존하고 중히 여기고, 예의바르고 정중하게 하여 한 몸의 과실로써 친족에게 누가 미치지 않게 반드시 삼가야 한다.

승지(承旨) 정성근(鄭誠謹)[11]이 일찍이 맑은 절개로 이름이 났다. 흉년이 들었을 때 쌀로 집을 샀는데 여러 친족이 굶주림을 호소함을 듣고는 공이 말하기를, "집을 산 것은 자손을 위함인데, 어찌 차마 여러 친족으로 하여금 굶어죽게 하겠는가" 하고 마침내 나누어 진휼하였다.

---

10 나의~만하다 : 해당 부분은 다음 문집에 실려 있으며, 원문은 다음과 같다. 吾一身雖吾之所自有, 實乃百千萬代之祖先所流傳以遺之者, 則其敢曰吾身卽吾所有, 而輕之忽之哉. 輕吾身卽輕吾先祖也. (…중략…) 一思慮而思祖先, 恐有違於祖先之心也, 一云爲而思祖先, 恐有違於祖先之德也, 一動作而思祖先, 恐有違於祖先之道也, 戰戰焉兢兢焉, 常若臨深淵履薄冰焉, 則同吾姓者, 庶乎可以能不墜祖先之遺訓, 而吾祖先亦可謂爲有子孫矣. 張顯光, 『旅軒先生文集』 卷9 「慕遠堂記」.

11 정성근(鄭誠謹, ?~1504) : 자 이신(而信) · 겸부(兼父). 1474년(성종 5) 문과에 급제한 뒤, 1487년 시강관(侍講官)으로 쓰시마섬[對馬島] 선위사(宣慰使)가 되고 이듬해 해주(海州)목사, 승지, 직제학을 역임하였다. 청백리(淸白吏)에 녹선되고 1494년 성종이 죽자 3년간 수묘관(守墓官)으로 있었고 행호군(行護軍)이 되었다. 1504년(연산군 10) 갑자사화로 효수(梟首)되었다. 광주(廣州)의 구암서원(龜巖書院)에 제향되었다.

제10과 친족(2)

문강공(文康公) 장현광(張顯光)이 족계의(族契議)에 말하기를, "은혜를 돈독히 하여 그로써 마음을 하나 되게 하며, 규칙을 정하여 그로써 일을 정돈하며, 때때로 화목함을 가르쳐 그로써 화합하는 좋은 감정을 융성하게 하며, 일을 할 때 함께 힘을 합쳐 하게 하여 그로써 서로 돕는 의리를 통하게 한다. 부유함을 나누는 바가 있고 가난함을 구제하는 바가 있으며, 경사에는 기쁨을 함께하고 근심에는 구휼함을 함께 할지니, 이것이 집안을 지키고 친족을 화목하게 하는 깊은 생각이다" 라고 하셨다.

제11과 주인과 종(1)

주인은 종으로 하여금 일을 시킬 때 가혹하게 혹독히 하거나 잘못을 가혹하게 책망하지 말고 항상 잘 대우하고 애정으로 보호하여 그 직업에 기쁘게 따름을 중요히 여기며 또 아이로 하여금 종에게 무리한 말을 마음대로 하지 못하게 해야 한다.

종은 주인의 명예를 존중하여 절대 비방하지 말고 주인의 명령을 순종하여 복무에 힘을 다해야 하니, 이렇게 하면 가히 충성하고 부지런한 종이라 할 것이다.

제12과 주인과 종(2)

문성공(文成公) 이이(李珥)가 말하기를, "종이 나의 노고를 대신하니, 마땅히 은혜를 앞세우고 위의를 나중에 하여야 그 마음을 얻을 것이다. 임금에게 백성과 주인에게 종이 그 이치가 하나이니, 임금이 백성을 돌보지 않으면 백성이 흩어지고 백성이 흩어지면 나라가 망하며, 주인이 종을 돌보지 않으면 종들이 흩어지고 종들이 흩어지면 집안이 망함은 형세가 반드시 이르게 되는 바이다. 그러니 사람은 종을 반드시 걱정하며 생각하고 의식을 넉넉히 주어 그 원하는 바를 얻게 하고 실수나 악함이 있거든 잘 가르치고 타일러 스스로 알아 고치도록 해야 할 것이다"라고 하셨다.

학교에 관해 주의할 것

제13과 학교(1)

학교는 착실히 생계를 영위하고 나아가 실제 사회에 유용한 사람이 될 만한 도를 가르치는 곳이다. 옛날에는 집에서 하는 글방이나 향교(鄕校), 국학(國學) 등이 있었으나 그 가르치는 바가 유교에 그치고 실제 백성들이 필요로 하는 학과를 가르침이 드물 뿐 아니라, 학문에 힘쓰는 자도 모두 과거에 응하여 관직을 목표하는 것에 불과했다. 오늘날은 보통학교, 고등학교, 사범학교 및 실업학교 등이 설립되어 모두 일반 백성들의 실제 생활에 긴요한 학문을 전수받고, 신체와 도덕을 연마하니 옛날에 비하면 그 지향이 크게 다르다. 그러니 국가의 부강을 도모함은 다수의 백성이 이러한 학교에서 문명을 개발하고, 나라의 부를 생산할 만한 유용한 학문을 수양하며, 학업을 마친 뒤에는 배워 얻은 바를 응용하여 각각 그 직무에 종사하는 것 외에는 다른 도리가 없다. 저 문명한 여러 나라가 모두 학교를 다투어 설립하여 어린아이들을 교육한 목적은 모두 여기에 있었다. 그러므로 아무리 학교의 수가 많을지라도 실제 우리의 생활과 사회 문명에 무익한 일을 가르치는 것은 도리어 국가에 해를 끼침이요, 또 다수의 학도가 학교에 통학할지라도 실제에 유용한 학문을 배우지 않으면 하등의 효과가 없음을 알 수 있다.

제14과 학교(2)

문성공(文成公) 안유(安裕)[12]는 고려 충숙왕 때의 사람이다. 학교가 날로 쇠함을 걱정하여 양부(兩府)[13]에 건의하기를, "백관으로 하여금 돈과 베를 걷어서 그것으로 학비를 부담하게 하자"고 하였다. 양부가 따라서 왕께 아뢰니 왕이 내탕금과 곡식을 내려 도와주셨다. 이때 한 무

---

12 안유(安裕, 1243~1306) : 본관은 순흥(順興). 자는 사온(士蘊). 호는 회헌(晦軒)이며, 시호는 문성(文成). 초명이 유(裕)인데 향(珦)으로 개명하였다가 조선시대에 문종의 이름과 같아 이를 피하여 초명인 유로 다시 고쳐 부르게 되었다. 좌부승지 · 판밀직사사 · 도첨의중찬 등을 지냈으며, 한국 성리학의 시조라고 불린다. 조선후기의 각종 기록에는 이때 원의 연경(燕京)에서 『주자전서』를 필사하여, 돌아와 주자학을 연구하였다고 전한다. 이후 교육의 진흥을 위해 섬학전(贍學錢)을 설치하고, 국학(國學)의 대성전(大成殿)을 낙성하였으며, 중국에서 유학 관련 제기, 책 등을 구입하여 유학진흥에 큰 공적을 남겼다.

13 양부(兩府) : 고려시대 왕명을 출납하는 기능을 담당한 중추원(中樞院)과 중서문하성의 후신인 첨의부(僉議府)를 함께 일컫는 말.

인이 돈을 내기를 기꺼워하지 않으니 공이 여러 재상에게 말하기를, "공자(孔子)의 도가 만세에 드리워져 신하는 임금께 충성하고 아들은 아비에게 효도하고 아우는 형에게 공경함이 이것이 누구의 가르침이오?" 하니, 그 무인이 심히 부끄러워하며 곧 돈을 냈다. 그 남은 재물로써 중국에 보내 성인(聖人)과 72제자의 상을 그리고 제기(祭器)와 악기(樂器), 육경(六經)과 제자사(諸子史)를 구해 왔다.

제15과 가정교육

무릇 학생이 어릴 때 학교에 들어감에 가정의 교육이 없으면 학업을 성취하기 어렵다. 비유컨대 주인이 담장이[墻工]로 하여금 밖에 있게 하고 주인은 안에 있어 밖에서 쌓는 담을 안에서 무너뜨리면 그 담은 십 년을 세워도 완성하기를 바랄 수 없을 것이다. 이와 같이 교사는 학교에서 노고를 꺼리지 않고 진실로 부지런히 교육하였는데, 집에 돌아오면 부모가 가르침을 더하지 않고 유희를 맡아서 종일 공부를 허사로 돌리면 그 배움은 십 년을 가르쳐도 완성하기를 바랄 수 없을 것이다. 그러나 가정교육은 아버지보다 어머니가 더 중요하니, 맹자는 그 어머니의 세 번 이사함의 가르침이 있어서 능히 성인이 되신 것이다.

제16과 스승 공경(1)

무릇 학생이 학교에 있을 때는 스승의 명을 삼가 부지런히 순종해야 하니 생각해보라. 부모가 나를 낳고 기르시는데 안일하게 지내기만 하고 가르침이 없으면 금수에 가까울 것이다. 그런데 나를 학교에 보내셔서 스승을 따라 학문을 닦게 하시니, 스승은 그 수고로움을 사양치 않고 나를 아끼고 보호하며 교육하여 선량한 사람이 되기를 바라신다. 마음을 정하지 못하고 근심하시는 생각이 부모와 어찌 다르며, 또 학업을 닦아 이룬 후에 일신의 명예를 밝혀서 펴게 됨과 부모의 영광을 높이 날림이 모두 스승이 베푸신 것이니 비록 학교를 나가 사회에 들어간들 어찌 존경의 마음을 잠시라도 늦추겠는가. 그러므로 "사람이 세 가지에서 나니, 섬기기를 한결같이 한다"고 할 때 그 셋은 임금, 스승, 아비이다.

제17과 스승 공경(2)

어린 시절에 가르쳐 주신 스승은 비록 도를 전수해주신 스승과는 다름이 있으나, 어린 시절을 가르친 스승이 아니면 어떻게 지혜를 열어 인도하여 도를 전수하는 스승에게 진학하게 하겠는가. 또 어린 시절을 가르친 노고가 도를 전수하는 스승보다 특별히 더하니 어린 시절 가르친 스승은 죽을 때까지 존경해야 한다. 그러나 사람이 간혹 두각을 나타내면 예전의 가르쳐주신 스승을 전혀 생각지 못하고 다만 오늘 전수해주시는 스승만 기억하니 이는 그 근본을 잊음이다. 비록 학업을 성취한들 어찌 선량한 학생이라 칭하겠는가. 무릇 우리 학생은 학문을 성취할수록 더욱 어린 시절 가르쳐주신 스승의 은공을 생각하여 존경하는 마음을 잠시라도 버리지 말아야 한다.

제18과 학문(1)

학문이란 것은 '배움'과 '물음'을 일컫는다. 학문의 방법은 무릇 책을 읽을 때 입으로만 외지 말고 반드시 책 속의 이치를 밝게 분별하는 것이다. 또 책을 읽지 않을 때라도 눈으로 보는 바 인물, 초목, 금석 등의 이치를 때에 따라 자세히 관찰해야 하니, 이를 일컬어 '배움[學]'이라 한다. 마음에 의심이 생긴 곳이 있으면 반드시 부친과 형, 스승이나 어른께 나아가 물으며, 농사는 농부에게 묻고, 사고파는 일은 상인에게 물으며, 만드는 일은 장인에게 물어야 하니 이를 일컬어 '물음[問]'이라 한다. 배우고 물어야 마음에 아는 것이 있게 되며, 이런 것들을 잊어버리게 될까 두려워 책에 써놓는 것이다. 이렇게 하면 가슴 속에 사물의 이치가 많이 쌓여 가히 학문의 일가를 이룰 수 있을 것이다.

제19과 학문(2)

천하에 쉽게 얻을 수 있는 학문은 없으니 오직 항심(恒心)이 있는 자만이 얻을 수 있다. 무릇 물은 지극히 약하고 돌은 지극히 견고하지만 한 주먹의 돌이라도 샘물의 물방울이 밤낮 쉬지 않고 떨어지면 필경은 구멍을 만드는 것처럼 배움도 그러하다. 항심이 있는 자는 노고를 싫어하지 않으니 하루씩 한 달씩 쌓아가면 반드시 관통할 날이 있을 것이다. 고금의 박학한 선비들은 모두 수십 년의 노고를 쌓아 이룬 것이요, 하루 이틀의 공이 아니니, 만약 오늘 배운 것을 내일 꺼려하고 올해의 배운 것을 내년에 버린다면 반드시 세월을 허비하고 한 가지

재예도 이루지 못할 것이다. 해가 이미 긴데 이르러서 돌이켜 후회한들 어찌하겠는가.

제20과 학문(3)

문량공(文良公) 강희맹(姜希孟)[14]은 말하기를, "옥을 쪼아내지 않으면 그릇을 만들지 못하고 쇠를 단련하지 않으면 검을 주조하지 못한다. 옥의 쓰임은 그릇에 있으니 쪼아내기를 반드시 모래와 잔돌로 하고, 쇠의 쓰임은 검에 있으니 단련하기를 반드시 줄과 숯으로 한다. 진실로 모래와 잔돌과 줄과 숯이 거칠다고 미워하여 그것을 쓰기를 부끄럽게 여기면 옥은 채취한 그대로의 옥덩이로 쌓여있을 뿐이요, 쇠는 광물 속에 숨겨져 있을 뿐이다. 어찌 능히 호련(瑚璉)[15]과 같은 훌륭한 옥 그릇을 이루며, 용천(龍泉)[16]과 같은 명검을 주조하여 그로써 세상에 기이한 보물이 되게 하겠는가" 하셨다.

제21과 학문(4)

무릇 사람이 학문을 닦아 문명사회에 들고자 한다면 만물의 실제

---

14 강희맹(姜希孟, 1424~1483) : 자 경순(景醇). 호 사숙재(私淑齋). 1468년(예종 1) 남이(南怡)의 옥사 사건을 해결하였고, 신숙주 등과 함께 『세조실록』, 『예종실록』을 편찬하였다. 당대의 뛰어난 문장가로서 경사(經史)와 전고(典故)에 통달하였다. 문집으로는 『금양잡록(衿陽雜錄)』, 『촌담해이(村談解頤)』, 『사숙재집(私淑齋集)』이 전한다.

15 호련(瑚璉) : 은대(殷代)에 종묘에서 기장을 담아놓는 데 썼던 옥으로 만든 제기(祭器). 공자가 자공(子貢)의 인물됨을 평하면서 '호련(瑚璉)과 같다'고 해서 우수한 인물의 비유로 쓰임.

16 용천(龍泉) : 용연(龍淵)이라고도 함. 고대 명검의 이름.

이치를 연구하지 않을 수 없다. 가령 경성에서 부산에 가려면 반드시 기차를 타거나 기선을 타고, 편지를 먼 곳에 보내려면 반드시 우편을 통하거나 혹 일이 급하면 전신을 사용함은 누구나 아는 바이다. 그러나 기차, 기선이 어떤 이유로 능히 움직일 수 있으며, 우편, 통신이 어떤 이유로 능히 도달하는지를 확실히 알고자 함은 학문적 이치상으로 크게 관계가 있는 것이다. 또 이러한 문명의 새로운 물건 뿐 아니라 눈앞에 있는 한 그루 나무, 한 덩이 돌 같은 작은 것이라도 또한 진리를 갖추지 않은 것이 없다. 그러니 그 성질을 연구하고 그 효용을 발명하여 사람들로 하여금 삶을 풍요롭게 하는 물건을 만드는 것은 사람 된 자로써 힘쓸 바이니 그 근본은 학문에 있는 것이다.

제22과 학문(5)

무릇 사람이 산업을 증식하여 생활의 편익을 도모함은 모두 학리(學理)의 응용이다. 그러나 학리도 또한 세상의 문명을 따라 나아가니 차례로 볼 필요가 있다. 우편을 전하는 믿음이 전선, 전화에 비교할 때 어떠하며, 파발꾼의 힘이 기선, 기차와 비교할 때 어떠한가. 이는 학리의 응용이 가장 큰 것이거니와, 기타 농업과 상업과 공업 등 백 가지 일을 개량 진보함이 모두 학리의 응용이다. 그러니 학문을 닦아도 공리, 공론을 헛되이 외침은 하등 이익이 없다. 오늘날 청년은 농학, 공학, 이학 등 직접적으로 인생의 도움을 주는 바의 학문을 닦아야 하니, 이것이 진실로 사회로 하여금 문명에 나아가게 하는 유일한 길이다.

타인을 대할 때 주의할 것

제23과 어른 공경

나의 부형을 모시는 마음을 미루어보면 반드시 타인의 부형을 공경하며 섬기게 된다. 어른을 대하게 되면 곧 예의[禮數][17]를 먼저 차리고, 거동과 용모를 단정히 하며, 응대를 삼가 깍듯이 하고, 음식을 먼저 손대지 말며, 길을 갈 때 반드시 뒤에 서고, 또 십 년의 연장자를 만나면 노형(老兄)이라 칭하고 곧 절하고 읍하는 것이 옳다.

문순공(文純公) 이황(李滉)[18]은 말하기를, "나의 부모를 높임과 나의 웃어른을 존경함으로부터 그 나머지에 미루어 미치게 하되, 단 그 공경하는 예가 혹 그 사람에 따라 차등은 있을 것이나 서명(西銘)[19] 동포의 의로써 말하자면 무릇 천하의 연장자는 모두 내 일가의 어른이라. 어찌 내 형을 섬기는 마음을 미루어 섬기지 않으리오" 하셨다.

제24과 벗

벗을 사귐은 신의로써 주를 삼으니, 그러므로 부득이한 일이 있지

---

17 예수(禮數) : 신분에 의해 각각 다른 예의 대우를 말한다.

18 이황(李滉, 1501~1570) : 자 경호(景浩). 호 퇴계(退溪)·청량산인(清凉山人). 이기이원론(理氣二元論)을 주장하였으며, 유성룡(柳成龍), 김성일(金誠一) 등을 중심으로 한 영남학파(嶺南學派)를 이루었다. 도산서당(陶山書堂)을 설립하여 후진양성과 학문연구에 힘썼다. 임진왜란 이후 일본 유학계에 소개되어 큰 영향을 미쳤다. 저서에 『퇴계전서(退溪全書)』가 있다.

19 서명(西銘) : 송나라 때 학자 장횡거(張橫渠)가 서재의 서쪽 창에 걸어놓았던 명(銘)으로, 인도(人道)를 밝히는 내용의 250자의 글이다.

않으면 갑자기 배신하거나 절연할 수 없으며, 다만 선행 쌓기를 갈수록 더하여 발달하고 진보될 것을 함께 꾀해야 한다.

벗은 감화하고 같이 느끼는 힘이 가장 큰 자이다. 그러므로 사람들이 말하기를, “기쁜 일이 있을 때 벗이 와서 물으면 그 기쁨이 두 배가 되고 슬픈 일이 있을 때 벗이 와서 위로하면 그 슬픔이 반감된다”고 하니, 미덥구나 이 말이여. 벗을 가려 사귐이 어찌 유익하지 않겠는가.

황종해(黃宗海)[20] 공(公)은 회덕 사람이다. 사람들과 더불어 사귐이 충실하고 공경하여 그 선하지 않음이 있는 자는 반드시 말해주고 말해도 고치지 않으면 스스로 반성하여 말하기를, “말을 믿지 못함은 나의 잘못이다”라고 하고 진실한 뜻으로 스스로 힘썼다.

제25과 사회

사람은 가족이라는 단체에서부터 일반의 사람들마다 사회가 있어서 각종 편익을 받게 되니, 사회에서 생활하는 자가 제일 주의할 일은 공동의 힘이다. 무릇 사회에 각종 직업이 있음은 사람의 신체에 이목구비와 팔다리가 있음과 같으니, 각기 맡은 바는 다르지만 각 부위가 정비되어 공동으로 각기 본분을 다하지 않으면 우리의 신체는 불구됨을 면치 못할 것이다. 대개 우리도 각기 종사하는 바 직업에 전심하여 상호 그 본분을 다함은 즉 사회의 사람들이 모두 공동으로 그 사회의

20 황종해(黃宗海, 1579~1642) : 자는 대진(大進). 호는 후천(朽淺). 광해군이 대비를 서궁(西宮)에 유폐하자 과거 공부를 폐하고 은거하였다. 도학(道學)에 깊은 관심을 가져 사계 김장생(金長生)을 만나 예(禮)를 논하였다. 문집인 『후천집(朽淺集)』이 전한다.

번영을 도모하는 까닭이다. 예컨대 사회 한 부분의 백성들이 그 직업에 나태한 태도로 노는 사람들이 생기면 곧 그 사회는 불구가 되어 건전한 것이라고 말할 수 없게 된다. 그러므로 학도 된 자는 그 본분인 학문 수양과 덕 수양에 마음을 오로지하고 힘써서 학업을 이룬 후에는 사회에 공헌하는 생각이 없으면 안 되는 것이다.

제26과 공익(1)

공익이라 함은 어떤 사람이든 각기 그 자신에게 알맞은 힘을 내서 사회에 행복이 되는 일을 일컬음이다. 가령 상업하는 이는 좋은 물건을 팔되 값을 탐하지 말고 혹 해외에 판로를 널리 열어 나라의 부를 증강케 하고, 직공은 일용할 물건을 잘 만들되 값을 낮춰 사람들의 수요를 널리 응하게 하며, 재산의 여유가 있고 직업의 번잡함이 없는 사람은 교육과 자선의 일에 힘을 다하며 혹 명예로 그 향리의 이익을 꾀하고, 학자는 유익한 서적을 저술하여 학문의 진보로 세상의 개량을 도모하는 것이 공익이다. 이러한 사람은 그 본분을 다한 결과로 직접 혹은 간접으로 모두 사회의 용인됨을 얻을 것이니, 사람은 마땅히 자기의 직업을 힘써서 직접적인 이익을 만들게 한 후에 다시 한층 더 힘을 써서 그 결과를 타인에게 널리 베풀면 이것이 공익이 될 것이다.

제27과 공익(2)

공익의 사업이 심히 크나 만약 자기의 힘을 헤아리지 않고 버릇이

되지 않은 일에 착수하였다가 실패를 당함은 결코 명예로운 일이 아니요, 다만 자기가 할 수 있는 일을 행하여 자신과 사회에 유익함을 힘써 계획하고 도모해야 한다.

또 자기를 위함에는 직접 이익이 없는 일이라도 세상에는 큰 이익이 되는 것이 있으니, 이러한 일은 비록 몸의 이익은 없을지라도 자기의 힘에 기반하여 이룰 만한 것이면 힘을 쓰고 자본을 투자하여 그 일을 준수하여 이루는 것이 좋을 것이다. 예를 들면 험난한 것을 평이하게 하여 신작로를 내며, 큰 하천을 닦아서 다리를 설치하며, 학교를 건축하며, 빈민을 구조하고, 밭 가는 법을 개량하며, 연못을 파서 개관의 이익을 제공하며, 도랑을 통하게 하여 노 젓는 편의를 준비함과 같은 등의 일이다.

제28과 타인의 자유

사회의 안녕과 질서를 보유하기 위해서는 어떤 사람이든지 행동의 자유를 가지고 있으니, 나는 결코 타인의 행동을 막고 방해해서는 안 된다. 또 사회의 안녕질서를 보유하기 위해서는 어떤 사람이든지 사상의 자유를 가지고 있으니, 비록 그 사상이 나와 다를지라도 결코 타인의 사상을 막아 방해해서는 안 된다. 우리도 또한 사회의 안녕질서를 지키기 위해서는 종교를 믿는 자유가 있으니 타인은 결코 나의 신앙을 막아 방해해서는 안 된다. 그러나 자유는 결코 자기 뜻을 마음대로 함이 아니요, 타인에게 손해를 미치지 않는 범위 내에 있으니, 이를 일컬어 정당한 자유라고 하는 것이다.

제29과 타인의 명예

타인의 명예를 중히 함은 곧 자기의 명예를 중히 함이다. 사람이 혹 질투심과 당파심과 사소한 혐의심에서 비롯되어 타인의 명예를 손상하게 하는 것이 적지 않으니, 사람은 항상 이에 주의하여 그 마음을 눌러 다스려야 한다. 또 타인을 비방하며 과실을 들추어내고 부추겨서 세상에 신용을 잃게 하거나 혹 사실을 날조하고 무고하며 명성과 인망을 훼손시키려는 등의 일은 또한 가장 비루한 자의 행위이니, 이를 경계하고 삼가야 한다.

무릇 나의 명예가 진실로 중요하지만 타인의 명예도 또한 가볍지 않으니, 만약 한 몸의 명예를 스스로 중히 하면서 타인의 명예를 경멸하면 이는 같은 무리의 공생하는 의리를 모르는 자라고 말할 수 있다.

제30과 타인의 신체

타인의 신체와 생명을 중히 여기지 않고 죽임과 해를 가하고자 함은 사회의 안녕과 질서를 파괴하는 일이다. 더욱이 눈을 찌르는 막대기는 누구나 갖고 있으니 그 독과 피해를 돌려받기 쉽다.

사람들이 나를 살해하고자 할 경우에는 그것을 막기 위해 부득이 적을 밀어내야 하지만, 남에게 폭행을 받은 때에는 그에 합당한 수단을 다하여 법률의 제재를 청해야 하며, 어리석게 완력을 믿고 시비곡직을 스스로 가리려 함은 옳지 않다. 또 비천한 사람이 작은 실수가 있으면 이를 깨우치고 가르쳐 그 잘못을 스스로 복종하게 해야 하는데,

혹 자신의 귀함과 강함을 스스로 믿고 구타를 자행한다면 한때의 분함으로써 죽을 때까지 흠이 되니, 어찌 명심할 바 아니겠는가.

제31과 타인의 재산

타인의 재산은 극히 중요한 것이다. 비록 사소한 물건이라도 감히 침범할 수 없는 것인데 하물며 속이고 협박하는 수단으로 남의 소유물을 점유하여 빼앗을 수 있겠는가. 그러므로 타인의 재산을 중히 여김은 즉 나의 재산을 중히 하는 근본이다.

타인의 승낙을 얻지 않고 임의로 그 소유물을 사용하거나 타인에게 빌린 물건을 기한을 넘겨 돌려주지 않음 또한 타인의 재산에 대한 부도덕한 행위이니, 삼가 조심하지 않을 수 없다. 하물며 아무리 사소한 물건이라도 타인의 소유물을 무단으로 가지고 가는 등의 일은 절도와 다를 바가 없으며 나쁜 일임이 당연하니 결코 허용해서는 안 된다.

제32과 타인을 사랑함

무릇 세상 사람들은 모두 나와 같은 무리이니, 오직 스승과 벗만을 사랑할 뿐 아니라 비록 서로 모르는 행인이라도 또한 사랑해야 한다. 빈한하고 어려움에 처한 자를 보면 반드시 자기의 힘을 헤아려보고 도와주며, 노역에 시달리는 자를 보면 반드시 가엾게 여겨 다가가 위로하며, 불초한 자를 보면 반드시 좋은 말로써 인도하고 비록 외국인을 만날지라도 또한 마땅히 공경하며 친애해야 교화가 있는 백성이라고 말할 것이다. 맹자께서 말하기를, "남을 사랑하는 자는 남도 항상 그를 사랑한다"[21]고 하셨으니, 이는 자연스러운 이치이다.

제33과 자선

사람이 세상에 나서 타고난 병으로 신체가 불완전한 자도 있지만 혹 하늘의 재앙과 시세의 변천과 질병과 상례의 슬픔과 환과고독(鰥寡孤獨)의 곤궁함으로 죽거나 빌어먹는 처지에 떨어진 자들이 있으니, 이들에 대해 자선을 베푸는 것은 사람 된 자로써 필요한 일이다.

우리나라에도 자선의 일이 행해짐으로 옛날에는 혜민서(惠民署)와 활인서(活人署)가 있었고, 근래에는 제중원(濟衆院)과 광제원(廣濟院)이 있고, 지금은 고아원과 대한의원(大韓醫院)과 적십자사가 그 다음으로 일어났으니, 우리는 이를 만족하다고 말하지 말고 더더욱 힘을 써서 이러한 사업이 발달하기를 주의해야 한다.

문강공(文康公) 이지함(李之菡)[22]이 모산수(毛山守)[23]의 사위가 되어 초례를 치른 다음날 나가서 저녁에 돌아왔는데, 집안 사람들이 그 새 도포가 없어짐을 보고 물으니, "사제교(私濟橋)를 지나다가 거지가 얼어 죽게 병이 든 것을 보고 잘라 나눠주어 세 아이에게 옷을 해 입혔다"고 하였다.

---

21 남을~사랑한다 : 출전은 다음과 같다. 愛人者, 人恒愛之, 敬人者, 人恒敬之. 『孟子』「離婁」下.

22 이지함(李之菡, 1517~1578) : 자는 형백(馨伯) · 형중(馨仲). 호 수산(水山) · 토정(土亭). 목은(牧隱) 이색(李穡)의 6대손이며, 북인의 영수 이산해(李山海)의 숙부이다. 『토정비결(土亭祕訣)』의 저자로 알려져 있으나 그의 이름을 가탁한 책이라는 주장이 우세하다. 조선시대 도가적 행적을 보인 인물들을 기록한 『해동이적(海東異蹟)』에도 기록이 남아있다.

23 모산수(毛山守) : 이정랑(李呈琅, 생몰년 미상). 정종의 후손으로 알려져 있다. 윤원형이 구민 양재역 벽서사건에 휘말려 죽었다고 전한다.

제34과 공중(公衆)

공공의 무리와 함께 사회 속에서 생활하는 이상에는 서로 애호하여 타인에게 피해되는 일을 행하지 말아야 한다. 만약 사원과 공원 등의 곳에 나무를 베거나 말과 수레가 다니는 길에 방해물을 놓음은 항상 경계하고 삼갈 바이며, 공중위생을 중요하게 여김에 대하여 음료수에 오물이나 먼지를 넣거나 도로에 썩은 것을 버려서 전염병 예방 및 소독을 해이하게 하는 일은 결코 해서는 안 된다. 또 많은 사람이 모인 곳에서 타인을 밀거나 기차, 기선에서 거동을 소란스럽게 하는 일 또한 공중에게 무례한 행동을 하는 것이니, 반드시 깊이 삼가야 한다.

제35과 믿음을 중시함

공자께서 말하기를, "신의가 없으면 서지 못한다"[24]고 하셨다. 사람이 세상에 태어나 능히 왕래하고 교섭하는 일이 없을 수가 없으니, 믿음은 왕래와 교섭의 큰 기틀이자 관건이다. 만약 믿음이 서지 않으면 저는 속이고 나는 걱정하여 피차에 신용함을 얻을 수 없다.

세상에서 불신하는 사람을 보면 매매나 임대 등의 일에 내세운 조약을 먹이 채 마르기도 전에 이미 깨뜨리니, 이는 그 약속을 할 때 뜻대로 써넣어서 나중에 능히 그 행실을 밝혀낼 것을 생각하지 못했음

24 신의가~못한다 : 출전은 다음과 같다. 子貢問政, 子曰, 足食足兵民信之矣. 子貢曰, 必不得已而去, 於斯三者, 何先. 曰, 去兵. 子貢曰, 必不得已而去, 於斯二者, 何先. 曰, 去食. 自古皆有死, 民無信不立. 『論語』「顔淵」. 이 구절은 자공이 공자에게 정사(政事)를 물으며 나라를 다스림에 있어 무엇이 가장 중요한가 묻자, 신의가 가장 근본임을 대답한 것이다.

이다. 그러므로 방이나 집을 매매할 때 3, 4년 굳은 약속을 이미 해놓고 몇 년 되지 않아서 바꾸며, 돈을 빌려줄 때 1년에 깨끗이 갚을 것을 분명히 말하고는 4, 5년이 지나도록 빚이 막혀 있으며, 얼굴로 보증한 약속에 이르러서는 말이란 것은 입언저리에 잠시 발라놓고 들은 것은 귓가에 잠시 지나가되 또한 아무런 거리낌이 없는 것으로 안다. 그러나 서양 사람들은 비록 잔치 초대나 문안 등의 일이라도 한 조각도 어김없이 약속대로 가서 믿음을 확립하는 것을 중요한 일로 삼는다. 무릇 우리 청년은 이렇게 험하고 속이기 잘하는 세상에 있어서 왕래하고 교섭하는 일에 극히 신의 있게 하도록 주의해야 한다.

자기의 수양에 관해 주의할 것

제36과 자기

무릇 사람은 가족에 대한 일과 사회 사람들에 대한 일이 있는 것처럼, 자기에 대한 일이 있다. 자기에 대한 일 중에는 몸에 대한 일과 마음에 대한 일이 있으니, 밖의 사물에 이끌리는 감정을 억제하여 신체의 건강과 정신의 활동을 해치지 말도록 주의하여 자기의 심신을 발달케 해야 하니, 만약 한때의 곤란을 감당하지 못해 스스로 약해지거나 자살함은 가장 악한 일이다.

문정공(文正公) 조광조(趙光祖)[25]는 말하기를, "자기를 지킴은 마땅히 엄한 중에 공손함이 있고 공손함 속에 엄함이 있게 해야 하니, 이른바 예악(禮樂)은 가히 잠깐도 몸에서 떼어놓아서는 안 될 것이다"[26]라고 하셨다.

제37과 신체(1)

신체가 건강하면 무슨 일이든지 곤란이 적고 신체가 건강하지 않으면 무슨 일이든지 용이하지 못하니, 고로 사람이 맡은 일을 다함에는 신체를 건강하게 함이 가장 긴절하다.

신체가 건강하지 못하면 그 마음이 또한 건강하기 어려운 까닭에 신체의 건강을 주의함은 마음을 위함에 또한 긴요하다.

신체의 건강함 여부는 그 사람의 천품에서 기인함이 많으나, 건강하지 않은 사람도 섭생과 영양에 주의하면 건강을 능히 보전하고 건강한 사람도 섭생과 영양에 부주의하면 도리어 건강을 해쳐 허약한 사람이 되기를 면할 수 없다.

---

25 조광조(趙光祖, 1482~1519) : 자 효직(孝直). 호 정암(靜庵). 사림의 절대적 지지를 바탕으로 도학정치 실현을 위해 적극적으로 활동하였다. 국왕 교육, 성리학 이념의 전파, 향촌 질서의 개편, 사림파 등용, 훈구정치 개혁을 급격하게 추진했다. 기묘사화(己卯士禍)로 사사되었으나 후일 신원되어 문묘에 종사되고 전국 많은 서원과 사당에 제향되었다. 문집으로 『정암집(靜庵集)』이 있다.

26 자기를~것이다 : 해당 부분은 다음 문집에 실려 있으며, 원문은 다음과 같다. 持己, 當使嚴中有泰, 泰中有嚴, 此所謂禮樂不可斯須去身者也. 趙光祖, 『靜庵先生文集』 卷4 「經筵陳啓」「復拜副提學時啓十二」. 그런데 위 본문의 인용 중 '엄한 중에도 공손함이 있고(嚴中有恭)' 부분은 원래 '엄한 중에도 큼이 있고(嚴中有泰)'가 맞다. 수신서 저자가 '태(泰)'를 '공(恭)'으로 혼동한 듯하다.

제38과 신체(2)

신체는 음식물로 길러지는 것이니 반드시 자양이 있는 음식물을 선택해야 하며, 폭음폭식은 큰 피해가 있으니 깊이 삼가야 한다.

신체를 건강하게 함은 음식을 삼가는 것 외에 운동이 또한 중요하니 팔을 많이 사용하면 그 팔이 발달하고 다리를 많이 사용하면 다리가 발달하는 까닭에 신체가 충분히 건강해지나, 공기가 신선하고 빛을 넉넉히 받는 곳에서 운동함이 가장 좋다. 대개 체조는 신체 각 부위를 일관성 있게 발달하게 하는 것이므로 그 효과가 매우 크다.

제39과 운동

운동은 위생상에 빠뜨릴 수 없는 것이니, 운동은 소화기능을 오로지 돕고 혈액의 순환을 이롭게 이끌며 또 심신을 상쾌하게 하는 효력이 있다. 사람이 만약 편안히 거하여 앉고 누우며 운동이 조금도 없으면 심신이 불쾌하고 식욕이 갑자기 줄어들고 혈색이 저절로 쇠하고 원기가 차차 줄어듦에 스스로 이르는 고로 정신을 항상 수고롭게 하고 항상 시간이 아쉬운 사람은 특히 운동을 태만히 하지 말아야 한다. 운동에 쓰이는 시간은 잠시 보면 무익해 보이지만 힘써 공부하는 사람에게 필요함은 노동하는 사람의 휴식과 같은 것이다.

운동의 본래 뜻은 근육과 뼈를 활동하게 하고 원기를 기르게 함이 있으나, 그 한도를 초과하여 신체를 피로하게 함은 불가하다.

제40과 수면

수면은 또한 신체 건강을 지키기 위해 그 한도를 대개 8시간을 필요로 한다. 세상의 학생들이 항상 열심히 공부에 힘써 왕왕 수면 시간을 심하게 줄인 경우에는 밤을 새고 새벽까지 책을 읽는 자들이 많으니, 가장 삼갈 바가 무엇인가. 수면을 충분히 하지 못하면 신체가 쇠약하여 마침내 허다한 병의 근원을 양성하게 되니, 이러한 신체로는 힘써 배우고 따라 해도 그 이해득실이 장차 어떻겠는가. 그러므로 정신이 몽롱하고 또렷하지 않아서 종일토록 책상에서 책을 읽으나, 그 얻은 바 결과는 충분히 수면을 취한 사람의 반나절 공부에도 미치지 못할 것이다. 그러나 수면이 과도함도 또한 반드시 몸을 나약하게 하는 해로움이 있으니 공부하는 자들은 그 중간을 취해야 한다.

제41과 정결

위생의 방법은 정결함이 제일이다. 무릇 방과 집, 기구가 하나라도 정결하지 않으면 안 되지만, 신체가 더욱 중요하므로 빗질을 부지런히 하고 세수를 여러 번 하며 의복을 항상 갈아입고 관과 신발을 항상 털며, 손이나 얼굴에 묻으면 곧장 씻어야 한다. 이를 어려서부터 습관들이지 않으면 커서 나태함이 생겨 고치기 어려워진다. 일찍이 책 읽는 선비를 보면 옷과 바지에 이가 생기고 관과 신발에는 먼지가 쌓이되 종일 책상에 엎드려 있어도 정리할 줄 모르고 심한 자는 봉두난발에 맨발인데다 눈물과 침이 가득하여 사람이 모두 멀리하고 피하거늘, 저는 말하기를 "나는 학문이 남보다 나으니 정결은 귀하지 않다"고 한다 하니 아, 이것이 무슨 말인가.

제42과 음식을 절제

문의공(文懿公) 노수신(盧守愼)[27]이 말하기를, "음식을 절제하되 먹을 때 정결함을 싫어하지 말고, 마실 때 따뜻함을 싫어하지 말며, 먼저 배고픈 후에 먹되 먹기를 너무 배부르게 하지 말고, 먼저 목이 마른 후에 마시되 마심을 너무 많이 하지 말라. 먹음은 절제하고 적게 함을 중요하게 여기고 번잡하고 많게 하려 하지 말며, 급히 먹어서는 안 되니 가볍게 삼키고 천천히 씹으며, 아무리 맛있는 음식이라도 과식해서는 안 되니 고기는 먹는 기운을 넘지 말게 하며, 먹을 때 날 것, 찬 것, 딱딱한 것, 그을리고 말린 것, 끈적하고 미끄러운 것을 피하도록 하라. 끼니 사이에 먹지 말고, 묘시(卯時)[28]에 술을 마시지 말라. 술은 과하게 하지 말고, 차는 들이마시지 말라"[29]고 하셨다.

---

27 노수신(盧守愼, 1515~1590) : 자는 과회(寡悔). 호는 소재(蘇齋). 대윤(大尹)의 한 사람으로 영의정에 올랐으나, 정여립(鄭汝立) 모반사건에 연루되어 파직되었다. 이황·기대승 등과 주자의 인심도심설(人心道心說)을 놓고 논쟁을 벌였다. 문집에 『소재집(蘇齋集)』이 있다.

28 묘시(卯時) : 새벽 5~7시.

29 음식을~말라 : 해당 부분은 다음 문집에 실려 있으며, 원문은 다음과 같다. 節飮食, 不多食, 不時不食. 食不厭精, 飮不厭溫, 食不語. 先飢而食, 食不可大飽. 先渴而飮, 飮不可過多. 食欲數而小, 不欲煩而多, 食不可急, 當輕呑緩嚼. 膏粱五味不可過食, 勿使肉勝食氣, 食忌生冷堅硬焦燥粘滑之物. 勿食申後飯, 勿飮卯時酒, 酒不可過. 盧守愼, 『穌齋先生內集』 下篇 庶幾錄丁 「治心養胃保腎之要」 「右保腎之要三」.

제43과 술을 조심

옛사람이 말하기를, "술은 본성을 해치는 미친 약"이라고 하니 사람들이 깊이 경계할 것은 즐겨 마심이다. 자고로 패가망신하는 사람을 보면 모두 술을 권하기를 지나치게 함에 있으니 평생을 그르침이 이보다 더한 것이 어디 있으리오.

문장공(文莊公) 정경세(鄭經世)[30]가 사람을 경계하는 책에서 말하기를, "술은 사람을 죽이는 맹독이다. 지금 다행히 병으로 인해 술을 끊었다고 하니 이는 정신을 보양하고 장수를 누릴 징조이다. 누룩[31]과 술잔 등의 물건을 일체 집안에 두지 말기를 솥을 깨뜨리고 집을 불태울 정도로 용감하게 결단해야 하며, 그렇게 할 수 없으면 침침한 욕망에 매인 바 되어 입에 한 번 닿게 하면 옛 재미를 참을 수 없게 될 것이니, 천만 번 경계해야 한다"[32]고 하셨다.

제44과 검약

사람이 검약을 스스로 지킴은 한 몸, 한 집안의 행복을 능히 누리게

---

30 정경세(鄭經世, 1563~1633) : 자 경임(景任). 호 우복(愚伏). 유성룡의 문인으로 임진왜란 때 의병을 일으켜 공을 세웠다. 경상도 관찰사를 지냈으며 예론(禮論)에 밝아서 김장생(金長生) 등과 함께 예학파(禮學派)로 불렸다. 저서에 『우복집(愚伏集)』, 『상례참고(喪禮參考)』, 『주문작해(朱文酌解)』 등이 있다.

31 누룩 : 원문에는 '국얼(麯蘖)'로 되어 있으나 '국얼(麴蘖)'이 맞는 표기이다.

32 술은~한다 : 해당 부분은 다음 문집에 실려 있으며, 원문은 다음과 같다. 酒乃殺人之鴆毒, (…중략…) 今幸因病止酒, 此是保養精神安享壽考之徵. 如麴蘗杯尊等物, 一切不留家中, 如破釜甑燒廬舍, 濟河焚舟底勇決, 不然則恐或駸駸爲嗜欲所牽, 一到口頭, 忍不得舊滋味矣, 千萬戒之. 鄭經世. 『愚伏先生文集』 卷11 「答李士廓士會弘道」.

할 뿐 아니라 공중사회의 이익을 증진케 하니, 이는 무슨 말인가. 검약한 자는 스스로 받듦을 눌러 절제하기 때문에 항상 남음이 있어 남에게 베풀고, 사치한 자는 스스로 받듦을 후하고 넘치게 하기 때문에 항상 부족하여 도리어 남에게 아끼게 된다.

유정모(柳鼎模)[33]가 독서를 하며 집안을 다스렸는데 화려함을 없애고 실질을 취함에 근본을 두어 발을 짜고 새끼를 꼬았으며 가지 한 두둑과 포도 한 가지를 심어 때로 팔며, 집안 식구 열 명이 힘의 건장함과 약함에 따라 일하는 바가 각각 있어서 각자 그 생계에 도움이 되기에 족하였으니 집안 일이 정연하게 법도가 있어 비록 가난하지만 죽을 때까지 굶주리지 않았다.[34]

제45과 도량(度量)

사람과 함께 사귐에는 반드시 도량을 활달히 해야 하니, 비록 자기를 대하여 무례한 언행을 가하는 자가 있을지라도 쉽게 성을 내어 저항해서는 안 된다. 미국 워싱턴이 하루는 한 장교와 의견을 논하는데 그 장교가 노하여 워싱턴을 밀어 넘어뜨렸는데 워싱턴이 마음에 끼이

33 유정모(柳鼎模, 생몰년 미상) : 자는 자화(子和). 본관은 문화(文化). 벼슬은 찰방(察訪)이었다. 이덕무(李德懋, 1741~1793)의 「사소절(士小節)」의 '성행(性行)' 편에 유정모의 일이 언급되고 있다.

34 유정모가~않았다 : 해당 부분은 다음 문집에 실려 있으며, 원문은 다음과 같다. 柳讀書治家以去華, 取實爲本, 侗然若愚人, 隣里感服. 織簾撚索, 種茄子一畦, 葡萄一架, 賣以爲食. 家人十口, 隨其壯弱, 皆有所業, 足各資口, 家事井井有度, 雖貧, 終年不飢. 李德懋, 『青莊館全書』 卷29 「士小節」「性行」. 본문에서는 위 원문에서 '우직하여 어리석은 사람 같았으나 이웃이 모두 감복하였다(侗然若愚人, 隣里感服)' 부분만 뺀 뒤 인용하였다.

거나 싫어하지 않고 다음날 그 장교에게 가서 다시 친교를 받아들이니 이로부터 절친한 벗이 되었다.

하진(河瑨)[35]은 진주 사람이다. 어릴 때 같이 공부하던 아이가 싸워서 공의 신을 빼앗아 내던졌으나 화낸 기색이 조금도 없어 사람들이 물으니, '애초에 아무 일도 없었다'고 하였다.

제46과 정직

정직은 사람의 준칙이다. 자기를 위함이든지 사회를 위함이든지, 정직이 아니면 자기 몸으로 실행해서는 안 된다. 만약 남의 헛된 말을 듣고 타인을 소란스럽게 하여 웃음거리를 일으키거나, 타인의 성냄을 두려워하여 나의 과실을 숨기거나, 나의 재능을 칭찬받게 하기 위해 사실을 과장하거나, 또 목전의 이익을 위하여 무심한 일을 행하는 자는 모두 비천한 일이며, 그밖에 공정하지 않은 칭송과 평가를 씀과 조악한 물품을 고의로 파는 일 등은 매우 부정직한 행실이니 깊이 경계해야 한다.

상국(相國) 이경석(李景奭)[36]은 말하기를, "선비는 정직과 충후로써 근본을 삼아야 하니, 정직하고 충후하지 않으면 인정이 없고, 충후하고 정직하지 않으면 나약하다"[37]고 하셨다.

---

35 하진(河瑨, 1597~1658) : 자는 진백(晋伯)이고, 호는 태계(台溪). 조선 중기의 문신으로, 병자호란 이후 간관으로 활동하며 전쟁으로 어지러워진 나라를 바로잡기 위해 여러 차례 상소를 올렸다. 문집으로 『태계문집(台溪文集)』 4책이 있다.

36 이경석(李景奭, 1595~1671) : 자 상보(尙輔). 호 백헌(白軒). 정종의 후예이며 김장생(金長生)에게 배웠다. 병자호란의 끝에 청나라의 승전을 기념하는 삼전도비(三田渡碑)의 비문을 썼고, 청나라로 가서 소현세자를 보필하였다. 문집에 『백헌집(白軒集)』이 있다.

제47과 공평

공평이라 함은 일을 당하여 사적인 정리에 매이지 않으며 세력에 묶이지 않고, 빈천한 사람이든지 부귀한 사람이든지 차별이 없게 극히 평등하게 처리함을 말함이다. 일을 처리함이 공평한 때는 남에게 믿음을 주며 남에게 믿음을 준 때는 나의 재능이 쓰여서 입신하고 집안을 일으키는 일을 얻을 것이요, 일을 처리함이 공평하지 못할 때에는 남들이 불신하며 남들이 불신할 때에는 나의 재능도 쓰이지 않을 것이다. 그러니 비록 학문이 있고 직업에 근면할지라도 일을 이루고 입신하며 집안을 일으키는 일을 할 수 없을 것이다.

제48과 공정

문청공(文清公) 이후백(李後白)[38]이 이조판서가 되었는데 공공의 도리를 힘써 숭상하고 청탁을 받지 않아 비록 친구라도 자주 왕래하여 안부를 물으면 마음에 옳지 않게 여겼다. 하루는 친족 중 한 사람이 찾아뵈었는데 그의 말이 관직을 구하는 뜻에 이르자, 공의 얼굴색이 변하더니 한 책을 보여주며 말하기를, "내가 너의 이름을 기록하여 장차 관

---

37 선비는~나약하다 : 해당 부분은 다음 문집에 실려 있으며, 원문은 다음과 같다. 士大夫立朝, 當以正直忠厚爲本, 正直則朝廷無過誤, 忠厚則天下無怨嗟. 一於正直而不忠厚, 則漸入於刻, 一於忠厚而不正直, 則流於懦. 李景奭, 『白軒先生集』 附錄 卷3 「白軒先生年譜」. 본문에서는 위 원문의 내용을 간추려 인용하고 있다.

38 이후백(李後白, 1520~1578) : 자는 계진(季眞). 호는 청련(青蓮). 이의건(李義健) · 최경창(崔慶昌) · 백광훈(白光勳) 등에게서 배웠으며 어려서부터 호남지방에서 문장으로 명망이 높았다. 문집으로 『청련집(青蓮集)』이 있다.

직에 추천하고자 하였다. 그러나 지금 네가 관직을 구하니, 구하여 얻음은 공정한 도리가 아니다. 아깝구나. 네가 만약 말하지 않았다면 관직을 얻었을 것이다" 하니, 그 사람이 부끄러워하며 물러났다. 공은 항상 한 관직을 추천할 때마다 두루 그 사람이 마땅한지 여부를 물었는데 만약 적합하지 못한 사람에게 잘못 제수하면 밤새도록 잠들지 못하고 말하기를, "내가 나랏일을 잘못하였다"고 하였다.

제49과 청렴(1)

청렴이라 함은 마음이 개결하여 맑은 물과 같으며 행실이 정직하여 털끝만큼도 어기지 않음을 말한다. 가령 내 마음에 거짓된 일을 알 때는 눈앞에 비록 어떤 이익이 있더라도 하지 않으며, 남에게 물건을 받되 진실로 그 도리가 아니면 내가 비록 굶어죽는다 해도 취하지 않는다. 궁색한 사정을 핑계로 남이 베푸는 것을 구걸하지 말며, 이익을 추구하는 마음을 향하여 뜻의 근본 주지를 변하지 말고, 또 남의 물건을 빌리지 말되 만약 빌린 것이 있으면 한 푼의 돈이라도 반드시 돌려주어 평생의 부끄러움 되는 일을 하지 않음이 청결한 행실이다.

제50과 청렴(2)

최석(崔碩)은 고려 순효왕(順孝王)[39] 때 사람이다. 승평부[40]에 알려져

---

39 순효왕(順孝王) : 고려 25대 충렬왕(忠烈王)을 말한다.
40 승평부(昇平府) : 지금의 순천.

청렴으로 칭송받았는데 부의 옛 풍속이 마을의 사또가 바뀌어 돌아가면 반드시 여덟 마리의 말을 보내어 좋은 것을 택하게 하였다. 최석이 임기를 채우고 돌아가는데 마을 사람들이 이전 예에 따라 말 여덟 마리를 올리고 택하라고 하니, 그가 웃으며 말하기를, "말이 서울에 가기에 족한데 어찌 꼭 좋은 말을 택하겠는가" 하였다. 집에 도착해서는 그 말을 돌려보내니 마을 사람들이 받지 않았다. 최석이 말하기를, "내가 너희 마을에 있을 때에 암말이 있어 망아지를 낳아서 지금 같이 딸려왔는데, 이 또한 탐욕이다"라고 하고 그 망아지를 나란히 하여 돌려보내니, 이로부터 말을 보내는 폐단이 드디어 끊어졌다. 마을 사람들이 그 덕을 칭송하여 돌을 세우고 부르기를 '팔마비(八馬碑)'라고 하였다.[41]

제51과 겸손

대개 사람의 품성은 언행으로 인하여 드러나는 것이다. 그러므로 하나의 동작, 한 마디의 말에서 겸손한 덕을 보는 것이니, 자기가 장점이 있다고 자랑하지 말고 남에게 단점이 있다고 모욕하지 말아야 한다. 자기의 장점은 자랑하지 않아도 자연히 그 행동에 나타난다. 사람들 중에는 혹 다만 겸손히 물러남이 겸손한 덕에 적합한 것인 줄 생각

41 최석(崔碩)은~하였다 : 최석에 대한 이야기는 다음 기록에 실려 있으며, 원문은 다음과 같다. 以昇平府使崔碩, 爲秘書郎, 昇平, 舊俗, 每邑守替還, 必贈以馬, 太守八匹, 倅七匹, 法曹六匹, 惟所擇, 及碩還, 邑人以故事, 持馬請擇. 碩笑曰, 馬能至京足矣, 何擇爲. 至家, 以馬歸之, 吏不受. 碩曰, 吾守汝州, 吾有牝馬生駒, 今帶以來, 是我之貪也. 汝之不受, 豈非知我之貪, 而以我爲貌辭耶. 并其駒授之. 自是其弊遂絶, 州人頌德立石, 號八馬碑. 『高麗史節要』 卷20 「忠烈王二 辛巳七年」. 안정복의 『동사강목(東史綱目)』 제12상 「신사년 충렬왕 7년」 조에도 같은 내용이 실려있다.

하는 자들이 있으나 이는 오해이다. 일을 하기 위해 나아가야 할 때 주저하며, 의견을 말해야 할 때 침묵하여 그만두는 것은 실로 비굴함에 빠지는 것이다.

문경공(文敬公) 김안국(金安國)[42]이 일찍이 자제들을 가르치며 말하기를, "겸손과 공손은 군자의 큰 덕이니 너희가 마땅히 죽을 때까지 몸에 지녀야 한다. 내 평생에 오만과 게으름을 남에게 더하거나 남의 과실을 말하는 것을 너희가 보았느냐. 차라리 죽을지언정 자손에게 이런 행실이 있음을 듣기를 원치 않는다"[43]라고 하셨다.

제52과 침착함

무릇 사람이 일에 임하여 경솔하게 행동하지 말고 고요하고 차분하게 일을 처리함을 침착함이라고 한다. 사람이 침착하지 못하면 일에 손실이 많게 되니 반드시 평생에 담력을 잘 단련하며 기를 잘 배양하여, 비록 불의의 일에 임하더라도 놀라고 소란스럽고 두려워하며 움츠러듦이 없게 주의해야 한다.

문충공(文忠公) 정몽주(鄭夢周)[44]가 일찍이 바다를 항해하여 지나 및

---

42 김안국(金安國, 1478~1543) : 자는 국경(國卿). 호는 모재(慕齋). 조광조(趙光祖) 등과 함께 지치주의(至治主義)에 입각한 도학정치의 실현에 힘썼다. 기묘사화로 파직된 뒤에는 후진 양성에 힘써 제자들이 중종반정 이후 개혁정치를 이끌었다. 저서에 『모재집(慕齋集)』, 『모재가훈(慕齋家訓)』 등이 있다.

43 겸손과~않는다 : 해당 부분은 다음 문집에 실려 있으며, 원문은 다음과 같다. 嘗教子弟曰, 惟謙與恭, 是君子盛德, 汝輩固當佩服終身, 汝嘗見我以傲惰加人, 言人過失乎, 寧死不願聞子孫有此行也. 金安國, 『慕齋先生集』 卷15 附錄.

44 정몽주(鄭夢周, 1337~1392) : 자는 달가(達可). 호는 포은(圃隱). 경상북도 영천(永川) 출신이며, 이색의 문인이었다. 1372년 서장관으로 홍사범(洪師範)을 따라 난징[南京]에 가 촉

일본에 사신으로 갈 때 비바람과 파도의 위급함을 당할 때마다 태도가 더욱 차분하고 정신이 더욱 맑아 옷깃을 여미고 높이 두 손을 맞잡고 있었는데, 그 모습이 마치 방 안에 앉아있는 동작과 같았다.

제53과 온화함(1)

온화함이란 말을 화평히 하며 거동을 정숙하게 함을 말한다. 온화한 말은 사람들로 하여금 믿고 우러르는 마음이 나게 하고, 온화한 거동은 사람들로 하여금 친애하고 공경하는 마음을 일으키게 한다. 그런데 가령 여러 사람이 보기에 특히 뛰어난 재능이 있을지라도 말이 시끄럽고 소란하며 거동이 거칠고 잡스러우면, 싫증이 나서 친애와 공경과 믿음과 우러름의 마음이 없어지게 된다. 남에게 친애와 공경을 받지 못하고 남에게 믿음과 우러름을 받지 못할 때에는, 비록 심오한 학문과 뛰어난 재능이 있을지라도 믿고 쓰이는 일이 없게 되니, 학문과 재능이 있어도 쓰임을 얻지 못하면 학문과 재능이 없음과 무엇이 다르겠는가. 그러니 무릇 우리 학생들은 항상 말을 화평하게 하며 거동을 정숙하게 하여 많은 사람들의 친애함과 공경, 믿음과 우러름을 받도록 주의해야 한다.

(蜀)을 평정한 것을 축하하고 돌아올 때 풍랑을 만났으나 구사일생으로 살아 돌아왔다. 조선 건국에 반대하다가 1392년 개성 선죽교에서 이방원에게 살해되었다. 문집으로 『포은집(圃隱集)』이 전한다.

제54과 온화함(2)

문경공(文敬公) 김굉필(金宏弼)[45]이 서울에 있을 때 꿩 한 마리를 얻게 되자 그것을 대부인의 처소에 보내려고 했는데 고양이가 훔쳐가 버렸다. 공이 매우 노하여 지키는 자를 탓하니, 문정공(文正公) 조광조(趙光祖)[46]가 나와 말하기를, "부모님을 모시는 정성은 매우 간절하지만 군자의 말투로 가히 너무 지나치지 않습니까" 하였다. 공이 일어나 조광조의 손을 잡고 말하기를, "나도 막 후회하였는데 너 또한 이렇게 말하니 내가 부끄러워 땀이 나는 것을 깨닫지 못하겠다. 너는 이제 나의 스승이다"라고 하니, 조광조의 나이 17세였다.[47]

제55과 용기

무릇 용기라 함은 혈기가 올라와 평소와 다른 일을 행하는 것을 말함이 아니다. 이는 맹자가 말한 바 '포호빙하(暴虎馮河)'[48]의 용기이니 가

---

45 김굉필(金宏弼, 1454~1504) : 자는 대유(大猷). 호는 사옹(蓑翁) · 한훤당(寒暄堂). 김종직의 문하에서 학문을 배우면서 특히 『소학』에 심취하여 '소학동자'라 자칭하였다. 1498년 무오사화가 일어나자 평안도 희천에 유배되었는데, 그곳에서 조광조(趙光祖)를 만나 학문을 전수하였다. 문집에 『한훤당집(寒暄堂집)』, 저서에 『경현록(景賢錄)』, 『가범(家範)』 등이 있다.

46 조광조(趙光祖, 1482~1519) : 자 효직(孝直). 호 정암(靜庵). 도학 정치의 실현을 위해 적극적으로 활동했다. 천거를 통해 인재를 등용하는 현량과를 실시하도록 했고, 중종반정 공신들의 공을 삭제하는 위훈삭제 등 개혁정치를 서둘러 단행하였다. 사흘 후 기묘사화가 일어나 능주로 귀양갔으며 한 달만에 사사되었다. 문집에 『정암집(靜庵集)』이 있다.

47 문경공(文敬公)~17세였다 : 이 일화는 다음 문집에 실려 있으며, 원문은 다음과 같다. 金先生嘗得一雉, 爲乾之, 將送大夫人所, 適被貓兒偸食. 金先生盛責守婢, 辭氣太過. 先生進曰, 奉養之誠雖切, 君子辭氣, 不可不省察也. 小子竊有疑於心, 故敢請. 金先生起前握手曰, 吾方自悔, 而汝言又如此, 吾不覺愧服也, 且汝乃吾師, 吾非汝師也, 自後益加敬重. 趙光祖, 『靜菴先生文集』 卷五 附錄「年譜」.

장 경계해야 할 것이다. 대저 용기는 능히 곤고함과 결핍됨을 감내하며 유혹에 흔들리지 않고, 사욕을 억제하고 바른 도리를 지키며, 지나침을 알면 고칠 수 있고 일이 닥쳐오면 실행하는 것이니, 이는 모두 평소에 용기를 길러 백절불굴의 정신이 있을 때 나오는 것이다. 그러나 용기도 의기(義氣)와 혈기(血氣)의 두 가지 용기가 있으니, 사람은 늘 삼가 의기를 주로하고 혈기를 억제해야 한다.

문간공(文間公) 김정(金淨)[49]은 말하였다. "큰 용기가 있는 자는 무너져도 성내지 않고 어긋나도 놀라지 않으며 욕을 당해도 업신여기지 않으니, 이는 의를 행함에 용기가 있기 때문에 분노할 일이 품에 들어가지 않고 다만 그 진실한 모습만 보기 때문이다."[50]

제56과 지식

사람의 지식은 입신(立身)을 하기 위한 기초이다. 무슨 사업을 하든지 모두 지식을 통해 이룰 수 있으니, 이 지식을 연마할 때 마땅히 시세를 따라 그 정도를 더해야 한다. 그러나 지식의 종류가 매우 많아서 한 사람의 마음과 힘으로 그 무한한 이치를 환히 깨닫고자 함은 가히 바라기 어려우니, 반드시 나의 일에 필요한 지식을 먼저 깨닫기 위하

48 포호빙하(暴虎馮河) : 용기가 지나쳐 범을 맨손으로 쳐죽이고, 황하를 걸어서 건넌다는 뜻으로, 무모하게 위험한 행위를 하는 것.

49 김정(金淨, 1486~1520) : 자 원충(元冲). 호 충암(冲菴). 조광조와 함께 미신타파 · 향약 시행 등에 힘썼으나 기묘사화 때에 제주에 안치되었다가 사사되었다. 문집에 『충암문집(冲菴文集)』, 저서에 『제주풍토록(濟州風土錄』 등이 있다.

50 큰 용기가~때문이다 : 해당 부분은 다음 문집에 실려 있으며, 원문은 다음과 같다. 世固有大勇者, 毁之而不怒, 犯之而不驚, 辱之而不屑, 勇於行義, 故忿懥之事, 不入于懷, 徒見其恂恂如也. 金淨, 『冲庵先生集』 卷5 「孤峯亂藁」 十一箴.

여 당면한 일에 유익한 책과 물건만을 연구해야 하며 무료하게 시간을 써서는 결코 안 된다.

소년의 시절은 기력이 왕성하여 기억력이 매우 좋으니 지식을 연마하기 가장 적당한 시기이다. 이 좋은 시기를 게으름으로 잃어버린다면 성장한 뒤에 비록 후회한다 해도 어찌 돌아올 수 있겠는가.

제57과 뜻을 세움(1)

무릇 학업을 닦는 자는 '뜻을 세움'으로써 제일을 삼아야 한다. 사람이 어려서부터 그 뜻을 확립하지 못하면 성장한 후에 자연히 그 마음이 외물에 끌려 다니면서 그 행실이 일관될 수가 없게 된다. 그러므로 어떤 일을 하든지 막론하고 반 정도에서 끝나는 일을 면할 수 없을 것이니, 사람은 항상 뜻을 확고한 곳에 두고 공평한 곳에서 일을 행해야 한다.

문충공(文忠公) 김성일(金誠一)[51]이 일찍이 문하의 생도를 가르쳐 말하기를, "사람이 뜻을 세움이 진실하지 않음을 걱정해야지 어찌 재주가 부족함을 걱정하겠는가. 재주가 없더라도 군자가 됨에 방해되지 않으며 재주가 있더라도 소인이 됨을 면하지 못할 것이니, 이는 단지 학문을 함에 있어서 자신을 위한 학문을 하느냐, 남에게 보이기 위한 학문을 하느냐에 달려 있을 뿐이다"[52]고 하셨다.

---

51 김성일(金誠一, 1538~1593) : 자 사순(士純). 호 학봉(鶴峯). 1591년 부사로 일본 사행을 다녀왔다. 이 때 정사 황윤길은 왜군의 침입이 있을 것이라고 보고하였고 그는 그렇지 않다고 하여 임진왜란을 불러온 장본인으로 각인되었다. 정치적으로는 동인(東人)에 가담하여 서인(西人)의 영수였던 정철(鄭澈)을 규탄하였으며, 이후 동인이 남인 · 북인으로 갈릴 때 유성룡 등과 입장을 같이하여 남인을 이루었다. 저서로는 『해사록(海槎錄)』, 『상례고증(喪禮考證)』이 있으며, 문집으로 『학봉집(鶴峯集)』이 있다.

제58과 뜻을 세움(2)

뜻이란 것은 기를 통솔하는 것이니 남이 강제할 바가 아니라 반드시 자기가 느끼고 분발함을 따라서 세우는 것이다. 그러므로 뜻이 강한 자는 견고한 정신과 인내력을 수양하여 가리키는 방향에 도달하되, 뜻이 약한 자는 비록 한 번 느끼고 분발하는 마음이 있을지라도 홀연 바깥 사물에 힘을 빼앗겨 좌절됨을 면치 못하게 된다.

세상에 뜻을 세움이 견고하지 못한 자를 보면 항상 태만한 습관으로 인해 그 추구하는 일이 원대하게 되도록 스스로 기약하지 못하니, 오늘날 감정으로 정한 바는 훗날 감정에 의해 깨지게 된다. 배움에 뜻을 둔 자는 마땅히 이를 거울삼아 경계해야 한다.

제59과 뜻을 세움(3)

문성공(文成公) 이이(李珥)가 말하기를, "학자가 종신토록 독서하여도 능히 이루는 것이 없음은 뜻이 세워지지 않았기 때문이다. 뜻이 세워지지 않음에는 세 가지 병이 있다. 첫째는 믿지 못함이니, 성인의 말씀으로 남을 이끌려고 가르침을 베풀었다고 해도 다만 그 글만 익혔을 뿐 몸으로써 실천하지 않는 것이다. 둘째는 지혜롭지 못함이니, 자질이 아름답지 못함을 스스로 분별하고 물러나 맡김에 안주하여, 특별

52 사람이~뿐이다 : 해당 부분은 다음 문집에 실려 있으며, 원문은 다음과 같다. 先生曰, 人患立志不誠, 何患才不足乎. 有才不免爲小人, 無才不妨爲君子, 在所學之爲己爲人耳. 金誠一,『鶴峯先生文集』卷3 附錄「言行錄」.

히 나아가면 성현이 되고 물러나면 어리석은 자나 불초한 자가 됨을 알지 못하는 것이다. 셋째는 용감하지 못함이니, 조금도 성현이 나를 속이지 않으셨음과 기질이 가히 변화함을 알면서도 다만 일상에 안주하고 옛 것에 막혀 능히 분발하지 못한다. 그리하여 어제 한 일을 오늘 고치기 어렵고 오늘 한 일을 내일 고치기 꺼려하면서 이와 같이 되풀이하니, 한 마디쯤 나아갔다가 한 자쯤 물러난다. 이 세 가지 병이 있기 때문에 군자가 세상에 나오지 않고 육경(六經)이 헛된 말이 되니 가히 탄식함을 이기겠는가"[53]라고 하셨다.

제60과 고상함

사람은 학업에 힘쓰든지 사업을 경영하든지 그 뜻을 고상한 곳에 두고 비록 어떠한 곤란을 경험할지라도 백절불굴하는 정신을 스스로 기른 연후에야 능히 큰일을 이룰 수 있다. 그러나 뜻한 바가 지나치게 고원한 것에 잃고 일상에서 실천할 긴요한 작은 일을 가볍게 여겨 돌아보지 않음은 곧 공상을 탐하는 것으로, 청년이 빠지기 쉬운 병폐이니 가장 경계해야 한다. 무릇 일은 가까운 데서부터 멀리, 아래로부터 위로 향하여 점차 도달하지 않으면 결코 성취할 수 없다.

---

53 학자가~이기겠는가: 해당 부분은 다음 문집에 실려 있으며, 원문은 다음과 같다. 學者終身讀書, 不能有成, 只是志不立耳. 志之不立, 其病有三. 一曰不信, 二曰不智, 三曰不勇. (…중략…) 彼不信者. 以聖賢之言, 爲誘人而設, 只玩其文, 不以身踐. (…중략…) 彼不智者. 自分資質之不美, 安於退託, 不進一步. 殊不知進則爲聖爲賢, 退則爲愚爲不肖. (…중략…) 所謂不勇者, 人或稍知聖賢之不我欺, 氣質之可變化, 而只是恬常滯故, 不能奮勵振發. 昨日所爲, 今日難革, 今日所好, 明日憚改, 如是因循, 進寸退尺. (…중략…) 人有此三病, 故君子不世出, 六籍爲空言. 李珥, 『栗谷先生全書』 卷20 「聖學輯要」 「修己」 第二 上.

단 한 번에 자기의 뜻한 바가 고상한 곳에 도달하고자 한다면 도리어 넘어지는 결과를 부를 것이니 이는 청년이 가장 주의를 요할 바이다.

제61과 반성

사람이 비록 지식이 있는 자라도 자신의 잘못은 깨달아 알기 어려운데 하물며 게으른 사람이 개인의 욕심으로 인해 깨닫지 못하는 사이에 죄와 어그러짐에 빠짐은 어떻겠는가. 그러니 사람은 항상 자신을 반성하여 행동을 삼가야 하며 또 남이 나의 과실에 대해 충고하면 듣고 곧 고치도록 해야 한다.

옛날 증자는 매일 자기 자신을 세 번 반성하여 말하기를, "남을 위하여 꾀함에 충성스럽지 않았는가. 벗과 더불어 사귐에 믿음직하지 않았는가. 배운 것을 열심히 익히지 않았는가"[54]라고 하셨다.

문원공(文元公) 이언적(李彦迪)[55]이 일찍이 책상 위에 스스로 경계하는 말을 써두었는데, "나는 매일 나 자신을 세 번 반성한다. 하늘을 섬김에 미진함이 있는가. 임금과 어버이를 위함에 정성을 미처 다하지 못함이 있는가. 마음을 가리킴에 바르지 못함이 있는가"[56]라고 하셨다.

---

54 옛날~않았는가 : 출전은 다음과 같다. 曾子曰, 吾日三省吾身. 爲人謀而不忠乎. 與朋友交而不信乎. 傳不習乎. 『論語』「學而」.

55 이언적(李彦迪, 1491~1553) : 자 복고(復古). 호 회재(晦齋). 그의 주리적 성리설은 이황에게 계승되어 영남학파로 이어지며 조선 성리학의 한 특징을 이루었다. 「일강십목소(一綱十目疏)」는 그의 정치사상을 대표하는 글로, 훈신들의 잘못에 휘말린 중종에 대한 비판의 뜻을 담고 있다. 문집으로 『회재집(晦齋集)』이 전한다.

56 문원공(文元公)~있는가 : 해당 부분은 다음 문집에 실려 있으며, 원문은 다음과 같다. 其几案上, 書自戒之辭曰, 吾日三省吾身, 事天有未盡歟, 爲君親有未誠歟, 持心有未正歟. 李彦迪, 『晦齋先生集』 附錄 「行狀」.

제62과 스스로 경계함

문정공(文貞公) 조식(曹植)은 항상 쇠로 된 방울을 차고 다니며 '성성자(惺惺子)'라고 불렀고 그것을 끼고 다니며 돌이켜 깨닫는 도구로 삼았다. 동강(東岡) 김자옹(金字顒)[57]이 처음 공에게 절하였을 때 공이 차고 있던 방울을 꺼내 그에게 주며 말하기를, "이것을 네 허리춤에 두고 평소 거동할 일이 있을 때 반드시 경계하고 꾸짖으며 깊이 경외하라. 그러면 네가 스스로 삼가고 조심하게 되어 이 물건에게 죄를 얻음이 없게 될 것이다" 하였다. 김자옹이 묻기를, "그것은 옛 사람들이 옥을 차는 뜻이지 않았습니까?" 하니, "진실로 그러하나 이 뜻은 더욱 간절하여 옥을 차는 것에 그치지 않는다"라고 하셨다.[58]

제63과 인내

무릇 사람이 일을 이루고자 하면 많고 적은 어려운 일을 만나게 된다. 이 때 그 뜻을 꺾지 말고 어려움을 인내하여 마침내 그 일을 이루어야 한다. 옛 사람이 말하기를, '어려움은 사람을 옥으로 만드는 것'이라고 하였다.

인내의 힘은 큰일을 영위함에만 필요한 것이 아니라 일상의 행동에

---

57 김자옹(金字顒) : 조식의 문인.

58 문정공(文貞公)~하셨다 : 이 일화는 다음 문집에 실려 있으며, 원문은 다음과 같다. 惺惺子, 癸亥歲, 宇顒初拜門下, 先生出所佩囊中鈴子以贈曰, 此物淸響, 解警省人, 佩之覺甚佳, 吾以重寶與汝, 汝其堪保此否. 又曰, 此物在汝衣帶間, 凡有動作, 規警誚責, 甚可敬畏, 汝其戒懼, 無得罪於此子也. 問莫是古人佩玉意否. 先生曰, 固是抑此意甚切, 不止於佩玉也. 曹植, 『南冥先生集』 卷4 「補遺」 「行錄」.

도 또한 필요하니, 우리 청년들은 항상 인내의 습관을 만들어 다가오는 일을 이룰 수 있도록 마음을 써야 한다.

문순공(文純公) 이황(李滉)은 말하기를, "옛 선비를 보면 어려움이 심할수록 그 뜻을 더욱 힘쓰며 그 절개가 더욱 기이하니, 만약 한 어려움으로 인해 갑자기 그 향할 바를 잃어버린다면 가히 선비라고 말할 수 없다"[59]고 하셨다.

제64과 언어(1)

말은 생각을 교환하게 하는 기관이다. 사람이 비록 고상한 지식이 있을지라도 그것이 모두 말의 힘에 의지하여 발달하는 것이므로, 음성은 반드시 분명하고 청명함을 취해야 한다. 만약 발음이 낮고 얕으면 사람들로 하여금 오해가 혹시 있을 수도 있고, 높은 소리를 망령되게 내면 사람들로 하여금 어쩌면 충격을 줄 수도 있다.

문순공(文純公) 이황(李滉)은 말하기를, "사람이 남을 응대하고 대접할 때 가장 허망하게 잃어버리기 쉬운 것이 말이다. 그러므로 성인은 사람들을 믿음으로써 가르치시어 말의 규칙을 삼으셨으니 믿음은 정성과 한 이치이므로 정성을 보존함은 마땅히 허망한 말을 하지 않음으로부터 시작한다"[60]고 하셨다.

---

59 옛 선비를~없다 : 해당 부분은 다음 문집에 실려 있으며, 원문은 다음과 같다. 然觀古之士, 其窮愈甚, 其志益厲, 其節益奇. 若因一困拂而遽喪其所守, 則不可謂之士矣. 李滉, 『退溪先生文集』 卷33 「答金應順庚申」.

60 사람이~시작한다 : 해당 부분은 다음 문집에 실려 있으며, 원문은 다음과 같다. 人有應接, 最易失於虛妄者, 惟言語爲然, 故聖人敎人, 以信爲言語之則, 信之與誠, 一理也, 故行誠當自不妄語始. 李滉, 『退溪先生文集』 卷36 「答李宏仲問目」.

제65과 언어(2)

말을 할 때에는 또한 반드시 시기와 장소를 자세히 살피지 않을 수 없다. 만약 남과 대화할 때 경솔하게 할 수 있는지 없는지 여부를 살피지 않고 갑자기 결정하거나, 자기의 말을 듣게 하기 위해 홀로 스스로 변호하며 논하거나, 축하의 자리에서 불길한 말을 한다거나, 장례식에 참석하여 희롱하는 이야기를 하는 것은 결코 해서는 안 된다.

문경공(文敬公) 김안국(金安國)은 가훈에 말하기를, "자기의 장점을 과장하지 말고 남의 단점을 이야기하지 말라. 과오와 악행, 깊이 숨겨진 일을 말하지 말며, 더럽고 추잡한 말을 하지 말라. 오만한 말, 남을 모욕하는 말을 하지 말며, 이치에 어긋나고 흉하고 어그러진 말을 하지 말며, 터무니없이 속이거나 황당무계한 말을 하지 말라"[61]고 하셨다.

제66과 언어(3)

교리(校理) 노경임(盧景任)[62]이 말하기를, "남이 나를 업신여기더라도 내가 그를 받아들여 대답하면 업신여기던 자가 공손해질 것이고, 남

---

61 자기의~말라 : 해당 부분은 다음 문집에 실려 있으며, 원문은 다음과 같다. 勿誇已長而談人短, 勿談人過惡及隱微之事, 勿談國家朝廷政令得失, 勿言守令宰相朝官得失, 勿喜談淫褻醜語, 聞人善則喜而常談之, 勿言毁人之語, 勿談傲慢侮人之言, 勿談反常凶悖之言, 勿譸張妄謊言語. 金安國, 『慕齋先生集』 卷15 附錄 「先生行狀」. 본문에서는 위 원문에서 중간의 일부 문구를 뺀 뒤 인용하였다.

62 노경임(盧景任, 1569~1620) : 자 홍중(弘仲). 호 경암(敬菴). 정인홍(鄭仁弘)을 간사한 인물이라고 보고한 사실이 알려져, 성주목사(星州牧使)로 있을 때 무고한 탄핵을 받고 파직되었다. 낙동강변에 은거하며 여생을 보냈다. 문집으로는 『경암집(敬菴集)』이 있다.

이 나를 박하게 대할지라도 내가 그를 받아들여 대하면 박하던 자가 후해질 것이며, 남이 나를 화나게 할지라도 내가 그를 용인하여 말을 삼가면 남이 반드시 복종할 것이다"[63]라고 하였다.

또 말하기를, "가령 남이 잘못이 있더라도 덮어주어 드러내지 않음이 옳은데 하물며 잘못이 없이 거짓으로 꾸며 헐뜯음은 어떻겠는가. 이는 사람의 얼굴을 하고 있으나 승냥이나 이리, 뱀이나 전갈과 무엇이 다르겠는가. 거짓 날조를 당한 자는 족히 손해나 이익 될 것이 없지만 그 사람은 자기의 흉악함에 스스로 빠진 것이니, 아아, 누가 얻고 누가 잃은 것이겠는가"[64] 하였다.

제67과 직업

무릇 직업에 종사함은 한 사람, 한 집안의 각자의 생활을 영위하며 사회의 공익에 나아가게 함이다. 그러니 사농공상(士農工商)이 모두 그 일에 전심하여 그 진보를 기약해야 하며, 헛되이 여기저기 얻어먹고 게으른 잠에 빠져 아무 직업도 가지려 하지 않는 자는 실로 사람 된 본래 의무에 나아가지 못하는 자라고 말할 수 있다.

그러니 사람이 자라면 각기 재능과 한 사람, 한 집안의 사정을 헤아려 생각하며, 적당한 직업을 선택하여 이에 종사하고 선조 누대의 정

63 남이~것이다 : 해당 부분은 다음 문집에 실려 있으며, 원문은 다음과 같다. 人雖慢我, 我能容而答之, 則慢者恭, 人雖薄我, 我能容而待之, 則薄者厚, 人雖怒我, 我能容忍而愼言, 則人必服. 盧景任,『敬菴先生文集』卷3「忍說」.

64 가령~것이겠는가 : 해당 부분은 다음 문집에 실려 있으며, 원문은 다음과 같다. 假令人有過, 猶當掩而不揚, 況無過而搆揑詆毁乎. 此雖人面, 何異於豺虎蛇蝎, 被其搆揑者, 曾不足爲損益, 而渠已自陷於凶險. 噫, 孰得孰失焉. 盧景任,『敬菴先生文集』卷4「言人過說」.

해진 직업이 있는 자는 모쪼록 그 일을 이어받도록 해야 한다.

보통 정해진 일은 원래 그 종류에 따라 귀천의 구별이 있었던 것은 아니나, 우리나라에 예부터 내려온 관습은 크게 관직을 귀히 여기고 농공상업은 천하게 여겼다. 그러나 이는 그릇된 생각으로, 어떤 직업을 막론하고 공히 이 사회에 필요불가결한 것이니, 이러한 생각은 하루라도 빨리 타파하고 아무쪼록 직접 사회 번영에 유익한 실질적인 일에 종사하는 것이 좋다. 어떠한 직업에 종사하든지 우선 긴요한 것은 근면한 노동을 귀하게 생각하는 것이다. 사람은 그 하는 일에 따라 심신의 노고를 싫어하지 않고 열심과 성실로써 하지 않고는 결코 일을 이룰 수 없다. 또 정해진 직업을 결코 쉽게 바꾸지 말고 인내로써 그 일을 힘쓰지 않으면 성취를 해낼 수가 없다.

우리나라는 예부터 성실한 노동을 천하게 여기는 풍습이 성하고 일거수일투족도 움직이지 않음을 귀하게 여겨 근면한 노력의 풍습이 일반적으로 결핍되어 있으니 이는 지극히 탄식할 만하다. 서양 속담에 '사람은 노동하기 위해 태어난 것'이라고 하고, 또 '노동은 신성하다'고도 하는 말이 있으니, 현재 청년 된 자는 능히 이 말을 귀감 삼아 각각 자기 일에 힘써야 한다.

제68과 스스로 도움

서양 격언에 '하늘은 스스로 돕는 자를 돕는다'는 말이 있다. 이는 사람들이 각각 자기 노력에 따라 자기 자신과 한 가정의 생계를 경영해야 하며, 결코 타인의 도움을 빌리지 않는다는 생각으로 일에 힘쓰면 결과를 이룸이 반드시 정해져 있음을 말한 것이다. 실제로 이 말처럼 자기가 부귀에 이르러도 오직 요행의 결과로 얻었거나 또는 타인에게 청탁하여 얻은 것은 칭송받기에 부족하다. 온전히 자기 능력과 재간을 써서 힘써 움직여 어려움을 감내하고 유혹에 빠지지 않고 얻은 보람은 광휘가 있는 것이라고 말할 만하다. 예컨대 자기가 부귀한 집에 태어났더라도 다만 부모와 조상의 재산에 의지하여 무위도식함은 남자가 가장 부끄럽게 여길 바이다. 부모의 힘에 의지하여 합당한 교육을 받고 적당한 연령에 도달한 후에는 반드시 자기 힘으로 그에 걸맞은 생활을 영위하여 죽을 때까지 부모의 노고가 없게 하며, 혹은 일단 가업을 잇게 되면 부모와 조상의 업을 잃지 말 것은 물론이요, 몸소 스스로 근면하게 일하여 그 집안을 더욱 성하게 해야 한다.

스스로 돕는 정신은 어릴 때부터 자기 신변의 일을 모두 스스로 하는 습관에 따라 기르는 것이 옳으니, 우리나라 사람 다수가 사소한 일이라도 모두 스스로 하게 해야 한다. 자기 손으로 하는 것을 싫어하는 풍습은 실로 스스로 돕는 정신에 위반하는 것이다.

제69과 앞으로 나아감

무릇 사람은 학술이든 공예든, 반드시 앞서기를 다투는 마음이 있은 연후에야 능히 사업을 나아가게 하여 훗날 사회에 큰 이익이 오게 한다. 만약 게으르게 놀고 일하지 않으며 나날을 보내는 자는 사회에 아무런 이익이 없을 뿐 아니라 도리어 그 진보를 방해하는 자이다.

우리나라는 학술과 공예가 황무지여서 문명의 진보가 매우 더디니 지금이 바로 국민이 뛰쳐나가 앞을 다툴 때이지만, 놀고 게으르기만 한 고질적인 습관이 옛 견해에 얽매이게 하고 풍기를 뒤쫓아서 앞으로 나아가는 자가 거의 드무니 탄식하고 경계할 만한 일이다.

제70과 근면히 일함

근면히 일함은 사람 된 자의 본분이다. 다만 생활상 안전한 행복을 향유할 뿐만 아니라, 예부터 유익한 사업을 이루어 입신하고 집안을 일으킨 사람을 보면 근면히 일함을 중요하게 여기지 않은 사람이 없었다.

미국의 프랭클린은 근면히 일함을 꾸준히 하여 성공한 사람이다. 일찍이 말하기를, "게으름은 마치 녹스는 것과 같으니 오랫동안 사용하지 않은 열쇠는 정교함이 부식되지만 매일 사용하는 열쇠는 스스로 연마되어 빛을 발한다"라고 하였고, 또 말하기를, "오늘 얻고자 하는 일은 결코 내일로 미루지 말라"고 하였으니, 이는 모두 본받을 만한 말이다.

제71과 게으름

게으름은 인성을 해치는 독이며 많은 악함을 양성한다. 옛말에 "소인은 한가롭게 거하면 선하지 않은 일을 한다"[65]고 하였으니, 무릇 사람이 하는 일이 없고 망연히 시간을 소비하면 안락함에 빠져 선량한 성질의 사람도 게으름에 점점 휩쓸려 저열한 마음과 삿된 생각이 틈을 타 그 마음을 침윤함에 이른다. 그러므로 스스로를 정당한 일에 항

---

65 소인은~한다 : 출전은 다음과 같다. 小人閑居爲不善. 『大學』 6章.

상 맡기는 사람은 그 마음이 하나로 단정하기 때문에, 저열함이 기회를 타 일어날 수 없고 삿된 생각이 싹틀 수 없어 근면하고 정직한 성격을 구하지 않아도 저절로 이루어짐에 이르게 된다.

대저 일은 인생의 진정한 가치이다. 가령 백 살까지 수를 누려도 방만하고 게으른 가운데 취생몽사 한다면 장수라고 말하지 못할 것이요, 젊은 날에 요절할지라도 생전에 이룬 일이 죽은 뒤에 없어지지 않는다면 감히 단명이라고 일컫지 못할 것이다. 그러니 어찌 근면함이 모든 일의 근본이 아니겠는가.

제72과 재주와 지혜

재주와 지혜는 일을 이루는 도구이다. 그러므로 재주와 지혜가 없는 사람은 비록 기술이 아무리 뛰어나고 품행이 아무리 선량할지라도, 톱이나 대패 같은 도구가 없으면 일가를 이룰 수 없음과 같이, 기술과 품행을 모두 사용하지 못하면 자기의 행복을 완성하거나 남을 도울 수 없게 될 것이다. 그러니 우리는 도덕을 닦고 기술을 익혀 함께 재주와 지혜를 연구하도록 주의해야 한다.

지금 구미 여러 나라의 박사나 학사의 교육학 원리를 써놓은 것을 보면 어떤 이는 체육(體育)이 제일이라 하고 어떤 이는 덕육(德育)이 제일이라 하였으니, 신체를 건강하게 함과 도덕을 숭상함은 사람 된 자의 가장 중요한 일이다. 그러나 신체나 도덕도 또한 재주와 지혜가 아니면 활용할 수가 없을 것이니, 그러므로 재주와 지혜는 일을 이루게 하는 도구라고 할 수 있다.

제73과 덕을 수양함(1)

사람이 금수와 다름은 덕성을 수양하는 바가 있기 때문이니, 한 몸의 건강과 지혜와 능력이 모두 덕성을 실행함에 필요한 것이다. 그러므로 이 덕성을 이끄는 것이 없는 것은 비유컨대 정예한 병사가 있어도 이를 이끌 좋은 장수가 없음과 같아서 건강은 다만 폭력의 뿌리가 되고 지혜와 능력은 다만 악을 좋아하는 매개가 될 것이다.

덕성의 본령은 자기 본래의 일을 따르는 것에 있으니, 우리의 양심은 본래의 일의 표준이다. 한 가지 일, 한 가지 사물을 모두 양심이 명령하는 바대로 복종하게 하여 그 사이에 싹트는 사심과 사욕을 능히 제어하면 그 행위는 거의 실수가 없게 되어 덕이 있는 사람이 될 것이다.

제74과 덕을 수양함(2)

덕을 수양함은 귀천빈부, 남녀노소를 막론하고 마땅히 행해야 할 것이다. 반드시 정직한 생각을 먼저 정하고 덕을 수양하는 공부를 늘 쌓아서 성실로써 남에게 미루어 미치게 하면, 비록 포악하게 비뚤어지고 무도한 사람이라도 능히 자기를 해치지 못하게 된다. 그러므로 서양 속담에 '정직은 최선의 방책'이라고 함이 곧 이를 말한 것이다.

미국인 프랭클린이 절제, 침묵, 질서, 결심, 검약, 근면, 성실, 정의, 중화(中和), 청결, 침착, 정조, 겸손의 13가지 덕을 정하여 덕을 수양하는 공부를 쌓았으니, 이러한 사람은 가히 우리들의 모범이 될 것이다.

제75과 습관

습관은 사람의 성격을 변화시켜 완성하는 용해 그릇이다. 선을 좋아하면 선한 습관을 이루고 악을 좋아하면 악한 습관을 이루므로, 서양인의 말에 '습관의 제2의 천성'이라고 한다. 무릇 사람의 마음은 사물을 따라 움직이니, 매일 일상에서 가까이 접하는 사물이 부지불식간에 그 정신에 침입하여 허다히 오래 버릇이 쌓이면 먼저 자리 잡힌 생각이 굳게 에워싸서 뽑히지 않음에 이를 것이다. 뜻이 이미 정해진 노성한 사람이라도 진실로 그러기 쉬운데 하물며 뜻이 굳게 정해지지 않은 젊은 사람은 어떻겠는가. 평소에 반드시 선량한 습관을 길러 악을 피하기를 뱀이나 전갈과 같이 하고 선에 나아가기를 지초나 난초와 같이 한다면 힘들이지 않고도 자연히 도에 성실히 화합할 것이니, 이른바 '습관이 배어 성질을 변화시킨다'[66]는 말이 바로 이것이다. 그러므로 덕을 수양하는 공부는 고원함에 있지 않고 매일 쓰고 늘상 사용하는 습관에 있으니 학자는 반드시 경계하고 삼가야 한다.

제76과 신독

사람의 위치는 만물의 우두머리이다. 그 맑고 영묘한 지각이 많은 이치를 갖추어 만사에 응하니, 만사에 대하여 그 행한 바가 정당하지 못하면 이는 사람의 도리를 위배한 것이니 그 위치를 어찌 보전하겠는가.

---

66 습관이~변화시킨다 : 원문에는 '習與成性'으로 되어 있으나 '習與性成'이 맞는 표현이다.

사람은 남이 알지 못하는 곳이라고 행실을 잃어서는 안 되고, 남을 대하는 자리라고 행실을 꾸며서는 안 되며, 오직 양심을 따라 정당한 일을 행해야 한다. 전(傳)에 말하기를, "숨어있는 것보다 더 잘 보이는 것이 없고 미묘한 것보다 더 잘 드러나는 것이 없으니, 군자는 반드시 그 혼자 있음을 삼간다"[67]라고 하셨다.

가령 남들에게 기림과 칭찬을 받을지라도 자기에게 그 실체가 없으면 족히 명예가 되지 못하며, 남의 깎아내림과 비방을 받을지라도 자기에게 나쁜 점이 없으면 족히 부끄러움이 되지 않을 것이니, 자기 마음에 속임이 없으면 우러러 하늘에 부끄러움이 없고 굽혀서 사람들에게도 부끄러움이 없을 것이다.

제77과 시간

청년이 학문을 닦음에 대하여 가장 유념할 것은 시간을 아끼는 것이다. 사람의 생명은 유한하고 학문은 무한한 것이니, 이 짧은 세월에 무한한 학문을 얻고자 하면 반드시 무익한 시간을 허비하지 말고 여가가 있으면 이를 학문에 채워야 한다. 낭비한 재물은 다시 얻을 수 있지만 낭비한 시간은 한 번 가면 다시 돌릴 기약이 전혀 없으니, 배우는 자에게 있어 시간과 같이 귀중한 것이 또 있겠는가.

학문에 있어서 시간의 귀중함이 이러하니 우리는 남에게 대해서도 시간을 낭비하지 말도록 힘써야 한다. 세상 사람들이 혹 주관하는 일

67 숨어있는~삼간다 : 출전은 다음과 같다. 君子戒愼乎其所不睹, 恐懼乎其所不聞, 莫見乎隱, 莫顯乎微. 故君子愼其獨也. 『中庸』 1장.

이 있어서 다른 사람을 방문할 때 그 일을 속히 해결하지 않고 한가롭게 잡담하며 시간을 보내는 자들이 있으니, 이는 시간을 낭비할 뿐 아니라 다른 사람에게도 실례함이니 깊이 경계해야 할 것이다.

우리나라 사람은 입에 담뱃대를 물고 하는 일 없이 장시간을 허비하는 일이 매우 많다. 이는 실로 여러 가지 일에 있어서 진보하지 않는 원인이니, 이러한 습관은 빨리 고쳐야 한다.

제78과 규율

사람은 가정에서든 학교에서든 사회에서든 규율이 없으면 안 된다. 일정한 시각에 먹고 일정한 시각에 자고 일정한 시각에 일어나며 열심히 일할 시간에 열심히 일하고 휴식할 때 휴식하여, 항상 정당한 일로 정당한 생활을 꾀해야 한다.

규율은 여기서 그칠 뿐 아니라 일용할 물품을 정돈하여 어지러움이 없게 함도 또한 긴요한 일이다. 옷과 그릇, 물건 등을 항상 정한 자리에 두고 그 순서를 세워두면 이것들을 찾을 때 무익한 시간과 공연한 노력을 낭비함이 없게 된다.

제79과 약속

약속은 사람들이 반드시 지켜야 할 것이다. 털끝만큼도 경솔히 할 수 없는 것이니 만약 옳지 않다고 생각하거나 실행하기 어렵다고 생각하는 일은 당초에 약속하지 말아야 한다.

대개 일단 약속한 일은 함부로 깰 수가 없으나, 약속이 법령이나 덕의에 배치됨이 있을 때는 실행하지 말아야 하며 또 지당한 약속이라도 생각지 못했던 사건으로 인해 지키지 못함은 부득이한 일이다.

문정공(文貞公) 조식(曺植)이 속리산에 들어가 동주(東州) 성제원(成悌元)을 방문하고 다음해 8월 15일에 가야산 해인사에서 만나기로 기약했는데, 기일이 다가오는데 큰 비가 매일 왔다. 조식이 비를 무릅쓰고 가서 절문에 이르렀는데 성제원이 이미 도착하여 도롱이를 막 벗으니, 옛 사람들의 신의 지킴이 심상한 약속에 있어서도 이러하였다.

제80과 쾌락

쾌락을 좋아하고 노고를 싫어함은 똑같은 사람의 정리이다. 그러나 쾌락도 유익한 것과 유해한 것이 많아서 유익한 것이라도 이를 절제하지 않아 중도에 지나치면 도리어 해를 초래하니, 사람은 쾌락을 즐김에 그 중도를 잃지 않음을 힘써야 한다. 옛사람이 말하기를, '즐거움이 다하면 슬픔이 생긴다'[68]고 하였다.

세상에는 간혹 음식과 유희 등의 쾌락은 알고 문학과 미술의 쾌락은 모르는 자가 있으니 이러한 사람은 즐거움의 진짜 감정을 깨닫지 못한 자이다. 일시의 쾌락과 평생의 쾌락 중에 어느 쪽이 낫겠는가. 그러므로 맹자가 말하기를, "천하의 영재를 얻어 교육함이 한 즐거움이다"[69]라고 하셨다.

---

68 즐거움이~생긴다 : 출전은 다음과 같다. 樂不可極, 樂極生哀, 欲不可縱, 縱欲成災. 張蘊古, 「大寶箴」.

제81과 온화와 공손

사람은 명망이 높고 관작이 귀할수록 남에게 대하기를 더욱더 온화하고 공손히 해야만 남의 존경과 칭송을 받게 된다. 그러므로 온화와 공손이란 것은 곧 지위와 명예를 영원히 보전하는 덕업의 기반이 된다.

그러나 사람이 간혹 온화와 공손에 스스로 거하기 위하여 비굴함에 잘못 빠지기 쉬우니 왜 그런가. 남의 뜻에 합하고자 자기 뜻을 굽히며 남의 마음을 기쁘게 하고자 자기 얼굴을 꾸미는데 그 습관이 점점 더하여 마침내 그 품격과 지위를 유지하지 못하게 되기 때문이다. 온화와 공손의 정당함은 거동이 진중하여 방자하거나 참람함에 흐르지 않으며, 말과 안색이 단정하여 예절과 규율에 위배되지 않음을 일컬음이다. 거만함은 온화와 공손의 덕을 상하게 하는 것이 크니, 어떠한 경우에든 결코 이러한 행실이 없게 해야 한다.

제82과 은혜에 감사함

남에게 은혜를 받은 자는 그 마음속에 새기듯 명심하여 평생을 사례해야 한다. 간혹 당시에는 감사한 마음이 있다가도 세월이 오래되면 마침내 망각하게 되니 이는 인정에 가깝지 않다고 말할 수 있다.

돈이나 물건을 받은 것은 그에 상당한 가치로써 갚고 '충분하다'고

---

69 천하의~즐거움이다 : 출전은 다음과 같다. 君子有三樂, 而王天下不與存焉. 父母俱存, 兄弟無故, 一樂也, 仰不愧於天, 俯不怍於人, 二樂也, 得天下英才而教育之, 三樂也, 君子有三樂而王天下不與存焉. 『孟子』「盡心」上.

말하지만, 이는 물건을 갚은 것이요, 은혜를 갚은 것은 아니다. 사람이 은혜를 갚고자 한다면 그 감사하는 마음을 영원히 가져야 한다.

간혹 베푼 은혜는 생각하고 받은 은혜는 잊어버리는 사람이 있으니 이는 자기의 덕을 과장하고 남의 덕은 등지는 생각이다. 내가 남에게 베푼 것은 일시의 자선의 마음에서 나옴이니 입을 다물고 말하지 않는 것이 옳고, 남이 나에게 베풂은 비록 저 사람 또한 자선의 마음에서 나온 것이나 내게 있는 도리는 그 감사함을 평생 잊지 않는 것이 옳다.

제83과 허탄함

세상 사람들 중에 혹 허탄함에도 불구하고 도리어 골계적이고 우스운 좋은 재료로 생각하여 깊이 개의치 않는 자가 있는데 이는 부덕한 일이니 청년들은 극히 경계하고 삼가야 할 바이다.

대저 허탄이란 것은 진실보다 말하기 쉬운 것이라 어떠한 경우든지 필경 나쁜 결과를 낳는다. 만약 내가 허탄한 말을 한 번 꺼냈는데 남의 용서를 얻으면 두 번 세 번 퍼져나가 부지불식 간에 습관으로 변화됨에 이를 것이다. 희롱과 농담 중에도 헛된 말을 좋아하는 자는 마침내 남의 신용을 잃을 것이니 왜 그런가. 이런 사람의 말은 실로 진정에서 나옴이 있을지라도 미리 구별하기 어려운 까닭이다. 그러므로 헛된 말은 어떤 경우든지 일체 엄격히 끊어버림이 좋다.

제84과 잘못을 고침

무릇 성인이라도 혹 실수가 없기 어려운데 하물며 보통 사람으로 어찌 착오가 없겠는가. 그러나 실수는 항상 무심한 데서 나와 도리를 위반하는 것이다. 하루아침에 그 잘못을 깨닫고 분명하게 고치면 덕이 있는 사람이 될 것이지만, 그 잘못을 알고도 고치기를 꺼리면 이는 도가 아닌 것을 고의로 행하는 것이니 필경 악행과 어그러짐으로 돌아가게 될 것이다. 그러니 깊이 경계하여 타인이 나의 실수를 책망하거든 반드시 허심탄회하게 반성해야 한다. 외부에서 들려오는 말은 종종 적중하는 바가 많다.

문충공(文忠公) 김성일(金誠一)이 항상 학자들에게 일러 말하기를, "내가 평생 한 마디를 얻었으니 내 잘못을 말하는 자는 나의 스승이요, 나의 좋은 점을 말하는 자는 나의 적이라는 말이다. 이 열네 글자를 항상 삼가고 힘쓰라"[70]라고 하셨다.

제85과 자제함

자제라 함은 감정을 억제하고 욕망을 금지함을 말함이다. 대개 감정과 욕망을 잘 제어하면 고상한 지조와 유익한 일이 모두 여기서 그 근본이 일어난다. 제어하지 않는다면 그것은 비유컨대 전복된 수레의

70 내가~힘쓰라 : 해당 부분은 다음 문집에 실려 있으며, 원문은 다음과 같다. 吾平生得一語, 攻吾過者, 是吾師, 談吾美者, 是吾賊, 以此十四字, 恒自飭勵. 金誠一,『鶴峯先生文集』附錄 卷2「行狀」.

말 같은 것이라 잘 달릴 수 있는 힘이 있으나 가야 할 곳을 모르기 때문에, 기수가 빨리 달리도록 놔두고 적당한 제어를 하지 않으면 도랑과 골짜기에 구르거나 개천과 못에 빠져 끝내 그 자신을 스스로 죽임에 이를 것이다. 그러니 우리는 명확한 이치와 견고한 뜻에 기인한 자제의 힘으로써 항상 정욕이 발호할 것을 견제하여 중정(中正)의 도리를 유지해야 한다.

자제의 주요한 요소를 들어보면 크게 세 가지가 있다. 첫째는 몸의 욕구이니 식욕을 잘 조절하여 신체를 건강하게 해야 한다. 둘째는 바라는 마음이니 명예와 재산과 쾌락을 구하는 생각이 그 정도에 지나치지 않게 해야 한다. 셋째는 분노이니 한순간 부딪쳐 느끼는 감정을 인내하여 망령된 행동을 하지 않아야 한다.

제86과 결단과 용기

우리의 악덕은 결단력과 용감함이 모자란 것이 원인인 경우가 많다. 가령 의무임을 알면서도 단호히 이를 행하지 못하며, 바른 이치임을 믿으면서도 단호히 이를 이행하지 못하며, 명예와 이익의 유혹을 만나면 단호히 이를 반성하지 못하여 필경 몸을 스스로 그르침에 이르니, 이러한 일들은 결단의 용기가 부족하기 때문이다.

인생은 순조로운 경우만 있는 것이 아니라 때로 역경에 빠져 불운한 고초를 맛보는 일도 있으니 이런 일을 당했을 때 용기가 있는 이라야 능히 어려움을 변화시켜 행복을 이룰 것이다. 또 용기는 비상한 일이 있을 때 드러나는 것이 아니고 일상 생활에 있어서도 늘 드러나니,

일에 있어 순수하고 바른 용기와 유혹에 저항하는 용기와 자신의 본분에 스스로 만족하는 용기 등은 평생 필요한 것이다.

제87과 예의

예의와 의례를 갖춘 모습을 스스로 지키는 것이 우리나라의 오늘날에 있어 특별히 필요하다. 무릇 사람이 평소에 교육을 받은 자는 많으나 적당한 예의를 갖춘 자는 실로 적으니, 거칠고 방달함으로 고상하다 칭하고, 떨어진 옷과 때 묻은 얼굴로 검약하다 칭하며, 기쁨과 성냄을 드러내지 않고 말없이 엄숙히 앉아 정대하다 칭한다. 간혹 말하기를, '대장부는 마땅히 작은 예절에 구애되지 않는다. 어찌 구구한 예법을 꾸미겠는가'라고 하니, 이는 거칠고 비루한 관습이다. 사람이 일에 따라 사물을 접함에 있어 각각 적당한 모습과 의례를 갖춤은 곧 타인을 존엄히 하고 자기를 갖추고 중시하는 도리이다.

국민 된 자로서 주의할 것

제88과 국가에 대한 의무

나라는 백성에 의지하고 백성은 나라에 의지한다. 백성이 국가에 대해 갖고 있는 의무의 주요한 것은 크게 세 종류가 있으니 첫째는 법령을 지키고 받듦이요, 둘째는 조세를 납부함이요, 셋째는 자녀의 교육이다.

국가의 법령은 백성 대중의 이익을 보호하고 질서와 안녕을 유지하기 위하여 발표한 것이니 백성은 모두 이를 지키고 받들어야 함은 물론이다. 그렇지 않으면 국가는 소란하게 되고 피폐하게 되며 또 화가 자기 몸에 비칠 것이다. 조세는 국가의 여러 가지 제반 비용에 쓰기 위하여 징수하는 것이니, 백성을 보호하고 사회를 진보하게 하는 자본인즉 우리는 이를 기쁘게 내야할 뿐 아니라 실업을 크게 일으켜 많은 액수의 자본을 정부에 수납하게 하는 국민이 되어야 한다. 그러나 이를 행하려면 사람들이 모두 유용한 학문과 기예를 수양하여 사업을 일으키며 재산을 다스리는 방법을 몰라서는 안 되니, 아동과 청년이 학교에 가서 적당한 교육을 닦음은 또한 국가에 대한 의무라고 할 수 있다.

이상은 국민이 주의해야 하는 첫째 의무이니, 잠시라도 포기함이 있어서는 안 된다.

제89과 황실에 대한 주의

신성하시고 문무를 겸비하신 우리 태조 고황제께서 황천의 밝은 명령을 받으시어 넓고 넓은 큰 터전을 한양에 세우시니 끝없는 보배와 복이 28대의 황통을 이어 전하시게 되었다. 무릇 우리 제국의 신민 된 자는 역대의 깊고 두터우신 성스러운 계책과 조종의 넓고 원대하신 남긴 덕을 우러러 만에 하나라도 보답할 것을 스스로 기약해야 한다.

황실에 대한 도리는 국법을 따르고 받들며 나라의 부강을 힘써 도모함에 있으니 이는 우리의 당연한 의무이다. 이 목적을 마침내 이루는 길은 몸을 수양하고 집안을 다스리며 직업에 근면히 힘써 한 몸, 한 가정의 번영을 꾀하며 나아가 공익을 위하여 힘을 다함에 있으니 소위 충군애국의 도리는 이를 버리고 다른 것에는 없다. 왜 그런가. 국민이 부지런히 재산을 관리하는 정신이 없으면 국가는 반드시 쇠약한 지경에 떨어지고 황실도 또한 쇠퇴함으로 돌아서기 때문이다. 어떠한 일도 하지 않고 한 푼도 국가에 공납하지 않으며 사방으로 유랑하면서 간혹 무모한 행위를 행하여 국가에 누를 끼치는 무리는 지사나 의인이라고 자칭하나 실은 황실에 대해 불충하고 불의한 백성에 불과하다.

제90과 애국심

애국심은 무엇인가. 우리가 국가를 사랑하고 보호하는 생각이다. 국가를 사랑하고 보호한다 함은 무엇인가. 나라가 편안하도록 지키고 부귀 번영을 꾀하도록 함이다. 우리나라가 오늘날 문명이 크게 세계 각국에 열등하여 국력이 이렇게 빈약함은 무슨 까닭인가. 예전부터 농공상업의 실업을 경시하여 이를 개량, 진보시키지 않고 온전히 국가 번영의 길에 힘을 다할 것은 망각하였기 때문이다. 누가 자기 집을 사랑하지 않겠는가마는 가족이 모두 게을러서 일에 힘쓰지 않고 매일 무위도식하면 갑자기 그 집안의 재산이 가볍게 무너지지 않을 수 없을 것이다. 나라도 또한 그러하여 국민이 모두 입으로는 애국을 부르짖으나 스스로 힘써 일하여 국가 번영의 도리를 강구하지 않으면 국가가 쇠약함에 이르게 되는 것은 분명한 이치이다. 그러니 애국하는 도리는 다름 아니라 학생 된 자가 우선 앞의 여러 장에 기술한 것과 같은 방침에 따라 국가 사회에 유용한 학문을 연구하고, 그 지혜와 덕을 연마하고 재예를 수양함이 곧 애국의 일단이다. 일을 이룬 후에 착실히 일을 경영하며, 각기 재능에 따라 국가의 번영에 공헌함도 또한 애국이 아닐 수 없다. 그러나 그 하는 일이 더욱 커서 사회와 국가에 공헌하는 바가 더욱 크면 그 애국의 실질이 또한 더욱 위대한 것이라 말할 수 있다. 생각건대 애국심이라 함은 따로 이상하고 진기한 것을 가리킴이 아니라 우리 국민 된 자가 항상 성실한 마음으로 각기 직분을 다하여 국가의 번영과 융성을 꾀하고자 하는 생각에 불과한 것이니, 이는 실로 우리가 하루라도 망각할 수 없는 정신인 것이다.

|찾|아|보|기|

『중등수신교과서』

『고등소학수신서』

『보통교과수신서』

영인

중등수신교과서

尹冏求題簽

序

學者、學爲人之方耳、學之途、雖萬殊、無離乎道德、而能作用者、故必先自己身、修鍊其心性、涵養其道德、以做百藝之根本、立萬事之表準、然後、方爲體用完備之學、不然、雖其技藝甚精玅、智術極高明、如無源之水、不根之木、乏滋潤之功而少成材之用矣、惡乎以保維生存、裨助社會之公益、亦何望其愛國効忠之實哉、是知道德、爲智體兩育之元素、而修身、爲德育之基本也、然、凡修身之書、具存乎六經語孟、讀此足矣、捨是而又別求編輯、何也、蓋其篇帙浩穰、旨義散漫、不纍歲專工、莫得其方向而尋其端緖矣、以有限之程課、費無窮之歲月、非幼學之所能堪也、以故、近世諸國、各就其國之性質習慣、自編敎科書類、以敎授之、俾適其程度焉、余自刱設本塾、邀國內有識紳士、俾專任編摩之役、首先從事於脩身之科、其目次、採東西洋開明列邦之例、其文字、主以我國文而叅之漢文、其旨意、取先聖先哲之嘉言懿讀、務要簡精明白、使幼學之士、易於曉解、便於習讀、近自養心立志言語動作、以洎

中等修身敎科書

家庭朋友社會國家、靡不循序漸進、勉就工夫、實修身之要符、做人之模型
也、學者、誠能注力於此、以修鍊涵養、則異日必爲完全成德之器、其需用乎
世者、豈可槪量乎哉

光武十年八月　日荷汀閔泳徽識

中等修身教科書

卷一目次

第一　學生의注意

第二　朋友에對ᄒᆞᄂᆞᆫ注意

第三　家庭의注意

中等 修身教科書

卷二目次

第一 處世의注意

第二 國家에對ᄒᆞᄂᆞᆫ注意

第三 修德에關ᄒᆞᆫ注意

中等修身教科書卷一

第一 學生의注意

第一課 本分

中等教育을受홈에幸福及責任

大凡學生이初等教育의門에出ᄒᆞ야中等教育의門에入홈은實地學問을踐行ᄒᆞᄂᆞᆫ階梯라此階梯에陞ᄒᆞ야前進홀階梯를望ᄒᆞ면決코淺近에不止ᄒᆞ야其重大ᄒᆞᆫ責任이一身에擔負홈을豫量홀지니後日中流以上의社會에立ᄒᆞ야人民된義務를盡코져홀진ᄃᆡ智를益研ᄒᆞ며德을益修ᄒᆞ야國家에有用의人物이되기를必期홀지니라

此修業時代를當ᄒᆞᆫ學生은本分을守홈이第一先務ㅣ니學校에在ᄒᆞ야校則을謹守ᄒᆞ며教訓을恪遵ᄒᆞ며品行을端正히ᄒᆞ며學問을篤勵ᄒᆞ야一般靑年에게模範을作ᄒᆞ면此ᄂᆞᆫ本分을

能守ᄒᆞᄂᆞᆫ學生이라謂ᄒᆞᆯ지니라

第二課 學校

規則의注意

學校ᄂᆞᆫ一個人의家와如ᄒᆞ야教師와學生은卽父兄과子弟로同ᄒᆞᆫ지라然ᄒᆞ나一家에ᄂᆞᆫ但家風만守ᄒᆞ고通常文字로表示ᄒᆞᆫ規則은不要ᄒᆞ되一校에ᄂᆞᆫ多數人을集合ᄒᆞᆫ所인故로教訓과校則等의注意ᄒᆞᄂᆞᆫ文字가有ᄒᆞ니라

此等文字ᄂᆞᆫ學生教育上에切要ᄒᆞᆷ이實로學校의生命機關이라謂ᄒᆞᆯ지라若學生이學校의規律을紊亂히ᄒᆞ야校況을頹廢케ᄒᆞ면雖校舍ᄂᆞᆫ儼然이立ᄒᆞᆯ지라도其實은空殼을未免ᄒᆞ리니豈學生의相戒遵守ᄒᆞᆯ바ㅣ아니리오

學校의名譽及財產

學生은必自家의名譽財產을重히思ᄒᆞᄂᆞᆫ同一의精神으로써學校의名譽財產을保有ᄒᆞᆯ지니若放逸暴慢ᄒᆞ야學生의體面을瀆ᄒᆞ야他人의凌侮를招ᄒᆞ며學校에累辱을貽ᄒᆞ며器具를

破ᄒᆞ며庭園을汚ᄒᆞ며或同學友에게不快ᄒᆞᆫ感情을生케ᄒᆞ면此ᄂᆞᆫ皆愛校의誠이乏ᄒᆞᆫ者ㅣ니學生의資格이無ᄒᆞ다謂ᄒᆞᆯ지니라

第三課 敬師

師의恩

教師가學生을教育ᄒᆞᆷ에當ᄒᆞ야日夜로心身을勞ᄒᆞ야學生으로ᄒᆞ야곰善良ᄒᆞᆫ人物이되기를希望ᄒᆞᄂᆞ니學生이其知識을發達ᄒᆞ며道德을涵養ᄒᆞ야人의人되ᄂᆞᆫ價値를增進ᄒᆞᆷ은實로教師의賜ᄒᆞᆷ이니其恩惠의深重ᄒᆞᆷ을何로써報荅ᄒᆞᆯ고學生은師의教訓을順從ᄒᆞ야恒常尊敬ᄒᆞᄂᆞᆫ心을不失ᄒᆞᆷ이可ᄒᆞ니라

服從及報恩

師의教訓을受ᄒᆞᆷ에當ᄒᆞ야ᄂᆞᆫ學生이必虛己ᄒᆞ야其言을從ᄒᆞ되懈怠의心을勿生ᄒᆞ고疑難處가有ᄒᆞ거던到底히講問ᄒᆞ야事理를了解ᄒᆞᆷ이可ᄒᆞ고淺薄ᄒᆞᆫ思想으로師의志를徑自反抗ᄒᆞᆷ은決코不可ᄒᆞ니라學生이雖一朝에學校에셔受業을畢ᄒᆞ

고他、地位學藝에進홀지라도舊師의恩을益益勿忘ᄒᆞ야有時候問ᄒᆞ며且、學業이大成홀ᄉᆞ록師의恩功을報酬ᄒᆞ기로用心홈이可ᄒᆞ니如斯ᄒᆞ면弟子의職을修ᄒᆞᄂᆞᆫ者ㅣ라謂홀지니라

第四課　立志

立志의必要

志者ᄂᆞᆫ心의向ᄒᆞᄂᆞᆫ바를謂홈이니學業을修ᄒᆞᄂᆞᆫ者ᄂᆞᆫ立志로써第一을삼을지라若、立志가不固ᄒᆞ면其所行이一定키不能ᄒᆞ야恒常、些細ᄒᆞᆫ外物에牽動ᄒᆞᄂᆞᆫ바ㅣ되ᄂᆞᆫ故로道를學ᄒᆞ며事를成ᄒᆞ야後世에不朽홀芳名을遺ᄒᆞᄂᆞᆫ人은幼時로브터其志가確固치아닌者ㅣ無ᄒᆞ니라

立志의道

志를立홈은他人의强홀바ㅣ아니오必須、自己의感奮ᄒᆞᄂᆞᆫ바로從ᄒᆞᄂᆞ니然ᄒᆞ나志가弱ᄒᆞᆫ者ᄂᆞᆫ雖、一度感奮홈이有ᄒᆞ더라도忽然外物에게精神을奪ᄒᆞ야挫折홈을未免ᄒᆞᄂᆞᆫ故로終身勞苦ᄒᆞ나畢竟은毫末도成功홈이無ᄒᆞᄂᆞ니然ᄒᆞ나。人은立志

가非難이오堅忍不拔ᄒᆞᄂᆞᆫ精神으로써行홈이難ᄒᆞ니學에有志ᄒᆞᆫ者ᄂᆞᆫ此를宜、銘心홀지니라

立志에愼重의必要

志를立ᄒᆞ고도能히遂치못홈은立志의方向을誤홈이라一時感情에制ᄒᆞᆫ바ㅣ되야輕率히自己의向홀바를定홈은最、不可ᄒᆞ니一時感情으로써定ᄒᆞᆫ바ᄂᆞᆫ他日에又、他感情으로써破홈이될지라故로一生에方向을定ᄒᆞᄂᆞᆫ重大事件은宜、父兄과師友에게質ᄒᆞ야其意見을求ᄒᆞ며他人의經驗을鑑ᄒᆞ야公平ᄒᆞᆫ考據를取홀지니若、不然ᄒᆞ면後日에至ᄒᆞ야噬臍ᄒᆞ야도不及ᄒᆞ리라

第五課　修學

素養의必要

凡、世上事를但其、結果로만見홀진ᄃᆡ自然히起ᄒᆞ야偶然히成ᄒᆞᆫ줄로思홀듯ᄒᆞ나必其、原因의所由來를考ᄒᆞ면草木의開花結實홈도日光雨露의恩과種植培養의功으로써成ᄒᆞ거던況、

立身興家ᄒᆞ야國家有用의器를成코져ᄒᆞᆯ진ᄃᆡ其素養이豈無ᄒᆞ리오故로人은必、研智修德ᄒᆞ야後日에大成을期홈이可ᄒᆞ니라

愼始全終의道

人의性質은雖、不同ᄒᆞ나學을修ᄒᆞ야知를致ᄒᆞ면賢者와智者됨을必得ᄒᆞᄂᆞ니假令、勝人ᄒᆞᆫ才藝가有ᄒᆞᆯ지라도其才만自恃ᄒᆞ고勉勵치아니ᄒᆞ면其終은平凡ᄒᆞᆫ人보다劣ᄒᆞᆯ것이오魯鈍ᄒᆞᆫ輩라도勵精務學ᄒᆞ기를不止ᄒᆞ면成業ᄒᆞᄂᆞᆫ日이必有ᄒᆞᆯ지라故로修學의要ᄂᆞᆫ順序를逐ᄒᆞ야講究를久勤히홈에在ᄒᆞ니凡、學生은終始의念을學에專ᄒᆞ야進進不已ᄒᆞ면厥德의成就홈을豈、可量ᄒᆞ리오

第六課 專心

一生의成敗ᄂᆞᆫ在一日

人이斯世에在ᄒᆞ야日日로其行ᄒᆞᆯ事가甚多ᄒᆞᆫᄃᆡ睡眠과食飮等의時間을除ᄒᆞ면其餘景이無幾ᄒᆞ거ᄂᆞᆯ其間에學業을修ᄒᆞ며身體를鍊ᄒᆞ야他日의成業을欲期ᄒᆞᆯ진ᄃᆡ日이猶、不足홈을感ᄒᆞᆯ지어ᄂᆞᆯ若、今日의事를明日에推ᄒᆞ며明日의事를又、明日에讓ᄒᆞ야時日을遲延ᄒᆞ면歲月이我로不與ᄒᆞᄂᆞ니奚暇에事業을成홈이有ᄒᆞ리오故로平生의成敗ᄂᆞᆫ一日에在ᄒᆞ다ᄒᆞᆯ지로다然則一日의事를一日의行ᄒᆞᆯ진ᄃᆡ妄히他事ᄂᆞᆫ勿思ᄒᆞ고

計劃及專心

但、所定ᄒᆞᆫ事로一心服膺ᄒᆞ되假令、敎場에在ᄒᆞᆫ즉敎課에熱心ᄒᆞ고運動場에在ᄒᆞᆫ즉運動에專心ᄒᆞ야劃然히區別ᄒᆞᆫ時間을遲延홈이無ᄒᆞᆯ지니若、此를放過ᄒᆞ야一刻이라도虛擲ᄒᆞ면但、學業에成就를無望ᄒᆞᆯ뿐아니라身體와精神이共、不健全ᄒᆞᆫ域에陷ᄒᆞ리니故로心을專一히홈은就業收功ᄒᆞᄂᆞᆫ樞機라謂ᄒᆞᆯ지라此、少年時代의工夫를豈、一日인ᄃᆞᆯ忽諸ᄒᆞ리오夏禹ᄂᆞᆫ聖人이로ᄃᆡ尙、寸陰을是惜ᄒᆞ얏ᄉᆞ니吾人은當、分陰을勿放ᄒᆞᆯ지어다

第七課 勇氣

大勇小勇의別

勇은知仁勇三德의一이니人의一日도不可缺ᄒᆞᆯ者ㅣ라然ᄒᆞ나勇도大勇小勇의別이有ᄒᆞ니大勇은義理의正에出ᄒᆞᆷ인故로克己制私ᄒᆞ야大事를臨ᄒᆞᆷ에危險을不懼ᄒᆞ며困難을遇ᄒᆞ야도本領을勿失ᄒᆞ야確固不拔의精神으로써其志를貫徹ᄒᆞᄂᆞ니此ᄂᆞᆫ君子의勇이오小勇은血氣의怒를使ᄒᆞᆷ인故로撫劍疾視ᄒᆞ야日彼焉敢히我를當ᄒᆞ리오ᄒᆞ야些少의憤을忍치못ᄒᆞ고其氣를暴動ᄒᆞ야前後를不顧ᄒᆞ고危險을徒冒ᄒᆞᄂᆞ니此ᄂᆞᆫ匹夫의勇이라然則學生은宜、堅確不拔의志로勇往直前의氣를養ᄒᆞ야雖非常ᄒᆞᆫ危險을當ᄒᆞᆯ境遇라도決코其志를撓奪치勿ᄒᆞ고遠大의功을圖就ᄒᆞᆷ이眞勇이라謂ᄒᆞᆯ지오血氣의勇은裁制ᄒᆞᆷ이可ᄒᆞᆯ지니라

第八課 健康

健康은萬事의基本

人이健康ᄒᆞᆫ身體를有ᄒᆞᆷ은但、自己의幸福일ᄲᅮᆫ아니라實로萬事의基本이되ᄂᆞ니若、身體가虛弱ᄒᆞ야恆常、病床에呻吟ᄒᆞ고醫藥을不離ᄒᆞ면雖、如何ᄒᆞᆫ事業을成就ᄒᆞᆯ大志가有ᄒᆞᆯ지라도辛苦를徒增ᄒᆞᆷ에不過ᄒᆞᄂᆞ니라

健康을不注意ᄒᆞᄂᆞᆫ害

人이平日健康ᄒᆞᆯ時에ᄂᆞᆫ健康의幸福을深知키不能ᄒᆞ다가一朝에此、健康을失ᄒᆞᆫ然後에야其身分上에損害됨을乃知ᄒᆞᄂᆞ니然則我等의每日學問을修得ᄒᆞᆷ도健康의賜ᄒᆞᆷ이오事業에服務ᄒᆞᆷ도亦健康의賜ᄒᆞᆷ이라若、攝養에注意치못ᄒᆞ야健康을妨害ᄒᆞ면能히立身興家ᄒᆞ야國家에有用의人物을作ᄒᆞ기不得ᄒᆞ고或夭折ᄒᆞ거ᄂᆞ或不完全ᄒᆞᆫ廢人이되면此ᄂᆞᆫ但、自己의幸福을暴棄ᄒᆞᆫ人일ᄲᅮᆫ아니라實로不忠不孝의徒ㅣ라謂ᄒᆞᆯ지니라

第九課 飮食의攝養

飮食의注意

飮食은身體를維持ᄒᆞᄂᆞᆫ要素나或過度ᄒᆞ면卽身體를害ᄒᆞᄂᆞ니世上에饑餓를因ᄒᆞ야死亡ᄒᆞᄂᆞᆫ人도不無ᄒᆞ거니와暴飮暴食을因ᄒᆞ야身命을自喪ᄒᆞᄂᆞᆫ者도亦多ᄒᆞ니豈飮食에注意치아니리오夫飮食物은身體의消耗를補益ᄒᆞᄂᆞᆫ者ㅣ라故로其物質의滋養이多ᄒᆞᆫ者를可타ᄒᆞᆯ지나其分量에至ᄒᆞ야ᄂᆞᆫ適中ᄒᆞᆷ을要ᄒᆞᄂᆞ니此分量은過ᄒᆞᆷ보다寧不足에止ᄒᆞᆷ이可ᄒᆞᆯ지라若濃厚ᄒᆞᆫ食物을饞慾에任ᄒᆞ거나且一定ᄒᆞᆫ時外에間食을要ᄒᆞᆷ은甚히衛生에有害ᄒᆞ니라

飮食物의分量

人의腸胃ᄂᆞᆫ一回食料를消化ᄒᆞᆷ이約四時間을要ᄒᆞᄂᆞ니若先次食料의消化가及時치못ᄒᆞ야後次食料를又加ᄒᆞ면腸胃ᄂᆞᆫ其程度의機能을失ᄒᆞ야畢竟은疾病을致ᄒᆞᆷ이有ᄒᆞᆯ지니然則飮食에規律이無ᄒᆞ면身體의健康을失ᄒᆞᆯᄲᅮᆫ아니라且業務習慣에非常ᄒᆞᆫ害됨을難免ᄒᆞᆯ지니라

第十課 運動

運動의必要

身體의健康을維持ᄒᆞᆷ은飮食을中度케ᄒᆞᆷ이第一必要ᄒᆞ거니와且適宜ᄒᆞᆫ運動으로써身體各部를發達케ᄒᆞᆷ도十分尤要ᄒᆞ니라

體操와遊技

學校에當ᄒᆞᆫ諸種體操ᄂᆞᆫ筋肉과骨格의關係를研究ᄒᆞ야規定ᄒᆞᆫ者인故로身體發達上에最有功ᄒᆞ고其他各種의遊技도且健康에有益ᄒᆞ니恒常適度ᄒᆞᆫ遊技와運動으로써精神을爽快케ᄒᆞ며氣力을旺盛케ᄒᆞᆯ지니라

運動에對ᄒᆞ야靑年의注意ᄒᆞᆯ事ᄂᆞᆫ第一規則을不違ᄒᆞᆯ지니每日一定ᄒᆞᆫ時間을守ᄒᆞ야行ᄒᆞᆷ이必要ᄒᆞ니라

運動의過不及의害

平生에坐食不動ᄒᆞᆫ者ᄂᆞᆫ身體에非常ᄒᆞᆫ害를養ᄒᆞᆯ지오又或時時로急激過度ᄒᆞᆫ運動을行ᄒᆞᆷ도畢竟은危險에陷ᄒᆞᆯ지니可히深戒ᄒᆞᆯ바어니와其次ᄂᆞᆫ又長時間의運動을耽ᄒᆞ야心身을疲

困케ᄒᆞᆷ도亦、健康을保全ᄒᆞᆷ에甚害가反有ᄒᆞ니라

運動의種類가各殊ᄒᆞ야其、人人의嗜好ᄒᆞᆷ이一定키不能ᄒᆞ나第一은多數人의協力ᄒᆞᄂᆞᆫ遊戲가特、趣味와裨益이多ᄒᆞ니라

運動場에서注意ᄒᆞᆯ事

運動場은學生의元氣를養ᄒᆞᄂᆞᆫ處이라雖、遊戲間이라도長幼가相助ᄒᆞ야他人의便益을勿害ᄒᆞ며禮讓을必守ᄒᆞᆯ지니然則校室에서所學ᄒᆞᆫ善美의敎訓을運動場에서可見ᄒᆞᆯ지니라

第十一課 休息及睡眠

休息의適當

人의身體와精神은間斷이無케使用ᄒᆞᆷ이不能ᄒᆞᆫ지라修學과運動等에疲勞가有ᄒᆞᆫ時에ᄂᆞᆫ必、適當ᄒᆞᆫ休息을要ᄒᆞᆯ지나但、休息의慾이安逸의思想을惹出ᄒᆞ야己의疲勞를恢復ᄒᆞᆫ後에도業務를厭ᄒᆞᄂᆞᆫ念이易生ᄒᆞᄂᆞ니故로時間을一定ᄒᆞ야毫分도違越치勿ᄒᆞᆷ이可ᄒᆞ니라

睡眠의定時

夜에睡眠은人의一大休息이니一日의疲勞를恢復ᄒᆞᆷ에天然的必要라多數青年은八時間의穩睡를常要ᄒᆞᆯ자니世人이或多煩ᄒᆞᆷ을因ᄒᆞ야休息의時間을吝ᄒᆞ며睡眠의時間을促ᄒᆞᄂᆞᆫ者도有ᄒᆞ나此ᄂᆞᆫ但、腦를傷害ᄒᆞᆯᄲᅮᆫ이오事務에ᄂᆞᆫ毫末도利益이無ᄒᆞ니라

休息及睡眠의適度

然則人이此世에在ᄒᆞ야事務에奔走ᄒᆞᆯᄉᆞ록尤、時間의規則을定ᄒᆞ야休息과睡眠을適度케ᄒᆞ고新銳氣로ᄡᅥ業務의習慣을養ᄒᆞᆯ지니豈、暫時事爲의有益ᄒᆞᆷ을耽ᄒᆞ야他日身體의妨害됨을不顧ᄒᆞ리오

第十二課 清潔

清潔의注意

飮食과同히直接으로吾人健康에影響을及케ᄒᆞᄂᆞᆫ者ᄂᆞᆫ身體、衣服、住居等의狀態니此를不潔ᄒᆞᆫ時ᄂᆞᆫ往往、各種病毒이蘖芽ᄒᆞ야使人으로不測ᄒᆞᆫ災에罹ᄒᆞᆯᄲᅮᆫ아니라漸次、蔓延ᄒᆞ야他人에게傳染ᄒᆞᆯ慮가常多ᄒᆞ니라

身體及衣服住居

身體ᄂᆞᆫ時時沐浴ᄒᆞ야皮膚의表面을清潔히ᄒᆞ야排泄機能을勿妨ᄒᆞ며頭髮과爪甲을剪除ᄒᆞ며口腔을滌洗ᄒᆞᆷ에注意ᄒᆞᆯ지오衣服은大槩清潔ᄒᆞᆷ을要ᄒᆞᆯ지나特其襯衣에至ᄒᆞ야ᄂᆞᆫ恒常新着ᄒᆞᆷ이最可ᄒᆞ고住居ᄂᆞᆫ時時로內外를灑掃ᄒᆞ며寢具ᄂᆞᆫ日光에曝灑ᄒᆞ야新鮮ᄒᆞᆫ空氣를受ᄒᆞ되光線의過不足이無케ᄒᆞᆯ지니總히清潔은衛生의根本이라身體를爽新케ᄒᆞ며精神을快活케ᄒᆞ고且清潔ᄒᆞᄂᆞᆫ習慣이秩序와勤勉等의工夫로더부러並行ᄒᆞ야人의暫時도怠忽치못ᄒᆞᆯ者ㅣ니라

水와空氣와日光의必要

清潔이라稱ᄒᆞᆷ은外面의姸醜ᄒᆞᆷ을云ᄒᆞ거나一身의奢侈ᄒᆞᆷ을謂ᄒᆞᆷ이아니오但不潔을去ᄒᆞᆷ이니水와空氣와日光으로可得ᄒᆞᆯ者ㅣ라若美衣를着ᄒᆞ거나香料를用ᄒᆞᆷ은衛生上에毫末도利益이無ᄒᆞ고學生의資格만反墜ᄒᆞᆯ지니此를區別ᄒᆞ야故誤ᄒᆞᆷ이無ᄒᆞᆯ지어다

第十三課 鍛鍊

身體保護의適度

身體의健康을維持ᄒᆞᆷ은攝養의法을守ᄒᆞ야衛生의道를善히ᄒᆞᆷ이可ᄒᆞ나身體ᄂᆞᆫ原來外界變化의抵抗力을持ᄒᆞᆫ者ㅣ라若身體를保護ᄒᆞᆷ이其度에過ᄒᆞ야此抵抗力을終失ᄒᆞ면反脆弱에陷ᄒᆞᆯ지니彼暖室中에셔生長ᄒᆞᆫ草木은其室外에셔長養치못ᄒᆞᆷ과同一ᄒᆞᆫ理致라然則人은必身體를鍛鍊ᄒᆞ야其抵抗力의養ᄒᆞᆷ을注意ᄒᆞᆯ지나

鍛鍊의急激ᄒᆞᆫ害

身體의鍛鍊은一朝一夕에急激히著有ᄒᆞᆯ效力을不得ᄒᆞᆯ者인즉爲先容易ᄒᆞᆫ事를從ᄒᆞ야漸次로進行ᄒᆞᆯ지니라

抵抗力은身體에無限히發達ᄒᆞᄂᆞᆫ者ㅣ아니오其強壯을從ᄒᆞ야生ᄒᆞᄂᆞᆫ者ㅣ니平時攝養의法을守ᄒᆞᆷ이第一이오健康에無害ᄒᆞᆫ適度를計ᄒᆞ야鍛鍊의方法을採ᄒᆞᆷ이其次ㅣ니라

筋骨과腸胃皮膚

身體鍛鍊中에最必要ᄒᆞᆫ者ᄂᆞᆫ運動이니運動은筋骨과腸胃를

強健케ᄒ며皮膚를堅全케ᄒ야寒暑의抵抗ᄒᄂ力을能養ᄒᄂ니惟皮膚가薄弱ᄒᆫ者ᄂ疾病에罹ᄒ기易ᄒᆫ故로冷水沐浴과冷水摩擦의方法으로써健全케ᄒᆯ지니라

第十四課 進取

進取의氣像

凡學問과技藝를修ᄒᆷ은流水를溯行ᄒᄂ舟와如ᄒ야暫時懈怠ᄒᆫ心으로揖櫓를捨ᄒ면其退步ᄒᆷ을立見ᄒᆯ지라故로修學ᄒᄂ人은恒常志를高遠에置ᄒ고前進不止ᄒᄂ精神을養ᄒ야其目的ᄒᆫ바로向進ᄒᆯ지니若此氣像을失ᄒ면些少ᄒᆫ困難에도其志를挫折ᄒ야大成을期圖키不能ᄒ고但小得ᄒᆫ事이有ᄒ면此를自足타ᄒᄂ니然則慢心과怯懦ᄂ事를未成ᄒᄂ強敵이라謂ᄒᆯ지니라

眞實의進取

進取라ᄒᆷ은徒然히前道에急進ᄒᆷ을謂ᄒᆷ이아니라假令百里의路를行ᄒ라면一步로브터進ᄒᆷ과如히大成의功을達코져ᄒᄂ者ᄂ今日에一事를記ᄒ고明日에一事를學ᄒ야懶惰ᄒᆫ志를永久히忘却ᄒᄂ故로其成業의未遂ᄒᆷ은勿憂ᄒ고百折不屈ᄒ며百挫不撓ᄒ야畢竟은初志에達ᄒᄂ니此를眞實ᄒᆫ進取라謂ᄒᆯ지니라

第十五課 用心

自重의必要

人이生ᄒᆷ의天賦의良能이固有ᄒᆷ으로萬物中에最靈ᄒᆫ者ㅣ라名稱ᄒ나然ᄒ나天賦의良能도自初로養修치아니ᄒ면畢竟은其能力을失ᄒ야其價値가禽獸에達ᄒᆷ이不遠ᄒᆫ지라故로修學養德ᄒ야其價値를欲保ᄒᆯ진ᄃᆡ自己平生을自重ᄒᄂ心이無치못ᄒᆯ지니人의一生은一瞬一刻의集合ᄒᆫ者ㅣ라今日에送ᄒᆫ日은平生을終ᄒ야도不歸ᄒ고昨日에過失은今日에至ᄒ야追悔ᄒ야도不及ᄒᄂ니然則平生用心을一瞬一刻이라도踈忽치勿ᄒ고克己專功으로過失을必愼ᄒᆯ지라此ᄂ

人人의注意홀바ㅣ나特其,青年時에此心을存養치못ᄒᆞ면自然惡習에易染ᄒᆞ야一生을誤了ᄒᆞᄂᆞᆫ故로凡事가始初를不愼ᄒᆞ면終末이未全ᄒᆞᄂᆞ니라

풀잉클닌氏의用心

美國풀잉클닌氏ᄂᆞᆫ微賤에起ᄒᆞ야大名을揚ᄒᆞᆫ人이라幼時로브터克己의精神이强ᄒᆞ고修德研智의功이篤ᄒᆞ야一日도怠惰홈이無ᄒᆞ더니其死에臨ᄒᆞ야言曰我가此世에還生ᄒᆞ더라도他道에踐홈을不希라ᄒᆞ얏스니人이死에臨ᄒᆞ야ᄂᆞᆫ恒常悔恨의情을不堪ᄒᆞ거ᄂᆞᆯ풀잉클닌氏ᄂᆞᆫ平生의心을死後ᄭᆞ지用코져ᄒᆞ니實로稀罕ᄒᆞᆫ人이라謂홀지로다

第十六課 快活

快活及幽鬱

心이和平ᄒᆞᆫ人은事를臨ᄒᆞ야躕躇홈이無홈으로其所爲가肯綮에中ᄒᆞ야功을能收ᄒᆞ고心이幽鬱ᄒᆞᆫ人은事를臨ᄒᆞ야危懼를懷홈으로其所爲가顧眄에止ᄒᆞ야業을鮮成ᄒᆞᄂᆞ니和平과幽鬱은或,姿性을隨ᄒᆞ야不同홈이有ᄒᆞ나大抵,身體를健護ᄒᆞ야自信의念이厚ᄒᆞ고果斷의精神이多ᄒᆞᆫ者ᄂᆞᆫ事業이日進ᄒᆞ야心이恒常,快活홀지오若,躁急의性이過ᄒᆞ고忍耐의力이乏ᄒᆞᆫ者ᄂᆞᆫ事業이日退ᄒᆞ야幽鬱에益陷ᄒᆞ리니人은必,攝養에注意ᄒᆞ야身體의健康을自謀ᄒᆞ며本分을安守ᄒᆞ야事業의効果를永收홀지라

快活과浮薄의異点

然ᄒᆞ나快活과浮薄은決코混同키不可ᄒᆞ니浮薄ᄒᆞᆫ人은自己의職務를盡ᄒᆞ야將來의結果를不企ᄒᆞ고但,目前의快樂으로써滿足타ᄒᆞᄂᆞ니此ᄂᆞᆫ後日에至ᄒᆞ야悔及홈을難免홀지로다

第十七課 娛樂

娛樂의必要

長時間을同一ᄒᆞᆫ事에服務ᄒᆞ면自然倦怠의心이生ᄒᆞ야事務를執ᄒᆞ기不能홀ᄲᅮᆫ아니라若,强行에至ᄒᆞ면精神의萎靡를致ᄒᆞᄂᆞ니必,時間을豫定ᄒᆞ야事務를交換ᄒᆞ고有時로快活ᄒᆞᆫ遊

戲를行ᄒᆞ야疲勞ᄒᆞᆫ精神을休養ᄒᆞᆯ지라然ᄒᆞ나且、娛樂을耽ᄒᆞ야時間을空費ᄒᆞ면事務를廢ᄒᆞᆷ이倦怠에不止ᄒᆞᆫ즉吾人은勤勉과娛樂의程度를適當히定ᄒᆞ야一方에偏倚치아니ᄒᆞᆷ을努力ᄒᆞᆯ지니라

娛樂을宜選擇

大抵、樂을供ᄒᆞᄂᆞᆫ者ᄂᆞᆫ其數가不一ᄒᆞ야或、高尙ᄒᆞᆫ者도有ᄒᆞ며或、賤卑ᄒᆞᆫ者도有ᄒᆞ니其賤卑ᄒᆞᆫ者ᄂᆞᆫ人의品性을害ᄒᆞ야懦弱의惡習을生케ᄒᆞ며社會에害毒을流케ᄒᆞᆯ慮가不無ᄒᆞᆫ즉此를最、注意ᄒᆞᆯ바ㅣ오其高尙ᄒᆞᆫ者ᄂᆞᆫ人의嗜好를適當케ᄒᆞ며健康을裨益케ᄒᆞ야其娛樂의效가社會에及케ᄒᆞᆯ지니豈、快活ᄒᆞᆫ者ㅣ아니리오然ᄒᆞᆷ으로或天然의風景을愛ᄒᆞ며淸高의音樂을喜ᄒᆞᆷ은最、人의品性에適當ᄒᆞᆫ者ㅣ오且、勝敗를爭ᄒᆞᄂᆞᆫ遊戲도不可ᄒᆞᆷ은不是로ᄃᆡ或、耽念에惑ᄒᆞ야賤卑에陷ᄒᆞ기易ᄒᆞ니此에當ᄒᆞ야ᄂᆞᆫ特、注意ᄒᆞᆷ이可ᄒᆞ니라

第十八課 言語

言語의修練

言語ᄂᆞᆫ己의意思를人에게傳ᄒᆞᄂᆞᆫ樞機라其語調와話柄의態度로由ᄒᆞ야人物의一端을表示ᄒᆞᄂᆞᆫ者인故로人은恒常、此를修鍊ᄒᆞ야應對ᄒᆞᆯ際에談話의要領을務得ᄒᆞ되發音을明晰히ᄒᆞ고語調를簡端히ᄒᆞ며且、狀態의眞率을著見ᄒᆞ야聽者로ᄒᆞ야곰深히感動의心을起케ᄒᆞᆷ이必要ᄒᆞᆯ지오若、聲音이促雜ᄒᆞ고語調가澁晦ᄒᆞ면雖、其言論에相當ᄒᆞᆫ理由가有ᄒᆞ야도畢竟은聽者로ᄒᆞ야곰其頭緖를未曉ᄒᆞᆯ지니其意見을貫徹ᄒᆞᆷ에困難이豈無ᄒᆞ리오然ᄒᆞ나言語ᄂᆞᆫ一文具에不過ᄒᆞᆫ즉必須、其品行을高尙히ᄒᆞ며事理를分明히ᄒᆞ야自信의心을養ᄒᆞᆯ지라若、其言論이棄本馳末ᄒᆞ야實相이無ᄒᆞ면雖、懸河의雄辯이如何히巧敏ᄒᆞᆯ지라도畢竟은交際上에價値가無ᄒᆞᆫ事를發表ᄒᆞ야人의凌侮를招ᄒᆞᆯ지니此ᄂᆞᆫ寧、寡默에止ᄒᆞᆷ만不如ᄒᆞ니라

且、言語ᄂᆞᆫ口에셔一出ᄒᆞ면更收키不能ᄒᆞᄂᆞ니人은必、話柄을擇ᄒᆞ야應接의禮를守ᄒᆞ되妄히無用의言을弄ᄒᆞ야不測의禍를勿招ᄒᆞᆯ지어다古語에云ᄒᆞ되言出如箭ᄒᆞ야一入人耳ᄒᆞ면有力難拔이라ᄒᆞ니라

第十九課 言語(續)

言語의必愼

談話ᄒᆞᆯ際에不生審愼ᄒᆞᆯ者ᄂᆞᆫ虛妄의言이니大小事를勿論ᄒᆞ고虛言을發ᄒᆞᄂᆞᆫ人은自信의道를失ᄒᆞᆫ者ㅣ라故로己의價格을墜ᄒᆞ며人의信用을失ᄒᆞᆯ지오且、人言을輕信ᄒᆞ야事의實否를不究ᄒᆞ고卽時、人에게傳播ᄒᆞ면其結果ᄂᆞᆫ虛妄에歸ᄒᆞᆯ지며且、他人의秘密을發ᄒᆞ며或、過失을彰ᄒᆞ며又或、自己의美事를誇說ᄒᆞᆷ은賤卑를自表ᄒᆞᄂᆞᆫ者ㅣ라聽者에게毫末도利益이無ᄒᆞ고徒、自己의品行을損傷ᄒᆞᆷ에止ᄒᆞᄂᆞ니라

三愆의戒

且、他人으로接語ᄒᆞᆷ에三愆의戒가有ᄒᆞ니人의言이未終ᄒᆞ야셔可否를不察ᄒᆞ고突然妄議ᄒᆞ야誤失을指摘ᄒᆞ거나或、言辭의末을鈞ᄒᆞ야空然詰問ᄒᆞ거나或、自己의言을聽케ᄒᆞ기爲ᄒᆞ야獨自辯論ᄒᆞ고他人의口를勿開케ᄒᆞᄂᆞᆫ等事ㅣ니此ᄂᆞᆫ人의感情을觸ᄒᆞ야不快的思想을懷케ᄒᆞᄂᆞᆫ非禮의行實이오且、滑稽를演ᄒᆞ야他人의喜笑를買코져ᄒᆞᆷ은最賤卑ᄒᆞᆫ事이라足히可言ᄒᆞᆯ바ㅣ無ᄒᆞ니必、與人接語ᄒᆞᆯ時에其人言의終末을俟ᄒᆞ야意見을開陳ᄒᆞᆷ이可ᄒᆞ니라

第二十課 動作

動止를愼重ᄒᆞᆯ方法

動作도亦、言語와同히人의品行을外樣에表示ᄒᆞᄂᆞᆫ者ㅣ니平常에坐作進退를愼ᄒᆞ야端正ᄒᆞᆫ態度와莊重ᄒᆞᆫ威儀를持ᄒᆞᆯ지라若、處身이粗野ᄒᆞ거나或、輕躁ᄒᆞ야禮節에違ᄒᆞ며容式을失ᄒᆞ면人에게輕侮를受ᄒᆞ며憎惡를取ᄒᆞ야世上에容立키難ᄒᆞ니라

凡人이事를當ᄒᆞ거던先히沉靜ᄒᆞᆫ心界로事理를熟思ᄒᆞ고人을對ᄒᆞ거던雍容ᄒᆞᆫ氣色으로親切ᄒᆞᆫ意思를表ᄒᆞ면其行事ᄒᆞᆷ에狼狽가無ᄒᆞᆯᄲᅮᆫ더러且、過失을招ᄒᆞᆷ이少ᄒᆞ리라

虛飾僞善의賤卑

凡動作은精神으로從ᄒᆞ야發表ᄒᆞᄂᆞᆫ形인故로精神을養ᄒᆞ야誠意에發ᄒᆞᄂᆞᆫ者ᄂᆞᆫ能히節度에中ᄒᆞ고儀式에合ᄒᆞᆯ지오精神을自勵치아니ᄒᆞ고外形만徒飾ᄒᆞ야人의贊賞을要코져ᄒᆞᄂᆞᆫ者ᄂᆞᆫ反、虛飾僞善의人을作ᄒᆞᆯ지라故로人은恒常、動作에注意ᄒᆞ야其未及ᄒᆞᆫ바가有ᄒᆞᆯ時ᄂᆞᆫ內省ᄒᆞ야其本을正케ᄒᆞᆯ지니然ᄒᆞᆫ故로君子ᄂᆞᆫ其不聞에恐懼ᄒᆞ며其不覩에戒愼ᄒᆞ야禮가아니면動치아니ᄒᆞᆫ다ᄒᆞ니라

第二十一課 容儀

衣冠의必正

古箴에曰其衣冠을正ᄒᆞ며其瞻視를尊ᄒᆞ라ᄒᆞ니人이其言語와動作을愼ᄒᆞᆯ자나其身邊에着ᄒᆞᄂᆞᆫ衣冠도適中ᄒᆞᆷ이可ᄒᆞ니或流俗을逐ᄒᆞ야奢侈가過度ᄒᆞᆷ은不可ᄒᆞ거니와世人이謂ᄒᆞ기를衣冠에注意ᄒᆞᆷ은邊幅을修ᄒᆞᄂᆞᆫ者ㅣ라ᄒᆞ야或、故意로弊衣破冠을着ᄒᆞᄂᆞᆫ者도有ᄒᆞ니此ᄂᆞᆫ過儉이非禮라ᄒᆞᆯ지라豈、有識者의排斥을得免ᄒᆞ리오

服裝은身分을表示

衣冠은元來寒暑를防護ᄒᆞᆯᄲᅮᆫ아니라其人의身分을表示ᄒᆞᄂᆞᆫ者인故로人은恒常、其地位를應ᄒᆞ야服裝을稱當케ᄒᆞ되特、學生에至ᄒᆞ야ᄂᆞᆫ其學校의規定을守ᄒᆞ야質素淸潔ᄒᆞᆫ者를用ᄒᆞ고態度를謹嚴히ᄒᆞ야學生의品格을勿墜케ᄒᆞᆷ이最可ᄒᆞ니라

服裝의精神及影響

衣冠을正히ᄒᆞ고態度를謹히ᄒᆞᆷ은精神修養上에其影響을及ᄒᆞᆷ이言語動作과同ᄒᆞᆫ者ㅣ니人은其容儀를整히ᄒᆞ고態度를肅히ᄒᆞ면志操도自然介潔ᄒᆞ야邪念을除却ᄒᆞᆯ지라故로詩에云ᄒᆞ되抑抑ᄒᆞᆫ威儀여維德의隅라ᄒᆞ니라

第二朋友에對ᄒᆞᄂᆞᆫ注意

第二十二課 朋友

交友의必擇

朋友ᄂᆞᆫ五倫의一이라信으로써相交ᄒᆞ며仁으로써相輔ᄒᆞ며德으로써相隣ᄒᆞ며文으로써相會ᄒᆞᄂᆞ니故로居ᄒᆞᆷ에其所親을視ᄒᆞᆫ다ᄒᆞᆷ이此를謂ᄒᆞᆷ이라人이平素에益友를交ᄒᆞ면良善ᄒᆞᆫ人을成ᄒᆞ고損友를交ᄒᆞ면卑劣ᄒᆞᆫ人에歸ᄒᆞᆯ지니此兩間에擇定ᄒᆞ야益者를從學ᄒᆞ고損者를責善ᄒᆞ야友道의實益을注意ᄒᆞᆯ지니라

學友의相交

同學의友ᄂᆞᆫ年紀도同ᄒᆞ고目的도同ᄒᆞᆫ人으로一學校內에셔一教師를從事ᄒᆞᄂᆞᆫ者ㅣ라故로胸을披露ᄒᆞ고心界를相許ᄒᆞ며手를提携ᄒᆞ고學業을相勵ᄒᆞ야學校나教師에게未得ᄒᆞᆫ效益을同學友에게得ᄒᆞᆷ이有ᄒᆞᆯ지오且人이其學業을了ᄒᆞ면世界에立ᄒᆞ야恒常他人과事業을共히ᄒᆞᆯ지니若交際를不善히ᄒᆞ야協力의一致가無ᄒᆞ면事의成就ᄒᆞᆷ을豈得ᄒᆞ리오故로學生이學校에在ᄒᆞ야互相히敬長愛幼ᄒᆞ며奬善遠惡ᄒᆞ며苦痛을相救ᄒᆞ며遊戲를同樂ᄒᆞ야切磋琢磨의功을積ᄒᆞᆷ은後日社會에立ᄒᆞᆯ鍊習이라可謂ᄒᆞᆯ지니라

競爭心의不德

同學의友ᄂᆞᆫ如斯히有助ᄒᆞᆫ者인즉其所長을見ᄒᆞ면相尊ᄒᆞ며其所短을見ᄒᆞ면相輔ᄒᆞᆷ이可ᄒᆞ나或些少ᄒᆞᆫ競爭心을因ᄒᆞ야他의短處를喜ᄒᆞ고長處를嫉ᄒᆞ며或甚ᄒᆞᆫ者ᄂᆞᆫ排擠ᄒᆞᆷ을無憚ᄒᆞᄂᆞ니此ᄂᆞᆫ至劣ᄒᆞᆫ品行이오至險ᄒᆞᆫ心術이라然ᄒᆞᆫ즉人은宜奮勵黽勉ᄒᆞ야何事던지他人에게卑劣ᄒᆞᆷ이無ᄒᆞ도록期ᄒᆞᆯ지니此ᄂᆞᆫ人의價値를不失ᄒᆞᄂᆞᆫ者ㅣ라學에有志ᄒᆞᆫ者ᄂᆞᆫ此理를必辨ᄒᆞᆯ지어다

第二十三課 信義

交道의信義

信義ᄂᆞᆫ交人의最切要ᄒᆞᆫ元符라故로與人相友ᄒᆞᆷ에其謀를必忠히ᄒᆞ며然諾을必重히ᄒᆞ야本分에根出ᄒᆞᆫ誠意로써交道의

標準을立ᄒᆞᆷ은大丈夫의事이라固當人人이勉行ᄒᆞᆯ바어니와若約言이有ᄒᆞ고도不踐ᄒᆞ며過失을知ᄒᆞ고도不規ᄒᆞ며困難을見ᄒᆞ고도不救ᄒᆞ며自己의利益만事事ᄒᆞ고他人의損害ᄂᆞᆫ不顧ᄒᆞ면豈交道에比立ᄒᆞ기를得ᄒᆞ리오且阿諛便佞의巧舌로人의甘心을欲買ᄒᆞᄂᆞᆫ者ᄂᆞᆫ交際上에最賤卑ᄒᆞᆫ人이라ᄒᆞᆯ지니라

約束에勿輕

然ᄒᆞ나信義로ᄡᅥ交際ᄒᆞ야人에게結約ᄒᆞᆷ을當ᄒᆞ야ᄂᆞᆫ已의地位를思ᄒᆞ며他의力量을度ᄒᆞ야萬全의定筭으로踐言ᄒᆞᆷ을必愼ᄒᆞᆯ지니若輕率히許約ᄒᆞ얏다가我의力量이未及ᄒᆞ던지或他에게見欺ᄒᆞᆯ時ᄂᆞᆫ後悔ᄒᆞ야도無及ᄒᆞ리라

清潔에注意

人이能히約言을踐ᄒᆞ며信誓를守ᄒᆞᆷ은但交際上에正當ᄒᆞᆯ뿐아니라此에德行을可見ᄒᆞᆯ지오且惡ᄒᆞᆫ者의巧誘를斷然히排斥ᄒᆞ야友로ᄒᆞ야곰其過失을飜然히改悟케ᄒᆞᆷ도亦道德의行

信義의効力

이니此ᄂᆞᆫ雖敵國의人이라도其信義를必服ᄒᆞᆯ지라記에云信은甲冑오義ᄂᆞᆫ干櫓라ᄒᆞᆷ이豈此를謂ᄒᆞᆷ이아니리오

第二十四課 協同

同學의協力

人의品性과才能은當初브터善良ᄒᆞᆫ者라도必自己의工夫를修養ᄒᆞ고他人의協同을賴助치아니ᄒᆞ면完全ᄒᆞᆫ人을難成ᄒᆞᆯ지라盖同學의友ᄂᆞᆫ目的이相同ᄒᆞ며心情이相通ᄒᆞ며其長을互進ᄒᆞ며其短을得補ᄒᆞᆯ뿐아니라學業上에對ᄒᆞ야도自己의未解ᄒᆞᆷ을就質ᄒᆞ며他人의有疑ᄒᆞᆷ을相辨ᄒᆞᆷ으로學이日로博ᄒᆞ며業이日로廣ᄒᆞ야其進步의著效를可期ᄒᆞᆯ지오特品性에關ᄒᆞ야ᄂᆞᆫ同友의助力이尤大ᄒᆞ니人의性癖의缺點은自覺키甚難ᄒᆞᆫ者오設或覺得ᄒᆞᆫ者ㅣ有ᄒᆞᆯ시라도自改키亦難ᄒᆞ거ᄂᆞᆯ若傍에誠意로ᄡᅥ勸勉ᄒᆞᄂᆞᆫ親友가有ᄒᆞ야我를皷舞ᄒᆞ며我를戒責ᄒᆞ면畢竟은其缺點을棄ᄒᆞ고善域에臻ᄒᆞᄂᆞ니라

且小ᄒᆞᆫ즉憂愁를共苦ᄒᆞ고慶福을同樂ᄒᆞ며大ᄒᆞᆫ즉危亂에共赴ᄒᆞ고死生을同誓ᄒᆞᄂᆞᆫ友가有ᄒᆞᄂᆞ니此ᄂᆞᆫ協同의力을養ᄒᆞ야信義의元素를成ᄒᆞᆫ者ㅣ라故로家에在ᄒᆞ야ᄂᆞᆫ志槩를高尙히ᄒᆞ고社會에立ᄒᆞ야ᄂᆞᆫ團體를結合ᄒᆞ면百般事業을經營ᄒᆞᆷ에最必要ᄒᆞ니라

協同의自立

然ᄒᆞ나協同이라ᄒᆞᆷ은烏合의徒와如히附從ᄒᆞ거나黨同ᄒᆞᄂᆞᆫ者ㅣ아니오其自立의精神으로써信義를踐行ᄒᆞᄂᆞᆫ者를謂ᄒᆞᆷ이니人은當然히智襟을廣히ᄒᆞ야嫌惡를能容ᄒᆞ며且本領을謹守ᄒᆞ야邪惡을能抗ᄒᆞ면是를眞信義의協同이라謂ᄒᆞᄂᆞ니라

第二十五課　禮讓

全交의道ᄂᆞᆫ禮讓에在ᄒᆞᆷ

信義를尊重ᄒᆞ며協力을一致ᄒᆞᆷ은朋友를交ᄒᆞᄂᆞᆫ道ㅣ니若禮讓으로써此에不加ᄒᆞ면交를完全ᄒᆞ기不能ᄒᆞᆯ지라大抵何人이던지結交가日淺ᄒᆞᆯ時ᄂᆞᆫ互相己心을抑制ᄒᆞ야言語와動作을必愼ᄒᆞ다가交誼가旣深ᄒᆞᆷ을從ᄒᆞ야ᄂᆞᆫ謹愼의態度를漸失ᄒᆞ야自意를恣行ᄒᆞ며非禮를莫省ᄒᆞᆷ으로終乃에ᄂᆞᆫ感情을觸ᄒᆞ야目을反ᄒᆞ고相惡ᄒᆞᆷ에至ᄒᆞᄂᆞ니故로交契가漸深ᄒᆞᆯᄉᆞ록禮讓을益重ᄒᆞ야久而敬之ᄒᆞᆷ을注意ᄒᆞᆯ지어다

禮讓의根本은精神에在ᄒᆞᆷ

禮讓은外樣으로見ᄒᆞ면言語動作에著現ᄒᆞᆫ者ㅣ나其實을究ᄒᆞ면己의誠心恭敬을表ᄒᆞ야他의便益幸福을計ᄒᆞ며且使人으로不快의念을勿懷케ᄒᆞᄂᆞᆫ精神에基本ᄒᆞᆷ이라若內修의精神이無ᄒᆞ고但外樣만粧撰ᄒᆞ면虛僞의徒와阿諛의人을作ᄒᆞ야有志者의指彈을難免ᄒᆞᆯ지니人은恒常他의所長을見ᄒᆞ거던禮讓으로써尊敬ᄒᆞ며他의所短을見ᄒᆞ거던誠心으로써誘導ᄒᆞ야百年의友로더부러一朝의誼를勿失ᄒᆞ면其交를永久히不渝ᄒᆞᆯ지니라

第三 家庭에注意

第二十六課 家庭

家庭의關係

家庭은人間에自然호愛情으로써結合호團體ㅣ니父母兄弟姊妹는尤特別호關係가有호骨肉의至親이라世上에樂事가無窮홀지라도家庭에過홀者ㅣ無호니라

人이社會에出호야各種業務에服事홈의終日勞苦호다가日暮歸家호야家族의慰를受호면頓히勞苦를忘호고英氣를恢復홀지오且遠鄕에離호者ㅣ學業에服務호야閱月勤苦호다가父母兄弟의問信을見호면可히勤苦를忘호고悅樂을得홀지니라

家庭의和樂

彼性質이執拗호야惡을行호며罪를犯호는人을見호라全히幼時에父母를失호야溫和호家庭의恩光을滿浴치못호者거나或家庭이紊亂호야父父子子의團欒과家庭見聞의教訓을不知호는者ㅣ니라

平和

然호故로家庭의最必要호者는平和ㅣ니和는一家의春이라其根本은何에在호고家族이各其職分을守호야互相愛護호며互相扶助호야上下秩序로호야끔井然不紊케홈에在호니라

愛情及恭敬

何人이던지親子兄弟의愛情을不持호者ㅣ豈有호리오마는若恭敬의心을欠缺호야溺愛偏蔽의弊가有호거나或各自我意를恣行호야感情의衝突을生호면畢竟은非常호失和에陷홈을難免홀지오且一家는老少男女의集合호處이라故로互相히其能力을從호야一家의事業을分擔호며互相히其協同을成호야一家의幸福을增進케홀지라故로家가和호면萬事가成호다호니라

家族이團을成호야居生홈에는禮讓의風을必尙홀지니自己

의快樂을後에ᄒᆞ고他人의幸福을先에ᄒᆞ면自己의快樂은不求ᄒᆞ야도自至ᄒᆞᆯ지라一家의和樂이豈此로從由치아니리오

第二十七課 孝道

父母의恩

人이世間에生ᄒᆞ야頭角이稍長ᄒᆞᆫ즉父母의劬勞ᄒᆞ신恩을必思ᄒᆞᆯ지라父母가我를鞠養ᄒᆞ며我를撫育ᄒᆞᆫ時에旨美ᄒᆞᆫ食으로我의飢를療케ᄒᆞ며乾燥ᄒᆞᆫ席으로我의睡를穩케ᄒᆞ고寒暑를適度케ᄒᆞ며疾病을惟憂ᄒᆞ야艱苦를備嘗ᄒᆞ고一日도放心치못ᄒᆞ다가及其成長ᄒᆞ야ᄂᆞᆫ賢師를選ᄒᆞ야敎訓을受케ᄒᆞ며益友를擇ᄒᆞ야交遊를結케ᄒᆞ고其成業ᄒᆞᆫ後라도恒常當身의衰老ᄒᆞᆷ을忘ᄒᆞ고兒子를爲ᄒᆞ야前程을善導ᄒᆞᄂᆞ니我等이今日에有ᄒᆞᆫ此身體髮膚와衣食生活이皆父母의賜ᄒᆞ신바ㅣ라人子가되야如何ᄒᆞᆫ業을成ᄒᆞ던지此鴻恩의萬一을圖報ᄒᆞᆷ이可ᄒᆞᆯ진저

孝行의要旨

父母에게孝ᄒᆞᄂᆞᆫ道가非一ᄒᆞ나惟誠忠으로써爲主ᄒᆞᄂᆞ니故로其膝下에在ᄒᆞ야ᄂᆞᆫ誠意를竭ᄒᆞ야敬愛를致ᄒᆞ고敎誨를守ᄒᆞ며命令을從ᄒᆞ며容貌를愉케ᄒᆞ며言語를和케ᄒᆞ야恒常父母의心을怡悅케ᄒᆞᆷ이可ᄒᆞ니然ᄒᆞ나修學習業ᄒᆞ야立身興家코저ᄒᆞᆯ진ᄃᆡ不得已父母의膝下를辭ᄒᆞ고遠遊를不免ᄒᆞᄂᆞ니此時를當ᄒᆞ야ᄂᆞᆫ父母에게書信으로安慰ᄒᆞ던定省을闕ᄒᆞ고父母로ᄒᆞ야곰反倚閭ᄒᆞᄂᆞᆫ望을貽ᄒᆞᆯ지라故로父母의繼學케ᄒᆞᄂᆞᆫ志를體念ᄒᆞ야勵精修業ᄒᆞ고時便을隨ᄒᆞ야父母의安否를數問ᄒᆞ며休暇를乘ᄒᆞ야歸覲을必行ᄒᆞᆯ지니此ᄂᆞᆫ修學中에在ᄒᆞᆫ孝道ㅣ니라

第二十八課 友愛

兄弟姊妹의親

兄弟ᄂᆞᆫ同父母에게生ᄒᆞ야同家庭에셔長ᄒᆞᆫ者인故로其親愛ᄒᆞᆷ이父母의次ㅣ라雖父母가子女를愛ᄒᆞᆷ은甲乙이無ᄒᆞᄂᆞ니

兄弟姊妹가長幼의序를正ᄒᆞ고親愛의誼를篤ᄒᆞ야一家에和氣를充滿케ᄒᆞᆷ은父母의最喜ᄒᆞᄂᆞᆫ者ㅣ라志를養ᄒᆞᆷ이此에過ᄒᆞᆯ者ㅣ豈有ᄒᆞ리오

兄弟相愛ᄂᆞᆫ孝親의道

且、人生은命이有ᄒᆞ니父母ㅣ長久히生存ᄒᆞᆷ을難期ᄒᆞᆯ지라其死後를當ᄒᆞ면天地間에兄弟姊妹와如히親愛ᄒᆞᆫ者ㅣ更無ᄒᆞᄂᆞ니長者ᄂᆞᆫ少者를慈ᄒᆞ고少者ᄂᆞᆫ長者를敬ᄒᆞ야互相히友愛의情을盡ᄒᆞᆯ지나若、其道를反ᄒᆞ야互相히目을睨ᄒᆞ며互相히墻에鬩ᄒᆞ면家庭의不幸ᄒᆞᆷ이此에加大ᄒᆞᆫ者ㅣ豈有ᄒᆞ리오然ᄒᆞᆷ으로兄弟된者ᄂᆞᆫ已往에父母의膝下에셔愛育을同被ᄒᆞ고遊戲를同樂ᄒᆞ던情愛를常憶ᄒᆞ야終生토록其幸福을相扶ᄒᆞᆯ지니라

勸勉과諫戒

骨肉의親에傷恩ᄒᆞᆷ을見ᄒᆞ건ᄃᆡ每、其親狎에慣習ᄒᆞ야禮를失ᄒᆞ며或小利에拘執ᄒᆞ야情을害ᄒᆞᄂᆞ니禮를相失ᄒᆞᆷ은不快의念을懷케ᄒᆞᆷ이오利를獨專ᄒᆞᆷ은競爭의心을生케ᄒᆞᆷ이라然ᄒᆞ나財寶ᄂᆞᆫ一失ᄒᆞ야도更得키容易ᄒᆞ거니와骨肉은一離ᄒᆞ면更求키甚難ᄒᆞᄂᆞ니易得ᄒᆞᆯ財寶를爲ᄒᆞ야難求ᄒᆞᆯ骨肉을失ᄒᆞᆷ은輕重을不知ᄒᆞᆷ이甚ᄒᆞᆫ者ㅣ라世에或、不幸히不友의兄이有ᄒᆞ며不悅의弟가有ᄒᆞᆯ지라도是ᄂᆞᆫ實時父母의遺體를不思ᄒᆞᄂᆞᆫ者ㅣ니宜、相勸相勉ᄒᆞ며互諫互戒ᄒᆞ야父母의名으로ᄒᆞ야곰汚辱이勿及케ᄒᆞ며悔悟의域에復케ᄒᆞᆷ을共圖ᄒᆞᆯ지라

第二十九課　祖先及家系

祖先을尊ᄒᆞᆷ은我國의美風

祖先을尊ᄒᆞ며家系를重히ᄒᆞᄂᆞᆫ習慣은我國의傳來ᄒᆞᄂᆞᆫ一美風이니子孫된者의當然히勉勵ᄒᆞᆯ者ㅣ라蓋、我國의民은或箕子의後孫이며或、新羅의貴骨이며或、高麗以來의勳忠世胄ㅣ며或、開國ᄒᆞ던初에

皇業을扶翼ᄒᆞᆫ功勞가有ᄒᆞ거나或、

列聖朝의危難을平定ᄒᆞᆫ忠烈이有ᄒᆞ거나或、名世大儒의文化를闡發ᄒᆞᆫ人의苗裔라故로國君을爲ᄒᆞ야忠愛를欲盡ᄒᆞᆷ은卽祖先을尊敬ᄒᆞᄂᆞᆫ思想으로善繼善述ᄒᆞᄂᆞᆫ責任이有ᄒᆞᆫ所以니라我國은開國以來로國運이隆昌ᄒᆞ야皇子神孫의皇統이綿延ᄒᆞ샤能히內國의威를自立ᄒᆞ고文明의化를克啓ᄒᆞ얏스니此ᄂᆞᆫ皆、我等祖先이忠君愛國의精神으로左右輔弼ᄒᆞᆫ勞勩에由ᄒᆞᆷ이라我等이幸히此祖先의子孫으로此國土에生ᄒᆞ얏슨즉可히祖先의功業을追慕ᄒᆞ며祖先의名譽를繼承치아니ᄒᆞ리오

第三十課 祖先及家系(續)

家系의永襲

一家ᄂᆞᆫ始祖가一次創興ᄒᆞ면其系統이千萬世에至ᄒᆞ기ᄭᆞ지永遠히傳ᄒᆞᄂᆞ니此를云ᄒᆞ되家系ㅣ라吾等各人은此家系를

承繼ᄒᆞ야後代에傳襲케ᄒᆞᆯ진ᄃᆡ祖先과子孫에對ᄒᆞᆫ責任이豈、不重타云ᄒᆞ리오若、其道를戾ᄒᆞ고其行을悖ᄒᆞ야爲人의義務를欠缺ᄒᆞ면此ᄂᆞᆫ家系에汚點을遺ᄒᆞᄂᆞᆫ者ㅣ니上으로祖先에對ᄒᆞ야不孝의罪를得ᄒᆞ고下으로子孫에對ᄒᆞ야垂裕의謨를失ᄒᆞᄂᆞᆫ者ㅣ라故로詩에云호ᄃᆡ爾祖를毋念가厥德을聿修어다ᄒᆞ니라

祖先의遺物

然ᄒᆞᆫ故로祖先으로브터傳ᄒᆞᄂᆞᆫ敎訓의册子나或、養重ᄒᆞᆫ物品을善히保管ᄒᆞ야子孫에게世傳ᄒᆞᆯ지니此ᄂᆞᆫ各人이其家에對ᄒᆞᄂᆞᆫ要務ㅣ라ᄒᆞᆯ지라雖然이나世에ᄂᆞᆫ非常ᄒᆞᆫ災變이有ᄒᆞ고財寶ᄂᆞᆫ有時로損失ᄒᆞᆷ이有ᄒᆞᄂᆞ니若、一身의私慾을爲ᄒᆞ야此를浪擲ᄒᆞ거나或、自己가注意에忽ᄒᆞ야此를失敗ᄒᆞᆫ者ㅣ아니면人에게咎責ᄒᆞᆷ이不可ᄒᆞ니라

世德의隆

惟、祖先의精神과一家의名譽ᄂᆞᆫ極盡히發揚ᄒᆞ야後世에傳ᄒᆞᆯ

述

지니故로人이世德을陳ᄒ며家風을述ᄒ은皆承先啓後의重
貴을不負ᄒ이라況我國의民은固有의風氣가有ᄒ야勿替引
之ᄒᄂ習慣을成ᄒ이리오

中等修身敎科書卷一 終

中等修身敎科書卷二

第一 處世의注意

第一課 業務

社會와各種職業의關係

凡社會에各種職業이有ᄒ은人의身體에耳目口鼻等諸官이
有ᄒ과如ᄒ야其各部分의職務를必要ᄒᄂ니太古蒙昧時代
에在ᄒ야ᄂ各種職業의分科가無ᄒ으로各人이自耕自織ᄒ
야他人과協力生活을營爲치아니ᄒ더니世가漸漸開明ᄒ에
從ᄒ야各種職業의社會가起ᄒ야個人間에關係가益益親密
ᄒ야互扶相助ᄒ며有無相通ᄒ야各其生産物의交換으로써
生活을計ᄒᄂ故로今日에至ᄒ야ᄂ人이社會를離ᄒ면生存
키不能ᄒ지라然則一個人의利害休戚은一社會의盛衰에關
ᄒ이라云ᄒ지니라

職業의選擇

大抵、如何ᄒᆞᆫ職業의種類를勿論ᄒᆞ고其、正當ᄒᆞᆫ者로成ᄒᆞᆯ境遇에ᄂᆞᆫ其人價格이毫末도低落될바ㅣ無ᄒᆞ거ᄂᆞᆯ我國은舊日習俗을尙袪치못ᄒᆞ야或、職業의高下로써人의身分價格이尊卑의別이有ᄒᆞᆫ줄로思ᄒᆞᄂᆞ니此ᄂᆞᆫ孤陋ᄒᆞᆫ習慣이라職業種類를從ᄒᆞ야社會의大小差等은有ᄒᆞ려니와其人格에尊卑의別이豈有ᄒᆞ리오且、人은才에長短이有ᄒᆞ고業에優劣이有ᄒᆞ니宜其、適當ᄒᆞᆫ바에從ᄒᆞ야職業을選擇ᄒᆞᆯ지라然ᄒᆞ나自己의長短과優劣은容易히得知키難ᄒᆞ니當、公平ᄒᆞᆫ思想을先執ᄒᆞ고且、父兄先輩의意見을問ᄒᆞ야折衷ᄒᆞ되若、一時의希望으로平生의方向을遽定ᄒᆞ면後悔를莫及ᄒᆞᆯ지니라

第二課 創業

職業의目的

職業의必要ᄂᆞᆫ社會의公益을擴ᄒᆞ며國家의繁榮을圖ᄒᆞ며兼ᄒᆞ야自己의私利를求ᄒᆞᆷ에在ᄒᆞ나然ᄒᆞ나若、私利만計ᄒᆞ고社會의公益을不思ᄒᆞ면此ᄂᆞᆫ鄙夫의事이라雖、其業이一時興旺ᄒᆞᆷ은或有ᄒᆞᆯ지라도決코眞箇事業이라云키難ᄒᆞ니라

社會의利益

公衆의利益을思ᄒᆞᆯ진ᄃᆡ社會의進步를推度ᄒᆞ며世界의事情을周察ᄒᆞ야舊習을改除ᄒᆞ고永遠의功을計ᄒᆞᆯ지니若、一身의安逸만顧ᄒᆞ고公益의新事業을不起ᄒᆞ면此ᄂᆞᆫ私利를營爲ᄒᆞᆷ에不過ᄒᆞᆫ者ㅣ니如此ᄒᆞᆫ人民으로成ᄒᆞᆫ社會ᄂᆞᆫ決코其、進步改良의希望이無ᄒᆞ고未久에衰亡ᄒᆞᆷ을不免ᄒᆞᆯ지니라

業을經營ᄒᆞᆷ에深思의必要

大抵、新事業을起ᄒᆞ야其成果를取ᄒᆞᆷ은一朝一夕에能得ᄒᆞᆯ바ㅣ아니오且、經紀ᄒᆞ던初에深思遠慮가無ᄒᆞ면中途에跌蹉ᄒᆞᆷ이明瞭ᄒᆞᆯ지라故로如此ᄒᆞᆫ事業을計圖ᄒᆞᆷ에ᄂᆞᆫ技術에通熟ᄒᆞᆷ보다寧、他人의經驗을考察ᄒᆞᆷ이必要ᄒᆞᄂᆞ니若、自力을不度ᄒᆞ고大業을妄營ᄒᆞᆷ은綱을不結ᄒᆞ고魚을欲得ᄒᆞᆷ과如ᄒᆞᆫ지라豈、目的에達ᄒᆞ기를望ᄒᆞ리오故로身을自修ᄒᆞᆷ은卽、事를成ᄒᆞᄂᆞᆫ

自力의修

基礎라基礎를確定ᄒᆞᆫ後에堅忍不拔의精神을益修ᄒᆞ면何事를不成ᄒᆞ리오

養

第三課 整理

本始를確定ᄒᆞᆫ後末終에及ᄒᆞᆷ

大凡、何事던지本末과始終이有ᄒᆞ니本始를確定ᄒᆞ야大綱을先擧ᄒᆞ고漸次微細의點에入ᄒᆞ야其末終에乃及ᄒᆞᆷ은事를成ᄒᆞᄂᆞᆫ要訣이라若、大綱을未備ᄒᆞ고細目을欲張ᄒᆞ면譬컨ᄃᆡ礎를不定ᄒᆞ고家를建ᄒᆞᆷ과如히其半途의役에不及ᄒᆞ야改建ᄒᆞᆷ을要ᄒᆞᆯ지니今日에成ᄒᆞᆫ바를明日에至ᄒᆞ야改ᄒᆞ고明日에築ᄒᆞᆫ바를又明日에至ᄒᆞ야毁ᄒᆞ면其成就ᄒᆞᆷ을何日에可得ᄒᆞ리오

業務의整頓

且、其業務의進步를計ᄒᆞᆷ은基礎의確固ᄒᆞᆷ이必要ᄒᆞ나然ᄒᆞ나必、日下의情況을細察ᄒᆞ야營爲ᄒᆞᆫ바를明辨ᄒᆞ고業務를整頓ᄒᆞ야亂雜이無케ᄒᆞᆯ지니能히事業을整頓ᄒᆞ며先後를明辨ᄒᆞᆫ

然後에行ᄒᆞ면着着히其事業이日進ᄒᆞ야成功ᄒᆞᆷ을見ᄒᆞᆯ지니라

僥倖을希望치勿ᄒᆞᆷ

自古로事業의成就ᄒᆞᆫ者를見ᄒᆞ면或、偶然僥倖에得ᄒᆞᆷ으로思想키易ᄒᆞ나是ᄂᆞᆫ千百中一二에不過ᄒᆞᆯ지라此等人은事業의準備를旣有ᄒᆞᆷ으로其機會를利用ᄒᆞᆷ을得ᄒᆞ얏거니와若、準備가無ᄒᆞ고但、萬一의機會를倖望ᄒᆞ야一擧에成功코져ᄒᆞᆷ은決코不可ᄒᆞ니準備가無ᄒᆞᆫ者ᄂᆞᆫ雖、機會를得ᄒᆞᆫ덜利用을敢望ᄒᆞ리오必、始終本末을察ᄒᆞ야業務를整理ᄒᆞ고着實ᄒᆞᆫ道에前進ᄒᆞᆷ이可ᄒᆞᆯ지니라

第四課 持續

永遠의成功

凡、何事던지偶然僥倖으로成就ᄒᆞᆷ이無ᄒᆞᆷ은更言을不待ᄒᆞ려니와今에一事를興ᄒᆞ고一業을創ᄒᆞᄂᆞᆫ者가其、目的을達코져ᄒᆞᆯ진ᄃᆡ必、耐忍持久의精神으로써其、事務를繼續ᄒᆞ야永遠의

成功을期ᄒᆞᆯ지니譬ᄒᆞ건ᄃᆡ農夫가穀物을栽培ᄒᆞᆷ과如히春에田地를耕ᄒᆞ며肥料를施ᄒᆞ며種子를播ᄒᆞ고其苗가生ᄒᆞᆷ에及ᄒᆞ야ᄂᆞᆫ風雨炎熱을冒ᄒᆞ고勞苦培養ᄒᆞᆫ然後에야秋의收穫을可期ᄒᆞ려니와中途에此를放棄ᄒᆞ면曩日의勤勞ᄂᆞᆫ空에歸ᄒᆞ야所穫이終無ᄒᆞᆯ지니農夫의業도猶然케던況他事業을營爲ᄒᆞᆷ이리오

持續에ᄂᆞᆫ勇을要ᄒᆞᆷ

持續의精神은必、勇氣를大要ᄒᆞᄂᆞ니蓋、事業은雖其、經畫遺筭이有ᄒᆞ나或、社會變遷에依ᄒᆞ야時로困難의陷ᄒᆞ야其成果를收得키不能ᄒᆞᆯ境遇도當ᄒᆞ며特、世人의未經驗ᄒᆞᆫ新事業에至ᄒᆞ야ᄂᆞᆫ十分狼狽가多ᄒᆞᆯ지니此時를當ᄒᆞ야若、忍耐의力으로初志를貫徹ᄒᆞᄂᆞᆫ勇이無ᄒᆞ면九仞의功이一簣의虧를致ᄒᆞᆯ지라故로事業을創始ᄒᆞᆷ에當ᄒᆞ야ᄂᆞᆫ周到ᄒᆞᆫ注意와遠見으로써此를定ᄒᆞ고既定ᄒᆞᆫ後에ᄂᆞᆫ斃而後已ᄒᆞᆯ決心으로써此를持續

ᄒᆞ되若、自已가此功을得成치못ᄒᆞ면後人을俟ᄒᆞ야其志를成ᄒᆞᆯ줄로生覺ᄒᆞᆯ지니此ᄂᆞᆫ實事業에盡忠ᄒᆞᄂᆞᆫ眞精神이라謂ᄒᆞᆯ지라如斯ᄒᆞ면雖、極難ᄒᆞᆫ事業이라도不成ᄒᆞᆯ憂가無ᄒᆞᆯ것이오設或、自已가此를能히竣功치못ᄒᆞᆯ지라도毫末도遺恨ᄒᆞᆯ바ㅣ無ᄒᆞ니라

己의成功치못ᄒᆞᆷ은後人을俟ᄒᆞᆷ

第五課 深慮

深慮에注意

凡、志ᄂᆞᆫ必貫徹ᄒᆞᆷ을要ᄒᆞ고業은必、始終을持續ᄒᆞᆯ지나若、不然ᄒᆞ면雖、幾多ᄒᆞᆫ辛苦를費ᄒᆞᆯ지라도畢竟은水泡에空歸ᄒᆞ야自己의利도無ᄒᆞ고世上의益도無ᄒᆞᆯ지라故로或、業務가自己에適當치못ᄒᆞ거나或、成功키難ᄒᆞᆫ事를成코져ᄒᆞ면平生을此에從事ᄒᆞᆯ지라도反、自初로從事치아니ᄒᆞᆷ만不如ᄒᆞ니然ᄒᆞᆫ즉其業務가自已에適當ᄒᆞᆯᄂᆞᆫ지或、成功에豫筭이有ᄒᆞᆫᄂᆞᆫ지或、此事를成ᄒᆞ면世에公益이될ᄂᆞᆫ지此에對ᄒᆞ야方法과形便을詳細

히思慮홀지니此를謂호ᄃᆡ深慮ㅣ라若、一時의熱情에役ᄒᆞ야前途를不慮ᄒᆞ고輕率히事를創起ᄒᆞ면此ᄂᆞᆫ失敗를自取홈이라故로人이遠慮가無ᄒᆞ면必、近憂가有ᄒᆞ다ᄒᆞ니라

事에餘裕를必存

事를豫慮홈에當ᄒᆞ야ᄂᆞᆫ必、若干의餘裕를存ᄒᆞ야遂行홈을必得홀範圍內에定홈이可ᄒᆞ니若、遂行키不能홀事를企圖ᄒᆞ면是ᄂᆞᆫ自初에豫筭치아님으로無異ᄒᆞᆫ지라故로吾人은公平ᄒᆞᆫ思想으로써事情을商量ᄒᆞ야自己의力量으로遂行ᄒᆞᆯ바를定홈이最要ᄒᆞ니라

豫算에注意

然ᄒᆞ나適當ᄒᆞᆫ豫筭을立홈은實로容易ᄒᆞᆫ事가아닌즉雖、日로營爲ᄒᆞᄂᆞᆫ些細ᄒᆞᆫ事이라도必、先에豫慮ᄒᆞ고次에決行ᄒᆞᄂᆞᆫ習慣을養홀지라故로美國人풀잉클인氏ᄂᆞᆫ每朝에机를向ᄒᆞ야一日에行홀만ᄒᆞᆫ事를思ᄒᆞ야遂行ᄒᆞ니此ᄂᆞᆫ踐實成功의道라終生의方針을先定ᄒᆞ고實行ᄒᆞ기爲ᄒᆞ야一年一月에豫筭을

立ᄒᆞ고更히日로所爲ᄒᆞᄂᆞᆫ事를不怠히ᄒᆞ면終末은偉大ᄒᆞᆫ事業을成홀지니라

深慮의習慣을養成

少年의時ᄂᆞᆫ姑且、輕率히平生의目的을定키難ᄒᆞ나然ᄒᆞ나學校의課程은卽、在學間에豫筭이라故로其、細部分에就ᄒᆞ야日日로修行ᄒᆞᄂᆞᆫ習慣을養成홀지니學校ᄂᆞᆫ但、學을講홀뿐아니라其、善良ᄒᆞᆫ習慣과高尙ᄒᆞᆫ品性을養ᄒᆞᄂᆞᆫ所이라홀지니라

第六課　決斷

勇敢의必要

凡、事業을成홈에ᄂᆞᆫ決斷을要ᄒᆞᄂᆞᆫ事가多ᄒᆞᄂᆞ니假令、深謀遠慮와知識伎倆이具備ᄒᆞ더라도勇敢ᄒᆞᆫ決斷이無ᄒᆞ고躕躇逡巡ᄒᆞ야時機를失ᄒᆞ면熟筭良策도全히畵餠을作ᄒᆞ야平生에一事業도成功치못홀지니人의決斷은事의前進ᄒᆞᄂᆞᆫ基礎라一朝決心으로萬里를能進홀지나然ᄒᆞ나人이若、決斷ᄒᆞ고도能行치못홀진ᄃᆡ寧、不適當ᄒᆞᆫ決斷을行홈만不如ᄒᆞ니不適當

ᄒᆞᆫ決斷은雖進路를誤ᄒᆞ고迂遲을取ᄒᆞᆯ지라도或目的에達ᄒᆞᆷ이有ᄒᆞ되自初로決斷ᄒᆞ고行ᄒᆞᆷ을不能ᄒᆞᆫ者ᄂᆞᆫ毫末도前進ᄒᆞᆷ을期치못ᄒᆞᆯ지니試論컨ᄃᆡ人이道를行ᄒᆞᆯᄉᆡ岐路를遇ᄒᆞ야右便이可ᄒᆞᆯ지左便이可ᄒᆞᆯ지直時決定키難ᄒᆞ나自己의方向으로旣往의經驗을依ᄒᆞ야其一을選取ᄒᆞ면或偶中을得ᄒᆞ려니와若決斷力이乏ᄒᆞᆷ으로其間에서彷徨ᄒᆞ야一步도前往치못ᄒᆞ면茫然ᄒᆞᆫ前途를何時에得進ᄒᆞ리오

決斷과無謀의區別

然ᄒᆞ나決斷이라ᄒᆞᆷ은無謀ᄒᆞᆫ決心을云ᄒᆞᆷ이아니오熟慮를經ᄒᆞᆫ後에適當ᄒᆞᆫ決心으로成ᄒᆞᆷ을云ᄒᆞᆷ이라故로決斷은容易히

決斷의習慣은熟慮에在ᄒᆞᆷ

ᄒᆞᆷ에不在ᄒᆞ고必其習慣의成ᄒᆞᆷ을要ᄒᆞᄂᆞ니決斷의習慣이成ᄒᆞ면熟慮가容易ᄒᆞ야雖錯綜ᄒᆞᆫ事를當ᄒᆞ더라도一見에其理否를洞見ᄒᆞᄂᆞᆫ智能이生ᄒᆞᆯ지라然ᄒᆞᆷ으로其深慮만有ᄒᆞ고決斷이乏ᄒᆞᆫ者ᄂᆞᆫ怯懦의夫오決斷만有ᄒᆞ고深謀가無ᄒᆞᆫ者ᄂᆞᆫ暴

虎馮河의勇이니皆成事ᄒᆞᆷ에不能ᄒᆞ니라

第七課 綢密

綢密ᄒᆞᆫ精神은修鍊에生ᄒᆞᆷ

每事가必秩序를立ᄒᆞᆫ後에綢密ᄒᆞᆫ注意로ᄡᅥ毫末도遺漏가無ᄒᆞᆷ을要ᄒᆞᄂᆞ니人의大事를狼狽ᄒᆞᆷ은恒常些細ᄒᆞᆫ事를慢忽히ᄒᆞᆷ에因ᄒᆞᆷ이라故로古人이云ᄒᆞ되千里의堤가螻蟻의穴로ᄡᅥ漏ᄒᆞ고百尋의屋이突隙의烟으로ᄡᅥ焚ᄒᆞᆫ다ᄒᆞ니些細ᄒᆞᆫ事를不謹ᄒᆞᆷ은其害가立現치아니ᄒᆞᆷ으로人이每輕視ᄒᆞ나其微漸이積ᄒᆞᆯ時ᄂᆞᆫ必不意의災가生ᄒᆞᄂᆞ니然則平素에事를慢忽ᄒᆞᆷ이豈將來에大業을壞ᄒᆞᄂᆞᆫ媒孼이아니리오

事業은偶然이成ᄒᆞ지아니ᄒᆞᆷ

蓋綢密ᄒᆞᆫ精神은平素의習慣을養得ᄒᆞᆷ에由ᄒᆞᆷ이니若平素에粗放ᄒᆞ던性質로大事를臨ᄒᆞ면雖綢密코져ᄒᆞ나豈可得ᄒᆞ리오故로事에大小를勿論ᄒᆞ고其履行ᄒᆞᆷ에綢密ᄒᆞᆫ習慣을養ᄒᆞᆷ은成功의秘訣이라云ᄒᆞᆯ지니라

世人이前代英雄의事蹟을見ᄒᆞ고其果敢猛進ᄒᆞᄂᆞᆫ精神을稱ᄒᆞ야曰小事ᄂᆞᆫ不顧라ᄒᆞ나此ᄂᆞᆫ謬見을執ᄒᆞᆫ言이라英雄이大業을成ᄒᆞᆯ時에或小事를棄ᄒᆞᆷ도有ᄒᆞ나此ᄂᆞᆫ不得已ᄒᆞᆷ에出ᄒᆞᆫ一時權道오其平素에在ᄒᆞ야ᄂᆞᆫ恒常綢密ᄒᆞᆫ注意로ᄡᅥ輕視ᄒᆞᆷ이無ᄒᆞᄂᆞ니不然ᄒᆞ면豈英雄이事業을成ᄒᆞ얏스리오

且事業은譬컨ᄃᆡ細流가合ᄒᆞ야大川을成ᄒᆞᆷ과如히細事를積ᄒᆞ야大業을成ᄒᆞᆯ지라特社會進步로ᄡᅥ其狀態가複雜ᄒᆞ야人人의思想이緻密ᄒᆞᆫ時代에當ᄒᆞ야ᄂᆞᆫ粗大ᄒᆞᆫ者가劣敗ᄒᆞᆫ者의地位에不立ᄒᆞᆷ이鮮有ᄒᆞ니라

第八課 勤勉

社會에酬ᄒᆞᄂᆞᆫ道

何人이던지此社會에生活ᄒᆞᄂᆞᆫ者ᄂᆞᆫ必他人의勤勞로生ᄒᆞᄂᆞᆫ生産物을消費ᄒᆞ며社會保護下에立ᄒᆞ야其恩澤을被ᄒᆞ니此를報酬ᄒᆞᆷ은他에不在ᄒᆞ고自己의職業을勉勵ᄒᆞ야他人의利

職業의從事

을助成ᄒᆞᆷ에在ᄒᆞᆫ지라然ᄒᆞᆷ으로雖生活의缺乏이無ᄒᆞ야人生의快樂을享受ᄒᆞᄂᆞᆫ者라도社會의一員된本分을能盡ᄒᆞ거던況自己의缺乏이多ᄒᆞᆫ人이其生活을維持코져ᄒᆞᆯ진ᄃᆡ職業에從事치아니ᄒᆞᆷ은決코不可ᄒᆞᆫ지라然ᄒᆞ나人이或怠惰無能ᄒᆞ야他人의勤勞를依賴ᄒᆞ고時日을虛送ᄒᆞᆷ은自己의名譽만墜失ᄒᆞᆯ뿐아니라社會의成立을不得케ᄒᆞᆯ지니此로推觀ᄒᆞ면社會의勤勞ᄂᆞᆫ人의生活을計ᄒᆞᄂᆞᆫ本分이오他의美德을生ᄒᆞᄂᆞᆫ基因이라云ᄒᆞᆯ지니라

勤勉ᄒᆞᆫ後에美德이生ᄒᆞᆷ

勤勉은快樂의基本

蓋勤勉의習慣은人의價値를增ᄒᆞ며其希望을大케ᄒᆞ며自信力을興ᄒᆞ며自己의力을因ᄒᆞ야立ᄒᆞᄂᆞᆫ獨立心과自己의責任을重히ᄒᆞᄂᆞᆫ精神을養成ᄒᆞᄂᆞᆫ故로其事業도自然成功의美果를收ᄒᆞ고生活의快樂을享ᄒᆞᆯ지어ᄂᆞᆯ此에反ᄒᆞ야不勉强ᄒᆞᄂᆞᆫ者ᄂᆞᆫ人生의生活이勤勞의功으로由ᄒᆞᆷ을不知ᄒᆞ고妄히萬一

享福은勤勞로得ᄒᆞᆷ

의僥倖을希ᄒᆞ야投機的精神으로無謀ᄒᆞᆫ事를做ᄒᆞᄂᆞᆫ故로其、所望의未遂ᄒᆞᆷ은贅論ᄒᆞᆯ바ㅣ아니오此等은社會의下層에沈淪ᄒᆞ야反、他人을怨嗟ᄒᆞ며羨望ᄒᆞ며虛僞ᄒᆞᆫ惡習을生ᄒᆞᆯ지니此ᄂᆞᆫ自然ᄒᆞᆫ結果라天은原來偏頗ᄒᆞᆷ이無ᄒᆞ샤勉强ᄒᆞᄂᆞᆫ者의報酬를奪ᄒᆞ야不勉强ᄒᆞᄂᆞᆫ者에게與치아니ᄒᆞᄂᆞ니夫、物을得코져ᄒᆞ면必、其價를給ᄒᆞᆫ後에得ᄒᆞᆷ과如히成功과幸福은實로吾人의勤勞로써是를購得ᄒᆞᆷ이라云ᄒᆞᆯ지니라

第九課 秩序

秩序의必要

吾人의業務에從事ᄒᆞᆷ이勤勉에必要ᄒᆞᆷ은前課에已述ᄒᆞ얏거니와大抵、勤勉ᄒᆞᆫ人이其成功의賜를得ᄒᆞ야幸福을享有ᄒᆞᆷ은當然ᄒᆞᆫ報酬라然ᄒᆞ나其勤勞의效果를成ᄒᆞᆷ에ᄂᆞᆫ秩序를重히넉이ᄂᆞᆫ習慣을養ᄒᆞᆷ이最要ᄒᆞ니社會가今日과如히發達치못ᄒᆞᆫ時代에在ᄒᆞ야ᄂᆞᆫ些少ᄒᆞᆫ勤勞에도生活을營ᄒᆞ야可得ᄒᆞ려

規律

니와日後開明ᄒᆞᆫ社會에在ᄒᆞ야ᄂᆞᆫ多大ᄒᆞᆫ勤勞를用ᄒᆞ야有效ᄒᆞᆫ方法을不講ᄒᆞ면世에立ᄒᆞ야人後에落ᄒᆞᆷ을不免ᄒᆞᆯ지라故로勤勞의效果를收코져ᄒᆞᆯ진ᄃᆡ必、日常生活의規律을先定ᄒᆞᆷ이必要ᄒᆞ니蓋、日常生活의規律이一定ᄒᆞ면業務도自然整頓ᄒᆞ야其進步됨이著彰ᄒᆞ리라

不規律의害

勤勉의人은自然規律을守ᄒᆞᄂᆞᆫ習慣이生ᄒᆞᆷ으로每事에失敗가無ᄒᆞᆯ지나或、業務에對ᄒᆞᆫ一時愉決로由ᄒᆞ야不規律ᄒᆞᆫ生活에陷ᄒᆞ기易ᄒᆞᄂᆞ니此等不規律의勤勉은雖、一時業務에小得이有ᄒᆞᆯ지라도其結果ᄂᆞᆫ身體의健康을害ᄒᆞ며事業의發達을妨ᄒᆞᄂᆞᆫ故로永遠의成功을企圖ᄒᆞᄂᆞᆫ者ᄂᆞᆫ必勤勞、休息、睡眠、飮食等에一定ᄒᆞᆫ規則을設ᄒᆞ야嚴守ᄒᆞᄂᆞᆫ習慣을養ᄒᆞ고其他、日常使用ᄒᆞᄂᆞᆫ物品의整頓과居室의精潔도暫時放過ᄒᆞᆷ이無ᄒᆞᄂᆞ니如此ᄒᆞ면但、時間과勞力의徒費를省ᄒᆞᆯ뿐아니라畢竟은

偉大ᄒᆞᆫ影響을來케ᄒᆞᄂᆞ니라

不規律은惰怠의原因

蓋不規律ᄒᆞᆫ習慣은惰怠의原因이라吾人의精神上에及ᄒᆞᄂᆞᆫ影響이更大ᄒᆞᆫ故로諸般惡習이此惰怠로從生ᄒᆞ야其結果ᄂᆞᆫ世의信用을失ᄒᆞ야全히無用의人物에終ᄒᆞᄂᆞ니라

第十課 持久

事業의進步

凡事業은微細ᄒᆞᆫ積漸의結果로成ᄒᆞᆷ이塵土를集ᄒᆞ야太山을成ᄒᆞᆷ과恰如ᄒᆞᆫ지라然ᄒᆞᆷ으로時機의僥倖이나業務의速成을勿希ᄒᆞ고須永遠ᄒᆞᆫ進步의確實ᄒᆞᆷ을期ᄒᆞᄂᆞᆫ故로目前의欲望을制ᄒᆞ야平生의欲望을換ᄒᆞ며一日의事業을撙節ᄒᆞ야一年의事業을多大케ᄒᆞᆯ지니假令一日一里를行ᄒᆞ야도一年을不息ᄒᆞ면三百六十六里를達ᄒᆞ되一日十里를行ᄒᆞ야도中途에淹留ᄒᆞ면反日日一里를行ᄒᆞᄂᆞᆫ者보다不及ᄒᆞᆯ지라然ᄒᆞᆷ으로人의事業은一年이나一月에止ᄒᆞᆷ이不可ᄒᆞ고必終生토록從事ᄒᆞ기를不止ᄒᆞ되進步에遲遲ᄒᆞᆷ을勿憂ᄒᆞ고寧間斷이無ᄒᆞᆷ을希望ᄒᆞᆯ지니彼競走의巧ᄒᆞᆫ者를見ᄒᆞ라自體의速力을量ᄒᆞ야人에게先立ᄒᆞᆷ을不思ᄒᆞ고終始同一에速度로써走ᄒᆞᄂᆞᆫ故로決勝點에至ᄒᆞ야ᄂᆞᆫ先에妄進ᄒᆞ던者를壓倒ᄒᆞᄂᆞ니些少ᄒᆞᆫ競技도猶然ᄒᆞ거던況平生의競爭이리오

進步의持久

青年銳氣의時를當ᄒᆞ야ᄂᆞᆫ皆一意進步의速成을希ᄒᆞ나人이能히此銳氣를制禦ᄒᆞ야持久의心이不有ᄒᆞ면成敗를自分ᄒᆞᆯ지니恒常此에注意ᄒᆞᆷ이可ᄒᆞ니라

我國人은大概懶怠ᄒᆞᆫ習慣으로心志가不固ᄒᆞ야恒常持久의勇이乏ᄒᆞᆫ點이多ᄒᆞ니若此를矯正치아니ᄒᆞ면畢竟은競爭世界에立ᄒᆞ야劣敗者를不免ᄒᆞᆯ지니라

第十一課 節儉

業務의目

人이業務에從事ᄒᆞᄂᆞᆫ目的은決코一身의利益만爲ᄒᆞᆷ이아니

的

財를蓄ᄒᄂ必要

라共同의力으로公衆의利益을進ᄒ야社會의幸福을希圖홈이오且、一身의幸福도社會의繁榮으로由ᄒ야得홀지니若、財寶를多有ᄒ者가但、一身의私慾을滿足ᄒ기爲ᄒ야虛浪히消費ᄒ면是ᄂ用財의道를失ᄒ야其結果가社會ᄭ지害毒을流ᄒ고延ᄒ야自己의不幸을招홀지며特、財産이餘裕치못ᄒ者가奢侈를耽ᄒ야財産을濫費ᄒ면此ᄂ自滅을取홈이니是以로貧富를勿論ᄒ고私慾을制禦ᄒ며用度를節約ᄒ야餘剩의蓄積으로有益ᄒ事業에施用홈을力務홀지오且、社會에셔不虞의事件이多ᄒ야或、事業의跌蹉홈을興復코져ᄒ거나或、疾病其他事故를因ᄒ야財用의必要홈이有ᄒ거나或、親戚朋友等의不幸ᄒ遭遇를救濟홀必要가有ᄒ거나如此ᄒ境遇를當ᄒ야若、平素의準備가無ᄒ면非常ᄒ困難에陷ᄒ야興復홈을莫得홀지니故로蓄[illegible]必要ᄂ但、自己만爲홈에不止홈을先

節儉과吝嗇의別

奢知홀지니라

然蓋、人情이奢侈에趨ᄒ기ᄂ易ᄒ고節儉을守ᄒ기ᄂ難ᄒ니雖侈의增進홈이流水에棹을下홈과如히不識不知의間에自홈推移홈으로恒常、注意를怠히ᄒ면能히抵抗키不得홀지라節然이나節儉이라云ᄒ者ᄂ徒、財産에吝嗇ᄒ야蓄積만爲主趣이아니라大抵、吝嗇ᄒ者ᄂ聚홈만知ᄒ고散홈은不知ᄒ되儉ᄒ者ᄂ適當히散ᄒ기爲ᄒ야蓄財ᄒ者ㅣ니兩者의間에其가迥異ᄒ거ᄂ世人이往往、此區別을不辨ᄒ야或、節儉코져ᄒ다가吝嗇에陷ᄒ며或、吝嗇을賤卑타ᄒ야奢侈에反流홈이多ᄒ니此ᄂ宜、人人의共戒홀事이니라

第十二課　協力

文明과野蠻의別이協力多寡

文明社會가野蠻社會와異ᄒ바ᄂ專히各人協力의多寡에在ᄒ니野蠻의時代에ᄂ各人이皆、孤立의狀態로僅히一族間에

에在ᄒᆞᆷ

셔만共同의生活을營ᄒᆞ다가文明時代에進ᄒᆞ야ᄂᆞᆫ各人의所執ᄒᆞᆫ職業이漸次、其種類를增加ᄒᆞᆷ으로各、專門業에從事ᄒᆞ야互相히扶助ᄒᆞ야生活을營ᄒᆞᄂᆞᆫ지라故로今日社會에在ᄒᆞ야ᄂᆞᆫ一、職業에從事ᄒᆞᄂᆞᆫ者가皆、間接으로社會의全體에關係되야暗暗中에協同의生活을計ᄒᆞᆷ은社會經濟上에自然ᄒᆞᆫ事이니라

協同의精神

社會文明이益進ᄒᆞᆷ으로從ᄒᆞ야各種職業이分立ᄒᆞ고一、職業內에도又、種種分業이發達됨이各人의勞力을利用ᄒᆞ야日로無益의勞働을減ᄒᆞ고有益의生產을增ᄒᆞᄂᆞ니此時、社會의業을執ᄒᆞᄂᆞᆫ者ᄂᆞᆫ直接으로他人과協力ᄒᆞᆷ이最、必要ᄒᆞᆫ즉如斯히直接間接으로他人과協力ᄒᆞᆷ이多ᄒᆞᆯ時ᄂᆞᆫ人이社會를離ᄒᆞ야生活ᄒᆞ기不能ᄒᆞᆯ지니然則今日以後의人은一層協同의精神을養ᄒᆞ야社會一般의利益을計ᄒᆞᆯ지라然ᄒᆞ나協同이라謂ᄒᆞᆷ

獨立의協同

은自己의獨立心을[illegible]ᄒᆞ고他人에게依賴ᄒᆞᆷ이아니라社會의人人마다各其、職分[illegible]ᄒᆞ야互相扶助ᄒᆞᆷ으로써社會의繁榮을致ᄒᆞ며個人의幸福을進케ᄒᆞᆯ지오若、互相히依賴ᄒᆞ야其、職分의盡ᄒᆞᆷ을怠히ᄒᆞ면決코正直의協同이라不謂ᄒᆞᆯ지니正直協同은各人의獨立을俟ᄒᆞ야始建ᄒᆞᆷ을得ᄒᆞᄂᆞᆫ者ㅣ니라

第十三課　自立

自立의精神

人은他人의力을勿賴ᄒᆞ며僥倖의得을勿希ᄒᆞ고但、高尙ᄒᆞᆫ精神으로自己의正當ᄒᆞᆫ道를敢行ᄒᆞ면此를自立精神이라謂ᄒᆞᄂᆞ니此精神이無ᄒᆞᆫ者ᄂᆞᆫ或、一時困難을不堪ᄒᆞ야其所信을棄ᄒᆞ며或、目前의利害에惑ᄒᆞ야其節을枉ᄒᆞᆷ으로其本領을竟、失墜ᄒᆞ야有識人의嗤笑를招ᄒᆞ고甚ᄒᆞᆫ則世에容立ᄒᆞᆷ을不得ᄒᆞ리니此等人은雖、得意揚揚ᄒᆞᆯ지라도其、本領을失ᄒᆞᆫ者ㅣ라何를恃ᄒᆞ야立ᄒᆞ리오

自立心을養ᄒᆞᄂᆞᆫ道

夫自立의精神은人의天性强弱에在ᄒᆞ니修養의道를能盡ᄒᆞ면弱者라도助長케ᄒᆞ고修養의道를失ᄒᆞ면其天性에精神이富强ᄒᆞᆫ者라도其力을反失ᄒᆞ야或頑强에陷ᄒᆞᄂᆞ니自立의精神을養ᄒᆞᄂᆞᆫ道ᄂᆞᆫ自己의本分을盡ᄒᆞ며困難을耐ᄒᆞᆷ에在ᄒᆞ니人이平素無事ᄒᆞᆫ日에在ᄒᆞ야口로言ᄒᆞ기ᄂᆞᆫ容易ᄒᆞ되其局을當ᄒᆞ야實行ᄒᆞ기ᄂᆞᆫ不易ᄒᆞᄂᆞ니是ᄂᆞᆫ但知ᄒᆞᆷ에不止ᄒᆞ고日常實行ᄒᆞᆷ을勉勵ᄒᆞᆯ지라雖然이나或事情의複雜으로利害의關係가不少ᄒᆞᆫ境遇에ᄂᆞᆫ過失이無ᄒᆞᆫ者ㅣ恒少ᄒᆞ니此時를當ᄒᆞ야ᄂᆞᆫ虛心平氣로事情의眞相을透見ᄒᆞ야自己의所行을定ᄒᆞ되此를實行ᄒᆞᆷ에ᄂᆞᆫ如何ᄒᆞᆫ苦楚던지勇進의氣를必蓄ᄒᆞᆯ지니라

國家의獨立은人民의自立으로由ᄒᆞᆷ

大抵國家의獨立도其人民의自立精神으로由ᄒᆞ야集成ᄒᆞᆫ者ㅣ라個人이各其他[illegible]依賴ᄒᆞᆯ思想을痛除ᄒᆞ고獨立不羈의精神을養成ᄒᆞ야困難을雖値ᄒᆞ더라도百折不挫의勇이有ᄒᆞ면其國家로ᄒᆞ야곰自立力이鞏固ᄒᆞ야方興未艾의象이勃勃ᄒᆞᆯ지라凡我國民은此를鑑ᄒᆞ야個個히依賴心과僥倖望을痛袪ᄒᆞ고自立的精神을培養ᄒᆞ야我四千年古國의獨立基礎를鞏固케ᄒᆞᆯ지니라

第十四課　忠實

社會의信用

文明社會에在ᄒᆞ야最貴重ᄒᆞᆫ者ᄂᆞᆫ各人의互相信用이라此信用이有ᄒᆞᆫ然後에社會上百般事業이圓滑히行ᄒᆞ야各個人의協同이益盛ᄒᆞᆷ을得ᄒᆞᆯ지오若信用이不行ᄒᆞ면社會의秩序가瓦解ᄒᆞ야其活動이停止됨은必然ᄒᆞᆫ理致라故로曰信用은社會의秩序를維持ᄒᆞ야其活動을敏活케ᄒᆞᄂᆞᆫ根本이라ᄒᆞ니社會ᄂᆞᆫ恒常不信用의人을嚴制ᄒᆞ야雖才藝가最秀ᄒᆞᆫ者ㅣ라도容受ᄒᆞᆷ을不許ᄒᆞᄂᆞ니라

不忠實ᄒᆞᆫ人은他人의勤勞를偸ᄒᆞᆷ

大概信用을害ᄒᆞᄂᆞᆫ行爲가各種이雖有ᄒᆞ나自己의職業을不忠實ᄒᆞᆷ과約束을不重히ᄒᆞᆷ보다大ᄒᆞᆷ이無ᄒᆞ니不忠實ᄒᆞᆫ人은他人의勤勞를偸ᄒᆞ야自己의私欲을充ᄒᆞ며他人을瞞過ᄒᆞ야不正ᄒᆞᆫ利를貪ᄒᆞᄂᆞᆫ者ㅣ니此ᄂᆞᆫ但卑劣ᄒᆞᆫ者로論ᄒᆞᆯ뿐아니오卽社會의罪人이라人類에不齒ᄒᆞ야其終에ᄂᆞᆫ非常ᄒᆞᆫ不利益을釀ᄒᆞᆯ지니世間에往往此等人이有ᄒᆞ야目前의小利에惑ᄒᆞ다가永遠ᄒᆞᆫ利益을失ᄒᆞᄂᆞᆫ者ㅣ多ᄒᆞ니宜深戒ᄒᆞᆯ지로다

第十五課 踐約

破約의害

文明社會에在ᄒᆞ야約束을重히ᄒᆞᆷ이德義의主要라若一朝에人으로約束을結ᄒᆞ얏다가中途에任意로破棄ᄒᆞ면其相約者에게損害를被케ᄒᆞᆷ은勿論ᄒᆞ고他人도疑心을互起ᄒᆞ야事務進步에沮碍가不少ᄒᆞᆯ지라然則約束을破ᄒᆞᆷ은但個人에直接損害를被케ᄒᆞᆯ뿐아니라社會一般에安靜을害ᄒᆞ야紊亂을招ᄒᆞᄂᆞᆫ者ㅣ라故로各社會ᄂᆞᆫ其影響의及ᄒᆞᆷ을預慮ᄒᆞ야破約者를制裁ᄒᆞ며契約을保護ᄒᆞᄂᆞᆫ法律을設ᄒᆞᆫ所以니라

信義

約束을結ᄒᆞᆷ에ᄂᆞᆫ筆舌을用ᄒᆞ야訂明ᄒᆞᆷ이原例나或習慣上을因ᄒᆞ야言辭로默許ᄒᆞᆷ도有ᄒᆞᄂᆞ니信義를守ᄒᆞᄂᆞᆫ人은雖默約이라도決코食言ᄒᆞᆷ이無ᄒᆞ거던況筆舌로明約ᄒᆞᆷ이리오故로如此ᄒᆞᆫ人은但人의信用을得ᄒᆞᆯ뿐아니라自己의價値를增加ᄒᆞᄂᆞᆫ道ㅣ니라

約束의注意

大抵自初에實行ᄒᆞᆯ定筭이無ᄒᆞ고輕히約束을結ᄒᆞᆷ은彼此의不利를釀ᄒᆞ야交際의好誼를破ᄒᆞᆯ基本이니最愼重ᄒᆞᆯ것은他人의要求를拒絶ᄒᆞᆷ은一時不忍ᄒᆞᆯ뿐이나約束을結ᄒᆞ고實行치못ᄒᆞ야困難을當ᄒᆞᆷ과ᄂᆞᆫ其失信이孰大ᄒᆞ리오故로與人交際ᄒᆞᆷ에此를宜十分注意ᄒᆞᆯ지니라

第十六課 禮法

交道ᄂᆞᆫ禮를盡ᄒᆞᆷ

世에處ᄒᆞ야友를交ᄒᆞᄂᆞᆫ道ᄂᆞᆫ信으로써本을삼을지나禮義로써輔翼치아니ᄒᆞ면交友의道가完全키不能ᄒᆞᆯ지라大抵、朋友의間에交誼가踈遠ᄒᆞᆯ時ᄂᆞᆫ互相謙讓ᄒᆞᆷ이有ᄒᆞ되其、親密이益加ᄒᆞᆯ時ᄂᆞᆫ禮를盡ᄒᆞᄂᆞᆫ心이漸薄ᄒᆞᆷ으로或、我意를恣行ᄒᆞ야人의感情을相觸ᄒᆞ며其終에ᄂᆞᆫ反目으로相對ᄒᆞᄂᆞᆫ者가多ᄒᆞ니라

禮讓

禮ᄂᆞᆫ但、朋友ᄲᅮᆫ아니라一般他人에對ᄒᆞ야도愼守勿失ᄒᆞᆯ者ㅣ니自己의便利만思ᄒᆞ고他人의不利를不思ᄒᆞᆷ은總히非禮라ᄒᆞᆯ지라概論컨ᄃᆡ滊船滊車를乘ᄒᆞ야ᄂᆞᆫ老人幼子의穩便을計ᄒᆞ며或、路上에서逢人ᄒᆞ거던途를讓ᄒᆞ며或、多數人이群集ᄒᆞᆫ處에서人의妨害되ᄂᆞᆫ事를愼ᄒᆞ며其他、年高ᄒᆞᆫ人을敬ᄒᆞ고位卑ᄒᆞᆫ人을不侮ᄒᆞᆷ이皆、禮義라故로社會의秩序가整然ᄒᆞᆷ은禮義로써交際를圓滑케ᄒᆞᆷ에由ᄒᆞᆷ이니라

禮法은社會의秩序

且、社會의安寧秩序를保護ᄒᆞ가爲ᄒᆞ야法律을設ᄒᆞᆷ이有ᄒᆞ나然ᄒᆞ나法은但、惡人을懲戒ᄒᆞᆷ으로爲主ᄒᆞᆫ者인즉若、法律만依賴ᄒᆞ고禮法을不重히ᄒᆞ면社會ᄂᆞᆫ不完全ᄒᆞᆷ을未免ᄒᆞᆯ지라故로禮法의完備與否로社會의文野를卜ᄒᆞ며事業의發達을期ᄒᆞᆯ지라然ᄒᆞ나世人이往往、小節을不拘ᄒᆞ야禮法을輕視ᄒᆞᄂᆞᆫ者ㅣ有ᄒᆞ니此ᄂᆞᆫ虛禮를卑히녁이ᄂᆞᆫ起見에出ᄒᆞᆷ이라雖、惡意ᄂᆞᆫ無ᄒᆞ다ᄒᆞᆯ지라도其弊가傲慢에跌ᄒᆞ야自已의榮譽를損ᄒᆞ고他人의輕侮를受ᄒᆞᆯᄲᅮᆫ아니라必、社會의秩序를紊亂케ᄒᆞᆷ에至ᄒᆞᆯ지오

虛禮ᄂᆞᆫ自己의品性을傷ᄒᆞᆷ

且、虛禮를尙ᄒᆞᄂᆞᆫ人은內心에ᄂᆞᆫ敬人ᄒᆞᆯ思가無ᄒᆞ고表面으로ᄂᆞᆫ形式을飾ᄒᆞᆷ은反、自己의品性을傷ᄒᆞᆯᄲᅮᆫ이니實心으로他人을敬ᄒᆞ며社會에服從ᄒᆞᆷ이卽、眞禮儀라ᄒᆞᄂᆞ니라

第十七課 公共心

公衆의團

人은自己의職業을勵ᄒᆞ고他人의權利를尊重히ᄒᆞᄂᆞᆫ同時에

體를最重ᄒᆞᆷ

自己의屬ᄒᆞᆫ公衆團體를最重히ᄒᆞ야其利益幸福을共計ᄒᆞᆯ지라故로文明社會에在ᄒᆞ야團體의助力이無ᄒᆞ면生存ᄒᆞ기不能ᄒᆞ고各自의職業도亦社會上協同動作의一이라其職業을當ᄒᆞ야自己의利益만謀ᄒᆞ고公衆의繁榮을不思ᄒᆞᆷ이不可ᄒᆞ니라

公衆의財産을保護

府郡都市面村의組合ᄒᆞᆫ學校等이自己의屬ᄒᆞᆫ團體에對ᄒᆞ야其損害됨을必愼ᄒᆞᆯ지니此財産은公共에所有라衆人福利의關係가大ᄒᆞᆫ者인즉自己의所有物보다尤一層注意ᄒᆞ야保護ᄒᆞᆷ이可ᄒᆞ니若公共의物을損傷ᄒᆞ고恬然不耻ᄒᆞᄂᆞᆫ者ᄂᆞᆫ足히與言ᄒᆞᆯ바ㅣ無ᄒᆞᆯ지니라

團體의名譽를重ᄒᆞᆷ

且何樣團體를勿論ᄒᆞ고其團體에屬ᄒᆞᆫ者ᄂᆞᆫ必其團體名譽에毁損이無케ᄒᆞᆷ을務ᄒᆞᆯ지니若團體中에一人이라도惡行이有ᄒᆞ면團體全部의信用을失ᄒᆞ야其衰頹ᄒᆞᆷ을招ᄒᆞᆯ지오特學校의名譽를墜落ᄒᆞᆷ은幾個의學生이規律을不守ᄒᆞ고體面을汚瀆ᄒᆞᆷ에由ᄒᆞᆷ이니라

公共의機關運用

公共의機關運用을掌ᄒᆞᆫ者ᄂᆞᆫ嚴重히其職務를執行ᄒᆞ되過失或怠慢의習으로公衆의損害를勿致ᄒᆞᆯ지며且公衆은機關運用者의職務所重ᄒᆞᆷ을察ᄒᆞ야是를妨害치아니ᄒᆞ도록努力ᄒᆞᆯ지니라

衛生의染病과火災를豫防

且衛生에關ᄒᆞ야ᄂᆞᆫ傳染病의豫防을注意ᄒᆞ고財産에關ᄒᆞ야ᄂᆞᆫ火災의團束을嚴重히ᄒᆞᆯ지니此ᄂᆞᆫ自己의安全을爲ᄒᆞᆯ뿐아니라各個人이社會에對ᄒᆞ야當然ᄒᆞᆫ義務ㅣ니라

個人은恒常自己의行動이公衆[illegible]影響됨을思ᄒᆞ야獨利를不專ᄒᆞ며私慾을莫恣ᄒᆞ야自己의利益幸福을求ᄒᆞᄂᆞᆫ念으로推ᄒᆞ야他人에게及ᄒᆞᆷ을注意ᄒᆞᆯ지니然則公衆에對ᄒᆞᄂᆞᆫ道가自然明白ᄒᆞᆷ을得ᄒᆞᆯ지니라

第二 國家에對ᄒᆞᄂᆞᆫ注意

第十八課 國體

國體ᄂᆞᆫ國의根本

國體라홈은其國의根本된國家의體裁를謂홈이라何國이던지各其特殊ᄒᆞᆫ國體가有ᄒᆞ니其建國의由來風土와人民의性質等이是라此ᄂᆞᆫ各與國에最重要ᄒᆞᆫ者ㅣ니라

我國의獨立

我國은四千餘年前에神聖ᄒᆞ신檀君이肇降ᄒᆞ샤邦國의體制를定ᄒᆞ고國號를朝鮮이라稱ᄒᆞ얏더니一千餘年을經홈의殷太師箕子가東來ᄒᆞ샤平壤에定都ᄒᆞ고八條의敎를設ᄒᆞ며仁賢의化를敷ᄒᆞ야衣冠文物과禮樂法度가燦然히備ᄒᆞ야東方禮義의國이라稱ᄒᆞ더니又九百餘年을經홈의箕氏의後王이南遷ᄒᆞ야三韓의一이되고疆土가分裂ᄒᆞ야新羅高句麗百濟의三國이繼起ᄒᆞ야政治의制度가複雜無常ᄒᆞ더니又九百餘年을經홈의高麗王氏가興ᄒᆞ야文學을尙ᄒᆞ고武備를講ᄒᆞ나

但佛教를崇홈으로國體에汚損홈이及ᄒᆞ더니我 太祖高皇帝ᄭᅴ셔大亂을平定ᄒᆞ시고疆土를恢拓ᄒᆞ시며一統의鴻業을創ᄒᆞ샤萬世의宗社를建ᄒᆞ시고獨立의精神으로法度를制定ᄒᆞ샤高麗의陋習을一掃ᄒᆞ고箕聖의文化를丕闡ᄒᆞ시니聖子神孫이 皇統을繼承ᄒᆞ샤 祖宗의典章을恭守ᄒᆞ심의上下의分이劃然不紊ᄒᆞ야秩序가整頓ᄒᆞ며敎化가文明ᄒᆞ야國運의隆昌홈이我東方有國以來에實未有ᄒᆞ도다

國體의善美홈이如此홈은皆 祖宗의神聖으로文化를大闡ᄒᆞ심에由홈이라我 先王이此土에君臨ᄒᆞ샤臣民의繁榮ᄒᆞᆫ幸福을爲ᄒᆞ야孜孜求治ᄒᆞ시ᄂᆞᆫ念이恒常 宸襟을勞케ᄒᆞ심의我國民의祖先도 皇室을愛戴홈이國民의大宗家와如히思ᄒᆞ야先王의典章을遵守ᄒᆞ며 祖宗의政化를輔弼ᄒᆞ야忠節을殫ᄒᆞ며事業을勵홈으로其勳功이百世에輝赫ᄒᆞ며惠澤

이八域에流露ᄒᆞ야宗社로ᄒᆞ야곰泰山磐石에奠케ᄒᆞ얏스니此ᄂᆞᆫ我國歷史에徵ᄒᆞ야昭著ᄒᆞᆷ이라

我國民의覺悟

今我國民은皆　祖宗의遺黎오先民의後孫이라祖先의功業을宜、銘心不忘ᄒᆞᆯ지니我國에固有ᄒᆞᆫ風敎를體ᄒᆞ야　皇室을尊崇ᄒᆞ고宗社를敬奉ᄒᆞ며且、開國以來로　列聖의培養ᄒᆞ신德澤을涵泳ᄒᆞ며先民의勤勞ᄒᆞᆫ精神을發揮ᄒᆞ야傳來良好ᄒᆞᆫ遺風을振起ᄒᆞ고今日文明ᄒᆞᆫ新法을採用ᄒᆞ야國利民福을增進케ᄒᆞ면邦運의隆昌ᄒᆞᆷ이豈、世界列强에讓ᄒᆞ리오

第十九課　忠君

忠君은我國民의所有

我大韓이　太祖開國以來로　皇室系統이二十有八世를傳ᄒᆞ야今　大皇帝陛下에至ᄒᆞ시니五百十有餘年이라惟我祖宗이至仁至慈ᄒᆞ신聖德으로人民을慈愛ᄒᆞ심이赤子와如히ᄒᆞ신지라我等祖先이皆　祖宗의深仁厚澤에沐浴ᄒᆞ야國民의繁榮을享ᄒᆞᆷ으로今日此身에至ᄒᆞ얏슨즉此身의有ᄒᆞᆷ은卽　祖宗의賜ᄒᆞ심이라我等祖先이　祖宗에게報ᄒᆞ던忠誠으로我等은

大皇帝陛下ᄭᅴ報ᄒᆞᆷ이實로臣民의分義니라

尊崇

且、皇室은國民의大宗家라一國生命의休戚이係ᄒᆞ얏슨즉國民이其宗家를尊奉ᄒᆞᆷ이各其、自家를保重ᄒᆞᆷ과如히ᄒᆞᆷ은自然ᄒᆞᆫ敬慕에出ᄒᆞᆷ이니豈但、主權이有ᄒᆞᆫ君主로만仰戴ᄒᆞᆯ而已리오然則國民과皇室과其親密ᄒᆞᆫ關係가萬世에亘ᄒᆞ야도不變ᄒᆞᆯ者인故로國民된者ᄂᆞᆫ必、皇室을尊崇ᄒᆞ며其國體를擁護ᄒᆞᆷ이實國民의責任이니라

忠君은人民의義務

世人이云ᄒᆞ기를君에게忠ᄒᆞᆷ은政府에在ᄒᆞᆫ官吏의責任이라ᄒᆞ나此ᄂᆞᆫ不思의甚ᄒᆞᆫ者ㅣ라人이此國에生ᄒᆞᆷ의各其、國君에게忠ᄒᆞᆷ은卽、人民의義務ㅣ라豈、政府와人民의分이有ᄒᆞ리오

青年의覺悟

昔에漆室의嫠婦ᄂᆞᆫ其緯를不恤ᄒᆞ고宗國의危홈을是憂ᄒᆞ얏ᄉᆞ며且、田夫의獻芹과野人의炙背로各其、國君에게懷忠홈은即、人民의彝衷에出홈이라故로千古에忠君ᄒᆞᄂᆞᆫ者ㅣ此로써標準을作ᄒᆞ야人人이恒言ᄒᆞᄂᆞᆫ바ㅣ니嗚呼라忠君의誠을此에可徵홀지니라

凡我青年은姑今、立世치못ᄒᆞᆫ者ㅣ라直接으로國家를爲ᄒᆞ야君恩을報答ᄒᆞ기不能ᄒᆞ나後日國家에有用의人物을作ᄒᆞ야奉公의大義를盡코져홀진ᄃᆡ能、修身力學ᄒᆞ야團結、或、奮發의力을務養홈이眞個、忠君의道ㅣ니若、口으로만忠愛의實을藉ᄒᆞ고身으로當行의事를不務ᄒᆞ면是ᄂᆞᆫ不忠人이라홀지니라

第二十課 遵法

我國의憲法

國家에對ᄒᆞ야國民의分에盡홀道ᄂᆞᆫ一二에不止ᄒᆞ나法令을遵守홈이即、主要라然ᄒᆞ나 祖宗의良法美規를固當、遵奉홀

지나時代의變遷과文野의程度로써法制의變改홀必要가有ᄒᆞ거ᄂᆞᆯ若、舊章만膠守ᄒᆞ고時機를不鑑ᄒᆞ야妄히新法을非毁ᄒᆞᄂᆞᆫ流ᄂᆞᆫ頑固의陋習을未脫ᄒᆞᆫ者ㅣ라謂홀지니라

往在開國五百四年에我
大皇帝陛下ㅅ옵셔時機의變홈을鑑ᄒᆞ시고中興의運을啓ᄒᆞ샤由來의舊弊를改革ᄒᆞ시고更張의新法을頒布ᄒᆞ신지十餘年에尙今維新의化가全國에未敷홈은其法制의不善홈이아니라政府에셔實行치못ᄒᆞᆫ責이不無ᄒᆞ나人民도亦、舊習에狃ᄒᆞ야新法을反抗홈이太甚홈으로今日의狀態에陷홈이니凡、我國民은豈、省悟홀바ㅣ아니리오

法律及命令

夫、法律命令은大小를勿論ᄒᆞ고國家의秩序를維持ᄒᆞ며國民의安寧을計圖ᄒᆞ야人民의生命財産을保護ᄒᆞ기爲ᄒᆞ야發布홈이니國民된者ᄂᆞᆫ宜、此에服從ᄒᆞ고違反홈이無홀지나但、法

律에服從ᄒᆞᄂᆞᆫ道ᄂᆞᆫ表面으로써法令에不違홈을足ᄒᆞ다謂치못ᄒᆞᆯ지오能히國家의規定ᄒᆞᆫ바法律의精神을詳察ᄒᆞ야是를貫徹홈을謀ᄒᆞᆯ지니若、法令의未備홈을乘ᄒᆞ야巧히罪惡을故犯ᄒᆞ거나恬히羞恥를不知ᄒᆞᄂᆞᆫ者ᄂᆞᆫ國民의資格을失ᄒᆞᆫ者ㅣ라豈可、人數에共齒ᄒᆞ리오

第二十一課 亂時에注意

亂時에ᄂᆞᆫ忠義에注意

人이泰平ᄒᆞᆫ日에在ᄒᆞ야ᄂᆞᆫ修身ᄒᆞ고齊家ᄒᆞ며各自、業務에從事ᄒᆞ야國家의隆盛을計ᄒᆞᆯ지나有事의時를當ᄒᆞ야ᄂᆞᆫ擧國이一致ᄒᆞ야祖先으로브터國民의傳來ᄒᆞᄂᆞᆫ義勇의精神을振起ᄒᆞ고開闢初로브터相傳ᄒᆞᄂᆞᆫ祖國의疆土를保護ᄒᆞ야國難을排除ᄒᆞ며國權을保守ᄒᆞᆯ지니此ᄂᆞᆫ祖先의志를繼ᄒᆞ고子孫의龜鑑을作케홈이니라

我國家와 皇室과臣民은均同一體ᄒᆞᆫ지라我等의祖先이四千年以來로此邦家를維持홈으로今日에至ᄒᆞ야此祖先의氣血로此國土에生ᄒᆞ얏스니誰가盡忠報國의精神을益勵치아니리오

兵役에服從ᄒᆞᄂᆞᆫ義務

然則、其精神을發揮ᄒᆞ야國難에赴ᄒᆞᆯ時ᄂᆞᆫ必、愼重ᄒᆞᆫ態度를要ᄒᆞᆯ지오漫히慷慨悲憤ᄒᆞ야輕氣、妄動에出홈은不可ᄒᆞᆫ지라大抵、國民은皆、兵役에服從ᄒᆞᄂᆞᆫ義務가有ᄒᆞᆫ則日後我國이國民皆兵의制를取ᄒᆞᆯ지라도當時、軍隊에屬ᄒᆞᆫ者만必、專門의教育을受ᄒᆞ야直接으로戰塲에驅馳홈을得ᄒᆞᆯ지니軍籍에在ᄒᆞᆫ者ᄂᆞᆫ其身을鴻毛의輕에比ᄒᆞ며義를泰山의重에擬ᄒᆞ야武器를荷ᄒᆞ고國威를宣揚ᄒᆞᆯ지오一般人民은其義分의應ᄒᆞ야軍資를助給ᄒᆞ며或、出征者의家屬을救恤ᄒᆞ야軍人으로ᄒᆞ여곰後顧의憂가無케ᄒᆞᆯ지니此ᄂᆞᆫ擧國이國難에赴ᄒᆞ야義勇으로報公ᄒᆞᄂᆞᆫ道ㅣ니라

第三 修德에關ᄒᆞᆫ注意

第二十二課 修養

修養의効力

吾人이世에立ᄒᆞ야人의本分을修ᄒᆞᆷ은自己의立身ᄒᆞᄂᆞᆫ道라小ᄒᆞᆫ즉一身一家의繁榮을得ᄒᆞ고大ᄒᆞᆫ즉國家社會의公益을致ᄒᆞ야一世에有用의人物을作ᄒᆞ고他人에게尊敬을受ᄒᆞᄂᆞᆫ地位를得ᄒᆞ리라

道德은實行ᄒᆞᆷ에必要

大凡、人에立身의道ᄂᆞᆫ道德에專在ᄒᆞᆷ으로道德을不修ᄒᆞ면知識이有ᄒᆞ야도能히實行ᄒᆞ기不得ᄒᆞᄂᆞ니故로各種學問과技術을皆、道德으로써根本을作ᄒᆞ야先히其根本을修養ᄒᆞᆫ然後에業務에施ᄒᆞ야活用ᄒᆞᆷ을得ᄒᆞᆯ지라然ᄒᆞ나道德의修養ᄒᆞᆷ은實際精神에在ᄒᆞ고外形을假飾ᄒᆞ야虛譽를要ᄒᆞᆷ에不在ᄒᆞ니學者ᄂᆞᆫ宜、精神의修養ᄒᆞᆷ으로自己의工夫를做ᄒᆞᆯ지니라

修德은微

人은雖、小善이라도毋忽ᄒᆞ며雖、小惡이라도勿行ᄒᆞᆯ지니恒常、

始를愼謹ᄒᆞᆷ에在ᄒᆞᆷ

自己의良心을鑑ᄒᆞ야私心을去ᄒᆞ고公明正大의精神을持守ᄒᆞ야其微를必愼ᄒᆞ며其始를必謹ᄒᆞᆯ지라若、小事를輕히ᄒᆞᄂᆞᆫ習性은大惡을釀成ᄒᆞᆷ에至ᄒᆞ고不德을一行ᄒᆞ면又、再行ᄒᆞ기容易ᄒᆞ니微始를愼謹ᄒᆞ야善을力行ᄒᆞ고惡을遠排ᄒᆞ면其初ᄂᆞᆫ雖、困難ᄒᆞ나勉勵修行ᄒᆞ야必、習慣을成ᄒᆞᆯ지니古語에云ᄒᆞ기를習慣은第二天性이라ᄒᆞᆷ이此를謂ᄒᆞᆷ이니라

第二十三課 自重

自重은修德에第一工夫

人은皆、自重의精神을先養ᄒᆞᆯ지니自重은自己의價値를保有ᄒᆞ야自侮自棄에不底ᄒᆞᆷ을謂ᄒᆞᆷ이니卽、修德의第一工夫라若、己를自輕ᄒᆞ면何事던지做成키不能ᄒᆞᆷ은姑舍ᄒᆞ고畢竟은不義不德에陷ᄒᆞ야世人의擯斥ᄒᆞᆷ을難免ᄒᆞ리라

人生의價値

自輕치아니ᄒᆞᄂᆞᆫ人은人生의價値를知ᄒᆞᄂᆞᆫ者ㅣ라是故로人은高尙ᄒᆞᆫ精神으로써修學積德ᄒᆞᄂᆞᆫ素質을삼ᄂᆞ니此素質은

自重의精神

人生의價値를自增ᄒᆞᆷ으로古來聖賢이라英傑이라稱ᄒᆞ야不朽의名을百世에流ᄒᆞᄂᆞᆫ者도決코吾人과特異ᄒᆞᆷ이有ᄒᆞ거나企望不及의事를行ᄒᆞᆷ은아니오但自己의學을修ᄒᆞ며德을積ᄒᆞᆷ으로써業을成就ᄒᆞᆫ而已니譬ᄒᆞ건ᄃᆡ聖賢과英傑은玉을磨琢ᄒᆞ야光明華美ᄒᆞᆷ과如ᄒᆞ고吾人은未磨ᄒᆞᆫ玉과如ᄒᆞ야其異點은磨琢與否에在ᄒᆞᆯ뿐이오決코白玉과瓦礫의區別이有ᄒᆞᆷ은아니라然則吾等은聖賢과英傑의尊ᄒᆞᆫ所以를知ᄒᆞ야自己를尊重케ᄒᆞᆷ을努力ᄒᆞᆯ지니라

然ᄒᆞ나自己를尊重케ᄒᆞᆫ다ᄒᆞᆷ은徒히大言壯語로自快히ᄒᆞᆷ을謂ᄒᆞᆷ이아니라自重ᄒᆞᄂᆞᆫ人은必히遠大를期望ᄒᆞᄂᆞᆫ故로自己의不完全ᄒᆞᆫ學力으로써滿足히아니ᄒᆞ고日夜로自修ᄒᆞ야聖賢의域에達ᄒᆞᆷ을孜孜不怠ᄒᆞᆷ으로業이日進ᄒᆞ고德이日修ᄒᆞ려니와若此에反ᄒᆞ야己를自輕ᄒᆞᄂᆞᆫ人은自己의不完全ᄒᆞᆷ으로써滿足히ᄒᆞ야秋毫도進步의希望이無ᄒᆞᆷ으로써學이日荒ᄒᆞ며行이日敗ᄒᆞᄂᆞ니故로自重의精神은德業을大成ᄒᆞᄂᆞᆫ基本이라謂ᄒᆞᆯ지니라

第二十四課 恭儉

驕傲ᄂᆞᆫ無智ᄒᆞᆷ에生ᄒᆞᆷ

學을修ᄒᆞ고德을行ᄒᆞᆷ에當ᄒᆞ야最히戒ᄒᆞᆯ者ᄂᆞᆫ驕傲의心이니若驕傲의心이生ᄒᆞ면學業의進과德行의修ᄒᆞᆷ을難望ᄒᆞᆯ지오徒히世人의笑를買ᄒᆞ며侮를速ᄒᆞᆯ뿐이라此驕傲의心은淺識을自滿히ᄒᆞᆷ에生ᄒᆞ고淺識을自滿히ᄒᆞᄂᆞᆫ心은自己를不知ᄒᆞᆷ에起ᄒᆞᆷ이니人은宜히自己의地位와自己의實價를思ᄒᆞ야目的을遠大에期ᄒᆞ고精神을高尙에注ᄒᆞ야進修不已ᄒᆞᆷ이可ᄒᆞ니라

驕傲의狀態

驕傲의中에도最히賤卑ᄒᆞᆫ者ᄂᆞᆫ自己의財産과門地等을誇ᄒᆞᆷ이오特히醜惡ᄒᆞᆫ者ᄂᆞᆫ年少子弟가其父兄의功績을恃ᄒᆞ야人에게驕ᄒᆞᆷ이오又或自己의學業과品行等을誇ᄒᆞᆷ이니此ᄂᆞᆫ己를自

知치못ᄒᆞᆫ所致라至愚ᄒᆞᆫ人을焉免ᄒᆞ리오蓋人이斯世에生ᄒᆞ야可修ᄒᆞᆯ學과可踐ᄒᆞᆯ道가無限ᄒᆞ거ᄂᆞᆯ其淺薄ᄒᆞᆫ智識과未成ᄒᆞᆫ德行으로써自心에滿足타ᄒᆞ면大成ᄒᆞᆯ日이豈有ᄒᆞ리오故로能自己의不足ᄒᆞᆷ을自省ᄒᆞ야孜孜히學問을進修ᄒᆞᄂᆞᆫ者ᄂᆞᆫ必遠大의業을成就ᄒᆞᆯ지니라

恭儉과自任

恭儉ᄒᆞᆫ人은深히學問을蘊蓄ᄒᆞ고自顯ᄒᆞᆷ을不求ᄒᆞᄂᆞᆫ故로能히人에게謙讓ᄒᆞᄂᆞᆫ德이有ᄒᆞ나其自任의務에臨ᄒᆞ야ᄂᆞᆫ力을盡ᄒᆞ야人에게不讓ᄒᆞᆷ으로人의敬服ᄒᆞᄂᆞᆫ바ㅣ되ᄂᆞ니此ᄂᆞᆫ無他라學問의力이謙讓의德을養ᄒᆞ야自任의道를知ᄒᆞᆷ이라若自任의道를不知ᄒᆞᄂᆞᆫ者ᄂᆞᆫ自己의當然ᄒᆞᆫ義務를人에게讓ᄒᆞ고人後에退立ᄒᆞᆷ을不耻ᄒᆞᄂᆞ니如此ᄒᆞᆫ卑劣의徒ᄂᆞᆫ世에無益ᄒᆞ고時에無補ᄒᆞᆯ지라豈大丈夫의最賤ᄒᆞᆯ者ㅣ아니리오

第二十五課 自省

自己의品性을知ᄒᆞᆷ에要ᄒᆞᆷ

人이自己의品性을高尙히ᄒᆞ야德業을進步發達코져ᄒᆞᆯ진ᄃᆡ恒常自己의性質長短을自辨ᄒᆞ며且學業의優劣을自度ᄒᆞ면能增進矯正ᄒᆞᆷ을得ᄒᆞᆯ지라故로古人이自省으로써修德의第一工夫라ᄒᆞᄂᆞ니此ᄂᆞᆫ但今日修德上에必要될ᄲᅮᆫ아니라後日立身就業에當ᄒᆞ야最有效ᄒᆞ니라

自省의易難

外界의物情을知ᄒᆞᆷ은耳目口鼻의助를得ᄒᆞ야甚難ᄒᆞᆷ이無ᄒᆞ거니와自己內蘊의善惡長短을知ᄒᆞᆷ은一朝一夕에得ᄒᆞᆯ바ㅣ아닌즉人은恒常內心을自省ᄒᆞ야公平히判斷ᄒᆞᆷ으로써習慣을養成ᄒᆞᆫ後에可得ᄒᆞᆯ지라然ᄒᆞ나內心을自省ᄒᆞᆷ이言ᄒᆞ기ᄂᆞᆫ易ᄒᆞ되行ᄒᆞ기ᄂᆞᆫ難ᄒᆞ니公平히判斷ᄒᆞᆷ은特修鍊을要ᄒᆞᆯ지니

自省ᄒᆞ야判斷ᄒᆞᆷ

라一日에業을畢ᄒᆞ고將寢床에就ᄒᆞᆯ際가最自省에適當ᄒᆞᆫ時라故로從容히坐ᄒᆞ야徐徐히思ᄒᆞ되今日에我가果羞耻될言行이無ᄒᆞᆫ가或人에對ᄒᆞ야惡意를懷ᄒᆞᆷ이無ᄒᆞᆫ가或怠惰ᄒᆞ야

自己業務에缺ᄒᆞᆷ이無ᄒᆞᆫ가此等의事를嚴密히判斷ᄒᆞ야其欠點이有ᄒᆞ거던必、反省ᄒᆞᆯ지니若、日日如是ᄒᆞ야勉行不止ᄒᆞ면德業이日進ᄒᆞ야完全ᄒᆞᆷ을可得ᄒᆞᆯ지니라

第二十六課 克己

善을行ᄒᆞᆷ에困難

何人이던지善道의履行을希望치아니ᄒᆞᆯ者ㅣ無ᄒᆞ나自然히過를犯ᄒᆞ며不善을行ᄒᆞ야轉轉히善을行ᄒᆞᆷ에困難을感ᄒᆞᆫ所以니蓋、各種外物의誘惑이有ᄒᆞ야人의弱點을襲ᄒᆞ야其意思를侵奪ᄒᆞᆷ으로其情慾이激發ᄒᆞ야一時惡行에陷ᄒᆞᆷ을不覺ᄒᆞᄂᆞ니라

誘惑은其種類가頗多ᄒᆞ야人에게侵逼ᄒᆞᆷ이一樣에不止ᄒᆞ되其、最著ᄒᆞᆫ者ᄂᆞᆫ體慾이니體慾은元來身體의生理的活動에伴ᄒᆞ야必有ᄒᆞᆫ者이나其本質을究ᄒᆞ면善惡의差別이有ᄒᆞ니如、吾人이餓ᄒᆞᆫ則食을思ᄒᆞ며渴ᄒᆞᆫ則飮을思ᄒᆞ며疲勞ᄒᆞᆫ則休息을思ᄒᆞ고且、耳目의所樂을欲ᄒᆞᆷ은皆、當然ᄒᆞᆫ事이라故로此等의慾을適當히用ᄒᆞ면生活上有用의勞働이될지나若、此慾의發ᄒᆞᄂᆞᆫ바를放縱ᄒᆞ야制限이無ᄒᆞ면身體를害ᄒᆞ고事業을妨ᄒᆞ며身亡家敗에至ᄒᆞᆷ이必然ᄒᆞᆯ지니라

慾을制限

體慾

體慾은身體의發育이旺盛ᄒᆞᆫ青年時代에在ᄒᆞ야最强ᄒᆞᆫ者ㅣ니特、抑制의力을用ᄒᆞᆷ이可ᄒᆞᆯ지라若、一時의快樂을貪ᄒᆞ야終生의悔恨을遺ᄒᆞᆷ은智者의不取ᄒᆞᆯ바ㅣ니라

性慾의制抑

且、最恐ᄒᆞᆯ바ᄂᆞᆫ誘惑의性慾이니人의身體ᄂᆞᆫ一定ᄒᆞᆫ時期에至ᄒᆞ면其機官의運動으로精神의變化를生ᄒᆞᆯ지라此時ᄂᆞᆫ人生의最、危險ᄒᆞᆫ時機니有爲ᄒᆞᆫ青年이此性慾의制抑ᄒᆞᆷ을不知ᄒᆞ면畢竟은其身體의健康을害ᄒᆞ고精神의活動을鈍히ᄒᆞ며或生命을短縮ᄒᆞ거나羸弱의人을不免ᄒᆞᆯ지니青年學生은此誘惑에勿陷ᄒᆞᆷ을戒愼ᄒᆞᆯ지이라

第二十七課 克己(續)

用慾望의道

人이幼年時에ᄂᆞᆫ飮食의慾과耳目의慾과如ᄒᆞᆫ體慾이有ᄒᆞᆯᄲᅮᆫ이나稍、成長ᄒᆞ면各種의慾望이生ᄒᆞᄂᆞ니即、固有의慾과名譽의慾과權力을希望ᄒᆞᄂᆞᆫ慾等이是라此等慾望도人의自然히有ᄒᆞᆫ바인즉善惡의名을附ᄒᆞᆷ이不可ᄒᆞ나然ᄒᆞ나此亦、體慾과同ᄒᆞ야適用치못ᄒᆞ면恐ᄒᆞ건ᄃᆡ其結果ᄂᆞᆫ不義不德의人을做ᄒᆞᆯ지니라

慾望의過度ᄒᆞᆫ弊害

財産、名譽、權勢等을得ᄒᆞ야幸福을享코져ᄒᆞᆷ은人情의常이라此를爲ᄒᆞ야己를利ᄒᆞ고世를益ᄒᆞᄂᆞᆫ思想을起ᄒᆞᄂᆞᆫ者ㅣ有ᄒᆞ나財産의慾이其度에過ᄒᆞ면吝嗇、貪婪의鄙事를行ᄒᆞ고名譽의慾이其道를不得ᄒᆞ면傲慢、嫉妬、怨咨等의惡習을行ᄒᆞ고甚ᄒᆞ면自己의名을成就ᄒᆞ기爲ᄒᆞ야人을不測에陷ᄒᆞ며權勢의慾이極ᄒᆞ면人을坑塹에擠ᄒᆞ며必、弱ᄒᆞᆫ者를虐待ᄒᆞ야陰險殘忍ᄒᆞᆫ事를行ᄒᆞᄂᆞ니此ᄂᆞᆫ學生을爲ᄒᆞ야深戒ᄒᆞᆯ바ㅣ로다

空想에妄走

特、世에經驗이無ᄒᆞᆫ年少銳氣의時代ᄂᆞᆫ或、空想에妄走ᄒᆞ기易ᄒᆞᆷ으로此等慾望의誘惑에陷ᄒᆞ야目下急務되ᄂᆞᆫ勉學修德을怠히ᄒᆞ다가成年ᄒᆞᆫ後에噬臍의悔가有ᄒᆞᆫ들何及ᄒᆞ리오彼兒時에神童이라稱ᄒᆞ던者가中年에至ᄒᆞ야ᄂᆞᆫ凡庸의兒童을不及ᄒᆞᆫ者ㅣ多ᄒᆞᆷ은此로由ᄒᆞᆷ이아닌가

制慾의道

此等의慾望을適當히抑制ᄒᆞᄂᆞᆫ道ᄂᆞᆫ無他라能、智識을硏究ᄒᆞ야事理에明斷ᄒᆞ고恒常、堅忍不拔의精神을勵ᄒᆞᆷ이可ᄒᆞᆯ지니라

第二十八課 克己(續)

誘惑의預防

諸種의誘惑은皆、自己의弱點을乘ᄒᆞ야侵來ᄒᆞᄂᆞᆫ敵이니人은宜、自己의精神을堅固히ᄒᆞ야敵의乘隙ᄒᆞᆷ을豫防ᄒᆞᆷ에注意ᄒᆞᆯ지니라

制慾의注意

世人이或、慾望及體慾으로因ᄒᆞ야邪惡의誘에陷ᄒᆞ거나或、勢力의逼홈으로써吾人의操守를枉ᄒᆞ거나或、淺薄ᄒᆞᆫ謬見을流布ᄒᆞ야正義의士를妨害케ᄒᆞᄂᆞᆫ者ㅣ有ᄒᆞ니若、吾人이注意에忽ᄒᆞ야此를順從ᄒᆞ던지怯懦에慣ᄒᆞ야此를抵抗키不能ᄒᆞ면畢竟은人의奴隷됨을不免ᄒᆞᆯ지니라

自信의必要

人이勢力으로써我에게惡行을强ᄒᆞᆯ時와衆人이相集ᄒᆞ야悖戾로써我에게迫害를加ᄒᆞᆯ時ᄂᆞᆫ必、古昔義人烈士의萬難을排ᄒᆞ고節義를全히ᄒᆞ던事를思ᄒᆞ야自信의道를厚케ᄒᆞᆫ然後에事를誤홈이無ᄒᆞᆯ지니라

抵抗力

蓋、人이迫害의强大홈으로從ᄒᆞ야毅然히其抵抗力이增加ᄒᆞᄂᆞ니此等境遇에在ᄒᆞ야ᄂᆞᆫ其誘惑의始에셔是를峻拒홈이可ᄒᆞ고且、迫害와如ᄒᆞᆫ悖戾ᄂᆞᆫ惟、非常ᄒᆞᆫ境界에來ᄒᆞᄂᆞᆫ것인故로吾人이是를抵抗홈이不難ᄒᆞ거니와最、可恐可愼ᄒᆞᆯ者ᄂᆞᆫ名利와愛情等이니此ᄂᆞᆫ人의所好를依ᄒᆞ야誘惑에陷ᄒᆞ거나淺薄ᄒᆞᆫ理由에依ᄒᆞ야自然中에良心을鈍케ᄒᆞᄂᆞᆫ者ㅣ니此等의害ᄂᆞᆫ來홈이急激지아니ᄒᆞ고且、誘홈이非常ᄒᆞᆫ悖戾가아님으로惑ᄒᆞ기容易ᄒᆞᆫ지라人이一次其惑을受ᄒᆞ면病毒이身體에深中ᄒᆞ야生命을害ᄒᆞ며其終은精神을腐敗ᄒᆞ야賤卑ᄒᆞᆫ人物을作ᄒᆞᆯ지니라

第二十九課 改過

思慮의必先

凡、事를臨ᄒᆞ야宜、深思熟慮를先히ᄒᆞ야必、處理의正當홈을自期ᄒᆞᆯ지니吾의智를通明히ᄒᆞ며吾의志를高尙히ᄒᆞ며意想을强硬히ᄒᆞ며思慮를周密히ᄒᆞ야正理에合ᄒᆞᆫ然後에必、實行을勵ᄒᆞᆯ지니라

改過爲貴

然ᄒᆞ나人은各自性癖이有ᄒᆞ고誤解가有ᄒᆞ야全히無過키難ᄒᆞ거던況、經驗이無ᄒᆞᆫ人은尤、多誤ᄒᆞᆯ지라故로曰過ᄂᆞᆫ學의始

라ᄒᆞ니能히過를知ᄒᆞ고速히改ᄒᆞ야再過치아니ᄒᆞᆷ을勉ᄒᆞ면是ᄂᆞᆫ無過로同ᄒᆞᆫ지라孔子ㅣ曰誰가無過ᄒᆞ리오마ᄂᆞᆫ改ᄒᆞᆷ이爲貴ᄒᆞ다ᄒᆞ시니라

諱過의失

過를恥ᄒᆞᆷ은人情의常이라此心을因ᄒᆞ야改過ᄒᆞᆷ을得ᄒᆞ나然ᄒᆞ나恒常、自過ᄂᆞᆫ莫知ᄒᆞᆷ으로每、父師의敎誨와朋友의責善을從ᄒᆞ야覺悟改遷ᄒᆞᆷ이有ᄒᆞᄂᆞ니過失은本來故意로行ᄒᆞᆫ者가아닌故로其責이輕ᄒᆞ거ᄂᆞᆯ人이或、一朝에其過失을知ᄒᆞᆯ지라도自過를隱諱코져ᄒᆞ야虛僞의事를行ᄒᆞᆷ은反、道德上의罪人을不免ᄒᆞᆯ지니過를知ᄒᆞ고도改치아니ᄒᆞ면其過가益大ᄒᆞᆯ뿐더러性質을漸漸迷頑케ᄒᆞ야正道에就ᄒᆞ기不能ᄒᆞᆯ지라故로古人이曰、過를知ᄒᆞ고改치아니ᄒᆞᄂᆞᆫ者ᄂᆞᆫ實狀의過失이된다ᄒᆞ니라

過의不改

己의善을聞ᄒᆞ기喜ᄒᆞ고己의過를聞ᄒᆞ기厭ᄒᆞᆷ은小人의常情

로爲耻

이오過를聞ᄒᆞ고改ᄒᆞ기不吝ᄒᆞᆷ은君子의大度라故로君子의德은日로進ᄒᆞ고小人의行은時로變ᄒᆞᄂᆞ니人은恒常、過를不知ᄒᆞᆯ가恐ᄒᆞ다가過를知ᄒᆞᆷ에ᄂᆞᆫ改치못ᄒᆞᆷ을恥ᄒᆞ면德의進ᄒᆞᆷ이日로新ᄒᆞ리라

第三十課 遷善

行善의勉勵

人은過를不作ᄒᆞ며惡을不行ᄒᆞᆷ으로써滿足ᄒᆞ다勿謂ᄒᆞ고自己의品性을高尙히ᄒᆞ야行善ᄒᆞᆷ을益勉ᄒᆞᆯ지니自己의品性을高尙코져ᄒᆞᆯ진ᄃᆡ宜、聖賢의敎를服從ᄒᆞ야其人物을模範ᄒᆞ고其行事를效則ᄒᆞ며且、良友의交ᄒᆞᆷ을擇ᄒᆞ야互相、切磋琢磨의功을積ᄒᆞ며吾人의心志를養ᄒᆞᄂᆞ니其志操를淸高히ᄒᆞ며其精神을雄大히ᄒᆞᆷ을宜勉ᄒᆞᆯ지오損友를近ᄒᆞ야不完全ᄒᆞᆫ文學을習讀ᄒᆞ며卑猥ᄒᆞᆫ記事를閱覽ᄒᆞᆷ은最、戒愼ᄒᆞᆯ者ㅣ니라

志操의高

人이其志操를高尙히ᄒᆞ야行善을力ᄒᆞ되雖、小善이라도決코

尙

勿怠ᄒᆞ면其胷中이自然怡悅ᄒᆞ야其樂을不覺ᄒᆯ지라或曰善의大ᄒᆞᆫ者라야人의利를圖ᄒᆞ며世의益을助ᄒᆞᆫ다ᄒᆞ나然ᄒᆞ나必、其結果의大小로써其價値를定ᄒᆯ바아니라假令如何ᄒᆞᆫ行實이던지其誠心으로브터出ᄒᆞᆷ이아니면眞善이라謂키難ᄒᆯ지니凡我青年은姑且、世에不立ᄒᆞᆫ者ㅣ라直接으로公事의關係ᄂᆞᆫ無ᄒᆞ나其家族朋友間이던지又、學生社會에對ᄒᆞᆫ善行은決코不少ᄒᆞᆫ故로其境遇에應ᄒᆞ야竭力誠心으로써是를勉行ᄒᆯ지니如此不已ᄒᆞ면自然行善의習慣을養成ᄒᆞ야他日에有用의人物됨을得ᄒᆯ지니라

行善의習慣

誠心爲善

人은善을行ᄒᆞ고誇치勿ᄒᆯ지어다此ᄂᆞᆫ名譽만爲ᄒᆞᆷ이오誠心에出ᄒᆞᆷ은아니라誰ㅣ眞善이라ᄒᆞ리오且、後日中等以上社會에立ᄒᆞ야國民의中堅과國家의元氣로責任을自擔ᄒᆞᆫ者가區區ᄒᆞᆫ行善으로滿足타ᄒᆞ기不敢ᄒᆞ니大히修養ᄒᆞ고深히蘊蓄

ᄒᆞ야其重任의全擔ᄒᆞᆷ을覺悟ᄒᆞᆷ이可ᄒᆞ니라

光武十年九月二十日印刷
光武十年九月二十五日發行

版權所有

編纂 徽文義塾 漢城北署觀

發行所 同

印刷所

中等修身教科書卷一
定價金參拾錢

영인

고등소학수신서

高等小學修身書 全

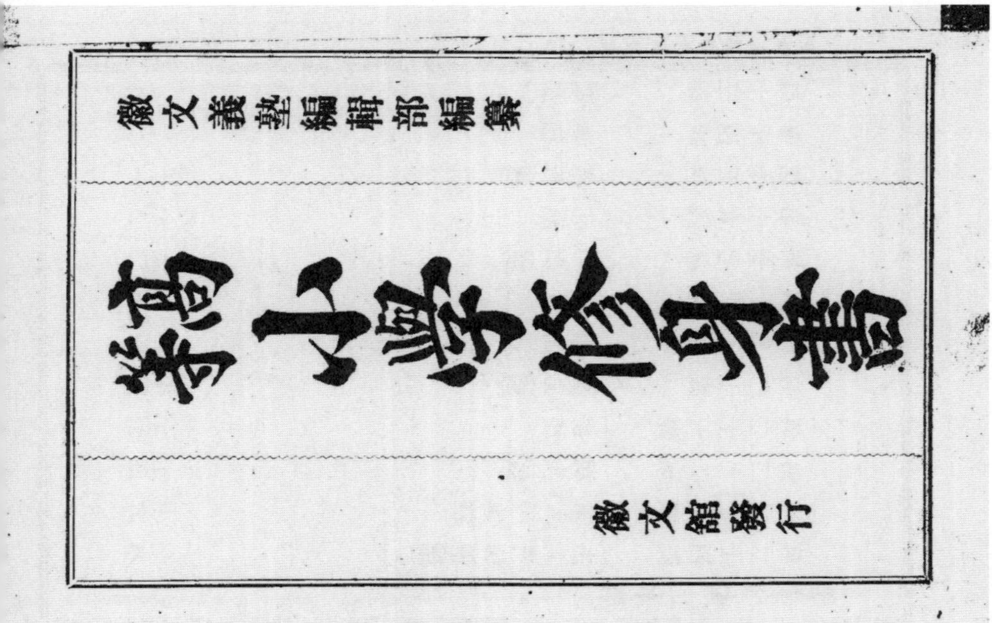
徽文義塾編輯部編纂
高等小學修身書
徽文館發行

高等小學修身書目次

學校에對ᄒᆞᆫ本務

德性에對ᄒᆞᆫ注意

人格에對ᄒᆞᆫ本務

修養에對ᄒᆞᆫ本務

國民에對ᄒᆞᆫ注意

高等小學修身書目次 終

高等小學修身書卷一

第一課 太祖高皇帝

太祖ㅣ勇力이絶人ᄒᆞ시고神武ㅣ無敵ᄒᆞ샤咸州(今咸興)에셔鬪牛를見ᄒᆞ시고兩手로分ᄒᆞ야鬪를解ᄒᆞ시며嘗辛禑를從ᄒᆞ야獵ᄒᆞ실ᄉᆡ左右ᄃᆞ려謂曰今日에我ㅣ獸를射ᄒᆞ되皆其背를中ᄒᆞ리라ᄒᆞ시고是日에麞四十을射獲ᄒᆞ샤ᄃᆡ皆背를中ᄒᆞ시니人이其神ᄒᆞᆷ을服ᄒᆞ더라

太祖ㅣ將이되실ᄉᆡ號令이明信ᄒᆞ시고豁達寬仁ᄒᆞ샤投戈의隙에ᄂᆞᆫ必名士를引致ᄒᆞ야經史를商確ᄒᆞ시고大學演義를樂觀ᄒᆞ시며慨然히世道를挽回ᄒᆞ실志ㅣ有ᄒᆞ신지라時에諸將이各其私兵을占ᄒᆞ야號를牌記라ᄒᆞ고專히威를立코져ᄒᆞᆷ으로麾下가多怨ᄒᆞ되 太祖ᄂᆞᆫ獨赤心을推ᄒᆞ심으로皆部下에屬ᄒᆞ기를願ᄒᆞ야一時物望이洽然ᄒᆞ며且戰功을屢立ᄒᆞ심의朝野가依仰益重ᄒᆞ야大業을肇成ᄒᆞ시니라

第二課 太祖高皇帝(續)

太祖ㅣ嘗騎兵五千과步兵一萬을率ᄒᆞ시고鴨綠江을渡ᄒᆞ시니時에東寧府(在今遼東)同知李原景(一名은兀魯帖木兒)이 太祖의來征ᄒᆞ심을聞ᄒᆞ고兀剌山城(卽東寧地)에移保ᄒᆞ야險을據ᄒᆞ고自固ᄒᆞ거ᄂᆞᆯ 太祖ㅣ也頓村(在渭原界)에至ᄒᆞ시니原景이甲을棄ᄒᆞ고來拜ᄒᆞ야曰吾의先도本高麗人이라願컨ᄃᆡ臣僕이되깃노라ᄒᆞ고三百餘戶를率ᄒᆞ고來降ᄒᆞᆫᄃᆡ其酋高安慰ᄂᆞᆫ城을嬰ᄒᆞ고固守ᄒᆞ거ᄂᆞᆯ我師가城을圍ᄒᆞ고 太祖ㅣ片箭으로七十餘發을射ᄒᆞ야皆其面을中ᄒᆞ니城中이氣奪ᄒᆞᆫ지라安慰가城에縋ᄒᆞ야夜遁ᄒᆞᆷ의明日에其頭目이百姓을率ᄒᆞ고出降ᄒᆞ니諸山城이望風皆降ᄒᆞ야戶萬餘를得ᄒᆞᆫ지라獲ᄒᆞᆫ바牛一千餘頭와馬數百匹을其主에게悉還ᄒᆞ니北人이大悅ᄒᆞ야歸附ᄒᆞᄂᆞᆫ者ㅣ如市ᄒᆞ야東으로皇城坪(古女眞皇城)에至ᄒᆞᆷ과北으로東寧府에至ᄒᆞᆷ과西으로海에至ᄒᆞᆷ과南으로鴨綠에至ᄒᆞᆷ에皆一空ᄒᆞ더라

第三課　世宗大王

世宗大王의天性이好學ᄒᆞ샤每日四皷에具衣ᄒᆞ시고平明에受朝ᄒᆞ시고其次에視事ᄒᆞ시고又、其次에輪對ᄒᆞ시고又、其次에經筵에御ᄒᆞ시고乃、入內ᄒᆞ샤猶、書史를覽ᄒᆞ샤懈ᄒᆞᆷ이少無ᄒᆞ시니政이擧ᄒᆞ고人이和ᄒᆞ야東北이率服ᄒᆞ며國內가晏然ᄒᆞ니時에東方堯舜이라稱ᄒᆞ더라且、珍玩을不好ᄒᆞ샤命ᄒᆞ야上林苑에花卉와鵓鴿을悉散ᄒᆞ야民間에給ᄒᆞ시더니咸吉道都節制使河敬復이馴鹿을欲進ᄒᆞ거ᄂᆞᆯ上曰珍禽奇獸ᄂᆞᆫ古人의戒ᄒᆞᆫ바ㅣ니其勿進ᄒᆞ라ᄒᆞ시니라

第四課　世宗大王(續)

上이以爲、諸國은各其、文字를製ᄒᆞ야써國語를記ᄒᆞ되獨、我國이無ᄒᆞ다ᄒᆞ시고子母二十八字를御製ᄒᆞ시니名曰訓民正音이라禁中에設廳ᄒᆞ고申叔舟成三問等을命ᄒᆞ야撰ᄒᆞᆯᄉᆡ其字體ᄂᆞᆫ古篆梵字를倣ᄒᆞ고其音은五에分ᄒᆞ니曰牙、舌、脣、齒、喉라文字에能記치못ᄒᆞᆯ者ㅣ無ᄒᆞ

야雖、婦人女子라도皆、瞭然曉得ᄒᆞᆯ지라今에各國文字로較看ᄒᆞ건ᄃᆡ其、簡易昭詳ᄒᆞᆷ이我、國文에右ᄒᆞᆯ者ㅣ無ᄒᆞ니라

第五課　氣槩

李忠武公舜臣이兒時로브터豪宕不羈ᄒᆞ고挺挺히大氣岸이有ᄒᆞ야群兒로더부러遊ᄒᆞᆯᄉᆡ戰陣의狀을作ᄒᆞ고公을推ᄒᆞ야元帥를삼으니陣法이井井可觀ᄒᆞᆯ너라諸兄을從ᄒᆞ야詩書를業ᄒᆞ나從事키를不肯ᄒᆞ고筆을投ᄒᆞ야强弓을挽ᄒᆞ며駿馬를御ᄒᆞᆷ이儕流에出ᄒᆞ더니及、虎榜에標ᄒᆞ야新恩으로先隴에榮拜ᄒᆞᆯᄉᆡ石人이顚倒ᄒᆞᆷ을見ᄒᆞ고下隷를命ᄒᆞ야起ᄒᆞ라ᄒᆞ니能히動ᄒᆞᄂᆞᆫ者ㅣ無ᄒᆞᆫ지라公이能、獨扛ᄒᆞ야竪立ᄒᆞ니라

第六課　創智

李忠武公이智를創ᄒᆞ야戰船을作ᄒᆞ니其形이穹窿ᄒᆞ야龜와如ᄒᆞᆷ으로名曰龜船이라船上에大板을覆ᄒᆞ고板中에十字細路를賓ᄒᆞ야써

人行을容케ᄒᆞ고其他에ᄂᆞᆫ錐刀를悉布ᄒᆞ야着足處가無케ᄒᆞ고前에ᄂᆞᆫ龍頭오後에ᄂᆞᆫ龜尾니前後左右에銃穴이各六이有ᄒᆞ야大丸을放케ᄒᆞ고賊을遇ᄒᆞᆫ즉編茅로上에覆ᄒᆞ야錐刀를掩ᄒᆞ얏다가賊이登船코져ᄒᆞᆫ즉編茅를捲ᄒᆞ고來襲코져ᄒᆞᆫ즉一時에放銃ᄒᆞ야向ᄒᆞᄂᆞᆫ바에無敵ᄒᆞᆫ지라壬辰의亂에水戰을每捷ᄒᆞᆷ이此를用ᄒᆞᆷ이니라

第七課 秉公

李忠武公이鉢浦萬戶로在ᄒᆞᆯ時에左水使成鏄이官庭의梧桐을斫取코져ᄒᆞ거ᄂᆞᆯ公이不從曰此ᄂᆞᆫ公家物이라栽ᄒᆞᆫ지有年이거ᄂᆞᆯ私慾으로써一朝에伐ᄒᆞᆷ이可ᄒᆞ냐水使가雖、心怒ᄒᆞ나亦、遂行치못ᄒᆞ고其後殿最에公을貶下코져ᄒᆞ니都事趙憲이閣之曰李某의績이一道에冠ᄒᆞ니寧、列鎭은盡貶ᄒᆞᆯ지언졍李某ᄂᆞᆫ可貶치못ᄒᆞᆫ다ᄒᆞ야乃止ᄒᆞ니라且、兵曹郞徐益의所親이訓鍊院에在ᄒᆞ야益이越次薦報코져ᄒᆞ거ᄂᆞᆯ公이堅執ᄒᆞ야曰不可라ᄒᆞ니益이公을庭下에牌招ᄒᆞ야詰責ᄒᆞ거ᄂᆞᆯ

公이辭色을不變ᄒᆞ고直辨無撓ᄒᆞᆫ대益이大怒ᄒᆞ야盛氣로臨ᄒᆞ되公이從容酬荅ᄒᆞ야少無沮氣ᄒᆞ니日暮에益이愧屈ᄒᆞ니라

第八課 忠義

郭忠翼公再祐ᄂᆞᆫ玄風人이라壬辰亂에諸道가連陷ᄒᆞ야列鎭主將과方伯守宰가皆、深山에避ᄒᆞᆷ을聞ᄒᆞ고乃奮罵曰 聖朝ㅣ臣庶를休養ᄒᆞᆫ지二百餘年이라一朝에急ᄒᆞᆷ이有ᄒᆞ거ᄂᆞᆯ皆、自全의計를爲ᄒᆞ고君父의亂을不顧ᄒᆞ니今에若、草野로써不起ᄒᆞ면一國三百州에一男子도無ᄒᆞ다ᄒᆞᆯ지라豈、萬古의羞가아니리오於是에家財를盡散ᄒᆞ야士卒를募集ᄒᆞᆯ새所着ᄒᆞᆫ衣를解ᄒᆞ야戰士를衣ᄒᆞ니戰士가感泣ᄒᆞ야皆、手下에同死ᄒᆞ기를願ᄒᆞᄂᆞᆫ故로賊의多寡를不問ᄒᆞ고直前無畏ᄒᆞ야一로써十을當치못ᄒᆞᆯ者ㅣ無ᄒᆞ더라

第九課 忠義(續)

金忠壯公千鎰이罷官ᄒᆞ야羅州에居ᄒᆞ더니壬辰亂에倭賊이京城을

陷ᄒᆞᆷ이上이西狩ᄒᆞ심을聞ᄒᆞ고號痛ᄒᆞ다가既而오奮然曰吾ㅣ徒哭ᄒᆞᆫ덜何爲오今、君父가播越ᄒᆞ시니吾ᄂᆞᆫ世臣이라鳥竄求活ᄒᆞᆷ이不可ᄒᆞᆫ즉吾ㅣ義를擧ᄒᆞ고難에赴ᄒᆞ야强弱이不敵ᄒᆞ면有死ᄒᆞᆯᄯᆞ름이니不死ᄒᆞ면써報國ᄒᆞᆷ이無ᄒᆞ다ᄒᆞ고乃、衆을誓ᄒᆞ야討賊ᄒᆞᆯ식兵을進ᄒᆞ야江華에據ᄒᆞ고梁山璹으로ᄒᆞ야곰行在所에奏ᄒᆞᆫ듸朝廷이倡義使를賜號ᄒᆞ시니自是로朝命이兩湖에始達ᄒᆞ니라及、賊이棄城南走ᄒᆞ거ᄂᆞᆯ公이追ᄒᆞ야晋州를守ᄒᆞ얏다가賊이大至ᄒᆞ야矢窮力竭ᄒᆞᆷ이公이怡然曰起事ᄒᆞ던日에吾死ㅣ斷ᄒᆞ얏다ᄒᆞ고遂、北向再拜ᄒᆞ고子象乾及梁山璹等으로江水에赴ᄒᆞ야死ᄒᆞ니라

第十課 大志

林忠愍公慶業이六歲時에羣兒를率ᄒᆞ고石을累ᄒᆞ야營壘를삼으며草를揭ᄒᆞ야旗幟를삼아戰陣의狀을作ᄒᆞ며操鍊의規를立ᄒᆞᆷ이羣兒가其約束을受ᄒᆞ야敢히違令치못ᄒᆞ더니其後에弓馬로써爲業ᄒᆞ야

大丈夫三字를口에不絕ᄒᆞ고且讀書를好ᄒᆞ야常、自歎曰吾가天地의氣를稟ᄒᆞ야禽獸가되지아니ᄒᆞ고人이되얏스며婦人이되지아니ᄒᆞ고男子가되얏스니惜乎라此世에生ᄒᆞ야豈局束히一生을虛送ᄒᆞ리오丁卯虜變에朝廷이和를媾ᄒᆞ야其兵을却ᄒᆞᆫ지라公이奮然曰朝廷이我에게精砲四萬을與ᄒᆞ면將彼虜를殲ᄒᆞ고劒을鴨水에洗ᄒᆞ리라ᄒᆞ니라

第十一課 謀略

郭忠翼公이戰時에必、紅絹貼裏를着ᄒᆞ며堂上笠飾을具ᄒᆞ고自號를紅衣天降將軍이라ᄒᆞ야馳馬掠陣ᄒᆞᆷ에往來가倏忽ᄒᆞ니賊이雖、鐵丸을齊發ᄒᆞ나能中치못ᄒᆞᄂᆞᆫ지라公이或、馬上에셔擊鼓徐行ᄒᆞ야行陣의節度를作ᄒᆞ며或、使人으로吹笛鳴笳ᄒᆞ야懼意가少無ᄒᆞᆷ을示ᄒᆞ며或、山藪中에疑兵을多設ᄒᆞ야吹角鼓譟ᄒᆞ며或、處處에奇兵을伏ᄒᆞ야寂寂히無人ᄒᆞᆷ과如히ᄒᆞ얏다가賊이至ᄒᆞ면輒、射殺ᄒᆞ니賊이謂ᄒᆞ되

粧玄將軍이至라ᄒᆞ야敢近치못ᄒᆞ고所向에皆遁走ᄒᆞ더라

家庭의注意

第十二課　家庭

家內人이各其業務에盡力ᄒᆞ며各其身體를愼重히ᄒᆞ면一家가自然和合ᄒᆞ야其樂이大ᄒᆞᄂᆞ니라

家庭에在ᄒᆞ야ᄂᆞᆫ恒常父母와祖父母를恭敬ᄒᆞ야命을勿逆ᄒᆞ며其事業을幇助ᄒᆞ며兄弟姉妹와恭愛ᄒᆞ며婢僕을顧護ᄒᆞᆯ지니家內의人이和睦케生活ᄒᆞᆷ은但一家의幸福이될ᄲᅮᆫ아니라實로國家幸福의基本이될지라故로傳에曰一家가仁ᄒᆞ면一國이興仁ᄒᆞᆫ다ᄒᆞ니라

一家의內에門戶가各立ᄒᆞ면家道가必覆ᄒᆞᆯ지니家長된者ᄂᆞᆫ不忍聞의言을出치勿ᄒᆞ며家衆된者ᄂᆞᆫ不敢言의說을作지勿ᄒᆞ면家道가正ᄒᆞ리라

第十三課　家族

親子兄弟姉妹가一家中에서敦睦히生活ᄒᆞᆷ은莫大ᄒᆞᆫ幸福이라人人히勉勵ᄒᆞ야其無益의費用을省ᄒᆞ고正當ᄒᆞᆫ業務에從ᄒᆞ야一家의繁榮을必致케ᄒᆞᆯ지니라

家庭이和樂ᄒᆞ면雖蔬糲을食ᄒᆞ며布葛을衣ᄒᆞ더라도其歡喜ᄒᆞᆷ을不勝ᄒᆞᆯ지오家庭이不和ᄒᆞ면雖珍羞를食ᄒᆞ며綺羅를衣ᄒᆞ더라도其愁嘆ᄒᆞᆷ을不任ᄒᆞᆯ지니父兄된者ᄂᆞᆫ恒常慈愛로써撫育ᄒᆞ고子弟된者ᄂᆞᆫ孝恭으로써尊敬ᄒᆞ면家道가興ᄒᆞᆯ지니라

周文敏公世鵬이姪溢에게寄書曰土脉이和沃ᄒᆞ면生草가必茂ᄒᆞ고一家가和睦ᄒᆞ면生福이必盛ᄒᆞ리라ᄒᆞ니라

第十四課　孝行

人은皆父母의養育을受ᄒᆞ야成長ᄒᆞᆫ者ㅣ니其劬勞의恩을欲報ᄒᆞᆯ진ᄃᆡ平生의誠孝를盡ᄒᆞ야써父母를事ᄒᆞ야도萬一을報키難ᄒᆞ니라

然則人子된者ᄂᆞᆫ恒常誠을盡ᄒᆞ며行을愼ᄒᆞ야父母의命을順從ᄒᆞ며

父母의志를善養ᄒᆞ며父母의名을顯揚케ᄒᆞ되如一毫臨䕶의心과爭鬪의事가有ᄒᆞ면必身을辱되게ᄒᆞ며親을危케ᄒᆞᆷ에至ᄒᆞᆯ지니孝ᄂᆞᆫ百行의源이라一行이라도有虧ᄒᆞ면純孝를得爲키難ᄒᆞ거ᄂᆞᆯ況辱身危親ᄒᆞᆷ이리오

李文成公珥曰人子가受生ᄒᆞᆷ이性命血肉이皆父母의所遺로氣脉이相通ᄒᆞ니此身이我의私物이아니라豈敢히其身을自有ᄒᆞ야써父母에게盡孝치아니리오

第十五課 孝行(續)

宋文正公時烈曰父母가我에게性命의全으로써遺ᄒᆞ셧ᄉᆞᆫ즉性命의中에萬善이畢具ᄒᆞ얏ᄉᆞ니一善이明치못ᄒᆞ야도孝가아니오一善이行치못ᄒᆞ야도孝가아니라必須人欲을盡去ᄒᆞ고天理를盡復ᄒᆞ야父母의遺體로ᄒᆞ야곰恒常淸明正大ᄒᆞᆫ域에立ᄒᆞ야雖父母가沒ᄒᆞ신後라도此心이未衰ᄒᆞ여야父子의倫이亦極盡ᄒᆞ다可謂ᄒᆞᆯ지니라

第十六課 和順

夫婦ᄂᆞᆫ人倫의始오萬福의源이라雖至親至密ᄒᆞ나亦至正至謹ᄒᆞᆫ地니相待ᄒᆞ기를賓과又치ᄒᆞ야必失儀ᄒᆞᆷ이無ᄒᆞᆫ然後에自然和順ᄒᆞᆷ을致ᄒᆞ야家道가正齊ᄒᆞ고且子女에게他日模範을作ᄒᆞᆯ지니라

人이或驕然自大ᄒᆞ야曰丈夫ᄂᆞᆫ天이며君과猶ᄒᆞ다ᄒᆞ야狂暴橫悍ᄒᆞᆷ으로써婦人을全責ᄒᆞᄂᆞ니是로由ᄒᆞ야互相히反目ᄒᆞ며互相히詬怨ᄒᆞ야倫紀가墜ᄒᆞ며家道가壞ᄒᆞᄂᆞ니人의不祥ᄒᆞᆷ이此에甚ᄒᆞᆫ者ㅣ豈有ᄒᆞ리오

寒士의妻를古人이弼國의臣에比ᄒᆞ얏ᄂᆞ니人은必妻로ᄒᆞ야곰貧賤을同勞ᄒᆞ며富貴를共享ᄒᆞ야恩義를勿失ᄒᆞᆷ이家의幸福이니라

第十七課 和順(續)

李文成公珥曰今의學者가外로ᄂᆞᆫ雖矜持ᄒᆞ나內로ᄂᆞᆫ篤實ᄒᆞᆷ이鮮ᄒᆞ야夫婦의間에衽席上情慾을多縱ᄒᆞᆷ으로其威儀를失ᄒᆞᄂᆞ니如是ᄒᆞ

고其身을修ᄒᆞ며家를正코져ᄒᆞᆷ이亦甚難치아니리오必須夫ᄂᆞᆫ和ᄒᆞ야義로써制ᄒᆞ고妻ᄂᆞᆫ順ᄒᆞ야正으로써承ᄒᆞᆫ然後에家事를可治ᄒᆞᆯ지라若從前相狎ᄒᆞ다가一朝에遽然히相敬코져ᄒᆞ면其勢가難行ᄒᆞᆯ지니妻로더부러相戒ᄒᆞ야前習을必去ᄒᆞ고漸漸禮에入ᄒᆞ면妻가我의發言持身ᄒᆞᆷ이一出於正ᄒᆞᆷ을見ᄒᆞ고必相信順從ᄒᆞᆯ지니라

第十八課 友愛

兄弟姊妹ᄂᆞᆫ骨肉의親이라互相히友愛ᄒᆞ야一人이慶喜가有ᄒᆞ거던共喜ᄒᆞ며一人이憂慮가有ᄒᆞ거던共憂ᄒᆞ되兄姊ᄂᆞᆫ年齡이長ᄒᆞ고智識이優ᄒᆞᆫ즉恒常弟妹를爲ᄒᆞ야可히模範될事를行ᄒᆞᆯ지오弟妹ᄂᆞᆫ兄姊를爲ᄒᆞ야恒常愛敬의心을持ᄒᆞᆯ지라如此ᄒᆞ면父母의名譽와門閥의榮光을顯揚ᄒᆞᆯ지니라

曹文貞公植이其弟桓으로더부러友愛가甚篤ᄒᆞ야嘗云兄弟ᄂᆞᆫ支體와如ᄒᆞ야可히分解치못ᄒᆞᆫ다ᄒᆞ고一垣內에同居ᄒᆞ야出入에異門이

無ᄒᆞ며合食共被ᄒᆞ야心이恒常怡怡如也ᄒᆞ더라

第十九課 祖先

祖先을尊敬ᄒᆞᆷ은我國의相傳ᄒᆞᄂᆞᆫ古來美事라然ᄒᆞ나其最要ᄒᆞᆷ은祖先의名譽를無汚ᄒᆞᆷ에在ᄒᆞ니人은恒常行을愼審ᄒᆞ며業을勉勵ᄒᆞ야子孫으로ᄒᆞ야곰孝思를是則케ᄒᆞᆯ지니라

祖先의傳來ᄒᆞᄂᆞᆫ家産을守成ᄒᆞ며且新家産를創興ᄒᆞᆷ은祖先에對ᄒᆞᄂᆞᆫ義務니極히注意ᄒᆞᆯ지나若懶惰를因ᄒᆞ야遺業을傾破ᄒᆞ거나家聲을失墜ᄒᆞᄂᆞᆫ者ᄂᆞᆫ不孝의大ᄒᆞᆫ者니라

第二十課 祖先(續)

張文康公顯光曰吾의一身은百千萬代에祖先의遺傳ᄒᆞᆫ者인즉豈敢히吾身이吾의所有라ᄒᆞ리오吾身을輕히ᄒᆞᆷ은卽吾의祖先을輕히ᄒᆞᆷ이니一思慮에祖先의心을有違ᄒᆞᆯ가一云爲에祖先의德을有違ᄒᆞᆯ가一動作에祖先의道를有違ᄒᆞᆯ가恐ᄒᆞ야戰戰ᄒᆞ며兢兢ᄒᆞ야恒常深淵

을臨ᄒᆞ며薄氷을履ᄒᆞᆷ과ᄀᆞᆺ치ᄒᆞᆫ즉庶乎祖先의遺訓을不墜ᄒᆞᆯ지오祖先도亦子孫이有ᄒᆞ다可謂ᄒᆞᆯ지니라

第二十一課 親族

親族은同祖의孫이라派系의差遠差近ᄒᆞᆷ을勿論ᄒᆞ고必其幸福과繁榮을共計ᄒᆞᆯ지니貧ᄒᆞᆫ親族이라고賤待치勿ᄒᆞ며富ᄒᆞᆫ親族이라고依賴치勿ᄒᆞ고或一時困難이有ᄒᆞ거나災厄에罹ᄒᆞ거던協力相救ᄒᆞ며且名譽를互相保重ᄒᆞ고禮儀를互相正肅ᄒᆞ야一己의過失로써親族에게及累ᄒᆞᆷ을必愼ᄒᆞᆯ지니라

鄭承旨誠謹이嘗淸節로써聞ᄒᆞ더니歉歲에在ᄒᆞ야將米斛으로써買舍ᄒᆞᆯ시諸族이呼飢ᄒᆞᆷ을聞ᄒᆞ고公曰買舍ᄂᆞᆫ子孫을爲ᄒᆞᆷ이라忍諸族으로ᄒᆞ야곰飢死케ᄒᆞ리오ᄒᆞ고遂分賑ᄒᆞ니라

第二十二課 親族(續)

張文康公顯光族契議에曰其恩을篤ᄒᆞ야써其心을一케ᄒᆞ며其規를

定ᄒᆞ야써其事를齊히ᄒᆞ며時로講睦ᄒᆞ야써其和好의情을融케ᄒᆞ며事를同力ᄒᆞ야써其資助의義를通ᄒᆞ야富에所分이有ᄒᆞ고貧에所濟가有ᄒᆞ며慶에ᄂᆞᆫ其喜를同ᄒᆞ고憂에ᄂᆞᆫ其恤을同ᄒᆞᆯ지니此ㅣ家를保ᄒᆞ고族을宜케ᄒᆞᄂᆞᆫ深謀遠慮니라

第二十三課 主人과婢僕

主人은婢僕으로ᄒᆞ야곰其使役을苛酷히ᄒᆞ거나過失을苛責치勿ᄒᆞ고恒常善遇愛護ᄒᆞ야其職業에樂從ᄒᆞᆷ을要ᄒᆞᆯ지며且兒童으로ᄒᆞ야곰婢僕에게無理ᄒᆞᆫ言을妄肆케ᄒᆞᆷ이不可ᄒᆞ니라

婢僕은主人의名譽를尊重히ᄒᆞ야誹謗을絶口ᄒᆞ며主人의命令을順從ᄒᆞ야服務에盡力ᄒᆞᆯ지니如此ᄒᆞ면可히忠勤ᄒᆞᆫ婢僕이라ᄒᆞᆯ지니라

第二十四課 主人과婢僕(續)

李文成公珥曰婢僕이我의勞를代ᄒᆞ니當恩을先에ᄒᆞ고威를後에ᄒᆞ야乃其心을得ᄒᆞᆯ지라君에게民과主에게僕이其理가一이니君이

恤民치아니ᄒᆞᆫ즉民散ᄒᆞ고民散ᄒᆞᆫ즉國亡ᄒᆞ며主가恤僕치아니ᄒᆞᆫ즉僕散ᄒᆞ고僕散ᄒᆞᆫ즉家敗ᄒᆞᆷ은勢의必至ᄒᆞᆯ바ㅣ라人은婢僕에게必、飢寒을軫念ᄒᆞ며衣食을資給ᄒᆞ야其所를得케ᄒᆞ고過惡이有ᄒᆞ거던須、勤勤敎誨ᄒᆞ야自知改革케ᄒᆞᆯ지니라

學校에對ᄒᆞᆫ本務

第二十五課 學校

學校ᄂᆞᆫ人才를養成ᄒᆞᄂᆞᆫ關이라國家의盛衰가學의興廢校에在ᄒᆞᄂᆞ니故로古에ᄂᆞᆫ家塾과黨庠과州序와國學이有ᄒᆞ고今에ᄂᆞᆫ幼稚園과小學校와中學校와大學校와師範學校等이有ᄒᆞ니全國人民이皆、學校의敎育을受ᄒᆞᆫ然後에야能히其身을自立ᄒᆞ며其家를自保ᄒᆞ며社會를維持ᄒᆞ며國家를富强케ᄒᆞᆯ지라然ᄒᆞᆷ으로文明의國은雖、閭巷村里라도皆、學校를設立ᄒᆞ고幼蒙을敎育ᄒᆞ야公益의心을培養ᄒᆞ며忠君愛國의精神을發達케ᄒᆞᄂᆞ니라

第二十六課 學校(續)

安文成公裕ᄂᆞᆫ高麗忠肅王時人이라學校가日衰ᄒᆞᆷ을憂ᄒᆞ야兩府에建議ᄒᆞ되請컨ᄃᆡ百官으로ᄒᆞ야곰錢布를出ᄒᆞ야써學錢을贍케ᄒᆞ쟈ᄒᆞᆫᄃᆡ兩府가從ᄒᆞ야王께聞ᄒᆞᆫ니王이內帑錢穀을出ᄒᆞ야助ᄒᆞᆯ시一、武人이有ᄒᆞ야出錢ᄒᆞ기를不肯ᄒᆞ거ᄂᆞᆯ公이諸相다려謂曰夫子의道가萬世의垂憲ᄒᆞ야臣은君에게忠ᄒᆞ고子ᄂᆞᆫ父에게孝ᄒᆞ고弟ᄂᆞᆫ兄에게恭ᄒᆞᆷ이是、誰敎오ᄒᆞᆫᄃᆡ其武人이慚甚ᄒᆞ야卽、錢을出ᄒᆞᆫ지라其餘財로써支那에送ᄒᆞ야先聖과七十二弟子에像을畵ᄒᆞ고并、祭器와樂器와六經과諸子史를求來ᄒᆞ니라

第二十七課 家庭敎育

凡學生이幼時에入學ᄒᆞᆷ의家庭의敎育이無ᄒᆞ면學業을成就키不能ᄒᆞᄂᆞ니譬ᄒᆞ건ᄃᆡ主人이墻工으로ᄒᆞ야곰石墻을築ᄒᆞᆯ시墻工은外에在ᄒᆞ고主人은內에在ᄒᆞ야外에셔築ᄒᆞᄂᆞᆫ墻을內에셔毁ᄒᆞ면其墻은

十年을築ᄒ야도完成키無望홀지라此와如히教師는學校에셔勞苦를不憚ᄒ고誠勤히教育ᄒ게는家에歸ᄒ즉父母가教訓을不加ᄒ고遊嬉를自任ᄒ야終日의工夫가虛地로歸ᄒ면其學은十年을教ᄒ야도完成키를無望홀지라然ᄒ나家庭의教育은父보다母가勝ᄒᄂ니故로孟母ㅣ三遷의教가有ᄒ샤能히聖人이되시니라

第二十八課　家庭教育(續)

金庾信은新羅文武王時人이라兒時에母가嚴訓을日加ᄒ야交遊ᄒ믈을妄許치아니ᄒ더니一日은偶然히娼女家에셔宿ᄒ지라其母가面으로責ᄒ야曰我ㅣ年老ᄒ믜日夜로汝의進就成功ᄒ믈望ᄒ게는今에小兒輩로더부러淫房酒肆에遊戲ᄒᄂ야ᄒ고號泣ᄒ기를不已ᄒᄃ庾信이即母前에서娼家의門에復過치아니ᄒ믈誓ᄒ얏더니一日은酒를被ᄒ믜馬가舊路를遵ᄒ야誤히娼家에至ᄒᆫ지라公이悟ᄒ고所乘ᄒᆫ馬를斬ᄒ야鞍을棄ᄒ고歸ᄒ니라

第二十九課　敬師

凡學生이學校에在ᄒ야師의命을恪謹히順從홀지니試思ᄒ라父母가我를生養ᄒ샤遊居無教ᄒ면則禽獸에近ᄒ리我를學校에送ᄒ샤師를從ᄒ야學問을修케ᄒ심이師가勞苦를不辭ᄒ고我를愛護ᄒ며我를教育ᄒ야善良ᄒᆫ人이되기를期望ᄒ시니其懃懃ᄒᆫ勸念이父母와何異ᄒ며且學業을修成ᄒᆫ後에ᄂᆫ一身의名譽를闡發ᄒ믜父母의光榮을顯揚ᄒ미皆師의賜ᄒ미니雖學校를出ᄒ야社會에入ᄒᆫ덜豈尊敬의心을暫弛ᄒ리오故로曰人이三에生ᄒ야事ᄒ기를如一히ᄒᆫ다ᄒ니三者ᄂᆫ君師父니라

第三十課　敬師(續)

訓蒙의師가雖傳道의師로더부러有異ᄒ나然ᄒ나訓蒙의師가아니면何由로智慧를開導ᄒ야傳道의師에게進學케ᄒ리오且訓蒙의勞苦가傳道者로더부러殊絕ᄒᆫ즉訓蒙의師ᄂᆫ沒身토록尊敬ᄒ미可ᄒ

지어ᄂᆞᆫ人이或頭角이嶄然ᄒᆞᆷ의全然히昔日의教訓ᄒᆞ던師ᄅᆞᆯ不思ᄒᆞ고但今日에傳授ᄒᆞᄂᆞᆫ師만知ᄒᆞᄂᆞ니是ᄂᆞᆫ其本을忘ᄒᆞᆷ이라雖學業을成就ᄒᆞᆫ덜豈善良ᄒᆞᆫ學生이라稱ᄒᆞ리오凡我學生은學問이成就ᄒᆞᆯ사록益益히訓導의師에恩功을思ᄒᆞ야尊敬ᄒᆞᄂᆞᆫ心을暫時라도不捨ᄒᆞᆷ이可ᄒᆞ니라

第三十一課 遵師教

貴山은新羅眞平王時人이라少時에箒項으로더부러同히其師에게受戒ᄒᆞ니一曰事君以忠이오二曰事親以孝오三曰交友以信이오四曰臨戰無退오五曰殺生有擇이라及百濟가來侵ᄒᆞᆷ의貴山과箒項이少監이되야拒ᄒᆞᆯ새羅兵이力困ᄒᆞ야引退ᄒᆞ게ᄂᆞᆯ貴山曰吾ㅣ嘗敎를師에게受ᄒᆞᆷ의臨戰無退ᄒᆞ라ᄒᆞ셧ᄉᆞ니豈敢히敎를墜ᄒᆞ리오ᄒᆞ고箒項으로더부러力戰ᄒᆞ다가死ᄒᆞ니羅王이羣臣을率ᄒᆞ고阿那의野에서迎ᄒᆞ야並禮로ᄡᅥ葬ᄒᆞ니라

第三十二課 學問

學問이란者ᄂᆞᆫ學ᄒᆞ고問ᄒᆞᆷ을謂ᄒᆞᆷ이니學問의法은凡讀書에口로만勿誦ᄒᆞ고必書中의理ᄅᆞᆯ明辨ᄒᆞ며且書ᄅᆞᆯ不讀ᄒᆞᆯ時라도目中에見ᄒᆞᄂᆞᆫ바人物草木金石等類의理ᄅᆞᆯ隨時詳察ᄒᆞᆯ지니此ᄅᆞᆯ謂ᄒᆞ되學이오心에疑處가有ᄒᆞ거던必父兄과師長에게就問ᄒᆞ며農事ᄂᆞᆫ農人에게問ᄒᆞ며商事ᄂᆞᆫ商人에게問ᄒᆞ며工事ᄂᆞᆫ工人에게問ᄒᆞᆯ지니此ᄅᆞᆯ謂ᄒᆞ되問이라學ᄒᆞ고問ᄒᆞ야心에知ᄒᆞᄂᆞᆫ바ㅣ有ᄒᆞ거던猶忘却ᄒᆞᆯ가恐ᄒᆞ야冊에記入ᄒᆞᆯ지니如此ᄒᆞ면胷中에事物의理가積多ᄒᆞ야可히學問家ᄅᆞᆯ成ᄒᆞᆯ지니라

第三十三課 學問(續)

天下에易得ᄒᆞᆯ學問이無ᄒᆞ야惟恒心이有ᄒᆞᆫ者라야得ᄒᆞᆯ지라夫水ᄂᆞᆫ至弱ᄒᆞ고石은至堅ᄒᆞ나一拳의石이라도泉水의滴이日夜不息ᄒᆞ면畢竟은成孔ᄒᆞᄂᆞ니惟學도亦然ᄒᆞ야恒心이有ᄒᆞᆫ者ㅣ勞苦ᄅᆞᆯ不厭ᄒᆞ

고日積月累ᄒᆞ면必貫通ᄒᆞᆯ日이有ᄒᆞᆯ지라然ᄒᆞᆫ즉古今博學의士가皆數十年의勞苦를積ᄒᆞ야成ᄒᆞᆷ이오一日二日의功이아니니若今日의所學을明日에厭ᄒᆞ고今年의所學을明年에棄ᄒᆞ면必光陰을虛度ᄒᆞ고一藝도不成ᄒᆞᆯ지라年이已長ᄒᆞᆷ에及ᄒᆞ야追悔ᄒᆞᆫ덜何爲오

第三十四課　學問(續)

姜文良公希孟曰玉을不琢ᄒᆞ면器를成치못ᄒᆞ고金을不鍊ᄒᆞ면劍을鑄치못ᄒᆞᄂᆞ니玉의用은器에在ᄒᆞᆫᄃᆡ琢ᄒᆞ기를必沙石으로써ᄒᆞ고金의用은劍에在ᄒᆞᆫᄃᆡ鍊ᄒᆞ기를必爐炭으로써ᄒᆞ니苟沙石과爐炭의麁ᄒᆞᆷ을惡ᄒᆞ야居ᄒᆞ기를恥ᄒᆞ면玉은璞에蘊ᄒᆞᆯ而已오金은鑛에秘ᄒᆞᆯ而已라豈能히瑚璉을成ᄒᆞ며龍泉을鑄ᄒᆞ야써世에奇寶가되리오

人에게對ᄒᆞᆫ注意

第三十五課　敬長

吾의父兄을事ᄒᆞᄂᆞᆫ心을推ᄒᆞ면必人의父兄을敬事ᄒᆞᆯ지니尊長을對

ᄒᆞ거던卽禮數를先叙ᄒᆞ고儀容을端正히ᄒᆞ며應對를恪謹히ᄒᆞ며飮食에不先ᄒᆞ며行路에必後ᄒᆞ고且十年의長을見ᄒᆞ거던老兄이라稱ᄒᆞ고輒拜揖ᄒᆞᆷ이可ᄒᆞ니라

李文純公滉曰吾의親을尊ᄒᆞᆷ과吾의長을敬ᄒᆞᆷ으로브터其餘에推及ᄒᆞ야但其敬ᄒᆞᄂᆞᆫ禮가或其人을隨ᄒᆞ야差等은有ᄒᆞᆯ지니西銘同胞의義로써言ᄒᆞ면凡天下高年의人은皆吾一家의長이라豈吾兄을事ᄒᆞᄂᆞᆫ心을推ᄒᆞ야事치아니리오

第三十六課　朋友

朋友를結交ᄒᆞᆷ은信義로써爲主ᄒᆞᄂᆞ니故로不得已ᄒᆞᆫ事가不有ᄒᆞ면遽然히背絶ᄒᆞᆷ이不可ᄒᆞ고但責善을益加ᄒᆞ야其發達進步됨을共計ᄒᆞᆯ지니라

朋友ᄂᆞᆫ感動力이最大ᄒᆞᆫ者ㅣ라故로人이云ᄒᆞ되喜事가有ᄒᆞᆫ時에朋友가來問ᄒᆞ면其喜가倍增ᄒᆞ고悲事가有ᄒᆞᆫ時에朋友가來慰ᄒᆞ면其

悲가半減ᄒᆞᆫ다ᄒᆞ니信ᄒᆞ다此言이여朋友를擇交ᄒᆞᆷ이豈有益지아니ᄒᆞ리요

黃公宗海ᄂᆞᆫ懷德人이라人으로더부러交ᄒᆞᆷ에忠敬ᄒᆞ야其不善이有ᄒᆞᆫ者면必言ᄒᆞ고言ᄒᆞ야도不改ᄒᆞ면自反ᄒᆞ야曰言을不信ᄒᆞᆷ은吾의過라ᄒᆞ고誠意로ᄡᅥ自勉ᄒᆞ더라

第三十七課　社會

人은家族의團體로브터一般人의社會가有ᄒᆞ야各種便益을受ᄒᆞᄂᆞ니此社會에生活ᄒᆞᄂᆞᆫ者의第一注意ᄒᆞᆯ事ᄂᆞᆫ共同力이라此共同力은各其自己의幸福을專爲ᄒᆞᆯᄲᅮᆫ아니라實一般社會의繁榮을互助ᄒᆞᆷ이니人이世上에生ᄒᆞ야社會에共同力을失ᄒᆞ고야豈人數에備充ᄒᆞ기를得ᄒᆞ리오

社會에各種職業이有ᄒᆞᆷ은人의身體에耳、目、口、鼻、手、足이有ᄒᆞᆷ과如ᄒᆞ야其各部分이整備ᄒᆞᆫ然後에其完全ᄒᆞᆫ團體를成ᄒᆞᆯ지니人은恒常自

己의本分을先修ᄒᆞ고社會의共同을努力ᄒᆞᆷ이可ᄒᆞ니라

第三十八課　公益

公益이라ᄒᆞᆷ은何人이던지各其身에相當ᄒᆞᆫ力을出ᄒᆞ야社會에幸福되ᄂᆞᆫ事를謂ᄒᆞᆷ이니假令商民은善美ᄒᆞᆫ物品을賣ᄒᆞ되價를不貪ᄒᆞ며或販路를海外에廣開ᄒᆞ야國을增富케ᄒᆞ고職工은日用의器物을善製ᄒᆞ되減價ᄒᆞ야人의需用을廣應케ᄒᆞ며財產의餘裕가有ᄒᆞ고職業의繁忙ᄒᆞᆷ이無ᄒᆞᆫ人은教育과慈善의事에盡力ᄒᆞ며或名譽로其鄕里의利益을計ᄒᆞ고學者ᄂᆞᆫ有益의書籍을著述ᄒᆞ야學問의進步로世의改良을圖ᄒᆞᄂᆞᆫ者ㅣ是라此等人은其本分을盡ᄒᆞᆫ結果로直接或間接에皆公益이되ᄂᆞ니若自己의事만爲ᄒᆞ고公益의事를盡力치아니ᄒᆞ면豈社會의見容ᄒᆞᆷ을得ᄒᆞ리오然則人은當自己의職業을勉勵ᄒᆞ야直接의利益을生케ᄒᆞᆫ後에更一層勉勵을加ᄒᆞ야其結果를他人에게廣施ᄒᆞ면乃公益이될지니라

第三十九課 公益(續)

公益의事業이甚多ᄒᆞ나若己의力을不量ᄒᆞ고不慣의業을着手ᄒᆞ얏다가失敗를當ᄒᆞᆷ은決코譽事가아니오但己의可爲而得ᄒᆞᆯ事에從ᄒᆞ야身과社會에有益ᄒᆞᆷ을用力計圖ᄒᆞᆯ지니라

且己를爲ᄒᆞᆷ에ᄂᆞᆫ直接의利益이無ᄒᆞᆫ事라도世에ᄂᆞᆫ大利益이되ᄂᆞᆫ者ㅣ有ᄒᆞᄂᆞ니如斯ᄒᆞᆫ事ᄂᆞᆫ雖身의利益은無ᄒᆞᆯ지라도己의力을因ᄒᆞ야可遂ᄒᆞᆯ者면或勞力或投貲ᄒᆞ야其事를準成ᄒᆞᆷ이可ᄒᆞᆯ지라假令險阻를平易히ᄒᆞ야新路를開ᄒᆞ며大川을修築ᄒᆞ야架橋를設ᄒᆞ며學校를建築ᄒᆞ며貧民을救助ᄒᆞ며畊作의法을改良ᄒᆞ며池를掘ᄒᆞ야灌漑에利導를供ᄒᆞ며溝를通ᄒᆞ야舟楫에便宜를備ᄒᆞᆷ과如ᄒᆞᆫ等事니라

第四十課 他人의自由

社會에安寧秩序를保有ᄒᆞᆷ에ᄂᆞᆫ何人이던지行動의自由를持ᄒᆞ얏슨즉我ᄂᆞᆫ決코他人의行動을沮妨ᄒᆞᆷ이不可ᄒᆞ고且社會에安寧秩序를

保有ᄒᆞᆷ에ᄂᆞᆫ何人이던지思想의自由를持ᄒᆞ얏슨즉雖其思想이我와異ᄒᆞᆯ지라도決코他人의思想을沮妨ᄒᆞᆷ이不可ᄒᆞ고我等도亦社會에安寧秩序를保有ᄒᆞᆷ에ᄂᆞᆫ信敎의自由를持ᄒᆞ얏슨즉他人은決코我의信仰을沮妨ᄒᆞᆷ이不可ᄒᆞ니라

然ᄒᆞ나自由ᄂᆞᆫ決코自意를任ᄒᆞᆷ이아니오他人의權利를妨害ᄒᆞᆷ이無ᄒᆞᆫ範圍內에在ᄒᆞ니此를謂ᄒᆞᆫ딕正當ᄒᆞᆫ自由라云ᄒᆞᆯ지니라

第四十一課 他人의名譽

他人의名譽를重히ᄒᆞᆷ은即自己의名譽를重히ᄒᆞᆷ이어ᄂᆞᆯ人이或嫉妬心과黨派心과些少ᄒᆞᆫ嫌疑心에發ᄒᆞ야他人의名譽를損傷케ᄒᆞᄂᆞᆫ者ㅣ不少ᄒᆞᄂᆞ니人은恒常此에注意ᄒᆞ야若個의心을抑遏ᄒᆞᆷ이可ᄒᆞ니라且他人을誹謗ᄒᆞ며過失을訐嘛ᄒᆞ야世上에信用을失케ᄒᆞ거나或事實을捏誣ᄒᆞ며聲望을毁庳ᄒᆞᄂᆞᆫ等事ᄂᆞᆫ亦最鄙者의行爲니此를戒愼ᄒᆞᆷ이亦可ᄒᆞ니라

夫、我의權利가固重ᄒᆞ되人의權利도亦、非輕ᄒᆞ니自重ᄒᆞ고重人ᄒᆞᆷ은人의天然的權利라若、一己의名譽를自重ᄒᆞ고他人의名譽을輕蔑ᄒᆞ면此ᄂᆞᆫ同類의共生ᄒᆞᄂᆞᆫ義를不知ᄒᆞᄂᆞᆫ者라然ᄒᆞᆫ즉人生의名譽如何를不知ᄒᆞᄂᆞᆫ者ᄂᆞᆫ足히文明의眞面目을與語치못ᄒᆞᆯ지니라、

第四十二課　他人의身體

他人의身體生命을不重히ᄒᆞ야戕害를加코져ᄒᆞᆷ은但、社會의安寧秩序를破壞ᄒᆞᆯᄲᅮᆫ아니라衝目의杖은人皆有之ᄒᆞ니其毒害를反受키易ᄒᆞᆯ지니라)

人이我에게殺害를加코져ᄒᆞᆫ境遇에ᄂᆞᆫ防衛ᄒᆞ기爲ᄒᆞ야不得已抵敵ᄒᆞᆯ지나然ᄒᆞ나人에게暴行을受ᄒᆞᆫ時ᄂᆞᆫ其相當ᄒᆞᆫ手段을盡ᄒᆞ야法律의制裁를請ᄒᆞᆯ지오蓋然히腕力을恃ᄒᆞ야是非曲直을自決ᄒᆞᆷ은不可ᄒᆞ니라

且、卑賤ᄒᆞᆫ人이小失이有ᄒᆞ면此를曉諭ᄒᆞ야其過를自服케ᄒᆞᆷ이可ᄒᆞ

거ᄂᆞᆯ或、豪強을自恃ᄒᆞ고毆打를濫行ᄒᆞ야一時의忿으로ᄡᅥ終身의玷을致ᄒᆞᄂᆞ니人은豈銘心치아니리오、

第四十三課　他人의財產

他人의財產은應히所重ᄒᆞᆫ者라雖、些少의物이라도敢히侵犯ᄒᆞᆷ이不可ᄒᆞ거던況、欺騙脅迫의手段으로人의所有物을占奪ᄒᆞ리오故로他人의財產을重히ᄒᆞᆷ은卽、我의財產을重히ᄒᆞᄂᆞᆫ本因이니라

且、他人의承諾을得지못ᄒᆞ고任意로其財產을使用ᄒᆞ던지或、他人의所有物을借ᄒᆞ고趁期不返ᄒᆞᆷ은卽、不道德의事이라社會上에信을失ᄒᆞ야其安全生活ᄒᆞᆷ을不得ᄒᆞᆯ지니라

財產侵害의最恐ᄒᆞᆫ者ᄂᆞᆫ強、竊盜와詐僞等이니此ᄂᆞᆫ社會의財產秩序를保護ᄒᆞ기爲ᄒᆞ야法律의嚴禁ᄒᆞᄂᆞᆫ바ㅣ니라)、

第四十四課　愛人

凡、世上의人은皆、我의同類인즉獨히師友만是愛ᄒᆞᆯᄲᅮᆫ아니라雖、不相

識ᄒᆞᄂᆞᆫ路人이라도亦可愛ᄒᆞᆯ지니貧寒에難堪ᄒᆞᆫ者를見ᄒᆞ거던必量力ᄒᆞ야助ᄒᆞ며勞役에奔汲ᄒᆞᆫ者를見ᄒᆞ거던必賙迫ᄒᆞ야慰ᄒᆞ며不肖ᄒᆞᆫ者를見ᄒᆞ거던必善言으로ᄡᅥ導ᄒᆞ고雖外國의人을遇ᄒᆞᆯ지라도亦當敬愛ᄒᆞ여야敎化가有ᄒᆞᆫ民이라可謂ᄒᆞᆯ지라孟子ㅣ曰人을愛ᄒᆞᄂᆞᆫ者ᄂᆞᆫ人이恒常愛ᄒᆞᆫ다ᄒᆞ시니此ᄂᆞᆫ自然의理니라

第四十五課　慈善

人이世上에生ᄒᆞᆷ의天疾로身體가不完全ᄒᆞᆫ者도有ᄒᆞ거니와或天災時變과疾病喪慼과鰥寡孤獨의困窮으로死亡丐乞에陷ᄒᆞᆫ者ㅣ有ᄒᆞ니此等에對ᄒᆞ야慈善을施ᄒᆞᆷ은人된者의必務니라

我國도慈善의事가行ᄒᆞᆷ으로古에ᄂᆞᆫ惠民署와活人署가有ᄒᆞ고近에ᄂᆞᆫ濟衆院과惠民院과廣濟院이有ᄒᆞ고今에ᄂᆞᆫ孤兒院과大韓醫院과赤十字社가次第로起ᄒᆞ니我等은此를滿足타勿謂ᄒᆞ고益益用力ᄒᆞ야如斯ᄒᆞᆫ事業의發達ᄒᆞ기를注意ᄒᆞᆯ지니라

李文康公之蓂이毛山守에게饗ᄒᆞ셔守離ᄒᆞ던翌日에出而暮還ᄒᆞ거ᄂᆞᆯ家人이其新袍가亡ᄒᆞᆷ을見ᄒᆞ고問ᄒᆞᆫ듸曰私濟橋를過ᄒᆞ다가丐見가凍病ᄒᆞᆷ을見ᄒᆞ고割而分之ᄒᆞ야三兒를衣ᄒᆞ얏다ᄒᆞ니라

第四十六課　公衆

公衆으로共히社會中에生活ᄒᆞᄂᆞᆫ以上에ᄂᆞᆫ互相愛護ᄒᆞ야他人에게損害되ᄂᆞᆫ事를行치勿ᄒᆞᆯ지니若寺院과公園等地에樹木을折ᄒᆞ거나馬車通行ᄒᆞᄂᆞᆫ路에妨害物을置ᄒᆞᆷ은通常으로戒愼ᄒᆞᆯ바어니와公衆衛生을重히ᄒᆞᆷ에對ᄒᆞ야飮料水에汚物及塵芥를投ᄒᆞ거나道路에腐敗物을棄ᄒᆞ야傳染病에豫防及消毒을解弛케ᄒᆞᆷ은決코不可ᄒᆞ고且衆人集會處에서他人을排斥ᄒᆞ거나滊車滊船中에서擧動을駭妄히ᄒᆞᆷ은亦公衆에게無禮ᄒᆞᆫ行을使ᄒᆞᄂᆞᆫ者이니必深愼ᄒᆞᆯ지니라

自己의對ᄒᆞᆫ注意

第四十七課　身體

身體가健康ᄒᆞ면何事던지困難이少ᄒᆞ고身體가不健康ᄒᆞ면何事던지容易치못ᄒᆞᄂᆞ니故로人의務를盡ᄒᆞᆷ에ᄂᆞᆫ身體를健康케ᄒᆞᆷ이最緊切ᄒᆞ니라

身體가健康치못ᄒᆞ면其心이亦健康키不能ᄒᆞᆫ故로身體의健康을注意ᄒᆞᆷ은心을爲ᄒᆞᆷ에亦緊ᄒᆞ니라

身體의强壯與否ᄂᆞᆫ其人의天禀을因ᄒᆞᆷ이多ᄒᆞ나然ᄒᆞ나不强壯ᄒᆞᆫ人도攝養에注意ᄒᆞ면健康을能保ᄒᆞ고强壯ᄒᆞᆫ人도攝養에不注意ᄒᆞ면反健康을害ᄒᆞ야虛弱ᄒᆞᆫ人을不免ᄒᆞ리라

第四十八課 身體(續)

身體ᄂᆞᆫ食物을因ᄒᆞ야養ᄒᆞᄂᆞᆫ者인즉必滋養이有ᄒᆞᆫ食物을選擇ᄒᆞᆯ지오暴飮暴食은大害가有ᄒᆞᆯ지니深愼ᄒᆞᆷ이可ᄒᆞ니라

身體를健康케ᄒᆞᆷ은飮食을愼ᄒᆞᄂᆞᆫ外에運動이尤要ᄒᆞ니腕을多使ᄒᆞ면其腕이發達ᄒᆞ고脚을多使ᄒᆞ면其脚이發達ᄒᆞᄂᆞᆫ故로身體가十分

充健ᄒᆞᆯ지니空氣가新鮮ᄒᆞ고光線을洽受ᄒᆞᄂᆞᆫ處에서運動ᄒᆞᆷ이最好ᄒᆞ니라

蓋體操ᄂᆞᆫ身體各部를一樣으로發達케ᄒᆞᆷ으로其效가甚大ᄒᆞ나過度ᄒᆞᆷ은不可ᄒᆞ고且皮膚를强壯히ᄒᆞ며身體를淸潔히ᄒᆞᆷ이亦要ᄒᆞ니라

第四十九課 淨潔

衛生의道ᄂᆞᆫ淨潔이第一이라凡房屋器具가一이라도不淨潔ᄒᆞᆷ이不可ᄒᆞ되身體가尤要ᄒᆞᆫ故로梳櫛을必勤ᄒᆞ며洗澡를必數ᄒᆞ며衣服을必常易ᄒᆞ며冠履를必常刷ᄒᆞ며手面에有汚ᄒᆞ거던卽盥洗ᄒᆞᆯ지니此를自幼로習慣치아니ᄒᆞ면長ᄒᆞᆷ의懶惰가成性ᄒᆞ야改ᄒᆞ기難ᄒᆞᆯ지라

嘗讀書의士를見ᄒᆞᆫ즉衣袴에虱이生ᄒᆞ고冠履에塵이積ᄒᆞ되終日伏案ᄒᆞ야整理ᄒᆞᆷ을不知ᄒᆞ고甚ᄒᆞᆫ者ᄂᆞᆫ蓬頭跣足으로涕唾가滿地ᄒᆞ야人이皆遠避ᄒᆞ거ᄂᆞᆯ彼曰我ᄂᆞᆫ學問이勝人ᄒᆞ니淨潔은不足貴라ᄒᆞᄂᆞ니吁라是何言인고

第五十課 節飮食

盧文懿公守愼曰飮食을節히ᄒᆞ되食에精홈을不厭ᄒᆞ고飮에溫홈을不厭ᄒᆞ며先飢ᄒᆞᆫ後에食ᄒᆞ되食은太飽히홈이不可ᄒᆞ고先渴ᄒᆞᆫ後에飮ᄒᆞ되飮은太多히홈이不可ᄒᆞ며食은節而小홈을要ᄒᆞ고頻而多홈을不欲ᄒᆞ며食은可히急치못ᄒᆞᆯ지니當嚥히呑ᄒᆞ고緩히嚼ᄒᆞ며膏粱五味라도可히過食치못ᄒᆞᆯ지니肉이食氣를勝치勿케ᄒᆞ며食은生冷堅硬焦燥粘滑의物을忌ᄒᆞ며申後의飯을食치勿ᄒᆞ고卯時의酒를飮치勿ᄒᆞ며酒ᄂᆞᆫ可히過치못ᄒᆞ고茶ᄂᆞᆫ반다시廢치못ᄒᆞᆯ지니라

第五十一課 儉約

人이儉約을自守홈은一身一家의幸福을能享ᄒᆞᆯ뿐아니라公衆社會의利益을增長케ᄒᆞᄂᆞ니何者오儉約ᄒᆞᆫ者ᄂᆞᆫ自奉이撙節ᄒᆞᆫ故로恒常有餘ᄒᆞ야能히人에게施ᄒᆞ고奢侈ᄒᆞᆫ者ᄂᆞᆫ自奉이濫厚ᄒᆞᆫ故로恒常不足ᄒᆞ야反히人에게咨ᄒᆞᄂᆞ니라

柳公集模가讀書治家홈의華를去ᄒᆞ고實에就홈으로爲本ᄒᆞ야簾을織ᄒᆞ고菜를撚ᄒᆞ며茄子一畦와葡萄一架를種ᄒᆞ야時로賣ᄒᆞ며家人十口가其壯弱을隨ᄒᆞ야所業이皆有홈으로各其資生에足ᄒᆞ니家事가井井有度ᄒᆞ야雖貧窶ᄒᆞ나終年不飢ᄒᆞ더라

第五十二課 度量

人으로더부러交홈에ᄂᆞᆫ必度量을濶達히ᄒᆞᆯ지니雖己를對ᄒᆞ야無禮ᄒᆞᆫ言行을加ᄒᆞᄂᆞᆫ者ㅣ有ᄒᆞᆯ지라도妄히怒ᄒᆞ야抵抗홈이不可ᄒᆞ니라

美國華盛頓이一日은一將校와談論ᄒᆞᆯ새其將校가怒ᄒᆞ야華盛頓을投倒ᄒᆞᆫ디華盛頓이心中에介嫌치아니ᄒᆞ고翌日에其將校에게往ᄒᆞ야改히親交홈을納ᄒᆞ니自此로切親ᄒᆞᆫ友가되니라

河公濬은晋州人이라兒時에同學兒가一忿爭을因ᄒᆞ야公의膺를牽ᄒᆞ야割拔ᄒᆞ거ᄂᆞᆯ公이慍色이少無ᄒᆞ고人이問ᄒᆞᆫ즉曰此事가初無ᄒᆞ다ᄒᆞ더라

第五十三課　正直

正直은人의繩墨이라自己를爲ᄒᆞᆷ이던지社會를爲ᄒᆞᆷ이던지正直이아니면行身키不能ᄒᆞᄂᆞ니若人의虛言을聞ᄒᆞ고他人을騷動ᄒᆞ야笑料를興ᄒᆞ거나他人의怒를恐ᄒᆞ야我의過失을隱ᄒᆞ거나我의才能을褒ᄒᆞ기爲ᄒᆞ야事實을誇ᄒᆞ거나又目前의利益을爲ᄒᆞ야無心의事를行ᄒᆞᄂᆞᆫ者ᄂᆞᆫ皆賤卑ᄒᆞᆫ事이오其外에不公ᄒᆞᆫ稱秤을用ᄒᆞᆷ과粗惡ᄒᆞᆫ物品을故賣ᄒᆞᄂᆞᆫ等은甚不正直ᄒᆞᆫ行實이니深戒ᄒᆞᆯ지니라

李相國景奭曰士ᄂᆞᆫ正直과忠厚로써本을삼ᄂᆞ니正直ᄒᆞ고忠厚치아니ᄒᆞ면刻ᄒᆞ고忠厚ᄒᆞ고正直치아니ᄒᆞ면懦ᄒᆞᄂᆞ니라

第五十四課　公平

公平이라ᄒᆞᆷ은事를當ᄒᆞ야情實을不拘ᄒᆞ며勢力에不係ᄒᆞ고貧賤ᄒᆞᆫ人이던지富貴ᄒᆞᆫ人이던지差別이無케極히平等에處寘ᄒᆞᆷ을云ᄒᆞᆷ이니事를處寘ᄒᆞᆷ이公平ᄒᆞᆫ時ᄂᆞᆫ人에게信ᄒᆞ며人에게信ᄒᆞᆫ時ᄂᆞᆫ我의才

能이用ᄒᆞ야立身起家ᄒᆞᄂᆞᆫ事를得ᄒᆞᆯ지오事를處寘ᄒᆞᆷ이公平치못ᄒᆞᆫ時ᄂᆞᆫ人에게不信ᄒᆞ며人에게不信ᄒᆞᆫ時ᄂᆞᆫ我의才能이不用ᄒᆞ야縱學問이有ᄒᆞ며職業에勤勉ᄒᆞᆯ지라도事를成ᄒᆞ며身을立ᄒᆞ며家를起ᄒᆞᄂᆞᆫ事ㅣ不能ᄒᆞᆯ지니라

第五十五課　公正

(李文淸公後白이爲吏判에公道를務崇ᄒᆞ고請託을不受ᄒᆞ야雖親舊라도若頻頻히往候ᄒᆞ면心에不韙히녁이더니一日은族人이有ᄒᆞ야往見ᄒᆞ고語가求官ᄒᆞᄂᆞᆫ意에及ᄒᆞ거ᄂᆞᆯ公이變色ᄒᆞ고一冊子를示ᄒᆞ야曰吾ㅣ子의名을錄ᄒᆞ야將擬官코져ᄒᆞ얏더니今에子ㅣ求ᄒᆞᆷ이有ᄒᆞ니求ᄒᆞ야得ᄒᆞᆷ은公道가아니로다惜乎라子ㅣ若言치아니ᄒᆞ얏스면可히써得官ᄒᆞ얏스리라其人이慚退ᄒᆞ더라公이每一官을擬ᄒᆞᆷ의遍히其人의當否를問ᄒᆞ야若不合ᄒᆞᆫ人을誤除ᄒᆞ면輒終夜不寢ᄒᆞ야曰我ㅣ國事를誤ᄒᆞ얏다ᄒᆞ더라

第五十六課 清廉

清廉이라ᄒᆞᆷ은心이介潔ᄒᆞ야清水와如ᄒᆞ며行이正直ᄒᆞ야毫末도不逆ᄒᆞᆷ을云ᄒᆞᆷ이니假令我心에虛僞ᄒᆞᆫ事로知ᄒᆞᆯ時ᄂᆞᆫ目前에雖如何ᄒᆞᆫ利益이有ᄒᆞᆯ지라도不爲ᄒᆞ며物을人에게受ᄒᆞ되苟其道가아니면我身이雖餓死ᄒᆞᆯ지라도不取ᄒᆞ며窮迫ᄒᆞᆫ情에牽ᄒᆞ야人의施與ᄅᆞᆯ勿乞ᄒᆞ며利慾의心을向ᄒᆞ야志와本主ᄅᆞᆯ不變ᄒᆞ며且人의物을借치勿ᄒᆞ되若既借ᄒᆞᆫ者ᄂᆞᆫ雖一錢의金이라도必返ᄒᆞ야平生에羞耻되ᄂᆞᆫ事ᄅᆞᆯ不行ᄒᆞᆷ이清潔ᄒᆞᆫ行實이니라

第五十七課 清廉(續)

崔碩은高麗順孝王時人이라昇平府에知ᄒᆞ야清廉으로써稱ᄒᆞᆷ셔府에故俗이邑倅가替還ᄒᆞ면必八馬ᄅᆞᆯ贈ᄒᆞ야良ᄒᆞᆫ者ᄅᆞᆯ擇케ᄒᆞᄂᆞᆫ지라碩이滿期ᄒᆞ야還ᄒᆞᆯ셔邑人이例ᄅᆞᆯ依ᄒᆞ야八馬ᄅᆞᆯ進ᄒᆞ고擇ᄒᆞ라ᄒᆞᆫᄃᆡ碩이笑曰馬가能히京에至ᄒᆞᆷ이足ᄒᆞ니何必良馬ᄅᆞᆯ擇ᄒᆞ리오家에至

ᄒᆞ야其馬ᄅᆞᆯ還歸ᄒᆞ거ᄂᆞᆯ邑人이不受ᄒᆞᆫᄃᆡ碩曰吾ㅣ汝邑을守ᄒᆞᆯ時에牝馬가有ᄒᆞ야駒ᄅᆞᆯ生ᄒᆞᆫ故로今에牽來ᄒᆞ얏ᄉᆞ니是ᄂᆞᆫ貪이라ᄒᆞ고其駒ᄅᆞᆯ幷ᄒᆞ야還ᄒᆞ니自是로贈馬ᄒᆞᄂᆞᆫ弊가遂絶ᄒᆞᆫ지라邑人이德을頌ᄒᆞ야立石ᄒᆞ고號ᄅᆞᆯ八馬碑라ᄒᆞ더라

第五十八課 謙遜

蓋人의品性은言行을因ᄒᆞ야顯ᄒᆞᄂᆞᆫ者라故로一動靜과一云爲의謙德을見ᄒᆞᄂᆞ니自己가長處ㅣ有ᄒᆞ다고誇치勿ᄒᆞ며他人이短處ㅣ有ᄒᆞ다고侮치勿ᄒᆞᆯ지어다己의長處ᄂᆞᆫ誇치아니ᄒᆞ야도自然其行에顯ᄒᆞᄂᆞ니라人이或徒히謙退ᄒᆞᆷ으로써謙德에適合ᄒᆞᆫ줄로思ᄒᆞᄂᆞᆫ者ㅣ有ᄒᆞᄂᆞ니是ᄂᆞᆫ誤解ᄒᆞᆷ이라事爲ᄅᆞᆯ進ᄒᆞᆷ에當ᄒᆞ야躕躇ᄒᆞ며意見을述ᄒᆞᆷ에當ᄒᆞ야默止ᄒᆞᆷ은實卑屈에陷ᄒᆞᆫ者ㅣ니라

金文敬公安國이嘗子弟ᄅᆞᆯ敎ᄒᆞ야曰惟謙과다못恭은是君子의盛德이니汝輩가當終身佩服ᄒᆞᆯ지어다我의平生에傲德ᄅᆞᆯ加人ᄒᆞ며言人

過失ᄒᆞᆷ을汝輩게見ᄒᆞ얏ᄂᆞ냐寧死언뎡子孫이是行이有ᄒᆞᆷ을聞키不願ᄒᆞ노라

第五十九課 沈靜

凡人이事ᄅᆞᆯ臨ᄒᆞ야驚動치아니ᄒᆞ고靜着히事ᄅᆞᆯ處置ᄒᆞᆷ을沈靜이라云ᄒᆞᄂᆞ니人이沈靜치못ᄒᆞ면事에損失이多ᄒᆞᆫ故로必平生에膽을善鍊ᄒᆞ며氣ᄅᆞᆯ善養ᄒᆞ야雖不意의事ᄅᆞᆯ臨ᄒᆞ더라도驚懼ᄒᆞ며畏縮ᄒᆞᆷ이無ᄒᆞᆷ에注意ᄒᆞᆯ지니라

鄭文忠公夢周ㅣ嘗海에航ᄒᆞ야支那及日本에使ᄒᆞᆯ시每風濤의危急ᄒᆞᆷ을當ᄒᆞᆷ이意思가愈整ᄒᆞ고精神이愈淸ᄒᆞ야襟을斂ᄒᆞ고高히拱ᄒᆞ시믈室中에坐ᄒᆞ야周旋ᄒᆞᆷ과如ᄒᆞ더라

第六十課 溫和

溫和라ᄒᆞᆷ은言語ᄅᆞᆯ和平히ᄒᆞ며擧動을靜肅히ᄒᆞᆷ을云ᄒᆞᆷ이니溫和ᄒᆞᆫ言語ᄂᆞᆫ人으로ᄒᆞ야곰信仰의心을發케ᄒᆞ고溫和ᄒᆞᆫ擧動은人으로ᄒᆞ

야곰愛敬의心이起케ᄒᆞᄂᆞ니縱衆人으로ᄒᆞ야곰特過ᄒᆞᆫ才能이有ᄒᆞᆯ지라도言語가喧嘵ᄒᆞ며擧動이荒雜ᄒᆞ면人이厭을生ᄒᆞ야愛敬과信仰의心이乏ᄒᆞᆯ지니人에게愛敬을受치못ᄒᆞ며人에게信仰을受치못ᄒᆞᆯ時ᄂᆞᆫ雖深奧ᄒᆞᆫ學問과高等ᄒᆞᆫ才能이有ᄒᆞᆯ지라도信用ᄒᆞᆯ事가無ᄒᆞᄂᆞ니學問과才能이有ᄒᆞ고도其用을得지못ᄒᆞᆷ으로學問과才能이無ᄒᆞᆷ으로何異ᄒᆞ리오然則凡我學生은恒常言語ᄅᆞᆯ和平히ᄒᆞ며擧動을靜肅히ᄒᆞ야衆人의愛敬과信仰을受ᄒᆞ기에注意ᄒᆞᆯ지어다

第六十一課 溫和(續)

金文敬公宏弼이居京時에嘗一雉ᄅᆞᆯ得ᄒᆞ야將大夫人所에送ᄒᆞ라ᄒᆞᆯ셔猫兒에게偸去ᄒᆞᆫ바ㅣ된지라公이盛怒ᄒᆞ야守者ᄅᆞᆯ責ᄒᆞ니趙文正公光祖ㅣ進曰奉親의誠이雖切ᄒᆞ나君子의辭氣ᄂᆞᆫ可히太過치못ᄒᆞᄂᆞᆫ이다ᄒᆞ거ᄂᆞᆯ公이起ᄒᆞ야趙文正의手ᄅᆞᆯ握ᄒᆞ고曰吾도方悔ᄒᆞ얏더니汝言이又如此ᄒᆞ니吾ㅣ愧汗ᄒᆞᆷ을不覺ᄒᆞ깃도다汝ᄂᆞᆫ乃吾의師로

다ᄒᆞ니趙文正의時年이十七이러라

第六十二課 勇氣

凡人이勇氣가無ᄒᆞ면正當ᄒᆞᆫ行爲를遂ᄒᆞ기不得ᄒᆞᆯ뿐아니라反히人된本務를失ᄒᆞᄂᆞ니故로勇氣가有ᄒᆞᆫ人은國家를爲ᄒᆞᆷ이던지世를爲ᄒᆞ며人을爲ᄒᆞᆷ에當ᄒᆞ야一身을獻ᄒᆞ야犧牲에供ᄒᆞᆷ을不辭ᄒᆞᄂᆞ니라

大抵勇氣ᄂᆞᆫ困難에不屈ᄒᆞ고誘惑에不動ᄒᆞ며私慾을制ᄒᆞ고正道를守ᄒᆞ며過를知ᄒᆞ면能改ᄒᆞ고事를當ᄒᆞ면實行ᄒᆞᄂᆞ니此ᄂᆞᆫ皆平日에勇氣를養ᄒᆞ야百折不撓ᄒᆞᄂᆞᆫ精神에셔由ᄒᆞᆷ이라然ᄒᆞ나勇도義氣와血氣의二勇이有ᄒᆞ니人은恒常詳愼ᄒᆞ야義氣를主ᄒᆞ고血氣를抑制ᄒᆞᆯ지니라

金文簡公淨曰世에大勇이有ᄒᆞᆫ者ᄂᆞᆫ毆ᄒᆞ야도不怒ᄒᆞ며犯ᄒᆞ야도不驚ᄒᆞ며辱ᄒᆞ야도不屑ᄒᆞᄂᆞ니此ᄂᆞᆫ行義ᄒᆞᆷ에勇ᄒᆞᆫ故로忿怒의事가懷에不入ᄒᆞ고徒히其恂恂如也ᄒᆞᆷ만見ᄒᆞᆷ이니라

第六十三課 知識

人의知識은立身ᄒᆞᄂᆞᆫ基礎라何事業을營爲ᄒᆞ던지皆知識을由ᄒᆞ야成ᄒᆞᄂᆞ니然則此知識을琢磨ᄒᆞᆯ진ᄃᆡ宜時勢를隨ᄒᆞ야其程度를益加ᄒᆞᆯ지라然ᄒᆞ나知識의種類가極多ᄒᆞ야一人의心力으로其無限ᄒᆞᆫ理致를透得코져ᄒᆞᆷ은可望키固難ᄒᆞᆫ즉必我의業務에必要ᄒᆞᆫ知識을先得키爲ᄒᆞ야當務에有益ᄒᆞᆫ書物만講究ᄒᆞ되若無緣히時間을費ᄒᆞᆷ은決코不可ᄒᆞ니라

少年의時ᄂᆞᆫ氣力이盛ᄒᆞ야記憶이甚多ᄒᆞᆫ즉知識을琢磨ᄒᆞ기最適當ᄒᆞᆫ時期라此好時期를當ᄒᆞ야若怠惰로失ᄒᆞ면成長ᄒᆞᆫ後에雖追悔ᄒᆞ나何及ᄒᆞ리오

德性에對ᄒᆞᆫ注意

第六十四課 自己

凡人은家族人에게對ᄒᆞᄂᆞᆫ務와社會人에게對ᄒᆞᄂᆞᆫ務로同히自己에

對ᄒᆞᄂᆞᆫ務가有ᄒᆞ고自己에對ᄒᆞᆫ務中에ᄂᆞᆫ身에對ᄒᆞᄂᆞᆫ務와心에對ᄒᆞᄂᆞᆫ務가有ᄒᆞ니外物의誘惑ᄒᆞᆷ을抑制ᄒᆞ야身體의健康과精神의活動을勿害ᄒᆞ도록注意ᄒᆞ야自己의身心을發達케ᄒᆞᆷ이可ᄒᆞ니若一時의困難을不堪ᄒᆞ야自溺或自殺[?]ᄒᆞᆷ은最惡ᄒᆞᆫ事이니라

趙文正公光祖曰己를持ᄒᆞᆷ은當嚴中에恭이有ᄒᆞ고恭中에嚴이有케ᄒᆞᆯ지니此ㅣ謂ᄒᆞᆫ바禮樂은可히斯須도身에去치못ᄒᆞᆫ다ᄂᆞᆫ者ㅣ니라

第六十五課　立志

凡學業을修ᄒᆞᄂᆞᆫ者ᄂᆞᆫ立志로써第一을삼ᄂᆞ니人이若幼時로붓허其志를確立치못ᄒᆞ면成長ᄒᆞᆷ에及ᄒᆞ야自然其心이外物에牽動ᄒᆞ야其所行이一定키不能ᄒᆞᆫ故로無論何事業을經營ᄒᆞ던지半途의廢ᄒᆞᆷ을不免ᄒᆞᆯ지니人은恒常志를確固ᄒᆞᆫ境에置ᄒᆞ고事를公平ᄒᆞᆫ地에行ᄒᆞᆷ이可ᄒᆞ니라

金文忠公誠一이嘗門生을誡ᄒᆞ야曰人은立志가不誠ᄒᆞᆷ을患ᄒᆞᆯ지라

엇지才가不足ᄒᆞᆷ을患ᄒᆞ리오才가無ᄒᆞᆯ지라도君子儒가됨에不妨ᄒᆞᆯ지오才가有ᄒᆞᆯ지라도亦小人의歸ᄒᆞᆷ을不免ᄒᆞᆯ지니惟學ᄒᆞᄂᆞᆫ바에己를爲ᄒᆞ고人을爲ᄒᆞᆷ에在ᄒᆞ니라

第六十六課　立志(續)

志란者ᄂᆞᆫ氣의帥라他人의强ᄒᆞᆫ바ㅣ아니오必自己의感奮ᄒᆞᆷ을從ᄒᆞ야立ᄒᆞᄂᆞᆫ故로其志가强ᄒᆞᆫ者ᄂᆞᆫ堅固의精神과忍耐의力을修養ᄒᆞ야其指的ᄒᆞᆫ方向에抵達ᄒᆞ되其志가弱ᄒᆞᆫ者ᄂᆞᆫ雖一度感奮의心이有ᄒᆞᆯ지라도忽然外物에精力을奪ᄒᆞ야挫折ᄒᆞᆷ을不免ᄒᆞᆯ지니라

世에立志가不固ᄒᆞᆫ者를見ᄒᆞᆷ에每怠慢의習慣을因ᄒᆞ야其趨向ᄒᆞᄂᆞᆫ業務를遠大에自期치못ᄒᆞᆷ으로今日感情의定ᄒᆞᆫ바를他日感情에破ᄒᆞᄂᆞ니學에有志ᄒᆞᆫ者ᄂᆞᆫ宜此에鑑戒ᄒᆞᆯ지니라

第六十七課　立志(續)

李文成公珥曰學者가終身토록讀書ᄒᆞ야도能히成ᄒᆞᆷ이有치못ᄒᆞᆷ은

只是志가不立홈이라志의不立홈이其病이三이有ᄒ니一曰不信이니聖人의言으로써人을誘ᄒ라고說ᄒ얏다ᄒ야只其文만玩ᄒ고身으로써踐치아니ᄒ며二曰不智니其資質의不美홈을自分ᄒ고退托홈에安ᄒ야殊進ᄒᆫ즉聖賢이되고退ᄒᆫ즉愚의不肖가됨을不知홈이오三曰不勇이니精히聖賢의我를欺치아니심과氣質의可히變化홈을知ᄒ고도只常에諉ᄒ고故에滯ᄒ야能히奮發치못홈으로昨日의所爲를今日에革기難ᄒ고今日의所爲를明日에改키憚ᄒ야如是히因循홈의寸을進ᄒ얏다가尺을退ᄒᄂ니人이此三病이有ᄒᆫ故로君子가世로出치아니ᄒ고六籍이空言이되니可히歎홈을勝ᄒ리오

第六十八課　反省

人이雖知識이有餘ᄒᆫ者라도自過ᄂᆞᆫ覺得키難ᄒ거던況怠惰ᄒᆫ者ㅣ私慾을因ᄒ야不知不覺間罪戾에陷홈이리오然則人은恒常自身을反省ᄒ야行爲를愼홀지며且人이我의過失을忠告ᄒ거던聞而卽改

홈이可ᄒ니라

昔에曾子ᄂᆞᆫ日로其身을三省ᄒ야曰人을爲ᄒ야謀홈에不忠ᄒ얏ᄂᆞᆫ가朋友로더브러交홈에不信ᄒ얏ᄂᆞᆫ가傳홈을不習ᄒ얏ᄂᆞᆫ가ᄒ니라

李文元公彥迪이嘗几案上에自戒辭를書ᄒ야曰吾ㅣ日로吾身을三省ᄒ노니天을事홈에未盡홈이有ᄒᆫ가君親을爲홈에未誠홈이有ᄒᆫ가心을持홈에未正홈이有ᄒᆫ가ᄒ니라

第六十九課　自警

曹文貞公植이常金鈴을佩ᄒ며號曰惺惺子라ᄒ고時로振ᄒ야써喚惺ᄒ더니金東岡宇顒이初으로公에게拜ᄒᆫᄃᆡ公이佩ᄒᆫ바鈴을出ᄒ야써東岡을贈ᄒ야曰此物을汝의衣帶間에置ᄒ고凡動作홈이有ᄒ거던必規警ᄒ고誚責ᄒ야甚히敬畏ᄒ되汝ᄂᆞᆫ其戒愼ᄒ야此子에게得罪홈이無홀지어다東岡이問曰是ㅣ古人의佩玉ᄒᄂᆞᆫ意가아니잇가曰固是矣나此意ᄂᆞᆫ甚切ᄒ야玉을佩홈에止치아니ᄒᄂᆞ니라

第七十課 忍耐

蓋人이事業을遂코저ᄒᆞᆯ진ᄃᆡ多少困難의事를逢ᄒᆞᆷ이有ᄒᆞ리니人은其志를不挫ᄒᆞ고困難을忍耐ᄒᆞ야竟히其業을成ᄒᆞᆯ지어다古人이云ᄒᆞ기를艱難은人을玉으로化ᄒᆞᄂᆞᆫ者라ᄒᆞ니라

忍耐의力은大事業을營爲ᄒᆞᆷ에만必要ᄒᆞᆯᄲᅮᆫ아니라日常行動에도亦必要ᄒᆞ니凡我靑年은恒常忍耐의習慣을作ᄒᆞ야來頭의事業을成ᄒᆞᄒᆞ기로用心ᄒᆞᆯ지니라

李文純公滉曰古의士를觀ᄒᆞᆷ의其窮이愈甚ᄒᆞᆯ사록其志를益勵ᄒᆞ며其節이益奇ᄒᆞᄂᆞ니若一苦를因ᄒᆞ야遽히其所를變ᄒᆞ면可히士이라謂치못ᄒᆞᆯ지니라

第七十一課 言語

言語ᄂᆞᆫ思想을人에게交換ᄒᆞᄂᆞᆫ機關이라人이雖高尙ᄒᆞᆫ知識이有ᄒᆞᆯ지라도皆言語의力을依ᄒᆞ야發達ᄒᆞᄂᆞᆫ者인故로音聲은必分明瀏亮

ᄒᆞᆷ을取ᄒᆞᄂᆞ니若發音이低殘ᄒᆞ면人으로ᄒᆞ야곰誤解가恐有ᄒᆞᆯ지며且高聲을妄動ᄒᆞ면人으로ᄒᆞ야곰衝激을恐致ᄒᆞᆯ지니라

李文純公滉曰人이應接ᄒᆞᆷ이有ᄒᆞᆫ時에最虛妄에失키易ᄒᆞᆫ者ᄂᆞᆫ言語라故로聖人이人을信으로ᄡᅥ敎ᄒᆞ샤言語의則을삼으시니信은誠으로더부러一理라故로誠을存ᄒᆞᆷ은當妄語치아니ᄒᆞᆷ으로봇허始ᄒᆞᄂᆞ니라

第七十二課 言語(續)

言語를發ᄒᆞᆷ에當ᄒᆞ야ᄂᆞᆫ亦必時機와處所를詳審치아니ᄒᆞᆷ이不可ᄒᆞ니若人의對話ᄒᆞᆯ時에妄히可否를不察ᄒᆞ고突然妄議ᄒᆞ거나自己의言을聽케爲ᄒᆞ야獨自辯論ᄒᆞᆷ과祝賀의席에在ᄒᆞ야不吉의語를發ᄒᆞ거나葬儀의席에列ᄒᆞ야詼諧의談을發ᄒᆞᆷ은決코不可ᄒᆞ니라

金文敬公安國家訓에曰己의長을誇ᄒᆞ고人의短을談치勿ᄒᆞ며過惡隱微의事를談치勿ᄒᆞ며淫褻醜雜의話를談치勿ᄒᆞ며傲慢侮人의言

을談치勿ᄒᆞ며反常凶悖의言을談치勿ᄒᆞ며譸張謊妄의言을發치勿ᄒᆞ라ᄒᆞ니라

第七十三課　言語(續)

盧校理景任曰人이雖、我를慢ᄒᆞᆯ지라도我가能히容ᄒᆞ야答ᄒᆞᆫ즉慢者가恭ᄒᆞᆯ지오人이雖、我를薄케ᄒᆞᆯ지라도我가能히容ᄒᆞ야待ᄒᆞᆫ즉薄者가厚ᄒᆞᆯ지오人이雖、我를怒ᄒᆞᆯ지라도我가能히容忍ᄒᆞ야言을愼ᄒᆞᆫ즉人이必服ᄒᆞᆯ지니라

又曰假令、人이過가有ᄒᆞᆯ지라도掩ᄒᆞ야揚치아니ᄒᆞᆷ이可ᄒᆞ거던況、過가無히搆捏詆毁ᄒᆞᆷ이리오此ᄂᆞᆫ雖、人面이나豺狼、蛇蝎과何異ᄒᆞ리오其、搆捏을被ᄒᆞᆫ者ᄂᆞᆫ足히損益될것이無ᄒᆞ되渠ᄂᆞᆫ己、凶險에自陷ᄒᆞ얏ᄉᆞ니噫라孰이得ᄒᆞ고孰이失ᄒᆞ얏ᄂᆞᆫ고

人格에對ᄒᆞᆫ本務

第七十四課　品位

人의品位ᄂᆞᆫ萬物의長이라其、明靈ᄒᆞᆫ知覺이衆理를具ᄒᆞ야萬事에應ᄒᆞᄂᆞ니此、萬事에對ᄒᆞ야其、所行이正當치못ᄒᆞ면是ᄂᆞᆫ人道를違背ᄒᆞᆷ이니其、品位를豈保ᄒᆞ리오

人은人의不知ᄒᆞᄂᆞᆫ處이라고行을失치勿ᄒᆞ며人을對ᄒᆞ얏다고行을飾치勿ᄒᆞ고惟、良心을從ᄒᆞ야正當ᄒᆞᆫ事를行ᄒᆞᆯ지어다傳에曰隱에셔見ᄒᆞᆷ이업ᄉᆞ며微에셔顯ᄒᆞᆷ이업ᄉᆞ니君子ᄂᆞᆫ必、其獨을愼ᄒᆞᆫ다ᄒᆞ시니라

假令、人의褒譽를受ᄒᆞᆯ지라도自己가其實이無ᄒᆞ면足히名譽가되지못ᄒᆞᆯ지오人의毁謗을受ᄒᆞᆯ지라도自己의惡處가無ᄒᆞ면足히耻가되지아니ᄒᆞᆯ지니自心에欺ᄒᆞᆷ이無ᄒᆞ면仰ᄒᆞ야天에愧ᄒᆞᆷ이無ᄒᆞ고俯ᄒᆞ야人에게怍ᄒᆞ지아니ᄒᆞᄂᆞ니라

第七十五課　職業

凡、人은職業에從事치아니ᄒᆞᆷ이不可ᄒᆞ니其、職業을擇ᄒᆞᆯ진ᄃᆡ先히自

已에能力과事情을度ᄒᆞ야行ᄒᆞ되一次、職業의方向을定ᄒᆞᆫ後에ᄂᆞᆫ輕率히變改ᄒᆞᆷ이不可ᄒᆞ니라

職業에從事ᄒᆞᆷ에ᄂᆞᆫ須、勤勉과忍耐를要ᄒᆞᄂᆞ니勤勉ᄒᆞ야業務를不怠히ᄒᆞ고忍耐ᄒᆞ야困難을不屈ᄒᆞ면何事業을經營ᄒᆞ야成就치못ᄒᆞ리오

職業은事物에注意ᄒᆞᆷ을須要ᄒᆞᄂᆞ니深히事物에注意ᄒᆞ면凡百의事가皆、經驗을因ᄒᆞ야其、事業의發達을助ᄒᆞᆯ지라故로自古事業을遂ᄒᆞᆫ者ㅣ皆、注意의習慣으로써成ᄒᆞ니라

第七十六課 職業(續)

職業은一身의生活을謀ᄒᆞ며社會의公益을進케ᄒᆞᄂᆞᆫ根本이라人이世에生ᄒᆞᆷ의此、責任이既重ᄒᆞᆫ즉、士、農、工、商이各其、業務에專心ᄒᆞ야其進步를可期ᄒᆞᆯ지나然ᄒᆞ나人은才의長短이有ᄒᆞ고業의優劣이有ᄒᆞ니其、適當ᄒᆞᆫ바를從ᄒᆞ야服務ᄒᆞᆯ지오妄히自力에不及ᄒᆞᆯ事를行ᄒᆞᆷ은

不可ᄒᆞ니라

林公芸이嘗曰世人이謀生을不勤히ᄒᆞ야家業의零替ᄒᆞᆷ을致ᄒᆞᄂᆞ니此ᄂᆞᆫ徒히仰事俯育ᄒᆞᆷ에不克ᄒᆞᆯ뿐아니라送終報本ᄒᆞᄂᆞᆫ禮를亦、廢ᄒᆞ야擧치못ᄒᆞᆯ지니엇지其、人道를能盡ᄒᆞ얏다謂ᄒᆞ리오

第七十七課 立信

孔子曰無信이면不立이라ᄒᆞ시니人이世에生ᄒᆞᆷ의能히往來交涉ᄒᆞᄂᆞᆫ事가無ᄒᆞ기不可ᄒᆞᆫ즉信은即、往來交涉의大機關이라若、信이不立ᄒᆞ면爾ᄂᆞᆫ詐ᄒᆞ고我ᄂᆞᆫ虞ᄒᆞ야彼此에信用ᄒᆞᆷ을不得ᄒᆞᆯ지니라

世의不信ᄒᆞᆫ人을見ᄒᆞ의賣買借貸等事에所立ᄒᆞᆫ條約을墨이未乾ᄒᆞ야已破ᄒᆞ니此ᄂᆞᆫ其、立約ᄒᆞᆯ時에任意로塡寫ᄒᆞ야日後에能히其、踐行ᄒᆞᆷ을不計ᄒᆞᆷ이라故로房屋을賣買ᄒᆞᆷ에三四年牢結의約을已立ᄒᆞ고數年이不及ᄒᆞ야變改ᄒᆞ며金錢을借貸ᄒᆞᆷ에一年에清償ᄒᆞᆷ을明言ᄒᆞ고四五年이過ᄒᆞ도록欠滯ᄒᆞ며面으로証ᄒᆞᄂᆞᆫ約에至ᄒᆞ야ᄂᆞᆫ言者ᄂᆞᆫ

口頭에暫塗ᄒᆞ고聽者ᄂᆞᆫ耳邊暫過ᄒᆞ되亦、無傷ᄒᆞᆷ으로知ᄒᆞᄂᆞ니西人은雖、宴飮과問候等事라도片刻을不失ᄒᆞ고如約히往ᄒᆞ야信을確立ᄒᆞᆷ으로重務를삼ᄂᆞ니凡我青年ᄂᆞᆫ此、險詐ᄒᆞᆫ世에處ᄒᆞ야往來交涉ᄒᆞᄂᆞᆫ事에極히立信ᄒᆞ기를注意ᄒᆞᆯ지어다

第七十八課 自立自營

人이世에立ᄒᆞ야生活을計ᄒᆞᆷ은皆、事業의營爲로從ᄒᆞ야出ᄒᆞᄂᆞᆫ者이니必、平常의勤勞로自立自營의習慣을成ᄒᆞ야心定ᄒᆞᆫ事業의目的을達ᄒᆞᆯ지오妄히他人을依賴ᄒᆞ야口腹을苟充ᄒᆞᆷ은最賤ᄒᆞᆫ人이라雖、事業을遂成코져ᄒᆞ나豈、可得ᄒᆞ리오

自立自營의精神을養ᄒᆞᄂᆞᆫ道ᄂᆞᆫ自己의本分을盡ᄒᆞ며困難을耐ᄒᆞᆷ에在ᄒᆞ니各人이其、所執ᄒᆞᆫ職業을勤勉히從事ᄒᆞ야自力의發達로信地를能踏ᄒᆞ면自立自營의生活이其、進步됨을可得ᄒᆞᆯ지니라

自立自營의精神은一身에만有益ᄒᆞᆯ뿐아니라國家의獨立을扶植ᄒᆞᆷ

도亦、此精神으로由ᄒᆞ야集成ᄒᆞᄂᆞ니若、國民이自立自營을失ᄒᆞ면國家ᄂᆞᆫ其衰亾ᄒᆞᆷ을未免ᄒᆞᆯ지니라

第七十九課 高尙

人은學業을務ᄒᆞ던지事業을營ᄒᆞ던지其志를高尙ᄒᆞᆫ域에置ᄒᆞ고雖如何ᄒᆞᆫ困難을經ᄒᆞᆯ지라도百折不屈ᄒᆞᄂᆞᆫ精神을自養ᄒᆞᆫ然後에能히大業을成ᄒᆞᄂᆞ니若、其志가鄙下ᄒᆞ야學業은我의才藝가不及ᄒᆞ니修得치못ᄒᆞᆯ者ㅣ라ᄒᆞ며事業은我의資力이不及ᄒᆞ니營爲치못ᄒᆞᆯ者ㅣ라ᄒᆞ야依賴의心으로他人의奴隷를甘作ᄒᆞᆷ은最下等賤卑ᄒᆞᆫ人이라平生을勞苦ᄒᆞᆫ덜何事를能成ᄒᆞ리오

鄭公萬陽이每、其孫을詔ᄒᆞ야曰學을ᄒᆞᆷ의必、聖人으로써期ᄒᆞᆯ지니若、第一等을讓ᄒᆞ고第二等의事를做코져ᄒᆞᆷ은是、自棄ᄒᆞᆷ이니라

又曰學者가當、軒冕을泥視ᄒᆞ고富貴를銖視ᄒᆞᄂᆞᆫ志가有ᄒᆞᆫ後에始、着脚ᄒᆞᆯ處가有ᄒᆞᆯ지오不然이면百事가低下ᄒᆞ야足히觀ᄒᆞᆯ者ㅣ無ᄒᆞ다

ᄒᆞ니라

第八十課 約束

約束은人人의必守ᄒᆞᆯ者이라毫分도輕忽히ᄒᆞᆷ이不可ᄒᆞ니若不正ᄒᆞᆫ으로思ᄒᆞ던지實行키難ᄒᆞᆷ으로思ᄒᆞ는事는當初에約束치勿ᄒᆞᆷ이可ᄒᆞ니라

萬一期에約束ᄒᆞᆫ事는妄破키不可ᄒᆞ나但約束이法令或德義에背馳ᄒᆞᆷ이有ᄒᆞᆫ時는實行을勿踐ᄒᆞᆯ지오且正當ᄒᆞᆫ約束이라도不虞의事變을因ᄒᆞ야違背ᄒᆞᆷ은不得已ᄒᆞᆫ事이니라

曹文貞公植이俗離山에入ᄒᆞ야成東洲悌元을訪ᄒᆞ고明年八月十五日에伽倻山海印寺에會ᄒᆞ기로期ᄒᆞ얏더니期에及ᄒᆞᆷ의大雨가連日ᄒᆞ는지라曹文貞이雨를冒ᄒᆞ고行ᄒᆞ야寺門에及至ᄒᆞ니東洲가已到ᄒᆞ야蓑衣를方脫ᄒᆞ니古人의信을守ᄒᆞᆷ이尋常ᄒᆞᆫ約束도如此ᄒᆞ더라

第八十一課 競爭

競爭은社會의自然的常態로人人의進步를促ᄒᆞ는者ㅣ라然ᄒᆞ나不正ᄒᆞᆫ手段으로他人을勝코져ᄒᆞᆷ은不可ᄒᆞ고惟正直ᄒᆞᆫ道를行ᄒᆞ야其志를不屈ᄒᆞᆫ後에勝利를期得ᄒᆞᆷ이可ᄒᆞ니라

人과競爭ᄒᆞᆷ에는僥倖이勝ᄒᆞᆷ을誇ᄒᆞ기不足ᄒᆞ며偶然이負ᄒᆞᆷ을耻ᄒᆞ기不足ᄒᆞ고惟自己의力을充分히盡ᄒᆞᆷ이可ᄒᆞ니古語에曰一勝一敗는兵家의常事라ᄒᆞ니라

競爭이라ᄒᆞᆷ은但一事에不止ᄒᆞ야個人이던지社會던지國家던지勿論ᄒᆞ고智識의競爭과事業의競爭等이其最大ᄒᆞᆫ者ㅣ오其他에雖些少ᄒᆞᆫ一製造物이라도必人보다優勝코져ᄒᆞᆷ이皆競爭의心에出ᄒᆞᆷ이니個人의競爭도尙如此ᄒᆞ거던況國際上土地와民族의競爭이리오然ᄒᆞ나我의强力을自恃ᄒᆞ고他人의利益을攫取ᄒᆞᆷ은蠻賊의行爲니라

第八十二課 謝恩

人에게受恩ᄒᆞᆫ者ᄂᆞᆫ其心中에銘刻ᄒᆞ야平生을鳴謝ᄒᆞᆯ것시어ᄂᆞᆯ或當時에ᄂᆞᆫ感謝의心이有ᄒᆞ다가歲月이卽久ᄒᆞ면終乃忘却ᄒᆞᄂᆞ니此ᄂᆞᆫ人情에不近ᄒᆞ다謂ᄒᆞᆯ지니라

金錢物品을受惠ᄒᆞᆫ者ㅣ其相當ᄒᆞᆫ價値로ᄡᅥ報ᄒᆞ고日足ᄒᆞ다ᄒᆞ나此ᄂᆞᆫ物을報ᄒᆞᆷ이오恩을報ᄒᆞᆷ은아니라人이若恩을報코져ᄒᆞᆯ진ᄃᆡ其感謝의心을永久히持ᄒᆞᆯ지니라

人이或施ᄒᆞᆫ恩은思ᄒᆞ고受ᄒᆞᆫ恩은忘ᄒᆞᄂᆞᆫ者ㅣ有ᄒᆞᄂᆞ니此ᄂᆞᆫ己의德을誇ᄒᆞ고人의德을背ᄒᆞᄂᆞᆫ思想이라我가人에게施ᄒᆞᆷ은一時慈善의心에出ᄒᆞᆷ인즉緘口勿說ᄒᆞᆷ이可ᄒᆞ고人이我에게施ᄒᆞᆷ은雖彼亦慈善의心에出ᄒᆞᆷ이나我에在ᄒᆞᆫ道ᄂᆞᆫ其感謝ᄒᆞᆷ을平生不忘ᄒᆞᆷ이可ᄒᆞ니라

第八十三課 窮理

凡人이學問을修得ᄒᆞ야文明社會에入코져ᄒᆞᆯ진ᄃᆡ萬物의眞理를研究치아니ᄒᆞᆷ이不可ᄒᆞ니假令京城에서釜山에往ᄒᆞ랴면必汽車를乘

ᄒᆞ거나或汽船에坐ᄒᆞ고其鄕國을遠境에致ᄒᆞ랴면必郵便을因ᄒᆞ거나或事가急ᄒᆞᆫ즉電信을用ᄒᆞᆷ은人의共知ᄒᆞᄂᆞᆫ바이나然ᄒᆞ나汽車汽船의何由로能動ᄒᆞᆷ과郵便電信이何由로能達ᄒᆞᆷ을透得코져ᄒᆞᆷ은學理上에大히關係가有ᄒᆞᆫ者이오且如此ᄒᆞᆫ文明의新事物뿐아니라卽眼前에一木一石의微라도亦眞理를各具치아니ᄒᆞᆫ者ㅣ無ᄒᆞ니能히其性質을講究ᄒᆞ고其效用을發明ᄒᆞ야人人으로ᄒᆞ야곰厚生의資를作ᄒᆞ면其人格이高等位를占據ᄒᆞᆯ지니라

第八十四課 窮理(續)

徐公敬德이兒時에家貧ᄒᆞ야田間에採蔬ᄒᆞᆯᄉᆡ每日에必遲ᄒᆞ며蔬가筐에盈치못ᄒᆞ니父母가怪히녀겨其故를問ᄒᆞᆫ대對曰採蔬ᄒᆞᆯ時에鳥가有ᄒᆞ야飛ᄒᆞᄂᆞᆫ듸今日에地를去ᄒᆞ기一寸이오明日에地를去ᄒᆞ기二寸이오又明日에地를去ᄒᆞ기三寸이라漸次로上을向ᄒᆞ야飛ᄒᆞᆷ의此鳥를觀ᄒᆞ고其理를竊思ᄒᆞ되能得치못ᄒᆞ야每히遲滯를致ᄒᆞ고蔬

가盈篚치못ᄒᆞ얏나이다ᄒᆞ니蓋其鳥ᄂᆞᆫ俗名에從從이니春을當ᄒᆞ야地氣가上升ᄒᆞ면其氣의至ᄒᆞᄂᆞᆫ바를隨ᄒᆞ야漸次로飛ᄒᆞᆷ이라徐公의窮理ᄒᆞᄂᆞᆫ工이奇ᄒᆞ도다

第八十五課 爭先

凡人은學術이던지工藝던지必爭先의心이有ᄒᆞᆫ然後에能히事業을進就ᄒᆞ야日後社會에大利益을致ᄒᆞᄂᆞ니若游怠無業ᄒᆞ야人을仰ᄒᆞ고生ᄒᆞᄂᆞᆫ者ᄂᆞᆫ利를分ᄒᆞᆷ은有ᄒᆞ되利을生ᄒᆞᆷ은無ᄒᆞ니即動物中의寄生蟲이라謂ᄒᆞᆯ지니라

蓋爭先의人은其用心의苦ᄒᆞᆷ이尋常人에百倍가되나然ᄒᆞ나其事業을成ᄒᆞᆷ에當ᄒᆞ야ᄂᆞᆫ衆人의所沾ᄒᆞᄂᆞᆫ利益이亦萬倍에及ᄒᆞᆯ지니豈社會의大功臣이아니리오我國은學術과工藝가荒蕪ᄒᆞ야文明의進步가遲遲ᄒᆞ니正히國民의踴躍爭先ᄒᆞᆯ時어ᄂᆞᆯ游怠의痼習이舊見을拘執ᄒᆞ고風氣를追逐ᄒᆞ야能히爭先ᄒᆞᄂᆞᆫ者ㅣ絕鮮ᄒᆞ니可歎可戒ᄒᆞᆯ事로다

第八十六課 學理

凡吾人이産業을增殖ᄒᆞ야生活의便益을謀ᄒᆞᆷ은皆學理의應用이라然ᄒᆞ나學理도亦世의文明을隨ᄒᆞ야進ᄒᆞᄂᆞ니第觀ᄒᆞ라驛郵의信이電線電話와何如ᄒᆞ며脚夫의力이滊船滊車와何如ᄒᆞᆫ고此ᄂᆞᆫ學理의應用이最大ᄒᆞᆫ者이어니와其他農業과商業과工業等百般의事를改良進步ᄒᆞᆷ이皆學理의應用이니世의文明을注意ᄒᆞᆯ진ᄃᆡ此學術을捨ᄒᆞ고何以ᄒᆞ리오

我國의人은學理에全昧ᄒᆞ야口로ᄂᆞᆫ作舟車ᄒᆞ야以濟不通이라斲木爲耒ᄒᆞ고揉木爲耜라誦ᄒᆞ되實地에ᄂᆞᆫ一事도研究ᄒᆞᆷ이無ᄒᆞ야農商工諸業이蕪廢不修ᄒᆞ되其所願인즉曰神農黃帝를學ᄒᆞᆫ다ᄒᆞᄂᆞ니此ᄂᆞᆫ神農黃帝의罪人이니라

修養에對ᄒᆞᆫ本務

第八十七課 才智

才智ᄂᆞᆫ事를成ᄒᆞᄂᆞᆫ器機라故로才智가無ᄒᆞᆫ人은雖、藝術이如何히巧敏ᄒᆞ며品行이如何히善良ᄒᆞᆯ지라도鋸鉋의器機가無ᄒᆞ면造家키不能ᄒᆞᆷ과如히藝術과品行이皆、用ᄒᆞᆷ을得지못ᄒᆞ야已의幸福을能完ᄒᆞ며人의裨益을能僞치못ᄒᆞᆯ지니吾人은道德을修ᄒᆞ고藝術을習ᄒᆞ야共히才智를硏究ᄒᆞ기에注意ᄒᆞᆯ지니라

今에歐美諸國博學士의敎育學原理의論述ᄒᆞᆷ을見ᄒᆞ건ᄃᆡ或은體育이第一이라或은德育이第一이라ᄒᆞ얏스니身體를康健케ᄒᆞᆷ과德義를尊尙ᄒᆞᆷ은人된者의最先務어이와體德도亦、才智가아니면活用ᄒᆞᆷ을不得ᄒᆞᆯ지니故로曰才智ᄂᆞᆫ事를成ᄒᆞᄂᆞᆫ器機라ᄒᆞ노라

第八十八課 修德

人이禽獸와異ᄒᆞᆷ은德性을修養ᄒᆞᆫ바ㅣ有ᄒᆞᆷ이니一身의健康과智能이皆德性을實行ᄒᆞᆷ에須要되ᄂᆞᆫ者ㅣ라然ᄒᆞᆷ으로此德性을率ᄒᆞᆷ이無

ᄒᆞᆫ時ᄂᆞᆫ譬컨ᄃᆡ精兵이有ᄒᆞ되此를率ᄒᆞᆯ良將이無ᄒᆞᆷ과如ᄒᆞ야健康은只、暴戾의根柢가되고智能은只、奸惡의媒介가될지니라

德性의本領은自已本務를服從ᄒᆞᆷ에在ᄒᆞᄂᆞ니吾人의良心은本務의標準이라一事一物을總히良心의命令ᄒᆞᄂᆞᆫ바로服從케ᄒᆞ야其間에萌芽ᄒᆞᄂᆞᆫ私心私慾을能制ᄒᆞ면其行爲ᄂᆞᆫ庶、過失이無ᄒᆞ야有德ᄒᆞᆫ人이될지니라

第八十九課 修德(續)

德을修ᄒᆞᆷ은貴、賤、貧、富와男、女、老、幼를不論ᄒᆞ고當行ᄒᆞᆯ者인즉人은必正直ᄒᆞᆫ思想을先定ᄒᆞ고常、修德의工夫를積ᄒᆞ야誠實로써人에게推及ᄒᆞ면雖、暴戾無道ᄒᆞᆫ人이라도能히已를害치못ᄒᆞᄂᆞ니故로西諺에曰正直은最良ᄒᆞᆫ方策이라ᄒᆞᆷ이卽、此를謂ᄒᆞᆷ이니라

美國人富蘭士克이節制、沈默、秩序、決心、儉約、勤勉、誠實、正義、中和、淸潔、沈着、貞操、謙遜의十三德을定ᄒᆞ야修德의工夫를積ᄒᆞ얏스니如此ᄒᆞᆫ

人은可히吾輩의模範이될지니라

第九十課 時間

青年이學을修ᄒᆞᆷ에對ᄒᆞ야最著念ᄒᆞᆯ者ᄂᆞᆫ時間을惜ᄒᆞᆷ이니人生이生命은限이有ᄒᆞ고學問은限이無ᄒᆞᆫ者ㅣ라此短歲月間에限이無ᄒᆞᆫ學問을修得코저ᄒᆞᆯ진ᄃᆡ必無益ᄒᆞᆫ時間을消費치勿ᄒᆞ고餘暇가有ᄒᆞ거ᄃᆞᆫ此ᄅᆞᆯ學問에充ᄒᆞᆯ지라浪費ᄒᆞᆫ財貨ᄂᆞᆫ再得ᄒᆞᆷ이有ᄒᆞ려니와浪費ᄒᆞᆫ時間은一去ᄒᆞ면復還ᄒᆞᆯ期가頓無ᄒᆞᆯ지니學者에在ᄒᆞ야時間과如히貴重ᄒᆞᆫ者ㅣ豈有ᄒᆞ리오

時間이學問에貴重ᄒᆞᆷ이如許ᄒᆞ니吾人은他人에게對ᄒᆞ야도其時間의浪費치勿ᄒᆞᆷ을勸勉ᄒᆞᆯ지어ᄂᆞᆯ世人이或所幹事가有ᄒᆞ야他人을訪問ᄒᆞᆷ의其事ᄅᆞᆯ速辦치아니ᄒᆞ고閑談雜話로時間을移ᄒᆞᄂᆞᆫ者ㅣ有ᄒᆞ니此ᄂᆞᆫ時間의賊이라稱ᄒᆞᆷ이可ᄒᆞ니라

第九十一課 規律

人은家庭에서던지學校에셔던지社會에서던지規律이無ᄒᆞᆷ이不可ᄒᆞ니一定ᄒᆞᆫ時刻에食ᄒᆞ고一定ᄒᆞᆫ時刻에宿ᄒᆞ고一定ᄒᆞᆫ時刻에起ᄒᆞ며可히勤勞ᄒᆞᆯ時間에勤勞ᄒᆞ고可히休憩ᄒᆞᆯ時에休憩ᄒᆞ야恒常正當ᄒᆞᆫ事務로正當ᄒᆞᆫ生活을計ᄒᆞᆯ지니라

規律은此에止ᄒᆞᆯᄲᅮᆫ아니라日用物品을整頓ᄒᆞ야亂雜이無케ᄒᆞᆷ도亦緊要ᄒᆞᆫ當務니衣服과器皿等을恒常定ᄒᆞᆫ處所에置ᄒᆞ고其順序ᄅᆞᆯ立ᄒᆞᆯ지니如斯ᄒᆞ면此ᄅᆞᆯ搜索ᄒᆞᆯ時에無益ᄒᆞᆫ時間과空然ᄒᆞᆫ勞力을浪費ᄒᆞᆷ이無ᄒᆞ니라

第九十二課 習慣

習慣은人의性格을化成ᄒᆞᄂᆞᆫ鑄解器라善을好ᄒᆞᆫ즉善ᄒᆞᆫ習慣을成ᄒᆞ고惡을好ᄒᆞᆫ즉惡ᄒᆞᆫ習慣을成ᄒᆞᄂᆞ니故로西人의言에曰習慣은第二天性이라ᄒᆞ니라大凡人의心은物을應ᄒᆞ야移ᄒᆞᄂᆞ니日常親接ᄒᆞᄂᆞᆫ바外物이不識不知間에其精神에浸入ᄒᆞ야許久積習ᄒᆞ면其先執ᄒᆞᆫ

思想이堅牢不拔홈에至ᄒᆞ리니此ᄂᆞᆫ雖志氣가既定ᄒᆞᆫ老成者라도誠然히易ᄒᆞ려던況志氣가未定ᄒᆞᆫ年少者에在홈이리오人은必平素에善良ᄒᆞᆫ習慣을養成ᄒᆞ야惡을避ᄒᆞ기를蛇蝎과如히ᄒᆞ고善에就ᄒᆞ기를芝蘭과如히ᄒᆞ면勞치아니ᄒᆞ고도自然道에允協ᄒᆞᆯ지니謂ᄒᆞᆫ바習與成性이是라故로道德의根本은高遠에不在ᄒᆞ고日用常行ᄒᆞᄂᆞᆫ習慣에在ᄒᆞ니學者ᄂᆞᆫ必戒愼ᄒᆞᆯ지어다

第九十三課 勤勞

勤勞ᄂᆞᆫ人된者의本分이라但生活上安全ᄒᆞᆫ幸福을享有홀뿐아니라自古로有益ᄒᆞᆫ事業을遂ᄒᆞ야立身興家ᄒᆞᆫ人을見ᄒᆞ건ᄃᆡ其勤勞를重히너이지아니ᄒᆞᆫ者ㅣ無ᄒᆞ니라

米國富蘭土克은其勤勞를積ᄒᆞ야成功ᄒᆞᆫ人이라嘗曰怠惰ᄂᆞᆫ恰히酸銹와如ᄒᆞ니久히使用치아니ᄒᆞᄂᆞᆫ鍵은銹를因ᄒᆞ야腐蝕ᄒᆞ되日常使用ᄒᆞᄂᆞᆫ鍵은自鍊自磨ᄒᆞ야光輝를放ᄒᆞᆫ다ᄒᆞ고又曰今日에得ᄒᆞ고지ᄒᆞ

ᄂᆞᆫ事ᄂᆞᆫ決코明日에延他치勿ᄒᆞ라ᄒᆞ니此ᄂᆞᆫ皆可法ᄒᆞᆯ言이니라

第九十四課 懶惰

懶惰ᄂᆞᆫ人性을爲害ᄒᆞ야衆惡을釀成ᄒᆞᄂᆞᆫ者ㅣ라古語에小人은閑居ᄒᆞ야爲不善이라ᄒᆞ니凡人이事爲가無ᄒᆞ고茫然히時間을消費ᄒᆞ면佚樂에沉ᄒᆞ야善良ᄒᆞᆫ性質의人도遊惰에漸流ᄒᆞ야劣情과邪念이亦陏을乘ᄒᆞ야其心을浸潤홈에至ᄒᆞᄂᆞ니故로身을正當ᄒᆞᆫ事業에常委ᄒᆞᄂᆞᆫ人은其心이精一홈으로劣情이闖起홈을不得ᄒᆞ고邪念이從萌홈을不得ᄒᆞ야勤勉正直의習性을不求ᄒᆞ야도自成홈에至ᄒᆞᄂᆞ니라

大抵事業은人生의眞價라假令百歲를享保ᄒᆞᆯ지라도放逸遊惰ᄒᆞᄂᆞᆫ中에醉生夢死ᄒᆞᆯ진ᄃᆡ長壽라謂치못ᄒᆞᆯ지오弱冠에夭折ᄒᆞᆯ지라도生前의功業이身後에不滅ᄒᆞᆯ진ᄃᆡ敢히短命이라謂치못ᄒᆞᆯ지니勤勉이豈萬事의本이아니리오

第九十五課 快樂

快樂을好ᄒᆞ고勞苦를厭ᄒᆞᆷ은固然ᄒᆞᆫ人情이라然ᄒᆞ나快樂도有益ᄒᆞᆫ者와有害ᄒᆞᆫ者ㅣ多ᄒᆞ니有益ᄒᆞᆫ者ㅣ라도此를節制치아니ᄒᆞ야中度에過ᄒᆞ면反히害를招ᄒᆞᄂᆞ니人은快樂을當ᄒᆞ야其中度의不失ᄒᆞᆷ을務ᄒᆞᆯ지어다古人이言ᄒᆞ기를樂이極ᄒᆞ면哀가生ᄒᆞᆫ다ᄒᆞ니라

世에或飮食과遊戲等의快樂은知ᄒᆞ고文學과美術의快樂은不知ᄒᆞᄂᆞᆫ者ㅣ有ᄒᆞᄂᆞ니此等의人은樂의眞情을未覺ᄒᆞᆫ者이라一時의快ᄒᆞᆷ이平生의快ᄒᆞᆷ으로더부러孰勝ᄒᆞ리오故로孟子曰天下의英才를得ᄒᆞ야敎育ᄒᆞᆷ이一樂이라ᄒᆞ시니라

第九十六課 溫恭

人은名望이益高ᄒᆞ고官爵이愈貴ᄒᆞᆯᄉᆞ록人에게對ᄒᆞ야愈益히溫恭ᄒᆞ여야必人의敬慕와稱贊을受ᄒᆞᄂᆞ니故로溫恭이란者ᄂᆞᆫ卽地位와聲譽를永保ᄒᆞᄂᆞᆫ德業의基가되ᄂᆞ니라

然ᄒᆞ나人이或溫恭에自居ᄒᆞ기爲ᄒᆞ야卑屈에誤陷ᄒᆞ기易ᄒᆞᄂᆞ니何

故로人의意를合코저ᄒᆞ야其意를枉ᄒᆞ며人의心을歡코저ᄒᆞ야其顔을媚ᄒᆞᆷ의其習慣이漸滋ᄒᆞ야自主의精神을害ᄒᆞᆷ으로其品格과地位를維持치못ᄒᆞᆷ이니라

溫恭의正當ᄒᆞᆷ은動止가珍重ᄒᆞ야放恣ᄒᆞ고僭濫ᄒᆞᆷ에流치아니ᄒᆞ며辭色이端正ᄒᆞ야禮節과規律에違치아니ᄒᆞᆷ을謂ᄒᆞᆷ이오若嚴毅ᄒᆞ고威武ᄒᆞᆷ은別로用ᄒᆞᆯ時가有ᄒᆞ나決코常居의行ᄒᆞᆯ道ᄂᆞᆫ아니니라

第九十七課 虛誕

世人이或虛誕ᄒᆞᆷ을不咎ᄒᆞ고反히滑稽嬉笑의好資料로認ᄒᆞ야深히介意치아니ᄒᆞᄂᆞᆫ者ㅣ有ᄒᆞᄂᆞ니此ᄂᆞᆫ不德의事이라靑年輩의極히戒愼ᄒᆞᆯ바ㅣ니라

大抵虛誕이란者ᄂᆞᆫ眞實보다言ᄒᆞ기易ᄒᆞᆫ者이라如何ᄒᆞᆫ境遇에在ᄒᆞ던지畢竟惡結果를生ᄒᆞᄂᆞ니若我가虛誕을一發ᄒᆞ야人의寬假를得ᄒᆞ면再發三發에蔓及ᄒᆞ야不知不覺間에習慣을馴致ᄒᆞᆷ에至ᄒᆞᆯ지며

戱謔中에도虛言을好ᄒᆞᄂᆞᆫ者ᄂᆞᆫ務乃他人의信用을失ᄒᆞᄂᆞ니何故오此等人의言語ᄂᆞᆫ實로眞情에出ᄒᆞᆷ이有ᄒᆞᆯ지라도預히測定키難ᄒᆞᆫ所以라故로虛言은如何ᄒᆞᆫ境遇에在ᄒᆞᆫ던지一切嚴絕ᄒᆞᆷ이可ᄒᆞ니라

第九十八課　改過

大凡聖人이라도或過失이無키難ᄒᆞ거던況尋常의人으로豈錯誤가無ᄒᆞ리오然ᄒᆞ나過失은恒常無心에出ᄒᆞ야人道에違反ᄒᆞᄂᆞᆫ者ㅣ라一朝에其過ᄅᆞᆯ覺悟ᄒᆞ고飜然히悛改ᄒᆞ면有德의人을作ᄒᆞ리니와其過ᄅᆞᆯ飾ᄒᆞ고도改ᄒᆞ기ᄅᆞᆯ憚ᄒᆞ면此ᄂᆞᆫ非道ᄅᆞᆯ故爲ᄒᆞᄂᆞᆫ者라畢竟惡戾에自歸ᄒᆞᆯ지니人은深히戒懼ᄒᆞ야他人이我의過失을責ᄒᆞ거던必虛心反省ᄒᆞᆯ지어다局外의言은往往適中ᄒᆞᆫ바ㅣ多ᄒᆞ니라

金文忠公誠一이嘗學者ᄃᆞ려謂曰吾ㅣ平生에一語ᄅᆞᆯ得ᄒᆞ얏노니吾의過ᄅᆞᆯ道ᄒᆞᄂᆞᆫ者ᄂᆞᆫ是ㅣ吾師오吾의美ᄅᆞᆯ談ᄒᆞᄂᆞᆫ者ᄂᆞᆫ是ㅣ吾賊이니此十四字ᄅᆞᆯ恒飭勵ᄒᆞ라

第九十九課　自制

自制라ᄒᆞᆷ은感情을抑制ᄒᆞ고慾望을禁遏ᄒᆞᆷ을謂ᄒᆞᆷ이라蓋感情과慾望은善制ᄒᆞᆫ즉高尙ᄒᆞᆫ志操와有益ᄒᆞᆫ事業이皆此로起原ᄒᆞ되不制ᄒᆞᆫ즉譬컨ᄃᆡ泛駕의馬와如히善走의力이有ᄒᆞ야當行處ᄅᆞᆯ不知ᄒᆞᄂᆞᆫ故로騎手로ᄒᆞ야곰其奔逸ᄒᆞᆷ에放任ᄒᆞ고適當ᄒᆞᆫ制御ᄅᆞᆯ施ᄒᆞᆷ이無ᄒᆞ면或溝壑에轉ᄒᆞ며或川澤에陷ᄒᆞ야終히其身을自毁ᄒᆞᆷ에至ᄒᆞᆯ지라然ᄒᆞᆫ즉吾人은明確ᄒᆞᆫ性理와堅强ᄒᆞᆫ志氣에基因ᄒᆞᆫ自制의力으로써恒常情慾의跋扈ᄒᆞᆷ을牽制ᄒᆞ야中正의道ᄅᆞᆯ維持ᄒᆞᆷ이可ᄒᆞ니라

自制의主要되ᄂᆞᆫ者ᄅᆞᆯ擧ᄒᆞᆫ진ᄃᆡ大凡三이有ᄒᆞ니一曰肉慾이니飮食을適中ᄒᆞ야身體ᄅᆞᆯ健康케ᄒᆞᆷ이오二曰慾望이니名譽와財産과快樂을求ᄒᆞᄂᆞᆫ念이其程度에不過케ᄒᆞᆷ이오三曰忿怒니一時觸憾의情을忍耐ᄒᆞ야妄動의行을作치아니ᄒᆞᆷ이라

第一百課　決斷과勇敢

吾人의惡德은決斷力과勇敢力이乏홈에原因혼者ㅣ多호니假令其義務됨을認호고도斷然히此를得行치못호며正理됨을信호고도斷然히此를履行치못호며名利의誘惑홈을一遇호고도斷然히此를反省치못호야畢竟其身을自誤홈에至호느니此等은斷決의勇敢이乏혼所以니라

人生은順境만有홈이아니라時로或逆境에陷호야不運의苦楚를備嘗홈도有호느니此를當호야勇敢이有혼人이라야能히艱難을變호야幸福을成홈지오且勇敢은非常혼事가有홀時의顯出호는者ㅣ아니오尋常生活에在호야도常現호느니故로事業에執正혼勇敢과誘惑에抵抗호는勇敢과自身의本分을自安호는勇敢等은吾人平生의必要혼者ㅣ니라

第一百一課　疑問

孔子曰博學호며審問호며愼思호며明辨호라호시니人이學問을研

究홈에疑難處가無케不能혼즉此를師友에게問치아니호고徒히讀홈은卽盲者의誦經이라雖萬卷을讀過혼덜絲毫의益이豈有호리오故로若疑難處가有호거든此를了解호기前에는我心에確信치勿호고必精思審問호야其實理를胸中에會得혼然後에可히眞正혼智識을得호얏다謂호리니와但多讀홈을專事호고定見이無혼者는一個活動字典에無過홀지라然호나疑難을空懷호야他人의辨論을排斥호고自意의悟解가無혼者는亦學問이何等物인지不知호는者ㅣ니疑問은學問의方法이오學問의目的이니라

第一百二課　禮儀

禮貌와儀容을自保홈은我邦今日에在호야特別히必要혼者ㅣ라凡人이平素에敎育을受혼者ㅣ雖多호나適當혼禮儀를修得혼者는寔小호느니故로踈狂放達로高尙호다稱호며弊衣垢面으로儉約호다稱호며喜怒를形色에不顯호고寡言危坐호야正大호다稱호며或은

言ᄒᆞ되大丈夫ᄂᆞᆫ當、小節을不拘ᄒᆞᆯ지라豈、區區ᄒᆞᆫ禮容을飾ᄒᆞ리오ᄒᆞ니此ᄂᆞᆫ粗率卑野의習慣이라人이事를應ᄒᆞ고物을接ᄒᆞᆷ에在ᄒᆞ야各其適當ᄒᆞᆫ容儀를保有ᄒᆞᆷ은卽、他人을尊嚴히ᄒᆞ고自己를持重ᄒᆞᄂᆞᆫ道니라

鄭文穆公逑曰學者ㅣ其身을自持ᄒᆞ기를當、閨中處子와如히ᄒᆞ야一點이라도人에게受汚ᄒᆞᆷ이不可ᄒᆞ니라

第一百三課　寢睡

寢睡ᄂᆞᆫ亦身體健康을持保ᄒᆞᆷ으로其限度를大概、八時間을要ᄒᆞᄂᆞ니世俗의學生輩가恒常、勉學의熱心으로往往睡의時間을減殺ᄒᆞ야甚ᄒᆞᆷ에至ᄒᆞ야ᄂᆞᆫ徹曉도록讀書ᄒᆞᄂᆞᆫ者ㅣ多ᄒᆞ니最、深愼ᄒᆞᆯ바ㅣ라何者오寢睡를充分히못ᄒᆞ면身體가衰弱ᄒᆞ야終乃、許多病根을釀成ᄒᆞᆯ지니如斯ᄒᆞᆫ身體로勉學에强從ᄒᆞ면其、利害와得失이將、何如ᄒᆞᆯ고然ᄒᆞᆷ으로精神이朦然不明ᄒᆞ야終日토록對案讀書ᄒᆞ나其所得ᄒᆞᆫ結果ᄂᆞᆫ

寢睡를穩藉히ᄒᆞᆫ者의半日工夫를不及ᄒᆞᆯ지니라然ᄒᆞ나寢睡가過度ᄒᆞᆷ도亦、心身을懦弱케ᄒᆞᄂᆞᆫ害가有ᄒᆞ니學者ᄂᆞᆫ折中ᄒᆞᆯ지어다

第一百四課　運動

運動은衛生上에欠闕치못ᄒᆞᆯ者ㅣ니運動은消化機能을專助ᄒᆞ며血液의循環을利導ᄒᆞ고且、心神을爽快케ᄒᆞᄂᆞᆫ效力이有ᄒᆞ니人이若、逸居坐臥ᄒᆞ야運動이小無ᄒᆞ면心身이不快ᄒᆞ고食慾이頓減ᄒᆞ며血色이自衰ᄒᆞ고元氣가潛銷ᄒᆞᆷ에自至ᄒᆞᄂᆞᆫ故로精神을恒勞ᄒᆞ고時間을恒惜ᄒᆞᄂᆞᆫ人은特히運動을不怠히ᄒᆞᆯ지니라運動의消費ᄒᆞᄂᆞᆫ時間은暫見ᄒᆞ면或、無益ᄒᆞᆷ과如ᄒᆞ나勉學ᄒᆞᄂᆞᆫ人에게必要ᄒᆞᆷ은勞働ᄒᆞᄂᆞᆫ人의休憩ᄒᆞᆷ과如ᄒᆞ니라

運動의本意ᄂᆞᆫ人의筋、骨을活動ᄒᆞ고元氣를長養케ᄒᆞᆷ에在ᄒᆞ나然ᄒᆞ나其限度를超過ᄒᆞ야身體를疲勞ᄒᆞᆷ은最、不可ᄒᆞ니라

第一百五課　戒酒

古人曰酒ᄂᆞᆫ性을伐ᄒᆞᄂᆞᆫ狂藥이라ᄒᆞ니人의深戒ᄒᆞᆯ者ᄂᆞᆫ嗜飮이라自古로亡身敗家ᄒᆞᆫ者ᄅᆞᆯ見ᄒᆞ건ᄃᆡ皆嗜飮을進行ᄒᆞᆷ에在ᄒᆞ니人의平生을誤了ᄒᆞᆷ이此에過ᄒᆞᆫ者ㅣ豈有ᄒᆞ리오

鄭文莊公經世ㅣ人을戒ᄒᆞᄂᆞᆫ書에曰酒ᄂᆞᆫ乃人을殺ᄒᆞᄂᆞᆫ鴆毒이라今에幸히病을因ᄒᆞ야酒ᄅᆞᆯ止ᄒᆞ얏다ᄒᆞ니此ᄂᆞᆫ精神을保養ᄒᆞ고壽考ᄅᆞᆯ安享ᄒᆞᆯ徵이로다須是觴斝와杯樽等物은一切家中에不置ᄒᆞ기ᄅᆞᆯ釜甑을破ᄒᆞ고廬舍ᄅᆞᆯ燒ᄒᆞᆷ과如히勇決ᄒᆞᆯ지오不能ᄒᆞ면眷眷然嗜欲에牽ᄒᆞᆫ바ㅣ되야口頭에一到ᄒᆞ면舊滋味ᄅᆞᆯ忍키不得ᄒᆞᆯ지니千萬戒ᄒᆞᆯ지어다

國民에對ᄒᆞᆫ注意

第一百六課　國家에對ᄒᆞᆫ本務

國家라者ᄂᆞᆫ何ᄅᆞᆯ謂ᄒᆞᆷ인고一定ᄒᆞᆫ土地ᄅᆞᆯ占有ᄒᆞ고一定ᄒᆞᆫ獨立主權에服從ᄒᆞᄂᆞᆫ多數人民의團體ᄅᆞᆯ云ᄒᆞᆷ이라玆에一帶의土地가有ᄒᆞ니

其山河ᄂᆞᆫ漁獵에可ᄒᆞ고其原野ᄂᆞᆫ耕作에可ᄒᆞᆯ지라도此에住居ᄒᆞᄂᆞᆫ人民이無ᄒᆞ면足히써國家라稱치不可ᄒᆞᆯ지며且其地에一羣의人民이有ᄒᆞ니人情風俗을同一히ᄒᆞ고利害休戚을共同히ᄒᆞᆯ지라도一定ᄒᆞᆫ土地에住居ᄒᆞᆷ이無ᄒᆞ면足히써國家라稱키不可ᄒᆞᆯ지며且一定ᄒᆞᆫ土地와一羣의人民이並有ᄒᆞᆯ지라도此ᄅᆞᆯ統御ᄒᆞᄂᆞᆫ바一定ᄒᆞᆫ主權이無ᄒᆞ면亦足히써國家라稱키不可ᄒᆞ니라

主權은國家의中心이오生命이며兼此의威力이라人民은共同生存의目的을完全히ᄒᆞ기爲ᄒᆞ야其法律을行ᄒᆞᄂᆞᆫ바命令을服從ᄒᆞ야國家로ᄒᆞ야곰其意志ᄅᆞᆯ發動케ᄒᆞᆯ지니若此ᄅᆞᆯ抵抗ᄒᆞᄂᆞᆫ者ᄂᆞᆫ主權의神聖을侵害ᄒᆞ며國家의安寧을妨礙ᄒᆞᆷ이니라

第一百七課　皇室에對ᄒᆞᆫ本務

神聖文武ᄒᆞ오신我太祖高皇帝게오서聖英의明命을受ᄒᆞ샤磐泰의丕基ᄅᆞᆯ漢陽에奠ᄒᆞ시니維我皇室은萬歲에亡ᄒᆞᆷ이無ᄒᆞ야世世로皇統을相傳ᄒᆞ신

치며凡吾帝國의臣民된者ᄂᆞᆫ歷代에深厚ᄒᆞ신聖謨와祖宗의宏遠ᄒᆞ
신遺德을仰體ᄒᆞ야萬一의報答을自期ᄒᆞᆯ지니라
皇室을扶翼ᄒᆞᄂᆞᆫ道ᄂᆞᆫ國法을遵奉ᄒᆞ며公益을務圖ᄒᆞ며一朝에有事
ᄒᆞᆫ時ᄂᆞᆫ義勇으로奉公ᄒᆞᆷ에在ᄒᆞ니此ᄂᆞᆫ吾人臣民의當然ᄒᆞᆫ本務라此
目的을遂成ᄒᆞᄂᆞᆫ道ᄂᆞᆫ身을修ᄒᆞ고家를齊ᄒᆞ야安全ᄒᆞᆫ產業을計圖ᄒᆞ
며忠勇ᄒᆞᆫ精神을養成ᄒᆞᆷ에在ᄒᆞᄂᆞ니若文弱ᄒᆞᆷ에流ᄒᆞ야尙武의氣像
이乏ᄒᆞ고忠愼의精神이無ᄒᆞ면國家ᄂᆞᆫ委靡ᄒᆞᆷ에自抵ᄒᆞ고皇室은衰
替ᄒᆞᆷ의自歸ᄒᆞ리니如此ᄒᆞ면君國에對ᄒᆞ야不忠不義의罪를免치못
ᄒᆞᆯ지니라

第一百八課　國土

國土ᄂᆞᆫ吾人의祖先이玆에生長ᄒᆞ며玆에棲息ᄒᆞ야汗으로ᄡᅥ此를肥
ᄒᆞ며血로ᄡᅥ此를護ᄒᆞ야其遺骨을埋藏ᄒᆞᆫ바ㅣ오且百世에欽慕ᄒᆞᆯ美
風善俗과千秋에景仰ᄒᆞᆯ忠臣義士의事蹟이歷史의緖紬를作ᄒᆞ야吾

人의思想感情風俗習慣을成ᄒᆞᆫ바ㅣ니國土ᄂᆞᆫ實로歷史의根基ㅣ라
稱ᄒᆞᆷ이可ᄒᆞ니라況吾人은此土에生長ᄒᆞ야萬古에秀麗ᄒᆞᆫ山川을日
夕으로相對ᄒᆞ니其親近ᄒᆞᆫ關係가此에ᄡᅥ踰ᄒᆞᆫ者ㅣ孰有ᄒᆞ리오故로
愛國의心은實로這中에서得來ᄒᆞ야國民의堅確ᄒᆞᆫ志氣와國家의隆
盛ᄒᆞᆫ基礎를作成ᄒᆞᄂᆞᆫ者ㅣ니라
況我大韓帝國은建國以來로一定ᄒᆞᆫ人民이一定國土에棲息ᄒᆞᆫ者ㅣ
니各其業善ᄒᆞᆫ愛國心을涵養ᄒᆞ야國民이世界萬國에卓冠ᄒᆞ기를自
期ᄒᆞᆯ지니라

第一百九課　愛國心

人民이其國에住居ᄒᆞ야法律을服從ᄒᆞ며兵役에就徵ᄒᆞ며租稅를善
納ᄒᆞᆷ은總히國民의本務니即國家를愛護ᄒᆞᄂᆞᆫ精神及眞誠에出ᄒᆞᆷ이
라若國法은如何히善美ᄒᆞᆯ지라此를尊奉ᄒᆞᄂᆞᆫ臣民이其愛國의心이
乏ᄒᆞᆫ時ᄂᆞᆫ決코贊賞ᄒᆞᆯ바ㅣ無ᄒᆞ니라

大凡愛國心은國家歷史로브터觀感ᄒᆞ야國民腦髓에浸潤ᄒᆞᄂᆞᆫ者ㅣ
니我大韓帝國은建國以來로一定ᄒᆞᆫ國土를據ᄒᆞ고皇室의實籙은五
百餘年을享有ᄒᆞ엿스니人民은卽皇室의子女오皇室은卽國民의父
母라其愛慕扶翼ᄒᆞᄂᆞᆫ眞誠으로國家의基礎를確定ᄒᆞ야千秋萬代에
白岳이若礪ᄒᆞ고漢江이如帶토록永遠ᄒᆞᆫ幸福을榮享ᄒᆞᆯ지니라

第一百十課　愛國心(續)

盖自國의觀念은他國을對ᄒᆞ야自生ᄒᆞᆷ과如히自國을愛ᄒᆞᄂᆞᆫ心은外
國을對ᄒᆞ야始、自覺ᄒᆞᄂᆞ니故로愛國의心이素富ᄒᆞᆫ國民이라도他國
과交涉이無ᄒᆞ면此를自覺ᄒᆞᆯ機能이少ᄒᆞᆯ지니라

我國歷史를見ᄒᆞᆯ진ᄃᆡ宣祖壬辰의亂에李舜臣、郭再祐、趙憲、金千鎰、高
敬命의仗義死節ᄒᆞᆷ을因ᄒᆞ야隣國으로ᄒᆞ야곰國威를畏服케ᄒᆞ엿스
니此ᄂᆞᆫ皆、愛國ᄒᆞᄂᆞᆫ精神에出ᄒᆞᆷ이라其日星과如ᄒᆞᆫ炳義大節이豈、一
時異勳에止ᄒᆞ리오其、忠魂毅魄이實、萬古에不死ᄒᆞ야今日吾人腦髓

에個個히精靈을灌鍊ᄒᆞᆫ바ㅣ로다

今에我國이列邦과交好를結約ᄒᆞᆫ지三十年間에對外思想이國民間
에稍稍히勃興ᄒᆞ야世界에對峙ᄒᆞᆫ本國의位置를自覺ᄒᆞᆷ에至ᄒᆞ엿스
니國民의愛國心이玆로從ᄒᆞ야一層發生ᄒᆞᆷ을可期ᄒᆞᆯ지니라

第一百十一課　愛國의實

今에人이衆에게自號ᄒᆞ야曰我ᄂᆞᆫ愛國이라我ᄂᆞᆫ愛國이라ᄒᆞ면此ᄂᆞᆫ
無實ᄒᆞᆫ空言이라然ᄒᆞᆫ즉何를愛國의實이라謂ᄒᆞᄂᆞ고念컨ᄃᆡ三千里
疆域의廣ᄒᆞᆷ이有ᄒᆞᆫ즉當、我의忠勇의氣를奮ᄒᆞ야太極의旗를全球에
揚케ᄒᆞᆯ지며二千萬人民의衆ᄒᆞᆷ이有ᄒᆞᆫ즉當、自立의道를求ᄒᆞ야戰勝
萬國ᄒᆞᆯ利器를成ᄒᆞᆯ지며十三道土地의腴와物產의富가有ᄒᆞᆫ즉當、我
의心思와才力을竭ᄒᆞ야地에遺利가無ᄒᆞ고物에棄材가無케ᄒᆞᆯ지며
四千餘年歷史의傳ᄒᆞᆷ이有ᄒᆞᆫ즉我ᄂᆞᆫ當、進取의心을銳케ᄒᆞ야上古文
明의國을成ᄒᆞᆯ지며父子、君臣、兄弟、長幼의倫理와我祖我宗의相傳習

用ᄒᆞᄂᆞᆫ文字ᄂᆞᆫ當固有ᄒᆞᆫ美俗과固有ᄒᆞᆫ文獻을保守ᄒᆞᆯ지며此外에凡國民의職分內의事ᄅᆞᆯ皆毅然히自擔ᄒᆞᆷ이是愛國의實이며眞有ᄒᆞᆫ良民이니라

第一百十二課　國恥

凡國民이되야國恥ᄅᆞᆯ雪코져ᄒᆞᆯ진ᄃᆡ其恥되ᄂᆞᆫ事ᄅᆞᆯ先知치아니ᄒᆞᆷ이不可ᄒᆞᆫ즉請컨ᄃᆡ我青年을爲ᄒᆞ야列告ᄒᆞ노라國의恥ᄂᆞᆫ戰伐에喪敗ᄒᆞᆷ보다國權을失ᄒᆞᆷ이尤大ᄒᆞ니今我大韓에鐵道의設은誰에게借與ᄒᆞ얏시며電郵의政은誰에게引繼ᄒᆞ얏스며鑛山의利ᄂᆞᆫ誰에게讓歸ᄒᆞ얏스며漁採의益은誰에게許ᄒᆞ얏스며東北森林은何人과協約ᄒᆞ얏스며各港租界ᄂᆞᆫ何人이主管ᄒᆞ얏스며且外國에流寓ᄒᆞᆫ韓民은何人이保護ᄒᆞᄂᆞ뇨個個人間에侮辱을當ᄒᆞᆷ도必忿懥의心이有ᄒᆞ려던況國與國間에如此ᄒᆞᆫ羞恥ᄅᆞᆯ當ᄒᆞᆷ이리오此恥ᄅᆞᆯ雪ᄒᆞᄂᆞᆫ道ᄂᆞᆫ他에在치아니ᄒᆞ고一般國民이自强의心을發ᄒᆞ야進進不已ᄒᆞᄂᆞᆫᄃᆡ在ᄒᆞ

니勉哉어다青年이여

第一百十三課　國光

國光이라ᄒᆞᆷ은國이文明에進ᄒᆞ야其光이四表에被ᄒᆞᆷ을云ᄒᆞᆷ이라然ᄒᆞᆫ즉文明은何로由ᄒᆞ야致ᄒᆞᄂᆞ뇨此ᄂᆞᆫ國民이皆學問을硏修ᄒᆞ야化俗의功과開物의務가能히其國으로ᄒᆞ야곰上等位號ᄅᆞᆯ得케ᄒᆞᄂᆞᆫ故로其文明ᄒᆞᆫ光線이世界에耀燿ᄒᆞ야望ᄒᆞ기ᄅᆞᆯ日月의高照ᄒᆞᆷ과如히ᄒᆞ리니此ㅣ엇지國光이아니리오

今我大韓은國光이漸漸消微ᄒᆞ야長夜風雨에紅燭이將滅ᄒᆞ고滿天雲霧에白日이重掩ᄒᆞᆷ과如ᄒᆞᆫᄃᆡ黑洞洞中國民이暗을背ᄒᆞ고明을向ᄒᆞᄂᆞᆫ者ㅣ幾稀ᄒᆞ니國光이何로由ᄒᆞ야發生ᄒᆞ리오嗚呼라我青年諸君은國光의元素오精神이라一人의一日工夫가一分의光을吐ᄒᆞ고十日工夫가十分의光을吐ᄒᆞ야一年二年의積累ᄒᆞᆫ功이十年을不過ᄒᆞ야可히全國의光을發揮ᄒᆞᆯ지니勉哉어다青年이여

第百十四課　國民의忠義

國에忠義의民이多ᄒᆞ면其國이强ᄒᆞᄂᆞ니國民된者ᄂᆞᆫ雖職守가無ᄒᆞᆯ지라도其土에서生ᄒᆞ고其土에서食ᄒᆞ면서其國으로ᄒᆞ야곰能히獨立치못ᄒᆞ면亦何面으로地球上에立ᄒᆞ리오故로旣히國民이되얏슨즉保國의責이自有ᄒᆞ니人人이當兵을執ᄒᆞ고武를習ᄒᆞ야敵을禦ᄒᆞ고患을除ᄒᆞᆯ計策을圖ᄒᆞᆯ지라若國讎를忘ᄒᆞ고異種人의奴隷를甘作ᄒᆞᄂᆞᆫ人은天下의不忠不義의民이니라

國民도如此ᄒᆞ거던況君의祿을食ᄒᆞ고君의託을受ᄒᆞᆫ臣으로疆土를保守ᄒᆞ다가敵國의侵侮를當ᄒᆞᆫ境遇에ᄂᆞᆫ義가當死를效ᄒᆞᆯ지어ᄂᆞᆯ其身軀를惜ᄒᆞ며妻子를保코져ᄒᆞ야難을聞ᄒᆞ고奔ᄒᆞ며戰을臨ᄒᆞ야退ᄒᆞᄂᆞᆫ者ᄂᆞᆫ人類에齒ᄒᆞ기決코不可ᄒᆞ니라

(金文敬公安國曰平時에ᄂᆞᆫ欺치勿ᄒᆞ고職을盡ᄒᆞ며危를臨ᄒᆞ거던死를效ᄒᆞ고貳心을勿有ᄒᆞ라ᄒᆞ니라)

第百十五課　團結

國家의盛大ᄒᆞᆷ을致ᄒᆞᆷ은其道가一이有ᄒᆞ니國民이其心을團結ᄒᆞ야個人의利益으로써國家의利益을阜成ᄒᆞ며個人의榮福으로써國家의榮福을輝揚ᄒᆞᆷ이是라大抵一國의强弱은專히民心結合에在ᄒᆞ니若民心이乖離ᄒᆞ면雖金城鐵甕이라도足히依恃ᄒᆞᆯ바ㅣ無ᄒᆞ고民心이結合ᄒᆞ면雖百萬勁敵이라도足히畏懼ᄒᆞᆯ바ㅣ無ᄒᆞ니라

民心을結合ᄒᆞᄂᆞᆫ道ᄂᆞᆫ民族의特性에基本ᄒᆞ고國體의要義를應ᄒᆞ야國民的道德을確立ᄒᆞᆷ에在ᄒᆞ니孝悌忠信과共同愛國은我邦의道德標準인즉前者ᄂᆞᆫ各人의德行을修ᄒᆞ야國家의基礎를鞏固케ᄒᆞ고後者ᄂᆞᆫ國民의義勇心을培養ᄒᆞ야不虞의緩急을備禦ᄒᆞᄂᆞᆫ所以니라

第百十六課　獨立

西人의言에曰獨立ᄒᆞᄂᆞᆫ者ᄂᆞᆫ能히自助ᄒᆞ고愛羣ᄒᆞᄂᆞᆫ者ᄂᆞᆫ能히助人ᄒᆞ다ᄒᆞ니此二者ᄂᆞᆫ國民의美德이라人이世에生ᄒᆞ야因人의求助ᄒᆞᆷ

이無키不能ᄒᆞ나然ᄒᆞ나若他人에게依賴ᄒᆞᄂᆞᆫ心을習成ᄒᆞᆫ즉雖心思와才力이有ᄒᆞᆯ지라도能히用치못ᄒᆞᆯᄲᅮᆫ아니라久ᄒᆞᆫ즉心思와才力이益히頑鈍ᄒᆞ야手ᄅᆞᆯ束ᄒᆞ고待死ᄒᆞᆯᄯᆞᄅᆞᆷ이니如是ᄒᆞᆫ즉民이衰ᄒᆞ고國이弱ᄒᆞᆷ을未免ᄒᆞᆯ지니라

今에我國의人은獨立의想이無ᄒᆞ다謂ᄒᆞᆯ지라人다려問曰何로以ᄒᆞ야心을改良치아ᄂᆞᆫ고ᄒᆞ면曰風氣가未開ᄒᆞ얏다功令이未變ᄒᆞ얏다ᄒᆞ며何로以ᄒᆞ야學을力치아ᄂᆞᆫ고ᄒᆞ면曰年歲가已邁ᄒᆞ얏다才質이不及ᄒᆞ다ᄒᆞ니嗚呼라我의志氣ᄅᆞᆯ如此히振起치아니ᄒᆞ니國이何로由ᄒᆞ야强ᄒᆞ리오凡我靑年은其此에極注意ᄒᆞᆯ지어다

第百十七課 獨立(續)

地球上에萬國이並立ᄒᆞᆷ의一은强ᄒᆞ고一은弱ᄒᆞᆫ즉强ᄒᆞᆫ者ㅣ가弱ᄒᆞᆫ者ᄅᆞᆯ必呑ᄒᆞ야ᄡᅥ自肥ᄒᆞᄂᆞ니然ᄒᆞᆫ즉國이强치못ᄒᆞ고야豈能立ᄒᆞ기ᄅᆞᆯ望ᄒᆞ리오我國은檀箕以來로雖代로興ᄒᆞ고代로廢ᄒᆞᆷ이有ᄒᆞ나皆

我國人이失ᄒᆞ고我國人이得ᄒᆞ야政敎와風俗이依然히無恙ᄒᆞ야尙히獨立의道ᄅᆞᆯ失치아니ᄒᆞ얏거니와泰西의人國을亡케ᄒᆞᆷ은其異種의人을惡ᄒᆞᆷ이尤甚ᄒᆞᆫ故로其所屬의國인즉其國의語言과文字ᄅᆞᆯ禁習ᄒᆞ야其愛國의心을絶ᄒᆞ며賦稅로ᄡᅥ困히ᄒᆞ야其謀生의路ᄅᆞᆯ絶ᄒᆞ며重兵으로ᄡᅥ鎭ᄒᆞ고嚴法으로ᄡᅥ防ᄒᆞ야其自由의權을奪ᄒᆞ며高官과厚祿은主國의民이享ᄒᆞ고苛徭와賤役은屬國의民이受ᄒᆞᄂᆞ니波蘭에게俄와印度에게英이皆此道ᄅᆞᆯ用ᄒᆞᆷ이라嗚呼라我韓人民은此ᄅᆞᆯ鑑戒ᄒᆞ야獨立의精神을時日로養成ᄒᆞᆯ지어다

第一百十八課 戰爭

古昔에在ᄒᆞ야ᄂᆞᆫ人文이未開ᄒᆞ야國與國間에戰爭이一起ᄒᆞ면戰勝ᄒᆞᆫ者ᄂᆞᆫ敵國의子女ᄅᆞᆯ刦掠ᄒᆞ며財産을奪取ᄒᆞ며家屋을焚燒ᄒᆞ야其暴虐ᄒᆞᆫ行爲가極甚ᄒᆞ더니近世에在ᄒᆞ야ᄂᆞᆫ各國이道義ᄅᆞᆯ尊尙ᄒᆞ야不得已ᄒᆞᆫ境遇가아니면兵器ᄅᆞᆯ不動ᄒᆞᆯᄲᅮᆫ아니라設令一朝에開戰을

宣告ᄒᆞᆫ지라 互相間에 國際의 德義를 遵守ᄒᆞ야 或 ᄯᅩ 殘忍暴虐의 事를 行치 아니ᄒᆞᆷ에 注意ᄒᆞᆷ은 卽 人道公義의 進步를 表彰ᄒᆞᆷ이니라

且 國與國의 關係ᄂᆞᆫ 局外에 在ᄒᆞ야 此를 能히 牽制ᄒᆞᆯ 權利가 無ᄒᆞᆷ으로 必 各國主權者의 牽制를 依ᄒᆞ야 葛藤을 裁決ᄒᆞ고 平和를 主唱ᄒᆞᄂᆞ니 若 各主權者의 牽制를 不待ᄒᆞ고 妄히 暴力으로ᄡᅥ 正義를 蹂躪ᄒᆞᄂᆞᆫ 者ᄂᆞᆫ 其國이 雖 强大ᄒᆞᆯ지라 決코 國家의 永遠ᄒᆞᆫ 名譽를 保有치 못ᄒᆞᆯ지니라

第百十九課 進取

國에 進取의 民이 多ᄒᆞᆫ즉 其國이 强ᄒᆞᄂᆞ니 今에 人이 皆 白人種의 强ᄒᆞᆷ은 知ᄒᆞ거니와 其强ᄒᆞᆫ 所由來를 知ᄒᆞᄂᆞᆫ가 土地가 闊ᄒᆞ얏스되 尤히 口岸을 侵略ᄒᆞ고 島嶼를 窮搜ᄒᆞ며 機器가 精ᄒᆞ되 滊力의 不足ᄒᆞᆷ으로 電力을 用ᄒᆞ야 其 進取의 無厭ᄒᆞᆫ 心이 遂 民種으로ᄒᆞ야곰 勢力을 全球에 遍伸코져 ᄒᆞᆷ이니 豈 偶然ᄒᆞ리오 我國의 民은 好古의 心이 進取를 阻

遏ᄒᆞ야 樸陋로ᄡᅥ 質實ᄒᆞ다ᄒᆞ며 恬退로ᄡᅥ 高尙ᄒᆞ다ᄒᆞ야 日로 遊惰의 風에 漸靡ᄒᆞ되 猶 皇古를 高談ᄒᆞ야 曰 世事가 日非ᄒᆞ고 古風이 不復이라ᄒᆞᄂᆞ니 嗚呼라 文明의 化가 愈進愈上ᄒᆞᆷ의 今이 古보다 勝ᄒᆞᆷ은 自然의 理라 舊를 捨ᄒᆞ고 新을 從ᄒᆞᆷ이 可ᄒᆞ거ᄂᆞᆯ 泥古ᄒᆞᆫ 習慣으로 前進을 防遏ᄒᆞ니 眞 文明의 賊이로다 吾黨少年은 進取에 勉勵ᄒᆞ라 黃種의 强ᄒᆞᆷ이 豈 白種에 讓ᄒᆞ리오

第百二十課 總論

人이 斯世에 生ᄒᆞᆷ의 當行ᄒᆞᆯ 本務가 有ᄒᆞ니 卽 道德이 是라 然ᄒᆞ나 此를 修養ᄒᆞᄂᆞᆫ 工이 無ᄒᆞ면 得行치 不能ᄒᆞᆷ으로 感覺 悟解의 方法을 編述ᄒᆞ야ᄡᅥ 學者의 敎科에 備케ᄒᆞ노니 此 豈 我의 意見을 妄執ᄒᆞᆷ이리오 惟 東西國 先聖先賢의 嘉言善行을 採用ᄒᆞᆷ이니라

大凡 物은 本末이 有ᄒᆞ고 事ᄂᆞᆫ 始終이 有ᄒᆞ니 人의 當行ᄒᆞᆯ 方法도 亦 先後의 別이 無치 不可ᄒᆞᆫ지라 故로 道德의 敎로ᄡᅥ 修身의 初程을 삼노라

忠孝ᄂᆞᆫ人倫의大者라我韓國敎의特著ᄒᆞᆫ綱領이어니와兄弟、夫婦、長
幼、朋友에對ᄒᆞᄂᆞᆫ道理와社會、國家에對ᄒᆞᄂᆞᆫ義務도亦順序를從ᄒᆞ야
此에畧具ᄒᆞ얏ᄉᆞ니庶、學者로ᄒᆞ야곰養善去惡의一助가되기를望ᄒᆞ
노라

高等小學修身書卷一終

高等小學修身書卷一　九十一

영인

보통교과수신서

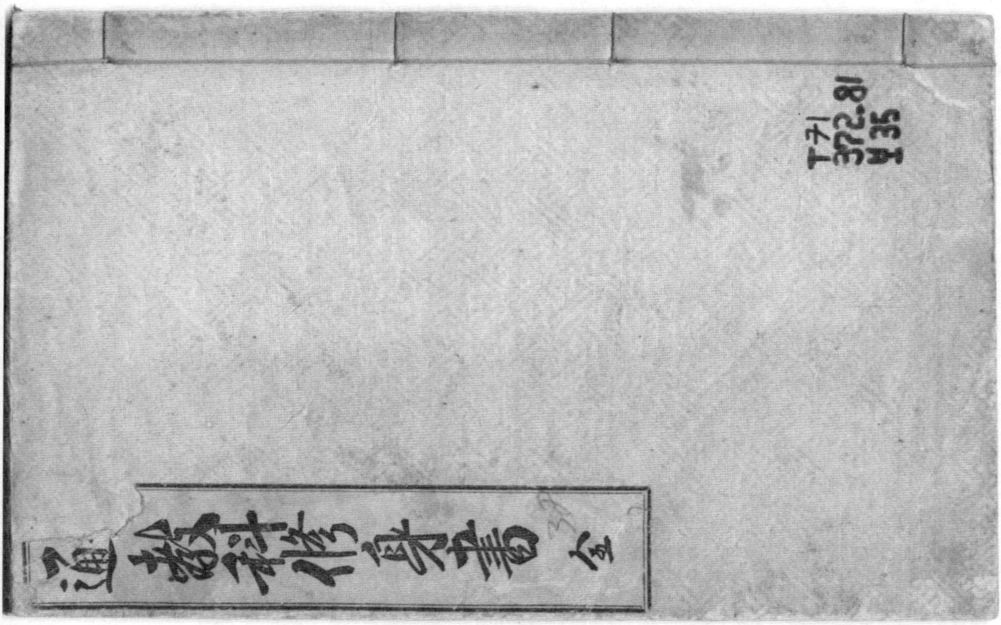
普通教科修身書 全
T가1
372.81
보35

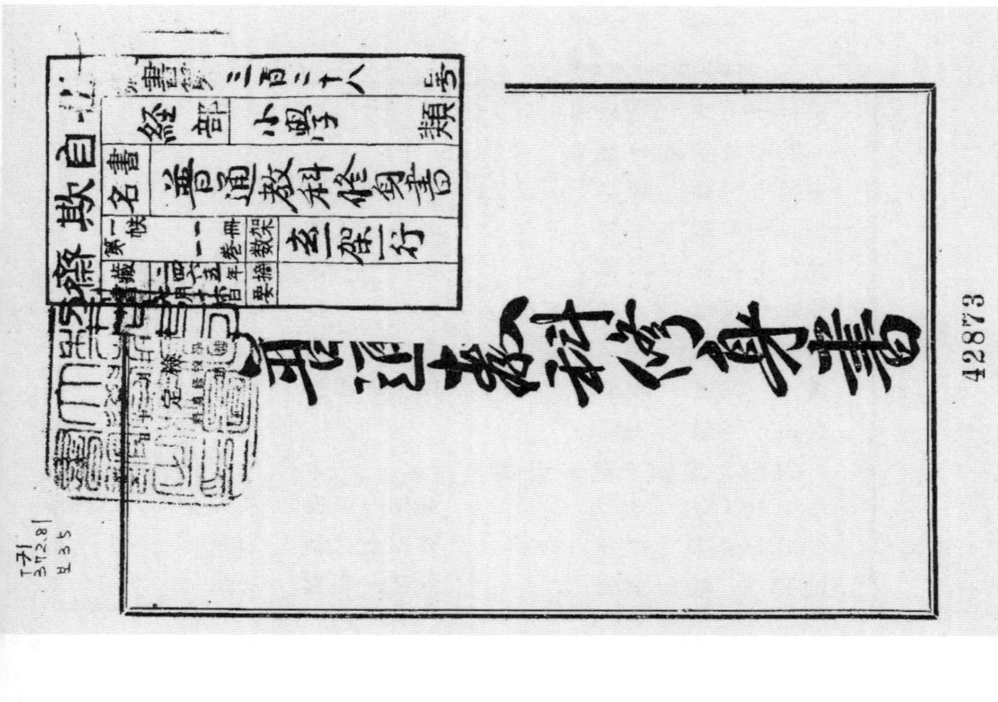
普通教科修身書
42873

普通教科修身書目次

普通敎科修身書目次終

普通教科修身書

家庭의注意

第一課　家庭

家內의人이各其業務에盡力ᄒᆞ며各其身體를愼重히ᄒᆞ면一家가自然히和合ᄒᆞ야其樂이大ᄒᆞ니라

家庭에在ᄒᆞ야ᄂᆞᆫ恒常父母와祖父母를恭敬ᄒᆞ야命을勿逆ᄒᆞ며其事業을幇助ᄒᆞ며兄弟姉妹와恭愛ᄒᆞ며婢僕을顧護ᄒᆞᆯ지니家內의人이和睦케生活ᄒᆞᆷ은但一家의幸福이될ᄲᅮᆫ아니라實로國家幸福의基本이될지라故로傳에曰一家가仁ᄒᆞ면一國이興仁ᄒᆞᆫ다ᄒᆞ니라

一家의內에門戶가各立ᄒᆞ면家道가必覆ᄒᆞᆯ지니家長된者ᄂᆞᆫ不忍聞의言을出치勿ᄒᆞ며家中된者ᄂᆞᆫ不敢言의說을作치勿ᄒᆞ면家道가正ᄒᆞ리라

第二課　家族

親子兄弟姉妹가一家中에셔敦睦히生活ᄒᆞᆷ은莫大ᄒᆞᆫ幸福이라人人이勉勵ᄒᆞ야其無益의費用을省ᄒᆞ고正當ᄒᆞᆫ業務에從ᄒᆞ야一家의繁榮을必致케ᄒᆞᆯ지니라

家庭이和樂ᄒᆞ면雖蔬糲을食ᄒᆞ며布葛을衣ᄒᆞ더라도其歡喜ᄒᆞᆷ을不勝ᄒᆞᆯ지오家庭이不和ᄒᆞ면雖珍羞을食ᄒᆞ며綺羅를衣ᄒᆞ더라도其愁嘆ᄒᆞᆷ을不任ᄒᆞᆯ지니父兄된者ᄂᆞᆫ恒常慈愛로써撫育ᄒᆞ고子弟된者ᄂᆞᆫ孝恭으로써尊敬ᄒᆞ면家道가興ᄒᆞᆯ지니라

周文敏公世鵬이侄儹에게寄書ᄒᆞ야日土脉이和沃ᄒᆞ면生草가必茂ᄒᆞ고一家가和睦ᄒᆞ면生福이必盛ᄒᆞ리라ᄒᆞ시니라

第三課　孝行一

人은皆父母의養育을受ᄒᆞ야成長ᄒᆞᆫ者ㅣ니其劬勞의恩을報코자ᄒᆞᆯ진ᄃᆡ平生의誠孝를盡ᄒᆞ야써父母를事ᄒᆞ야도萬一을報키難ᄒᆞ니라

然則人子된者ᄂᆞᆫ恒常誠을盡ᄒᆞ며行을愼ᄒᆞ야父母의命을順從ᄒᆞ며父母의志를善養ᄒᆞ며父母의名을顯揚케ᄒᆞ되若一毫라도驕吝의心과爭亂의事가有ᄒᆞ면必身을辱되게ᄒᆞ며親을危케ᄒᆞᆷ에至ᄒᆞᆯ지니孝ᄂᆞᆫ百行의源이라一行이라도有虧ᄒᆞ면純孝를得爲키難ᄒᆞ거든況辱身危親ᄒᆞᆷ이리오

李文成公珥曰人子가生ᄒᆞᆷ을受ᄒᆞ야性命血肉이皆父母의遺ᄒᆞᆫ바로氣脉이相通ᄒᆞ니此身이我의私物이아니라豈敢히其身을自有ᄒᆞ야써父母에게盡孝치아니리오ᄒᆞ시니라

第四課 孝行二

宋文正公時烈曰父母가我에게性命의全으로써遺ᄒᆞ셧ᄉᆞ니性命의中에萬善이畢具ᄒᆞ얏ᄉᆞ니一善이明치못ᄒᆞ야도孝가아니오一善이行치못ᄒᆞ야도孝가아니라必須人欲을盡去ᄒᆞ고天理를盡復ᄒᆞ야父母의遺體로ᄒᆞ야곰恒常淸明正大ᄒᆞᆫ域에立ᄒᆞ야雖父母가沒ᄒᆞ신後

라도此心이未衰ᄒᆞ여야父子의倫이亦極盡ᄒᆞ다可謂ᄒᆞᆯ지라ᄒᆞ시니라

第五課 和順

夫婦ᄂᆞᆫ人倫의始오萬福의源이라雖至親至密ᄒᆞ나亦至正至謹ᄒᆞᆫ地니相待ᄒᆞ기를賓ᄀᆞᆺ치ᄒᆞ야必失儀ᄒᆞᆷ이無ᄒᆞᆫ然後에自然和順ᄒᆞᆷ을致ᄒᆞ야家道가正齊ᄒᆞ고且子女에게他日模範을作ᄒᆞᆯ지니라人이或巍然自大ᄒᆞ야曰丈夫ᄂᆞᆫ天이며君과猶ᄒᆞ다ᄒᆞ야狂躁暴悍ᄒᆞᆷ으로써婦人을全責ᄒᆞᄂᆞ니是로由ᄒᆞ야互相히反目ᄒᆞ며互相히咎怨ᄒᆞ야倫紀가墜ᄒᆞ며家道가覆ᄒᆞᄂᆞ니人의不祥ᄒᆞᆷ이此에甚ᄒᆞᆫ者ㅣ豈有ᄒᆞ리오梁士의妻를古人이郡國의臣에比ᄒᆞ얏ᄂᆞ니人은必妻로ᄒᆞ야곰貧賤을同勞ᄒᆞ며富貴를共享ᄒᆞ야恩義를勿失ᄒᆞᆷ이家의幸福이니라

第六課 友愛

兄弟、姊妹ᄂᆞᆫ骨肉의親이라互相히友愛ᄒᆞ야一人이慶喜가有ᄒᆞ거던共喜ᄒᆞ며一人이憂慮가有ᄒᆞ거던共憂ᄒᆞ되兄姊ᄂᆞᆫ年齡이長ᄒᆞ고智識이優ᄒᆞᆫᄌᆞᆨ恒常弟妹를爲ᄒᆞ야可히模範될事를行ᄒᆞᆯ지오弟妹ᄂᆞᆫ兄姊를爲ᄒᆞ야恒常愛敬의心을持ᄒᆞᆯ지라如此ᄒᆞ면父母의名譽와門闌의榮光을顯揚ᄒᆞᆯ지니라

曹文正公植이弟桓으로더부러友愛가甚篤ᄒᆞ야嘗云호ᄃᆡ兄弟ᄂᆞᆫ支體와如ᄒᆞ야可히分解치못ᄒᆞᆫ다ᄒᆞ고一垣內에同居ᄒᆞ야出入에異門이無ᄒᆞ며合食共被ᄒᆞ야心이恒常怡怡ᄒᆞ더라

第七課　祖先一

祖先을尊敬ᄒᆞᆷ은我國의相傳ᄒᆞᄂᆞᆫ古來美事라然ᄒᆞ나其最要ᄒᆞᆷ은祖先의名譽를無汚ᄒᆞᆷ에在ᄒᆞ니人은恒常行을愼審ᄒᆞ며業을勉勵ᄒᆞ야子孫으로ᄒᆞ야곰孝思를是則케ᄒᆞᆯ지니라

祖先의傳來ᄒᆞᄂᆞᆫ家產을守成ᄒᆞ며且新家產를創興ᄒᆞᆷ은祖先에對ᄒᆞᄂᆞᆫ義務니極히注意ᄒᆞᆯ지나若懶惰를因ᄒᆞ야遺業을傾破ᄒᆞ거나家聲을失墜ᄒᆞᄂᆞᆫ者ᄂᆞᆫ不孝의大ᄒᆞᆫ者ㅣ니라

第八課　祖先二

張文康公顯光曰吾의一身은百千萬代에祖先의遺傳ᄒᆞᆫ者인ᄌᆞᆨ豈敢히吾身이吾의所有라ᄒᆞ리오吾身을輕히ᄒᆞᆷ은卽吾의祖先을輕히ᄒᆞᆷ이니一思慮에祖先의心을有違ᄒᆞᆯ가一云爲에祖先의德을有違ᄒᆞᆯ가一動作에祖先의道를有違ᄒᆞᆯ가恐ᄒᆞ야戰戰ᄒᆞ며兢兢ᄒᆞ야恒常深淵을臨ᄒᆞ며薄氷을履ᄒᆞᆷᄀᆞᆺ치ᄒᆞᆫᄌᆞᆨ庶乎祖先의遺訓을不墜ᄒᆞᆯ지오祖先도亦子孫이有ᄒᆞ다可謂ᄒᆞᆯ지라ᄒᆞ시니라

第九課　親族一

親族은同祖의孫이라派系의差遠差近ᄒᆞᆷ을勿論ᄒᆞ고必其幸福과繁樂을共計ᄒᆞᆯ지니貧ᄒᆞᆫ親族이라고賤待치勿ᄒᆞ며富ᄒᆞᆫ親族이라고依賴치勿ᄒᆞ고或一時困難이有ᄒᆞ거나災厄에罹ᄒᆞ거던協力相救ᄒᆞ며

且名譽를互相保重ᄒᆞ고禮儀를互相正肅ᄒᆞ야一己의過失로써親族에게及累ᄒᆞᆷ을必愼ᄒᆞᆯ지니라

鄭承旨誠謹이嘗淸節로써聞ᄒᆞ더니歉歲에在ᄒᆞ야將米斛으로써舍를買ᄒᆞᆯ시諸族이呼飢ᄒᆞᆷ을聞ᄒᆞ고公曰舍를買ᄒᆞᆷ은子孫을爲ᄒᆞᆷ이라엇지참아諸族으로ᄒᆞ야곰飢死케ᄒᆞ리오ᄒᆞ고遂分賑ᄒᆞ니라

第十課　親族二

張文康公顯光族契議에曰其恩을篤ᄒᆞ야써其心을一케ᄒᆞ며其規를定ᄒᆞ야써其事를齊히ᄒᆞ며時로講睦ᄒᆞ야써其和好의情을融케ᄒᆞ며事를同力ᄒᆞ야써其資助의義를通ᄒᆞ야富에所分이有ᄒᆞ고貧에所濟가有ᄒᆞ며慶에ᄂᆞᆫ其喜를同ᄒᆞ고憂에ᄂᆞᆫ其恤을同ᄒᆞᆯ지니此ㅣ家를保ᄒᆞ고族을宜케ᄒᆞᄂᆞᆫ深謀遠慮ㅣ라ᄒᆞ시니라

第十一課　主人과婢僕一

主人은婢僕으로ᄒᆞ야곰其使役을苛酷히ᄒᆞ거나過失을苛責치勿ᄒᆞ

고恒常善遇愛護ᄒᆞ야其職業에樂從ᄒᆞᆷ을要ᄒᆞᆯ지며且兒童으로ᄒᆞ야곰婢僕에게無理ᄒᆞᆫ言을妄肆케ᄒᆞᆷ이不可ᄒᆞ니라

婢僕은主人의名譽를尊重히ᄒᆞ야誹謗을絶口ᄒᆞ며主人의命令을順從ᄒᆞ야服務에盡力ᄒᆞᆯ지니如此ᄒᆞ면可히忠勤ᄒᆞᆫ婢僕이라ᄒᆞᆯ지니라

第十二課　主人과婢僕二

李文成公珥曰婢僕이我의勞를代ᄒᆞ니當恩을先에ᄒᆞ고威를後에ᄒᆞ여야乃其心을得ᄒᆞᆯ지라君에게民과主에게僕이其理가一이니君이恤民치아니ᄒᆞᆫ즉民散ᄒᆞ고民散ᄒᆞᆫ즉國亡ᄒᆞ며主가恤僕치아니ᄒᆞᆫ즉僕散ᄒᆞ고僕散ᄒᆞᆫ즉家敗ᄒᆞᆷ은勢의必至ᄒᆞᆯ바인즉人은婢僕에게必飢寒을軫念ᄒᆞ며衣食을資給ᄒᆞ야其所를得케ᄒᆞ고過惡이有ᄒᆞ거던須勤勤敎誨ᄒᆞ야自知改革케ᄒᆞᆯ지라ᄒᆞ지니라

學校에關ᄒᆞᆫ注意

第十三課　學校一

學校ᄂᆞᆫ著實히生計ᄅᆞᆯ營ᄒᆞ고進ᄒᆞ야社會實際에有用ᄒᆞᆫ人이될만ᄒᆞᆫ
道ᄅᆞᆯ敎ᄒᆞᄂᆞᆫ處所ㅣ라古에ᄂᆞᆫ家塾、鄕校、國學等이有ᄒᆞ얏스나其敎ᄒᆞᆫ
바ㅣ儒敎뿐에止ᄒᆞ고實際人民의必須ᄒᆞᄂᆞᆫ學科ᄅᆞᆯ敎ᄒᆞᆷ이鮮ᄒᆞᆯ뿐아
니라又、學問을務ᄒᆞᄂᆞᆫ者도皆、科擧에應ᄒᆞ야官職을目的ᄒᆞᆷ에不過ᄒᆞᆫ
지라今日은普通學校、高等學校、師範學校及實業學校等의設立이有
ᄒᆞ야皆、一般人民의實際生活에必須ᄒᆞᄂᆞᆫ學問을授ᄒᆞ고其、身體와道
德을鍊磨ᄒᆞᄂᆞ니古에比ᄒᆞ면其趣가大異ᄒᆞᆫ지라然則國家의富强을
圖ᄒᆞᆷ은多數ᄒᆞᆫ人民이此等學校에셔文明을開發ᄒᆞ고國富ᄅᆞᆯ生産ᄒᆞᆯ
만ᄒᆞᆫ有用의學問을修ᄒᆞ야業을卒ᄒᆞᆫ後에ᄂᆞᆫ其學得ᄒᆞᆫ바ᄅᆞᆯ應用ᄒᆞ야
各各其業을服ᄒᆞᄂᆞᆫ外에他道가更無ᄒᆞᆯ지라彼、文明ᄒᆞᆫ諸國이皆、學校
ᄅᆞᆯ爭設ᄒᆞ야幼蒙을敎育ᄒᆞᆷ은全히此에在ᄒᆞᆷ이라故로如何히學校의
數가多ᄒᆞᆯ지라도實際吾人의生活과社會의文明에無益ᄒᆞᆫ事ᄅᆞᆯ敎ᄒᆞᆷ
은返히國家의害ᄅᆞᆯ致ᄒᆞᆷ이오又、多數의學徒가學校에通學ᄒᆞᆯ지라도

實際有用의學問을不修ᄒᆞ면何等의功效가無ᄒᆞᆷ으로知ᄒᆞᆯ지니라

第十四課 學校二

安文成公裕ᄂᆞᆫ高麗忠肅王時人이라學校가日衰ᄒᆞᆷ을憂ᄒᆞ야兩府에
建議ᄒᆞ되請컨ᄃᆡ百官으로ᄒᆞ야곰、錢布ᄅᆞᆯ出ᄒᆞ야ᄡᅥ學錢을贍케ᄒᆞ자
ᄒᆞᆫᄃᆡ兩府가從ᄒᆞ야王께聞ᄒᆞ니王이內帑錢穀을出ᄒᆞ야助ᄒᆞ실ᄉᆡ一武
人이有ᄒᆞ야出錢ᄒᆞ기ᄅᆞᆯ不肯ᄒᆞ거ᄂᆞᆯ公이諸相ᄃᆞ려謂曰夫子의道가
萬世의垂憲ᄒᆞ야臣은君에게忠ᄒᆞ고子ᄂᆞᆫ父에게孝ᄒᆞ고弟ᄂᆞᆫ兄에게
恭ᄒᆞᆷ이是、誰敎오ᄒᆞᆫᄃᆡ其、武人이慚赧ᄒᆞ야卽、錢을出ᄒᆞᆫ지라其餘財로
ᄡᅥ支那에送ᄒᆞ야先聖과七十二弟子의像을畵ᄒᆞ고祭器와樂器와六
經과諸子史ᄅᆞᆯ求來ᄒᆞ니라

第十五課 家庭敎育

凡、學生이幼時에入學ᄒᆞᆷ의家庭의敎育이無ᄒᆞ면學業을成就키不能
ᄒᆞᄂᆞ니譬ᄒᆞ건ᄃᆡ主人이墻工으로ᄒᆞ야곰石墻을築ᄒᆞᆯᄉᆡ墻工은外에

在ᄒᆞ고主人은內에在ᄒᆞ야外에셔築ᄒᆞᄂᆞᆫ墻을內에셔毁ᄒᆞ면其墻은十年을築ᄒᆞ야도完成키無望ᄒᆞᆯ지라此와如히敎師ᄂᆞᆫ學校에셔勞苦를不憚ᄒᆞ고誠勤히敎育ᄒᆞ거ᄂᆞᆯ家에歸ᄒᆞᆫ즉父母가敎訓을不加ᄒᆞ고遊嬉를自任ᄒᆞ야終日에工夫가虛地로歸ᄒᆞ면其學은十年을敎ᄒᆞ야도完成키를無望ᄒᆞᆯ지라然ᄒᆞ나家庭의敎育은父보다母가勝ᄒᆞᄂᆞ니故로孟子ᄂᆞᆫ孟母에三遷의敎가有ᄒᆞ샤能히聖人이되시니라

第十六課 敬師一

凡學生이學校에在ᄒᆞ야師의命을恪謹히順從ᄒᆞᆯ지니試思ᄒᆞ라父母가我를生養ᄒᆞ샤逸居無敎ᄒᆞ면則禽獸에近ᄒᆞᆯ식我를學校에送ᄒᆞ샤師를從ᄒᆞ야學問을修케ᄒᆞ심이師가勞苦를不辭ᄒᆞ고我를愛護ᄒᆞ며我를敎育ᄒᆞ야善良ᄒᆞᆫ人이되기를期望ᄒᆞ시니其惓々ᄒᆞᆫ勤念이父母와何異ᄒᆞ며且學業을修成ᄒᆞᆫ後에ᄂᆞᆫ一身의名譽를闡發ᄒᆞᆷ과父母의光榮을顯揚ᄒᆞᆷ이皆師의賜ᄒᆞᆷ이니雖學校를出ᄒᆞ야社會에入ᄒᆞᆫ덜豈

尊敬의心을暫弛ᄒᆞ리오故로曰人이三에生ᄒᆞ야事ᄒᆞ기를如一히ᄒᆞᆫ다ᄒᆞ니三者ᄂᆞᆫ君師父니라

第十七課 敬師二

訓蒙의師가雖傳道의師로더부러有異ᄒᆞ나然ᄒᆞ나訓蒙의師가아니면何由로智慧를開導ᄒᆞ야傳道의師에게進學케ᄒᆞ리오且訓蒙의勞苦가傳道者로더부러殊絶ᄒᆞᆫ즉訓蒙의師ᄂᆞᆫ沒身토록尊敬ᄒᆞᆷ이可ᄒᆞᆯ지어ᄂᆞᆯ人이或頭角이嶄然ᄒᆞᆷ의全然히昔日의敎訓ᄒᆞ던師를不思ᄒᆞ고但今日에傳授ᄒᆞᄂᆞᆫ師만知ᄒᆞᄂᆞ니是ᄂᆞᆫ其本을忘ᄒᆞᆷ이라雖學業을成就ᄒᆞᆫ덜豈善良ᄒᆞᆫ學生이라稱ᄒᆞ리오凡我學生은學問이成就ᄒᆞᆯ사록益益히訓蒙의師에恩功을思ᄒᆞ야尊敬ᄒᆞᄂᆞᆫ心을暫時라도不捨ᄒᆞᆷ이可ᄒᆞ니라

第十八課 學問一

學問이란者ᄂᆞᆫ學ᄒᆞ고問ᄒᆞᆷ을謂ᄒᆞᆷ이니學問의法은凡讀書에口로만

勿論ᄒᆞ고必書中의理를明辨ᄒᆞ며且書를不讀ᄒᆞᆫ時라도日中에見ᄒᆞᄂᆞᆫ바人物草木金石等類의理를隨時詳察ᄒᆞᆯ지니此를謂호ᄃᆡ學이오心에疑處가有ᄒᆞ거든必父兄과師長에게就問ᄒᆞ며農事ᄂᆞᆫ農人에게問ᄒᆞ며商事ᄂᆞᆫ商人에게問ᄒᆞ며工事ᄂᆞᆫ工人에게問ᄒᆞᆯ지니此를謂호ᄃᆡ問이라學ᄒᆞ고問ᄒᆞ야心에知ᄒᆞᄂᆞᆫ바ㅣ有ᄒᆞ거든猶忘却ᄒᆞᆯ가恐ᄒᆞ야冊에記入ᄒᆞᆯ지니如此ᄒᆞ면胸中에事物의理가積多ᄒᆞ야可히學問家를成ᄒᆞᆯ지니라

第十九課　學問二

天下에易得ᄒᆞᆫ學問이無ᄒᆞ야惟恒心이有ᄒᆞᆫ者라야得ᄒᆞᆯ지라夫水ᄂᆞᆫ至弱ᄒᆞ고石은至堅ᄒᆞ나一拳의石이라도泉水의滴이日夜不息ᄒᆞ면畢竟은成孔ᄒᆞᄂᆞ니惟學도亦然ᄒᆞ야恒心이有ᄒᆞᆫ者ㅣ勞苦를不厭ᄒᆞ고日積月累ᄒᆞ면必貫通ᄒᆞᆯ日이有ᄒᆞᆯ지라然ᄒᆞᆫ즉古今博學의士가皆數十年의勞苦를積ᄒᆞ야成ᄒᆞᆷ이오一日二日의功이아니니若今日의

所學을明日에厭ᄒᆞ고今年의所學을明年에棄ᄒᆞ면必光陰을虛度ᄒᆞ고一藝도不成ᄒᆞᆯ지라年이已長ᄒᆞᆷ에及ᄒᆞ야追悔ᄒᆞᆫ덜何爲오

第二十課　學問三

姜文良公希孟曰玉을不琢ᄒᆞ면器를成치못ᄒᆞ고金을不鍊ᄒᆞ면劒을鑄치못ᄒᆞᄂᆞ니玉의用은器에在ᄒᆞᄃᆡ琢ᄒᆞ기를必沙石으로써ᄒᆞ고金의用은劒에在ᄒᆞᄃᆡ鍊ᄒᆞ기를必鑪炭으로써ᄒᆞ니苟沙石과鑪炭의麁ᄒᆞᆷ을惡ᄒᆞ야居ᄒᆞ기를恥ᄒᆞ면玉은璞에蘊ᄒᆞᆯ而已오金은鑛에秘ᄒᆞᆯ而已라豈能히瑚璉을成ᄒᆞ며龍泉을鑄ᄒᆞ야써世에奇寶가되리오ᄒᆞ시니라

第二十一課　學問四

凡人이學問을修得ᄒᆞ야文明社會에入코자ᄒᆞᆯ진ᄃᆡ萬物의實理를硏究치아니ᄒᆞᆷ이不可ᄒᆞ니假令京城에서釜山에往ᄒᆞ랴면必汽車를乘ᄒᆞ거나或汽船에坐ᄒᆞ고書函을遠域에致ᄒᆞ랴면必郵便을因ᄒᆞ거나

或事가急ᄒᆞᆫ즉電信을用ᄒᆞᆷ은人의共知ᄒᆞᄂᆞᆫ바이나然ᄒᆞ나汽車、汽船의何由로能動ᄒᆞᆷ과郵便、電信의何由로能達ᄒᆞᆷ을透得고자ᄒᆞᆷ은學理上에大히關係가有ᄒᆞᆫ者이오且、如此ᄒᆞᆫ文明의新事物뿐아니라卽、眼前에一木、一石의微라도亦、眞理ᄅᆞᆯ各具치아니ᄒᆞᆫ者ㅣ無ᄒᆞ니能히其、性質을講究ᄒᆞ고其效用을發明ᄒᆞ야人人으로ᄒᆞ야곰厚生의資ᄅᆞᆯ作ᄒᆞᆷ은人된者의務ᄒᆞᆯ바ㅣ니其本은蓋、學問에在ᄒᆞ니라

第二十二課 學問五

凡、吾人이產業을增殖ᄒᆞ야生活의便益을謀ᄒᆞᆷ은皆、學理의應用이라然ᄒᆞ나學理도亦、世의文明을隨ᄒᆞ야進ᄒᆞᄂᆞ니第觀ᄒᆞ라驛郵의信이電線、電話와何如ᄒᆞ며脚夫의力이汽船、汽車와何如ᄒᆞᆫ고此ᄂᆞᆫ學理의應用이最大ᄒᆞᆫ者이어니와其、他農業과商業과工業等百般의事ᄅᆞᆯ改良進步ᄒᆞᆷ이皆、學理의應用이니라然則學問을修ᄒᆞ야도空理、空論을徒唱ᄒᆞᆷ은何等利益이無ᄒᆞᆯ지라今日青年은須、農學、工學、理學等直接

으로人生의裨益을與ᄒᆞᄂᆞᆫ바學問을修ᄒᆞᆯ지니此、誠社會로ᄒᆞ야곰文明에趣케ᄒᆞᄂᆞᆫ唯一의道ㅣ니라

他人에게對ᄒᆞᆫ注意

第二十三課 敬長

吾의父兄을事ᄒᆞᄂᆞᆫ心을推ᄒᆞ면必、他人의父兄을敬事ᄒᆞᆯ지니尊長을對ᄒᆞ거던卽、禮數ᄅᆞᆯ先敍ᄒᆞ고儀容을端正히ᄒᆞ며應對ᄅᆞᆯ恪勤히ᄒᆞ며飮食에不先ᄒᆞ며行路에必後ᄒᆞ고且、十年의長을見ᄒᆞ거던老兄이라稱ᄒᆞ고覲、拜、揖ᄒᆞᆷ이可ᄒᆞ니라

李文純公滉曰吾의親을尊ᄒᆞᆷ과吾의長을敬ᄒᆞᆷ으로븟허其餘에推及ᄒᆞ야但、其敬ᄒᆞᄂᆞᆫ禮가或、其人을隨ᄒᆞ야差等은有ᄒᆞᆯ지나西銘同胞의義로써言ᄒᆞ면凡、天下高年의人은皆、吾一家의長이라豈吾兄을事ᄒᆞᄂᆞᆫ心을推ᄒᆞ야事치아니리오ᄒᆞ시니라

第二十四課 朋友

朋友를結交ᄒᆞᆷ은信義로써爲主ᄒᆞᄂᆞ니故로不得已ᄒᆞᆫ事가不有ᄒᆞ면遽然히背絶ᄒᆞᆷ이不可ᄒᆞ고但、責善을益加ᄒᆞ야其、發達進步됨을共計ᄒᆞᆯ지니라

朋友ᄂᆞᆫ感化同情의力이最大ᄒᆞᆫ者ㅣ라故로人이云호ᄃᆡ喜事가有ᄒᆞᆯ時에朋友가來問ᄒᆞ면其喜가倍增ᄒᆞ고悲事가有ᄒᆞᆯ時에朋友가來慰ᄒᆞ면其悲가半減ᄒᆞᆫ다ᄒᆞ니信ᄒᆞᆫ다此言이여朋友를擇交ᄒᆞᆷ이豈有益ᄒᆞᆫ지아니ᄒᆞ리오

黃公宗海ᄂᆞᆫ懷德人이라人으로더부러交ᄒᆞᆷ의忠敬ᄒᆞ야其、不善이有ᄒᆞᆫ者면必、言ᄒᆞ고言ᄒᆞ야도不改ᄒᆞ면自反ᄒᆞ야曰言을不信ᄒᆞᆷ은吾의過라ᄒᆞ고誠意로써自勉ᄒᆞ더라

第二十五課　社會

人은家族의團體로븟허一般人人의社會가有ᄒᆞ야各種便益을受ᄒᆞᄂᆞ니此、社會에生活ᄒᆞᄂᆞᆫ者의第一注意ᄒᆞᆯ事ᄂᆞᆫ共同力이니라

凡、社會에各種職業이有ᄒᆞᆷ은人이身體에耳、目、口、鼻、手、足等이有ᄒᆞᆷ과如ᄒᆞ야各其所掌은異ᄒᆞ나各部가整備ᄒᆞ야共同으로各其本分을盡ᄒᆞ지아니ᄒᆞ면吾人의身體ᄂᆞᆫ不具됨을免치못ᄒᆞᆯ지라蓋、吾人도各其從事ᄒᆞᄂᆞᆫ바職業에專心ᄒᆞ야互相其本分을盡ᄒᆞᆷ은即、社會의人人이皆、共同으로其社會의繁榮을圖ᄒᆞᄂᆞᆫ所以라例컨ᄃᆡ社會一部의人民이其職業에怠惰ᄒᆞᆫ遊民을生ᄒᆞ면即、其社會ᄂᆞᆫ不具를成ᄒᆞ야健全ᄒᆞᆫ者ㅣ라謂치못ᄒᆞᆯ지니故로學徒된者ᄂᆞᆫ其本分되ᄂᆞᆫ修學、治德에專心勉勵ᄒᆞ야成業ᄒᆞᆫ後에ᄂᆞᆫ社會에貢獻ᄒᆞᄂᆞᆫ想覺이無키不可ᄒᆞ니라

第二十六課　公益一

公益이라ᄒᆞᆷ은何人이던지各其、身에相當ᄒᆞᆫ力을出ᄒᆞ야社會에幸福되ᄂᆞᆫ事를謂ᄒᆞᆷ이니假令、商民은善美ᄒᆞᆫ物品을賣ᄒᆞ되價를不貪ᄒᆞ며或、販路를海外에廣開ᄒᆞ야國을增富케ᄒᆞ고職工은日用의器物을善製ᄒᆞ되減價ᄒᆞ야人에需用을廣應케ᄒᆞ며財産의餘裕가有ᄒᆞ고職業

의繁忙ᄒᆞᆷ이無ᄒᆞᆫ人은敎育과慈善의事에盡力ᄒᆞ며或名譽로其鄕里의利益을計ᄒᆞ고學者ᄂᆞᆫ有益의書籍을著述ᄒᆞ야學問의進步로世의改良을圖ᄒᆞᄂᆞᆫ者ㅣ是라此等人은其本分을盡ᄒᆞᆫ結果로直接或間接에皆公益이되ᄂᆞ니若自己의事만爲ᄒᆞ고公益의事를盡力치아니ᄒᆞ면豈社會의見容ᄒᆞᆷ을得ᄒᆞ리오然則人은當自己의職業을勉勵ᄒᆞ야直接의利益을生케ᄒᆞᆫ後에更一層勉勵을加ᄒᆞ야其結果를他人에게廣施ᄒᆞ면乃公益이될지니라

第二十七課　公益二

公益의事業이甚多ᄒᆞ나若己의力을不量ᄒᆞ고不慣의業을着手ᄒᆞ얏다가失敗를當ᄒᆞᆷ은決코譽事가아니오但己의可히爲ᄒᆞ야得ᄒᆞᆯ事에從ᄒᆞ야身과社會에有益ᄒᆞᆷ을用力計圖ᄒᆞᆯ지니라

且己를爲ᄒᆞᆷ에ᄂᆞᆫ直接의利益이無ᄒᆞᆫ事라도世에ᄂᆞᆫ大利益이되ᄂᆞᆫ者ㅣ有ᄒᆞᄂᆞ니如斯ᄒᆞᆫ事ᄂᆞᆫ雖身의利益은無ᄒᆞᆯ지라도己의力을因ᄒᆞ야

可遂ᄒᆞᆯ者면或勞力或投資ᄒᆞ야其事를準成ᄒᆞᆷ이可ᄒᆞᆯ지라假令險阻를平易히ᄒᆞ야新路를開ᄒᆞ며大川을修築ᄒᆞ야架橋를設ᄒᆞ며學校를建築ᄒᆞ며貧民을救助ᄒᆞ며畊作의法을改良ᄒᆞ며池를掘ᄒᆞ야灌漑에利導를供ᄒᆞ며溝을通ᄒᆞ야舟楫에便宜을備ᄒᆞᆷ과如ᄒᆞᆫ等事니라

第二十八課　他人의自由

社會의安寧秩序를保有ᄒᆞᆷ에ᄂᆞᆫ何人이던지行動의自由를持ᄒᆞ얏슨즉我ᄂᆞᆫ決코他人의行動을沮妨ᄒᆞᆷ이不可ᄒᆞ고且社會에安寧秩序를保有ᄒᆞᆷ에ᄂᆞᆫ何人이던지思想의自由를持ᄒᆞ얏슨즉雖其思想이我와異ᄒᆞᆯ지라도決코他人의思想을沮妨ᄒᆞᆷ이不可ᄒᆞ고我等도亦社會에安寧秩序를保有ᄒᆞᆷ에ᄂᆞᆫ信敎의自由를持ᄒᆞ얏슨즉他人은決코我의信仰을沮妨ᄒᆞᆷ이不可ᄒᆞ니라然ᄒᆞ나自由ᄂᆞᆫ決코自意를任ᄒᆞᆷ이아니오他人에게損害를及지아니ᄒᆞᄂᆞᆫ範圍內에在ᄒᆞ니此를謂호ᄃᆡ正當ᄒᆞᆫ自由라云ᄒᆞᆯ지니라

第二十九課 他人의名譽

他人의名譽를重히ᄒᆞᆷ은即、自己의名譽를重히ᄒᆞᆷ이어ᄂᆞᆯ人이或、嫉妬心과黨派心과些少ᄒᆞᆫ嫌疑心에發ᄒᆞ야他人의名譽를損傷케ᄒᆞᄂᆞᆫ者ㅣ不少ᄒᆞᄂᆞ니人은恒常、此에注意ᄒᆞ야若個의心을抑遏ᄒᆞᆷ이可ᄒᆞ니라且、他人을誹謗ᄒᆞ며過失을訐曝ᄒᆞ야世上에信用을失케ᄒᆞ거나或、事實을捏飄ᄒᆞ며聲望을毁斥ᄒᆞᄂᆞᆫ等事ᄂᆞᆫ亦、最鄙者의行爲니此를戒愼ᄒᆞᆷ이亦、可ᄒᆞ니라

夫、我의名譽가固重ᄒᆞ되他人의名譽도亦、非輕ᄒᆞ니若、一己의名譽를自重ᄒᆞ고他人의名譽를輕蔑ᄒᆞ면此ᄂᆞᆫ同類의共生ᄒᆞᄂᆞᆫ義를不知ᄒᆞᄂᆞᆫ者ㅣ라謂ᄒᆞᆯ지니라

第三十課 他人의身體

他人의身體生命을不重히ᄒᆞ야戕害를加코자ᄒᆞᆷ은但、社會의安寧秩序를破壞ᄒᆞᆯ쌴아니라衛目의枝ᄂᆞᆫ人皆有之ᄒᆞ니其毒害를反受키易

ᄒᆞᆯ지니라

人이我에게殺害를加코자ᄒᆞᆫ境遇에ᄂᆞᆫ防衛ᄒᆞ기爲ᄒᆞ야不得已抵敵ᄒᆞᆯ지나然ᄒᆞ나人에게暴行을受ᄒᆞᆫ時ᄂᆞᆫ其、相當ᄒᆞᆫ手段을盡ᄒᆞ야法律의制裁를請ᄒᆞᆯ지오蠢然히腕力을恃ᄒᆞ야是非曲直을自決ᄒᆞᆷ은不可ᄒᆞ니라

且、卑賤ᄒᆞᆫ人이小失이有ᄒᆞ면此를曉諭ᄒᆞ야其過를自服케ᄒᆞᆷ이可ᄒᆞ거ᄂᆞᆯ或、豪强을自恃ᄒᆞ고縛打를恣行ᄒᆞ야一時의忿으로써終身의玷을致ᄒᆞᄂᆞ니人은豈、銘心ᄒᆞᆯ바ㅣ아니리오

第三十一課 他人의財産

他人의財産은極히所重ᄒᆞᆫ者라雖些少의物이라도敢히侵犯ᄒᆞᆷ이不可ᄒᆞ거던況欺騙脅迫의手段으로人의所有物을占奪ᄒᆞ리오故로他人에財産을重히ᄒᆞᆷ은即、我의財産을重히ᄒᆞᄂᆞᆫ本因이니라

他人의承諾을不得ᄒᆞ고任意로其所有物을使用ᄒᆞ거나他人에게借得ᄒᆞᆫ物을趁期返還치아니ᄒᆞᆷ은是亦他人의財産에對ᄒᆞᆫ不道德의行

爲인즉謹愼치아니홈이不可ᄒᆞ거던況如何히細少ᄒᆞᆫ物이라도他人의所有物을無端히持去ᄒᆞᄂᆞᆫ等事ᄂᆞᆫ竊盜와擇ᄒᆞᆯ바ㅣ無ᄒᆞᆫ즉其惡事됨이無論이니決코許홈이不可ᄒᆞ니라

第三十二課　愛人

凡世上의人은皆我의同類인즉獨히師友만是愛ᄒᆞᆯ뿐아니라雖不相識ᄒᆞᄂᆞᆫ路人이라도亦可愛ᄒᆞᆯ지니貧寒에難堪ᄒᆞᆫ者를見ᄒᆞ거던必量力ᄒᆞ야助ᄒᆞ며勞役에奔沒ᄒᆞᆫ者를見ᄒᆞ거던必悶迫ᄒᆞ야慰ᄒᆞ며不肖ᄒᆞᆫ者를見ᄒᆞ거던必善言으로써導ᄒᆞ고雖外國의人을遇ᄒᆞᆯ지지라도亦當敬愛ᄒᆞ여야敎化가有ᄒᆞᆫ民이라可謂ᄒᆞᆯ지라孟子ㅣ曰人을愛ᄒᆞᄂᆞᆫ者ᄂᆞᆫ人이恒常愛ᄒᆞᆫ다ᄒᆞ시니此ᄂᆞᆫ自然의理니라

第三十三課　慈善

人이世上에生홈의天疾로身體가不完全ᄒᆞᆫ者도有ᄒᆞ거니와或天灾時變과疾病喪慼과鰥寡孤獨의困窮으로死亾丐乞에陷ᄒᆞᆫ者ㅣ有ᄒᆞ

니此等에對ᄒᆞ야慈善을施홈은人된者의必務니라

我國도慈善의事가行홈으로古에ᄂᆞᆫ惠民署와活人署가有ᄒᆞ고近에ᄂᆞᆫ濟衆院과廣濟院이有ᄒᆞ고今에ᄂᆞᆫ孤兒院과大韓醫院과赤十字社가次第로起ᄒᆞ니我等은此를滿足타勿謂ᄒᆞ고益益用力ᄒᆞ야如斯ᄒᆞᆫ事業의發達ᄒᆞ기를注意ᄒᆞᆯ지니라

李文康公之蕃이毛山守에게贅ᄒᆞᆯ시守醮ᄒᆞ던翌日에出而暮還ᄒᆞ거ᄂᆞᆯ家人이其新袍가亡홈을見ᄒᆞ고問ᄒᆞᆫ듸曰私濟橋를過ᄒᆞ다가丐兒가凍病홈을見ᄒᆞ고割而分之ᄒᆞ야三兒를衣ᄒᆞ얏다ᄒᆞ니라

第三十四課　公衆

公衆으로共히社會中에生活ᄒᆞᄂᆞᆫ以上에ᄂᆞᆫ互相愛護ᄒᆞ야他人에게損害되ᄂᆞᆫ事를行치勿ᄒᆞᆯ지니若寺院과公園等地에樹木을折ᄒᆞ거나馬車通行ᄒᆞᄂᆞᆫ路에妨害物을置홈은通常으로戒愼ᄒᆞᆯ바어니와公衆衛生을重히홈에對ᄒᆞ야飮料水에汚物及塵芥를投ᄒᆞ거나道路에腐

敗物을棄ᄒᆞ야傳染病에豫防及消毒을解泄케ᄒᆞᆷ은決코不可ᄒᆞ고且衆人集會處에서他人을押斥ᄒᆞ거나滊車、滊船中에서擧動을駭妄히ᄒᆞᆷ은亦、公衆에게無禮ᄒᆞᆫ行을使ᄒᆞᄂᆞᆫ者이니必、深愼ᄒᆞᆯ지니라

第二十五課 重信

孔子曰無信이면不立이라ᄒᆞ시니人이世에生ᄒᆞᆷ의能히往來交涉ᄒᆞᄂᆞᆫ事가無ᄒᆞ기不可ᄒᆞᆫ즉信은即、往來交涉의大機關이라若、信이不立ᄒᆞ면爾ᄂᆞᆫ詐ᄒᆞ고我ᄂᆞᆫ虞ᄒᆞ야彼此에信用ᄒᆞᆷ을不得ᄒᆞᆯ지니라

世의不信ᄒᆞᆫ人을見ᄒᆞᆷ의賣買借貸等事에所立ᄒᆞᆫ條約은墨이未乾ᄒᆞ야已破ᄒᆞ니此ᄂᆞᆫ其立約ᄒᆞᆯ時에任意로塡寫ᄒᆞ야日後에能히其跡行ᄒᆞᆷ을不計ᄒᆞᆷ이라故로房屋을賣買ᄒᆞᆷ에三四年年結의約을已立ᄒᆞ고數年이不及ᄒᆞ야變改ᄒᆞ며金錢을借貸ᄒᆞᆷ에一年에淸償ᄒᆞᆷ을明言ᄒᆞ고四五年이過ᄒᆞ도록欠滯ᄒᆞ며面으로証ᄒᆞᄂᆞᆫ約에至ᄒᆞ야ᄂᆞᆫ言者ᄂᆞᆫ口頭에暫塗ᄒᆞ고聽者ᄂᆞᆫ耳邊暫過ᄒᆞ되亦、無傷ᄒᆞᆷ으로知ᄒᆞᄂᆞ니西人

은雖、宴飮과問候等事라도片刻을不失ᄒᆞ고如約히往ᄒᆞ야信을確立ᄒᆞᆷ으로重務를삼ᄂᆞ니凡我靑年ᄂᆞᆫ此、險詐ᄒᆞᆫ世에處ᄒᆞ야往來交涉ᄒᆞᄂᆞᆫ事에極히有信ᄒᆞ기를注意ᄒᆞᆯ지어다

自己의修養의關ᄒᆞᆫ注意

第二十六課 自己

凡人은家族人에게對ᄒᆞᄂᆞᆫ務와社會人에게對ᄒᆞᄂᆞᆫ務로同히自己에對ᄒᆞᄂᆞᆫ務가有ᄒᆞ고自己에對ᄒᆞᆫ務中에ᄂᆞᆫ身에對ᄒᆞᄂᆞᆫ務와心에對ᄒᆞᄂᆞᆫ務가有ᄒᆞ니外物의誘惑ᄒᆞᆷ을抑制ᄒᆞ야身體의健康과精神의活動을勿害ᄒᆞ도록注意ᄒᆞ야自己의身心을發達케ᄒᆞᆷ이可ᄒᆞ니若、一時의困難을不堪ᄒᆞ야自溺或、自殺ᄒᆞᆷ은最惡ᄒᆞᆫ事이니라

趙文正公光祖曰己를持ᄒᆞᆷ은嘗、嚴中에恭이有ᄒᆞ고恭中에嚴이有케ᄒᆞᆯ지니此ㅣ謂ᄒᆞᆫ바禮樂은可히斯須도身에去치못ᄒᆞᆯ者ㅣ라ᄒᆞ시니라

第三十七課　身體一

身體가健康ᄒ면何事던지困難이少ᄒ고身體가不健康ᄒ면何事던지容易치못ᄒᄂ니故로人의務를盡홈에ᄂ身體를健康케홈이最緊切ᄒ니라

身體가健康치못ᄒ면其心이亦健康키不能ᄒᆫ故로身體의健康을注意ᄒᆷ은心을爲홈에亦緊ᄒ니라

身體의强壯與否ᄂ其人의天禀을因ᄒᆷ이多ᄒ나然ᄒ나不强壯ᄒᆫ人도攝養에注意ᄒ면健康을能保ᄒ고强壯ᄒᆫ人도攝養에不注意ᄒ면反히健康을害ᄒ야虛弱ᄒᆫ人을不免ᄒ리라

第三十八課　身體二

身體ᄂ食物을因ᄒ야養ᄒᄂ者인즉必滋養이有ᄒᆫ食物을選擇ᄒᆯ지오暴飮暴食은大害가有ᄒᆯ지니深愼홈이可ᄒ니라

身體를健康케ᄒᆷ은飮食을愼ᄒᄂ外에運動이尤要ᄒ니腕을多使ᄒ

면其腕이發達ᄒ고脚을多使ᄒ면其脚이發達ᄒᄂ故로身體가十分充健ᄒᆯ지니空氣가新鮮ᄒ고光線을洽受ᄒᄂ處에서運動홈이最好ᄒ니라蓋體操ᄂ身體各部를一樣으로發達케홈으로其效가甚大ᄒ니라

第三十九課　運動

運動은衛生上에欠闕치못ᄒᆯ者ㅣ니運動은消化機能을幇助ᄒ며血脈의循環을利導ᄒ고且心神을爽快케ᄒᄂ效力이有ᄒ니人이若逸居坐臥ᄒ야運動이小無ᄒ면心身이不快ᄒ고食慾이頓減ᄒ며血色이自衰ᄒ고元氣가潛銷홈에自至ᄒᄂ故로精神을恒勞ᄒ고時間을恒惜ᄒᄂ人은特히運動을不怠히ᄒᆯ지니라運動의消費ᄒᄂ時間은暫見ᄒ면或無益홈과如ᄒ나勉學ᄒᄂ人에게必要홈은勞働ᄒᄂ人의休憩홈과如ᄒ니라

運動의本意ᄂ人의筋骨을活動ᄒ고元氣를長養케홈에在ᄒ나然ᄒ

니其限度를超過ᄒᆞ야身體를疲勞케ᄒᆞᆷ은不可ᄒᆞ니라

第四十課 睡眠

睡眠은亦身體健康을持保ᄒᆞᆷ으로其限度를大槪八時間을要ᄒᆞᄂᆞ니世俗의學生輩가恒常勉學의熱心으로往往睡眠의時間을減殺ᄒᆞ야甚ᄒᆞᆷ에至ᄒᆞ야ᄂᆞᆫ徹曉도록讀書ᄒᆞᄂᆞᆫ者ㅣ多ᄒᆞ니最深愼ᄒᆞᆯ바ㅣ라何者오睡眠을充分히못ᄒᆞ면身體가衰弱ᄒᆞ야終乃許多病根을釀成ᄒᆞᆯ지니如斯ᄒᆞᆫ身體로勉學에强從ᄒᆞ면其利害와得失이將何如ᄒᆞ고然ᄒᆞᆷ으로精神이朦然不明ᄒᆞ야終日토록對案讀書ᄒᆞ나其所得ᄒᆞᆫ結果ᄂᆞᆫ睡眠을穩藉히ᄒᆞᆫ者의半日工夫를不及ᄒᆞᆯ지니라然ᄒᆞ나睡眠過度ᄒᆞᆷ도亦心身을懦弱케ᄒᆞᄂᆞᆫ害가有ᄒᆞ니學者ᄂᆞᆫ折中ᄒᆞᆯ지어다

第四十一課 淨潔

衛生의道ᄂᆞᆫ淨潔이第一이라凡房屋器具가一이라도不淨潔ᄒᆞᆷ이不可ᄒᆞ되身體가尤要ᄒᆞᆫ故로梳櫛을必勤ᄒᆞ며洗澡를必數ᄒᆞ며衣服을

必常易ᄒᆞ며冠履를必常刷ᄒᆞ며手面에有汚ᄒᆞ거든卽盥洗ᄒᆞᆯ지니此를自幼로習慣치아니ᄒᆞ면長ᄒᆞᆷ의懶惰가成性ᄒᆞ야改ᄒᆞ기難ᄒᆞᆯ지라嘗讀書에士를見ᄒᆞᆫ즉衣務에亂이生ᄒᆞ고冠履에塵이積ᄒᆞ되終日伏案ᄒᆞ야整理ᄒᆞᆷ을不知ᄒᆞ고甚ᄒᆞᆫ者ᄂᆞᆫ蓬頭跣足으로涕唾가滿地ᄒᆞ야人이皆遠避ᄒᆞ거ᄂᆞᆯ彼曰我ᄂᆞᆫ學問이勝人ᄒᆞ니淨潔은不足貴라ᄒᆞᄂᆞ니吁라是何言인고

第四十二課 節飮食

盧文懿公守愼曰飮食을節히ᄒᆞ되食에精ᄒᆞᆷ을不厭ᄒᆞ고飮에溫ᄒᆞᆷ을不厭ᄒᆞ며先飢ᄒᆞᆫ後에食ᄒᆞ되食을太飽히ᄒᆞᆷ이不可ᄒᆞ고先渴ᄒᆞᆫ後에飮ᄒᆞ되飮을太多히ᄒᆞᆷ이不可ᄒᆞ며食은節而小ᄒᆞᆷ을要ᄒᆞ고頻而多ᄒᆞᆷ을不欲ᄒᆞ며食은可히急히못ᄒᆞᆯ지니當히輕히咨ᄒᆞ고緩히嚼ᄒᆞ며膏粱五味라도可히過食치못ᄒᆞᆯ지니肉이食氣를勝치勿케ᄒᆞ며食은生冷堅硬焦爍粘滑의物을忌ᄒᆞ며四時의飯을食치勿ᄒᆞ고卯時의酒를飮

치勿ᄒᆞ며酒ᄂᆞᆫ可히過치못ᄒᆞ고菸ᄂᆞᆫ반다시廢치勿ᄒᆞ라ᄒᆞ시니라

第四十三課　戒酒

古人曰酒ᄂᆞᆫ性을伐ᄒᆞᄂᆞᆫ狂藥이라ᄒᆞ니人의深戒ᄒᆞᆯ者ᄂᆞᆫ嗜飮이라自古로亡身敗家ᄒᆞᆫ者를見ᄒᆞ건ᄃᆡ皆觴政을濫行ᄒᆞᆷ에在ᄒᆞ니人의平生을誤了ᄒᆞᆷ이此에過ᄒᆞᆫ者ㅣ豈有ᄒᆞ리오

鄭文莊公經世ㅣ人을戒ᄒᆞᄂᆞᆫ書에曰酒ᄂᆞᆫ乃人을殺ᄒᆞᄂᆞᆫ酖毒이라今에幸히病을因ᄒᆞ야酒를止ᄒᆞ얏다ᄒᆞ니此ᄂᆞᆫ精神을保養ᄒᆞ고壽考를安享ᄒᆞᆯ徵이로다酒甁麴蘗과杯樽等物을一切家中에不留ᄒᆞ기를釜甑을破ᄒᆞ고廬舍를燒ᄒᆞᆷ과如히勇決ᄒᆞᆯ지오不能이면駸駸然嗜欲에牽ᄒᆞᆫ바ㅣ되야口頭에一到ᄒᆞ면舊滋味를忍키不得ᄒᆞᆯ지니千萬戒ᄒᆞᆯ지어다ᄒᆞ시니라

第四十四課　儉約

人이儉約을自守ᄒᆞᆷ은一身一家의幸福을能享ᄒᆞᆯ뿐아니라公衆社會

의利益을增長케ᄒᆞᄂᆞ니何者오儉約ᄒᆞᆫ者ᄂᆞᆫ自奉이撙節ᄒᆞᆫ故로恒常有餘ᄒᆞ야能히人에게施ᄒᆞ고奢侈ᄒᆞᆫ者ᄂᆞᆫ自奉이濫厚ᄒᆞᆫ故로恒常不足ᄒᆞ야反히人에게咨ᄒᆞᄂᆞ니라

柳公鼎模가讀書治家ᄒᆞᆷ의華를去ᄒᆞ고實에就ᄒᆞᆷ으로爲本ᄒᆞ야簾을織ᄒᆞ고菜을蒔ᄒᆞ며茄子一畦와葡萄一架를種ᄒᆞ야時로賣ᄒᆞ며家人十口가其壯弱을隨ᄒᆞ야所業이皆有ᄒᆞᆷ으로各其資生에足ᄒᆞ니家事가井井有度ᄒᆞ야雖貧窶ᄒᆞ나終年不飢ᄒᆞ더라

第四十五課　度量

人으로더브러交ᄒᆞᆷ에ᄂᆞᆫ必度量을濶達히ᄒᆞᆯ지니雖己를對ᄒᆞ야無禮ᄒᆞᆫ言行을加ᄒᆞᄂᆞᆫ者ㅣ有ᄒᆞᆯ지라도妄히怒ᄒᆞ야抵抗ᄒᆞᆷ이不可ᄒᆞ니라

美國華盛頓이一日은一將校와談論ᄒᆞᆯ식其將校가怒ᄒᆞ야華盛頓을拔倒ᄒᆞᆫᄃᆡ華盛頓이心中에介嫌치아니ᄒᆞ고翌日에其將校에게往ᄒᆞ야改히親交ᄒᆞᆷ을納ᄒᆞ니自此로切親ᄒᆞᆫ友가되니라

河公霽은晉州人이라兒時에同學兒가一忿爭을因ᄒᆞ야公의履를奪ᄒᆞ야投割ᄒᆞ거ᄂᆞᆯ公이慍色이少無ᄒᆞ고人이問ᄒᆞᆫ즉曰此事가初無ᄒᆞ다ᄒᆞ더라

第四十六課　正直

正直은人의繩墨이라自己를爲ᄒᆞᆷ이던지社會를爲ᄒᆞᆷ이던지正直이아니면行身키不能ᄒᆞᄂᆞ니若人의虛言을聞ᄒᆞ고他人을驅動ᄒᆞ야笑料를興ᄒᆞ거나他人의怒를恐ᄒᆞ야我의過失을隱ᄒᆞ거나我의才能을褒ᄒᆞ기爲ᄒᆞ야事實을誇ᄒᆞ거나又目前의利益을爲ᄒᆞ야無心의事를行ᄒᆞᄂᆞᆫ者ᄂᆞᆫ皆賤卑ᄒᆞᆫ事이오其外에不公ᄒᆞᆫ稱評을用ᄒᆞᆷ과粗惡ᄒᆞᆫ物品을故賣ᄒᆞᄂᆞᆫ等은甚不正直ᄒᆞᆫ行實이니深戒ᄒᆞᆯ지니라

李相國景奭曰士ᄂᆞᆫ正直과忠厚로ᄡᅥ本을삼ᄂᆞ니正直ᄒᆞ고忠厚치아니ᄒᆞ면刻ᄒᆞ고忠厚ᄒᆞ고正直치아니ᄒᆞ면懦ᄒᆞ다ᄒᆞ시니라

第四十七課　公平

公平이라ᄒᆞᆷ은事를當ᄒᆞ야情實을不拘ᄒᆞ며勢力에不係ᄒᆞ고貧賤ᄒᆞᆫ人이던지富貴ᄒᆞᆫ人이던지差別이無케極히平等에處寘ᄒᆞᆷ을云ᄒᆞᆷ이니事를處寘ᄒᆞᆷ이公平ᄒᆞᆫ時ᄂᆞᆫ人에게信ᄒᆞ며人에게信ᄒᆞᆫ時ᄂᆞᆫ我의才能이用ᄒᆞ야立身起家ᄒᆞᄂᆞᆫ事를得ᄒᆞᆯ지오事를處寘ᄒᆞᆷ이公平치못ᄒᆞᆯ時ᄂᆞᆫ人에게不信ᄒᆞ며人에게不信ᄒᆞᆫ時ᄂᆞᆫ我의才能이不用ᄒᆞ야雖學問이有ᄒᆞ며職業에勤勉ᄒᆞᆯ지라도事를成ᄒᆞ며身을立ᄒᆞ며家를起ᄒᆞᄂᆞᆫ事ㅣ不能ᄒᆞᆯ지니라

第四十八課　公正

李文淸公後白이吏判이되야公道를務崇ᄒᆞ고請托을不受ᄒᆞ야雖親舊라도若頻頻히往候ᄒᆞ면心에不悅히녀이더니一日은族人이有ᄒᆞ야往見ᄒᆞ고語가求官ᄒᆞᄂᆞᆫ意에及ᄒᆞ거ᄂᆞᆯ公이變色ᄒᆞ고一冊子를示ᄒᆞ야曰吾ㅣ子의名을錄ᄒᆞ야將擬官코자ᄒᆞ얏더니今에子ㅣ求ᄒᆞᆷ이有ᄒᆞ니求ᄒᆞ야得ᄒᆞᆷ은公道가아니로다惜乎라子ㅣ若言치아니ᄒᆞ얏

스면可히써得官ᄒᆞ얏스리라其人이慚退ᄒᆞ더라公이每一官을擬홈
의遍히其人의當否를問ᄒᆞ야若不合ᄒᆞᆫ人을誤除ᄒᆞ면輒終夜不寢ᄒᆞ
야曰我ㅣ國事를誤ᄒᆞ얏다ᄒᆞ더라

第四十九課 淸廉一

淸廉이라홈은心에介潔ᄒᆞ야淸水와如ᄒᆞ며行이正直ᄒᆞ야毫末도不違홈을云홈이니假令我心에虛僞ᄒᆞᆫ事로知ᄒᆞᆯ時ᄂᆞᆫ目前에雖如何ᄒᆞᆫ利益이有ᄒᆞᆯ지라도不爲ᄒᆞ며物을人에게受ᄒᆞ되苟其道가아니면我身이雖餓死ᄒᆞᆯ지라도不取ᄒᆞ며窮迫ᄒᆞᆫ情에牽ᄒᆞ야人의施與를勿乞ᄒᆞ며利慾의心을向ᄒᆞ야志의本主를不變ᄒᆞ며且人의物을借치勿ᄒᆞ되若旣借ᄒᆞᆫ者ᄂᆞᆫ雖一錢의金이라도必返ᄒᆞ야平生의羞恥되ᄂᆞᆫ事를不行홈이淸潔ᄒᆞᆫ行實이니라

第五十課 淸廉二

崔碩은高麗順孝王時人이라昇平府에知ᄒᆞ야淸廉으로써稱ᄒᆞᆯ서府

에故俗이邑倅가替還ᄒᆞ면必八馬를贈ᄒᆞ야良ᄒᆞᆫ者를擇케ᄒᆞᄂᆞᆫ지라碩이滿期ᄒᆞ야還ᄒᆞᆯ서邑人이例를依ᄒᆞ야八馬를進ᄒᆞ고擇ᄒᆞ라ᄒᆞᆫ듸碩이笑曰馬가能히京에至홈이足ᄒᆞ니何必良馬를擇ᄒᆞ리오家에至ᄒᆞ야其馬를還歸ᄒᆞ거ᄂᆞᆯ邑人이不受ᄒᆞᆫ듸碩曰吾ㅣ汝邑을守ᄒᆞᆯ時에牝馬가有ᄒᆞ야駒를生ᄒᆞᆫ故로今에牽來ᄒᆞ얏스니是ᄂᆞᆫ貪이라ᄒᆞ고其駒를幷ᄒᆞ야還ᄒᆞ니自是로贈馬ᄒᆞᄂᆞᆫ弊가遂絶ᄒᆞᆫ지라邑人이德을頌ᄒᆞ야立石ᄒᆞ고號를八馬碑라ᄒᆞ더라

第五十一課 謙遜

蓋人의品性은言行을因ᄒᆞ야顯ᄒᆞᄂᆞᆫ者라故로一動靜과一云爲의謙德을見ᄒᆞᄂᆞ니自己가長處ㅣ有ᄒᆞ다고誇치勿ᄒᆞ며他人이短處ㅣ有ᄒᆞ다고侮치勿ᄒᆞᆯ지어다己의長處ᄂᆞᆫ誇치아니ᄒᆞ야도自然其行에顯ᄒᆞᄂᆞ니라人이或徒히謙退홈으로써謙德에適合ᄒᆞᆫ줄로思ᄒᆞᄂᆞᆫ者ㅣ有ᄒᆞᄂᆞ니是ᄂᆞᆫ誤解홈이라事爲를進홈에當ᄒᆞ야躊躇ᄒᆞ며意見을述

ᄒᆞᆷ에當ᄒᆞ야默止ᄒᆞᆷ은實卑屈에陷ᄒᆞᆫ者ㅣ니라

金文敬公安國이嘗子弟를敎ᄒᆞ야曰惟謙과ᄃᆞ못恭은是君子의盛德이니汝輩가當終身佩服ᄒᆞᆯ지어다我의平生에傲惰를加人ᄒᆞ며人의過失을言ᄒᆞᆷ을汝輩가見ᄒᆞ얏ᄂᆞ냐寧死언졍子孫이是行이有ᄒᆞᆷ을聞키不願ᄒᆞ노라ᄒᆞ시니라

第五十二課 沈靜

凡人이事를臨ᄒᆞ야驚動치아니ᄒᆞ고靜着히事를處置ᄒᆞᆷ을沈靜이라云ᄒᆞᄂᆞ니人이沈靜치못ᄒᆞ면事에損失이多ᄒᆞᆫ故로必平生에膽을善鍊ᄒᆞ며氣를善養ᄒᆞ야雖不意의事를臨ᄒᆞ더라도驚駭ᄒᆞ며畏縮ᄒᆞᆷ이無ᄒᆞᆷ에注意ᄒᆞᆯ지니라

鄭文忠公夢周ㅣ嘗海에航ᄒᆞ야支那及日本에使ᄒᆞᆯ새每風濤의危急ᄒᆞᆷ을當ᄒᆞᆷ의意思가愈整ᄒᆞ고精神이愈淸ᄒᆞ야襟을斂ᄒᆞ고高히拱ᄒᆞ기를室中에坐ᄒᆞ야周旋ᄒᆞᆷ과如ᄒᆞ더라

第五十三課 溫和一

溫和라ᄒᆞᆷ은言語를和平히ᄒᆞ며擧動을靜肅히ᄒᆞᆷ을云ᄒᆞᆷ이니溫和ᄒᆞᆫ言語ᄂᆞᆫ人으로ᄒᆞ야곰信仰의心을發케ᄒᆞ고溫和ᄒᆞᆫ擧動은人으로ᄒᆞ야곰愛敬의心이起케ᄒᆞᄂᆞ니縱衆人으로ᄒᆞ야곰特過ᄒᆞᆫ才能이有ᄒᆞᆯ지라도言語가暗曉ᄒᆞ며擧動이荒雜ᄒᆞ면人이厭을生ᄒᆞ야愛敬과信仰의心이乏ᄒᆞᆯ지니人에게愛敬을受치못ᄒᆞ며人에게信仰을受치못ᄒᆞᆯ時ᄂᆞᆫ雖深奧ᄒᆞᆫ學問과高等ᄒᆞᆫ才能이有ᄒᆞᆯ지라도信用ᄒᆞᆯ事가無ᄒᆞᄂᆞ니學問과才能이有ᄒᆞ고도其用을得지못ᄒᆞᆷ은學問과才能이無ᄒᆞᆷ으로何異ᄒᆞ리오然則凡我學生은恒常言語를和平히ᄒᆞ며擧動을靜肅히ᄒᆞ야衆人의愛敬과信仰을受ᄒᆞ기에注意ᄒᆞᆯ지어다

第五十四課 溫和二

金文敬公安國이居京時에嘗一雉를得ᄒᆞ야將大夫人所에送ᄒᆞ랴ᄒᆞᆯ새猫兒에게係去ᄒᆞᆫ바ㅣ된지라公이盛怒ᄒᆞ야守者를責ᄒᆞ니趙文正

公光祖ㅣ進曰奉親의誠이雖切ᄒᆞ나君子의辭氣ᄂᆞᆫ可히太過치못ᄒᆞᄂᆞᆫ이다ᄒᆞ거ᄂᆞᆯ公이起ᄒᆞ야趙文正의手를握ᄒᆞ고曰吾도方悔ᄒᆞ얏더니汝의言이又如此ᄒᆞ니吾ㅣ愧汗ᄒᆞᆷ을不覺ᄒᆞ깃도다汝ᄂᆞᆫ乃吾의師로다ᄒᆞ니趙文正의時年이十七셰러라

第五十五課 勇氣

凡勇氣라ᄒᆞᆷ은血氣에任ᄒᆞ야異常의事를行ᄒᆞᆷ을謂ᄒᆞᆷ이아니라此ᄂᆞᆫ卽孟子의所謂暴虎馮河의勇이니最히警戒ᄒᆞᆯ바ㅣ오大抵勇氣ᄂᆞᆫ能히困苦缺乏을堪耐ᄒᆞ며誘惑에不動ᄒᆞ며私慾을制ᄒᆞ고正道를守ᄒᆞ며過를知ᄒᆞ면能改ᄒᆞ고事를當ᄒᆞ면實行ᄒᆞᄂᆞ니此ᄂᆞᆫ皆平日에勇氣를養ᄒᆞ야百折不撓ᄒᆞᄂᆞᆫ精神에셔由ᄒᆞᆷ이라然ᄒᆞ나勇도義氣와血氣의二勇이有ᄒᆞ니人이恒常詳愼ᄒᆞ야義氣를主ᄒᆞ고血氣를抑制ᄒᆞᆯ지니라

金文簡公淨曰世에大勇이有ᄒᆞᆫ者ᄂᆞᆫ毆ᄒᆞ야도不怒ᄒᆞ며犯ᄒᆞ야도不驚ᄒᆞ며辱ᄒᆞ야도不屑ᄒᆞᄂᆞ니此ᄂᆞᆫ行義ᄒᆞᆷ에勇ᄒᆞᆫ故로忿怒의事가懷에不入ᄒᆞ고徒히其恂恂如也ᄒᆞᆷ만見ᄒᆞᆷ이니라

第五十六課 知識

人의知識은立身ᄒᆞᄂᆞᆫ基礎라何事業을營爲ᄒᆞ던지皆知識을由ᄒᆞ야成ᄒᆞᄂᆞ니然則此知識을琢磨ᄒᆞᆯ진ᄃᆡ宜時勢를隨ᄒᆞ야其程度를益加ᄒᆞᆯ지라然ᄒᆞ나知識의種類가極多ᄒᆞ야一人의心力으로其無限ᄒᆞᆫ理致를透得코자ᄒᆞᆷ은可望키困難ᄒᆞᆫ즉必我의業務에必要ᄒᆞᆫ知識을先得키爲ᄒᆞ야當務에有益ᄒᆞᆫ書物만講究ᄒᆞ되若無緣히時間을費ᄒᆞᆷ은決코不可ᄒᆞ니라

少年의時ᄂᆞᆫ氣力이盛ᄒᆞ야記憶이甚便ᄒᆞᆫ즉知識을琢磨ᄒᆞ기最適當ᄒᆞᆫ時期라此好時期를當ᄒᆞ야若怠惰로失ᄒᆞ면成長ᄒᆞᆫ後에雖追悔ᄒᆞ나何及ᄒᆞ리오

第五十七課 立志一

凡學業을修ᄒᆞᄂᆞᆫ者ᄂᆞᆫ立志로써第一을삼ᄂᆞ니人이若幼時로브터其志를確立치못ᄒᆞ면成長홈에及ᄒᆞ야自然其心이外物에牽動ᄒᆞ야其所行이一定키不能ᄒᆞᆫ故로無論何事業을經營ᄒᆞ던지半途의廢홈을不免ᄒᆞᆯ지니人은恒常志를確固ᄒᆞᆫ境에置ᄒᆞ고事를公平ᄒᆞᆫ地에行홈이可ᄒᆞ니라

金文忠公誠一이嘗門生을誨ᄒᆞ야曰人은立志가不誠홈을患ᄒᆞᆯ지라엇지才가不足홈을患ᄒᆞ리오才가無ᄒᆞᆯ지라도君子가됨에不妨ᄒᆞᆯ지오才가有ᄒᆞᆯ지라도亦小人의歸홈을不免ᄒᆞᆯ지니惟學ᄒᆞᄂᆞᆫ바에己를爲ᄒᆞ고人을爲홈에在ᄒᆞ다ᄒᆞ시니라

第五十八課 立志二

志란者ᄂᆞᆫ氣의帥라他人의强ᄒᆞᆫ바ㅣ아니오必自己의感奮홈을從ᄒᆞ야立ᄒᆞᄂᆞᆫ故로其志가强ᄒᆞᆫ者ᄂᆞᆫ堅固의精神과忍耐의力을修養ᄒᆞ야其指的ᄒᆞᆫ方向에抵達ᄒᆞ되其志가弱ᄒᆞᆫ者ᄂᆞᆫ雖一度感奮의心이有ᄒᆞᆯ

지라도忽然外物의精力을奪ᄒᆞ야挫折홈을不免ᄒᆞᆯ지니라

世에立志가不固ᄒᆞᆫ者를見홈의每怠慢의習慣을因ᄒᆞ야其趨向ᄒᆞᄂᆞᆫ業務를遠大에自期치못홈으로今日感情의定ᄒᆞᆫ바를他日感情에破ᄒᆞᄂᆞ니學에有志ᄒᆞᆫ者ᄂᆞᆫ宜此에鑑戒ᄒᆞᆯ지니라

第五十九課 立志三

李文成公珥曰學者가終身토록讀書ᄒᆞ야도能히成홈이有치못홈은只是志가不立홈이라志의不立홈이其病이三이有ᄒᆞ니一曰不信이니聖人의言으로써人을誘ᄒᆞ라고設ᄒᆞ얏다ᄒᆞ야只其文만玩ᄒᆞ고身으로써踐치아니ᄒᆞ며二曰不智니其姿質의不美홈을自分ᄒᆞ고退托홈에安ᄒᆞ야殊進ᄒᆞᆫ즉聖賢이되고退ᄒᆞᆫ즉愚와不肖가됨을不知홈이오三曰不勇이니稍히聖賢의我를欺치아니심과氣質의可히變化홈을知ᄒᆞ고도只常에恬ᄒᆞ고故에滯ᄒᆞ야能히奮發치못홈으로昨日의所爲를今日에革키難ᄒᆞ고今日의所爲를明日에改키憚ᄒᆞ야如是히

因循ᄒᆞᆷ이寸을進ᄒᆞ얏다가尺을退ᄒᆞᄂᆞ니人이此三病이有ᄒᆞᆫ故로君子가世로出치아니ᄒᆞ고六籍이空言이되니可히歎ᄒᆞᆷ을勝ᄒᆞ리오ᄒᆞ시니라

第六十課 高尙

人은學業을務ᄒᆞ던지事業을營ᄒᆞ던지其志를高尙ᄒᆞᆫ域에置ᄒᆞ고雖、如何ᄒᆞᆫ困難을經ᄒᆞᆯ지라도百折不屈ᄒᆞᄂᆞᆫ精神을自養ᄒᆞᆫ然後에能히大業을成ᄒᆞᄂᆞ니라然이나所志가過히高遠에失ᄒᆞ고日常、實踐ᄒᆞᆯ緊要ᄒᆞᆫ小事를輕蔑히ᄒᆞ야顧念치아니ᄒᆞᆷ은卽、空想을耽ᄒᆞᄂᆞᆫ者ㅣ니青年의陷ᄒᆞ기易ᄒᆞᆫ病弊인즉最警戒ᄒᆞᆷ이可ᄒᆞᆫ지라凡、事ᄂᆞᆫ近으로봇허遠과低로봇허高에向ᄒᆞ야漸次達ᄒᆞ지아니ᄒᆞ면决코成就키不能ᄒᆞ니라

一躍ᄒᆞ야自己의所志가高尙ᄒᆞᆫ域에到코자ᄒᆞ면返히蹉跌을招ᄒᆞᆯ지니此ᄂᆞᆫ青年의最注意를要ᄒᆞᆯ바ㅣ니라

第六十一課 反省

人이雖、知識이有餘ᄒᆞᆫ者라도自過ᄂᆞᆫ覺得키難ᄒᆞ거던況、怠惰ᄒᆞᆫ者ㅣ私慾을因ᄒᆞ야不知不覺間罪戾에陷ᄒᆞᆷ이리오然則人은恒常、自身을反省ᄒᆞ야行爲를愼ᄒᆞᆯ지며且、人이我의過失을忠告ᄒᆞ거던聞而卽改ᄒᆞᆷ이可ᄒᆞ니라

昔에曾子ᄂᆞᆫ日로其身을三省ᄒᆞ야曰人을爲ᄒᆞ야謀ᄒᆞᆷ에不忠ᄒᆞ얏ᄂᆞᆫ가朋友로더부러交ᄒᆞᆷ에不信ᄒᆞ얏ᄂᆞᆫ가傳ᄒᆞᆷ을不習ᄒᆞ얏ᄂᆞᆫ가ᄒᆞ시니라

李文元公彦廸이嘗、几案上에自戒辭를書ᄒᆞ야曰吾ㅣ日로吾身을三省ᄒᆞ노니天을事ᄒᆞᆷ에未盡ᄒᆞᆷ이有ᄒᆞᆫ가君親을爲ᄒᆞᆷ에未誠ᄒᆞᆷ이有ᄒᆞᆫ가心을指ᄒᆞᆷ에未正ᄒᆞᆷ이有ᄒᆞᆫ가ᄒᆞ시니라

第六十二課 自警

曹文貞公植이常、金鈴을佩ᄒᆞ야號曰惺惺子라ᄒᆞ고時로拔ᄒᆞ야써喚

惺ᄒᆞ더니金東岡宇顒이初으로公에게拜ᄒᆞᆫ딕公이佩ᄒᆞᆫ바鈴을出ᄒᆞ야써東岡을贈ᄒᆞ야曰此物을汝의衣帶間에置ᄒᆞ고凡動作ᄒᆞᆷ이有ᄒᆞ거던必規警ᄒᆞ고誚責ᄒᆞ야甚히敬畏ᄒᆞ되汝ᄂᆞᆫ其戒愼ᄒᆞ야此子에게得罪ᄒᆞᆷ이無ᄒᆞᆯ지어다東岡이問曰是ㅣ古人의珮玉ᄒᆞᄂᆞᆫ意가아니잇가曰固是矣나此意ᄂᆞᆫ甚切ᄒᆞ야玉을佩ᄒᆞᆷ에止치아니ᄒᆞᄂᆞ니라

第六十三課　忍耐

蓋人이事業을遂코자ᄒᆞᆯ진딕多少困難의事를逢ᄒᆞᆷ이有ᄒᆞ리니人은其志를不挫ᄒᆞ고困難을忍耐ᄒᆞ야竟히其業을成ᄒᆞᆯ지어다古人이云ᄒᆞ기를艱難은人을玉으로化ᄒᆞᄂᆞᆫ者라ᄒᆞ니라

忍耐의力은大事業을營爲ᄒᆞᆷ에만必要ᄒᆞᆯ뿐아니라日常行動에도亦必要ᄒᆞ니凡我青年은恒常忍耐의習慣을作ᄒᆞ야來頭의事業을成ᄒᆞ기로用心ᄒᆞᆯ지니라

李文純公滉曰古의士를觀ᄒᆞᆷ의其窮이愈甚ᄒᆞᆯ샤록其志를益勵ᄒᆞ며

其節이益奇ᄒᆞᄂᆞ니若一苦를因ᄒᆞ야遽히其所를喪ᄒᆞ면可히士이라謂치못ᄒᆞᆯ지라ᄒᆞ시니라

第六十四課　言語一

言語ᄂᆞᆫ思想을人에게交換ᄒᆞᄂᆞᆫ機關이라人이雖高尙ᄒᆞᆫ知識이有ᄒᆞᆯ지라도皆言語의力을依ᄒᆞ야發達ᄒᆞᄂᆞᆫ者인故로音聲은必分明瀏亮ᄒᆞᆷ을取ᄒᆞᄂᆞ니若發音이低殘ᄒᆞ면人으로ᄒᆞ야곰誤解가恐有ᄒᆞᆯ지며且高聲을妄動ᄒᆞ면人으로ᄒᆞ야곰衝激을恐致ᄒᆞᆯ지니라

李文純公滉曰人이應接ᄒᆞᆷ이有ᄒᆞᆫ時에最虛妄에失ᄒᆞ기易ᄒᆞᆫ者ᄂᆞᆫ言語라故로聖人이人을信으로써敎ᄒᆞ샤言語의則을삼으시니信은誠으로더부러一理라故로誠을存ᄒᆞᆷ은當妄語치아니ᄒᆞᆷ으로븟허始ᄒᆞᄂᆞ니라

第六十五課　言語二

言語를發ᄒᆞᆷ에當ᄒᆞ야ᄂᆞᆫ亦必時機와處所를詳審치아니ᄒᆞᆷ이不可ᄒᆞ

니若、人의對話ᄒᆞᆯ時에妄히可否를不察ᄒᆞ고突然妄議ᄒᆞ거나自己의言을聽키爲ᄒᆞ야獨自辨論ᄒᆞᆷ과祝賀의席에在ᄒᆞ야不吉의語를發ᄒᆞ거나葬儀의席에列ᄒᆞ야詼諧의談을發ᄒᆞᆷ은決코不可ᄒᆞ니라

金文敬公安國家訓에曰己의長을誇ᄒᆞ고人의短을談치勿ᄒᆞ며過惡隱微의事를談치勿ᄒᆞ며淆褻醜雜의語를談치勿ᄒᆞ며傲慢侮人의言을談치勿ᄒᆞ며反常凶悖의言을談치勿ᄒᆞ며譸張謊妄의言을發치勿ᄒᆞ라ᄒᆞ시니라

第六十六課 言語三

盧校理景任曰人이雖、我를慢ᄒᆞᆯ지라도我가能히容ᄒᆞ야答ᄒᆞᆫ즉慢者가恭ᄒᆞᆯ지오人이雖、我를薄케ᄒᆞᆯ지라도我가能히容ᄒᆞ야待ᄒᆞᆫ즉薄者가厚ᄒᆞᆯ지오人이雖、我를怒ᄒᆞᆯ지라도我가能히容忍ᄒᆞ야言을愼ᄒᆞᆫ즉人이必服ᄒᆞᆯ지니라

又曰假令、人이過가有ᄒᆞᆯ지라도掩ᄒᆞ야揚치아니ᄒᆞᆷ이可ᄒᆞ거던況過

가無히搆捏詆毁ᄒᆞᆷ이리오此ᄂᆞᆫ雖、人面이나豺狠、蛇蝎과何異ᄒᆞ리오其搆捏을被ᄒᆞᆫ者ᄂᆞᆫ足히損益될것이無ᄒᆞ되渠ᄂᆞᆫ己、凶險에自陷ᄒᆞ얏스니噫라孰이得ᄒᆞ고孰이失ᄒᆞ얏ᄂᆞᆫ고ᄒᆞ니라

第六十七課 職業

凡、人이職業에從事ᄒᆞᆷ은各、一身一家의生活을營ᄒᆞ며社會에公益을進케ᄒᆞᆷ이라然則士、農、工、商이皆、其業에專心ᄒᆞ야其進步를期ᄒᆞᆷ이可ᄒᆞ고徒히遊食惰眠을耽ᄒᆞ야何等의職業을不欲ᄒᆞᄂᆞᆫ者ᄂᆞᆫ實로人된本務를不進ᄒᆞᄂᆞᆫ者ㅣ라謂ᄒᆞᆯ지니라

然則人이長ᄒᆞ면各其才能과一身一家의事情을忖度ᄒᆞ며適當ᄒᆞᆫ職業을選擇ᄒᆞ야此에從事ᄒᆞ고父祖累代의定業이有ᄒᆞᆫ者ᄂᆞᆫ아모조록其業을繼ᄒᆞᆷ이可ᄒᆞ니라

普通의定業은元來其種類에依ᄒᆞ야貴賤의別이有ᄒᆞᆷ이아니어ᄂᆞᆯ我國古來의習慣은大히官職을貴히ᄒᆞ고農、工、商等은賤히ᄒᆞ얏스나此

ᄂᆞᆫ謬誤의思想이니何職業을勿論ᄒᆞ고共히此社會에對ᄒᆞ야必要不可缺ᄒᆞᆯ者인즉如此ᄒᆞᆫ思想은一日이라도速히打破ᄒᆞ고아모조록直接으로社會富榮의有益ᄒᆞᆫ實業에從事ᄒᆞᆷ이可ᄒᆞᆫ지라如何ᄒᆞᆫ職業에從事ᄒᆞ던지爲先緊要ᄒᆞᆫ者ᄂᆞᆫ勤勞를貴케ᄒᆞᄂᆞᆫ念이是라人은其所爲를隨ᄒᆞ야心身의勞를不厭ᄒᆞ고熱心과誠實로써當ᄒᆞ지아니ᄒᆞ면決코成事키不能ᄒᆞ고又定ᄒᆞᆫ職業을決코容易히變更치勿ᄒᆞ고忍耐로써其業을勉勵치아니ᄒᆞ면成就키不能ᄒᆞᄂᆞ니라

我國은古來로勤勞를賤히ᄒᆞᄂᆞᆫ風習이盛ᄒᆞ고一擧手一投足도不爲ᄒᆞᆷ으로써貴히ᄒᆞ야勤勉勞力의風이一般으로缺乏ᄒᆞᆷ은至極히可歎ᄒᆞᆯ바ㅣ라西諺에『人은勞働ᄒᆞ기爲ᄒᆞ야生ᄒᆞ얏다』ᄒᆞ고又『勞働은神聖』이라云ᄒᆞᄂᆞᆫ事ㅣ有ᄒᆞ니現時의靑年된者ᄂᆞᆫ能히此言을鑑ᄒᆞ야各各其業을勉勵ᄒᆞᆯ지니라

第六十八課　自助

西洋格言에『皇天은自助ᄒᆞᄂᆞᆫ者를助ᄒᆞᆫ다』云ᄒᆞᄂᆞᆫ事ㅣ有ᄒᆞ니此ᄂᆞᆫ人이各各自己努力에依ᄒᆞ야自己及一家의生計를營ᄒᆞᆯ지오決코他人의助力을不借ᄒᆞᄂᆞᆫ想覺으로其業을勉勵ᄒᆞ면其成效의必期ᄒᆞᆷ을謂ᄒᆞᆷ이라實로此言과如히假令身이富貴에至ᄒᆞ야도卑히僥倖의結果又ᄂᆞᆫ他人에게請託ᄒᆞ야得ᄒᆞᆫ者ᄂᆞᆫ決코可稱키不足ᄒᆞᆫ지라全히自己의能力才幹의勞働을因ᄒᆞ야能히困苦를堪耐ᄒᆞ고誘惑에不陷ᄒᆞ야得ᄒᆞᆫ바成效ᄂᆞᆫ光輝가有ᄒᆞᆫ者ㅣ라謂키可ᄒᆞ니例컨ᄃᆡ身이富貴家에生ᄒᆞ얏슬지라도徒히父祖의財産에依賴ᄒᆞ야徒食無爲ᄒᆞᆷ은男子의最可恥ᄒᆞᆯ바ㅣ라父母의力에依ᄒᆞ야相當ᄒᆞᆫ敎育을受ᄒᆞ고相當ᄒᆞᆫ年齡에達ᄒᆞᆫ後ᄂᆞᆫ必自力으로써相當ᄒᆞᆫ生活을營ᄒᆞ야終身토록父母의勞가無케ᄒᆞ며或은一旦에家業을繼ᄒᆞᆷ에至ᄒᆞ면父祖의業을不失ᄒᆞᆷ은勿論이오躬自勤勉ᄒᆞ야其家를益盛케ᄒᆞᆷ이可ᄒᆞ니라

自助의精神은幼時로부터自己身邊의事를摠히自爲ᄒᆞᄂᆞᆫ習慣에依

ᄒᆞ야此를養成홈이可ᄒᆞ니我邦人의多數가些細의事ㅣ라도皆人로ᄒᆞ야곰爲케ᄒᆞ고自手로爲홈을厭ᄒᆞᄂᆞᆫ風習은實로自助의精神에違反ᄒᆞᄂᆞᆫ者ㅣ니라

第六十九課 進取

凡人은學術이던지工藝던지必爭先의心이有ᄒᆞᆫ然後에能히事業을進就ᄒᆞ야日後社會에大利益을致ᄒᆞᄂᆞ니若游怠無業ᄒᆞ야日을送ᄒᆞᄂᆞᆫ者ᄂᆞᆫ社會에何等利益이無ᄒᆞᆯ뿐아니라反히其進步를妨害ᄒᆞᄂᆞᆫ者ㅣ니라

我國은學術과工藝가荒蕪ᄒᆞ야文明의進步가遲遲ᄒᆞ니正히國民의踴躍爭先ᄒᆞᆯ時어ᄂᆞᆯ游怠의痼習이舊見을拘執ᄒᆞ고風氣를追逐ᄒᆞ야能히進取ᄒᆞᄂᆞᆫ者ㅣ絕鮮ᄒᆞ니可歎可戒ᄒᆞᆯ事로다

第七十課 勤勞

勤勞ᄂᆞᆫ人된者의本分이라但生活上安全ᄒᆞᆫ幸福을享有ᄒᆞᆯ뿐아니라

自古로有益ᄒᆞᆫ事業을遂ᄒᆞ야立身興家ᄒᆞᆫ人을見ᄒᆞ건ᄃᆡ其勤勞를重히녁이지아니ᄒᆞᆫ者ㅣ無ᄒᆞ니라

米國후랑클닌은其勤勞를積ᄒᆞ야成功ᄒᆞᆫ人이라嘗曰怠惰ᄂᆞᆫ恰히酸銹과如ᄒᆞ니久히使用치아니ᄒᆞᄂᆞᆫ鍵은銹을因ᄒᆞ야腐蝕ᄒᆞ되日常使用ᄒᆞᄂᆞᆫ鍵은自鍊自磨ᄒᆞ야光輝를放ᄒᆞᆫ다ᄒᆞ고又曰今日에得코자ᄒᆞᄂᆞᆫ事ᄂᆞᆫ決코明日에延拖치勿ᄒᆞ라ᄒᆞ니此ᄂᆞᆫ皆可法ᄒᆞᆯ言이니라

第七十一課 懶惰

懶惰ᄂᆞᆫ人性을鴆毒ᄒᆞ야衆惡을釀成ᄒᆞᄂᆞᆫ者ㅣ라古語에小人은閑居ᄒᆞ야爲不善이라ᄒᆞ니凡人이事爲가無ᄒᆞ고茫然히時間을消費ᄒᆞ면佚樂에沉ᄒᆞ야善良ᄒᆞᆫ性質의人도遊惰에漸流ᄒᆞ야劣情과邪念이亦隙을乘ᄒᆞ야其心을浸潤홈에至ᄒᆞᄂᆞ니故로身을正當ᄒᆞᆫ事業에常委ᄒᆞᄂᆞᆫ人은其心이精一홈으로劣情이闖起홈을不得ᄒᆞ고邪念이從萠홈을不得ᄒᆞ야勤勉正直의習性을不求ᄒᆞ야도自成홈에至ᄒᆞᄂᆞ니라

大抵事業은人生의眞價라假令百歲를享保ᄒᆞᆯ지라도放逸有惰ᄒᆞᄂᆞᆫ中에醉生夢死ᄒᆞᆯ진ᄃᆡ長壽라謂치못ᄒᆞᆯ지오弱冠에夭折ᄒᆞᆯ지라도生前의功業이身後에不滅ᄒᆞᆯ진ᄃᆡ敢히短命이라謂치못ᄒᆞᆯ지니勤勉이豈萬事의本이아니리오

第七十二課　才智

才智ᄂᆞᆫ事를成ᄒᆞᄂᆞᆫ器機라故로才智가無ᄒᆞᆫ人은雖藝術이如何히巧敏ᄒᆞ며品行이如何히善良ᄒᆞᆯ지라도鍬鉋의器機가無ᄒᆞ면造家키不能ᄒᆞᆷ과如히藝術과品行이皆用ᄒᆞᆷ을得지못ᄒᆞ야己의幸福을能完ᄒᆞ며人의裨益을能爲치못ᄒᆞᆯ지니吾人은道德을修ᄒᆞ고藝術을習ᄒᆞ야共히才智를硏究ᄒᆞ기에注意ᄒᆞᆯ지니라

今에歐美諸國博學士의敎育學原理의論述ᄒᆞᆷ을見ᄒᆞ건ᄃᆡ或은體育이第一이라或은德育이第一이라ᄒᆞ얏ᄉᆞ니身體를康健케ᄒᆞᆷ과德義를尊尙ᄒᆞᆷ은人된者의最先務이니와體德도亦才智가아니면活用ᄒᆞᆷ

을不得ᄒᆞᆯ지니故로才智ᄂᆞᆫ事를成ᄒᆞᄂᆞᆫ器機라ᄒᆞ노라

第七十三課　修德一

人이禽獸와異ᄒᆞᆷ은德性을修養ᄒᆞᆫ바ㅣ有ᄒᆞᆷ이니一身의健康과智能이皆德性을實行ᄒᆞᆷ에須要되ᄂᆞᆫ者ㅣ라然ᄒᆞᆷ으로此德性을率ᄒᆞᆷ이無ᄒᆞᆫ時ᄂᆞᆫ譬컨ᄃᆡ精兵이有ᄒᆞ되此를率ᄒᆞᆯ良將이無ᄒᆞᆷ과如ᄒᆞ야健康은只暴戾의根柢가되고智能은只奸惡의媒介가될지니라

德性의本領은自己本務를服從ᄒᆞᆷ에在ᄒᆞᄂᆞ니吾人의良心은本務의標準이라一事一物을總히良心의命令ᄒᆞᄂᆞᆫ바로服從케ᄒᆞ야其間에萌芽ᄒᆞᄂᆞᆫ私心私慾을能制ᄒᆞ면其行爲ᄂᆞᆫ庶過失이無ᄒᆞ야有德ᄒᆞᆫ人이될지니라

第七十四課　修德二

德을修ᄒᆞᆷ은貴賤貧富와男女老幼를不論ᄒᆞ고當行ᄒᆞᆯ者인즉人은必正直ᄒᆞᆫ思想을先定ᄒᆞ고常修德의工夫를積ᄒᆞ야誠實로써人에게推

及ᄒᆞ면雖、暴戾無道ᄒᆞᆫ人이라도能히己를害치못ᄒᆞᄂᆞ니故로西諺에曰正直은最良ᄒᆞᆫ方策이라ᄒᆞᆷ이卽、此를謂ᄒᆞᆷ이니라

美國人후랑클닌이節制、沈默、秩序、決心、儉約、勤勉、誠實、正義、中和、淸潔沈着、貞操、謙遜의十三德을定ᄒᆞ야修德의工夫를積ᄒᆞ얏스니、如此ᄒᆞᆫ人은可히吾輩의模範이될지니라

第七十五課 習慣

習慣은人의性格을化成ᄒᆞᄂᆞᆫ鎔解器라善을好ᄒᆞᆫ즉善ᄒᆞᆫ習慣을成ᄒᆞ고惡을好ᄒᆞᆫ즉惡ᄒᆞᆫ習慣을成ᄒᆞᄂᆞ니故로西人의言에曰習慣은第二天性이라ᄒᆞ니라大凡、人의心은物을應ᄒᆞ야移ᄒᆞᄂᆞ니日常親接ᄒᆞᄂᆞᆫ바外物이不識不知間에其、精神에浸入ᄒᆞ야許久積習ᄒᆞ면其先執ᄒᆞᆫ思想이堅牢不拔ᄒᆞᆷ에至ᄒᆞ리니此ᄂᆞᆫ雖、志氣가旣定ᄒᆞᆫ老成者라도誠然키易ᄒᆞ려던況志氣가未定ᄒᆞᆫ年少者에在ᄒᆞᆷ이리오人은必、平素에善良ᄒᆞᆫ習慣을養成ᄒᆞ야惡을避ᄒᆞ기를蛇蝎과如히ᄒᆞ고善에就ᄒᆞ기

를芝蘭과如히ᄒᆞ면勞치아니ᄒᆞ고도自然히道에允協ᄒᆞᆯ지니謂ᄒᆞᆫ바習與成、性이是라故로修德의工夫은高遠에不在ᄒᆞ고日用常行ᄒᆞᄂᆞᆫ習慣에在ᄒᆞ니學者ᄂᆞᆫ必、戒愼ᄒᆞᆯ지어다

第七十六課 愼獨

人의品位ᄂᆞᆫ萬物의長이라其、明靈ᄒᆞᆫ知覺이衆理를具ᄒᆞ야萬事에應ᄒᆞᄂᆞ니此、萬事에對ᄒᆞ야其、所行이正當치못ᄒᆞ면是ᄂᆞᆫ人道를違背ᄒᆞᆷ이니其品位를豈保ᄒᆞ리오

人은人의不知ᄒᆞᄂᆞᆫ處이라고行을失치勿ᄒᆞ며人을對ᄒᆞ얏다고行을飾치勿ᄒᆞ고惟良心을從ᄒᆞ야正當ᄒᆞᆫ事를行ᄒᆞᆯ지어다傳에曰隱에셔見ᄒᆞᆷ이업스며微에셔顯ᄒᆞᆷ이업스니君子ᄂᆞᆫ必、其獨을愼ᄒᆞᆫ다ᄒᆞ시니라

假令、人의褒譽를受ᄒᆞᆯ지라도自己가其實이無ᄒᆞ면足히名譽가되지못ᄒᆞᆯ지오人의毁謗을受ᄒᆞᆯ지라도自己의惡處가無ᄒᆞ면足히耻가되

지아니홀지니自心에欺홈이無ᄒᆞ면仰ᄒᆞ야天에愧홈이無ᄒᆞ고俯ᄒᆞ야人에게怍ᄒᆞ지아니ᄒᆞ니라

第七十七課 時間

青年이學을修홈에對ᄒᆞ야最著念홀者는時間을惜홈이니人生이生命은限이有ᄒᆞ고學問은限이無ᄒᆞᆫ者ㅣ라此短ᄒᆞᆫ歲月間에限이無ᄒᆞᆫ學問을修得코자홀진ᄃᆡ必無益ᄒᆞᆫ時間을消費치勿ᄒᆞ고餘暇가有ᄒᆞ거던此를學問에充홀지라浪費ᄒᆞᆫ財貨는再得홈이有ᄒᆞ려니와浪費ᄒᆞᆫ時間은一去ᄒᆞ면復還홀期가頓無홀지니學者에在ᄒᆞ야時間과如히貴重ᄒᆞᆫ者ㅣ豈有ᄒᆞ리오

時間이學問에貴重홈이如許ᄒᆞ니吾人은他人에게對ᄒᆞ야도其時間의浪費치勿홈을勸勉홀지어늘世人이或所幹事가有ᄒᆞ야他人을訪問홈의其事를速辨치아니ᄒᆞ고閑談雜話로時間을移ᄒᆞ는者ㅣ有ᄒᆞ니此와如홈은時間을浪費홀ᄲᅮᆫ아니라他人에게對ᄒᆞ야失禮홈인즉

깁히警誡홀바ㅣ니라

我國人은口에煙管을含ᄒᆞ고所爲가無ᄒᆞ야長時間을徒費ᄒᆞ는事ㅣ甚多ᄒᆞ니此는實로諸般事務에進步치아니ᄒᆞ는原因이라如斯ᄒᆞᆫ習慣은速히改홀지니라

第七十八課 規律

人은家庭에셔던지學校에셔던지社會에셔던지規律이無홈이不可ᄒᆞ니一定ᄒᆞᆫ時刻에食ᄒᆞ고一定ᄒᆞᆫ時刻에宿ᄒᆞ고一定ᄒᆞᆫ時刻에起ᄒᆞ며可히勤勞홀時間에勤勞ᄒᆞ고可히休憩홀時에休憩ᄒᆞ야恒常正當ᄒᆞᆫ事務로正當ᄒᆞᆫ生活을計홀지니라

規律은此에止홀ᄲᅮᆫ아니라日用物品을整頓ᄒᆞ야亂雜이無케홈도亦緊要ᄒᆞᆫ當務니衣服과器皿等을恒常定ᄒᆞᆫ處所에置ᄒᆞ고其順序를立홀지니如斯ᄒᆞ면此를搜索홀時에無益ᄒᆞᆫ時間과空然ᄒᆞᆫ勞力을浪費홈이無ᄒᆞ니라

第七十九課 約束

約束은人人의必守홀者이라毫分도輕忽히홈이不可ᄒᆞ니若不正홈으로思ᄒᆞ던지實行키難홈으로思ᄒᆞᄂᆞᆫ事ᄂᆞᆫ當初에約束치勿홈이可ᄒᆞ니라

蓋一朝에約束ᄒᆞᆫ事ᄂᆞᆫ妄破키不可ᄒᆞ나但約束이法令或德義에背馳홈이有ᄒᆞᆫ時ᄂᆞᆫ實行을勿踐홀지오且止當ᄒᆞᆫ約束이라도不虞의事變을因ᄒᆞ야違背홈은不得已ᄒᆞᆫ事이니라

曹文貞公植이俗離山에入ᄒᆞ야成東洲悌元을訪ᄒᆞ고明年八月十五日에伽倻山海印寺에會ᄒᆞ기로期ᄒᆞ얏더니期에及홈의大雨가連日ᄒᆞᄂᆞᆫ지라曹文貞이雨를冒ᄒᆞ고行ᄒᆞ야寺門에及至ᄒᆞ니東洲가已到ᄒᆞ야蓑衣을方脫ᄒᆞ니古人의信을守홈이尋常ᄒᆞᆫ約束도如此ᄒᆞ더라

第八十課 快樂

快樂을好ᄒᆞ고勞苦를厭홈은同然ᄒᆞᆫ人情이라然ᄒᆞ나快樂도有益ᄒᆞᆫ

者와有害ᄒᆞᆫ者ㅣ多ᄒᆞ니有益ᄒᆞᆫ者ㅣ라도此를節制치아니ᄒᆞ야中度에過ᄒᆞ면反히害를招ᄒᆞᄂᆞ니人은快樂을當ᄒᆞ야其中度의不失홈을務홀지어다古人이言ᄒᆞ기를樂이極ᄒᆞ면哀가生ᄒᆞᆫ다ᄒᆞ니라

世에或飮食과遊戱等의快樂은知ᄒᆞ고文學과美術의快樂은不知ᄒᆞᄂᆞᆫ者ㅣ有ᄒᆞᄂᆞ니此等의人은樂의眞情을未覺ᄒᆞᆫ者이라一時의快홈이平生의快홈으로더부러勝執ᄒᆞ리오故로孟子曰天下의英才를得ᄒᆞ야敎育홈이一樂이라ᄒᆞ시니라

第八十一課 溫恭

人은名望이益高ᄒᆞ고官爵이愈貴홀사록人에게對ᄒᆞ야愈益히溫恭ᄒᆞ여야必人의敬慕와稱贊을受ᄒᆞᄂᆞ니故로溫恭이란者ᄂᆞᆫ即地位와聲譽를永保ᄒᆞᄂᆞᆫ德業의基가되ᄂᆞ니라

然ᄒᆞ나人이或溫恭에自居ᄒᆞ기爲ᄒᆞ야卑屈에誤陷ᄒᆞ기易ᄒᆞᄂᆞ니何故오人의意를合코자ᄒᆞ야其意를枉ᄒᆞ며人의心을歡코자ᄒᆞ야其顔

을媚ᄒᆞᆷ이其習慣이漸滋ᄒᆞ야遂其品格과地位를維持치못ᄒᆞᆷ이니라
溫恭의正當ᄒᆞᆷ은動止가珍重ᄒᆞ야放恣ᄒᆞ고僭濫ᄒᆞᆷ에流치아이ᄒᆞ며辭色이端正ᄒᆞ야禮節과規律에違치아이ᄒᆞᆷ을謂ᄒᆞᆷ이오彼倨慢은溫恭의德을傷ᄒᆞᄂᆞᆫ者ㅣ大ᄒᆞᆫ者인즉如何ᄒᆞᆫ境遇에던지決코如斯ᄒᆞᆫ所行이無케ᄒᆞᆯ지니라

第八十二課　謝恩

人에게受恩ᄒᆞᆫ者ᄂᆞᆫ其心中에銘刻ᄒᆞ야平生을鳴謝ᄒᆞᆯ것시어ᄂᆞᆯ或當時에ᄂᆞᆫ感謝의心이有ᄒᆞ다가歲月이卽久ᄒᆞ면終乃忘却ᄒᆞᄂᆞ니此ᄂᆞᆫ人情에不近ᄒᆞ다謂ᄒᆞᆯ지니라
金錢物品을受惠ᄒᆞᆫ者ㅣ其相當ᄒᆞᆫ價値로써報ᄒᆞ고曰足ᄒᆞ다ᄒᆞ나此ᄂᆞᆫ物을報ᄒᆞᆷ이오恩을報ᄒᆞᆷ은아니라人이若恩을報코자ᄒᆞᆯ진ᄃᆡ其感謝의心을永久히持ᄒᆞᆯ지니라
人이或施ᄒᆞᆫ恩은思ᄒᆞ고受ᄒᆞᆫ恩은忘ᄒᆞᄂᆞᆫ者ㅣ有ᄒᆞᄂᆞ니此ᄂᆞᆫ己의德

을誇ᄒᆞ고人의德을背ᄒᆞᄂᆞᆫ思想이라我가人에게施ᄒᆞᆷ은一時慈善의心에出ᄒᆞᆷ인즉緘口勿說ᄒᆞᆷ이可ᄒᆞ고人이我에게施ᄒᆞᆷ은雖彼亦慈善의心에出ᄒᆞᆷ이나我에在ᄒᆞᆫ道ᄂᆞᆫ其感謝ᄒᆞᆷ을平生不忘ᄒᆞᆷ이可ᄒᆞ니라

第八十三課　虛誕

世人이或虛誕ᄒᆞᆷ을不咎ᄒᆞ고反히滑稽嬉笑의好資料로認ᄒᆞ야深히介意치아니ᄒᆞᄂᆞᆫ者ㅣ有ᄒᆞᄂᆞ니此ᄂᆞᆫ不德의事이라青年輩의極히戒愼ᄒᆞᆯ바ㅣ니라
大抵虛誕이란者ᄂᆞᆫ眞實보다言ᄒᆞ기易ᄒᆞᆫ者이라如何ᄒᆞᆫ境遇에在ᄒᆞ던지畢竟惡結果를生ᄒᆞᄂᆞ니若我가虛誕을一發ᄒᆞ야人의寬假를得ᄒᆞ면再發三發에蔓及ᄒᆞ야不知不覺間에習慣을馴致ᄒᆞᆷ에至ᄒᆞᆯ지며戲謔中에도虛言을好ᄒᆞᄂᆞᆫ者ᄂᆞᆫ終乃他人의信用을失ᄒᆞᄂᆞ니何故오此等人의言語ᄂᆞᆫ實노眞情에出ᄒᆞᆷ이有ᄒᆞᆯ지라도預히測定키難ᄒᆞᆫ所以라故로虛言은如何ᄒᆞᆫ境遇에在ᄒᆞ던지一切嚴絕ᄒᆞᆷ이可ᄒᆞ니라

第八十四課　改過

大凡聖人이라도或過失이無키難ᄒᆞ거던況尋常의人으로豈錯誤가無ᄒᆞ리오然ᄒᆞ나過失은恒常無心에出ᄒᆞ야人道에違反ᄒᆞᄂᆞᆫ者ㅣ라一朝에其過를覺悟ᄒᆞ고翻然히悛改ᄒᆞ면有德의人을作ᄒᆞ려니와其過를知ᄒᆞ고도改ᄒᆞ기를憚ᄒᆞ면此ᄂᆞᆫ非道를故爲ᄒᆞᄂᆞᆫ者라畢竟惡戾에自歸ᄒᆞᆯ지니人은深히戒懼ᄒᆞ야他人이我의過失을責ᄒᆞ거던必虛心反省ᄒᆞᆯ지어다局外의言은往往適中ᄒᆞᆫ바ㅣ多ᄒᆞ니라

金文忠公誠一이常學者ᄃᆞ려謂曰吾ㅣ平生에一語를得ᄒᆞ얏노니吾의過를道ᄒᆞᄂᆞᆫ者ᄂᆞᆫ是ㅣ吾師오吾의美를談ᄒᆞᄂᆞᆫ者ᄂᆞᆫ是ㅣ吾賊이니此十四字를恒飭勵ᄒᆞ라ᄒᆞ시니라

第八十五課　自制

自制라ᄒᆞᆷ은感情을抑制ᄒᆞ고慾望을禁遏ᄒᆞᆷ을謂ᄒᆞᆷ이라蓋感情과慾望은善制ᄒᆞᆫ즉高尙ᄒᆞᆫ志操와有益ᄒᆞᆫ事業이皆此로起原ᄒᆞ되不制ᄒᆞᆫ

즉譬컨ᄃᆡ泛駕의馬와如히善走의力이有ᄒᆞ야當行處를不知ᄒᆞᄂᆞᆫ故로騎手로ᄒᆞ야곰其奔逸ᄒᆞᆷ에放任ᄒᆞ고適當ᄒᆞᆫ制御를施ᄒᆞᆷ이無ᄒᆞ면或溝壑에轉ᄒᆞ며或川澤에陷ᄒᆞ야終히其身을自喪ᄒᆞᆷ에至ᄒᆞᆯ지라然ᄒᆞᆫ즉吾人은明確ᄒᆞᆫ性理와堅强ᄒᆞᆫ志氣에基因ᄒᆞᆫ自制의力으로써恒常情慾의跋扈ᄒᆞᆷ을牽制ᄒᆞ야中正의道를維持ᄒᆞᆷ이可ᄒᆞ니라

自制의主要되ᄂᆞᆫ者를擧ᄒᆞᆫ진ᄃᆡ大凡三이有ᄒᆞ니一曰昧慾이니飮食을適中ᄒᆞ야身體를健康케ᄒᆞᆷ이오二曰慾望이니名譽와財産과快樂을求ᄒᆞᄂᆞᆫ念이其程度에不過케ᄒᆞᆷ이오三曰忿怒니一時觸憾의情을忍耐ᄒᆞ야妄動의行을作치아니ᄒᆞᆷ이니라

第八十六課　決斷과勇敢

吾人의惡德은決斷力과勇敢力이乏ᄒᆞᆷ의原因ᄒᆞᆫ者ㅣ多ᄒᆞ니假令其義務됨을認ᄒᆞ고도斷然히此를得行치못ᄒᆞ며正理됨을信ᄒᆞ고도斷然히此를履行치못ᄒᆞ며名利의誘惑ᄒᆞᆷ을一遇ᄒᆞ고도斷然히此를反

省치못ᄒᆞ야畢竟其身을自誤ᄒᆞᆷ에至ᄒᆞᄂᆞ니此等은決斷의勇敢이乏ᄒᆞᆫ所以니라

人生은順境만有ᄒᆞᆷ이아니라時로或逆境에陷ᄒᆞ야不運의苦楚를備嘗ᄒᆞᆷ도有ᄒᆞᄂᆞ니此를當ᄒᆞ야勇敢이有ᄒᆞᆫ人이라야能히艱難을變ᄒᆞ야幸福을成ᄒᆞᆯ지오且勇敢은非常ᄒᆞᆫ事가有ᄒᆞᆯ時의顯出ᄒᆞᄂᆞᆫ者ㅣ아니오尋常生活에在ᄒᆞ야도常現ᄒᆞᄂᆞ니故로事業에純正ᄒᆞᆫ勇敢과誘惑에抵抗ᄒᆞᄂᆞᆫ勇敢과自身의本分을自安ᄒᆞᄂᆞᆫ勇敢等은吾人平生의必要ᄒᆞᆫ者ㅣ니라

第八十七課 禮儀

禮貌와儀容을自保ᄒᆞᆷ이我邦今日에在ᄒᆞ야特別히必要ᄒᆞᆫ者ㅣ라凡人이平素에敎育을受ᄒᆞᆫ者ㅣ雖多ᄒᆞ나適當ᄒᆞᆫ禮儀를修得ᄒᆞᆫ者ᄂᆞᆫ實小ᄒᆞᄂᆞ니故로踈狂放達로高尙ᄒᆞ다稱ᄒᆞ며弊衣垢面으로儉約ᄒᆞ다稱ᄒᆞ며喜怒를形色에不顯ᄒᆞ고寡言危坐ᄒᆞ야正大ᄒᆞ다稱ᄒᆞ며或은

言ᄒᆞ되大丈夫ᄂᆞᆫ當小節을不拘ᄒᆞᆯ지라豈區區ᄒᆞᆫ禮容을飾ᄒᆞ리오ᄒᆞ니此ᄂᆞᆫ粗率卑野의習慣이라人이事를應ᄒᆞ고物을接ᄒᆞᆷ에在ᄒᆞ야各其適當ᄒᆞᆫ容儀를保有ᄒᆞᆷ은即他人을尊嚴히ᄒᆞ고自己를持重ᄒᆞᄂᆞᆫ道ㅣ니라

國民된者의注意

第八十八課 國家에對ᄒᆞᆫ務

國은民에依ᄒᆞ고民은國에依ᄒᆞᆷ으로人民이國家에對ᄒᆞᆫ務의主要ᄂᆞᆫ大凡三種이有ᄒᆞ니一曰法令遵奉이오二曰租稅의輸納이오三曰子女의敎育이니라

抑國家의法令은人民公共에利益을保護ᄒᆞ고秩序와安寧을惟持ᄒᆞ기爲ᄒᆞ야發布ᄒᆞᆫ者인즉人民은皆此를遵奉ᄒᆞᆷ이可ᄒᆞᆷ은勿論이라不然則國家은擾亂疲弊ᄒᆞ고且禍가吾身에及ᄒᆞᆯ지오租稅ᄂᆞᆫ國家百般費用에供ᄒᆞ기爲ᄒᆞ야徵收ᄒᆞᄂᆞᆫ者이니即人民을保護ᄒᆞ고社會를進

步케ᄒᆞᄂᆞᆫ資本인즉吾等은此를悅納홈이可홀뿐아니라實業을大興ᄒᆞ야多額의資本을政府에輸納홀만ᄒᆞᆫ國民이됨이可ᄒᆞᆫ지라然而此를爲ᄒᆞ라면人人이皆、有用의學問과技藝를修ᄒᆞ야業을興ᄒᆞ며産을治ᄒᆞᄂᆞᆫ道를不知홈이不可홈으로써兒童과青年이學校에往ᄒᆞ야相當ᄒᆞᆫ教育을修홈은亦、國家에對ᄒᆞᄂᆞᆫ務라謂ᄒᆞ기可ᄒᆞ니라

以上은國民의注意홈이可ᄒᆞᆫ第一務ㅣ니須臾라도抛棄홈이不可ᄒᆞ니라

第八十九課　皇室에對ᄒᆞᆫ注意

神聖文武ᄒᆞ오신我太祖高皇帝ᄭᅴ오셔皇天의明命을受ᄒᆞ샤磐泰의丕基를漢陽에奠ᄒᆞ시니無疆ᄒᆞᆫ寶祚가二十八世의皇統을相傳ᄒᆞ신지라凡吾帝國의臣民된者ᄂᆞᆫ歷代의深厚ᄒᆞ신聖謨와祖宗의宏遠ᄒᆞ신遺德을仰體ᄒᆞ야萬一의報答을自期홀지니라

皇室에對ᄒᆞᄂᆞᆫ道ᄂᆞᆫ國法을遵奉ᄒᆞ고國富를務圖홈에在ᄒᆞ니此ᄂᆞᆫ吾

人當然의務ㅣ니此目的을遂成ᄒᆞᄂᆞᆫ道ᄂᆞᆫ身을修ᄒᆞ고家를齊ᄒᆞ고職業에勤勉ᄒᆞ야一身一家의富榮을圖ᄒᆞ며進ᄒᆞ야公益을爲ᄒᆞ야力을盡홈에在ᄒᆞ니所謂忠君愛國의道ᄂᆞᆫ此를捨ᄒᆞ고他에無ᄒᆞ니라何故오國民이勤勉治産의精神이無ᄒᆞ면國家ᄂᆞᆫ必萎靡홈에抵ᄒᆞ고皇室도亦衰替에自歸ᄒᆞᄂᆞᆫ所以라彼何等事業도無ᄒᆞ고一錢도國家에貢獻치아니ᄒᆞ고四方으로流浪ᄒᆞ며或은無謀의行爲를行ᄒᆞ야累를國家에貽ᄒᆞᄂᆞᆫ輩ᄂᆞᆫ志士義人이라自稱ᄒᆞ나實은皇室에對ᄒᆞᆫ不忠不義의民에不外ᄒᆞ니라

第九十課　愛國心

愛國心은何오吾人이國家를愛護ᄒᆞᄂᆞᆫ念이라國家를愛護ᄒᆞᆫ다홈은何오其安寧을保ᄒᆞ고富榮을圖홈을爲홈이라抑我國今日에文明이大히世界各國에劣ᄒᆞ야國力이如斯히貧弱홈은何故오古來農、工、商等의實業을輕視ᄒᆞ야此를改良進步치아니ᄒᆞ고全히國家富榮의道

에盡力ᄒᆞᆷ은忘却ᄒᆞᆷ으로由ᄒᆞᆷ이니人이誰가已家를不愛ᄒᆞ리오마ᄂᆞᆫ家人이皆、怠惰ᄒᆞ야業을不勉ᄒᆞ고日日徒食ᄒᆞ면忽地其家産이輕敗치아니ᄒᆞᆯ者ㅣ無ᄒᆞᆯ지라國도亦然ᄒᆞ니國民이擧口로愛國을唱ᄒᆞ나身自勤務ᄒᆞ야國家富榮의道를不講ᄒᆞ면國家은衰弱에遂至ᄒᆞᆷ은必要의理라然則愛國의道ᄂᆞᆫ無他라學生된者가爲先前諸章에記述ᄒᆞᆷ과如ᄒᆞᆫ方針에依ᄒᆞ야國家社會에有用의學問을硏究ᄒᆞ고其智德을磨ᄒᆞ고才藝를修ᄒᆞᆷ은即、愛國의一端이니成業ᄒᆞᆫ後에着實히業을營ᄒᆞ야各其才能에應ᄒᆞ야國家富榮에貢獻ᄒᆞᆷ도亦、愛國에不外ᄒᆞᆫ지라然而其所爲의業이愈大ᄒᆞ야社會國家에貢獻ᄒᆞᄂᆞᆫ바ㅣ益多ᄒᆞ면其愛國의實이亦益偉大ᄒᆞᆫ者ㅣ라謂ᄒᆞᆯ지라料ᄒᆞᆫ건ᄃᆡ愛國心이라ᄒᆞᆷ은別로異常珍奇ᄒᆞᆫ者를指ᄒᆞᆷ이아니오吾人國民된者가恒常誠實의心으로各其職分을盡ᄒᆞ야써國家의富榮隆盛을圖코쟈ᄒᆞᄂᆞᆫ念慮에不外ᄒᆞ니此ᄂᆞᆫ實로吾人이一日이라도忘却키不可ᄒᆞᆫ精神이니라

普通敎科修身書終

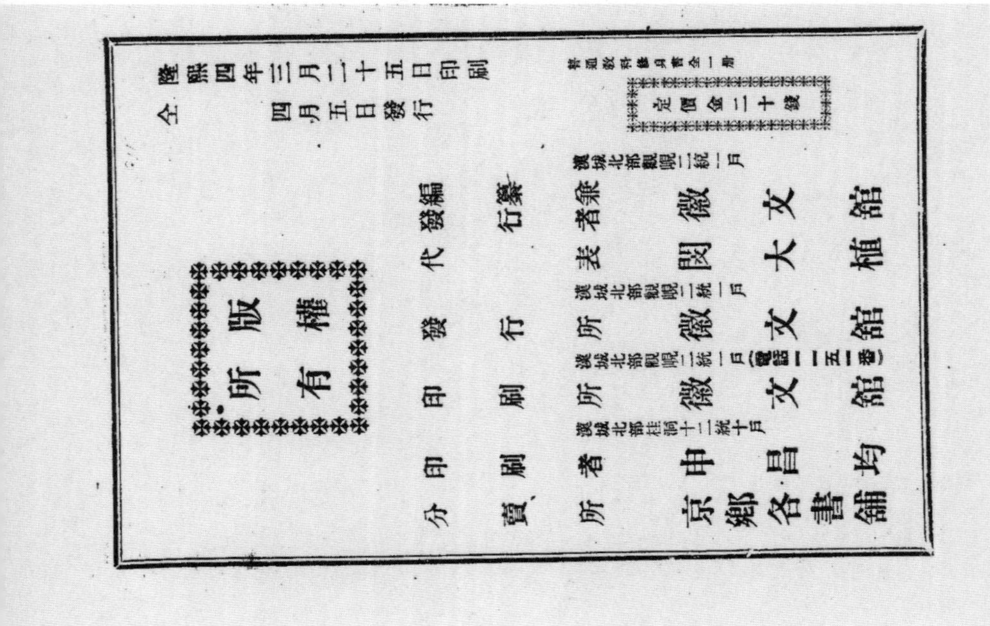
隆熙四年三月二十五日印刷

四月五日發行

全

普通敎科修身書全一册

定價金二十錢

版權所有

編纂兼發行者 漢城北部觀峴二統一戶 徽文館

代表 漢城北部觀峴二統一戶 閔大植

發行所 漢城北部觀峴二統一戶(電話一一五一番) 徽文館

印刷所 徽文館

印刷者 漢城北部桂洞十二統十戶 申昌均

分賣所 京鄕各書舖